ŒUVRES COMPLÈTES

DE

H. DE BALZAC.

LA

COMÉDIE HUMAINE

TROISIÈME VOLUME

PREMIÈRE PARTIE

ÉTUDES DE MŒURS

PREMIER LIVRE

PARIS. — IMPRIMERIE DE PILLET FILS AINÉ
RUE DES GRANDS-AUGUSTINS, 5.

SCÈNES

DE LA

VIE PRIVÉE

TOME III

LA FEMME DE TRENTE ANS. — LE CONTRAT DE MARIAGE. — BÉATRIX.

PARIS
ALEXANDRE HOUSSIAUX, ÉDITEUR
RUE DU JARDINET-SAINT-ANDRÉ-DES-ARTS, 3.

1855

Monsieur Crottat, notaire.

PREMIER LIVRE,

SCÈNES DE LA VIE PRIVÉE.

LA FEMME DE TRENTE ANS.

DÉDIÉ A LOUIS BOULANGER, PEINTRE.

I.

PREMIÈRES FAUTES.

Au commencement du mois d'avril 1813, il y eut un dimanche dont la matinée promettait un de ces beaux jours où les Parisiens voient pour la première fois de l'année leurs pavés sans boue et leur ciel sans nuages. Avant midi, un cabriolet à pompe attelé de deux chevaux fringants déboucha dans la rue de Rivoli par la rue Castiglione, et s'arrêta derrière plusieurs équipages stationnés à la grille nouvellement ouverte au milieu de la terrasse des Feuillants. Cette leste voiture était conduite par un homme en apparence soucieux et maladif; des cheveux grisonnants couvraient à peine son crâne jaune et le faisaient vieux avant le temps ; il jeta les rênes au laquais à cheval qui suivait sa voiture, et descendit pour prendre dans ses bras une jeune fille dont la beauté mignonne attira l'attention des oisifs en promenade sur la terrasse. La petite personne se laissa complaisamment saisir par la taille quand elle fut debout sur le bord de la voiture, et passa ses bras autour du cou de son guide, qui la posa sur le trottoir, sans avoir chiffonné la garniture de sa robe en reps vert. Un amant n'aurait pas eu tant de soin. L'inconnu devait être le père de cette enfant qui, sans le remercier, lui prit familièrement le bras et l'entraîna brusquement dans le jardin. Le vieux père remarqua les regards émerveillés de quelques jeunes gens, et la tristesse empreinte sur son visage s'effaça pour un moment. Quoiqu'il fût arrivé depuis longtemps à l'âge où les hommes doivent se contenter des trompeuses jouissances que donne la vanité, il se mit à sourire.

— On te croit ma femme, dit-il à l'oreille de la jeune personne en se redressant et marchant avec une lenteur qui la désespéra.

Il semblait avoir de la coquetterie pour sa fille, et jouissait peut-être plus qu'elle des œillades que les curieux lançaient sur ses petits pieds chaussés de brodequins en prunelle puce, sur une taille délicieuse dessinée par une robe à guimpe, et sur le cou frais qu'une collerette brodée ne cachait pas entièrement. Les mouvements de la marche relevaient par instants la robe de la jeune fille, et permettaient de voir, au-dessus des brodequins, la rondeur d'une jambe finement moulée par un bas de soie à jour. Aussi, plus d'un promeneur dépassa-t-il le couple pour admirer ou pour revoir la jeune figure autour de laquelle se jouaient quelques rouleaux de cheveux bruns, et dont la blancheur et l'incarnat étaient rehaussés autant par les reflets du satin rose qui doublait une élégante capote que par le désir et l'impatience qui pétillaient dans tous les traits de cette jolie personne. Une douce malice animait ses beaux yeux noirs, fendus en amande, surmontés de sourcils bien arqués, bordés de longs cils et qui nageaient dans un fluide pur. La vie et la jeunesse étalaient leurs trésors sur ce visage mutin et sur un buste, gracieux encore, malgré la ceinture alors placée sous le sein. Insensible aux hommages, la jeune fille regardait avec une espèce d'anxiété le château des Tuileries, sans doute le but de sa pétulante promenade. Il était midi moins un quart. Quelque matinale que fût cette heure, plusieurs femmes, qui toutes avaient voulu se montrer en toilette, revenaient du château, non sans retourner la tête d'un air boudeur, comme si elles se repentaient d'être venues trop tard pour jouir d'un spectacle désiré. Quelques mots échappés à la mauvaise humeur de ces belles promeneuses désappointées et saisis au vol par la jolie inconnue, l'avaient singulièrement inquiétée. Le vieillard épiait d'un œil plus curieux que moqueur les signes d'impatience et de crainte qui se jouaient sur le charmant visage de sa compagne, et l'observait peut-être avec trop de soin pour ne pas avoir quelque arrière-pensée paternelle.

Ce dimanche était le treizième de l'année 1813. Le surlendemain, Napoléon partait pour cette fatale campagne pendant laquelle il allait perdre successivement Bessières et Duroc, gagner les mémorables batailles de Lutzen et de Bautzen, se voir trahi par l'Autriche, la Saxe, la Bavière, par Bernadotte, et disputer la terrible bataille de Leipsick. La magnifique parade commandée par l'empereur devait être la dernière de celles qui excitèrent si longtemps l'admiration des Parisiens et des étrangers. La vieille garde allait exécuter pour la dernière fois les savantes manœuvres dont la pompe et la précision étonnèrent quelquefois jusqu'à ce géant lui-même, qui s'apprêtait alors à son duel avec l'Europe. Un sentiment triste amenait aux Tuileries une brillante et curieuse population. Chacun semblait deviner l'avenir, et pressentait peut-être que plus d'une fois l'imagination aurait à retracer le tableau de cette scène, quand ces temps héroïques de la France contracteraient, comme aujourd'hui, des teintes presque fabuleuses.

— Allons donc plus vite, mon père, disait la jeune fille avec un air de lutinerie en entraînant le vieillard. J'entends les tambours.

— Ce sont les troupes qui entrent aux Tuileries, répondit-il.

— Ou qui défilent, tout le monde revient ! répliqua-t-elle avec une enfantine amertume qui fit sourire le vieillard.

— La parade ne commence qu'à midi et demi, dit le père qui marchait presque en arrière de son impétueuse fille.

A voir le mouvement qu'elle imprimait à son bras droit, vous eussiez dit qu'elle s'en aidait pour courir. Sa petite main, bien gantée, froissait impatiemment un mouchoir, et ressemblait à la rame d'une barque qui fend les ondes. Le vieillard souriait par moments ; mais parfois aussi des expressions soucieuses attristaient passagèrement sa figure desséchée. Son amour pour cette belle créature lui faisait autant admirer le présent que craindre l'avenir. Il semblait se dire :

— Elle est heureuse aujourd'hui, le sera-t-elle toujours? Car les vieillards sont assez enclins à doter de leurs chagrins l'avenir des jeunes gens. Quand le père et la fille arrivèrent sous le péristyle du pavillon au sommet duquel flottait le drapeau tricolore, et par où les promeneurs vont et viennent du jardin des Tuileries dans le Carrousel, les factionnaires leur crièrent d'une voix grave : — On ne passe plus!

L'enfant se haussa sur la pointe des pieds, et put entrevoir une foule de femmes parées qui encombraient les deux côtés de la vieille arcade en marbre par où l'empereur devait sortir.

— Tu le vois bien, mon père, nous sommes partis trop tard.

Sa petite moue chagrine trahissait l'importance qu'elle avait mise à se trouver à cette revue.

— Eh! bien, Julie, allons-nous-en, tu n'aimes pas à être foulée.

— Restons, mon père. D'ici je puis encore apercevoir l'empereur. S'il périssait pendant la campagne, je ne l'aurais jamais vu.

Le père tressaillit en entendant ces paroles, car sa fille avait des larmes dans la voix; il la regarda, et crut remarquer sous ses paupières abaissées quelques pleurs causés moins par le dépit que par un de ces premiers chagrins dont le secret est facile à deviner pour un vieux père. Tout à coup Julie rougit, et jeta une exclamation dont le sens ne fut compris ni par les sentinelles, ni par le vieillard. A ce cri, un officier qui s'élançait de la cour vers l'escalier se retourna vivement, s'avança jusqu'à l'arcade du jardin, reconnut la jeune personne un moment cachée par les gros bonnets à poil des grenadiers, et fit fléchir aussitôt, pour elle et pour son père, la consigne qu'il avait donnée lui-même; puis, sans se mettre en peine des murmures de la foule élégante qui assiégeait l'arcade, il attira doucement à lui l'enfant enchantée.

— Je ne m'étonne plus de sa colère ni de son empressement, puisque tu étais de service, dit le vieillard à l'officier d'un air aussi sérieux que railleur.

— Monsieur, répondit le jeune homme, si vous voulez être bien placés, ne nous amusons point à causer. L'empereur n'aime pas à attendre, et je suis chargé par le maréchal d'aller l'avertir.

Tout en parlant, il avait pris avec une sorte de familiarité le bras de Julie, et l'entraînait rapidement vers le Carrousel. Julie aperçut avec étonnement une foule immense qui se pressait dans le petit espace compris entre les murailles grises du palais et les bornes réunies par des chaînes qui dessinent de grands carrés sablés au milieu de la cour des Tuileries. Le cordon de sentinelles, établi pour laisser un passage libre à l'empereur et à son état-major, avait beaucoup de peine à ne pas être débordé par cette foule empressée et bourdonnant comme un essaim.

— Cela sera donc bien beau ? demanda Julie en souriant.

— Prenez donc garde, s'écria l'officier qui saisit Julie par la taille et la souleva avec autant de vigueur que de rapidité pour la transporter près d'une colonne.

Sans ce brusque enlèvement, sa curieuse parente allait être froissée par la croupe du cheval blanc, harnaché d'une selle en velours vert et or, que le Mameluck de Napoléon tenait par la bride, presque sous l'arcade, à dix pas en arrière de tous les chevaux qui attendaient les grands-officiers, compagnons de l'empereur. Le jeune homme plaça le père et la fille près de la première borne de droite, devant la foule, et les recommanda par un signe de tête aux deux vieux grenadiers entre lesquels ils se trouvèrent. Quand l'officier revint au palais, un air de bonheur et de joie avait succédé sur sa figure au subit effroi que la reculade du cheval y avait imprimé ; Julie lui avait serré mystérieusement la main, soit pour le remercier du petit service qu'il venait de lui rendre, soit pour lui dire : — Enfin je vais donc vous voir ! Elle inclina même doucement la tête en réponse au salut respectueux que l'officier lui fit, ainsi qu'à son père, avant de disparaître avec prestesse. Le vieillard, qui semblait avoir exprès laissé les deux jeunes gens ensemble, restait dans une attitude grave, un peu en arrière de sa fille ; mais il l'observait à la dérobée, et tâchait de lui inspirer une fausse sécurité en paraissant absorbé dans la contemplation du magnifique spectacle qu'offrait le Carrousel. Quand Julie reporta sur son père le regard d'un écolier inquiet de son maître, le vieillard lui répondit même par un sourire de gaieté bienveillante ; mais son œil perçant avait suivi l'officier jusque sous l'arcade, et aucun événement de cette scène rapide ne lui avait échappé.

— Quel beau spectacle ! dit Julie à voix basse en pressant la main de son père.

L'aspect pittoresque et grandiose que présentait en ce moment le Carrousel faisait prononcer cette exclamation par des milliers de spectateurs dont toutes les figures étaient béantes d'admiration. Une autre rangée de monde, tout aussi pressée que celle où le vieillard et sa fille se tenaient, occupait, sur une ligne parallèle au château, l'espace étroit et pavé qui longe la grille du Carrousel. Cette foule achevait de dessiner fortement, par la variété des toilettes de femmes, l'immense carré long que forment les bâtiments des Tuileries et cette grille alors nouvellement posée. Les régiments de la vieille garde qui allaient être passés en revue remplissaient ce vaste terrain, où ils figuraient en face du palais d'imposantes lignes bleues de dix rangs de profondeur. Au delà de l'enceinte, et dans le Carrousel, se trouvaient, sur d'autres lignes parallèles, plusieurs régiments d'infanterie et de cavalerie prêts à défiler sous l'arc triomphal qui orne le milieu de grille, et sur le faîte duquel se voyaient, à cette époque, les magnifiques chevaux de Venise. La musique des régiments, placée au bas des galeries du Louvre, était masquée par les lanciers polonais de service. Une grande partie du carré sablé restait vide comme une arène préparée pour les mouvements de ces corps silencieux dont les masses, disposées avec la symétrie de l'art militaire, réfléchissaient les rayons du soleil dans les feux triangulaires de dix mille baïonnettes. L'air, en agitant les plumets des soldats, les faisait ondoyer comme les arbres d'une forêt courbés sous un vent impétueux. Ces vieilles bandes, muettes et brillantes, offraient mille contrastes de couleurs dus à la diversité des uniformes, des parements, des armes et des aiguillettes. Cet immense tableau, miniature d'un champ de bataille avant le combat, était poétiquement encadré, avec tous ses accessoires et ses accidents bizarres, par les hauts bâtiments majestueux dont l'immobilité semblait imitée par les chefs et les soldats. Le spectateur comparait involontairement ces murs d'hommes à ces murs de pierre. Le soleil du printemps, qui jetait profusément sa lumière sur les murs blancs bâtis de la veille et sur les murs séculaires, éclairait pleinement ces innombrables figures basanées qui toutes racontaient des périls passés et attendaient gravement les périls à venir. Les colonels de chaque régiment allaient et venaient seuls devant les fronts que formaient ces hommes héroïques. Puis, derrière les masses carrées de ces troupes bariolées d'argent, d'azur, de pourpre et d'or, les curieux pouvaient apercevoir les banderoles tricolores attachées aux lances de six infatigables cavaliers polonais, qui, semblables aux chiens conduisant un troupeau le long d'un champ, voltigeaient sans cesse entre les troupes et les curieux, pour empêcher ces derniers de dépasser le petit espace de terrain qui leur était concédé auprès de la grille impériale. A ces mouvements près, on aurait pu se croire dans le palais de la Belle au bois dormant. La brise du printemps, qui passait sur les bonnets à longs poils des grenadiers, attestait l'immobilité des soldats, de même que le sourd murmure de la foule accusait leur silence. Parfois seulement le retentissement d'un chapeau chinois, ou quelque léger coup frappé par inadvertance sur une grosse caisse et répété par les échos du palais impérial, ressemblait à ces coups de tonnerre lointains qui annoncent un orage. Un enthousiasme indescriptible éclatait dans l'attente de la multitude. La France allait faire ses adieux à Napoléon, à la veille d'une campagne dont les dangers étaient prévus par le moindre citoyen. Il s'agissait, cette fois, pour l'Empire Français, d'être ou de ne pas être. Cette pensée semblait animer la population citadine et la population armée qui se pressaient, également silencieuses, dans l'enceinte où planaient l'aigle et le génie de Napoléon. Ces soldats, espoir de la France ; ces soldats, sa dernière goutte de sang, entraient aussi pour beaucoup dans l'inquiète curiosité des spectateurs. Entre la plupart des assistants et des militaires, il se disait des adieux peut-être éternels ; mais tous les cœurs, même les plus hostiles à l'empereur, adressaient au ciel des vœux ardents pour la gloire de la patrie. Les hommes les plus fatigués de la lutte commencée entre l'Europe et la France avaient tous déposé leurs haines en passant sous l'arc de triomphe, comprenant qu'au jour du danger Napoléon était toute la France. L'horloge du château sonna une demi-heure. En ce moment les bourdonnements de la foule cessèrent, et le silence devint si profond, que l'on eût entendu la parole d'un enfant. Le vieillard et sa fille, qui semblaient ne vivre que par les yeux, distinguèrent alors un bruit d'éperons et un cliquetis d'épées qui retentirent sous le sonore péristyle du château.

Un petit homme assez gras, vêtu d'un uniforme vert, d'une culotte blanche, et chaussé de bottes à l'écuyère, parut tout à coup en gardant sur sa tête un chapeau à trois cornes aussi prestigieux que cet homme lui-même. Le large ruban rouge de la Légion-d'Honneur flottait sur sa poitrine. Une petite épée était à son côté. L'Homme fut aperçu par tous les yeux, et à la fois, de tous les points dans la place. Aussitôt, les tambours battirent aux champs, les deux orchestres débutèrent par une phrase dont l'expression guerrière fut répétée sur tous les instruments, depuis la plus douce des flûtes jusqu'à la grosse caisse. A ce belliqueux appel, les âmes tressaillirent, les drapeaux saluèrent, les soldats présentèrent les armes par un mouvement unanime et régulier qui agita les fusils depuis le premier rang jusqu'au dernier dans le Carrousel. Des mots de commandement s'élancèrent de rang en rang comme des échos. Des cris de : Vive l'empereur ! furent poussés par la multitude enthousiasmée. Enfin tout frissonna, tout remua, tout s'ébranla. Napoléon était monté à cheval. Ce mouvement avait imprimé la vie à ces masses silencieuses, avait donné une voix aux instruments, un élan aux aigles et aux drapeaux, une émotion à toutes les figures. Les murs des hautes galeries de ce vieux palais semblaient crier aussi : Vive l'empereur ! Ce ne fut pas quelque chose d'humain, ce fut une magie, un simulacre de la puissance divine, ou mieux une fugitive image de ce règne si fugitif. L'homme entouré de tant d'amour, d'enthousiasme, de dévouement, de vœux, pour qui le soleil avait chassé les nuages du ciel, resta sur son cheval, à trois pas en avant du petit escadron doré qui le suivait, ayant le grand-maréchal à sa gauche, le maréchal de service à sa droite. Au sein de tant d'émotions excitées par lui, aucun trait de son visage ne parut s'émouvoir.

— Oh ! mon Dieu, oui. A Wagram au milieu du feu, à la Moscowa parmi les morts, il est toujours tranquille comme Baptiste, *lui !* Cette réponse à de nombreuses interrogations était faite par le grenadier qui se trouvait auprès de la jeune fille. Julie fut pendant un moment absorbée par la contemplation de cette figure dont le calme indiquait une si grande sécurité de puissance. L'empereur se pencha vers Duroc, auquel il dit une phrase courte qui fit sourire le grand-maréchal. Les manœuvres commencèrent. Si jusqu'alors la jeune personne avait partagé son attention entre la figure impassible de Napoléon et les lignes bleues, vertes et rouges des troupes, en ce moment elle s'occupa presque exclusivement, au milieu des mouvements rapides et réguliers exécutés par ces vieux soldats, d'un jeune officier qui courait à cheval parmi les lignes mouvantes, et revenait avec une infatigable activité vers le groupe à la tête duquel brillait le simple Napoléon. Cet officier montait un superbe cheval noir, et se faisait distinguer, au sein de cette multitude chamarrée, par le bel uniforme bleu de ciel des officiers d'ordonnance de l'empereur. Ses broderies pétillaient si vivement au soleil, et l'aigrette de son shako étroit et long en recevait de si fortes lueurs, que les spectateurs durent le comparer à un feu follet, à une âme invisible chargée par l'empereur d'animer, de conduire ces bataillons dont les armes ondoyantes jetaient des flammes, quand, sur un seul signe de ses yeux, ils se brisaient, se rassemblaient, tournoyaient comme les ondes d'un gouffre, ou passaient devant lui comme ces lames longues, droites et hautes que l'Océan courroucé dirige sur ses rivages.

Quand les manœuvres furent terminées, l'officier d'ordonnance accourut à bride abattue, et s'arrêta devant l'empereur pour en attendre les ordres. En ce moment, il était à vingt pas de Julie, en face du groupe impérial, dans une attitude assez semblable à celle que Gérard a donnée au général Rapp dans le tableau de la Bataille d'Austerlitz. Il fut permis alors à la jeune fille d'admirer son amant dans toute sa splendeur militaire. Le colonel Victor d'Aiglemont, à peine âgé de trente ans, était grand, bien fait, svelte; et ses heureuses proportions ne ressortaient jamais mieux que quand il employait sa force à gouverner un cheval dont le dos élégant et souple paraissait plier sous lui. Sa figure mâle et brune possédait ce charme inexplicable qu'une parfaite régularité de traits communique à de jeunes visages. Son front était large et haut. Ses yeux de feu, ombragés de sourcils épais et bordés de longs cils, se dessinaient comme deux ovales blancs entre deux lignes noires. Son nez offrait la gracieuse courbure d'un bec d'aigle. La pourpre de ses lèvres était rehaussée par les sinuosités de l'inévitable moustache noire. Ses joues larges et fortement colorées offraient des tons bruns et jaunes qui dénotaient une vigueur extraordinaire. Sa figure, une de celles que la bravoure a marquées de son cachet, offrait le type que cherche aujourd'hui l'artiste quand il songe à représenter un des héros de la France impériale. Le cheval trempé de sueur, et dont la tête agitée exprimait une extrême impatience, les deux pieds de devant écartés et arrêtés sur une même ligne sans que l'un dépassât l'autre, faisait flotter les longs crins de sa queue fournie; et son dévouement offrait une matérielle image de celui que son maître avait pour l'empereur. En voyant son amant si occupé de saisir les regards de Napoléon, Julie éprouva un moment de jalousie en pensant qu'il ne l'avait pas encore regardée. Tout à coup, un mot est prononcé par le souverain, Victor presse les flancs de son cheval et part au galop; mais l'ombre d'une borne projetée sur le sable effraie l'animal qui s'effarouche, recule, se dresse, et si brusquement que le cavalier semble en danger. Julie jette un cri, elle pâlit ; chacun la regarde avec curiosité, elle ne voit personne ; ses yeux sont attachés sur ce cheval trop fougueux que l'officier châtie tout en courant redire les ordres de Napoléon. Ces étourdissants tableaux absorbaient si bien Julie, qu'à son insu elle s'était cramponnée au bras de son père à qui elle révélait involontairement ses pensées par la pression plus ou moins vive de ses doigts. Quand Victor fut sur le point d'être renversé par le cheval, elle s'accrocha plus violemment encore à son père, comme si elle-même eût été en danger de tomber. Le vieillard contemplait avec une sombre et douloureuse inquiétude le visage épanoui de sa fille, et des sentiments de pitié, de jalousie, des regrets même, se glissèrent dans toutes ses rides contractées. Mais quand l'éclat inaccoutumé des yeux de Julie, le cri qu'elle venait de pousser et le mouvement convulsif de ses doigts, achevèrent de lui dévoiler un amour secret ; certes, il dut avoir quelques tristes révélations de l'avenir, car sa figure offrit alors une expression sinistre. En ce moment, l'âme de Julie semblait avoir passé dans celle de l'officier. Une pensée plus cruelle que toutes celles qui avaient effrayé le vieillard crispa les traits de son visage souffrant, quand il vit d'Aiglemont échangeant, en passant devant eux, un regard d'intelligence avec Julie dont les yeux étaient humides, et dont le teint avait contracté une vivacité extraordinaire. Il emmena brusquement sa fille dans le jardin des Tuileries.

— Mais, mon père, disait-elle, il y a encore sur la place du Carrousel des régiments qui vont manœuvrer.

— Non, mon enfant, toutes les troupes défilent.

— Je pense, mon père, que vous vous trompez. Monsieur d'Aiglemont a dû les faire avancer......

— Mais, ma fille, je souffre et ne veux pas rester.

Julie n'eut pas de peine à croire son père quand elle eut jeté les yeux sur ce visage, auquel de paternelles inquiétudes donnaient un air abattu.

— Souffrez-vous beaucoup ? demanda-t-elle avec indifférence, tant elle était préoccupée.

— Chaque jour n'est-il pas un jour de grâce pour moi ? répondit le vieillard.

— Vous allez donc encore m'affliger en me parlant de votre mort. J'étais si gaie ! Voulez-vous bien chasser vos vilaines idées noires.

— Ah! s'écria le père en poussant un soupir, enfant gâté! les meilleurs cœurs sont quelquefois bien cruels. Vous consacrer notre vie, ne penser qu'à vous, préparer votre bien-être, sacrifier nos goûts à vos fantaisies, vous adorer, vous donner même notre sang, ce n'est donc rien? Hélas! oui, vous acceptez tout avec insouciance. Pour toujours obtenir vos sourires et votre dédaigneux amour, il faudrait avoir la puissance de Dieu. Puis enfin un autre arrive! un amant, un mari nous ravissent vos cœurs.

Julie étonnée regarda son père qui marchait lentement, et qui jetait sur elle des regards sans lueur.

— Vous vous cachez même de nous, reprit-il, mais peut-être aussi de vous-même...

— Que dites-vous donc, mon père?

— Je pense, Julie, que vous avez des secrets pour moi. — Tu aimes, reprit vivement le vieillard en s'apercevant que sa fille venait de rougir. Ah! j'espérais te voir fidèle à ton vieux père jusqu'à sa mort, j'espérais te conserver près de moi heureuse et brillante! t'admirer comme tu étais encore naguère. En ignorant ton sort, j'aurais pu croire à un avenir tranquille pour toi; mais maintenant il est impossible que j'emporte une espérance de bonheur pour ta vie, car tu aimes encore plus le colonel que tu n'aimes le cousin. Je n'en puis plus douter.

— Pourquoi me serait-il interdit de l'aimer? s'écria-t-elle avec une vive expression de curiosité.

— Ah! ma Julie, tu ne me comprendrais pas, répondit le père en soupirant.

— Dites toujours, reprit-elle en laissant échapper un mouvement de mutinerie.

— Eh! bien, mon enfant, écoute-moi. Les jeunes filles se créent souvent de nobles, de ravissantes images, des figures tout idéales, et se forgent des idées chimériques sur les hommes, sur les sentiments, sur le monde; puis elles attribuent innocemment à un caractère les perfections qu'elles ont rêvées, et s'y confient; elles aiment dans l'homme de leur choix cette créature imaginaire; mais plus tard, quand il n'est plus temps de s'affranchir du malheur, la trompeuse apparence qu'elles ont embellie, leur première idole enfin se change en un squelette odieux. Julie, j'aimerais mieux te savoir amoureuse d'un vieillard que de te voir aimant le colonel. Ah! si tu pouvais te placer à dix ans d'ici dans la vie, tu rendrais justice à mon expérience. Je connais Victor : sa gaieté est une gaieté sans esprit, une gaieté de caserne, il est sans talent et dépensier. C'est un de ces hommes que le ciel a créés pour prendre et digérer quatre repas par jour, dormir, aimer la première venue et se battre. Il n'entend pas la vie. Son bon cœur, car il a bon cœur, l'entraînera peut-être à donner sa bourse à un malheureux, à un camarade ; mais il est insouciant, mais il n'est pas doué de cette délicatesse de cœur qui nous rend esclaves du bonheur d'une femme ; mais il est ignorant, égoïste... Il y a beaucoup de *mais*.

— Cependant, mon père, il faut bien qu'il ait de l'esprit et des moyens pour avoir été fait colonel...

— Ma chère, Victor restera colonel toute sa vie. Je n'ai encore vu personne qui m'ait paru digne de toi, reprit le vieux père avec une sorte d'enthousiasme. Il s'arrêta un moment, contempla sa fille, et ajouta : — Mais, ma pauvre Julie, tu es encore trop jeune, trop faible, trop délicate pour supporter les chagrins et les tracas du mariage. D'Aiglemont a été gâté par ses parents, de même que tu l'as été par ta mère et par moi. Comment espérer que vous pourrez vous entendre tous deux avec des volontés différentes dont les tyrannies seront inconciliables ? Tu seras ou victime ou tyran. L'une ou l'autre alternative apporte une égale somme de malheurs dans la vie d'une femme. Mais tu es douce et modeste, tu plieras d'abord. Enfin tu as, dit-il d'une voix altérée, une grâce de sentiment qui sera méconnue, et alors... Il n'acheva pas, les larmes le gagnèrent.

— Victor, reprit-il après une pause, blessera les naïves qualités de ta jeune âme. Je connais les militaires, ma Julie ; j'ai vécu aux armées. Il est rare que le cœur de ces gens-là puisse triompher des habitudes produites ou par les malheurs au sein desquels ils vivent, ou par les hasards de leur vie aventurière.

— Vous voulez donc, mon père, répliqua Julie d'un ton qui tenait le milieu entre le sérieux et la plaisanterie, contrarier mes sentiments, me marier pour vous et non pour moi ?

— Te marier pour moi ! s'écria le père avec un mouvement de surprise, pour moi, ma fille, de qui tu n'entendras bientôt plus la voix si amicalement grondeuse. J'ai toujours vu les enfants attribuant à un sentiment personnel les sacrifices que leur font les parents ! Épouse Victor, ma Julie. Un jour tu déploreras amèrement sa nullité, son défaut d'ordre, son égoïsme, son indélicatesse, son ineptie en amour, et mille autres chagrins qui te viendront par lui. Alors, souviens-toi que, sous ces arbres, la voix prophétique de ton vieux père a retenti vainement à tes oreilles !

Le vieillard se tut, il avait surpris sa fille agitant la tête d'une manière mutine. Tous deux firent quelques pas vers la grille où leur voiture était arrêtée. Pendant cette marche silencieuse, la jeune fille examina furtivement le visage de son père et quitta par degrés sa mine boudeuse. La profonde douleur gravée sur ce front penché vers la terre lui fit une vive impression.

— Je vous promets, mon père, dit-elle d'une voix douce et altérée, de ne pas vous parler de Victor avant que vous ne soyez revenu de vos préventions contre lui.

Le vieillard regarda sa fille avec étonnement. Deux larmes qui roulaient dans ses yeux tombèrent le long de ses joues ridées. Il ne put embrasser Julie devant la foule qui les environnait, mais il lui pressa tendrement la main. Quand il remonta en voiture, toutes les pensées soucieuses qui s'étaient amassées sur son front avaient complétement disparu. L'attitude un peu triste de sa fille l'inquiétait alors bien moins que la joie innocente dont le secret avait échappé pendant la revue à Julie.

Dans les premiers jours du mois de mars 1814, un peu moins d'un an après cette revue de l'empereur, une calèche roulait sur la route d'Amboise à Tours. En quittant le dôme vert des noyers sous lesquels se cachait la poste de la Frillière, cette voiture fut entraînée avec une telle rapidité, qu'en un moment elle arriva au pont bâti sur la Cise, à l'embouchure de cette rivière dans la Loire, et s'y arrêta. Un trait venait de se briser par suite du mouvement impétueux que, sur l'ordre de son maître, un jeune postillon avait imprimé à quatre des plus vigoureux chevaux du relais. Ainsi, par un effet du hasard, les deux personnes qui se trouvaient dans la calèche eurent le loisir de contempler à leur réveil un des plus beaux sites que puissent présenter les séduisantes rives de la Loire. A sa droite, le voyageur embrasse d'un regard toutes les sinuosités de la Cise, qui se roule, comme un serpent argenté, dans l'herbe des prairies auxquelles les premières pousses du printemps donnaient alors les couleurs de l'émeraude. A gauche, la Loire apparaît dans toute sa magnificence. Les innombrables facettes de quelques *roulées*, produites par une brise matinale un peu froide, réfléchissaient les scintillements du soleil sur les vastes nappes que déploie cette majestueuse rivière. Çà et là des îles verdoyantes se succèdent dans l'étendue des eaux, comme les chatons d'un collier. De l'autre côté du fleuve, les plus belles campagnes de la Touraine déroulent leurs trésors à perte de vue. Dans le lointain, l'œil ne rencontre d'autres bornes que les collines du Cher, dont les cimes dessinaient en ce moment des lignes lumineuses sur le transparent azur du ciel. A travers le tendre feuillage des îles, au fond du tableau, Tours semble, comme Venise, sortir du sein des eaux. Les campaniles de sa vieille cathédrale s'élancent dans les airs, où ils se confondaient alors avec les créations fantastiques de quelques nuages blanchâtres. Au delà du pont sur lequel la voiture était arrêtée, le voyageur aperçoit devant lui, le long de la Loire jusqu'à Tours, une chaîne de rochers qui, par une fantaisie de la nature, paraît avoir été posée pour encaisser le fleuve dont les flots minent incessamment la pierre, spectacle qui fait toujours l'étonnement du voyageur. Le village de Vouvray se trouve comme niché dans les gorges et les éboulements de ces roches, qui commencent à décrire un coude devant le pont de la Cise. Puis, de Vouvray jusqu'à Tours, les effrayantes anfractuosités de cette colline déchirée sont habitées par une population de vignerons. En plus d'un endroit il existe trois étages de maisons, creusées dans le roc et réunies par de dangereux escaliers taillés à même la pierre. Au sommet d'un toit, une jeune fille en jupon rouge court à son jardin. La fumée d'une cheminée s'élève entre les sarments et le pampre naissant d'une vigne. Des closiers labourent des champs perpendiculaires. Une vieille femme, tranquille sur un quartier de roche éboulée, tourne son rouet sous les fleurs d'un amandier, et regarde passer les voyageurs à ses pieds en souriant de leur effroi. Elle ne s'inquiète pas plus des crevasses du sol que de la ruine pendante d'un vieux mur dont les assises ne sont plus retenues que par les tortueuses racines d'un manteau de lierre. Le marteau des tonneliers fait retentir les voûtes de caves aériennes. Enfin, la terre est partout cultivée et partout féconde, là où la nature a refusé de la terre à l'industrie humaine. Aussi rien n'est-il comparable, dans le cours de la Loire, au riche panorama que la Touraine présente alors aux yeux du voyageur. Le triple tableau de cette scène, dont les aspects sont à peine indiqués, procure à l'âme un de ces spectacles qu'elle inscrit à jamais dans son souvenir ; et, quand un poète en a joui, ses rêves viennent souvent lui en reconstruire fabuleusement les effets romantiques. Au moment où la voiture parvint sur le pont de la Cise, plusieurs voiles blanches débouchèrent entre les îles de la Loire, et donnèrent une nouvelle harmonie à ce site harmonieux. La senteur des saules qui bordent le fleuve ajoutait de pénétrants parfums au goût de la brise humide. Les oiseaux faisaient entendre leurs prolixes concerts ; le chant monotone d'un gardeur de chèvres y joignait une sorte de mélancolie, tandis que les cris des mariniers annonçaient une agitation lointaine. De molles vapeurs, capricieusement arrêtées autour des arbres épars dans ce vaste paysage, y imprimaient une dernière grâce. C'était la Touraine dans toute sa gloire, le printemps dans toute sa splendeur. Cette partie de la France, la seule que les armées étrangères ne devaient point troubler, était en ce moment la seule qui fût tranquille, et l'on eût dit qu'elle défiait l'Invasion.

Une tête coiffée d'un bonnet de police se montra hors de la calèche aussitôt qu'elle ne roula plus ; bientôt un militaire impatient en ouvrit lui-même la portière, et sauta sur la route comme pour aller quereller le postillon. L'intelligence avec laquelle ce Tourangeau raccommodait le trait cassé rassura le colonel comte d'Aiglemont, qui revint vers la portière en étendant ses bras comme pour détirer ses muscles endormis ; il bâilla, regarda le paysage, et posa la main sur le bras d'une jeune femme soigneusement enveloppée dans un vitchoura.

— Tiens, Julie, lui dit-il d'une voix enrouée, réveille-toi donc pour examiner le pays ! Il est magnifique.

Julie avança la tête hors de la calèche. Un bonnet de martre lui servait de coiffure, et les plis du manteau fourré dans lequel elle était enveloppée déguisaient si bien ses formes qu'on ne pouvait plus voir que sa figure. Julie d'Aiglemont ne ressemblait déjà plus à la jeune fille qui courait naguère avec joie et bonheur à la revue des Tuileries. Son visage, toujours délicat, était privé des couleurs roses qui jadis lui donnaient un si riche éclat. Les touffes noires de quelques cheveux défrisés par l'humidité de la nuit faisaient ressortir la blancheur mate de sa tête, dont la vivacité semblait engourdie. Cependant ses yeux brillaient d'un feu surnaturel ; mais au-dessous de leurs paupières, quelques teintes violettes se dessinaient sur les joues fatiguées. Elle examina d'un œil indifférent les campagnes du Cher, la Loire et ses îles, Tours et les longs rochers de Vouvray ; puis, sans vouloir regarder la ravissante vallée de la Cise, elle se rejeta promptement dans le fond de la calèche, et dit d'une voix qui en plein air paraissait d'une extrême faiblesse : — Oui, c'est admirable. Elle avait, comme on le voit, pour son malheur, triomphé de son père.

— Julie, n'aimerais-tu pas à vivre ici ?
— Oh ! là ou ailleurs, dit-elle avec insouciance.
— Souffres-tu ? lui demanda le colonel d'Aiglemont.
— Pas du tout, répondit la jeune femme avec une vivacité momentanée. Elle contempla son mari en souriant et ajouta : — J'ai envie de dormir.

Le galop d'un cheval retentit soudain. Victor d'Aiglemont laissa la main de sa femme, et tourna la tête vers le coude que la route fait en cet endroit. Au moment où Julie ne fut plus vue par le colonel, l'expression de gaieté qu'elle avait imprimée à son pâle visage disparut comme si quelque lueur eût cessé de l'éclairer. N'éprouvant ni le désir de revoir le paysage ni la curiosité de savoir quel était le cavalier dont le cheval galopait si furieusement, elle se replaça dans le coin de la calèche, et ses yeux se fixèrent sur la croupe des chevaux sans trahir aucune espèce de sentiment. Elle eut un air aussi stupide que peut l'être celui d'un paysan breton écoutant le prône de son curé. Un jeune homme, monté sur un cheval de prix, sortit tout d'un coup d'un bosquet de peupliers et d'aubépines en fleurs.

— C'est un Anglais, dit le colonel.
— Oh ! mon Dieu oui, mon général, répliqua le postillon. Il est de la race des gars qui veulent, dit-on, manger la France.

L'inconnu était un de ces voyageurs qui se trouvèrent sur le continent lorsque Napoléon arrêta tous les Anglais en représailles de l'attentat commis envers le droit des gens par le cabinet de Saint-James lors de la rupture du traité d'Amiens. Soumis au caprice du pouvoir impérial, ces prisonniers ne restèrent pas tous dans les résidences où ils furent saisis, ni dans celles qu'ils eurent d'abord la liberté de choisir. La plupart de ceux qui habitaient en ce moment la Touraine y furent transférés de divers points de l'empire, où leur séjour avait paru compromettre les intérêts de la politique continentale. Le jeune captif qui promenait en ce moment son ennui matinal était une victime de la puissance bureaucratique. Depuis deux ans, un ordre parti du ministère des Relations Extérieures l'avait arraché au climat de Montpellier, où la rupture de la paix le surprit autrefois cherchant à se guérir d'une affection de poitrine. Du moment où ce jeune homme reconnut un militaire dans la personne du comte d'Aiglemont, il s'empressa d'en éviter les regards en tournant assez brusquement la tête vers les prairies de la Cise.

— Tous ces Anglais sont insolents comme si le globe leur appartenait, dit le colonel en murmurant. Heureusement Soult va leur donner les étrivières.

Quand le prisonnier passa devant la calèche, il y jeta les yeux. Malgré la brièveté de son regard, il put alors admirer l'expression de mélancolie qui donnait à la figure pensive de la comtesse je ne sais quel attrait indéfinissable. Il y a beaucoup d'hommes dont le cœur est puissamment ému par la seule apparence de la souffrance chez une femme : pour eux la douleur semble être une promesse de constance ou d'amour. Entièrement absorbée dans la contemplation d'un coussin de sa calèche, Julie ne fit attention ni au cheval ni au cavalier. Le trait avait été solidement et promptement rajusté. Le comte remonta en voiture. Le postillon s'efforça de regagner le temps perdu, et mena rapidement les deux voyageurs sur la partie de la levée que bordent les rochers suspendus au sein desquels mûrissent les vins de Vouvray, d'où s'élancent tant de jolies maisons, où apparaissent dans le lointain les ruines de cette si célèbre abbaye de Marmoutiers, la retraite de saint Martin.

— Que nous veut donc ce milord diaphane? s'écria le colonel en tournant la tête pour s'assurer que le cavalier qui depuis le pont de la Cise suivait sa voiture était le jeune Anglais.

Comme l'inconnu ne violait aucune convenance de politesse en se promenant sur la berne de la levée, le colonel se remit dans le coin de sa calèche après avoir jeté un regard menaçant sur l'Anglais. Mais il ne put, malgré son involontaire inimitié, s'empêcher de remarquer la beauté du cheval et la grâce du cavalier. Le jeune homme avait une de ces figures britanniques dont le teint est si fin, la peau si douce et si blanche, qu'on est quelquefois tenté de supposer qu'elles appartiennent au corps délicat d'une jeune fille. Il était blond, mince et grand. Son costume avait ce caractère de recherche et de propreté qui distingue les fashionables de la prude Angleterre. On eût dit qu'il rougissait plus par pudeur que par plaisir à l'aspect de la comtesse. Une seule fois Julie leva les yeux sur l'étranger; mais elle y fut en quelque sorte obligée par son mari qui voulait lui faire admirer les jambes d'un cheval de race pure. Les yeux de Julie rencontrèrent alors ceux du timide Anglais. Dès ce moment le gentilhomme, au lieu de faire marcher son cheval près de la calèche, la suivit à quelques pas de distance. A peine la comtesse regarda-t-elle l'inconnu. Elle n'aperçut aucune des perfections humaines et chevalines qui lui étaient signalées, et se rejeta au fond de la voiture après avoir laissé échapper un léger mouvement de sourcils comme pour approuver son mari. Le colonel se rendormit, et les deux époux arrivèrent à Tours sans s'être dit une seule parole et sans que les ravissants paysages de la changeante scène au sein de laquelle ils voyageaient attirassent une seule fois l'attention de Julie. Quand son mari sommeilla, madame d'Aiglemont le contempla à plusieurs reprises. Au dernier regard qu'elle lui jeta, un cahot fit tomber sur les genoux de la jeune femme un médaillon suspendu à son cou par une chaîne de deuil, et le portrait de son père lui apparut soudain. A cet aspect, des larmes, jusque-là réprimées, roulèrent dans ses yeux. L'Anglais vit peut-être les traces humides et brillantes que ces pleurs laissèrent un moment sur les joues pâles de la comtesse, mais que l'air sécha promptement. Chargé par l'empereur de porter des ordres au maréchal Soult, qui avait à défendre la France de l'invasion faite par les Anglais dans le Béarn, le colonel d'Aiglemont profitait de sa mission pour soustraire sa femme aux dangers qui menaçaient alors Paris, et la conduisait à Tours chez une vieille parente à lui. Bientôt la voiture roula sur le pavé de Tours, sur le pont, dans la Grande-Rue, et s'arrêta devant l'hôtel antique où demeurait la ci-devant comtesse de Listomère-Landon.

La comtesse de Listomère-Landon était une de ces belles vieilles femmes au teint pâle, à cheveux blancs, qui ont un sourire fin, qui semblent porter des paniers, et sont coiffées d'un bonnet dont la mode est inconnue. Portraits septuagénaires du siècle de Louis XV, ces femmes sont presque toujours caressantes, comme si elles aimaient encore; moins pieuses que dévotes, et moins dévotes qu'elles n'en ont l'air; toujours exhalant la poudre à la maréchale, contant bien, causant mieux, et riant plus d'un souvenir que d'une plaisanterie. L'actualité leur déplaît. Quand une vieille femme de chambre vint annoncer à la comtesse (car elle devait bientôt reprendre son titre) la visite d'un neveu qu'elle n'avait pas vu depuis le commencement de la guerre d'Espagne, elle ôta vivement ses lunettes, ferma la *Galerie de l'ancienne cour*, son livre favori ; puis elle retrouva une sorte d'agilité pour arriver sur son perron au moment où les deux époux en montaient les marches.

La tante et la nièce se jetèrent un rapide coup d'œil.

— Bonjour, ma chère tante, s'écria le colonel en saisissant la vieille femme et l'embrassant avec précipitation. Je vous amène une jeune personne à garder. Je viens vous confier mon trésor. Ma Julie n'est ni coquette ni jalouse ; elle a une douceur d'ange... Mais elle ne se gâtera pas ici, j'espère, dit-il en s'interrompant.

— Mauvais sujet ! répondit la comtesse en lui lançant un regard moqueur.

Elle s'offrit, la première, avec une certaine grâce aimable, à embrasser Julie qui restait pensive et paraissait plus embarrassée que curieuse.

— Nous allons donc faire connaissance, mon cher cœur ? reprit la comtesse. Ne vous effrayez pas trop de moi, je tâche de n'être jamais vieille avec les jeunes gens.

Avant d'arriver au salon, la marquise avait déjà, suivant l'habitude des provinces, commandé à déjeuner pour ses deux hôtes ; mais le comte arrêta l'éloquence de sa tante en lui disant d'un ton sérieux qu'il ne pouvait pas lui donner plus de temps que la poste n'en mettrait à relayer. Les trois parents entrèrent donc au plus vite dans le salon et le colonel eut à peine le temps de raconter à sa grand'tante les événements politiques et militaires qui l'obligeaient à lui demander un asile pour sa jeune femme. Pendant ce récit, la tante regardait alternativement et son neveu qui parlait sans être interrompu, et sa nièce dont la pâleur et la tristesse lui parurent causées par cette séparation forcée. Elle avait l'air de se dire : — Hé ! hé ! ces jeunes gens-là s'aiment.

En ce moment, des claquements de fouet retentirent dans la vieille cour silencieuse dont les pavés étaient dessinés par des bouquets d'herbe. Victor embrassa derechef la comtesse, et s'élança hors du logis.

— Adieu, ma chère, dit-il en embrassant sa femme qui l'avait suivi jusqu'à la voiture.

— Oh ! Victor, laisse-moi t'accompagner plus loin encore, dit-elle d'une voix caressante, je ne voudrais pas te quitter...

— Y penses-tu ?

— Eh ! bien, répliqua Julie, adieu, puisque tu le veux.

La voiture disparut.

— Vous aimez donc bien mon pauvre Victor? demanda la comtesse à sa nièce en l'interrogeant par un de ces savants regards que les vieilles femmes jettent aux jeunes.

— Hélas! madame, répondit Julie, ne faut-il pas bien aimer un homme pour l'épouser?

Cette dernière phrase fut accentuée par un ton de naïveté qui trahissait tout à la fois un cœur pur ou de profonds mystères. Or, il était bien difficile à une femme amie de Duclos et du maréchal de Richelieu de ne pas chercher à deviner le secret de ce jeune ménage. La tante et la nièce étaient en ce moment sur le seuil de la porte cochère, occupées à regarder la calèche qui fuyait. Les yeux de la comtesse n'exprimaient pas l'amour comme la marquise le comprenait. La bonne dame était Provençale, et ses passions avaient été vives.

— Vous vous êtes donc laissé prendre par mon vaurien de neveu? demanda-t-elle à sa nièce.

La comtesse tressaillit involontairement, car l'accent et le regard de cette vieille coquette semblèrent lui annoncer une connaissance du caractère de Victor plus approfondie peut-être que ne l'était la sienne. Madame d'Aiglemont, inquiète, s'enveloppa donc dans cette dissimulation maladroite, premier refuge des cœurs naïfs et souffrants. Madame de Listomère se contenta des réponses de Julie; mais elle pensa joyeusement que sa solitude allait être réjouie par quelque secret d'amour, car sa nièce lui parut avoir quelque intrigue amusante à conduire. Quand madame d'Aiglemont se trouva dans un grand salon, tendu de tapisseries encadrées par des baguettes dorées, qu'elle fut assise devant un grand feu, abritée des bises *fenestrales* par un paravent chinois, sa tristesse ne put guère se dissiper. Il était difficile que la gaieté naquît sous de si vieux lambris, entre des meubles séculaires. Néanmoins la jeune Parisienne prit une sorte de plaisir à entrer dans cette solitude profonde, et dans le silence solennel de la province. Après avoir échangé quelques mots avec cette tante, à laquelle elle avait écrit naguère une lettre de nouvelle mariée, elle resta silencieuse comme si elle eût écouté la musique d'un opéra. Ce ne fut qu'après deux heures d'un calme digne de la Trappe qu'elle s'aperçut de son impolitesse envers sa tante, elle se souvint de ne lui avoir fait que de froides réponses. La vieille femme avait respecté le caprice de sa nièce par cet instinct plein de grâce qui caractérise les gens de l'ancien temps. En ce moment la douairière tricotait. Elle s'était, à la vérité, absentée plusieurs fois pour s'occuper d'une certaine chambre *verte* où devait coucher la comtesse et où les gens de la maison plaçaient les bagages; mais alors elle avait repris sa place dans un grand fauteuil, et regardait la jeune femme à la dérobée. Honteuse de s'être abandonnée à son irrésistible méditation, Julie essaya de se la faire pardonner en s'en moquant.

— Ma chère petite, nous connaissons la douleur des veuves, répondit la tante.

Il fallait avoir quarante ans pour deviner l'ironie qu'exprimèrent les lèvres de la vieille dame. Le lendemain, la comtesse fut beaucoup mieux, elle causa. Madame de Listomère ne désespéra plus d'apprivoiser cette nouvelle mariée, qu'elle avait d'abord jugée comme un être sauvage et stupide; elle l'entretint des joies du pays, des bals et des maisons où elles pouvaient aller. Toutes les questions de la marquise furent, pendant cette journée, autant de piéges que, par une ancienne habitude de cour, elle ne put s'empêcher de tendre à sa nièce pour en deviner le caractère. Julie résista à toutes les instances qui lui furent faites pendant quelques jours d'aller chercher des distractions au dehors. Aussi, malgré l'envie qu'avait la vieille dame de promener orgueilleusement sa jolie nièce, finit-elle par renoncer à vouloir la mener dans le monde. La comtesse avait trouvé un prétexte à sa solitude et à sa tristesse dans le chagrin que lui avait causé la mort de son père, de qui elle portait encore le deuil. Au bout de huit jours, la douairière admira la douceur angélique, les grâces modestes, l'esprit indulgent de Julie, et s'intéressa, dès lors, prodigieusement à la mystérieuse mélancolie qui rongeait ce jeune cœur. La comtesse était une de ces femmes nées pour être aimables, et qui semblent apporter avec elles le bonheur. Sa société devint si douce et si précieuse à madame de Listomère, qu'elle s'affola de sa nièce, et désira ne plus la quitter. Un mois suffit pour établir entre elles une éternelle amitié. La vieille dame remarqua, non sans surprise, les changements qui se firent dans la physionomie de madame d'Aiglemont. Les couleurs vives qui embrasaient le teint s'éteignirent insensiblement, et la figure prit des tons mats et pâles. En perdant son éclat primitif, Julie devenait moins triste. Parfois la douairière réveillait chez sa jeune parente des élans de gaieté ou des rires folâtres bientôt réprimés par une pensée importune. Elle devina que ni le souvenir paternel ni l'absence de Victor n'étaient la cause de la mélancolie profonde qui jetait un voile sur la vie de sa nièce; puis elle eut tant de mauvais soupçons qu'il lui fut difficile de s'arrêter à la véritable cause du mal, car nous ne rencontrons peut être le vrai que par hasard. Un jour, enfin, Julie fit briller aux yeux de sa tante étonnée un oubli complet du mariage, une folie de jeune fille étourdie, une candeur d'esprit, un enfantillage digne du premier âge, tout cet esprit délicat, et parfois si profond, qui distingue les jeunes personnes en France. Madame de Listomère résolut alors de sonder les mystères de cette âme dont le naturel extrême équivalait à une impénétrable dissimulation. La nuit approchait, les deux dames étaient assises devant une croisée qui donnait sur la rue, Julie avait repris un air pensif, un homme à cheval vint à passer.

— Voilà une de vos victimes, dit la vieille dame.

Madame d'Aiglemont regarda sa tante en manifestant un étonnement mêlé d'inquiétude.

— C'est un jeune Anglais, un gentilhomme, l'honorable Arthur Ormond, fils aîné de lord Grenville. Son histoire est intéressante. Il est venu à Montpellier en 1802, espérant que l'air de ce pays, où il était envoyé par les médecins, le guérirait d'une maladie de poitrine à laquelle il devait succomber. Comme tous ses compatriotes, il a été arrêté par Bonaparte lors de la guerre, car ce monstre-là ne peut se passer de guerroyer. Par distraction, ce jeune Anglais s'est mis à étudier sa maladie, que l'on croyait mortelle. Insensiblement, il a pris goût à l'anatomie, à la médecine; il s'est passionné pour ces sortes d'arts, ce qui est fort extraordinaire chez un homme de qualité; mais le Régent s'est bien occupé de chimie! Bref, monsieur Arthur a fait des progrès étonnants, même pour les professeurs de Montpellier; l'étude l'a consolé de sa captivité, et, en même temps il s'est radicalement guéri. On prétend qu'il est resté deux ans sans parler, respirant rarement, demeurant couché dans une étable, buvant du lait d'une vache venue de Suisse, et vivant de cresson. Depuis qu'il est à Tours, il n'a vu personne, il est fier comme un paon; mais vous avez certainement fait sa conquête, car ce n'est probablement pas pour moi qu'il passe sous nos fenêtres deux fois par jour depuis que vous êtes ici... Certes, il vous aime.

Ces derniers mots réveillèrent la comtesse comme par magie. Elle laissa échapper un geste et un sourire qui surprirent la marquise. Loin de témoigner cette satisfaction instinctive ressentie même par la femme la plus sévère quand elle apprend qu'elle fait un malheureux, le regard de Julie fut terne et froid. Son visage indiquait un sentiment de répulsion voisin de l'horreur. Cette proscription n'était pas celle qu'une femme aimante frappe sur le monde entier au profit d'un seul être; elle sait alors rire et plaisanter; non, Julie était en ce moment comme une personne à qui le souvenir d'un danger trop vivement présent en fait ressentir encore la douleur. La tante, bien convaincue que sa nièce n'aimait pas son neveu, fut stupéfaite en découvrant qu'elle n'aimait personne. Elle trembla d'avoir à reconnaître en Julie un cœur désenchanté, une jeune femme à qui l'expérience d'un jour, d'une nuit peut-être, avait suffi pour apprécier la nullité de Victor.

— Si elle le connaît, tout est dit, pensa-t-elle, mon neveu subira bientôt les inconvénients du mariage.

Elle se proposait alors de convertir Julie aux doctrines monarchiques du siècle de Louis XV; mais, quelques heures plus tard, elle apprit, ou plutôt elle devina la situation assez commune dans le monde à laquelle la comtesse devait sa mélancolie. Julie, devenue tout à coup pensive, se retira chez elle plus tôt que de coutume. Quand sa femme de chambre l'eut déshabillée et l'eut laissée prête à se coucher, elle resta devant le feu, plongée dans une duchesse de velours jaune, meuble antique, aussi favorable aux affligés qu'aux gens heureux; elle pleura, elle soupira, elle pensa; puis elle prit une petite table, chercha du papier, et se mit à écrire. Les heures passèrent rapidement, la confidence que Julie faisait dans cette lettre paraissait lui coûter beaucoup, chaque phrase amenait de longues rêveries; tout à coup la jeune femme fondit en larmes et s'arrêta. En ce moment les horloges sonnèrent deux heures. Sa tête, aussi lourde que celle d'une mourante, s'inclina sur son sein; puis, quand elle la releva, Julie vit sa tante surgie tout à coup, comme un personnage qui se serait détaché de la tapisserie tendue sur les murs.

— Qu'avez-vous donc, ma petite? lui dit sa tante. Pourquoi veiller si tard, et surtout pourquoi pleurer seule, à votre âge?

Elle s'assit sans autre cérémonie près de la nièce et dévora des yeux la lettre commencée.

— Vous écriviez à votre mari !
— Sais-je où il est ? reprit la comtesse.

La tante prit le papier et le lut. Elle avait apporté ses lunettes, il y avait préméditation. L'innocente créature laissa prendre la lettre sans faire la moindre observation. Ce n'était ni un défaut de dignité, ni quelque sentiment de culpabilité secrète qui lui ôtait ainsi toute énergie; non, sa tante se rencontra là dans un de ces moments de crise où l'âme est sans ressort, où tout est indifférent, le bien comme le mal, le silence aussi bien que la confiance. Semblable à une jeune fille vertueuse qui accable un amant de dédains, mais qui, le soir, se trouve si triste, si abandonnée, qu'elle le désire, et veut un cœur où déposer ses souffrances, Julie laissa violer sans mot dire le cachet que la délicatesse imprime à une lettre ouverte, et resta pensive pendant que la marquise lisait.

« Ma chère Louisa, pourquoi réclamer tant de fois l'accomplissement de la plus imprudente promesse que puissent se faire deux jeunes filles ignorantes ? Tu te demandes souvent, m'écris-tu, pourquoi je n'ai pas répondu depuis six mois à tes interrogations. Si tu n'as pas compris mon silence, aujourd'hui tu en devineras peut-être la raison en apprenant les mystères que je vais trahir. Je les aurais à jamais ensevelis dans le fond de mon cœur, si tu ne m'avertissais de ton prochain mariage. Tu vas te marier, Louisa. Cette pensée me fait frémir. Pauvre petite, marie-toi ; puis, dans quelques mois, un de tes plus poignants regrets viendra du souvenir de ce que nous étions naguère, quand un soir, à Écouen, parvenues toutes deux sous les plus grands chênes de la montagne, nous contemplâmes la belle vallée que nous avions à nos pieds et que nous y admirâmes les rayons du soleil couchant dont les reflets nous enveloppaient. Nous nous assîmes sur un quartier de roche, et tombâmes dans un ravissement auquel succéda la plus douce mélancolie. Tu trouvas la première que ce soleil lointain nous parlait d'avenir. Nous étions bien curieuses et bien folles alors ! Te souviens-tu de toutes nos extravagances ? Nous nous embrassâmes comme deux amants, disions-nous. Nous nous jurâmes que la première mariée de nous deux raconterait fidèlement à l'autre ces secrets d'hyménée, ces joies que nos âmes enfantines nous peignaient si délicieuses. Cette soirée fera ton désespoir, Louisa. Dans ce temps, tu étais jeune, belle, insouciante, sinon heureuse; un mari te rendra, en peu de jours, ce que je suis déjà, laide, souffrante et vieille. Te dire combien j'étais fière, vaine et joyeuse d'épouser le colonel Victor d'Aiglemont, ce serait une folie ! Et même comment te le dirais-je ? je ne me souviens plus de moi-même. En peu d'instants mon enfance est devenue comme un songe. Ma contenance pendant la journée solennelle qui consacrait un lien dont l'étendue m'était cachée n'a pas été exempte de reproches. Mon père a plus d'une fois tâché de réprimer ma gaieté, car je témoignais des joies qu'on trouvait inconvenantes, et mes discours révélaient de la malice, justement parce qu'ils étaient sans malice. Je faisais mille enfantillages avec ce voile nuptial, avec cette robe et ces fleurs. Restée seule, le soir, dans la chambre où j'avais été conduite avec apparat, je méditai quelque espièglerie pour intriguer Victor ; et, en attendant qu'il vînt, j'avais des palpitations de cœur semblables à celles qui me saisissaient autrefois en ces jours solennels du 31 décembre, quand, sans être aperçue, je me glissais dans le salon où les étrennes étaient entassées. Lorsque mon mari entra, qu'il me chercha, le rire étouffé que je fis entendre sous les mousselines qui m'enveloppaient a été le dernier éclat de cette gaieté douce qui anima les jeux de notre enfance... »

Quand la douairière eut achevé de lire cette lettre, qui, commençant ainsi, devait contenir de bien tristes observations, elle posa lentement ses lunettes sur la table, y remit aussitôt la lettre, et arrêta sur sa nièce deux yeux verts dont le feu clair n'était pas encore affaibli par son âge.

— Ma petite, dit-elle, une femme mariée ne saurait écrire ainsi à une jeune personne sans manquer aux convenances...

— C'est ce que je pensais, répondit Julie en interrompant sa tante ; et j'avais honte de moi pendant que vous la lisiez...

— Si à table un mets ne nous semble pas bon, il n'en faut dégoûter personne, mon enfant, reprit la vieille avec bonhomie, surtout lorsque, depuis Ève jusqu'à nous, le mariage a paru chose si excellente..... — Vous n'avez plus de mère ? dit la vieille femme.

La comtesse tressaillit ; puis elle leva doucement la tête et dit :
— J'ai déjà regretté plus d'une fois ma mère depuis un an ; mais j'ai eu le tort de ne pas avoir écouté la répugnance de mon père qui ne voulait pas de Victor pour gendre.

Elle regarda sa tante, et un frisson de joie sécha ses larmes quand elle aperçut l'air de bonté qui animait cette vieille figure. Elle tendit sa jeune main à la marquise qui semblait la solliciter ; et quand leurs doigts se pressèrent, ces deux femmes achevèrent de se comprendre.

— Pauvre orpheline ! ajouta la marquise.

Ce mot fut un dernier trait de lumière pour Julie. Elle crut entendre encore la voix prophétique de son père.

— Vous avez les mains brûlantes ! Sont-elles toujours ainsi ? demanda la vieille femme.

— La fièvre ne m'a quittée que depuis sept ou huit jours, répondit-elle.

— Vous aviez la fièvre et vous me le cachiez !

— Je l'ai depuis un an, dit Julie avec une sorte d'anxiété pudique.

— Ainsi, mon bon petit ange, reprit sa tante, le mariage n'a été jusqu'à présent pour vous qu'une longue douleur ?

La jeune femme n'osa répondre ; mais elle fit un geste affirmatif qui trahissait toutes ses souffrances.

— Vous êtes donc malheureuse ?

— Oh! non, ma tante. Victor m'aime à l'idolâtrie, et je l'adore, il est si bon !

— Oui, vous l'aimez ; mais vous le fuyez, n'est-ce pas ?

— Oui... quelquefois... il me cherche trop souvent.

— N'êtes-vous pas souvent troublée dans la solitude par la crainte qu'il ne vienne vous y surprendre ?

— Hélas ! oui, ma tante. Mais je l'aime bien, je vous assure.

— Ne vous accusez-vous pas en secret vous-même de ne pas savoir ou de ne pouvoir partager ses plaisirs. Parfois ne pensez-vous point que l'amour légitime est plus dur à porter que ne le serait une passion criminelle ?

— Oh ! c'est cela, dit-elle en pleurant. Vous devinez donc tout, là où tout est énigme pour moi. Mes sens sont engourdis, je suis sans idées, enfin je vis difficilement. Mon âme est oppressée par une indéfinissable appréhension qui glace mes sentiments et me jette dans une torpeur continuelle. Je suis sans voix pour me plaindre et sans paroles pour exprimer ma peine. Je souffre, et j'ai honte de souffrir en voyant Victor heureux de ce qui me tue.

— Enfantillages, niaiseries que tout cela ! s'écria la tante dont le visage desséché s'anima tout à coup par un gai sourire, reflet des joies de son jeune âge.

— Et vous aussi vous riez ! dit avec désespoir la jeune femme.

— J'ai été ainsi, reprit promptement la marquise. Maintenant que Victor vous a laissée seule, n'êtes-vous pas redevenue jeune fille, tranquille ; sans plaisirs, mais sans souffrances ?

Julie ouvrit de grands yeux hébétés.

— Enfin, mon ange, vous adorez Victor, n'est-ce pas ? mais vous aimeriez mieux être sa sœur que sa femme, et le mariage enfin ne vous réussit point.

— Hé ! bien, oui, ma tante. Mais pourquoi sourire ?

— Oh ! vous avez raison, ma pauvre enfant. Il n'y a, dans tout ceci, rien de bien gai. Votre avenir serait gros de plus d'un malheur si je ne vous prenais sous ma protection, et si ma vieille expérience ne savait pas deviner la cause bien innocente de vos chagrins. Mon neveu ne méritait pas son bonheur, le sot ! Sous le règne de notre bien-aimé Louis XV, une jeune femme qui se serait trouvée dans la situation où vous êtes aurait bientôt puni son mari de se conduire en vrai lansquenet. L'égoïste ! Les militaires de ce tyran impérial sont tous de vilains ignorants. Ils prennent la brutalité pour de la galanterie, ils ne connaissent pas plus les femmes qu'ils ne savent aimer ; ils croient que d'aller à la mort le lendemain les dispense d'avoir, la veille, des égards et des attentions pour nous. Autrefois, on savait aussi bien aimer que mourir à propos. Ma nièce, je vous le formerai. Je mettrai fin au triste désaccord, assez naturel, qui vous conduirait à vous haïr l'un et l'autre, à souhaiter un divorce, si toutefois vous n'étiez pas morte avant d'en venir au désespoir.

Julie écoutait sa tante avec autant d'étonnement que de stupeur, surprise d'entendre des paroles dont la sagesse était plutôt pressentie que comprise par elle, et très-effrayée de retrouver dans la bouche d'une parente pleine d'expérience, mais sous une forme plus douce, l'arrêt porté par son père sur Victor. Elle eut peut-être une vive intuition de son avenir, et sentit sans doute le poids des malheurs qui devaient l'accabler, car elle fondit en larmes, et se jeta dans les bras de la vieille dame en lui disant : — Soyez ma mère ? La tante ne pleura pas, car la Révolution a laissé aux femmes de l'ancienne monarchie peu de larmes dans les yeux. Autrefois l'amour et plus tard la Terreur les ont familiarisées avec les plus poignantes péripéties, en sorte qu'elles conservent au milieu des dangers de la vie une dignité froide, une affection sincère, mais sans expansion, qui leur permet d'être toujours fidèles à l'étiquette et à une noblesse de maintien que les mœurs nouvelles ont eu le grand tort de répudier. La douairière prit la jeune femme dans ses bras, la baisa au front avec une tendresse et une grâce qui souvent se trouvent plus dans les manières et les habitudes de ces femmes que dans leur cœur ; elle cajola sa nièce par de douces paroles, lui promit un heureux avenir, la berça par des promesses d'amour en l'aidant à se coucher, comme si elle eût été sa fille, une fille chérie dont l'espoir et les chagrins devenaient les siens propres ; elle se revoyait jeune, se retrouvait inexpériente et jolie en sa nièce. La comtesse s'endormit, heureuse d'avoir rencontré une amie, une mère à qui désormais elle pourrait tout dire. Le lendemain matin, au moment où la tante et la nièce s'embrassaient avec cette cordialité profonde et cet air d'intelligence qui prouvent un progrès dans le sentiment, une cohésion plus parfaite entre deux âmes, elles entendirent le pas d'un cheval, tournèrent la tête en même temps, et virent le jeune Anglais qui passait lentement, selon son habitude. Il paraissait avoir fait une certaine étude de la vie que menaient ces deux femmes solitaires, et ne manquait jamais à se trouver à leur déjeuner ou à leur dîner. Son cheval ralentissait le pas sans avoir besoin d'être averti ; puis, pendant le temps qu'il mettait à franchir l'espace pris par les deux fenêtres de la salle à manger, Arthur y jetait un regard mélancolique, la plupart du temps dédaigné par la comtesse, qui n'y faisait aucune attention. Mais accoutumée à ces curiosités mesquines qui s'attachent aux plus petites choses afin d'animer la vie de province, et dont se garantissent difficilement les esprits supérieurs, la marquise s'amusait de l'amour timide et sérieux, si tacitement exprimé par l'Anglais. Ces regards périodiques étaient devenus comme une habitude pour elle, et chaque jour elle signalait le passage d'Arthur par de nouvelles plaisanteries. En se mettant à table, les deux femmes regardèrent simultanément l'insulaire. Les yeux de Julie et d'Arthur se rencontrèrent cette fois avec une telle précision de sentiment, que la jeune femme rougit. Aussitôt l'Anglais pressa son cheval et partit au galop.

— Mais, madame, dit Julie à sa tante, que faut-il faire ? Il doit être constant pour les gens qui voient passer cet Anglais que je suis.....

— Oui, répondit la tante en l'interrompant.

— Hé ! bien, ne pourrais-je pas lui dire de ne pas se promener ainsi ?

— Ne serait-ce pas lui donner à penser qu'il est dangereux ? Et d'ailleurs pouvez-vous empêcher un homme d'aller et venir où bon lui semble ? Demain nous ne mangerons plus dans cette salle ; quand il ne nous y verra plus, le jeune gentilhomme discontinuera de vous aimer par la fenêtre. Voilà, ma chère enfant, comment se comporte une femme qui a l'usage du monde.

Mais le malheur de Julie devait être complet. A peine les deux femmes se levaient-elles de table, que le valet de chambre de Victor arriva soudain. Il venait de Bourges à franc étrier, par des chemins détournés, et apportait à la comtesse une lettre de son mari. Victor, qui avait quitté l'empereur, annonçait à sa femme la chute du régime impérial, la prise de Paris, et l'enthousiasme qui éclatait en faveur des Bourbons sur tous les points de la France ; mais ne sachant comment pénétrer jusqu'à Tours, il la priait de venir en toute hâte à Orléans où il espérait se trouver avec des passe-ports pour elle. Ce valet de chambre, ancien militaire, devait accompagner Julie de Tours à Orléans, route que Victor croyait libre encore.

— Madame, vous n'avez pas un instant à perdre, dit le valet de chambre, les Prussiens, les Autrichiens et les Anglais vont faire leur jonction à Blois ou à Orléans...

En quelques heures la jeune femme fut prête, et partit dans une vieille voiture de voyage que lui prêta sa tante.

— Pourquoi ne viendriez-vous pas à Paris avec nous ? dit-elle en embrassant sa tante. Maintenant que les Bourbons se rétablissent, vous y trouveriez....

— Sans ce retour inespéré j'y serais encore allée, ma pauvre petite, car mes conseils vous sont trop nécessaires, et à Victor et à vous. Aussi vais-je faire toutes mes dispositions pour vous y rejoindre.

Julie partit accompagnée de sa femme de chambre et du vieux militaire, qui galopait à côté de la chaise en veillant à la sécurité de sa maîtresse. A la nuit, en arrivant à un relais en avant de Blois, Julie, inquiète d'entendre une voiture qui marchait derrière la sienne et ne l'avait pas quittée depuis Amboise, se mit à la portière afin de voir quels étaient ses compagnons de voyage. Le clair de lune lui permit d'apercevoir Arthur, debout, à trois pas d'elle, les yeux attachés sur sa chaise. Leurs regards se rencontrèrent.

La comtesse se rejeta vivement au fond de sa voiture, mais avec un sentiment de peur qui la fit palpiter. Comme la plupart des jeunes femmes réellement innocentes et sans expérience, elle voyait une faute dans un amour involontairement inspiré à un homme. Elle ressentait une terreur instinctive, que lui donnait peut-être la conscience de sa faiblesse devant une si audacieuse agression. Une des plus fortes armes de l'homme est ce pouvoir terrible d'occuper de lui-même une femme dont l'imagination naturellement mobile s'effraie ou s'offense d'une poursuite. La comtesse se souvint du conseil de sa tante, et résolut de rester pendant le voyage au fond de sa chaise de poste, sans en sortir. Mais à chaque relais elle entendait l'Anglais qui se promenait autour des deux voitures; puis sur la route, le bruit importun de sa calèche retentissait incessamment aux oreilles de Julie. La jeune femme pensa bientôt qu'une fois réunie à son mari, Victor saurait la défendre contre cette singulière persécution.

— Mais si ce jeune homme ne m'aimait pas cependant?

Cette réflexion fut la dernière de toutes celles qu'elle fit. En arrivant à Orléans, sa chaise de poste fut arrêtée par les Prussiens, conduite dans la cour d'une auberge, et gardée par des soldats. La résistance était impossible. Les étrangers expliquèrent aux trois voyageurs, par des signes impératifs, qu'ils avaient reçu la consigne de ne laisser sortir personne de la voiture. La comtesse resta pleurant pendant deux heures environ prisonnière au milieu des soldats qui fumaient, riaient, et parfois la regardaient avec une insolente curiosité; mais enfin elle les vit s'écartant de la voiture avec une sorte de respect en entendant le bruit de plusieurs chevaux. Bientôt une troupe d'officiers supérieurs étrangers, à la tête desquels était un général autrichien, entoura la chaise de poste.

— Madame, lui dit le général, agréez nos excuses; il y a eu erreur, vous pouvez continuer sans crainte votre voyage, et voici un passe-port qui vous évitera désormais toute espèce d'avanie....

La comtesse prit le papier en tremblant, et balbutia de vagues paroles. Elle voyait près du général et en costume d'officier anglais, Arthur à qui sans doute elle devait sa prompte délivrance. Tout à la fois joyeux et mélancolique, le jeune Anglais détourna la tête, et n'osa regarder Julie qu'à la dérobée. Grâce au passe-port, madame d'Aiglemont parvint à Paris sans aventure fâcheuse. Elle y retrouva son mari, qui, délié de son serment de fidélité à l'empercur, avait reçu le plus flatteur accueil du comte d'Artois nommé lieutenant-général du royaume par son frère Louis XVIII. Victor eut dans les gardes du corps un grade éminent qui lui donna le rang de général. Cependant, au milieu des fêtes qui marquèrent le retour des Bourbons, un malheur bien profond, et qui devait influer sur sa vie, assaillit la pauvre Julie : elle perdit la comtesse de Listomère-Landon. La vieille dame mourut de joie et d'une goutte remontée au cœur, en revoyant à Tours le duc d'Angoulême. Ainsi, la personne à laquelle son âge donnait le droit d'éclairer Victor, la seule qui, par d'adroits conseils, pouvait rendre l'accord de la femme et du mari plus parfait, cette personne était morte. Julie sentit toute l'étendue de cette perte. Il n'y avait plus qu'elle-même entre elle et son mari. Mais, jeune et timide, elle devait préférer d'abord la souffrance à la plainte. La perfection même de son caractère s'opposait à ce qu'elle osât se soustraire à ses devoirs, ou tenter de rechercher la cause de ses douleurs ; car les faire cesser eût été chose trop délicate : Julie aurait craint d'offenser sa pudeur de jeune fille.

Un mot sur les destinées de monsieur d'Aiglemont sous la Restauration.

Ne se rencontre-t-il pas beaucoup d'hommes dont la nullité profonde est un secret pour la plupart des gens qui les connaissent ? Un haut rang, une illustre naissance, d'importantes fonctions, un certain vernis de politesse, une grande réserve dans la conduite, ou les prestiges de la fortune sont, pour eux, comme des gardes qui empêchent les critiques de pénétrer jusqu'à leur intime existence. Ces gens ressemblent aux rois dont la véritable taille, le caractère et les mœurs ne peuvent jamais être ni bien connus ni justement appréciés, parce qu'ils sont vus de trop loin ou de trop près. Ces personnages à mérite factice interrogent au lieu de parler, ont l'art de mettre les autres en scène pour éviter de poser devant eux ; puis, avec une heureuse adresse, ils tirent chacun par le fil de ses passions ou de ses intérêts, et se jouent ainsi des hommes qui leur sont réellement supérieurs, en font des marionnettes et les croient petits pour les avoir rabaissés jusqu'à eux. Ils obtiennent alors le triomphe naturel d'une pensée mesquine, mais fixe, sur la mobilité des grandes pensées. Aussi pour juger ces têtes vides, et peser leurs valeurs négatives, l'observateur doit-il posséder un esprit plus subtil que supérieur, plus de patience que de portée dans la vue, plus de finesse et de tact que d'élévation et de grandeur dans les idées. Néanmoins, quelque habileté que déploient ces usurpateurs en défendant leurs côtés faibles, il leur est bien difficile de tromper leurs femmes, leurs mères, leurs enfants ou l'ami de la maison ; mais ces personnes leur gardent presque toujours le secret sur une chose qui touche, en quelque sorte, à l'honneur commun ; et souvent même elles les aident à en imposer au monde. Si, grâce à ces conspirations domestiques, beaucoup de niais passent pour des hommes supérieurs, ils compensent le nombre d'hommes supérieurs qui passent pour des niais, en sorte que l'État Social a toujours la même masse de capacités apparentes. Songez maintenant au rôle que doit jouer une femme d'esprit et de sentiment en présence d'un mari de ce genre, n'apercevez-vous pas des existences pleines de douleurs et de dévouement dont rien ici-bas ne saurait récompenser certains cœurs pleins d'amour et de délicatesse ? Qu'il se rencontre une femme forte dans cette horrible situation, elle en sort par un crime, comme fit Catherine II, néanmoins nommée *la Grande*. Mais comme toutes les femmes ne sont pas assises sur un trône, elles se vouent, la plupart, à des malheurs domestiques qui, pour être obscurs, n'en sont pas moins terribles. Celles qui cherchent ici-bas des consolations immédiates à leurs maux ne font souvent que changer de peines lorsqu'elles veulent rester fidèles à leurs devoirs, ou commettent des fautes si elles violent les lois au profit de leurs plaisirs. Ces réflexions sont toutes applicables à l'histoire secrète de Julie. Tant que Napoléon resta debout, le comte d'Aiglemont, colonel comme tant d'autres, bon officier d'ordonnance, excellant à remplir une mission dangereuse, mais incapable d'un commandement de quelque importance, n'excita nulle envie, passa pour un des braves que favorisait l'empereur, et fut ce que les militaires nomment vulgairement *un bon enfant*. La Restauration, qui lui rendit le titre de marquis, ne le trouva pas ingrat : il suivit les Bourbons à Gand. Cet acte de logique et de fidélité fit mentir l'horoscope que jadis tirait son beau-père en disant de son gendre qu'il resterait colonel. Au second retour, nommé lieutenant-général et redevenu marquis, monsieur d'Aiglemont eut l'ambition d'arriver à la pairie, il adopta les maximes et la politique du *Conservateur*, s'enveloppa d'une dissimulation qui ne cachait rien, devint grave, interrogateur, peu parleur, et fut pris pour un homme profond. Retranché sans cesse dans les formes de la politesse, muni de formules, retenant et prodiguant les phrases toutes faites qui se frappent régulièrement à Paris pour donner en petite monnaie aux sots le sens des grandes idées ou des faits, les gens du monde le réputèrent homme de goût et de savoir. Entêté dans ses opinions aristocratiques, il fut cité comme ayant un beau caractère. Si, par hasard, il devenait insouciant ou gai comme il l'était jadis, l'insignifiance et la niaiserie de ses propos avaient pour les autres des sous-entendus diplomatiques.

— Oh! il ne dit que ce qu'il veut dire, pensaient de très-honnêtes gens.

Il était aussi bien servi par ses qualités que par ses défauts. Sa bravoure lui valait une haute réputation militaire que rien ne démentait, parce qu'il n'avait jamais commandé en chef. Sa figure mâle et noble exprimait des pensées larges, et sa physionomie n'était une imposture que pour sa femme. En entendant tout le monde rendre justice à ses talents postiches, le marquis d'Aiglemont finit par se persuader à lui-même qu'il était un des hommes les plus remarquables de la cour où, grâce à ses dehors, il sut plaire, et où ses différentes valeurs furent acceptées sans protêt. Mais il était modeste au logis, il y sentait instinctivement la supériorité de sa femme, quelque jeune qu'elle fût; et, de ce respect involontaire, naquit un pouvoir occulte que la marquise se trouva forcée d'accepter, malgré tous ses efforts pour en repousser le fardeau. Conseil de son mari, elle en dirigea les actions et la fortune. Cette influence contre nature fut pour elle une espèce d'humiliation et la source de bien des peines qu'elle ensevelissait dans son cœur. D'abord, son instinct si délicatement féminin lui disait qu'il est bien plus beau d'obéir à un homme de talent que de conduire un sot, et qu'une jeune épouse, obligée de penser et d'agir en homme, n'est ni femme ni homme, abdique toutes les grâces de son sexe en en perdant les malheurs, et n'acquiert aucun des priviléges que nos lois ont remis aux plus forts. Son existence cachait une bien amère dérision. N'était-elle pas obligée d'honorer une idole creuse, de protéger son protecteur, pauvre être qui, pour salaire d'un dévouement continu, lui jetait l'amour égoïste des maris, ne voyait en elle que la femme, ne daignait ou ne savait pas, injure tout aussi profonde, s'inquiéter de ses plaisirs, ni d'où venaient sa tristesse et son dépérissement? Comme la plupart des maris qui sentent le joug d'un esprit supérieur, le marquis sauvait son amour-propre en concluant de la faiblesse physique à la faiblesse morale de Julie qu'il se plaisait à plaindre en demandant compte au sort de lui avoir donné pour épouse une jeune fille maladive. Enfin, il se faisait la victime tandis qu'il était le bourreau. La marquise, chargée de tous les malheurs de cette triste existence, devait sourire encore à son maître imbécile, parer de fleurs une maison de deuil, et afficher le bonheur sur un visage pâli par de secrets supplices. Cette responsabilité d'honneur, cette abnégation magnifique donnèrent insensiblement à la jeune marquise une dignité de femme, une conscience de vertu qui lui servirent de sauvegarde contre les dangers du monde. Puis, pour sonder ce cœur à fond, peut-être le malheur intime et caché par lequel son premier, son naïf amour de jeune fille était couronné, lui fit-il prendre en horreur les passions; peut-être n'en conçut-elle ni l'entraînement, ni les joies illicites, mais délirantes, qui font oublier à certaines femmes les lois de sagesse, les principes de vertu sur lesquels la société repose. Renonçant, comme à un songe, aux douceurs, à la tendre harmonie que la vieille expérience de madame de Listomère-Landon lui avait promise, elle attendit avec résignation la fin de ses peines en espérant mourir jeune. Depuis son retour de Touraine, sa santé s'était chaque jour affaiblie, et la vie semblait lui être mesurée par la souffrance; souffrance élégante d'ailleurs, maladie presque voluptueuse en apparence, et qui pouvait passer aux yeux des gens superficiels pour une fantaisie de petite-maîtresse. Les médecins avaient condamné la marquise à rester couchée sur un divan, où elle s'étiolait au milieu des fleurs qui l'entouraient, en se fanant comme elles. Sa faiblesse lui interdisait la marche et le grand air; elle ne sortait qu'en voiture fermée. Sans cesse environnée de toutes les merveilles de notre luxe et de notre industrie modernes, elle ressemblait moins à une malade qu'à une reine indolente. Quelques amis, amoureux peut-être de son malheur et de sa faiblesse, sûrs de toujours la trouver chez elle, et spéculant sans doute aussi sur sa bonne santé future, venaient lui apporter les nouvelles et l'instruire de ces mille petits événements qui rendent à Paris l'existence si variée. Sa mélancolie, quoique grave et profonde, était donc la mélancolie de l'opulence. La marquise d'Aiglemont ressemblait à une belle fleur dont la racine est rongée par un insecte noir. Elle allait parfois dans le monde, non par goût, mais pour obéir aux exigences de la position à laquelle aspirait son mari. Sa voix et la perfection de son chant pouvaient lui permettre d'y recueillir des applaudissements qui flattent presque toujours une jeune femme ; mais à quoi lui servaient des succès qu'elle ne rapportait ni à des sentiments ni à des espérances ? Son mari n'aimait pas la musique. Enfin, elle se trouvait presque toujours gênée dans les salons où sa beauté lui attirait des hommages intéressés. Sa situation y excitait une sorte de compassion cruelle, une curiosité triste. Elle était atteinte d'une inflammation assez ordinairement mortelle, que les femmes se confient à l'oreille, et à laquelle notre néologie n'a pas encore su trouver de nom. Malgré le silence au sein duquel sa vie s'écoulait, la cause de sa souffrance n'était un secret pour personne. Toujours jeune fille, en dépit du mariage, les moindres regards la rendaient honteuse. Aussi, pour éviter de rougir, n'apparaissait-elle jamais que riante, gaie ; elle affectait une fausse joie, se disait toujours bien portante, ou prévenait les questions sur sa santé par de pudiques mensonges. Cependant, en 1817, un événement contribua beaucoup à modifier l'état déplorable dans lequel Julie avait été plongée jusqu'alors. Elle eut une fille, et voulut la nourrir. Pendant deux années, les vives distractions et les inquiets plaisirs que donnent les soins maternels lui firent une vie moins malheureuse. Elle se sépara nécessairement de son mari. Les médecins lui pronostiquèrent une meilleure santé ; mais la marquise ne crut point à ces présages hypothétiques. Comme toutes les personnes pour lesquelles la vie n'a plus de douceur, peut-être voyait-elle dans la mort un heureux dénouement.

Au commencement de l'année 1819, la vie lui fut plus cruelle que jamais. Au moment où elle s'applaudissait du bonheur négatif qu'elle avait su conquérir, elle entrevit d'effroyables abîmes. Son mari s'était, par degrés, déshabitué d'elle. Ce refroidissement d'une affection déjà si tiède et tout égoïste pouvait amener plus d'un malheur que son tact fin et sa prudence lui faisaient prévoir. Quoiqu'elle fût certaine de conserver un grand empire sur Victor et d'avoir obtenu son estime pour toujours, elle craignait l'influence des passions sur un homme si nul et si vaniteusement irréfléchi. Souvent ses amis la surprenaient livrée à de longues méditations ; les moins clairvoyants lui en demandaient le secret en plaisantant, comme si une jeune femme pouvait ne songer qu'à des frivolités, comme s'il n'existait pas presque toujours un sens profond dans les pensées d'une mère de famille. D'ailleurs, le malheur aussi bien que le bonheur vrai nous mène à la rêverie. Parfois, en jouant avec son Hélène, Julie la regardait d'un œil sombre, et cessait de répondre à ces interrogations enfantines qui font tant de plaisir aux mères, pour demander compte de sa destinée au présent et à l'avenir. Ses yeux se mouillaient alors de larmes, quand soudain quelque souvenir lui rappelait la scène de la revue aux Tuileries. Les prévoyantes paroles de son père retentissaient derechef à son oreille, et sa conscience lui reprochait d'en avoir méconnu la sagesse. De cette désobéissance folle venaient tous ses malheurs ; et souvent elle ne savait, entre tous, lequel était le plus difficile à porter. Non-seulement les doux trésors de son âme restaient ignorés, mais elle ne pouvait jamais parvenir à se faire comprendre de son mari, même dans les choses les plus ordinaires de la vie. Au moment où la faculté d'aimer se développait en elle plus forte et plus active, l'amour permis, l'amour conjugal s'évanouissait au milieu de graves souffrances physiques et morales. Puis elle avait pour son mari cette compassion voisine du mépris qui flétrit à la longue tous les sentiments. Enfin, si ses conversations avec quelques amis, si les exemples, ou si certaines aventures du grand monde ne lui eussent pas appris que l'amour apportait d'immenses bonheurs, ses blessures lui auraient fait deviner les plaisirs profonds et purs qui doivent unir des âmes fraternelles. Dans le tableau que sa mémoire lui traçait du passé, la candide figure d'Arthur s'y dessinait chaque jour plus pure et plus belle, mais rapidement ; car elle n'osait s'arrêter à ce souvenir. Le silencieux et timide amour du jeune Anglais était le seul événement qui, depuis le mariage, eût laissé quelques doux vestiges dans ce cœur sombre et solitaire. Peut-être toutes les espérances trompées, tous les désirs avortés qui, graduellement, attristaient l'esprit de Julie, se reportaient-ils, par un jeu naturel de l'imagination, sur cet homme, dont les manières, les sentiments et le caractère paraissaient offrir tant de sympathies avec les siens. Mais cette pensée avait toujours l'apparence d'un caprice, d'un songe. Après ce rêve impossible, toujours clos par des soupirs, Julie se réveillait plus malheureuse, et sentait encore mieux ses douleurs latentes quand elle les avait endormies sous les ailes d'un bonheur imaginaire. Parfois, ses plaintes prenaient un caractère de folie et d'audace, elle voulait des plaisirs à tout prix ; mais, plus souvent encore, elle restait en proie à je ne sais quel engourdissement stupide, écoutait sans comprendre, ou concevait des pensées si vagues, si indécises, qu'elle n'eût pas trouvé de langage pour les rendre. Froissée dans ses plus intimes volontés, dans les mœurs que, jeune fille, elle avait rêvées jadis, elle était obligée de dévorer ses larmes. A qui se serait-elle plainte ? de qui pouvait-elle être entendue ? Puis, elle avait cette extrême délicatesse de la femme, cette ravissante pudeur de sentiment qui consiste à taire une plainte inutile, à ne pas prendre un avantage quand le triomphe doit humilier le vainqueur et le vaincu. Julie essayait de donner sa capacité, ses propres vertus à monsieur d'Aiglemont, et se vantait de goûter le bonheur qui lui manquait. Toute sa finesse de femme était employée en pure perte à des ménagements ignorés de celui-là même dont ils perpétuaient le despotisme. Par moments, elle était ivre de malheur, sans idée, sans frein ; mais, heureusement, une piété vraie la ramenait toujours à une espérance suprême : elle se réfugiait dans la vie future, admirable croyance qui lui faisait accepter de nouveau sa tâche douloureuse. Ces combats si terribles, ces déchirements intérieurs étaient sans gloire, ces longues mélancolies étaient inconnues ; nulle créature ne recueillait ses regards ternes, ses larmes amères jetées au hasard et dans la solitude.

Les dangers de la situation critique à laquelle la marquise était insensiblement arrivée par la force des circonstances se révélèrent à elle dans toute leur gravité pendant une soirée du mois de janvier 1820. Quand deux époux se connaissent parfaitement et ont pris une longue habitude d'eux-mêmes, lorsqu'une femme sait interpréter les moindres gestes d'un homme et peut pénétrer les sentiments ou les choses qu'il lui cache, alors des lumières soudaines éclatent souvent après des réflexions ou des remarques précédentes, dues au hasard, ou primitivement faites avec insouciance. Une femme se réveille souvent tout à coup sur le bord ou au fond d'un abîme. Ainsi la marquise, heureuse d'être seule depuis quelques jours, devina le secret de sa solitude. Inconstant ou lassé, généreux ou plein de pitié pour elle, son mari ne lui appartenait plus. En ce moment, elle ne pensa plus à elle, ni à ses souffrances, ni à ses sacrifices ; elle ne fut plus que mère, et vit la fortune, l'avenir, le bonheur de sa fille ; sa fille, le seul être d'où lui vînt quelque félicité ; son Hélène, seul bien qui l'attachât à la vie. Maintenant, Julie voulait vivre pour préserver son enfant du joug effroyable sous lequel une marâtre pouvait étouffer la vie de cette chère créature. A cette nouvelle prévision d'un sinistre avenir, elle tomba dans une de ces méditations ardentes qui dévorent des années entières. Entre elle et son mari, désormais, il devait se trouver tout un monde de pensées, dont le poids porterait sur elle seule. Jusqu'alors, sûre d'être aimée par Victor, autant qu'il pouvait aimer, elle s'était dévouée à un bonheur qu'elle ne partageait pas ; mais aujourd'hui, n'ayant plus la satisfaction de savoir que ses larmes faisaient la joie de son mari, seule dans le monde, il ne lui restait plus que le choix des malheurs. Au milieu du découragement qui, dans le calme et le silence de la nuit, détendit toutes ses forces; au moment où, quittant son divan et son feu presque éteint, elle allait, à la lueur d'une lampe, contempler sa fille d'un œil sec, monsieur d'Aiglemont rentra plein de gaieté. Julie lui fit admirer le sommeil d'Hélène; mais il accueillit l'enthousiasme de sa femme par une phrase banale.

— A cet âge, dit-il, tous les enfants sont gentils.

Puis, après avoir insouciamment baisé le front de sa fille, il baissa les rideaux du berceau, regarda Julie, lui prit la main, et l'amena près de lui sur ce divan où tant de fatales pensées venaient de surgir.

— Vous êtes bien belle ce soir, madame d'Aiglemont ! s'écriat-il avec cette insupportable gaieté dont le vide était si connu de la marquise.

— Où avez-vous passé la soirée? lui demanda-t-elle en feignant une profonde indifférence.

— Chez madame de Sérizy.

Il avait pris sur la cheminée un écran, et il en examinait le transparent avec attention, sans avoir aperçu la trace des larmes versées par sa femme. Julie frissonna. Le langage ne suffirait pas à exprimer le torrent de pensées qui s'échappa de son cœur et qu'elle dut y contenir.

— Madame de Sérizy donne un concert lundi prochain, et se meurt d'envie de t'avoir. Il suffit que depuis long-temps tu n'aies paru dans le monde pour qu'elle désire te voir chez elle. C'est une bonne femme qui t'aime beaucoup. Tu me feras plaisir d'y venir; j'ai presque répondu de toi...

— J'irai, répondit Julie.

Le son de la voix, l'accent et le regard de la marquise eurent quelque chose de si pénétrant, de si particulier, que, malgré son insouciance, Victor regarda sa femme avec étonnement. Ce fut tout. Julie avait deviné que madame de Sérizy était la femme qui lui avait enlevé le cœur de son mari. Elle s'engourdit dans une rêverie de désespoir, et parut très occupée à regarder le feu. Victor faisait tourner l'écran dans ses doigts avec l'air ennuyé d'un homme qui, après avoir été heureux ailleurs, apporte chez lui la fatigue du bonheur. Quand il eut bâillé plusieurs fois, il prit un flambeau d'une main, de l'autre alla chercher languissamment le cou de sa femme, et voulut l'embrasser ; mais Julie se baissa, lui présenta son front, et y reçut le baiser du soir, ce baiser machinal, sans amour, espèce de grimace qui lui parut alors odieuse. Quand Victor eut fermé la porte, la marquise tomba sur un siége ; ses jambes chancelèrent, elle fondit en larmes. Il faut avoir subi le supplice de quelque scène analogue pour comprendre tout ce que celle-ci cache de douleurs, pour deviner les longs et terribles drames auxquels elle donne lieu. Ces simples et niaises paroles, ces silences entre les deux époux, les gestes, les regards, la manière dont le marquis s'était assis devant le feu, l'attitude qu'il eut en cherchant à baiser le cou de sa femme, tout avait servi à faire, de cette heure, un tragique dénouement à la vie solitaire et douloureuse menée par Julie. Dans sa folie, elle se mit à genoux devant son divan, s'y plongea le visage pour ne rien voir, et pria le ciel, en donnant aux paroles habituelles de son oraison un accent intime, une signification nouvelle qui eussent déchiré le cœur de son mari, s'il l'eût entendue.

Elle demeura pendant huit jours préoccupée de son avenir, en proie à son malheur, qu'elle étudiait en cherchant les moyens de ne pas mentir à son cœur, de regagner son empire sur le marquis, et de vivre assez longtemps pour veiller au bonheur de sa fille. Elle résolut alors de lutter avec sa rivale, de reparaître dans le monde, d'y briller ; de feindre pour son mari un amour qu'elle ne pouvait plus éprouver, de le séduire ; puis, lorsque par ses artifices elle l'aurait soumis à son pouvoir, d'être coquette avec lui comme le sont ces capricieuses maîtresses qui se font un plaisir de tourmenter leurs amants. Ce manége odieux était le seul remède possible à ses maux. Ainsi, elle deviendrait maîtresse de ses souffrances, elle les ordonnerait selon son bon plaisir, et les rendrait plus rares tout en subjuguant son mari, tout en le domptant sous un despotisme terrible. Elle n'eut plus aucun remords de lui imposer une vie difficile. D'un seul bond, elle s'élança dans les froids calculs de l'indifférence. Pour sauver sa fille, elle devina tout à coup les perfidies, les mensonges des créatures qui n'aiment pas, les tromperies de la coquetterie, et ces ruses atroces qui font haïr si profondément la femme chez qui les hommes supposent alors des corruptions innées. A l'insu de Julie, sa vanité féminine, son intérêt et un vague désir de vengeance s'accordèrent avec son amour maternel pour la faire entrer dans une voie où de nouvelles douleurs l'attendaient. Mais elle avait l'âme trop belle, l'esprit trop délicat, et surtout trop de franchise pour être long-temps complice de ces fraudes. Habituée à lire en elle-même, au premier pas dans le vice, car ceci était du vice, le cri de sa conscience devait étouffer celui des passions et de l'égoïsme. En effet, chez une jeune femme dont le cœur est encore pur, et où l'amour est resté vierge, le sentiment de la maternité même est soumis à la voix de la pudeur. La pudeur n'est-elle pas toute la femme? Mais Julie ne voulut apercevoir aucun danger, aucune faute dans sa nouvelle vie. Elle vint chez madame de Sérizy. Sa rivale comptait voir une femme pâle, languissante; la marquise avait mis du rouge, et se présenta dans tout l'éclat d'une parure qui rehaussait encore sa beauté. Madame la comtesse de Sérizy était une de ces femmes qui prétendent exercer à Paris une sorte d'empire sur la mode et sur le monde; elle dictait des arrêts qui, reçus dans le cercle où elle régnait, lui semblaient universellement adoptés; elle avait la prétention de faire des mots ; elle était souverainement *jugeuse*. Littérature, politique, hommes et femmes, tout subissait sa censure; et madame de Sérizy semblait défier celle des autres. Sa maison était, en toute chose, un modèle de bon goût. Au milieu de ces salons remplis de femmes élégantes et belles, Julie triompha de la comtesse. Spirituelle, vive, sémillante, elle eut autour d'elle les hommes les plus distingués de la soirée. Pour le désespoir des femmes, sa toilette était irréprochable, et toutes lui envièrent une coupe de robe, une forme de corsage dont l'effet fut attribué généralement à quelque génie de couturière inconnue, car les femmes aiment mieux croire à la science des chiffons qu'à la grâce et à la perfection de celles qui sont faites de manière à les bien porter. Lorsque Julie se leva pour aller au piano chanter la romance de Desdémone, les hommes accoururent de tous les salons pour entendre cette célèbre voix, muette depuis si long-temps, et il se fit un profond silence. La marquise éprouva de vives émotions en voyant les têtes pressées aux portes et tous les regards attachés sur elle. Elle chercha son mari, lui lança une œillade pleine de coquetterie, et vit avec plaisir qu'en ce moment son amour-propre était extraordinairement flatté. Heureuse de ce triomphe, elle ravit l'assemblée dans la première partie d'*al piu salice*. Jamais ni la Malibran ni la Pasta n'avaient fait entendre des chants si parfaits de sentiment et d'intonation ; mais, au moment de la reprise, elle regarda dans les groupes, et aperçut Arthur dont le regard fixe ne la quittait pas. Elle tressaillit vivement, et sa voix s'altéra.

Madame de Sérizy s'élança de sa place vers la marquise.

— Qu'avez-vous, ma chère? Oh! pauvre petite, elle est si souffrante ! Je tremblais en lui voyant entreprendre une chose au-dessus de ses forces...

La romance fut interrompue. Julie, dépitée, ne se sentit plus le courage de continuer et subit la compassion perfide de sa rivale. Toutes les femmes chuchotèrent ; puis, à force de discuter cet incident, elles devinèrent la lutte commencée entre la marquise et madame de Sérizy, qu'elles n'épargnèrent pas dans leurs médisances. Les bizarres pressentiments qui avaient si souvent agité Julie se trouvaient tout à coup réalisés. En s'occupant d'Arthur, elle s'était complue à croire qu'un homme, en apparence si doux, si délicat, devait être resté fidèle à son premier amour. Parfois elle s'était flattée d'être l'objet de cette belle passion, la passion pure et vraie d'un homme jeune, dont toutes les pensées appartiennent à sa bien-aimée, dont tous les moments lui sont consacrés, qui n'a point de détours, qui rougit de ce qui fait rougir une femme, pense comme une femme, ne lui donne point de rivales, et se livre à elle sans songer à l'ambition, ni à la gloire, ni à la fortune. Elle avait rêvé tout cela d'Arthur, par folie, par distraction ; puis tout à coup elle crut voir son rêve accompli. Elle lut sur le visage presque féminin du jeune Anglais les pensées profondes, les mélancolies douces, les résignations douloureuses dont elle-même était la victime. Elle se reconnut en lui. Le malheur et la mélancolie sont les interprètes les plus éloquents de l'amour, et correspondent entre deux êtres souffrants avec une incroyable rapidité. La vue intime et l'intussusception des choses ou des idées sont chez eux complètes et justes. Aussi la violence du choc que reçut la marquise lui révéla-t-elle tous les dangers de l'avenir.

Trop heureuse de trouver un prétexte à son trouble dans son état habituel de souffrance, elle se laissa volontiers accabler par l'ingénieuse pitié de madame de Sérizy. L'interruption de la romance était un événement dont s'entretenaient assez diversement plusieurs personnes. Les unes déploraient le sort de Julie, et se plaignaient de ce qu'une femme si remarquable fût perdue pour le monde; les autres voulaient savoir la cause de ses souffrances et de la solitude dans laquelle elle vivait.

— Eh bien! mon cher Ronquerolles, disait le marquis au frère de madame de Sérizy, tu enviais mon bonheur en voyant madame d'Aiglemont, et tu me reprochais de lui être infidèle? Va, tu trouverais mon sort bien peu désirable, si tu restais comme moi en présence d'une jolie femme pendant une ou deux années, sans oser lui baiser la main, de peur de la briser. Ne t'embarrasse jamais de ces bijoux délicats, bons seulement à mettre sous verre, et que leur fragilité, leur cherté nous oblige à toujours respecter. Sors-tu souvent ton beau cheval pour lequel tu crains, m'a-t-on dit, les averses et la neige? Voilà mon histoire. Il est vrai que je suis sûr de la vertu de ma femme; mais mon mariage est une chose de luxe; et si tu me crois marié, tu te trompes. Aussi mes infidélités sont-elles en quelque sorte légitimes. Je voudrais bien savoir comment vous feriez à ma place, messieurs les rieurs? Beaucoup d'hommes auraient moins de ménagements que je n'en ai pour ma femme. Je suis sûr, ajouta-t-il à voix basse, que madame d'Aiglemont ne se doute de rien. Aussi, certes, aurais-je grand tort de me plaindre, je suis très heureux... Seulement, rien n'est plus ennuyeux pour un homme sensible, que de voir souffrir une pauvre créature à laquelle on est attaché...

— Tu as donc beaucoup de sensibilité? répondit M. de Ronquerolles, car tu es rarement chez toi.

Cette amicale épigramme fit rire les auditeurs; mais Arthur resta froid et imperturbable, en gentleman qui a pris la gravité pour base de son caractère. Les étranges paroles de ce mari firent sans doute concevoir quelques espérances au jeune Anglais, qui attendit avec patience le moment où il pourrait se trouver seul avec M. d'Aiglemont, et l'occasion s'en présenta bientôt.

— Monsieur, lui dit-il, je vois avec une peine infinie l'état de madame la marquise, et si vous saviez que, faute d'un régime particulier, elle doit mourir misérablement, je pense que vous ne plaisanteriez pas sur ses souffrances. Si je vous parle ainsi, j'y suis en quelque sorte autorisé par la certitude que j'ai de sauver madame d'Aiglemont, et de la rendre à la vie et au bonheur. Il est peu naturel qu'un homme de mon rang soit médecin ; et, néanmoins, le hasard a voulu que j'étudiasse la médecine. Or, je m'ennuie assez, dit-il en affectant un froid égoïsme qui devait servir ses desseins, pour qu'il me soit indifférent de dépenser mon temps et mes voyages au profit d'un être souffrant, au lieu de satisfaire quelques sottes fantaisies. Les guérisons de ces sortes de maladies sont rares, parce qu'elles exigent beaucoup de soins, de temps et de patience ; il faut surtout avoir de la fortune, voyager, suivre scrupuleusement des prescriptions qui varient chaque jour, et n'ont rien de désagréable. Nous sommes deux gentilshommes, dit-il en donnant à ce mot l'acception du mot anglais *gentleman*, et nous pouvons nous entendre. Je vous préviens que si vous acceptez ma proposition, vous serez à tout moment le juge de ma conduite. Je n'entreprendrai rien sans vous avoir pour conseil, pour surveillant, et je vous réponds du succès si vous consentez à m'obéir. Oui, si vous voulez ne pas être pendant long-temps le mari de madame d'Aiglemont, lui dit-il à l'oreille.

— Il est sûr, milord, dit le marquis en riant, qu'un Anglais pouvait seul me faire une proposition si bizarre. Permettez-moi de ne pas la repousser et de ne pas l'accueillir, j'y songerai. Puis, avant tout, elle doit être soumise à ma femme.

En ce moment, Julie avait reparu au piano. Elle chanta l'air de Sémiramide, *Son regina, son guerriera*. Des applaudissements unanimes, mais des applaudissements sourds, pour ainsi dire, les acclamations polies du faubourg Saint-Germain, témoignèrent de l'enthousiasme qu'elle excita.

Lorsque d'Aiglemont ramena sa femme à son hôtel, Julie vit avec une sorte de plaisir inquiet le prompt succès de ses tentatives. Son mari, réveillé par le rôle qu'elle venait de jouer, voulut l'honorer d'une fantaisie, et la prit en goût, comme il eût fait d'une actrice. Julie trouva plaisant d'être traitée ainsi, elle vertueuse et mariée ; elle essaya de jouer avec son pouvoir, et dans cette première lutte, sa bonté la fit succomber encore une fois, mais ce fut la plus terrible de toutes les leçons que lui gardait le sort. Vers deux ou trois heures du matin, Julie était sur son séant, sombre et rêveuse, dans le lit conjugal ; une lampe à lueur incertaine éclairait faiblement la chambre, le silence le plus profond y régnait ; et, depuis une heure environ, la marquise, livrée à de poignants remords, versait des larmes dont l'amertume ne peut être comprise que des femmes qui se sont trouvées dans la même situation. Il fallait avoir l'âme de Julie pour sentir comme elle l'horreur d'une caresse calculée, pour se trouver autant froissée par un baiser froid ; apostasie du cœur encore aggravée par une douloureuse prostitution. Elle se mésestimait elle-même, elle maudissait le mariage, elle aurait voulu être morte ; et, sans un cri jeté par sa fille, elle se serait peut-être précipitée par la fenêtre sur le pavé. Monsieur d'Aiglemont dormait paisiblement près d'elle, sans être réveillé par les larmes chaudes que sa femme laissait tomber sur lui. Le lendemain, Julie sut être gaie. Elle trouva des forces pour paraître heureuse et cacher, non plus sa mélancolie, mais une invincible horreur. De ce jour elle ne se regarda plus comme une femme irréprochable. Ne s'était-elle pas menti à elle-même, dès lors n'était-elle pas capable de dissimulation, et ne pouvait-elle pas plus tard déployer une profondeur étonnante dans les délits conjugaux ? Son mariage était cause de cette perversité *à priori* qui ne s'exerçait encore sur rien. Cependant elle s'était déjà demandé pourquoi résister à un amant aimé quand elle se donnait, contre son cœur et contre le vœu de la nature, à un mari qu'elle n'aimait plus. Toutes les fautes, et les crimes peut-être, ont pour principe un mauvais raisonnement ou quelque excès d'égoïsme. La société ne peut exister que par les sacrifices individuels qu'exigent les lois. En accepter les avantages, n'est-ce pas s'engager à maintenir les conditions qui la font subsister ? Or, les malheureux sans pain, obligés de respecter la propriété, ne sont pas moins à plaindre que les femmes blessées dans les vœux et la délicatesse de leur nature. Quelques jours après cette scène, dont les secrets furent ensevelis dans le lit conjugal, d'Aiglemont présenta lord Grenville à sa femme. Julie reçut Arthur avec une politesse froide qui faisait honneur à sa dissimulation. Elle imposa silence à son cœur, voila ses regards, donna de la fermeté à sa voix, et put ainsi rester maîtresse de son avenir. Puis, après avoir reconnu par ces moyens, innés pour ainsi dire chez les femmes, toute l'étendue de l'amour qu'elle avait inspiré, madame d'Aiglemont sourit à l'espoir d'une prompte guérison, et n'opposa plus de résistance à la volonté de son mari, qui la violentait pour lui faire accepter les soins du jeune docteur. Néanmoins, elle ne voulut se fier

à lord Grenville qu'après en voir assez étudié les paroles et les
manières pour être sûre qu'il aurait la générosité de souffrir en
silence. Elle avait sur lui le plus absolu pouvoir, elle en abusait déjà :
n'était-elle pas femme ?

Montcontour est un ancien manoir situé sur un de ces blonds
rochers au bas desquels passe la Loire, non loin de l'endroit où Julie
s'était arrêtée en 1814. C'est un de ces petits châteaux de Touraine,
blancs, jolis, à tourelles sculptées, brodés comme une dentelle de
Malines ; un de ces châteaux mignons, pimpants qui se mirent dans
les eaux du fleuve avec leurs bouquets de mûriers, leurs vignes,
leurs chemins creux, leurs longues balustrades à jour, leurs caves
en rocher, leurs manteaux de lierre et leurs escarpements. Les
toits de Montcontour pétillent sous les rayons du soleil, tout y est
ardent. Mille vestiges de l'Espagne poétisent cette ravissante habitation : les genêts d'or, les fleurs à clochettes embaument la brise ; l'air
est caressant, la terre sourit partout, et partout de douces magies
enveloppent l'âme, la rendent paresseuse, amoureuse, l'amollissent
et la bercent. Cette belle et suave contrée endort les douleurs et
réveille les passions. Personne ne reste froid sous ce ciel pur, devant
ces eaux scintillantes. Là meurt plus d'une ambition, là vous vous
couchez au sein d'un tranquille bonheur, comme chaque soir le soleil
se couche dans ses langes de pourpre et d'azur. Par une douce soirée
du mois d'août, en 1821, deux personnes gravissaient les chemins
pierreux qui découpent les rochers sur lesquels est assis le château,
et se dirigeaient vers les hauteurs pour y admirer sans doute les
points de vue multipliés qu'on y découvre. Ces deux personnes
étaient Julie et lord Grenville ; mais cette Julie semblait être une
nouvelle femme. La marquise avait les franches couleurs de la santé.
Ses yeux, vivifiés par une féconde puissance, étincelaient à travers
une humide vapeur, semblable au fluide qui donne à ceux des
enfants d'irrésistibles attraits. Elle souriait à plein, elle était heureuse
de vivre, et concevait la vie. A la manière dont elle levait ses pieds
mignons, il était facile de voir que nulle souffrance n'alourdissait
comme autrefois ses moindres mouvements, n'alanguissait ni ses
regards, ni ses paroles, ni ses gestes. Sous l'ombrelle de soie blanche
qui la garantissait des chauds rayons du soleil, elle ressemblait à une
jeune mariée sous son voile, à une vierge prête à se livrer aux
enchantements de l'amour. Arthur la conduisait avec un soin d'amant,
il la guidait comme on guide un enfant, la mettait dans le meilleur

chemin, lui faisait éviter les pierres, lui montrait une échappée de vue ou l'amenait devant une fleur, toujours mû par un perpétuel sentiment de bonté, par une intention délicate, par une connaissance intime du bien-être de cette femme, sentiments qui semblaient être innés en lui, autant et plus peut-être que le mouvement nécessaire à sa propre existence. La malade et son médecin marchaient du même pas sans être étonnés d'un accord qui paraissait avoir existé dès le premier jour où ils marchèrent ensemble; ils obéissaient à une même volonté, s'arrêtaient, impressionnés par les mêmes sensations; leurs regards, leurs paroles correspondaient à des pensées mutuelles. Parvenus tous deux en haut d'une vigne, ils voulurent aller se reposer sur une de ces longues pierres blanches que l'on extrait continuellement des caves pratiquées dans le rocher; mais avant de s'y asseoir, Julie contempla le site.

— Le beau pays! s'écria-t-elle. Dressons une tente et vivons ici. Victor, cria-t-elle, venez donc, venez donc!

Monsieur d'Aiglemont répondit d'en bas par un cri de chasseur, mais sans hâter sa marche; seulement il regardait sa femme de temps en temps lorsque les sinuosités du sentier le lui permettaient. Julie aspira l'air avec plaisir en levant la tête et en jetant à Arthur un de ces coups d'œil fins par lesquels une femme d'esprit dit toute sa pensée.

— Oh! reprit-elle, je voudrais rester toujours ici. Peut-on jamais se lasser d'admirer cette belle vallée? Savez-vous le nom de cette jolie rivière, milord?

— C'est la Cise.

— La Cise, répéta-t-elle. Et là-bas, devant nous, qu'est-ce?

— Ce sont les coteaux du Cher, dit-il.

— Et sur la droite? Ah! c'est Tours. Mais voyez le bel effet que produisent dans le lointain les clochers de la cathédrale.

Elle se fit muette, et laissa tomber sur la main d'Arthur la main qu'elle avait étendue vers la ville. Tous deux, ils admirèrent en silence le paysage et les beautés de cette nature harmonieuse. Le murmure des eaux, la pureté de l'air et du ciel, tout s'accordait avec les pensées qui vinrent en foule dans leurs cœurs aimants et jeunes.

— Oh! mon Dieu, combien j'aime ce pays, répéta Julie avec un enthousiasme croissant et naïf. Vous l'avez habité longtemps? reprit-elle après une pause.

A ces mots, lord Grenville tressaillit.

— C'est là, répondit-il avec mélancolie en montrant un bouquet de noyers sur la route, là que prisonnier je vous vis pour la première fois....

— Oui, mais j'étais déjà bien triste; cette nature me sembla sauvage, et maintenant....

Elle s'arrêta, lord Grenville n'osa pas la regarder.

— C'est à vous, dit enfin Julie après un long silence, que je dois ce plaisir. Ne faut-il pas être vivante pour éprouver les joies de la vie, et jusqu'à présent n'étais-je pas morte à tout? Vous m'avez donné plus que la santé, vous m'avez appris à en sentir tout le prix...

Les femmes ont un inimitable talent pour exprimer leurs sentiments sans employer de trop vives paroles; leur éloquence est surtout dans l'accent, dans le geste, l'attitude et les regards. Lord Grenville se cacha la tête dans ses mains, car des larmes roulaient dans ses yeux. Ce remerciement était le premier que Julie lui fît depuis leur départ de Paris. Pendant une année entière, il avait soigné la marquise avec le dévouement le plus entier. Secondé par d'Aiglemont, il l'avait conduite aux eaux d'Aix, puis sur les bords de la mer à La Rochelle. Épiant à tout moment les changements que ses savantes et simples prescriptions produisaient sur la constitution délabrée de Julie, il l'avait cultivée comme une fleur rare peut l'être par un horticulteur passionné. La marquise avait paru recevoir les soins intelligents d'Arthur avec tout l'égoïsme d'une Parisienne habituée aux hommages, ou avec l'insouciance d'une courtisane qui ne sait ni le coût des choses ni la valeur des hommes, et les prise au degré d'utilité dont ils lui sont. L'influence exercée sur l'âme par les lieux est une chose digne de remarque. Si la mélancolie nous gagne infailliblement lorsque nous sommes au bord des eaux, une autre loi de notre nature impressible fait que, sur les montagnes, nos sentiments s'épurent: la passion y gagne en profondeur ce qu'elle paraît perdre en vivacité. L'aspect du vaste bassin de la Loire, l'élévation de la jolie colline où les deux amants s'étaient assis, causaient peut-être le calme délicieux dans lequel ils savourèrent d'abord le bonheur qu'on goûte à deviner l'étendue d'une passion cachée sous des paroles insignifiantes en apparence. Au moment où Julie achevait la phrase qui avait si vivement ému lord Grenville, une brise caressante agita la cime des arbres, répandit la fraîcheur des eaux dans l'air; quelques nuages couvrirent le soleil, et des ombres molles laissèrent voir toutes les beautés de cette jolie nature. Julie détourna la tête pour dérober au jeune lord la vue des larmes qu'elle réussit à retenir et à sécher, car l'attendrissement d'Arthur l'avait promptement gagnée. Elle n'osa lever les yeux sur lui dans la crainte qu'il ne lût trop de joie dans ce regard. Son instinct de femme lui faisait sentir qu'à cette heure dangereuse elle devait ensevelir son amour au fond de son cœur. Cependant le silence pouvait être également redoutable. En s'apercevant que lord Grenville était hors d'état de prononcer une parole, Julie reprit d'une voix douce : — Vous êtes touché de ce que je vous ai dit, milord. Peut-être cette vive expansion est-elle la manière que prend une âme gracieuse et bonne comme l'est la vôtre pour revenir sur un faux jugement. Vous m'aurez crue ingrate en me trouvant froide et réservée, ou moqueuse et insensible pendant ce voyage qui heureusement va bientôt se terminer. Je n'aurais pas été digne de recevoir vos soins, si je n'avais su les apprécier. Milord, je n'ai rien oublié. Hélas! je n'oublierai rien, ni la sollicitude qui vous faisait veiller sur moi comme une mère veille sur son enfant, ni surtout la noble confiance de nos entretiens fraternels, la délicatesse de vos procédés; séductions contre lesquelles nous sommes toutes sans armes. Milord, il est hors de mon pouvoir de vous récompenser....

A ce mot, Julie s'éloigna vivement, et lord Grenville ne fit aucun mouvement pour l'arrêter, la marquise alla sur une roche à une faible distance, et y resta immobile; leurs émotions furent un secret pour eux-mêmes, sans doute ils pleurèrent en silence; les chants des oiseaux, si gais, si prodigues d'expressions tendres au coucher du soleil, durent augmenter la violente commotion qui les avait forcés de se séparer : la nature se chargeait de leur exprimer un amour dont ils n'osaient parler.

— Eh! bien, milord, reprit Julie en se mettant devant lui dans une attitude pleine de dignité qui lui permit de prendre la main d'Arthur, je vous demanderai de rendre pure et sainte la vie que vous m'avez restituée. Ici, nous nous quitterons. Je sais, ajouta-t-elle en voyant pâlir lord Grenville, que, pour prix de votre dévouement, je vais exiger de vous un sacrifice encore plus grand que ceux dont l'étendue devrait être mieux reconnue par moi... Mais, il le faut.... vous ne resterez pas en France. Vous le commander, n'est-ce pas vous donner des droits qui seront sacrés? ajouta-t-elle en mettant la main du jeune homme sur son cœur palpitant.

Arthur se leva.

— Oui, dit-il.

En ce moment il montra d'Aiglemont qui tenait sa fille dans ses bras, et qui parut de l'autre côté d'un chemin creux sur la balustrade du château. Il y avait grimpé pour y faire sauter sa petite Hélène.

— Julie, je ne vous parlerai point de mon amour, nos âmes se comprennent trop bien. Quelque profonds, quelque secrets que fussent mes plaisirs de cœur, vous les avez tous partagés. Je le sens, je le sais, je le vois. Maintenant, j'acquiers la délicieuse preuve de la constante sympathie de nos cœurs, mais je fuirai... J'ai plusieurs fois calculé trop habilement les moyens de tuer cet homme pour pouvoir y toujours résister, si je restais près de vous.

— J'ai eu la même pensée, dit-elle en laissant paraître sur sa figure troublée les marques d'une surprise douloureuse.

Mais il y avait tant de vertu, tant de certitude d'elle-même et tant de victoires secrètement remportées sur l'amour dans l'accent et le geste qui échappèrent à Julie, que lord Grenville demeura pénétré d'admiration. L'ombre même du crime s'était évanouie dans cette naïve conscience. Le sentiment religieux qui dominait sur ce beau front devait toujours en chasser les mauvaises pensées involontaires que notre imparfaite nature engendre, mais qui montrent tout à la fois la grandeur et les périls de notre destinée.

— Alors, reprit-elle, j'aurais encouru votre mépris, et il m'aurait sauvée, reprit-elle en baissant les yeux. Perdre votre estime, n'était-ce pas mourir ?

Ces deux héroïques amants restèrent encore un moment silencieux, occupés à dévorer leurs peines : bonnes et mauvaises, leurs pensées étaient fidèlement les mêmes, et ils s'entendaient aussi bien dans leurs intimes plaisirs que dans leurs douleurs les plus cachées.

— Je ne dois pas murmurer, le malheur de ma vie est mon ouvrage, ajouta-t-elle en levant au ciel des yeux pleins de larmes.

— Milord, s'écria le général de sa place en faisant un geste, nous nous sommes rencontrés ici pour la première fois. Vous ne vous en souvenez peut-être pas. Tenez, là-bas, près de ces peupliers.

L'Anglais répondit par une brusque inclination de tête.

— Je devais mourir jeune et malheureuse, répondit Julie. Oui, ne croyez pas que je vive. Le chagrin sera tout aussi mortel que pouvait l'être la terrible maladie de laquelle vous m'avez guérie. Je ne me crois pas coupable. Non, les sentiments que j'ai conçus pour vous sont irrésistibles, éternels, mais bien involontaires, et je veux rester vertueuse. Cependant je serai tout à la fois fidèle à ma conscience d'épouse, à mes devoirs de mère et aux vœux de mon cœur. Écoutez, lui dit elle d'une voix altérée, je n'appartiendrai plus à cet homme, jamais. Et, par un geste effrayant d'horreur et de vérité, Julie montra son mari. — Les lois du monde, reprit-elle, exigent que je lui rende l'existence heureuse, j'y obéirai; je serai sa servante; mon dévouement pour lui sera sans bornes, mais d'aujourd'hui je suis veuve. Je ne veux être une prostituée ni à mes yeux ni à ceux du monde; si je ne suis point à monsieur d'Aiglemont, je ne serai jamais à un autre. Vous n'aurez de moi que ce que vous m'avez arraché. Voilà l'arrêt que j'ai porté sur moi-même, dit-elle en regardant Arthur avec fierté. Il est irrévocable, milord. Maintenant, apprenez que si vous cédiez à une pensée criminelle, la veuve de monsieur d'Aiglemont entrerait dans un cloître, soit en Italie, soit en Espagne. Le malheur a voulu que nous ayons parlé de notre amour. Ces aveux étaient inévitables peut-être; mais que ce soit pour la dernière fois que nos cœurs aient si fortement vibré. Demain, vous feindrez de recevoir une lettre qui vous appelle en Angleterre, et nous nous quitterons pour ne plus nous revoir.

Cependant Julie, épuisée par cet effort, sentit ses genoux fléchir, un froid mortel la saisit, et par une pensée bien féminine, elle s'assit pour ne pas tomber dans les bras d'Arthur.

— Julie! cria lord Grenville.

Ce cri perçant retentit comme un éclat de tonnerre. Cette déchirante clameur exprima tout ce que l'amant, jusque-là muet, n'avait pu dire.

— Hé bien! qu'a-t-elle donc? demanda le général.

En entendant ce cri, le marquis avait hâté le pas, et se trouva soudain devant les deux amants.

— Ce ne sera rien, dit Julie avec cet admirable sang-froid que la finesse naturelle aux femmes leur permet d'avoir assez souvent dans les grandes crises de la vie. La fraîcheur de ce noyer a failli me faire perdre connaissance, et mon docteur a dû en frémir de peur. Ne suis-je pas pour lui comme une œuvre d'art qui n'est pas encore achevée? Il a peut-être tremblé de la voir détruite...

Elle prit audacieusement le bras de lord Grenville, sourit à son mari, regarda le paysage avant de quitter le sommet des rochers, et entraîna son compagnon de voyage en lui prenant la main.

— Voici, certes, le plus beau site que nous ayons vu, dit-elle ; je ne l'oublierai jamais. Voyez donc, Victor, quels lointains, quelle étendue et quelle variété. Ce pays me fait concevoir l'amour.

Riant d'un rire presque convulsif, mais riant de manière à tromper son mari, elle sauta gaiement dans les chemins creux, et disparut.

— Eh! quoi, sitôt?... dit-elle quand elle se trouva loin de monsieur d'Aiglemont. Hé! quoi, mon ami, dans un instant nous ne pourrons plus être, et ne serons plus jamais nous-mêmes ; enfin nous ne vivrons plus...

— Allons lentement, répondit lord Grenville, les voitures sont encore loin. Nous marcherons ensemble, et s'il nous est permis de mettre des paroles dans nos regards, nos cœurs vivront un moment de plus.

Ils se promenèrent sur la levée, au bord des eaux, aux dernières lueurs du soir, presque silencieusement, disant de vagues paroles, douces comme le murmure de la Loire, mais qui remuaient l'âme. Le soleil, au moment de sa chute, les enveloppa de ses reflets rouges avant de disparaître, image mélancolique de leur fatal amour. Très inquiet de ne pas retrouver sa voiture à l'endroit où il s'était arrêté, le général suivait ou devançait les deux amants, sans se mêler de la conversation. La noble et délicate conduite que lord Grenville tenait pendant ce voyage avait détruit les soupçons du marquis, et depuis quelque temps il laissait sa femme libre, en se confiant à la foi punique du lord-docteur. Arthur et Julie marchèrent encore dans le triste et douloureux accord de leurs cœurs flétris. Naguère, en montant à travers les escarpements de Montcontour, ils avaient tous deux une vague espérance, un inquiet bonheur dont ils n'osaient pas se demander compte ; mais en descendant le long de la levée, ils avaient renversé le frêle édifice construit dans leur imagination, et sur lequel ils n'osaient respirer, semblables aux enfants qui prévoient la chute des châteaux de cartes qu'ils ont bâtis. Ils étaient sans espérance. Le soir même, lord Grenville partit. Le dernier regard qu'il jeta sur Julie prouva malheureusement que, depuis le moment où la sympathie leur avait révélé l'étendue d'une passion si forte, il avait eu raison de se défier de lui-même.

Quand monsieur d'Aiglemont et sa femme se trouvèrent le lendemain assis au fond de leur voiture, sans leur compagnon de voyage, et qu'ils parcoururent avec rapidité la route, jadis faite en 1814 par la marquise, alors ignorante de l'amour et qui en avait alors presque maudit la constance, elle retrouva mille impressions oubliées. Le cœur a sa mémoire à lui. Telle femme incapable de se rappeler les événements les plus graves, se souviendra pendant toute sa vie des choses qui importent à ses sentiments. Aussi, Julie eut-elle une parfaite souvenance de détails même frivoles; elle reconnut avec bonheur les plus légers accidents de son premier voyage, et jusqu'à des pensées qui lui étaient venues à certains endroits de la route. Victor, redevenu passionnément amoureux de sa femme depuis qu'elle avait recouvré la fraîcheur de la jeunesse et toute sa beauté, se serra près d'elle à la façon des amants. Lorsqu'il essaya de la prendre dans ses bras, elle se dégagea doucement, et trouva je ne sais quel prétexte pour éviter cette innocente caresse. Puis, bientôt, elle eut horreur du contact de Victor de qui elle sentait et partageait la chaleur, par la manière dont ils étaient assis. Elle voulut se mettre seule sur le devant de la voiture; mais son mari lui fit la grâce de la laisser au fond. Elle le remercia de cette attention par un soupir auquel il se méprit, et cet ancien séducteur de garnison, interprétant à son avantage la mélancolie de sa femme, la mit à la fin du jour dans l'obligation de lui parler avec une fermeté qui lui imposa.

— Mon ami, lui dit-elle, vous avez déjà failli me tuer; vous le savez. Si j'étais encore une jeune fille sans expérience, je pourrais recommencer le sacrifice de ma vie; mais je suis mère, j'ai une fille à élever, et je me dois autant à elle qu'à vous. Subissons un malheur qui nous atteint également. Vous êtes le moins à plaindre. N'avez-vous pas su trouver des consolations que mon devoir, notre bonheur commun, et, mieux que tout cela, la nature m'interdisent. Tenez, ajouta-t-elle, vous avez étourdiment oublié dans un tiroir trois lettres de madame de Serizy; les voici. Mon silence vous prouve que vous avez en moi une femme pleine d'indulgence, et qui n'exige pas de vous les sacrifices auxquels les lois la condamnent; mais j'ai assez réfléchi pour savoir que nos rôles ne sont pas les mêmes, et que la femme seule est prédestinée au malheur. Ma vertu repose sur des principes arrêtés et fixes. Je saurai vivre irréprochable; mais laissez-moi vivre.

Le marquis, abasourdi par la logique que les femmes savent étudier aux clartés de l'amour, fut subjugué par l'espèce de dignité qui leur est naturelle dans ces sortes de crises. La répulsion instinctive que Julie manifestait pour tout ce qui froissait son amour et les vœux de son cœur est une des plus belles choses de la femme, et vient peut-être d'une vertu naturelle que ni les lois ni la civilisation ne feront taire. Mais qui donc oserait blâmer les femmes? Quand elles ont imposé silence au sentiment exclusif qui ne leur permet pas d'appartenir à deux hommes, ne sont-elles pas comme des prêtres sans croyance? Si quelques esprits rigides blâment l'espèce de transaction conclue par Julie entre ses devoirs et son amour, les âmes passionnées lui en feront un crime. Cette réprobation générale accuse ou le malheur qui attend les désobéissances aux lois, ou de bien tristes imperfections dans les institutions sur lesquelles repose la société européenne.

Deux ans se passèrent, pendant lesquels monsieur et madame d'Aiglemont menèrent la vie des gens du monde, allant chacun de leur côté, se rencontrant dans les salons plus souvent que chez eux; élégant divorce par lequel se terminent beaucoup de mariages dans le grand monde. Un soir, par extraordinaire, les deux époux se trouvaient réunis dans leur salon. Madame d'Aiglemont avait eu à dîner l'une de ses amies. Le général, qui dînait toujours en ville, était resté chez lui.

— Vous allez être bien heureuse, madame la marquise, dit monsieur d'Aiglemont en posant sur une table la tasse dans laquelle il venait de boire son café. Le marquis regarda madame de Wimphen d'un air moitié malicieux, moitié chagrin, et ajouta : — Je pars pour une longue chasse, où je vais avec le grand-veneur. Vous serez au moins pendant huit jours absolument veuve, et c'est ce que vous désirez, je crois...

— Guillaume, dit-il au valet qui vint enlever les tasses, faites atteler.

Madame de Wimphen était cette Louisa à laquelle jadis madame d'Aiglemont voulait conseiller le célibat. Les deux femmes se jetèrent un regard d'intelligence qui prouvait que Julie avait trouvé dans son amie une confidente de ses peines, confidente précieuse et charitable, car madame de Wimphen était très heureuse en mariage; et, dans la situation opposée où elles étaient, peut-être le bonheur de l'une faisait-il une garantie de son dévouement au malheur de l'autre. En pareil cas, la dissemblance des destinées est presque toujours un puissant lien d'amitié.

— Est-ce le temps de la chasse ? dit Julie en jetant un regard indifférent à son mari.

Le mois de mars était à sa fin.

— Madame, le grand veneur chasse quand il veut et où il veut. Nous allons en forêt royale tuer des sangliers.

— Prenez garde qu'il ne vous arrive quelque accident...

— Un malheur est toujours imprévu, répondit-il en souriant.

— La voiture de monsieur est prête, dit Guillaume.

Le général se leva, baisa la main de madame de Wimphen, et se tourna vers Julie.

— Madame, si je périssais victime d'un sanglier ! dit-il d'un air suppliant.

— Qu'est-ce que cela signifie ? demanda madame de Wimphen.

— Allons, venez, dit madame d'Aiglemont à Victor. Puis, elle sourit comme pour dire à Louisa : — Tu vas voir.

Julie tendit son cou à son mari, qui s'avança pour l'embrasser ; mais la marquise se baissa de telle sorte, que le baiser conjugal glissa sur la ruche de sa pèlerine.

— Vous en témoignerez devant Dieu, reprit le marquis en s'adressant à madame de Wimphen, il me faut un firman pour obtenir cette légère faveur. Voilà comment ma femme entend l'amour. Elle m'a amené là, je ne sais par quelle ruse. Bien du plaisir !

Et il sortit.

— Mais ton pauvre mari est vraiment bien bon, s'écria Louisa quand les deux femmes se trouvèrent seules. Il t'aime.

— Oh ! n'ajoute pas une syllabe à ce dernier mot. Le nom que je porte me fait horreur...

— Oui, mais Victor t'obéit entièrement, dit Louisa.

— Son obéissance, répondit Julie, est en partie fondée sur la grande estime que je lui ai inspirée. Je suis une femme très vertueuse selon les lois ; je lui rends sa maison agréable, je ferme les yeux sur ses intrigues, je ne prends rien sur sa fortune ; il peut en gaspiller les revenus à son gré : j'ai soin seulement d'en conserver le capital. A ce prix, j'ai la paix. Il ne s'explique pas, ou ne veut pas s'expliquer mon existence. Mais si je mène ainsi mon mari, ce n'est pas sans redouter les effets de son caractère. Je suis comme un conducteur d'ours qui tremble qu'un jour la muselière ne se brise. Si Victor croyait avoir le droit de ne plus m'estimer, je n'ose prévoir ce qui pourrait arriver ; car il est violent, plein d'amour-propre, de vanité surtout. S'il n'a pas l'esprit assez subtil pour prendre un parti sage dans une circonstance délicate où ses passions mauvaises seront mises en jeu ; il est faible de caractère, et me tuerait peut-être provisoirement, quitte à mourir de chagrin le lendemain. Mais ce fatal bonheur n'est pas à craindre...

Il y eut un moment de silence, pendant lequel les pensées des deux amies se portèrent sur la cause secrète de cette situation.

— J'ai été bien cruellement obéie, reprit Julie en lançant un regard d'intelligence à Louisa. Cependant je ne *lui* avais pas interdit de m'écrire. Ah! *il* m'a oubliée, et a eu raison. Il serait par trop funeste que sa destinée fût brisée! n'est-ce pas assez de la mienne? Croirais-tu, ma chère, que je lis les journaux anglais, dans le seul espoir de voir son nom imprimé. Eh! bien, il n'a pas encore paru à la chambre des lords.

— Tu sais donc l'anglais?

— Je ne te l'ai pas dit! je l'ai appris.

— Pauvre petite, s'écria Louisa en saisissant la main de Julie, mais comment peux-tu vivre encore?

— Ceci est un secret, répondit la marquise en laissant échapper un geste de naïveté presque enfantine. Écoute. Je prends de l'opium. L'histoire de la duchesse de..., à Londres, m'en a donné l'idée. Tu sais, Mathurin en a fait un roman. Mes gouttes de laudanum sont très-faibles. Je dors. Je n'ai guère que sept heures de veille, et je les donne à ma fille...

Louisa regarda le feu, sans oser contempler son amie dont toutes les misères se développaient à ses yeux pour la première fois.

— Louisa, garde-moi le secret, dit Julie après un moment de silence.

Tout à coup un valet apporta une lettre à la marquise.

— Ah! s'écria-t-elle en pâlissant.

— Je ne demanderai pas de qui, lui dit madame de Wimphen.

La marquise lisait et n'entendait plus rien, son amie vit les sentiments les plus actifs, l'exaltation la plus dangereuse, se peindre sur le visage de madame d'Aiglemont qui rougissait et pâlissait tour à tour. Enfin Julie jeta le papier dans le feu.

— Cette lettre est incendiaire! Oh! mon cœur m'étouffe.

Elle se leva, marcha ; ses yeux brûlaient.

— Il n'a pas quitté Paris! s'écria-t-elle.

Son discours saccadé, que madame de Wimphen n'osa pas interrompre, fut scandé par des pauses effrayantes. A chaque interruption, les phrases étaient prononcées d'un accent de plus en plus profond. Les derniers mots eurent quelque chose de terrible.

— Il n'a pas cessé de me voir, à mon insu. Un de mes regards surpris chaque jour l'aide à vivre. Tu ne sais pas, Louisa? il meurt et demande à me dire adieu, il sait que mon mari s'est absenté ce soir pour plusieurs jours, et va venir dans un moment. Oh! j'y périrai. Je suis perdue. Écoute? reste avec moi. Devant deux femmes il n'osera pas! Oh! demeure, je me crains.

— Mais mon mari sait que j'ai dîné chez toi, répondit madame de Wimphen, et doit venir me chercher.

— Eh! bien, avant ton départ, je l'aurai renvoyé. Je serai notre bourreau à tous deux. Hélas! il croira que je ne l'aime plus. Et cette lettre! ma chère, elle contenait des phrases que je vois écrites en traits de feu.

Une voiture roula sous la porte.

— Ah! s'écria la marquise avec une sorte de joie, il vient publiquement et sans mystère.

— Lord Grenville, cria le valet.

La marquise resta debout, immobile. En voyant Arthur pâle, maigre et hâve, il n'y avait plus de sévérité possible. Quoique lord Grenville fût violemment contrarié de ne pas trouver Julie seule, il parut calme et froid. Mais pour ces deux femmes initiées aux mystères de son amour, sa contenance, le son de sa voix, l'expression de ses regards, eurent un peu de la puissance attribuée à la torpille. La marquise et madame de Wimphen restèrent comme engourdies par la vive communication d'une douleur horrible. Le son de la voix de lord Grenville faisait palpiter si cruellement madame d'Aiglemont, qu'elle n'osait lui répondre de peur de lui révéler l'étendue du pouvoir qu'il exerçait sur elle; lord Grenville n'osait regarder Julie, en sorte que madame de Wimphen fit presque à elle seule les frais d'une conversation sans intérêt; lui jetant un regard empreint d'une touchante reconnaissance, Julie la remercia du secours qu'elle lui donnait. Alors les deux amants imposèrent silence à leurs sentiments, et durent se tenir dans les bornes prescrites par le devoir et les convenances. Mais bientôt on annonça monsieur de Wimphen; en le voyant entrer, les deux amies se lancèrent un regard, et comprirent, sans se parler, les nouvelles difficultés de la situation. Il était impossible de mettre monsieur de Wimphen dans le secret de ce drame, et Louisa n'avait pas de raisons valables à donner à son mari, en lui demandant à rester chez son amie. Lorsque madame de Wimphen mit son châle, Julie se leva comme pour aider Louisa à l'attacher, et dit à voix basse : — J'aurai du courage. S'il est venu publiquement chez moi, que puis-je craindre? Mais, sans toi, dans le premier moment, en le voyant si changé, je serais tombée à ses pieds.

— Hé! bien, Arthur, vous ne m'avez pas obéi, dit madame d'Aiglemont d'une voix tremblante en revenant prendre sa place sur une causeuse où lord Grenville n'osa venir s'asseoir.

— Je n'ai pu résister plus longtemps au plaisir d'entendre votre voix, d'être auprès de vous. C'était une folie, un délire. Je ne suis plus maître de moi. Je me suis bien consulté, je suis trop faible. Je dois mourir. Mais mourir sans vous avoir vue, sans avoir écouté le frémissement de votre robe, sans avoir recueilli vos pleurs, quelle mort!

Il voulut s'éloigner de Julie, mais son brusque mouvement fit tomber un pistolet de sa poche. La marquise regarda cette arme d'un œil qui n'exprimait plus ni passion ni pensée. Lord Grenville ramassa le pistolet et parut violemment contrarié d'un accident qui pouvait passer pour une spéculation d'amoureux.

— Arthur! demanda Julie.

— Madame, répondit-il en baissant les yeux, j'étais venu plein de désespoir, je voulais.

Il s'arrêta.

— Vous vouliez vous tuer chez moi! s'écria-t-elle.

— Non pas seul, dit-il d'une voix douce.

— Eh! quoi, mon mari, peut-être?

— Non, non, s'écria-t-il d'une voix étouffée. Mais rassurez-vous, reprit-il, mon fatal projet s'est évanoui. Lorsque je suis entré, quand je vous ai vue, alors je me suis senti le courage de me taire, de mourir seul.

Julie se leva, se jeta dans les bras d'Arthur qui, malgré les sanglots de sa maîtresse, distingua deux paroles pleines de passion.

— Connaître le bonheur et mourir, dit-elle. Eh! bien, oui!

Toute l'histoire de Julie était dans ce cri profond, cri de nature et d'amour auquel les femmes sans religion succombent; Arthur la saisit et la porta sur le canapé par un mouvement empreint de toute la violence que donne un bonheur inespéré. Mais tout à coup la marquise s'arracha des bras de son amant, lui jeta le regard fixe d'une femme au désespoir, le prit par la main, saisit un flambeau, l'entraîna dans sa chambre à coucher ; puis, parvenue au lit où dormait Hélène, elle repoussa doucement les rideaux et découvrit son enfant en mettant une main devant la bougie, afin que la clarté n'offensât pas les paupières transparentes et à peine fermées de la petite fille. Hélène avait les bras ouverts, et souriait en dormant. Julie montra par un regard son enfant à lord Grenville. Ce regard disait tout.

— Un mari, nous pouvons l'abandonner même quand il nous aime. Un homme est un être fort, il a des consolations. Nous pouvons mépriser les lois du monde. Mais un enfant sans mère !

Toutes ces pensées et mille autres plus attendrissantes encore étaient dans ce regard.

— Nous pouvons l'emporter, dit l'Anglais en murmurant, je l'aimerai bien...

— Maman ! dit Hélène en s'éveillant.

A ce mot, Julie fondit en larmes. Lord Grenville s'assit et resta les bras croisés, muet et sombre.

— Maman ! Cette jolie, cette naïve interpellation réveilla tant de sentiments nobles et tant d'irrésistibles sympathies, que l'amour fut un moment écrasé sous la voix puissante de la maternité. Julie ne fut plus femme, elle fut mère. Lord Grenville ne résista pas longtemps, les larmes de Julie le gagnèrent. En ce moment, une porte ouverte avec violence fit un grand bruit, et ces mots : — Madame d'Aiglemont, es-tu par ici ? retentirent comme un éclat de tonnerre au cœur des deux amants. Le marquis était revenu. Avant que Julie eût pu retrouver son sang-froid, le général se dirigeait de sa chambre dans celle de sa femme. Ces deux pièces étaient contiguës. Heureusement, Julie fit un signe à lord Grenville qui alla se jeter dans un cabinet de toilette dont la porte fut vivement fermée par la marquise.

— Eh ! bien, ma femme, lui dit Victor, me voici. La chasse n'a pas lieu. Je vais me coucher.

— Bonsoir, lui dit-elle, je vais en faire autant. Ainsi laissez-moi me déshabiller.

— Vous êtes bien revêche ce soir. Je vous obéis, madame la marquise.

Le général rentra dans sa chambre, Julie l'accompagna pour fermer la porte de communication, et s'élança pour délivrer lord Grenville. Elle retrouva toute sa présence d'esprit, et pensa que la visite de son ancien docteur était fort naturelle ; elle pouvait l'avoir laissé au salon pour venir coucher sa fille, elle allait lui dire de s'y rendre sans bruit ; mais quand elle ouvrit la porte du cabinet, elle jeta un cri perçant. Les doigts de lord Grenville avaient été pris et écrasés dans la rainure.

— Eh ! bien, qu'as-tu donc ? lui demanda son mari.

— Rien, rien, répondit-elle, je viens de me piquer le doigt avec une épingle.

La porte de communication se rouvrit tout à coup. La marquise crut que son mari venait par intérêt pour elle, et maudit cette sollicitude où le cœur n'était pour rien. Elle eut à peine le temps de fermer le cabinet de toilette, et lord Grenville n'avait pas encore pu dégager sa main. Le général reparut en effet ; mais la marquise se trompait, il était amené par une inquiétude personnelle.

— Peux-tu me prêter un foulard ? Ce drôle de Charles me laisse sans un seul mouchoir de tête. Dans les premiers jours de notre mariage, tu te mêlais de mes affaires avec des soins si minutieux que tu m'en ennuyais. Ah ! le mois de miel n'a pas beaucoup duré pour moi, ni pour mes cravates. Maintenant je suis livré au bras séculier de ces gens-là qui se moquent tous de moi.

— Tenez, voilà un foulard. Vous n'êtes pas entré dans le salon ?

— Non.

— Vous y auriez peut-être encore rencontré lord Grenville.

— Il est à Paris ?

— Apparemment.

— Oh ! j'y vais, ce bon docteur.

— Mais il doit être parti, s'écria Julie.

Le marquis était en ce moment au milieu de la chambre de sa femme, et se coiffait avec le foulard, en se regardant avec complaisance dans la glace.

— Je ne sais pas où sont nos gens, dit-il. J'ai sonné Charles déjà trois fois, il n'est pas venu. Vous êtes donc sans votre femme de chambre ? Sonnez-la, je voudrais avoir cette nuit une couverture de plus à mon lit.

— Pauline est sortie, répondit sèchement la marquise.

— A minuit ! dit le général.

— Je lui ai permis d'aller à l'Opéra.

— Cela est singulier ! reprit le mari tout en se déshabillant, j'ai cru la voir en montant l'escalier.

— Elle est alors sans doute rentrée, dit Julie en affectant de l'impatience.

Puis, pour n'éveiller aucun soupçon chez son mari, la marquise tira le cordon de la sonnette, mais faiblement.

Les événements de cette nuit n'ont pas été tous parfaitement connus; mais tous durent être aussi simples, aussi horribles que le sont les incidents vulgaires et domestiques qui précèdent. Le lendemain, la marquise d'Aiglemont se mit au lit pour plusieurs jours.

— Qu'est-il donc arrivé de si extraordinaire chez toi, pour que tout le monde parle de ta femme? demanda monsieur de Ronquerolles à M. d'Aiglemont quelques jours après cette nuit de catastrophes.

— Crois-moi, reste garçon, dit d'Aiglemont. Le feu a pris aux rideaux du lit où couchait Hélène; ma femme a eu un tel saisissement que la voilà malade pour un an, dit le médecin. Vous épousez une jolie femme, elle enlaidit; vous épousez une jeune fille pleine de santé, elle devient malingre; vous la croyez passionnée, elle est froide; ou bien, froide en apparence, elle est réellement si passionnée qu'elle vous tue ou vous déshonore. Tantôt la créature la plus douce est quinteuse, et jamais les quinteuses ne deviennent douces; tantôt, l'enfant que vous avez eue niaise et faible, déploie contre vous une volonté de fer, un esprit de démon. Je suis las du mariage.

— Ou de ta femme.

— Cela serait difficile. A propos, veux-tu venir à Saint-Thomas-d'Aquin avec moi voir l'enterrement de lord Grenville?

— Singulier passe-temps. Mais, reprit Ronquerolles, sait-on décidément la cause de sa mort?

— Son valet de chambre prétend qu'il est resté pendant toute une nuit sur l'appui extérieur d'une fenêtre pour sauver l'honneur de sa maîtresse; et, il a fait diablement froid ces jours-ci !

— Ce dévouement serait très-estimable chez nous autres, vieux routiers; mais lord Grenville est jeune, et... Anglais. Ces Anglais veulent toujours se singulariser.

— Bah ! répondit d'Aiglemont, ces traits d'héroïsme dépendent de la femme qui les inspire, et ce n'est certes pas pour la mienne que ce pauvre Arthur est mort !

II.

SOUFFRANCES INCONNUES.

Entre la petite rivière du Loing et la Seine, s'étend une vaste plaine bordée par la forêt de Fontainebleau, par les villes de Moret, de Nemours et de Montereau. Cet aride pays n'offre à la vue que de rares monticules ; parfois, au milieu des champs, quelques carrés de bois qui servent de retraite au gibier ; puis, partout, ces lignes sans fin, grises ou jaunâtres, particulières aux horizons de la Sologne, de la Beauce et du Berri. Au milieu de cette plaine, entre Moret et Montereau, le voyageur aperçoit un vieux château nommé Saint-Lange, dont les abords ne manquent ni de grandeur ni de majesté. Ce sont de magnifiques avenues d'ormes, des fossés, de longs murs d'enceinte, des jardins immenses, et les vastes constructions seigneuriales, qui pour être bâties voulaient les profits de la maltôte, ceux des fermes générales, les concessions autorisées ou les grandes fortunes aristocratiques détruites aujourd'hui par le marteau du Code civil. Si l'artiste ou quelque rêveur vient à s'égarer par hasard dans les chemins à profondes ornières ou dans les terres fortes qui défendent l'abord de ce pays, il se demande par quel caprice ce poétique château fut jeté dans cette savane de blé, dans ce désert de craie, de marne et de sables où la gaieté meurt, où la tristesse naît infailliblement, où l'âme est incessamment fatiguée par une solitude sans voix, par un horizon monotone, beautés négatives, mais favorables aux souffrances qui ne veulent pas de consolations.

Une jeune femme, célèbre à Paris par sa grâce, par sa figure, par son esprit, et dont la position sociale, dont la fortune étaient en harmonie avec sa haute célébrité, vint, au grand étonnement du petit village, situé à un mille environ de Saint-Lange, s'y établir vers la fin de l'année 1820. Les fermiers et les paysans n'avaient point vu de maîtres au château depuis un temps immémorial. Quoique d'un produit considérable, la terre était abandonnée aux soins d'un régisseur et gardée par d'anciens serviteurs. Aussi le voyage de madame la marquise causa-t-il une sorte d'émoi dans le pays. Plusieurs personnes étaient groupées au bout du village, dans la cour d'une méchante auberge, sise à l'embranchement des routes de Nemours et de Moret, pour voir passer une calèche qui allait assez lentement, car la marquise était venue de Paris avec ses chevaux. Sur le devant de la voiture, la femme de chambre tenait une petite fille plus songeuse que rieuse. La mère gisait au fond, comme un moribond envoyé par les médecins à la campagne. La physionomie abattue de cette jeune femme délicate contenta fort peu les politiques du village, auxquels son arrivée à Saint-Lange avait fait concevoir l'espérance d'un mouvement quelconque dans la commune. Certes, toute espèce de mouvement était visiblement antipathique à cette femme endolorie.

La plus forte tête du village de Saint-Lange déclara le soir au cabaret, dans la chambre où buvaient les notables, que, d'après la triste empreinte sur les traits de madame la marquise, elle devait être ruinée. En l'absence de monsieur le marquis, que les journaux désignaient comme devant accompagner le duc d'Angoulême en Espagne, elle allait économiser à Saint-Lange les sommes nécessaires à l'acquittement des différences dues par suite de fausses spéculations faites à la Bourse. Le marquis était un des plus gros joueurs. Peut-être la terre serait-elle vendue par petits lots. Il y aurait alors de bons coups à faire. Chacun devait songer à compter ses écus, les tirer de leur cachette, énumérer ses ressources, afin d'avoir sa part dans l'abatis de Saint-Lange. Cet avenir parut si beau que chaque notable, impatient de savoir s'il était fondé, pensa aux moyens d'apprendre la vérité par les gens du château; mais aucun d'eux ne put donner de lumières sur la catastrophe qui amenait leur maîtresse, au commencement de l'hiver, dans son vieux château de Saint-Lange, tandis qu'elle possédait d'autres terres renommées par la gaieté des aspects et par la beauté des jardins. Monsieur le maire vint pour présenter ses hommages à Madame; mais il ne fut pas reçu. Après le maire, le régisseur se présenta sans plus de succès.

Madame la marquise ne sortait de sa chambre que pour la laisser arranger, et demeurait, pendant ce temps, dans un petit salon voisin où elle dînait, si l'on peut appeler dîner se mettre à une table, y regarder les mets avec dégoût, et en prendre précisément la dose nécessaire pour ne pas mourir de faim. Puis elle revenait aussitôt à la bergère antique où, dès le matin, elle s'asseyait dans l'embrasure de la seule fenêtre qui éclairât sa chambre. Elle ne voyait sa fille que pendant le peu d'instants employés par son triste repas, et encore paraissait-elle la souffrir avec peine. Ne fallait-il pas des douleurs inouïes pour faire taire, chez une jeune femme, le sentiment maternel? Aucun de ses gens n'avait accès auprès d'elle. Sa femme de chambre était la seule personne dont les services lui plaisaient. Elle exigea un silence absolu dans le château, sa fille dut aller jouer loin d'elle. Il lui était si difficile de supporter le moindre bruit que toute voix humaine, même celle de son enfant, l'affectait désagréablement. Les gens du pays s'occupèrent beaucoup de ses singularités; puis, quand toutes les suppositions possibles furent faites, ni les petites villes environnantes, ni les paysans ne songèrent plus à cette femme malade.

La marquise, laissée à elle-même, put donc rester parfaitement silencieuse au milieu du silence qu'elle avait établi autour d'elle, et n'eut aucune occasion de quitter la chambre tendue de tapisseries où mourut sa grand'mère, et où elle était venue pour y mourir doucement, sans témoins, sans importunités, sans subir les fausses démonstrations des égoïsmes fardés d'affection qui, dans les villes, donnent aux mourants une double agonie. Cette femme avait vingt-six ans. A cet âge, une âme encore pleine de poétiques illusions aime à savourer la mort, quand elle lui semble bienfaisante. Mais la mort a de la coquetterie pour les jeunes gens; pour eux, elle s'avance et se retire, se montre et se cache; sa lenteur les désenchante d'elle, et l'incertitude que leur cause son lendemain finit par les rejeter dans le monde où ils rencontreront la douleur, qui, plus impitoyable que ne l'est la mort, les frappera sans se laisser attendre. Or, cette femme qui se refusait à vivre allait éprouver l'amertume de ces retardements au fond de sa solitude, et y faire, dans une agonie morale que la mort ne terminerait pas, un terrible apprentissage d'égoïsme qui devait lui déflorer le cœur et le façonner au monde.

Ce cruel et triste enseignement est toujours le fruit de nos premières douleurs. La marquise souffrait véritablement pour la première et pour la seule fois de sa vie peut-être. En effet, ne serait-ce pas une erreur de croire que les sentiments se reproduisent? Une fois éclos, n'existent-ils pas toujours au fond du cœur? Ils s'y apaisent et s'y réveillent au gré des accidents de la vie; mais ils y restent, et leur séjour modifie nécessairement l'âme. Ainsi, tout sentiment n'aurait qu'un grand jour, le jour plus ou moins long de sa première tempête. Ainsi, la douleur, le plus constant de nos sentiments, ne serait vive qu'à sa première irruption ; et ses autres atteintes iraient en s'affaiblissant, soit par notre accoutumance à ses crises, soit par une loi de notre nature qui, pour se maintenir vivante, oppose à cette force destructive un force égale mais inerte, prise dans les calculs de l'égoïsme. Mais, entre toutes les souffrances, à laquelle appartiendra ce nom de douleur ? La perte des parents est un chagrin auquel la nature a préparé les hommes ; le mal physique est passager, n'embrasse pas l'âme ; et s'il persiste, ce n'est plus un mal, c'est la mort. Qu'une jeune femme perde un nouveau-né, l'amour conjugal lui a bientôt donné un successeur. Cette affliction est passagère aussi. Enfin, ces peines et beaucoup d'autres semblables sont, en quelque sorte, des coups, des blessures ; mais aucune n'affecte la vitalité dans son essence, et il faut qu'elles se succèdent étrangement pour tuer le sentiment qui nous porte à chercher le bonheur. La grande, la vraie douleur serait donc un mal assez meurtrier pour étreindre à la fois le passé, le présent et l'avenir, ne laisser aucune partie de la vie dans son intégrité, dénaturer à jamais la pensée, s'inscrire inaltérablement sur les lèvres et sur le front, briser ou détendre les ressorts du plaisir, en mettant dans l'âme un principe de dégoût pour toute chose de ce monde. Encore, pour être immense, pour ainsi peser sur l'âme et sur le corps, ce mal devrait arriver en un moment de la vie où toutes les forces de l'âme et du corps sont jeunes, et foudroyer un cœur bien vivant. Le mal fait alors une large plaie ; grande est la souffrance ; et nul être ne peut sortir de cette maladie sans quelque poétique changement : ou il prend la route du ciel, ou, s'il demeure ici-bas, il rentre dans le monde pour mentir au monde, pour y jouer un rôle ; il connaît dès lors la coulisse où l'on se retire pour calculer, pleurer, plaisanter. Après cette crise solennelle, il n'existe plus de mystères dans la vie sociale qui dès lors est irrévocablement jugée. Chez les jeunes femmes qui ont l'âge de la marquise, cette première, cette plus poignante de toutes les douleurs, est toujours causée par le même fait. La femme et surtout la jeune femme, aussi grande par l'âme qu'elle l'est par la beauté, ne manque jamais à mettre sa vie là où la nature, le sentiment et la société la poussent à la jeter tout entière. Si cette vie vient à lui faillir et si elle reste sur terre, elle y expérimente les plus cruelles souffrances, par la raison qui rend le premier amour le plus beau de tous les sentiments. Pourquoi ce malheur n'a-t-il jamais eu ni peintre ni poète? Mais peut-il se peindre, peut-il se chanter? Non, la nature des douleurs qu'il engendre se refuse à l'analyse et aux couleurs de l'art. D'ailleurs, ces souffrances ne sont jamais confiées : pour en consoler une femme, il faut savoir les deviner ; car, toujours amèrement embrassées et religieusement ressenties, elles demeurent dans l'âme comme une avalanche, en tombant dans une vallée, y dégrade tout avant de s'y faire une place.

La marquise était alors en proie à ces souffrances qui resteront long-temps inconnues, parce que tout dans le monde les condamne ; tandis que le sentiment les caresse, et que la conscience d'une femme vraie les lui justifie toujours. Il en est de ces douleurs comme de ces enfants infailliblement repoussés de la vie, et qui tiennent au cœur des mères par des liens plus forts que ceux des enfants heureusement doués. Jamais peut-être cette épouvantable catastrophe qui tue tout ce qu'il y a de vie en dehors de nous n'avait été aussi vive, aussi complète, aussi cruellement agrandie par les circonstances qu'elle venait de l'être pour la marquise. Un homme aimé, jeune et généreux, de qui elle n'avait jamais exaucé les désirs afin d'obéir aux lois du monde, était mort pour lui sauver ce que la société nomme *l'honneur d'une femme*. A qui pouvait-elle dire : Je souffre! Ses larmes auraient offensé son mari, cause première de la catastrophe. Les lois, les mœurs proscrivaient ses plaintes ; une amie en eût joui, un homme en eût spéculé. Non, cette pauvre affligée ne pouvait pleurer à son aise que dans un désert, y dévorer sa souffrance ou être dévorée par elle, mourir ou tuer quelque chose en elle, sa conscience peut-être. Depuis quelques jours, elle restait les yeux attachés sur un horizon plat où, comme dans sa vie à venir, il n'y avait rien à chercher, rien à espérer, où tout se voyait d'un seul coup d'œil, et où elle rencontrait les images de la froide désolation qui lui déchirait incessamment le cœur. Les matinées de brouillard, un ciel d'une clarté faible, des nuées courant près la terre sous un dais grisâtre convenaient aux phases de sa maladie morale. Son cœur ne se serrait pas, n'était pas plus ou moins flétri ; non, sa nature fraîche et fleurie se pétrifiait par la lente action d'une douleur intolérable parce qu'elle était sans but. Elle souffrait par elle et pour elle. Souffrir ainsi n'est-ce pas mettre le pied dans l'égoïsme? Aussi d'horribles pensées lui traversaient-

elles la conscience en la lui blessant. Elle s'interrogeait avec bonne
foi et se trouvait double. Il y avait en elle une femme qui raisonnait
et une femme qui sentait, une femme qui souffrait et une femme
qui ne voulait plus souffrir. Elle se reportait aux joies de son enfance, écoulée sans qu'elle en eût senti le bonheur, et dont les lim-
pides images revenaient en foule comme pour lui accuser les déceptions d'un mariage convenable aux yeux du monde, horrible en
réalité. A quoi lui avaient servi les belles pudeurs de sa jeunesse,
ses plaisirs réprimés et les sacrifices faits au monde? Quoique tout
en elle exprimât et attendît l'amour, elle se demandait pourquoi
maintenant l'harmonie de ses mouvements, son sourire et sa grâce?
Elle n'aimait pas plus à se sentir fraîche et voluptueuse qu'on
n'aime un son répété sans but. Sa beauté même lui était insupportable, comme une chose inutile. Elle entrevoyait avec horreur que
désormais elle ne pouvait plus être une créature complète. Son moi
intérieur n'avait-il pas perdu la faculté de goûter les impressions
dans ce neuf délicieux qui prête tant d'allégresse à la vie? A l'avenir,
la plupart de ses sensations seraient souvent aussitôt effacées que
reçues, et beaucoup de celles qui jadis l'auraient émue allaient lui
devenir indifférentes. Après l'enfance de la créature vient l'enfance
du cœur. Or, son amant avait emporté dans la tombe cette seconde
enfance. Jeune encore par ses désirs, elle n'avait plus cette entière
jeunesse d'âme qui donne à tout dans la vie sa valeur et sa saveur.
Ne garderait-elle pas en elle un principe de tristesse, de défiance,
qui ravirait à ses émotions leur subite verdeur, leur entraînement?
car rien ne pouvait plus lui rendre le bonheur qu'elle avait espéré,
qu'elle avait rêvé si beau. Ses premières larmes véritables éteignaient ce feu céleste qui éclaire les premières émotions du cœur,
elle devait toujours pâtir de n'être pas ce qu'elle aurait pu être. De
cette croyance doit procéder le dégoût amer qui porte à détourner
la tête quand de nouveau le plaisir se présente. Elle jugeait alors la
vie comme un vieillard près de la quitter. Quoiqu'elle se sentît jeune,
la masse de ses jours sans jouissances lui tombait sur l'âme, la lui
écrasait et la faisait vieille avant le temps. Elle demandait au monde,
par un cri de désespoir, ce qu'il lui rendait en échange de l'amour
qui l'avait aidée à vivre et qu'elle avait perdu. Elle se demandait si
dans ses amours évanouis, si chastes et si purs, la pensée n'avait pas
été plus criminelle que l'action. Elle se faisait coupable à plaisir pour
insulter au monde et pour se consoler de ne pas avoir eu avec celui

qu'elle pleurait cette communication parfaite qui, en superposant les âmes l'une à l'autre, amoindrit la douleur de celle qui reste par la certitude d'avoir entièrement joui du bonheur, d'avoir su pleinement le donner, et de garder en soi une empreinte de celle qui n'est plus. Elle était mécontente comme une actrice qui a manqué son rôle, car cette douleur lui attaquait toutes les fibres, le cœur et la tête. Si la nature était froissée dans ses vœux les plus intimes, la vanité n'était pas moins blessée que la bonté qui porte la femme à se sacrifier. Puis, en soulevant toutes les questions, en remuant tous les ressorts des différentes existences que nous donnent les natures sociale, morale et physique, elle relâchait si bien les forces de l'âme, qu'au milieu des réflexions les plus contradictoires elle ne pouvait rien saisir. Aussi parfois, quand le brouillard tombait, ouvrait-elle sa fenêtre, en y restant sans pensée, occupée à respirer machinalement l'odeur humide et terreuse épandue dans les airs, debout, immobile, idiote en apparence, car les bourdonnements de sa douleur la rendaient également sourde aux harmonies de la nature et aux charmes de la pensée.

Un jour, vers midi, moment où le soleil avait éclairci le temps, sa femme de chambre entra sans ordre et lui dit : — Voici la quatrième fois que monsieur le curé vient pour voir madame la marquise ; et il insiste aujourd'hui si résolument, que nous ne savons plus que lui répondre.

— Il veut sans doute quelque argent pour les pauvres de la commune, prenez vingt-cinq louis et portez-les-lui de ma part.

— Madame, dit la femme de chambre en revenant un moment après, monsieur le curé refuse de prendre l'argent et désire vous parler.

— Qu'il vienne donc ! répondit la marquise en laissant échapper un geste d'humeur qui pronostiquait une triste réception au prêtre de qui elle voulut sans doute éviter les persécutions par une explication courte et franche.

La marquise avait perdu sa mère en bas âge, et son éducation fut naturellement influencée par le relâchement qui, pendant la révolution, dénoua les liens religieux en France. La piété est une vertu de femme que les femmes seules se transmettent bien, et la marquise était un enfant du dix-huitième siècle dont les croyances philosophiques furent celles de son père. Elle ne suivait aucune pratique religieuse. Pour elle, un prêtre était un fonctionnaire public dont l'utilité lui paraissait contestable. Dans la situation où elle se trouvait, la voix de la religion ne pouvait qu'envenimer ses maux ; puis, elle ne croyait guère aux curés de village, ni à leurs lumières ; elle résolut donc de mettre le sien à sa place, sans aigreur, et de s'en débarrasser à la manière des riches, par un bienfait. Le curé vint, et son aspect ne changea pas les idées de la marquise. Elle vit un gros petit homme à ventre saillant, à figure rougeaude, mais vieille et ridée, qui affectait de sourire et qui souriait mal ; son crâne chauve et transversalement sillonné de rides nombreuses retombait en quart de cercle sur son visage et le rapetissait ; quelques cheveux blancs garnissaient le bas de la tête au-dessus de la nuque et revenaient en avant vers les oreilles. Néanmoins, la physionomie de ce prêtre avait été celle d'un homme naturellement gai. Ses grosses lèvres, son nez légèrement retroussé, son menton, qui disparaissait dans un double pli de rides, témoignaient d'un heureux caractère. La marquise n'aperçut d'abord que ces traits principaux ; mais, à la première parole que lui dit le prêtre, elle fut frappée par la douceur de cette voix ; elle le regarda plus attentivement, et remarqua sous ses sourcils grisonnants des yeux qui avaient pleuré ; puis le contour de sa joue, vue de profil, donnait à sa tête une si auguste expression de douleur, que la marquise trouva un homme dans ce curé.

— Madame la marquise, les riches ne nous appartiennent que quand ils souffrent ; et les souffrances d'une femme mariée, jeune, belle, riche, qui n'a perdu ni enfants ni parents, se devinent et sont causées par des blessures dont les élancements ne peuvent être adoucis que par la religion. Votre âme est en danger, madame. Je ne vous parle pas en ce moment de l'autre vie qui nous attend ! Non, je ne suis pas au confessionnal. Mais n'est-il pas de mon devoir de vous éclairer sur l'avenir de votre existence sociale ? Vous pardonnerez donc à un vieillard une importunité dont l'objet est votre bonheur.

— Le bonheur, monsieur, il n'en est plus pour moi. Je vous appartiendrai bientôt, comme vous le dites, mais pour toujours.

— Non, madame, vous ne mourrez pas de la douleur qui vous oppresse et se peint dans vos traits. Si vous aviez dû en mourir, vous ne seriez pas à Saint-Lange. Nous périssons moins par les effets d'un regret certain que par ceux des espérances trompées. J'ai connu de plus intolérables, de plus terribles douleurs qui n'ont pas donné la mort.

La marquise fit un signe d'incrédulité.

— Madame, je sais un homme dont le malheur fut si grand, que vos peines vous sembleraient légères si vous les compariez aux siennes.

Soit que sa longue solitude commençât à lui peser, soit qu'elle fût intéressée par la perspective de pouvoir épancher dans un cœur ami ses pensées douloureuses, elle regarda le curé d'un air interrogatif auquel il était impossible de se méprendre.

— Madame, reprit le prêtre, cet homme était un père qui, d'une famille autrefois nombreuse, n'avait plus que trois enfants. Il avait successivement perdu ses parents, puis une fille et une femme, toutes deux bien aimées. Il restait seul, au fond d'une province, dans un petit domaine où il avait été longtemps heureux. Ses trois fils étaient à l'armée, et chacun d'eux avait un grade proportionné à son temps de service. Dans les Cent-Jours, l'aîné passa dans la Garde, et devint colonel; le jeune était chef de bataillon dans l'artillerie, et le cadet avait le grade de chef d'escadron dans les dragons. Madame, ces trois enfants aimaient leur père autant qu'ils étaient aimés par lui. Si vous connaissiez bien l'insouciance des jeunes gens qui, emportés par leurs passions, n'ont jamais de temps à donner aux affections de la famille, vous comprendriez par un seul fait la vivacité de leur affection pour un pauvre vieillard isolé qui ne vivait plus que par eux et pour eux. Il ne se passait pas de semaine qu'il ne reçût une lettre de l'un de ses enfants. Mais aussi n'avait-il jamais été pour eux ni faible, ce qui diminue le respect des enfants; ni injustement sévère, ce qui les froisse; ni avare de sacrifices, ce qui les détache. Non, il avait été plus qu'un père, il s'était fait leur frère, leur ami. Enfin, il alla leur dire adieu à Paris lors de leur départ pour la Belgique; il voulait voir s'ils avaient de bons chevaux, si rien ne leur manquait. Les voilà partis, le père revient chez lui. La guerre commence, il reçoit des lettres écrites de Fleurus, de Ligny, tout allait bien. La bataille de Waterloo se livre, vous en connaissez le résultat. La France fut mise en deuil d'un seul coup. Toutes les familles étaient dans la plus profonde anxiété. Lui, vous comprenez, madame, il attendait; il n'avait ni trêve ni repos; il lisait les gazettes, il allait tous les jours à la poste lui-même. Un soir, on lui annonce le domestique de son fils le colonel. Il voit cet homme monté sur le cheval de son maître, il n'y eut pas de question à faire : le colonel était mort, coupé en deux par un boulet.

Vers la fin de la soirée, arrive à pied le domestique du plus jeune ; le plus jeune était mort le lendemain de la bataille. Enfin, à minuit, un artilleur vint lui annoncer la mort du dernier enfant sur la tête duquel, en si peu de temps, ce pauvre père avait placé toute sa vie. Oui, madame, ils étaient tous tombés ! Après une pause, le prêtre ayant vaincu ses émotions, ajouta ces paroles d'une voix douce :

— Et le père est resté vivant, madame. Il a compris que si Dieu le laissait sur la terre, il devait continuer d'y souffrir, et il y souffre ; mais il s'est jeté dans le sein de la religion. Que pouvait-il être ? La marquise leva les yeux sur le visage de ce curé, devenu sublime de tristesse et de résignation, et attendit ce mot qui lui arracha des pleurs : — Prêtre ! madame : il était sacré par les larmes avant de l'être au pied des autels.

Le silence régna pendant un moment. La marquise et le curé regardèrent par la fenêtre l'horizon brumeux, comme s'ils pouvaient y voir ceux qui n'étaient plus.

— Non pas prêtre dans une ville, mais simple curé, reprit-il.

— A Saint-Lange, dit-elle en s'essuyant les yeux.

— Oui, madame.

Jamais la majesté de la douleur ne s'était montrée plus grande à Julie ; et ce *oui, madame*, lui tombait à même le cœur comme le poids d'une douleur infinie. Cette voix qui résonnait doucement à l'oreille troublait les entrailles. Ah ! c'était bien la voix du malheur, cette voix pleine, grave, et qui semble charrier de pénétrants fluides.

— Monsieur, dit presque respectueusement la marquise, et si je ne meurs pas, que deviendrai-je donc ?

— Madame, n'avez-vous pas un enfant ?

— Oui, dit-elle froidement.

Le curé jeta sur cette femme un regard semblable à celui que lance un médecin sur un malade en danger, et résolut de faire tous ses efforts pour la disputer au génie du mal qui étendait déjà la main sur elle.

— Vous le voyez, madame, nous devons vivre avec nos douleurs, et la religion seule nous offre des consolations vraies. Me permettrez-vous de revenir vous faire entendre la voix d'un homme qui sait sympathiser avec toutes les peines, et qui, je le crois, n'a rien de bien effrayant ?

— Oui, monsieur, venez. Je vous remercie d'avoir pensé à moi.

— Eh ! bien, madame, à bientôt.

Cette visite détendit pour ainsi dire l'âme de la marquise, dont les forces avaient été trop violemment excitées par le chagrin et par la solitude. Le prêtre lui laissa dans le cœur un parfum balsamique et le salutaire retentissement des paroles religieuses. Puis elle éprouva cette espèce de satisfaction qui réjouit le prisonnier quand, après avoir reconnu la profondeur de sa solitude et la pesanteur de ses chaînes, il rencontre un voisin qui frappe à la muraille en lui faisant rendre un son par lequel s'expriment des pensées communes. Elle avait un confident inespéré. Mais elle retomba bientôt dans ses amères contemplations, et se dit, comme le prisonnier, qu'un compagnon de douleur n'allégerait ni ses liens ni son avenir. Le curé n'avait pas voulu trop effaroucher dans une première visite une douleur tout égoïste ; mais il espéra, grâce à son art, pouvoir faire faire des progrès à la religion dans une seconde entrevue. Le surlendemain, il vint en effet, et l'accueil de la marquise lui prouva que sa visite était désirée.

— Eh ! bien, madame la marquise, dit le vieillard, avez-vous un peu songé à la masse des souffrances humaines ? avez-vous élevé les yeux vers le ciel ? y avez-vous vu cette immensité de mondes qui, en diminuant notre importance, en écrasant nos vanités, amoindrit nos douleurs ?....

— Non, monsieur, dit-elle. Les lois sociales me pèsent trop sur le cœur et me le déchirent trop vivement pour que je puisse m'élever dans les cieux. Mais les lois ne sont peut-être pas aussi cruelles que le sont les usages du monde. Oh ! le monde !

— Nous devons, madame, obéir aux uns et aux autres : la loi est la parole, et les usages sont les actions de la société.

— Obéir à la société ?.... reprit la marquise en laissant échapper un geste d'horreur. Hé ! monsieur, tous nos maux viennent de là. Dieu n'a pas fait une seule loi de malheur ; mais en se réunissant les hommes ont faussé son œuvre. Nous sommes, nous femmes, plus maltraitées par la civilisation que nous ne le serions par la nature. La nature nous impose des peines physiques que vous n'avez pas adoucies, et la civilisation a développé des sentiments que vous trompez incessamment. La nature étouffe les êtres faibles, vous les condamnez à vivre pour les livrer à un constant malheur. Le mariage, institution sur laquelle s'appuie aujourd'hui la société, nous en fait sentir à nous seules tout le poids : pour l'homme la liberté, pour la femme des devoirs. Nous vous devons toute notre vie, vous ne nous devez de la vôtre que de rares instants. Enfin l'homme fait un choix là où nous nous soumettons aveuglément. Oh! monsieur, à vous je puis tout dire. Hé bien, le mariage, tel qu'il se pratique aujourd'hui, me semble être une prostitution légale. De là sont nées mes souffrances. Mais moi seule parmi les malheureuses créatures si fatalement accouplées je dois garder le silence! moi seule suis l'auteur du mal, j'ai voulu mon mariage.

Elle s'arrêta, versa des pleurs amers et resta silencieuse.

— Dans cette profonde misère, au milieu de cet océan de douleur, reprit-elle, j'avais trouvé quelques sables où je posais les pieds, où je souffrais à mon aise; un ouragan a tout emporté. Me voilà seule, sans appui, trop faible contre les orages.

— Nous ne sommes jamais faibles quand Dieu est avec nous, dit le prêtre. D'ailleurs, si vous n'avez pas d'affections à satisfaire ici-bas, n'y avez-vous pas des devoirs à remplir?

— Toujours des devoirs! s'écria-t-elle avec une sorte d'impatience. Mais où sont pour moi les sentiments qui nous donnent la force de les accomplir? Monsieur, rien de rien ou rien pour rien est une des plus justes lois de la nature et morale et physique. Voudriez-vous que ces arbres produisissent leurs feuillages sans la séve qui les fait éclore! L'âme a sa séve aussi! Chez moi la séve est tarie dans sa source.

— Je ne vous parlerai pas des sentiments religieux qui engendrent la résignation, dit le curé; mais la maternité, madame, n'est-elle donc pas...?

— Arrêtez, monsieur! dit la marquise. Avec vous je serai vraie. Hélas! je ne puis l'être désormais avec personne, je suis condamnée à la fausseté; le monde exige de continuelles grimaces, et sous peine d'opprobre nous ordonne d'obéir à ses conventions. Il existe deux maternités, monsieur. J'ignorais jadis de telles distinctions; aujourd'hui je le sais. Je ne suis mère qu'à moitié, mieux vaudrait ne pas l'être du tout. Hélène n'est pas de *lui!* Oh! ne frémissez pas! Saint-Lange est un abîme où se sont engloutis bien des sentiments faux, d'où se sont élancées de sinistres lueurs, où se sont écroulés les frêles édifices des lois anti-naturelles. J'ai un enfant, cela suffit; je suis mère, ainsi le veut la loi. Mais vous, monsieur, qui avez une âme si délicatement compatissante, peut-être comprendrez-vous les cris d'une pauvre femme qui n'a laissé pénétrer dans son cœur aucun sentiment factice. Dieu me jugera, mais je ne crois pas manquer à ses lois en cédant aux affections qu'il a mises dans mon âme, et voici ce que j'y ai trouvé. Un enfant, monsieur, n'est-il pas l'image de deux êtres, le fruit de deux sentiments librement confondus ? S'il ne tient pas à toutes les fibres du corps comme à toutes les tendresses du cœur ; s'il ne rappelle pas de délicieuses amours, les temps, les lieux où ces deux êtres furent heureux, et leur langage plein de musiques humaines, et leurs suaves idées, cet enfant est une création manquée. Oui, pour eux, il doit être une ravissante miniature où se retrouvent les poëmes de leur double vie secrète ; il doit leur offrir une source d'émotions fécondes, être à la fois tout leur passé, tout leur avenir. Ma pauvre petite Hélène est l'enfant de son père, l'enfant du devoir et du hasard ; elle ne rencontre en moi que l'instinct de la femme, la loi qui nous pousse irrésistiblement à protéger la créature née dans nos flancs. Je suis irréprochable, socialement parlant. Ne lui ai-je pas sacrifié ma vie et mon bonheur ? Ses cris émeuvent mes entrailles ; si elle tombait à l'eau, je m'y précipiterais pour l'aller reprendre. Mais elle n'est pas dans mon cœur. Ah ! l'amour m'a fait rêver une maternité plus grande, plus complète ; j'ai caressé dans un songe évanoui l'enfant que les désirs ont conçu avant qu'il ne fût engendré, enfin cette délicieuse fleur née dans l'âme avant de naître au jour. Je suis pour Hélène ce que, dans l'ordre naturel, une mère doit être pour sa progéniture. Quand elle n'aura plus besoin de moi, tout sera dit : la cause éteinte, les effets cesseront. Si la femme a l'adorable privilége d'étendre sa maternité sur toute la vie de son enfant, n'est-ce pas aux rayonnements de sa conception morale qu'il faut attribuer cette divine persistance du sentiment ? Quand l'enfant n'a pas eu l'âme de sa mère pour première enveloppe, la maternité cesse donc alors dans son cœur, comme elle cesse chez les animaux. Cela est vrai, je le sens : à mesure que ma pauvre petite grandit, mon cœur se resserre. Les sacrifices que je lui ai faits m'ont déjà détachée d'elle, tandis que pour un autre enfant mon cœur aurait été, je le sens, inépuisable ; pour cet autre, rien n'aurait été sacrifice, tout eût été plaisir. Ici, monsieur, la raison, la religion, tout en moi se trouve sans force contre mes sentiments. A-t-elle tort de vouloir mourir la femme qui n'est ni mère ni épouse, et qui, pour son malheur, a entrevu l'amour dans ses beautés infinies, la maternité dans ses joies illimi-

tées? Que peut-elle devenir? Je vous dirai, moi, ce qu'elle éprouve!
Cent fois durant le jour, cent fois durant la nuit, un frisson ébranle
ma tête, mon cœur et mon corps, quand quelque souvenir trop
faiblement combattu m'apporte les images d'un bonheur que je
suppose plus grand qu'il n'est. Ces cruelles fantaisies font pâlir
mes sentiments, et je me dis : — Qu'aurait donc été ma vie *si*...?
Elle se cacha le visage dans ses mains et fondit en larmes. — Voilà
le fond de mon cœur! reprit-elle. Un enfant de lui m'aurait fait
accepter les plus horribles malheurs! Le Dieu qui mourut chargé
de toutes les fautes de la terre me pardonnera cette pensée mortelle pour moi; mais, je le sais, le monde est implacable : pour lui,
mes paroles sont des blasphèmes; j'insulte à toutes ses lois. Ah! je
voudrais faire la guerre à ce monde pour en renouveler les lois et
les usages, pour les briser! Ne m'a-t-il pas blessée dans toutes mes
idées, dans toutes mes fibres, dans tous mes sentiments, dans tous
mes désirs, dans toutes mes espérances, dans l'avenir, dans le présent, dans le passé? Pour moi, le jour est plein de ténèbres, la
pensée est un glaive, mon cœur est une plaie, mon enfant est une
négation. Oui, quand Hélène me parle, je lui voudrais une autre
voix; quand elle me regarde, je lui voudrais d'autres yeux. Elle est
là pour m'attester tout ce qui devrait être et tout ce qui n'est pas.
Elle m'est insupportable! Je lui souris, je tâche de la dédommager
des sentiments que je lui vole. Je souffre! oh! monsieur, je souffre
trop pour pouvoir vivre. Et je passerai pour être une femme vertueuse! Et je n'ai pas commis de fautes! Et l'on m'honorera! J'ai
combattu l'amour involontaire auquel je ne devais pas céder; mais,
si j'ai gardé ma foi physique, ai-je conservé mon cœur? Ceci, dit-
elle, en appuyant la main droite sur son sein, n'a jamais été qu'à
une seule créature. Aussi mon enfant ne s'y trompe-t-il pas. Il
existe des regards, une voix, des gestes de mère dont la force pétrit
l'âme des enfants; et ma pauvre petite ne sent pas mon bras frémir,
ma voix trembler, mes yeux s'amollir quand je la regarde, quand
je lui parle ou quand je la prends. Elle me lance des regards accusateurs que je ne soutiens pas! Parfois je tremble de trouver en
elle un tribunal où je serai condamnée sans être entendue. Fasse
le ciel que la haine ne se mette pas un jour entre nous! Grand Dieu!
ouvrez-moi plutôt la tombe, laissez-moi finir à Saint-Lange! Je
veux aller dans le monde où je retrouverai mon autre âme, où je
serai tout à fait mère! Oh! pardon, monsieur, je suis folle. Ces

paroles m'étouffaient, je les ai dites. Ah! vous pleurez aussi! vous ne me mépriserez pas. — Hélène! Hélène! ma fille, viens! s'écriat-elle avec une sorte de désespoir, en entendant son enfant qui revenait de sa promenade.

La petite vint en riant et en criant; elle apportait un papillon qu'elle avait pris; mais, en voyant sa mère en pleurs, elle se tut, se mit près d'elle et se laissa baiser au front.

— Elle sera bien belle, dit le prêtre.

— Elle est tout son père, répondit la marquise en embrassant sa fille avec une chaleureuse expression, comme pour s'acquitter d'une dette ou pour effacer un remords.

— Vous avez chaud, maman.

— Va, laisse-nous, mon ange, répondit la marquise.

L'enfant s'en alla sans regret, sans regarder sa mère, heureuse presque de fuir un visage triste, et comprenant déjà que les sentiments qui s'y exprimaient lui étaient contraires. Le sourire est l'apanage, la langue, l'expression de la maternité. La marquise ne pouvait pas sourire. Elle rougit en regardant le prêtre : elle avait espéré se montrer mère, mais ni elle ni son enfant n'avaient su mentir. En effet, les baisers d'une femme sincère ont un miel divin qui semble mettre dans cette caresse une âme, un feu subtil par lequel le cœur est pénétré. Les baisers dénués de cette onction savoureuse sont âpres et secs. Le prêtre avait senti cette différence : il put sonder l'abîme qui se trouve entre la maternité de la chair et la maternité du cœur. Aussi, après avoir jeté sur cette femme un regard inquisiteur, il lui dit : — Vous avez raison, madame, il vaudrait mieux pour vous être morte...

— Ah! vous comprenez mes souffrances, je le vois, répondit-elle, puisque vous, prêtre chrétien, devinez et approuvez les funestes résolutions qu'elles m'ont inspirées. Oui, j'ai voulu me donner la mort; mais j'ai manqué du courage nécessaire pour accomplir mon dessein. Mon corps a été lâche quand mon âme était forte, et quand ma main ne tremblait plus, mon âme vacillait! J'ignore le secret de ces combats et de ces alternatives. Je suis sans doute bien tristement femme, sans persistance dans mes vouloirs, forte seulement pour aimer. Je me méprise! Le soir, quand mes gens dormaient, j'allais à la pièce d'eau courageusement; arrivée au bord, ma frêle nature avait horreur de la destruction. Je vous confesse mes faiblesses. Lorsque je me retrouvais au lit, j'avais honte de moi, je redevenais courageuse. Dans un de ces moments, j'ai pris du laudanum ; mais j'ai souffert et ne suis pas morte. J'avais cru boire tout ce que contenait le flacon, et je m'étais arrêtée à moitié.

— Vous êtes perdue, madame, dit le curé gravement et d'une voix pleine de larmes. Vous rentrerez dans le monde et vous tromperez le monde ; vous y chercherez, vous y trouverez ce que vous regardez comme une compensation à vos maux ; puis vous porterez un jour la peine de vos plaisirs...

— Moi, s'écria-t-elle, j'irais livrer au premier fourbe qui saura jouer la comédie d'une passion les dernières, les plus précieuses richesses de mon cœur, et corrompre ma vie pour un moment de douteux plaisir ? Non ! mon âme sera consumée par une flamme pure. Monsieur, tous les hommes ont les sens de leur sexe ; mais celui qui en a l'âme et qui satisfait ainsi à toutes les exigences de notre nature, dont la mélodieuse harmonie ne s'émeut jamais que sous la pression des sentiments, celui-là ne se rencontre pas deux fois dans notre existence. Mon avenir est horrible, je le sais : la femme n'est rien sans l'amour, la beauté n'est rien sans le plaisir ; mais le monde ne réprouverait-il pas mon bonheur, s'il se présentait encore à moi ? Je dois à ma fille une mère honorée. Ah ! je suis jetée dans un cercle de fer d'où je ne puis sortir sans ignominie. Les devoirs de famille, accomplis sans récompense, m'ennuieront ; je maudirai la vie ; mais ma fille aura du moins un beau semblant de mère. Je lui rendrai des trésors de vertu, pour remplacer les trésors d'affection dont je l'aurai frustrée. Je ne désire même pas vivre pour goûter les jouissances que donne aux mères le bonheur de leurs enfants. Je ne crois pas au bonheur. Quel sera le sort d'Hélène ? Le mien sans doute. Quels moyens ont les mères d'assurer à leurs filles que l'homme auquel elles les livrent sera un époux selon leur cœur ? Vous honnissez de pauvres créatures qui se vendent pour quelques écus à un homme qui passe : la faim et le besoin absolvent ces unions éphémères ; tandis que la société tolère, encourage l'union immédiate, bien autrement horrible, d'une jeune fille candide et d'un homme qu'elle n'a pas vu trois mois durant ; elle est vendue pour toute sa vie. Il est vrai que le prix est élevé ! Si, en ne lui permettant aucune compensation à ses douleurs, vous l'honoriez ; mais non, le monde calomnie les plus vertueuses d'entre nous ! Telle est notre destinée, vue sous ses deux faces : une prostitution publique et la honte, une prostitution secrète et le malheur. Quant aux pauvres filles sans dot, elles deviennent folles, elles meurent ; pour elles, aucune pitié ! La beauté, les vertus ne sont pas des valeurs dans votre bazar humain, et vous nommez société ce repaire d'égoïsme. Mais exhérédez les femmes ! au moins accomplirez-vous ainsi une loi de nature en choisissant vos compagnes, en les épousant au gré des vœux du cœur.

— Madame, vos discours me prouvent que ni l'esprit de famille ni l'esprit religieux ne vous touchent. Aussi n'hésiterez-vous pas entre l'égoïsme social qui vous blesse et l'égoïsme de la créature qui vous fera souhaiter des jouissances...

— La famille, monsieur, existe-t-elle ? Je nie la famille dans une société qui, à la mort du père ou de la mère, partage les biens et dit à chacun d'aller de son côté. La famille est une association temporaire et fortuite que dissout promptement la mort. Nos lois ont brisé les maisons, les héritages, la pérennité des exemples et des traditions. Je ne vois que décombres autour de moi.

— Madame, vous ne reviendrez à Dieu que quand sa main s'appesantira sur vous, et je souhaite que vous ayez assez de temps pour faire votre paix avec lui. Vous cherchez vos consolations en baissant les yeux sur la terre, au lieu de les lever vers les cieux. Le philosophisme et l'intérêt personnel ont attaqué votre cœur ; vous êtes sourde à la voix de la religion, comme le sont les enfants de ce siècle sans croyance ! Les plaisirs du monde n'engendrent que des souffrances. Vous allez changer de douleurs, voilà tout.

— Je ferai mentir votre prophétie, dit-elle en souriant avec amertume, je serai fidèle à celui qui mourut pour moi.

— La douleur, répondit-il, n'est viable que dans les âmes préparées par la religion.

Il baissa respectueusement les yeux pour ne pas laisser voir les doutes qui pouvaient se peindre dans son regard. L'énergie des plaintes échappées à la marquise l'avait contristé. En reconnaissant le *moi* humain sous ses mille formes, il désespéra de ramollir ce cœur que le mal avait desséché au lieu de l'attendrir, et où le grain du Semeur céleste ne devait pas germer, puisque sa voix douce y était étouffée par la grande et terrible clameur de l'égoïsme. Néanmoins il déploya la constance de l'apôtre, et revint à plusieurs reprises, toujours ramené par l'espoir de tourner à Dieu cette âme si noble et si fière ; mais il perdit courage le jour où il s'aperçut que la marquise n'aimait à causer avec lui que parce qu'elle trouvait de la douceur à parler de celui qui n'était plus. Il ne voulut pas ravaler son ministère en se faisant le complaisant d'une passion ; il cessa ses entretiens, et revint par degrés aux formules et aux lieux communs de la conversation. Le printemps arriva. La marquise trouva des distractions à sa profonde tristesse, et s'occupa par désœuvrement de sa terre, où elle se plut à ordonner quelques travaux. Au mois d'octobre, elle quitta son vieux château de Saint-Lange, où elle était redevenue fraîche et belle dans l'oisiveté d'une douleur qui, d'abord violente comme un disque lancé vigoureusement, avait fini par s'amortir dans la mélancolie, comme s'arrête le disque après des oscillations graduellement plus faibles. La mélancolie se compose d'une suite de semblables oscillations morales dont la première touche au désespoir et la dernière au plaisir : dans la jeunesse, elle est le crépuscule du matin ; dans la vieillesse, celui du soir.

Quand sa calèche passa par le village, la marquise reçut le salut du curé qui revenait de l'église à son presbytère ; mais en y répondant, elle baissa les yeux et détourna la tête pour ne pas le revoir. Le prêtre avait trop raison contre cette pauvre Artémise d'Éphèse.

III

A TRENTE ANS.

Un jeune homme de haute espérance, et qui appartenait à l'une de ces maisons historiques dont les noms seront toujours, en dépit même des lois, intimement liés à la gloire de la France, se trouvait au bal chez madame Firmiani. Cette dame lui avait donné quelques lettres de recommandation pour deux ou trois de ses amies à Naples. Monsieur Charles de Vandenesse, ainsi se nommait le jeune homme, venait l'en remercier et prendre congé. Après avoir accompli plusieurs missions avec talent, Vandenesse avait été récemment attaché à l'un de nos ministres plénipotentiaires envoyés au congrès de Laybach, et voulait profiter de son voyage pour étudier l'Italie. Cette fête était donc une espèce d'adieu aux jouissances de Paris, à cette vie rapide, à ce tourbillon de pensées et de plaisirs que l'on calomnie assez souvent, mais auquel il est si doux de s'abandonner. Habitué depuis trois ans à saluer les capitales européennes, et à les déserter au gré des caprices de sa destinée diplomatique, Charles de Vandenesse avait cependant peu de chose à regretter en quittant Paris. Les femmes ne produisaient plus aucune impression sur lui, soit qu'il regardât une passion vraie comme tenant trop de place dans la vie d'un homme politique, soit que les mesquines occupations d'une galanterie superficielle lui parussent trop vides pour une âme forte. Nous avons tous de grandes prétentions à la force d'âme. En France, nul homme, fût-il médiocre, ne consent à passer pour simplement spirituel. Ainsi, Charles, quoique jeune (à peine avait-il trente ans), s'était déjà philosophiquement accoutumé à voir des idées, des résultats, des moyens, là où les hommes de son âge aperçoivent des sentiments, des plaisirs et des illusions. Il refoulait la chaleur et l'exaltation naturelle aux jeunes gens dans les profondeurs de son âme que la nature avait créée généreuse. Il travaillait à se faire froid calculateur; à mettre en manières, en formes aimables, en artifices de séduction, les richesses morales qu'il tenait du hasard : véritable tâche d'ambitieux ; rôle triste, entrepris dans le but d'atteindre à ce que nous nommons aujourd'hui une *belle position*. Il jetait un dernier coup d'œil sur les salons où l'on dansait. Avant de quitter le bal, il voulait sans doute en emporter l'image, comme un spectateur ne sort pas de sa loge à l'Opéra sans regarder le tableau final. Mais aussi, par une fantaisie facile à comprendre, monsieur de Vandenesse étudiait l'action toute française, l'éclat et les riantes figures de cette fête parisienne, en les rapprochant par la pensée des physionomies nouvelles, des scènes pittoresques qui l'attendaient à Naples, où il se proposait de passer quelques jours avant de se rendre à son poste. Il semblait comparer la France si changeante et sitôt étudiée à un pays dont les mœurs et les sites ne lui étaient connus que par des ouï-dire contradictoires, ou par des livres, pour la plupart mal faits. Quelques réflexions assez poétiques, mais devenues aujourd'hui très-vulgaires, lui passèrent alors par la tête, et répondirent, à son insu peut-être, aux vœux secrets de son cœur, plus exigeant que blasé, plus inoccupé que flétri.

— Voici, se disait-il, les femmes les plus élégantes, les plus riches, les plus titrées de Paris. Ici sont les célébrités du jour, renommées de tribune, renommées aristocratiques et littéraires : là, des artistes, là, des hommes de pouvoir. Et cependant je ne vois que de petites intrigues, des amours mort-nés, des sourires qui ne disent rien, des dédains sans cause, des regards sans flamme, beaucoup d'esprit, mais prodigué sans but. Tous ces visages blancs et roses cherchent moins le plaisir que des distractions. Nulle émotion n'est vraie. Si vous voulez seulement des plumes bien posées, des gazes fraîches, de jolies toilettes, des femmes frêles ; si pour vous la vie n'est qu'une surface à effleurer, voici votre monde. Contentez-vous de ces phrases insignifiantes, de ces ravissantes grimaces, et ne demandez pas un sentiment dans les cœurs. Pour moi, j'ai horreur de ces plates intrigues qui finiront par des mariages, des sous-préfectures, des recettes générales, ou, s'il s'agit d'amour, par des arrangements secrets, tant l'on a honte d'un semblant de passion. Je ne vois pas un seul de ces visages éloquents qui vous annonce une âme abandonnée à une idée comme à un remords. Ici, le regret ou le malheur se cachent honteusement sous des plaisanteries. Je n'aperçois aucune de ces femmes avec lesquelles j'aimerais à lutter, et qui vous entraînent dans un abîme. Où trouver de l'énergie à Paris ? Un poignard est une curiosité que l'on y suspend à un clou doré, que l'on pare d'une jolie gaîne. Femmes, idées, sentiments, tout se ressemble. Il n'y existe plus de passions, parce que les individualités ont disparu. Les rangs, les esprits, les fortunes ont été nivelés, et nous avons tous pris l'habit noir comme pour nous mettre en deuil de la France morte. Nous n'aimons pas nos égaux. Entre deux amants, il faut des différences à effacer, des distances à combler. Ce charme de l'amour s'est évanoui en 1789 ! Notre ennui, nos mœurs fades sont le résultat du système politique. Au moins, en Italie, tout y est tranché. Les femmes y sont encore des animaux malfaisants, des sirènes dangereuses, sans raison, sans logique autre que celle de leurs goûts, de leurs appétits, et desquelles il faut se défier comme on se défie des tigres...

Madame Firmiani vint interrompre ce monologue dont les mille pensées contradictoires, inachevées, confuses, sont intraduisibles. Le mérite d'une rêverie est tout entier dans son vague, n'est-elle pas une sorte de vapeur intellectuelle ?

— Je veux, lui dit-elle en le prenant par le bras, vous présenter à une femme qui a le plus grand désir de vous connaître d'après ce qu'elle entend dire de vous.

Elle le conduisit dans un salon voisin, où elle lui montra, par un geste, un sourire et un regard véritablement parisiens, une femme assise au coin de la cheminée.

— Qui est-elle ? demanda vivement le comte de Vandenesse.

— Une femme de qui vous vous êtes, certes, entretenu plus d'une fois pour la louer ou pour en médire, une femme qui vit dans la solitude, un vrai mystère.

— Si vous avez jamais été clémente dans votre vie, de grâce, dites-moi son nom ?

— La marquise d'Aiglemont.

— Je vais aller prendre des leçons près d'elle : elle a su faire d'un mari bien médiocre un pair de France, d'un homme nul une capacité politique. Mais, dites-moi, croyez-vous que lord Grenville soit mort pour elle, comme quelques femmes l'ont prétendu ?

— Peut-être. Depuis cette aventure, fausse ou vraie, la pauvre femme est bien changée. Elle n'est pas encore allée dans le monde. C'est quelque chose, à Paris, qu'une constance de quatre ans. Si vous la voyez ici... Madame Firmiani s'arrêta ; puis elle ajouta d'un air fin : — J'oublie que je dois me taire. Allez causer avec elle.

Charles resta pendant un moment immobile, le dos légèrement appuyé sur le chambranle de la porte, et tout occupé à examiner une femme devenue célèbre sans que personne pût rendre compte des motifs sur lesquels se fondait sa renommée. Le monde offre beaucoup de ces anomalies curieuses. La réputation de madame d'Aiglemont n'était pas, certes, plus extraordinaire que celle de certains hommes toujours en travail d'une œuvre inconnue : statisticiens tenus pour profonds sur la foi de calculs qu'ils se gardent bien de publier ; politiques qui vivent sur un article de journal ; auteurs ou artistes dont l'œuvre reste toujours en portefeuille ; gens savants avec ceux qui ne connaissent rien à la science, comme Sganarelle est latiniste avec ceux qui ne savent pas le latin ; hommes auxquels on accorde une capacité convenue sur un point, soit la direction des arts, soit une mission importante. Cet admirable mot : *c'est une spécialité*, semble avoir été créé pour ces espèces d'acéphales politiques ou littéraires. Charles demeura plus long-temps en contemplation qu'il ne le voulait, et fut mécontent d'être si fortement préoccupé par une femme ; mais aussi la présence de cette femme réfutait les pensées qu'un instant auparavant le jeune diplomate avait conçues à l'aspect du bal.

La marquise, alors âgée de trente ans, était belle quoique frêle de formes et d'une excessive délicatesse. Son plus grand charme venait d'une physionomie dont le calme trahissait une étonnante

profondeur dans l'âme. Son œil plein d'éclat, mais qui semblait
voilé par une pensée constante, accusait une vie fiévreuse et la résignation la plus étendue. Ses paupières, presque toujours chastement baissées vers la terre, se relevaient rarement. Si elle jetait
des regards autour d'elle, c'était par un mouvement triste, et vous
eussiez dit qu'elle réservait le feu de ses yeux pour d'occultes contemplations. Aussi tout homme supérieur se sentait-il curieusement
attiré vers cette femme douce et silencieuse. Si l'esprit cherchait à
deviner les mystères de la perpétuelle réaction qui se faisait en elle
du présent vers le passé, du monde à sa solitude, l'âme n'était pas
moins intéressée à s'initier aux secrets d'un cœur en quelque sorte
orgueilleux de ses souffrances. En elle, rien d'ailleurs ne démentait
les idées qu'elle inspirait tout d'abord. Comme presque toutes les
femmes qui ont de très-longs cheveux, elle était pâle et parfaitement
blanche. Sa peau, d'une finesse prodigieuse, symptôme rarement
trompeur, annonçait une vraie sensibilité, justifiée par la nature de
ses traits qui avaient ce fini merveilleux que les peintres chinois
répandent sur leurs figures fantastiques. Son cou était un peu long
peut-être; mais ces sortes de cous sont les plus gracieux, et donnent aux têtes de femmes de vagues affinités avec les magnétiques
ondulations du serpent. S'il n'existait pas un seul des mille indices
par lesquels les caractères les plus dissimulés se révèlent à l'observateur, il lui suffirait d'examiner attentivement les gestes de la
tête et les torsions du cou, si variées, si expressives, pour juger une
femme. Chez madame d'Aiglemont, la mise était en harmonie
avec la pensée qui dominait sa personne. Les nattes de sa chevelure
largement tressée formaient au-dessus de sa tête une haute couronne
à laquelle ne se mêlait aucun ornement, car elle semblait avoir dit
adieu pour toujours aux recherches de la toilette. Aussi ne surpre-
nait-on jamais en elle ces petits calculs de coquetterie qui gâtent
beaucoup de femmes. Seulement, quelque modeste que fût son corsage, il ne cachait pas entièrement l'élégance de sa taille. Puis le
luxe de sa longue robe consistait dans une coupe extrêmement distinguée; et, s'il est permis de chercher des idées dans l'arrangement
d'une étoffe, on pourrait dire que les plis nombreux et simples de
sa robe lui communiquaient une grande noblesse. Néanmoins, peut-
être trahissait-elle les indélébiles faiblesses de la femme par les soins
minutieux qu'elle prenait de sa main et de son pied; mais si elle les
montrait avec quelque plaisir, il eût été difficile à la plus malicieuse

rivale de trouver ses gestes affectés, tant ils paraissaient involontaires, ou dus à d'enfantines habitudes. Ce reste de coquetterie se faisait même excuser par une gracieuse nonchalance. Cette masse de traits, cet ensemble de petites choses qui font une femme laide ou jolie, attrayante ou désagréable, ne peuvent être qu'indiqués, surtout lorsque, comme chez madame d'Aiglemont, l'âme est le lien de tous les détails, et leur imprime une délicieuse unité. Aussi son maintien s'accordait-il parfaitement avec le caractère de sa figure et de sa mise. A un certain âge seulement, certaines femmes choisies savent seules donner un langage à leur attitude. Est-ce le chagrin, est-ce le bonheur qui prête à la femme de trente ans, à la femme heureuse ou malheureuse, le secret de cette contenance éloquente ? Ce sera toujours une vivante énigme que chacun interprète au gré de ses désirs, de ses espérances ou de son système. La manière dont la marquise tenait ses deux coudes appuyés sur les bras de son fauteuil, et joignait les extrémités des doigts de chaque main en ayant l'air de jouer ; la courbure de son cou, le laisser-aller de son corps fatigué mais souple, qui paraissait élégamment brisé dans le fauteuil, l'abandon de ses jambes, l'insouciance de sa pose, ses mouvements pleins de lassitude, tout révélait une femme sans intérêt dans la vie, qui n'a point connu les plaisirs de l'amour, mais qui les a rêvés, et qui se courbe sous les fardeaux dont l'accable sa mémoire ; une femme qui depuis longtemps a désespéré de l'avenir ou d'elle-même ; une femme inoccupée qui prend le vide pour le néant. Charles de Vandenesse admira ce magnifique tableau, mais comme le produit d'un *faire* plus habile que ne l'est celui des femmes ordinaires. Il connaissait d'Aiglemont. Au premier regard jeté sur cette femme, qu'il n'avait pas encore vue, le jeune diplomate reconnut alors des disproportions, des incompatibilités, employons le mot légal, trop fortes entre ces deux personnes pour qu'il fût possible à la marquise d'aimer son mari. Cependant madame d'Aiglemont tenait une conduite irréprochable, et sa vertu donnait encore un plus haut prix à tous les mystères qu'un observateur pouvait pressentir en elle. Lorsque son premier mouvement de surprise fut passé, Vandenesse chercha la meilleure manière d'aborder madame d'Aiglemont, et, par une ruse de diplomatie assez vulgaire, il se proposa de l'embarrasser pour savoir comment elle accueillerait une sottise.

— Madame, dit-il en s'asseyant près d'elle, une heureuse indiscrétion m'a fait savoir que j'ai, je ne sais à quel titre, le bonheur d'être distingué par vous. Je vous dois d'autant plus de remercîments que je n'ai jamais été l'objet d'une semblable faveur. Aussi seriez-vous comptable d'un de mes défauts. Désormais, je ne veux plus être modeste...

— Vous aurez tort, monsieur, dit-elle en riant, il faut laisser la vanité à ceux qui n'ont pas autre chose à mettre en avant.

Une conversation s'établit alors entre la marquise et le jeune homme, qui, suivant l'usage, abordèrent en un moment une multitude de sujets : la peinture, la musique, la littérature, la politique, les hommes, les événements et les choses. Puis ils arrivèrent par une pente insensible au sujet éternel des causeries françaises et étrangères, à l'amour, aux sentiments et aux femmes.

— Nous sommes esclaves.
— Vous êtes reines.

Les phrases plus ou moins spirituelles dites par Charles et la marquise pouvaient se réduire à cette simple expression de tous les discours présents et à venir tenus sur cette matière. Ces deux phrases ne voudront-elles pas toujours dire dans un temps donné : — Aimez-moi. — Je vous aimerai.

— Madame, s'écria doucement Charles de Vandenesse, vous me faites bien vivement regretter de quitter Paris. Je ne retrouverai certes pas en Italie des heures aussi spirituelles que l'a été celle-ci.

— Vous rencontrerez peut-être le bonheur, monsieur, et il vaut mieux que toutes les pensées brillantes, vraies ou fausses, qui se disent chaque soir à Paris.

Avant de saluer la marquise, Charles obtint la permission d'aller lui faire ses adieux. Il s'estima très heureux d'avoir donné à sa requête les formes de la sincérité, lorsque le soir, en se couchant, et le lendemain, pendant toute la journée, il lui fut impossible de chasser le souvenir de cette femme. Tantôt il se demandait pourquoi la marquise l'avait distingué ; quelles pouvaient être ses intentions en demandant à le revoir ; et il fit d'intarissables commentaires. Tantôt il croyait trouver les motifs de cette curiosité, il s'enivrait alors d'espérance, ou se refroidissait, suivant les interprétations par lesquelles il s'expliquait ce souhait poli, si vulgaire à Paris. Tantôt c'était tout, tantôt ce n'était rien. Enfin, il voulut résister au penchant qui l'entraînait vers madame d'Aiglemont ; mais il alla chez elle. Il existe des pensées auxquelles nous obéissons sans les connaître : elles sont en nous à notre insu. Quoique cette réflexion puisse paraître plus paradoxale que vraie, chaque personne de bonne foi en trouvera mille preuves dans sa vie. En se rendant chez la marquise, Charles obéissait à l'un de ces textes préexistants dont notre expérience et les conquêtes de notre esprit ne sont, plus tard, que les développements sensibles. Une femme de trente ans a d'irrésistibles attraits pour un jeune homme ; et rien de plus naturel, de plus fortement tissu, de mieux préétabli que les attachements profonds dont tant d'exemples nous sont offerts dans le monde entre une femme comme la marquise et un jeune homme tel que Vandenesse. En effet, une jeune fille a trop d'illusions, trop d'inexpérience, et le sexe est trop complice de son amour, pour qu'un jeune homme puisse en être flatté ; tandis qu'une femme connaît toute l'étendue des sacrifices à faire. Là, où l'une est entraînée par la curiosité, par des séductions étrangères à celles de l'amour, l'autre obéit à un sentiment consciencieux. L'une cède, l'autre choisit. Ce choix n'est-il pas déjà une immense flatterie ? Armée d'un savoir presque toujours chèrement payé par des malheurs, en se donnant, la femme expérimentée semble donner plus qu'elle-même ; tandis que la jeune fille, ignorante et crédule, ne sachant rien, ne peut rien comparer, rien apprécier ; elle accepte l'amour et l'étudie. L'une nous instruit, nous conseille à un âge où l'on aime à se laisser guider, où l'obéissance est un plaisir ; l'autre veut tout apprendre et se montre naïve là où l'autre est tendre. Celle-là ne vous présente qu'un seul triomphe, celle-ci vous oblige à des combats perpétuels. La première n'a que des larmes et des plaisirs, la seconde a des voluptés et des remords. Pour qu'une jeune fille soit la maîtresse, elle doit être trop corrompue, et on l'abandonne alors avec horreur ; tandis qu'une femme a mille moyens de conserver tout à la fois son pouvoir et sa dignité. L'une, trop soumise, vous offre les tristes sécurités du repos ; l'autre perd trop pour ne pas demander à l'amour ses mille métamorphoses. L'une se déshonore toute seule, l'autre tue à votre profit une famille entière. La jeune fille n'a qu'une coquetterie, et croit avoir tout dit quand elle a quitté son vêtement ; mais la femme en a d'innombrables et se cache sous mille voiles ; enfin elle caresse toutes les vanités, et la novice n'en flatte qu'une. Il s'émeut d'ailleurs des indécisions, des terreurs, des craintes, des troubles et des orages chez la femme de trente ans, qui ne se rencontrent jamais dans l'amour d'une jeune fille. Arrivée à cet âge, la femme demande à un jeune homme de lui restituer l'estime qu'elle lui a sacrifiée ; elle ne vit que pour lui, s'occupe de son avenir, lui veut une belle vie, la lui ordonne glorieuse ; elle obéit, elle prie et commande, s'abaisse et s'élève, et sait consoler en mille occasions, où la jeune fille ne sait que gémir. Enfin, outre tous les avantages de sa position, la femme de trente ans peut se faire jeune fille, jouer tous les rôles, être pudique, et s'embellir même d'un malheur. Entre elles deux se trouve l'incommensurable différence du prévu à l'imprévu, de la force à la faiblesse. La femme de trente ans satisfait tout, et la jeune fille, sous peine de ne pas être, doit ne rien satisfaire. Ces idées se développent au cœur d'un jeune homme, et composent chez lui la plus forte des passions, car elle réunit les sentiments factices créés par les mœurs, aux sentiments réels de la nature.

La démarche la plus capitale et la plus décisive dans la vie des femmes est précisément celle qu'une femme regarde toujours comme la plus insignifiante. Mariée, elle ne s'appartient plus, elle est la reine et l'esclave du foyer domestique. La sainteté de femmes est inconciliable avec les devoirs et les libertés du monde. Émanciper les femmes, c'est les corrompre. En accordant à un étranger le droit d'entrer dans le sanctuaire du ménage, n'est-ce pas se mettre à sa merci ? mais qu'une femme l'y attire, n'est-ce pas une faute, ou, pour être exact, le commencement d'une faute ? Il faut accepter cette théorie dans toute sa rigueur, ou absoudre les passions. Jusqu'à présent, en France, la Société a su prendre un *mezzo termine* : elle se moque des malheurs. Comme les Spartiates qui ne punissaient que la maladresse, elle semble admettre le vol. Mais peut-être ce système est-il très-sage. Le mépris général constitue le plus affreux de tous les châtiments, en ce qu'il atteint la femme au cœur. Les femmes tiennent et doivent toutes tenir à être honorées, car sans l'estime elles n'existent plus. Aussi est-ce le premier sentiment qu'elles demandent à l'amour. La plus corrompue d'entre elles exige, même avant tout, une absolution pour le passé, en vendant son avenir, et tâche de faire comprendre à son amant qu'elle échange, contre d'irrésistibles félicités, les honneurs que le monde lui refusera. Il n'est pas de femme qui, en recevant chez elle, pour la première fois, un jeune homme, et en se trouvant seule avec lui, ne conçoive quelques-unes de ces réflexions ; surtout si, comme Charles Vandenesse, il est bien fait ou spirituel. Pareillement, peu de jeunes gens manquent de fonder quelques vœux secrets sur une des mille idées qui justifient leur amour inné pour les femmes belles, spirituelles et malheureuses comme l'était madame d'Aiglemont. Aussi la marquise, en entendant annoncer monsieur de Vandenesse, fut-elle troublée ; et lui, fut-il presque honteux, malgré l'assurance qui, chez les diplomates, est en quelque sorte de costume. Mais la marquise prit bientôt cet air affectueux, sous lequel les femmes s'abritent contre les interprétations de la vanité. Cette contenance exclut toute arrière-pensée, et fait pour ainsi dire la part au sentiment en le tempérant par les formes de la politesse. Les femmes se tiennent alors aussi longtemps qu'elles le veulent dans cette position équivoque, comme dans un carrefour qui mène également au respect, à l'indifférence, à l'étonnement ou à la passion. A trente ans seulement une femme peut connaître les ressources de cette situation. Elle y sait rire, plaisanter, s'attendrir sans se compromettre. Elle possède alors le tact nécessaire pour attaquer chez un homme toutes les cordes sensibles, et pour étudier les sons qu'elle en tire. Son silence est aussi dangereux que sa parole. Vous ne devinez jamais si, à cet âge, elle est franche ou fausse, si elle se moque ou si elle est de bonne foi dans ses aveux. Après vous avoir donné le droit de lutter avec elle, tout à coup, par un mot, par un regard, par un de ces gestes dont la puissance leur est connue, elles ferment le combat, vous abandonnent, et restent maîtresses de votre secret, libres de vous immoler par une plaisanterie, libres de s'occuper de vous, également protégées par leur faiblesse et par votre force. Quoique la marquise se plaçât, pendant cette première visite, sur ce terrain neutre, elle sut y conserver une haute dignité de femme. Ses douleurs secrètes planèrent toujours sur sa gaieté factice comme un léger nuage qui dérobe imparfaitement le soleil. Vandenesse sortit après avoir éprouvé dans cette conversation des délices inconnues ; mais il demeura convaincu que la marquise était de ces femmes dont la conquête coûte trop cher pour qu'on puisse entreprendre de les aimer.

— Ce serait, dit-il en s'en allant, du sentiment à perte de vue, une correspondance à fatiguer un sous-chef ambitieux ! Cependant, si je voulais bien... Ce fatal — *Si je voulais bien !* a constamment perdu les entêtés. En France l'amour-propre mène à la passion. Charles revint chez madame d'Aiglemont et crut s'apercevoir qu'elle prenait plaisir à sa conversation. Au lieu de se livrer avec naïveté au bonheur d'aimer, il voulut alors jouer un double rôle. Il essaya de paraître passionné, puis d'analyser froidement la marche de cette intrigue, d'être amant et diplomate ; mais il était généreux et jeune, cet examen devait le conduire à un amour sans bornes ; car, artificieuse ou naturelle, la marquise était toujours plus forte que lui. Chaque fois qu'il sortait de chez madame d'Aiglemont, Charles persistait dans sa méfiance et soumettait les situations progressives par lesquelles passait son âme à une sévère analyse, qui tuait ses propres émotions.

— Aujourd'hui, se disait-il à la troisième visite, elle m'a fait comprendre qu'elle était très-malheureuse et seule dans la vie, que sans sa fille elle désirerait ardemment la mort. Elle a été d'une résignation parfaite. Or, je ne suis ni son frère ni son confesseur, pourquoi m'a-t-elle confié ses chagrins? Elle m'aime.

Deux jours après, en s'en allant, il apostrophait les mœurs modernes.

— L'amour prend la couleur de chaque siècle. En 1822 il est doctrinaire. Au lieu de se prouver, comme jadis, par des faits, on le discute, on le disserte, on le met en discours de tribune. Les femmes en sont réduites à trois moyens : d'abord elles mettent en question notre passion, nous refusent le pouvoir d'aimer autant qu'elles aiment. Coquetterie ! véritable défi que la marquise m'a porté ce soir. Puis elles se font très-malheureuses pour exciter nos générosités naturelles ou notre amour-propre. Un jeune homme n'est-il pas flatté de consoler une grande infortune? Enfin elles ont la manie de la virginité! Elle a dû penser que je la croyais toute neuve. Ma bonne foi peut devenir une excellente spéculation.

Mais un jour, après avoir épuisé ses pensées de défiance, il se demanda si la marquise était sincère, si tant de souffrances pouvaient être jouées, pourquoi feindre de la résignation? elle vivait dans une solitude profonde, et dévorait en silence des chagrins qu'elle laissait à peine deviner par l'accent plus ou moins contraint d'une interjection. Dès ce moment Charles prit un vif intérêt à madame d'Aiglemont. Cependant, en venant à un rendez-vous habituel qui leur était devenu nécessaire l'un à l'autre, heure réservée par un mutuel instinct, Vandenesse trouvait encore sa maîtresse plus habile que vraie, et son dernier mot était : — Décidément, cette femme est très adroite. Il entra, vit la marquise dans son attitude favorite, attitude pleine de mélancolie; elle leva les yeux sur lui sans faire un mouvement, et lui jeta un de ces regards pleins qui ressemblent à un sourire. Madame d'Aiglemont exprimait une confiance, une amitié vraie, mais point d'amour. Charles s'assit et ne put rien dire. Il était ému par une de ces sensations pour lesquelles il manque un langage.

— Qu'avez-vous ? lui dit-elle d'un son de voix attendrie.

— Rien. Si, reprit-il, je songe à une chose qui ne vous a point encore occupée.

— Qu'est-ce ?

— Mais... le congrès est fini.

— Eh! bien, dit-elle, vous deviez donc aller au congrès?

Une réponse directe était la plus éloquente et la plus délicate des déclarations; mais Charles ne la fit pas. La physionomie de madame d'Aiglemont attestait une candeur d'amitié qui détruisait tous les calculs de la vanité, toutes les espérances de l'amour, toutes les défiances du diplomate; elle ignorait ou paraissait ignorer complétement qu'elle fût aimée; et, lorsque Charles, tout confus, se replia sur lui-même, il fut forcé de s'avouer qu'il n'avait rien fait ni rien dit qui autorisât cette femme à le penser. Monsieur de Vandenesse trouva pendant cette soirée la marquise ce qu'elle était toujours : simple et affectueuse, vraie dans sa douleur, heureuse d'avoir un ami, fière de rencontrer une âme qui sût entendre la sienne ; elle n'allait pas au delà, et ne supposait pas qu'une femme pût se laisser deux fois séduire ; mais elle avait connu l'amour et le gardait encore saignant au fond de son cœur ; elle n'imaginait pas que le bonheur pût apporter deux fois à une femme ses enivrements, car elle ne croyait pas seulement à l'esprit, mais à l'âme ; et, pour elle, l'amour n'était pas une séduction, il comportait toutes les séductions nobles. En ce moment Charles redevint jeune homme, il fut subjugué par l'éclat d'un si grand caractère, et voulut être initié dans tous les secrets de cette existence flétrie par le hasard plus que par une faute. Madame d'Aiglemont ne jeta qu'un regard à son ami en l'entendant demander compte du surcroît de chagrin qui communiquait à sa beauté toutes les harmonies de la tristesse; mais ce regard profond fut comme le sceau d'un contrat solennel.

— Ne me faites plus de questions semblables, dit-elle. Il y a trois ans, à pareil jour, celui qui m'aimait, le seul homme au bonheur de qui j'eusse sacrifié jusqu'à ma propre estime, est mort, et mort pour me sauver l'honneur. Cet amour a cessé jeune, pur, plein d'illusions. Avant de me livrer à une passion vers laquelle une fatalité sans exemple me poussa, j'avais été séduite par ce qui perd tant de jeunes filles, par un homme nul, mais de formes agréables. Le mariage effeuilla mes espérances une à une. Aujourd'hui j'ai perdu le bonheur légitime et ce bonheur que l'on nomme criminel, sans avoir connu le bonheur. Il ne me reste rien. Si je n'ai pas su mourir, je dois être au moins fidèle à mes souvenirs.

A ces mots, elle ne pleura pas, elle baissa les yeux et se tordit légèrement les doigts, qu'elle avait croisés par son geste habituel. Cela fut dit simplement, mais l'accent de sa voix était l'accent d'un désespoir aussi profond que paraissait l'être son amour, et ne laissait aucune espérance à Charles. Cette affreuse existence traduite en trois phrases et commentée par une torsion de main, cette forte douleur dans une femme frêle, cet abîme dans une jolie tête, enfin les mélancolies, les larmes d'un deuil de trois ans fascinèrent Vandenesse, qui resta silencieux et petit devant cette grande et noble femme : il n'en voyait plus les beautés matérielles si exquises, si achevées, mais l'âme si éminemment sensible. Il rencontrait enfin cet être idéal si fantastiquement rêvé, si vigoureusement appelé par tous ceux qui mettent la vie dans une passion, la cherchent avec ardeur, et souvent meurent sans avoir pu jouir de tous ces trésors rêvés.

En entendant ce langage et devant cette beauté sublime, Charles trouva ses idées étroites. Dans l'impuissance où il était de mesurer ses paroles à la hauteur de cette scène, tout à la fois si simple et si élevée, il répondit par des lieux communs sur la destinée des femmes.

— Madame, il faut savoir oublier ses douleurs, ou se creuser une tombe, dit-il.

Mais la raison est toujours mesquine auprès du sentiment ; l'une est naturellement bornée, comme tout ce qui est positif, et l'autre est infini. Raisonner là où il faut sentir est le propre des âmes sans portée. Vandenesse garda donc le silence, contempla longtemps madame d'Aiglemont et sortit. En proie à des idées nouvelles qui lui grandissaient la femme, il ressemblait à un peintre qui, après avoir pris pour types les vulgaires modèles de son atelier, rencontrerait tout à coup la Mnémosyne du Musée, la plus belle et la moins appréciée des statues antiques. Charles fut profondément épris. Il aima madame d'Aiglemont avec cette bonne foi de la jeunesse, avec cette ferveur qui communique aux premières passions une grâce ineffable, une candeur que l'homme ne retrouve plus qu'en ruines lorsque plus tard il aime encore : délicieuses passions, presque toujours délicieusement savourées par les femmes qui les font naître, parce qu'à ce bel âge de trente ans, sommité poétique de la vie des femmes, elles peuvent en embrasser tout le cours et voir aussi bien dans le passé que dans l'avenir. Les femmes connaissent alors tout le prix de l'amour et en jouissent avec la crainte de le perdre : alors leur âme est encore belle de la jeunesse qui les abandonne, et leur passion va se renforçant toujours d'un avenir qui les effraie.

—J'aime, disait cette fois Vandenesse en quittant la marquise, et pour mon malheur je trouve une femme attachée à des souvenirs. La lutte est difficile contre un mort qui n'est plus là, qui ne peut pas faire de sottises, ne déplaît jamais, et de qui l'on ne voit que les belles qualités. N'est-ce pas vouloir détrôner la perfection que d'essayer à tuer les charmes de la mémoire et les espérances qui survivent à un amant perdu, précisément parce qu'il n'a réveillé que des désirs, tout ce que l'amour a de plus beau, de plus séduisant ?

Cette triste réflexion, due au découragement et à la crainte de ne pas réussir, par lesquels commencent toutes les passions vraies, fut le dernier calcul de sa diplomatie expirante. Dès lors il n'eut plus d'arrière-pensées, devint le jouet de son amour et se perdit dans les riens de ce bonheur inexplicable qui se repaît d'un mot, d'un silence, d'un vague espoir. Il voulut aimer platoniquement, vint tous les jours respirer l'air que respirait madame d'Aiglemont, s'incrusta presque dans sa maison et l'accompagna partout avec la tyrannie d'une passion qui mêle son égoïsme au dévouement le plus absolu. L'amour a son instinct, il sait trouver le chemin du cœur comme le plus faible insecte marche à sa fleur avec une irrésistible volonté qui ne s'épouvante de rien. Aussi, quand un sentiment est vrai, sa destinée n'est-elle pas douteuse. N'y a-t-il pas de quoi jeter une femme dans toutes les angoisses de la terreur, si elle vient à penser que sa vie dépend du plus ou du moins de vérité, de force, de persistance que son amant mettra dans ses désirs ! Or, il est impossible à une femme, à une épouse, à une mère, de se préserver contre l'amour d'un jeune homme ; la seule chose qui soit en sa puissance est de ne pas continuer à le voir au moment où elle devine ce secret du cœur qu'une femme devine toujours. Mais ce parti semble trop décisif pour qu'une femme puisse le prendre à un âge où le mariage pèse, ennuie et lasse, où l'affection conjugale est plus que tiède, si déjà même son mari ne l'a pas abandonnée. Laides, les femmes sont flattées par un amour qui les fait belles ; jeunes et charmantes, la séduction doit être à la hauteur de leurs séductions, elle est immense ; vertueuses, un sentiment terrestrement sublime les porte à trouver je ne sais quelle absolution dans la grandeur même des sacrifices qu'elles font à leur amant et de la gloire dans cette lutte difficile. Tout est piége. Aussi nulle leçon n'est-elle trop forte pour de si fortes tentations. La reclusion ordonnée autrefois à la femme en Grèce, en Orient, et qui devient de mode en Angleterre, est la seule sauvegarde de la morale domestique ; mais, sous l'empire de ce système, les agréments du monde périssent : ni la société, ni la politesse, ni l'élégance des mœurs ne sont alors possibles. Les nations devront choisir.

Ainsi, quelques mois après sa première rencontre, madame d'Aiglemont trouva sa vie étroitement liée à celle de Vandenesse, elle s'étonna sans trop de confusion, et presque avec un certain plaisir, d'en partager les goûts et les pensées. Avait-elle pris les idées de Vandenesse, ou Vandenesse avait-il épousé ses moindres caprices ? elle n'examina rien. Déjà saisie par le courant de la passion, cette adorable femme se dit avec la fausse bonne foi de la peur : — Oh ! non ! je serai fidèle à celui qui mourut pour moi.

Pascal a dit : Douter de Dieu, c'est y croire. De même, une femme ne se débat que quand elle est prise. Le jour où la marquise s'avoua qu'elle était aimée, il lui arriva de flotter entre mille sentiments contraires. Les superstitions de l'expérience parlèrent leur langage. Serait-elle heureuse ? pourrait-elle trouver le bonheur en dehors des lois dont la Société fait, à tort ou à raison, sa morale ? Jusqu'alors la vie ne lui avait versé que de l'amertume. Y avait-il un heureux dénouement possible aux liens qui unissent deux êtres séparés par des convenances sociales ? Mais aussi le bonheur se paie-t-il jamais trop cher ? Puis ce bonheur si ardemment voulu, et qu'il est si naturel de chercher, peut-être le rencontrerait-elle enfin ! La curiosité plaide toujours la cause des amants. Au milieu de cette discussion secrète, Vandenesse arriva. Sa présence fit évanouir le fantôme métaphysique de la raison. Si telles sont les transformations successives par lesquelles passe un sentiment même rapide chez un jeune homme et chez une femme de trente ans, il est un moment où les nuances se fondent, où les raisonnements s'abolissent en un seul, en une dernière réflexion qui se confond dans un désir et qui le corrobore. Plus la résistance a été longue, plus puissante alors est la voix de l'amour. Ici donc s'arrête cette leçon ou plutôt cette étude faite sur l'*écorché*, s'il est permis d'emprunter à la peinture une de ses expressions les plus pittoresques ; car cette histoire explique les dangers et le mécanisme de l'amour plus qu'elle ne le peint. Mais dès ce moment, chaque jour ajouta des couleurs à ce squelette, le revêtit des grâces de la jeunesse, en raviva les chairs, en vivifia les mouvements, lui rendit l'éclat, la beauté, les séductions du sentiment et les attraits de la vie. Charles trouva madame d'Aiglemont pensive ; et, lorsqu'il lui eut dit de ce ton pénétré que les douces magies du cœur rendirent persuasif : — Qu'avez-vous ? elle se garda bien de répondre. Cette délicieuse demande accusait une parfaite entente d'âme ; et, avec l'instinct merveilleux de la femme, la marquise comprit que des plaintes ou l'expression de son malheur intime seraient en quelque sorte des avances. Si déjà chacune de ces paroles avait une signification entendue par tous deux, dans quel abîme n'allait-elle pas mettre les pieds ? Elle lut en elle-même par un regard lucide et clair, se tut, et son silence fut imité par Vandenesse.

— Je suis souffrante, dit-elle enfin effrayée de la haute portée d'un moment où le langage des yeux suppléa complétement à l'impuissance du discours.

— Madame, répondit Charles d'une voix affectueuse mais violemment émue, âme et corps, tout se tient. Si vous étiez heureuse, vous seriez jeune et fraîche. Pourquoi refusez-vous de demander à l'amour tout ce dont l'amour vous a privée ? Vous croyez la vie terminée au moment où, pour vous, elle commence. Confiez-vous aux soins d'un ami. Il est si doux d'être aimé !

— Je suis déjà vieille, dit-elle, rien ne m'excuserait donc de ne pas continuer à souffrir comme par le passé. D'ailleurs il faut aimer, dites-vous ? Eh ! bien, je ne le dois ni ne le puis. Hors vous, dont l'amitié jette quelques douceurs sur ma vie, personne ne me plaît, personne ne saurait effacer mes souvenirs. J'accepte un ami, je fuirais un amant. Puis serait-il bien généreux à moi d'échanger un cœur flétri contre un jeune cœur, d'accueillir des illusions que je ne puis plus partager, de causer un bonheur auquel je ne croirais

point, ou que je tremblerais de perdre ? Je répondrais peut-être
par de l'égoïsme à son dévouement, et calculerais quand il sentirait ;
ma mémoire offenserait la vivacité de ses plaisirs. Non, voyez-vous,
un premier amour ne se remplace jamais. Enfin, quel homme voudrait à ce prix de mon cœur ?

Ces paroles, empreintes d'une horrible coquetterie, étaient le
dernier effort de la sagesse. — S'il se décourage, eh! bien, je resterai seule et fidèle. Cette pensée vint au cœur de cette femme, et
fut pour elle ce qu'est la branche de saule trop faible que saisit un
nageur avant d'être emporté par le courant. En entendant cet arrêt,
Vandenesse laissa échapper un tressaillement involontaire qui fut
plus puissant sur le cœur de la marquise que ne l'avaient été toutes
ses assiduités passées. Ce qui touche le plus les femmes, n'est-ce
pas de rencontrer en nous des délicatesses gracieuses, des sentiments
exquis autant que le sont les leurs; car chez elles la grâce et la délicatesse sont les indices du *vrai*. Le geste de Charles révélait un
véritable amour. Madame d'Aiglemont connut la force de l'affection
de Vandenesse à la force de sa douleur. Le jeune homme dit froidement : — Vous avez peut-être raison. Nouvel amour, chagrin
nouveau. Puis, il changea de conversation, et s'entretint de choses
indifférentes, mais il était visiblement ému, regardait madame
d'Aiglemont avec une attention concentrée, comme s'il l'eût vue
pour la dernière fois. Enfin, il la quitta, en lui disant avec émotion : — Adieu, madame.

— Au revoir, dit-elle avec cette coquetterie fine dont le secret
n'appartient qu'aux femmes d'élite. Il ne répondit pas, et sortit.

Quand Charles ne fut plus là, que sa chaise vide parla pour lui, elle
eut mille regrets, et se trouva des torts. La passion fait un progrès
énorme chez une femme au moment où elle croit avoir agi peu généreusement, ou avoir blessé quelque âme noble. Jamais il ne faut
se défier des sentiments mauvais en amour, ils sont très salutaires;
les femmes ne succombent que sous le coup d'une vertu. *L'enfer
est pavé de bonnes intentions*, n'est pas un paradoxe de prédicateur. Vandenesse resta pendant quelques jours sans venir. Pendant chaque soirée, à l'heure du rendez-vous habituel, la marquise
l'attendit avec une impatience pleine de remords. Écrire était un
aveu; d'ailleurs, son instinct lui disait qu'il reviendrait. Le sixième
jour, son valet de chambre le lui annonça. Jamais elle n'entendit ce
nom avec plus de plaisir. Sa joie l'effraya.

— Vous m'avez bien punie! lui dit-elle.

Vandenesse la regarda d'un air hébété.

— Punie! répéta-t-il. Et de quoi?

Charles comprenait bien la marquise ; mais il voulait se venger des souffrances auxquelles il avait été en proie, du moment où elle les soupçonnait.

— Pourquoi n'êtes-vous pas venu me voir? demanda-t-elle en souriant.

— Vous n'avez donc vu personne? dit-il pour ne pas faire une réponse directe.

— Monsieur de Ronquerolles et monsieur de Marsay, le petit d'Esgrignon, sont restés ici, l'un hier, l'autre ce matin, près de deux heures. J'ai vu, je crois, aussi madame Firmiani et votre sœur, madame de Listomère.

Autre souffrance! Douleur incompréhensible pour ceux qui n'aiment pas avec ce despotisme envahisseur et féroce dont le moindre effet est une jalousie monstrueuse, un perpétuel désir de dérober l'être aimé à toute influence étrangère à l'amour.

— Quoi! se dit en lui-même Vandenesse, elle a reçu, elle a vu des êtres contents, elle leur a parlé, tandis que je restais solitaire, malheureux!

Il ensevelit son chagrin et jeta son amour au fond de son cœur, comme un cercueil à la mer. Ses pensées étaient de celles que l'on n'exprime pas ; elles ont la rapidité de ces acides qui tuent en s'évaporant. Cependant son front se couvrit de nuages, et madame d'Aiglemont obéit à l'instinct de la femme en partageant cette tristesse sans la concevoir. Elle n'était pas complice du mal qu'elle faisait, et Vandenesse s'en aperçut. Il parla de sa situation et de sa jalousie, comme si c'eût été l'une de ces hypothèses que les amants se plaisent à discuter. La marquise comprit tout, et fut alors si vivement touchée qu'elle ne put retenir ses larmes. Dès ce moment, ils entrèrent dans les cieux de l'amour. Le ciel et l'enfer sont deux grands poèmes qui formulent les deux seuls points sur lesquels tourne notre existence : la joie ou la douleur. Le ciel n'est-il pas, ne sera-t-il pas toujours une image de l'infini de nos sentiments qui ne sera jamais peint que dans ses détails, parce que le bonheur est un ; et l'enfer ne représente-t-il pas les tortures infinies de nos douleurs dont nous pouvons faire œuvre de poésie, parce qu'elles sont toutes dissemblables?

Un soir, les deux amants étaient seuls, assis l'un près de l'autre, en silence, et occupés à contempler une des plus belles phases du firmament, un de ces ciels purs dans lesquels les derniers rayons du soleil jettent de faibles teintes d'or et de pourpre. En ce moment de la journée, les lentes dégradations de la lumière semblent réveiller les sentiments doux ; nos passions vibrent mollement, et nous savourons les troubles de je ne sais quelle violence au milieu du calme. En nous montrant le bonheur par de vagues images, la nature nous invite à en jouir quand il est près de nous, ou nous le fait regretter quand il a fui. Dans ces instants fertiles en enchantements, sous le dais de cette lueur dont les tendres harmonies s'unissent à des séductions intimes, il est difficile de résister aux vœux du cœur qui ont alors tant de magie ! alors le chagrin s'émousse, la joie enivre, et la douleur accable. Les pompes du soir sont le signal des aveux et les encouragent. Le silence devient plus dangereux que la parole, en communiquant aux yeux toute la puissance de l'infini des cieux qu'ils reflètent. Si l'on parle, le moindre mot possède une irrésistible puissance. N'y a-t-il pas alors de la lumière dans la voix, de la pourpre dans le regard ? Le ciel n'est-il pas comme en nous, ou ne nous semble-t-il pas être dans le ciel ? Cependant Vandenesse et Juliette, car depuis quelques jours elle se laissait appeler ainsi familièrement par celui qu'elle se plaisait à nommer Charles ; donc tous deux parlaient, mais le sujet primitif de leur conversation était bien loin d'eux ; et, s'ils ne savaient plus le sens de leurs paroles, ils écoutaient avec délices les pensées secrètes qu'elles couvraient. La main de la marquise était dans celle de Vandenesse, et elle la lui abandonnait sans croire que ce fût une faveur.

Ils se penchèrent ensemble pour voir un de ces majestueux paysages pleins de neige, de glaciers, d'ombres grises qui teignent les flancs de montagnes fantastiques ; un de ces tableaux remplis de brusques oppositions entre les flammes rouges et les tons noirs qui décorent les cieux avec une inimitable et fugace poésie ; magnifiques langes dans lesquels renaît le soleil, beau linceul où il expire. En ce moment, les cheveux de Juliette effleurèrent les joues de Vandenesse ; elle sentit ce contact léger, elle en frissonna violemment, et lui plus encore ; car tous deux étaient graduellement arrivés à une de ces inexplicables crises où le calme communique aux sens une perception si fine, que le plus faible choc fait verser des larmes et déborder la tristesse si le cœur est perdu dans ces mélancolies, ou lui donne d'ineffables plaisirs s'il est perdu dans les vertiges de l'amour. Juliette pressa presque involontairement la main de son ami. Cette pression persuasive donna du courage à la timidité de l'amant. Les joies de ce moment et les espérances de l'avenir, tout se fondit dans une émotion, celle d'une première caresse, du chaste et modeste baiser que madame d'Aiglemont laissa prendre sur sa joue. Plus faible était la faveur, plus puissante, plus dangereuse elle fut. Pour leur malheur à tous deux, il n'y avait ni semblant ni fausseté. Ce fut l'entente de deux belles âmes, séparées par tout ce qui est loi, réunies par tout ce qui est séduction dans la nature. En ce moment le général d'Aiglemont entra.

— Le ministère est changé, dit-il. Votre oncle fait partie du nouveau cabinet. Ainsi, vous avez de bien belles chances pour être ambassadeur, Vandenesse.

Charles et Julie se regardèrent en rougissant. Cette pudeur mutuelle fut encore un lien. Tous deux, ils eurent la même pensée, le même remords ; lien terrible et tout aussi fort entre deux brigands qui viennent d'assassiner un homme qu'entre deux amants coupables d'un baiser. Il fallait une réponse au marquis.

— Je ne veux plus quitter Paris, dit Charles Vandenesse.

— Nous savons pourquoi, répliqua le général en affectant la finesse d'un homme qui découvre un secret. Vous ne voulez pas abandonner votre oncle, pour vous faire déclarer l'héritier de sa pairie.

La marquise s'enfuit dans sa chambre, en se disant sur son mari cet effroyable mot : — Il est aussi par trop bête !

IV

LE DOIGT DE DIEU.

Entre la barrière d'Italie et celle de la Santé, sur le boulevard intérieur qui mène au Jardin-des-Plantes, il existe une perspective digne de ravir l'artiste ou le voyageur le plus blasé sur les jouissances de la vue. Si vous atteignez une légère éminence à partir de laquelle le boulevard, ombragé par de grands arbres touffus, tourne avec la grâce d'une allée forestière verte et silencieuse, vous voyez devant vous, à vos pieds, une vallée profonde, peuplée de fabriques à demi villageoises, clair-semée de verdure, arrosée par les eaux brunes de la Bièvre ou des Gobelins. Sur le versant opposé, quelques milliers de toits, pressés comme les têtes d'une foule, recèlent les misères du faubourg Saint-Marceau. La magnifique coupole du Panthéon, le dôme terne et mélancolique du Val-de-Grâce dominent orgueilleusement toute une ville en amphithéâtre dont les gradins sont bizarrement dessinés par des rues tortueuses. De là, les proportions des deux monuments semblent gigantesques ; elles écrasent et les demeures frêles et les plus hauts peupliers du vallon. A gauche, l'Observatoire, à travers les fenêtres et les galeries duquel le jour passe en produisant d'inexplicables fantaisies, apparaît comme un spectre noir et décharné. Puis, dans le lointain, l'élégante lanterne des Invalides flamboie entre les masses bleuâtres du Luxembourg et les tours grises de Saint-Sulpice. Vues de là, ces lignes architecturales sont mêlées à des feuillages, à ces ombres, sont soumises aux caprices d'un ciel qui change incessamment de couleur, de lumière ou d'aspect. Loin de vous, les édifices meublent les airs ; autour de vous, serpentent des arbres ondoyants, des sentiers campagnards. Sur la droite, par une large découpure de ce singulier paysage, vous apercevez la longue nappe blanche du canal Saint-Martin, encadré de pierres rougeâtres, paré de ses tilleuls, bordé par les constructions vraiment romaines des Greniers d'abondance. Là, sur le dernier plan, les vaporeuses collines de Belleville, chargées de maisons et de moulins, confondent leurs accidents avec ceux des nuages. Cependant il existe une ville, que vous ne voyez pas, entre la rangée de toits qui borde le vallon et cet horizon aussi vague qu'un souvenir d'enfance ; immense cité, perdue comme dans un précipice entre les cimes de la Pitié et le faîte du cimetière de l'Est, entre la souffrance et la mort. Elle fait entendre un bruissement sourd semblable à celui de l'Océan qui gronde derrière une falaise comme pour dire : — Je suis là. Si le soleil jette ses flots de lumière sur cette face de Paris, s'il en épure, s'il en fluidifie les lignes ; s'il y allume quelques vitres, s'il en égaie les tuiles, embrase les croix dorées, blanchit les murs et transforme l'atmosphère en un voile de gaz ; s'il crée de riches contrastes avec les ombres fantastiques ; si le ciel est d'azur et la terre frémissante, si les cloches parlent, alors de là vous admirerez une de ces féeries éloquentes que l'imagination n'oublie jamais, dont vous serez idolâtre, affolé comme d'un merveilleux aspect de Naples, de Stamboul ou des Florides. Nulle harmonie ne manque à ce concert. Là, murmurent le bruit du monde et la poétique paix de la solitude, la voix d'un million d'êtres et la voix de Dieu. Là gît une capitale couchée sous les paisibles cyprès du Père-Lachaise.

Par une matinée de printemps, au moment où le soleil faisait briller toutes les beautés de ce paysage, je les admirais, appuyé sur un gros orme qui livrait au vent ses fleurs jaunes. Puis, à l'aspect de ces riches et sublimes tableaux, je pensais amèrement au mépris que nous professons, jusque dans nos livres, pour notre pays d'aujourd'hui. Je maudissais ces pauvres riches qui, dégoûtés de notre belle France, vont acheter à prix d'or le droit de dédaigner leur patrie en visitant au galop, en examinant à travers un lorgnon les sites de cette Italie devenue si vulgaire. Je contemplais avec amour le Paris moderne, je rêvais, lorsque tout à coup le bruit d'un baiser troubla ma solitude et fit enfuir la philosophie. Dans la contre-allée qui couronne la pente rapide au bas de laquelle frissonnent les eaux, et en regardant au delà du pont des Gobelins, je découvris une femme qui me parut encore assez jeune, mise avec la simplicité la plus élégante, et dont la physionomie douce semblait refléter le gai bonheur du paysage. Un beau jeune homme posait à terre le plus joli petit garçon qu'il fût possible de voir, en sorte que je n'ai jamais su si le baiser avait retenti sur les joues de la mère ou sur celles de l'enfant. Une même pensée, tendre et vive, éclatait dans les yeux, dans les gestes, dans le sourire des deux jeunes gens. Ils entrelacèrent leurs bras avec une si joyeuse promptitude, et se rapprochèrent avec une si merveilleuse entente de mouvement, que, tout à eux-mêmes, ils ne s'aperçurent point de ma présence. Mais un autre enfant, mécontent, boudeur, et qui leur tournait le dos, me jeta des regards empreints d'une expression saisissante. Laissant son frère courir seul, tantôt en arrière, tantôt en avant de sa mère et du jeune homme, cet enfant, vêtu comme l'autre, aussi gracieux, mais plus doux de formes, resta muet, immobile, et dans l'attitude d'un serpent engourdi. C'était une petite fille. La promenade de la jolie femme et de son compagnon avait je ne sais quoi de machinal. Se contentant, par distraction peut-être, de parcourir le faible espace qui se trouvait entre le petit pont et une voiture arrêtée au détour du boulevard, ils recommençaient constamment leur courte carrière, en s'arrêtant, se regardant, riant au gré des caprices d'une conversation tour à tour animée, languissante, folle ou grave.

Caché par le gros orme, j'admirais cette scène délicieuse, et j'en aurais sans doute respecté les mystères si je n'avais surpris sur le visage de la petite fille rêveuse et taciturne les traces d'une pensée plus profonde que ne le comportait son âge. Quand sa mère et le jeune homme se retournaient après être venus près d'elle, souvent elle penchait sournoisement la tête, et lançait sur eux comme sur son frère un regard furtif vraiment extraordinaire. Mais rien ne saurait rendre la perçante finesse, la malicieuse naïveté, la sauvage attention qui animait ce visage enfantin aux yeux légèrement cernés, quand la jolie femme ou son compagnon caressaient les boucles blondes, pressaient gentiment le cou frais, la blanche collerette du petit garçon, au moment où, par enfantillage, il essayait de marcher avec eux. Il y avait certes une passion d'homme sur la physionomie grêle de cette petite fille bizarre. Elle souffrait ou pensait. Or, qui prophétise plus sûrement la mort chez ces créatures en fleur ? est-ce la souffrance logée au corps, ou la pensée hâtive dévorant leurs âmes, à peine germées ? Une mère sait cela peut-être. Pour moi, je ne connais maintenant rien de plus horrible qu'une pensée de vieillard sur un front d'enfant ; le blasphème aux lèvres d'une vierge est moins monstrueux encore. Aussi l'attitude presque stupide de cette fille déjà pensive, la rareté de ses gestes, tout m'intéressa-t-il. Je l'examinai curieusement. Par une fantaisie naturelle aux observateurs, je la comparais à son frère, en cherchant à surprendre les rapports et les différences qui se trouvaient entre eux. La première avait des cheveux bruns, des yeux noirs et une puissance précoce qui formaient une riche opposition avec la blonde chevelure, les yeux vert de mer et la gracieuse faiblesse du plus jeune. L'aînée pouvait avoir environ sept à huit ans, l'autre six à peine. Ils étaient habillés de la même manière. Cependant, en les regardant avec attention, je remarquai dans les collerettes de leurs chemises une différence assez frivole, mais qui plus tard me révéla tout un roman dans le passé, tout un drame dans l'avenir. Et c'était bien peu de chose. Un simple ourlet bordait la collerette de la petite fille brune, tandis que de jolies broderies ornaient celle du cadet, et trahissaient un secret de cœur, une prédilection tacite que les enfants lisent dans l'âme de leurs mères, comme si l'esprit de Dieu était en eux. Insouciant et gai, le blond ressemblait à une petite fille, tant sa peau blanche avait de fraîcheur, ses mouvements de grâce, sa physionomie de douceur ; tandis que l'aînée, malgré sa force, malgré la beauté de ses traits et l'éclat de son teint, ressemblait à un petit garçon maladif. Ses yeux vifs, dénués de cette humide vapeur qui donne tant de charme aux regards des enfants, semblaient avoir été, comme ceux des courtisans, séchés par un feu intérieur. Enfin, sa blancheur avait je ne sais quelle nuance mate, olivâtre, symptôme d'un vigoureux caractère. A deux reprises son jeune frère était venu lui offrir, avec une grâce touchante, avec un joli regard, avec une mine expressive qui eût ravi Charlet, le petit cor de chasse dans lequel il soufflait par instants; mais, chaque fois, elle n'avait répondu que par un farouche regard à cette phrase : — Tiens, Hélène, le veux-tu? dite d'une voix caressante. Et, sombre et terrible sous sa mine insouciante en apparence, la petite fille tressaillait et rougissait même assez vivement lorsque son frère approchait ; mais le cadet ne paraissait pas s'apercevoir de l'humeur noire de sa sœur, et son insouciance, mêlée d'intérêt, achevait de faire contraster le véritable caractère de l'enfance avec la science soucieuse de l'homme, inscrite déjà sur la figure de la petite fille, et qui déjà l'obscurcissait de ses sombres nuages.

— Maman, Hélène ne veut pas jouer, s'écria le petit qui saisit pour se plaindre un moment où sa mère et le jeune homme étaient restés silencieux sur le pont des Gobelins.

— Laisse-la, Charles. Tu sais bien qu'elle est toujours grognon.

Ces paroles, prononcées au hasard par la mère, qui ensuite se retourna brusquement avec le jeune homme, arrachèrent des larmes à Hélène. Elle les dévora silencieusement, lança sur son frère un de ces regards profonds qui me semblaient inexplicables, et contempla d'abord avec une sinistre intelligence le talus sur le faîte duquel il était, puis la rivière de Bièvre, le pont, le paysage et moi.

Je craignis d'être aperçu par le couple joyeux, de qui j'aurais sans doute troublé l'entretien ; je me retirai doucement, et j'allai me réfugier derrière une haie de sureau dont le feuillage me déroba complétement à tous les regards. Je m'assis tranquillement sur le haut du talus, en regardant en silence et tour à tour, soit les beautés changeantes du site, soit la petite fille sauvage qu'il m'était encore possible d'entrevoir à travers les interstices de la haie et le pied des sureaux sur lesquels ma tête reposait, presque au niveau du boulevard. En ne me voyant plus, Hélène parut inquiète ; ses yeux noirs me cherchèrent dans le lointain de l'allée, derrière les arbres, avec une indéfinissable curiosité. Qu'étais-je donc pour elle ? En ce moment, les rires naïfs de Charles retentirent dans le silence comme un chant d'oiseau. Le beau jeune homme, blond comme lui, le faisait danser dans ses bras, et l'embrassait en lui prodiguant ces petits mots sans suite et détournés de leur sens véritable que nous adressons amicalement aux enfants. La mère souriait à ces jeux, et, de temps à autre, disait, sans doute à voix basse, des paroles sorties du cœur ; car son compagnon s'arrêtait, tout heureux, et le regardait d'un œil bleu plein de feu, plein d'idolâtrie. Leurs voix mêlées à celle de l'enfant avaient je ne sais quoi de caressant. Ils étaient charmants tous trois. Cette scène délicieuse, au milieu de ce magnifique paysage, y répandait une incroyable suavité. Une femme, belle, blanche, rieuse, un enfant d'amour, un homme ravissant de jeunesse, un ciel pur, enfin toutes les harmonies de la nature s'accordaient pour réjouir l'âme. Je me surpris à sourire, comme si ce bonheur était le mien. Le beau jeune homme entendit sonner neuf heures. Après avoir tendrement embrassé sa compagne, devenue sérieuse et presque triste, il revint alors vers son tilbury qui s'avançait lentement conduit par un vieux domestique. Le babil de l'enfant chéri se mêla aux derniers baisers que lui donna le jeune homme. Puis, quand celui-ci fut monté dans sa voiture, que la femme immobile écouta le tilbury roulant, en suivant la trace marquée par la poussière nuageuse, dans la verte allée du boulevard, Charles accourut à sa sœur près du pont, et j'entendis qu'il lui disait d'une voix argentine : — Pourquoi donc que tu n'es pas venue dire adieu à mon bon ami ?

En voyant son frère sur le penchant du talus, Hélène lui lança le plus horrible regard qui jamais ait allumé les yeux d'un enfant, et le poussa par un mouvement de rage. Charles glissa sur le versant rapide, y rencontra des racines qui le rejetèrent violemment sur les pierres coupantes du mur ; il s'y fracassa le front ; puis, tout sanglant, alla tomber dans les eaux boueuses de la rivière. L'onde s'écarta en mille jets bruns sous sa jolie tête blonde. J'entendis les cris aigus du pauvre petit ; mais bientôt ses accents se perdirent étouffés dans la vase, où il disparut en rendant un son lourd comme celui d'une pierre qui s'engouffre. L'éclair n'est pas plus prompt que ne le fut cette chute. Je me levai soudain et descendis par un sentier. Hélène stupéfaite poussa des cris perçants :

— Maman ! maman ! La mère était là, près de moi. Elle avait volé comme un oiseau. Mais ni les yeux de la mère ni les miens ne pouvaient reconnaître la place précise où l'enfant était enseveli. L'eau noire bouillonnait sur un espace immense. Le lit de la Bièvre a, dans cet endroit, dix pieds de boue. L'enfant devait y mourir, il était impossible de le secourir. A cette heure, un dimanche, tout était en repos. La Bièvre n'a ni bateaux ni pêcheurs. Je ne vis ni perches pour sonder le ruisseau puant, ni personne dans le lointain. Pourquoi donc aurais-je parlé de ce sinistre accident, ou dit le secret de ce malheur ? Hélène avait peut-être vengé son père. Sa jalousie était sans doute le glaive de Dieu. Cependant je frissonnai en contemplant la mère. Quel épouvantable interrogatoire son mari, son juge éternel, n'allait-il pas lui faire subir ? Et elle traînait avec elle un témoin incorruptible. L'enfance a le front transparent, le teint diaphane ; et le mensonge est, chez elle, comme une lumière qui lui rougit même le regard. La malheureuse femme ne pensait pas encore au supplice qui l'attendait au logis. Elle regardait la Bièvre.

Un semblable événement devait produire d'affreux retentissements dans la vie d'une femme, et voici l'un des échos les plus terribles qui de temps en temps troublèrent les amours de Juliette.

Deux ou trois ans après, un soir, après dîner, chez le marquis de Vandenesse alors en deuil de son père, et qui avait une succession à régler, se trouvait un notaire. Ce notaire n'était pas le petit notaire de Sterne, mais un gros et gras notaire de Paris, un de ces hommes estimables qui font une sottise avec mesure, mettent lourdement le pied sur une plaie inconnue, et demandent pourquoi l'on se plaint. Si, par hasard, ils apprennent le pourquoi de leur bêtise assassine, ils disent : — Ma foi, je n'en savais rien ! Enfin, c'était un notaire honnêtement niais, qui ne voyait que des *actes* dans la vie. Le diplomate avait près de lui madame d'Aiglemont Le général s'en était allé poliment avant la fin du dîner pour conduire ses deux enfants au spectacle, sur les boulevards, à l'Ambigu-Comique ou à la Gaieté. Quoique les mélodrames surexciten les sentiments, ils passent à Paris pour être à la portée de l'enfance, et sans danger, parce que l'innocence y triomphe toujours Le père était parti sans attendre le dessert, tant sa fille et son fils l'avaient tourmenté pour arriver au spectacle avant le lever du rideau.

Le notaire, l'imperturbable notaire, incapable de se demander pourquoi madame d'Aiglemont envoyait au spectacle ses enfants et son mari sans les y accompagner, était, depuis le dîner, comme vissé sur sa chaise. Une discussion avait fait traîner le dessert en longueur, et les gens tardaient à servir le café. Ces incidents, qui dévoraient un temps sans doute précieux, arrachaient des mouvements d'impatience à la jolie femme : on aurait pu la comparer à un cheval de race piaffant avant la course. Le notaire, qui ne se connaissait ni en chevaux ni en femmes, trouvait tout bonnement la marquise une vive et sémillante femme. Enchanté d'être dans la compagnie d'une femme à la mode et d'un homme politique célèbre, ce notaire faisait de l'esprit ; il prenait pour une approbation le faux sourire de la marquise, qu'il impatientait considérablement, et il allait son train. Déjà le maître de la maison, de concert avec sa compagne, s'était permis de garder à plusieurs reprises le silence là où le notaire attendait une réponse élogieuse ; mais, pendant ces repos significatifs, ce diable d'homme regardait le feu en cherchant des anecdotes. Puis le diplomate avait eu recours à sa montre. Enfin, la jolie femme s'était recoiffée de son chapeau pour sortir, et ne sortait pas. Le notaire ne voyait, n'entendait rien ; il était ravi de lui-même, et sûr d'intéresser assez la marquise pour la clouer là.

— J'aurai bien certainement cette femme-là pour cliente, se disait-il.

La marquise se tenait debout, mettait ses gants, se tordait les doigts et regardait alternativement le marquis de Vandenesse qui partageait son impatience, ou le notaire qui plombait chacun de ses traits d'esprit. A chaque pause que faisait ce digne homme, le joli couple respirait en se disant par un signe : — Enfin, il va donc s'en aller ! Mais point. C'était un cauchemar moral qui devait finir par irriter les deux personnes passionnées sur lesquelles le notaire agissait comme un serpent sur des oiseaux, et les obliger à quelque brusquerie. Au beau milieu du récit des ignobles moyens par lesquels du Tillet, un homme d'affaires alors en faveur, avait fait sa fortune, et dont les infamies étaient scrupuleusement détaillées par le spirituel notaire, le diplomate entendit sonner neuf heures à la pendule ; il vit que son notaire était bien décidément un imbécile qu'il fallait tout uniment congédier, et il l'arrêta résolûment par un geste.

— Vous voulez les pincettes, monsieur le marquis? dit le notaire en les présentant à son client.

— Non, monsieur, je suis forcé de vous renvoyer. Madame veut aller rejoindre ses enfants, et je vais avoir l'honneur de l'accompagner.

— Déjà neuf heures! le temps passe comme l'ombre dans la compagnie des gens aimables, dit le notaire qui parlait tout seul depuis une heure.

Il chercha son chapeau, puis il vint se planter devant la cheminée, retint difficilement un hoquet, et dit à son client, sans voir les regards foudroyants que lui lançait la marquise : — Résumons-nous, monsieur le marquis. Les affaires passent avant tout. Demain donc nous lancerons une assignation à monsieur votre frère pour le mettre en demeure; nous procéderons à l'inventaire, et après, ma foi...

Le notaire avait si mal compris les intentions de son client, qu'il en prenait l'affaire en sens inverse des instructions que celui-ci venait de lui donner. Cet incident était trop délicat pour que Vandenesse ne rectifiât pas involontairement les idées du balourd notaire, et il s'ensuivit une dicussion qui prit un certain temps.

— Écoutez, dit enfin le diplomate sur un signe que lui fit la jeune femme, vous me cassez la tête, revenez demain à neuf heures avec mon avoué.

— Mais j'aurais l'honneur de vous faire observer, monsieur le marquis, que nous ne sommes pas certains de rencontrer demain monsieur Desroches, et si la mise en demeure n'est pas lancée avant midi, le délai expire, et...

En ce moment une voiture entra dans la cour; et au bruit qu'elle fit, la pauvre femme se retourna vivement pour cacher des pleurs qui lui vinrent aux yeux. Le marquis sonna pour faire dire qu'il était sorti; mais le général, revenu comme à l'improviste de la Gaieté, précéda le valet de chambre, et parut en tenant d'une main sa fille dont les yeux étaient rouges, et de l'autre son petit garçon tout grimaud et fâché.

— Que vous est-il donc arrivé? demanda la femme à son mari.

— Je vous dirai cela plus tard, répondit le général en se dirigeant vers un boudoir voisin dont la porte était ouverte et où il aperçut les journaux.

La marquise impatientée se jeta désespérément sur un canapé.

Le notaire, qui se crut obligé de faire le gentil avec les enfants, prit un ton mignard pour dire au garçon : — Hé bien, mon petit, que donnait-on à la comédie ?

— *La Vallée du torrent*, répondit Gustave en grognant.

— Foi d'homme d'honneur, dit le notaire, les auteurs de nos jours sont à moitié fous ! *La Vallée du torrent* ! Pourquoi pas *le Torrent de la vallée ?* il est possible qu'une vallée n'ait pas de torrent, et en disant *le Torrent de la vallée*, les auteurs auraient accusé quelque chose de net, de précis, de caractérisé, de compréhensible. Mais laissons cela. Maintenant comment peut-il se rencontrer un drame dans un torrent et dans une vallée ? Vous me répondrez qu'aujourd'hui le principal attrait de ces sortes de spectacles gît dans les décorations, et ce titre en indique de fort belles. Vous êtes-vous bien amusé, mon petit compère ? ajouta-t-il en s'asseyant devant l'enfant.

Au moment où le notaire demanda quel drame pouvait se rencontrer au fond d'un torrent, la fille de la marquise se retourna lentement et pleura. La mère était si violemment contrariée qu'elle n'aperçut pas le mouvement de sa fille.

— Oh ! oui, monsieur, je m'amusais bien, répondit l'enfant. Il y avait dans la pièce un petit garçon bien gentil qui était seul au monde, parce que son papa n'avait pas pu être son père. Voilà que, quand il arrive en haut du pont qui est sur le torrent, un grand vilain barbu, vêtu tout en noir, le jette dans l'eau. Hélène s'est mise alors à pleurer, à sangloter; toute la salle a crié après nous, et mon père nous a bien vite, bien vite emmenés...

Monsieur de Vandenesse et la marquise restèrent tous deux stupéfaits, et comme saisis par un mal qui leur ôta la force de penser et d'agir.

— Gustave, taisez-vous donc, cria le général. Je vous ai défendu de parler sur ce qui s'est passé au spectacle, et vous oubliez déjà mes recommandations.

— Que Votre Seigneurie l'excuse, monsieur le marquis, dit le notaire, j'ai eu le tort de l'interroger, mais j'ignorais la gravité de...

— Il devait ne pas répondre, dit le père en regardant son fils avec froideur.

La cause du brusque retour des enfants et de leur père parut alors être bien connue du diplomate et de la marquise. La mère regarda sa fille, la vit en pleurs, et se leva pour aller à elle; mais alors son visage se contracta violemment et offrit les signes d'une sévérité que rien ne tempérait.

— Assez, Hélène, lui dit-elle, allez sécher vos larmes dans le boudoir.

— Qu'a-t-elle donc fait, cette pauvre petite? dit le notaire, qui voulut calmer à la fois la colère de la mère et les pleurs de la fille. Elle est si jolie que ce doit être la plus sage créature du monde; je suis bien sûr, madame, qu'elle ne vous donne que des jouissances. Pas vrai, ma petite?

Hélène regarda sa mère en tremblant, essuya ses larmes, tâcha de se composer un visage calme, et s'enfuit dans le boudoir.

— Et certes, disait le notaire en continuant toujours, madame, vous êtes trop bonne mère pour ne pas aimer également tous vos enfants. Vous êtes d'ailleurs trop vertueuse pour avoir de ces tristes préférences dont les funestes effets se révèlent plus particulièrement à nous autres notaires. La société nous passe par les mains; aussi en voyons-nous les passions sous leur forme la plus hideuse, *l'intérêt*. Ici, une mère veut déshériter les enfants de son mari au profit des enfants qu'elle leur préfère; tandis que, de son côté, le mari veut quelquefois réserver sa fortune à l'enfant qui a mérité la haine de la mère. Et c'est alors des combats, des craintes, des actes, des contre-lettres, des ventes simulées, des *fidéi-commis;* enfin, un gâchis pitoyable, ma parole d'honneur, pitoyable! Là, des pères passent leur vie à déshériter leurs enfants en volant le bien de leurs femmes... Oui, *volant* est le mot. Nous parlions de drame; ah! je vous assure que si nous pouvions dire le secret de certaines donations, nos auteurs pourraient en faire de terribles tragédies bourgeoises. Je ne sais pas de quel pouvoir usent les femmes pour faire ce qu'elles veulent; car, malgré les apparences et leur faiblesse, c'est toujours elles qui l'emportent. Ah! par exemple, elles ne m'attrapent pas moi. Je devine toujours la raison de ces prédilections que dans le monde on qualifie poliment d'indéfinissables! Mais les maris ne la devinent jamais, c'est une justice à leur rendre. Vous me répondrez à cela qu'il y a des grâces d'ét...

Hélène, revenue avec son père du boudoir dans le salon, écoutait attentivement le notaire, et le comprenait si bien, qu'elle jeta sur sa mère un coup d'œil craintif en pressentant avec tout l'instinct du jeune âge que cette circonstance allait redoubler la sévérité qui grondait sur elle. La marquise pâlit en montrant au comte, par un geste de terreur, son mari, qui regardait pensivement les fleurs du tapis. En ce moment, malgré son savoir-vivre, le diplomate ne se contint plus, et lança sur le notaire un regard foudroyant.

— Venez par ici, monsieur, lui dit-il en se dirigeant vivement vers la pièce qui précédait le salon.

Le notaire l'y suivit en tremblant et sans achever sa phrase.

— Monsieur, lui dit alors avec une rage concentrée le marquis de Vandenesse, qui ferma violemment la porte du salon où il laissait la femme et le mari, depuis le dîner vous n'avez fait ici que des sottises et dit que des bêtises. Pour Dieu ! allez-vous-en ; vous finiriez par causer les plus grands malheurs. Si vous êtes un excellent notaire, restez dans votre étude ; mais si, par hasard, vous vous trouvez dans le monde, tâchez d'y être plus circonspect...

Puis il rentra dans le salon, en quittant le notaire sans le saluer. Celui-ci resta pendant un moment tout ébaubi, perclus, sans savoir où il en était. Quand les bourdonnements qui lui tintaient aux oreilles cessèrent, il crut entendre des gémissements, des allées et venues dans le salon, où les sonnettes furent violemment tirées. Il eut peur de revoir le comte, et retrouva l'usage de ses jambes pour déguerpir et gagner l'escalier ; mais, à la porte des appartements, il se heurta dans les valets qui s'empressaient de venir prendre les ordres de leur maître.

— Voilà comme sont tous ces grands seigneurs, se dit-il enfin quand il fut dans la rue à la recherche d'un cabriolet, ils vous engagent à parler, vous y invitent par des compliments; vous croyez les amuser, point du tout ! Ils vous font des impertinences, vous mettent à distance et vous jettent même à la porte sans se gêner. Enfin, j'étais fort spirituel ; je n'ai rien dit qui ne fût sensé, posé, convenable. Ma foi, il me recommande d'avoir plus de circonspection, je n'en manque pas. Hé ! diantre, je suis notaire et membre de ma chambre. Bah ! c'est une boutade d'ambassadeur, rien n'est sacré pour ces gens-là. Demain il m'expliquera comment je n'ai fait chez lui que des bêtises et dit que des sottises. Je lui demanderai raison ; c'est-à-dire je lui en demanderai la raison. Au total, j'ai tort, peut-être... Ma foi, je suis bien bon de me casser la tête ! Qu'est-ce que cela me fait ?

Le notaire revint chez lui, et soumit l'énigme à sa notaresse en lui racontant de point en point les événements de la soirée.

— Mon cher Crottat, Son Excellence a eu parfaitement raison en te disant que tu n'avais fait que des sottises et dit que des bêtises.

— Pourquoi ?

— Mon cher, je te le dirais, que cela ne t'empêcherait pas de recommencer ailleurs demain. Seulement, je te recommande encore de ne jamais parler que d'affaires en société.

— Si tu ne veux pas me le dire, je le demanderai demain à...

— Mon Dieu, les gens les plus niais s'étudient à cacher ces choses-là, et tu crois qu'un ambassadeur ira te les dire ! Mais, Crottat, je ne t'ai jamais vu si dénué de sens.

— Merci, ma chère !

V

LES DEUX RENCONTRES.

Un ancien officier d'ordonnance de Napoléon, que nous appellerons seulement le marquis ou le général, et qui sous la restauration fit une haute fortune, était venu passer les beaux jours à Versailles, où il habitait une maison de campagne située entre l'église et la barrière de Montreuil, sur le chemin qui conduit à l'avenue de Saint-Cloud. Son service à la cour ne lui permettait pas de s'éloigner de Paris.

Élevé jadis pour servir d'asile aux passagères amours de quelque grand seigneur, ce pavillon avait de très-vastes dépendances. Les jardins au milieu desquels il était placé l'éloignaient également à droite et à gauche des premières maisons de Montreuil et des chaumières construites aux environs de la barrière ; ainsi, sans être par trop isolés, les maîtres de cette propriété jouissaient, à deux pas d'une ville, de tous les plaisirs de la solitude. Par une étrange contradiction, la façade et la porte d'entrée de la maison donnaient immédiatement sur le chemin, qui, peut-être autrefois, était peu fréquenté. Cette hypothèse paraît vraisemblable si l'on vient à songer qu'il aboutit au délicieux pavillon bâti par Louis XV pour mademoiselle de Romans, et qu'avant d'y arriver, les curieux reconnaissent, çà et là, plus d'un *casino* dont l'intérieur et le décor trahissent les spirituelles débauches de nos aïeux, qui, dans la licence dont on les accuse, cherchaient néanmoins l'ombre et le mystère.

Par une soirée d'hiver, le marquis, sa femme et ses enfants se trouvèrent seuls dans cette maison déserte. Leurs gens avaient obtenu la permission d'aller célébrer à Versailles la noce de l'un d'entre eux ; et, présumant que la solennité de Noël, jointe à cette circonstance, leur offrirait une valable excuse auprès de leurs maîtres, ils ne faisaient pas scrupule de consacrer à la fête un peu plus de temps que ne leur en avait octroyé l'ordonnance domestique. Cependant, comme le général était connu pour un homme qui n'avait jamais manqué d'accomplir sa parole avec une inflexible probité, les réfractaires ne dansèrent pas sans quelques remords quand le moment du retour fut expiré. Onze heures venaient de sonner, et pas un domestique n'était arrivé. Le profond silence qui régnait sur la campagne permettait d'entendre, par intervalles, la bise sifflant à travers les branches noires des arbres, mugissant autour de la maison, ou s'engouffrant dans les longs corridors. La gelée avait si bien purifié l'air, durci la terre et saisi les pavés, que tout avait cette sonorité sèche dont les phénomènes nous surprennent toujours. La lourde démarche d'un buveur attardé, ou le bruit d'un fiacre retournant à Paris, retentissaient plus vivement et se faisaient écouter plus loin que de coutume. Les feuilles mortes, mises en danse par quelques tourbillons soudains, frissonnaient sur les pierres de la cour de manière à donner une voix à la nuit, quand elle voulait devenir muette. C'était enfin une de ces âpres soirées qui arrachent à notre égoïsme une plainte stérile en faveur du pauvre ou du voyageur, et nous rendent le coin du feu si voluptueux. En ce moment, la famille réunie au salon ne s'inquiétait ni de l'absence des domestiques, ni des gens sans foyer, ni de la poésie dont étincelle une veillée d'hiver. Sans philosopher hors de propos, et confiants en la protection d'un vieux soldat, femmes et enfants se livraient aux délices qu'engendre la vie intérieure quand les sentiments n'y sont pas gênés, quand l'affection et la franchise animent les discours, les regards et les jeux.

Le général était assis, ou, pour mieux dire, enseveli dans une haute et spacieuse bergère, au coin de la cheminée, où brillait un feu nourri qui répandait cette chaleur piquante, symptôme d'un froid excessif au dehors. Appuyée sur le dos du siége et légèrement inclinée, la tête de ce brave père restait dans une pose dont l'indolence peignait un calme parfait, un doux épanouissement de joie. Ses bras, à moitié endormis, mollement jetés hors de la bergère, achevaient d'exprimer une pensée de bonheur. Il contemplait le plus petit de ses enfants, un garçon à peine âgé de cinq ans, qui demi-nu, se refusait à se laisser déshabiller par sa mère. Le bambin fuyait la chemise ou le bonnet de nuit avec lequel la marquise le menaçait parfois ; il gardait sa collerette brodée, riait à sa mère quand elle l'appelait, en s'apercevant qu'elle riait elle-même de cette rébellion enfantine ; il se remettait alors à jouer avec sa sœur, aussi naïve, mais plus malicieuse, et qui parlait déjà plus distinctement que lui, dont les vagues paroles et les idées confuses étaient à peine intelligibles pour ses parents. La petite Moïna, son aînée de deux ans, provoquait par des agaceries déjà féminines d'interminables rires, qui partaient comme des fusées et semblaient ne pas avoir de cause ; mais à les voir tous deux se roulant devant le feu, montrant sans honte leurs jolis corps potelés, leurs formes blanches et délicates, confondant les boucles de leurs chevelures noire et blonde, heurtant leurs visages roses, où la joie traçait des fossettes ingénues, certes un père et surtout une mère comprenaient ces petites âmes, pour eux déjà caractérisées, pour eux déjà passionnées. Ces deux anges faisaient pâlir par les vives couleurs de leurs yeux humides, de leurs joues brillantes, de leur teint blanc, les fleurs du tapis moelleux, ce théâtre de leurs ébats, sur lequel ils tombaient, se renversaient, se combattaient, se roulaient sans danger. Assise sur une causeuse à l'autre coin de la cheminée, en face de son mari, la mère était entourée de vêtements épars et restait, un soulier rouge à la main, dans une attitude pleine de laisser-aller. Son indécise sévérité mourait dans un doux sourire gravé sur ses lèvres. Âgée d'environ trente-six ans, elle conservait encore une beauté due à la rare perfection des lignes de son visage, auquel la chaleur, la lumière et le bonheur prêtaient en ce moment un éclat surnaturel. Souvent elle cessait de regarder ses enfants pour reporter ses yeux caressants sur la grave figure de son mari ; et parfois, en se rencontrant, les yeux des deux époux échangeaient de muettes jouissances et de profondes réflexions. Le général avait un visage fortement basané. Son front large et pur était sillonné par quelques mèches de cheveux grisonnants. Les mâles éclairs de ses yeux bleus, la bravoure inscrite dans les rides de ses joues flétries, annonçaient qu'il avait acheté par de rudes travaux le ruban rouge qui fleurissait la boutonnière de son habit. En ce moment les innocentes joies exprimées par ses deux enfants se reflétaient sur sa physionomie vigoureuse et ferme où perçaient une bonhomie, une candeur indicibles. Ce vieux capitaine était redevenu petit sans beaucoup d'efforts. N'y a-t-il pas toujours un peu d'amour pour l'enfance chez les soldats qui ont assez expérimenté les malheurs de la vie pour avoir su reconnaître les misères de la force et les priviléges de la faiblesse? Plus loin, devant une table ronde éclairée par des lampes astrales dont les vives lumières luttaient avec les lueurs pâles des bougies placées sur la cheminée, était un jeune garçon de treize ans qui tournait rapidement les pages d'un gros livre. Les cris de son frère ou de sa sœur ne lui causaient aucune distraction, et sa figure accusait la curiosité de la jeunesse. Cette profonde préoccupation était justifiée par les attachantes merveilles des *Mille et une Nuits* et par un uniforme de lycéen. Il restait immobile, dans une attitude méditative, un coude sur la table et la tête appuyée sur l'une de ses mains, dont les doigts blancs tranchaient au milieu d'une chevelure brune. La clarté tombant d'aplomb sur son visage, et le reste du corps étant dans l'obscurité, il ressemblait ainsi à ces portraits noirs où Raphaël s'est représenté lui-même attentif, penché, songeant à l'avenir. Entre cette table et la marquise, une grande et belle jeune fille travaillait, assise devant un métier à tapisserie sur lequel se penchait et d'où s'éloignait alternativement sa tête, dont les cheveux d'ébène artistement lissés réfléchissaient la lumière. A elle seule Hélène était un spectacle. Sa beauté se distinguait par un rare caractère de force et d'élégance. Quoique relevée de manière à dessiner des traits vifs autour de la tête, la chevelure était si abondante que, rebelle aux dents du peigne, elle se frisait énergiquement à la naissance du cou. Ses sourcils, très-fournis et régulièrement plantés, tranchaient avec la blancheur de son front pur. Elle avait même sur la lèvre supérieure quelques signes de courage qui figuraient une légère teinte de bistre sous un nez grec dont les contours étaient d'une exquise perfection. Mais la captivante rondeur des formes, la candide expression des autres traits, la transparence d'une carnation délicate, la voluptueuse mollesse des lèvres, le fini de l'ovale décrit par le visage, et surtout la sainteté de son regard vierge, imprimaient à cette beauté vigoureuse la suavité féminine, la modestie enchanteresse que nous demandons à ces anges de paix et d'amour. Seulement il n'y avait rien de frêle dans cette jeune fille, et son cœur devait être aussi doux, son âme aussi forte que ses proportions étaient magnifiques et que sa figure était attrayante. Elle imitait le silence de son frère le lycéen, et paraissait en proie à l'une de ces fatales méditations de jeune fille, souvent impénétrables à l'observation d'un père ou même à la sagacité des mères : en sorte qu'il était impossible de savoir s'il fallait attribuer au jeu de la lumière ou à des peines secrètes les ombres capricieuses qui passaient sur son visage comme de faibles nuées sur un ciel pur.

Les deux aînés étaient en ce moment complétement oubliés par le mari et par la femme. Cependant plusieurs fois le coup d'œil interrogateur du général avait embrassé la scène muette qui, sur le second plan, offrait une gracieuse réalisation des espérances écrites dans les tumultes enfantins placés sur le devant de ce tableau domestique. En expliquant la vie humaine par d'insensibles gradations, ces figures composaient une sorte de poëme vivant. Le luxe des accessoires qui décoraient le salon, la diversité des attitudes, les oppositions dues à des vêtements tous divers de couleur, les contrastes de ces visages si caractérisés par les différents âges et par les contours que les lumières mettaient en saillie, répandaient sur ces pages humaines toutes les richesses demandées à la sculpture, aux peintres, aux écrivains. Enfin, le silence et l'hiver, la solitude et la nuit prêtaient leur majesté à cette sublime et naïve composition, délicieux effet de nature. La vie conjugale est pleine de ces heures sacrées dont le charme indéfinissable est dû peut-être à quelque souvenance d'un monde meilleur. Des rayons célestes jaillissent sans doute sur ces sortes de scènes, destinées à payer à l'homme une partie de ses chagrins, à lui faire accepter l'existence. Il semble que l'univers soit là, devant nous, sous une forme enchanteresse, qu'il déroule ses grandes idées d'ordre, que la vie sociale plaide pour ses lois en parlant de l'avenir.

Cependant, malgré le regard d'attendrissement jeté par Hélène sur Abel et Moïna quand éclatait une de leurs joies ; malgré le bonheur peint sur sa lucide figure lorsqu'elle contemplait furtivement son père, un sentiment de profonde mélancolie était empreint dans ses gestes, dans son attitude, et surtout dans ses yeux voilés par de longues paupières. Ses blanches et puissantes mains, à travers lesquelles la lumière passait en leur communiquant une rougeur diaphane et presque fluide, eh ! bien, ses mains tremblaient. Une seule fois, sans se défier mutuellement, ses yeux et ceux de la marquise se heurtèrent. Ces deux femmes se comprirent alors par un regard terne, froid, respectueux pour Hélène, sombre et menaçant chez la mère. Hélène baissa promptement sa vue sur le métier, tira l'aiguille avec prestesse, et de long-temps ne releva sa tête, qui semblait lui être devenue trop lourde à porter. La mère était-elle trop sévère pour sa fille, et jugeait-elle cette sévérité nécessaire ? Était-elle jalouse de la beauté d'Hélène, avec qui elle pouvait rivaliser encore, mais en déployant tous les prestiges de la toilette ? Ou la fille avait-elle surpris, comme beaucoup de filles quand elles deviennent clairvoyantes, des secrets que cette femme, en apparence si religieusement fidèle à ses devoirs, croyait avoir ensevelis dans son cœur aussi profondément que dans une tombe ?

Hélène était arrivée à un âge où la pureté de l'âme porte à des rigidités qui dépassent la juste mesure dans laquelle doivent rester les sentiments. Dans certains esprits, les fautes prennent les proportions du crime ; l'imagination réagit alors sur la conscience ; souvent alors les jeunes filles exagèrent la punition en raison de l'étendue qu'elles donnent aux forfaits. Hélène paraissait ne se croire digne de personne. Un secret de sa vie antérieure, un accident peut-être, incompris d'abord, mais développé par les susceptibilités de son intelligence sur laquelle influaient les idées religieuses, semblait l'avoir depuis peu comme dégradée romanesquement à ses propres yeux. Ce changement dans sa conduite avait commencé le jour où elle avait lu, dans la récente traduction des théâtres étrangers, la belle tragédie de GUILLAUME TELL, par Schiller. Après avoir grondé sa fille de laisser tomber le volume, la mère avait remarqué que le ravage causé par cette lecture dans l'âme d'Hélène venait de la scène où le poète établit une sorte de fraternité entre Guillaume Tell, qui verse le sang d'un homme pour sauver tout un peuple, et Jean-le-Parricide. Devenue humble, pieuse et recueillie, Hélène ne souhaitait plus d'aller au bal. Jamais elle n'avait été si caressante pour son père, surtout quand la marquise n'était pas témoin de ses cajoleries de jeune fille. Néanmoins, s'il existait du refroidissement dans l'affection d'Hélène pour sa mère, il était si finement exprimé, que le général ne devait pas s'en apercevoir, quelque jaloux qu'il pût être de l'union qui régnait dans sa famille. Nul homme n'aurait eu l'œil assez perspicace pour sonder la profondeur de ces deux cœurs féminins : l'un jeune et généreux, l'autre sensible et fier ; le premier, trésor d'indulgence ; le second, plein de finesse et d'amour. Si la mère contristait sa fille par un adroit despotisme de femme, il n'était sensible qu'aux yeux de la victime. Au reste, l'événement seulement fit naître ces conjectures toutes insolubles. Jusqu'à cette nuit, aucune lumière accusatrice ne s'était échappée de ces deux âmes; mais entre elles et Dieu certainement il s'élevait quelque sinistre mystère.

— Allons, Abel, s'écria la marquise en saisissant un moment où silencieux et fatigués Moïna et son frère restaient immobiles; allons, venez, mon fils, il faut vous coucher... Et, lui lançant un regard impérieux, elle le prit vivement sur ses genoux.

— Comment, dit le général, il est dix heures et demie, et pas un de nos domestiques n'est rentré ? Ah ! les compères. Gustave, ajouta-t-il en se tournant vers son fils, je ne t'ai donné ce livre qu'à la condition de le quitter à dix heures; tu aurais dû le fermer toi-même à l'heure dite et t'aller coucher comme tu me l'avais promis. Si tu veux être un homme remarquable, il faut faire de ta parole une seconde religion, et y tenir comme à ton honneur. Fox, un des plus grands orateurs de l'Angleterre, était surtout remarquable par la beauté de son caractère. La fidélité aux engagements pris est la principale de ses qualités. Dans son enfance, son père, un Anglais de vieille roche, lui avait donné une leçon assez vigoureuse pour faire une éternelle impression sur l'esprit d'un jeune enfant. A ton âge, Fox venait, pendant les vacances, chez son père, qui avait, comme tous les riches Anglais, un parc assez considérable autour de son château. Il se trouvait dans ce parc un vieux kiosque qui devait être abattu et reconstruit dans un endroit où le point de vue était magnifique. Les enfants aiment beaucoup à voir démolir. Le petit Fox voulait avoir quelques jours de vacances de plus pour assister à la chute du pavillon; mais son père exigeait qu'il rentrât au collége au jour fixé pour l'ouverture des classes; de là brouille entre le père et le fils. La mère, comme toutes les mamans, appuya le petit Fox. Le père promit alors solennellement à son fils qu'il attendrait aux vacances prochaines pour démolir le kiosque. Fox retourne au collége. Le père crut qu'un petit garçon distrait par ses études oublierait cette circonstance, il fit abattre le kiosque et le reconstruisit à l'autre endroit. L'entêté garçon ne songeait qu'à ce kiosque. Quand il vint chez son père, son premier soin fut d'aller voir le vieux bâtiment; mais il revint tout triste au moment du déjeuner, et dit à son père : — Vous m'avez trompé. Le vieux gentilhomme anglais dit avec une confusion pleine de dignité :

— C'est vrai, mon fils, mais je réparerai ma faute. Il faut tenir à sa parole plus qu'à sa fortune ; car tenir à sa parole donne la fortune, et toutes les fortunes n'effacent pas la tache faite à la conscience par un manque de parole. Le père fit reconstruire le vieux pavillon comme il était ; puis, après l'avoir reconstruit, il ordonna qu'on l'abattît sous les yeux de son fils. Que ceci, Gustave, te serve de leçon.

Gustave, qui avait attentivement écouté son père, ferma le livre à l'instant. Il se fit un moment de silence pendant lequel le général s'empara de Moïna, qui se débattait contre le sommeil, et la posa doucement sur lui. La petite laissa rouler sa tête chancelante sur la poitrine du père et s'y endormit alors tout à fait, enveloppée dans les rouleaux dorés de sa jolie chevelure. En cet instant, des pas rapides retentirent dans la rue, sur la terre ; et soudain trois coups, frappés à la porte, réveillèrent les échos de la maison. Ces coups prolongés eurent un accent aussi facile à comprendre que le cri d'un homme en danger de mourir. Le chien de garde aboya d'un ton de fureur. Hélène, Gustave, le général et sa femme tressaillirent vivement ; mais Abel, que sa mère achevait de coiffer, et Moïna ne s'éveillèrent pas.

— Il est pressé, celui-là, s'écria le militaire en déposant sa fille sur la bergère.

Il sortit brusquement du salon sans avoir entendu la prière de sa femme.

— Mon ami, n'y va pas...

Le marquis passa dans sa chambre à coucher, y prit une paire de pistolets, alluma sa lanterne sourde, s'élança vers l'escalier, descendit avec la rapidité de l'éclair, et se trouva bientôt à la porte de la maison où son fils le suivit intrépidement.

— Qui est là ? demanda-t-il.

— Ouvrez, répondit une voix presque suffoquée par des respirations haletantes.

— Êtes-vous ami ?

— Oui, ami.

— Êtes-vous seul ?

— Oui, mais ouvrez, car *ils* viennent !

Un homme se glissa sous le porche avec la fantastique vélocité d'une ombre aussitôt que le général eut entrebâillé la porte ; et, sans qu'il pût s'y opposer, l'inconnu l'obligea de la lâcher en la repoussant par un vigoureux coup de pied, et s'y appuya résolûment comme pour empêcher de la rouvrir. Le général, qui leva soudain son pistolet et sa lanterne sur la poitrine de l'étranger afin de le tenir en respect, vit un homme de moyenne taille enveloppé dans une pelisse fourrée, vêtement de vieillard, ample et traînant, qui semblait ne pas avoir été fait pour lui. Soit prudence ou hasard, le fugitif avait le front entièrement couvert par un chapeau qui lui tombait sur les yeux.

— Monsieur, dit-il au général, abaissez le canon de votre pistolet Je ne prétends pas rester chez vous sans votre consentement ; mais si je sors, la mort m'attend à la barrière. Et quelle mort ! vous en répondriez à Dieu. Je vous demande l'hospitalité pour deux heures. Songez-y bien, monsieur, quelque suppliant que je sois, je dois commander avec le despotisme de la nécessité. Je veux l'hospitalité de l'Arabie. Que je vous sois sacré ; sinon, ouvrez, j'irai mourir. Il me faut le secret, un asile et de l'eau. Oh ! de l'eau ? répéta-t-il d'une voix qui râlait.

— Qui êtes-vous ? demanda le général, surpris de la volubilité fiévreuse avec laquelle parlait l'inconnu.

— Ah ! qui je suis ? Eh ! bien, ouvrez, je m'éloigne, répondit l'homme avec l'accent d'une infernale ironie.

Malgré l'adresse avec laquelle le marquis promenait les rayons de sa lanterne, il ne pouvait voir que le bas de ce visage, et rien n'y plaidait en faveur d'une hospitalité si singulièrement réclamée : les joues étaient tremblantes, livides, et les traits horriblement contractés. Dans l'ombre projetée par le bord du chapeau, les yeux se dessinaient comme deux lueurs qui firent presque pâlir la faible lumière de la bougie. Cependant il fallait une réponse.

— Monsieur, dit le général, votre langage est si extraordinaire, qu'à ma place vous...

— Vous disposez de ma vie, s'écria l'étranger d'un son de voix terrible en interrompant son hôte.

— Deux heures, dit le marquis irrésolu.

— Deux heures, répéta l'homme.

Mais tout à coup il repoussa son chapeau par un geste de désespoir, se découvrit le front et lança, comme s'il voulait faire une dernière tentative, un regard dont la vive clarté pénétra l'âme du général. Ce jet d'intelligence et de volonté ressemblait à un éclair, et fut écrasant comme la foudre ; car il est des moments où les hommes sont investis d'un pouvoir inexplicable.

— Allez, qui que vous puissiez être, vous serez en sûreté sous mon toit, reprit gravement le maître du logis qui crut obéir à l'un de ces mouvements instinctifs que l'homme ne sait pas toujours expliquer.

— Dieu vous le rende, ajouta l'inconnu en laissant échapper un profond soupir.

— Êtes-vous armé ? demanda le général.

Pour toute réponse, l'étranger lui donnant à peine le temps de jeter un coup d'œil sur sa pelisse, l'ouvrit et la replia lestement. Il était sans armes apparentes et dans le costume d'un jeune homme qui sort du bal. Quelque rapide que fût l'examen du soupçonneux militaire, il en vit assez pour s'écrier : — Où diable avez-vous pu vous éclabousser ainsi par un temps si sec ?

— Encore des questions ! répondit-il avec un air de hauteur.

En ce moment le marquis aperçut son fils et se souvint de la leçon qu'il venait de lui faire sur la stricte exécution de la parole donnée ; il fut si vivement contrarié de cette circonstance, qu'il lui dit, non sans un ton de colère : — Comment, petit drôle, te trouves-tu là au lieu d'être dans ton lit ?

— Parce que j'ai cru pouvoir vous être utile dans le danger, répondit Gustave.

— Allons, monte à ta chambre, dit le père adouci par la réponse de son fils. Et vous, dit-il en s'adressant à l'inconnu, suivez-moi.

Ils devinrent silencieux comme deux joueurs qui se défient l'un de l'autre. Le général commença même à concevoir de sinistres pressentiments. L'inconnu lui pesait déjà sur le cœur comme un cauchemar ; mais, dominé par la foi du serment, il le conduisit à travers les corridors, les escaliers de sa maison, et le fit entrer dans une grande chambre située au second étage, précisément au-dessus du salon. Cette pièce inhabitée servait de séchoir en hiver, ne communiquait à aucun appartement, et n'avait d'autre décoration, sur ses quatre murs jaunis, qu'un méchant miroir laissé sur la cheminée par le précédent propriétaire, et une grande glace qui, s'étant trouvée sans emploi lors de l'emménagement du marquis, fut provisoirement mise en face de la cheminée. Le plancher de cette vaste mansarde n'avait jamais été balayé, l'air y était glacial, et deux vieilles chaises dépaillées en composaient tout le mobilier. Après avoir posé sa lanterne sur l'appui de la cheminée, le général dit à l'inconnu : — Votre sécurité veut que cette misérable mansarde vous serve d'asile. Et, comme vous avez ma parole pour le secret, vous me permettrez de vous y enfermer.

L'homme baissa la tête en signe d'adhésion.

— Je n'ai demandé qu'un asile, le secret et de l'eau, ajouta-t-il.

— Je vais vous en apporter, répondit le marquis qui ferma la porte avec soin et descendit à tâtons dans le salon pour y venir prendre un flambeau afin d'aller chercher lui-même une carafe dans l'office.

— Hé! bien, monsieur, qu'y a-t-il? demanda vivement la marquise à son mari.

— Rien, ma chère, répondit-il d'un air froid.

— Mais nous avons cependant bien écouté, vous venez de conduire quelqu'un là-haut....

— Hélène, reprit le général en regardant sa fille qui leva la tête vers lui, songez que l'honneur de votre père repose sur votre discrétion. Vous devez n'avoir rien entendu.

La jeune fille répondit par un mouvement de tête significatif. La marquise demeura tout interdite et piquée intérieurement de la manière dont s'y prenait son mari pour lui imposer silence. Le général alla prendre une carafe, un verre, et remonta dans la chambre où était son prisonnier : il le trouva debout, appuyé contre le mur, près de la cheminée, la tête nue ; il avait jeté son chapeau sur une des deux chaises. L'étranger ne s'attendait sans doute pas à se voir si vivement éclairé. Son front se plissa et sa figure devint soucieuse quand ses yeux rencontrèrent les yeux perçants du général ; mais il s'adoucit et prit une physionomie gracieuse pour remercier son protecteur. Lorsque ce dernier eut placé le verre et la carafe sur l'appui de la cheminée, l'inconnu, après lui avoir encore jeté son regard flamboyant, rompit le silence.

— Monsieur, dit-il d'une voix douce qui n'eut plus de convulsions gutturales comme précédemment, mais qui néanmoins accusait encore un tremblement intérieur, je vais vous paraître bizarre. Excusez des caprices nécessaires. Si vous restez là, je vous prierai de ne pas me regarder quand je boirai.

Contrarié de toujours obéir à un homme qui lui déplaisait, le général se tourna brusquement. L'étranger tira de sa poche un mouchoir blanc, s'en enveloppa la main droite ; puis il saisit la carafe, et but d'un trait l'eau qu'elle contenait. Sans penser à enfreindre son serment tacite, le marquis regarda machinalement dans la glace; mais alors la correspondance des deux miroirs permettant à ses yeux de parfaitement embrasser l'inconnu, il vit le mouchoir se rougir soudain par le contact des mains qui étaient pleines de sang.

— Ah! vous m'avez regardé, s'écria l'homme quand après avoir bu et s'être enveloppé dans son manteau il examina le général d'un air soupçonneux. Je suis perdu. *Ils* viennent, les voici!

— Je n'entends rien, dit le marquis.

— Vous n'êtes pas intéressé, comme je le suis, à écouter dans l'espace.

— Vous vous êtes donc battu en duel, pour être ainsi couvert de sang? demanda le général assez ému en distinguant la couleur des larges taches dont les vêtements de son hôte étaient imbibés.

— Oui, un duel, vous l'avez dit, répéta l'étranger en laissant errer sur ses lèvres un sourire amer.

En ce moment, le son des pas de plusieurs chevaux au grand galop retentit dans le lointain; mais ce bruit était faible comme les premières lueurs du matin. L'oreille exercée du général reconnut la marche des chevaux disciplinés par le régime de l'escadron.

— C'est la gendarmerie, dit-il.

Il jeta sur son prisonnier un regard de nature à dissiper les doutes qu'il avait pu lui suggérer par son indiscrétion involontaire, remporta la lumière et revint au salon. A peine posait-il la clef de la chambre haute sur la cheminée que le bruit produit par la cavalerie grossit et s'approcha du pavillon avec une rapidité qui le fit tressaillir. En effet, les chevaux s'arrêtèrent à la porte de la maison. Après avoir échangé quelques paroles avec ses camarades, un cavalier descendit, frappa rudement, et obligea le général d'aller ouvrir. Ce dernier ne fut pas maître d'une émotion secrète à l'aspect de six gendarmes dont les chapeaux bordés d'argent brillaient à la clarté de la lune.

— Monseigneur, lui dit un brigadier, n'avez-vous pas entendu tout à l'heure un homme courant vers la barrière?

— Vers la barrière? Non.

— Vous n'avez ouvert votre porte à personne?

— Ai-je donc l'habitude d'ouvrir moi-même ma porte?...

— Mais, pardon, mon général, en ce moment, il me semble que...

— Ah! çà, s'écria le marquis avec un accent de colère, allez-vous me plaisanter? avez-vous le droit...

— Rien, rien, monseigneur, reprit doucement le brigadier. Vous excuserez notre zèle. Nous savons bien qu'un pair de France ne s'expose pas à recevoir un assassin à cette heure de la nuit; mais le désir d'avoir quelques renseignements...

— Un assassin! s'écria le général. Et qui donc a été...

— Monsieur le marquis de Mauny vient d'être haché en je ne sais combien de morceaux, reprit le gendarme. Mais l'assassin est vivement poursuivi. Nous sommes certains qu'il est dans les environs, et nous allons le traquer. Excusez, mon général.

Le gendarme parlait en remontant à cheval, en sorte qu'il ne lui fut heureusement pas possible de voir la figure du général. Habitué à tout supposer, le brigadier aurait peut-être conçu des soupçons à l'aspect de cette physionomie ouverte où se peignaient si fidèlement les mouvements de l'âme.

— Sait-on le nom du meurtrier? demanda le général.

— Non, répondit le cavalier. Il a laissé le secrétaire plein d'or et de billets de banque, sans y toucher.

— C'est une vengeance, dit le marquis.

— Ah! bah! sur un vieillard?... Non, non, ce gaillard-là n'aura pas eu le temps de faire son coup.

Et le gendarme rejoignit ses compagnons, qui galopaient déjà dans le lointain. Le général resta pendant un moment en proie à des perplexités faciles à comprendre. Bientôt il entendit ses domestiques qui revenaient en se disputant avec une sorte de chaleur, et dont les voix retentissaient dans le carrefour de Montreuil. Quand ils arrivèrent, sa colère, à laquelle il fallait un prétexte pour s'exhaler, tomba sur eux avec l'éclat de la foudre. Sa voix fit trembler les échos de la maison. Puis il s'apaisa tout à coup, lorsque le plus hardi, le plus adroit d'entre eux, son valet de chambre, excusa leur retard en lui disant qu'ils avaient été arrêtés à l'entrée de Montreuil par des gendarmes et des agents de police en quête d'un assassin. Le général se tut soudain. Puis, rappelé par ce mot aux devoirs de sa singulière position, il ordonna sèchement à tous ses gens d'aller se coucher aussitôt, en les laissant étonnés de la facilité avec laquelle il admettait le mensonge du valet de chambre.

Mais pendant que ces événements se passaient dans la cour, un incident assez léger en apparence avait changé la situation des autres personnages qui figurent dans cette histoire. A peine le marquis était-il sorti que sa femme, jetant alternativement les yeux sur la clef de la mansarde et sur Hélène, finit par dire à voix basse en se penchant vers sa fille : — Hélène, votre père a laissé la clef sur la cheminée.

La jeune fille étonnée leva la tête, et regarda timidement sa mère, dont les yeux pétillaient de curiosité.

— Hé! bien, maman? répondit-elle d'une voix troublée.

— Je voudrais bien savoir ce qui se passe là-haut. S'il y a une personne, elle n'a pas encore bougé. Vas-y donc...

— Moi? dit la jeune fille avec une sorte d'effroi.

— As-tu peur?

— Non, madame, mais je crois avoir distingué le pas d'un homme.

— Si je pouvais y aller moi-même, je ne vous aurais pas prié de monter, Hélène, reprit sa mère avec un ton de dignité froide. Si votre père rentrait et ne me trouvait pas, il me chercherait peut-être, tandis qu'il ne s'apercevra pas de votre absence.

— Madame, répondit Hélène, si vous me le commandez, j'irai; mais je perdrai l'estime de mon père...

— Comment! dit la marquise avec un accent d'ironie. Mais puisque vous prenez au sérieux ce qui n'était qu'une plaisanterie, maintenant je vous ordonne d'aller voir qui est là-haut. Voici la clef, ma fille! Votre père, en vous recommandant le silence sur ce qui se passe en ce moment chez lui, ne vous a point interdit de monter à cette chambre. Allez, et sachez qu'une mère ne doit jamais être jugée par sa fille...

Après avoir prononcé ces dernières paroles avec toute la sévérité d'une mère offensée, la marquise prit la clef et la remit à Hélène, qui se leva sans dire un mot, et quitta le salon.

— Ma mère saura toujours bien obtenir son pardon; mais moi je serai perdue dans l'esprit de mon père. Veut-elle donc me priver de la tendresse qu'il a pour moi, me chasser de sa maison?

Ces idées fermentèrent soudain dans son imagination pendant qu'elle marchait sans lumière le long du corridor, au fond duquel était la porte de la chambre mystérieuse. Quand elle y arriva, le désordre de ses pensées eut quelque chose de fatal. Cette espèce de méditation confuse servit à faire déborder mille sentiments contenus jusque-là dans son cœur. Ne croyant peut-être déjà plus à un heureux avenir, elle acheva, dans ce moment affreux, de désespérer de sa vie. Elle trembla convulsivement en approchant la clef de la serrure, et son émotion devint même si forte qu'elle s'arrêta pendant un instant pour mettre la main sur son cœur, comme si elle avait le pouvoir d'en calmer les battements profonds et sonores. Enfin elle ouvrit la porte. Le cri des gonds avait sans doute vainement frappé l'oreille du meurtrier. Quoique son ouïe fût très-fine, il resta presque collé sur le mur, immobile et comme perdu dans ses pensées. Le cercle de lumière projeté par la lanterne l'éclairait faiblement, et il ressemblait, dans cette zone de clair-obscur, à ces sombres statues de chevaliers, toujours debout à l'encoignure de quelque tombe noire sous les chapelles gothiques. Des gouttes de sueur froide sillonnaient son front jaune et large. Une audace incroyable brillait sur ce visage fortement contracté. Ses yeux de feu, fixes et secs, semblaient contempler un combat dans l'obscurité qui était devant lui. Des pensées tumultueuses passaient rapidement sur cette face, dont l'expression ferme et précise indiquait une âme supérieure. Son corps, son attitude, ses proportions, s'accordaient avec son génie sauvage. Cet homme était tout force et tout puissance, et il envisageait les ténèbres comme une visible image de son avenir. Habitué à voir les figures énergiques des géants qui se pressaient autour de Napoléon, et préoccupé par une curiosité morale, le général n'avait pas fait attention aux singularités physiques de cet homme extraordinaire ; mais, sujette, comme toutes les femmes, aux impressions extérieures, Hélène fut saisie par le mélange de lumière et d'ombre, de grandiose et de passion, par un poétique chaos qui donnait à l'inconnu l'apparence de Lucifer se relevant de sa chute. Tout à coup la tempête peinte sur ce visage s'apaisa comme par magie, et l'indéfinissable empire dont l'étranger était, à son insu peut-être, le principe et l'effet, se répandit autour de lui avec la progressive rapidité d'une inondation. Un torrent de pensées découla de son front au moment où ses traits reprirent leurs formes naturelles. *Charmée*, soit par l'étrangeté de cette entrevue, soit par le mystère dans lequel elle pénétrait, la jeune fille put alors admirer une physionomie douce et pleine d'intérêt. Elle resta pendant quelque temps dans un prestigieux silence et en proie à des troubles jusqu'alors inconnus à sa jeune âme. Mais bientôt, soit qu'Hélène eût laissé échapper une exclamation, eût fait un mouvement ; soit que l'assassin, revenant du monde idéal au monde réel, entendît une autre respiration que la sienne, il tourna la tête vers la fille de son hôte, et aperçut indistinctement dans l'ombre la figure sublime et les formes majestueuses d'une créature qu'il dut prendre pour un ange, à la voir immobile et vague comme une apparition.

— Monsieur ! dit-elle d'une voix palpitante.

Le meurtrier tressaillit.

— Une femme ! s'écria-t-il doucement. Est-ce possible ? Éloignez-vous, reprit-il. Je ne reconnais à personne de droit de me plaindre, de m'absoudre ou de me condamner. Je dois vivre seul. Allez, mon enfant, ajouta-t-il avec un geste de souverain, je reconnaîtrais mal le service que me rend le maître de cette maison, si je laissais une seule des personnes qui l'habitent respirer le même air que moi. Il faut me soumettre aux lois du monde.

Cette dernière phrase fut prononcée à voix basse. En achevant d'embrasser par sa profonde intuition les misères que réveilla cette idée mélancolique, il jeta sur Hélène un regard de serpent, et remua dans le cœur de cette singulière jeune fille un monde de pensées encore endormi chez elle. Ce fut comme une lumière qui lui aurait éclairé des pays inconnus. Son âme fut terrassée, subjuguée, sans qu'elle trouvât la force de se défendre contre le pouvoir magnétique de ce regard, quelque involontairement lancé qu'il fût. Honteuse et tremblante, elle sortit et ne revint au salon qu'un instant avant le retour de son père, en sorte qu'elle ne put rien dire à sa mère.

Le général, tout préoccupé, se promena silencieusement, les bras croisés, allant d'un pas uniforme des fenêtres qui donnaient sur la rue aux fenêtres du jardin. Sa femme gardait Abel endormi. Moïna, posée sur la bergère comme un oiseau dans son nid, sommeillait insouciante. La sœur aînée tenait une pelote de soie dans une main, dans l'autre une aiguille, et contemplait le feu. Le profond silence qui régnait au salon, au dehors et dans la maison, n'était interrompu que par les pas traînants des domestiques, qui allèrent se coucher un à un ; par quelques rires étouffés, dernier écho de leur joie et de la fête nuptiale ; puis encore par les portes de leurs chambres respectives, au moment où ils les ouvrirent en se parlant les uns aux autres, et quand ils les fermèrent. Quelques bruits sourds retentirent encore auprès des lits. Une chaise tomba.

La toux d'un vieux cocher résonna faiblement et se tut. Mais bientôt la sombre majesté qui éclate dans la nature endormie à minuit domina partout. Les étoiles seules brillaient. Le froid avait saisi la terre. Pas un être ne parla ; ne remua. Seulement le feu bruissait, comme pour faire comprendre la profondeur du silence. L'horloge de Montreuil sonna une heure. En ce moment des pas extrêmement légers retentirent faiblement dans l'étage supérieur. Le marquis et sa fille, certains d'avoir enfermé l'assassin de monsieur de Mauny, attribuèrent ces mouvements à une des femmes, et ne furent pas étonnés d'entendre ouvrir les portes de la pièce qui précédait le salon. Tout à coup le meurtrier apparut au milieu d'eux. La stupeur dans laquelle le marquis était plongé, la vive curiosité de la mère et l'étonnement de la fille lui ayant permis d'avancer presque au milieu du salon, il dit au général d'une voix singulièrement calme et mélodieuse : — Monseigneur, les deux heures vont expirer.

— Vous ici ! s'écria le général Par quelle puissance ? Et, d'un regard terrible, il interrogea sa femme et ses enfants. Hélène devint rouge comme le feu. — Vous, reprit le militaire d'un ton pénétré, vous au milieu de nous ! Un assassin couvert de sang ici ! Vous souillez ce tableau ! Sortez ! sortez ! ajouta-t-il avec un accent de fureur.

Au mot d'assassin, la marquise jeta un cri. Quant à Hélène, ce mot sembla décider de sa vie, son visage n'accusa pas le moindre étonnement. Elle semblait avoir attendu cet homme. Ses pensées si vastes eurent un sens. La punition que le ciel réservait à ses fautes éclatait. Se croyant aussi criminelle que l'était cet homme, la jeune fille le regarda d'un œil serein : elle était sa compagne, sa sœur. Pour elle, un commandement de Dieu se manifestait dans cette circonstance. Quelques années plus tard, la raison aurait fait justice de ses remords ; mais en ce moment ils la rendaient insensée. L'étranger resta immobile et froid. Un sourire de dédain se peignit dans ses traits et sur ses larges lèvres rouges.

— Vous reconnaissez bien mal la noblesse de mes procédés envers vous, dit-il lentement. Je n'ai pas voulu toucher de mes mains le verre dans lequel vous m'avez donné de l'eau pour apaiser ma soif. Je n'ai pas même pensé à laver mes mains sanglantes sous votre toit, et j'en sors n'y ayant laissé de *mon crime* (à ces mots ses lèvres se comprimèrent) que l'idée, en essayant de passer ici sans laisser de trace. Enfin je n'ai pas même permis à votre fille de...

— Ma fille ! s'écria le général en jetant sur Hélène un coup d'œil d'horreur. Ah ! malheureux, sors ou je te tue.

— Les deux heures ne sont pas expirées. Vous ne pouvez ni me tuer ni me livrer sans perdre votre propre estime et — la mienne.

A ce dernier mot, le militaire stupéfait essaya de contempler le criminel ; mais il fut obligé de baisser les yeux, il se sentait hors d'état de soutenir l'insupportable éclat d'un regard qui pour la seconde fois lui désorganisait l'âme. Il craignit de mollir encore en reconnaissant que sa volonté s'affaiblissait déjà.

— Assassiner un vieillard ! Vous n'avez donc jamais vu de famille ? dit-il alors en lui montrant par un geste paternel sa femme et ses enfants...

— Oui, un vieillard, répéta l'inconnu dont le front se contracta légèrement.

— L'avoir coupé en morceaux !

— Je l'ai coupé en morceaux, reprit l'assassin avec calme.

— Fuyez ! s'écria le général sans oser regarder son hôte. Notre pacte est rompu. Je ne vous tuerai pas. Non ! je ne me ferai jamais le pourvoyeur de l'échafaud. Mais sortez, vous nous faites horreur.

— Je le sais, répondit le criminel avec résignation. Il n'y a pas de terre en France où je puisse poser mes pieds avec sécurité ; mais, si la justice savait, comme Dieu, juger les spécialités ; si elle daignait s'enquérir qui, de l'assassin ou de la victime, est le monstre, je resterais fièrement parmi les hommes. Ne devinez-vous pas des crimes antérieurs chez un homme qu'on vient de hacher ? Je me suis fait juge et bourreau, j'ai remplacé la justice humaine impuissante. Voilà mon crime. Adieu, monsieur. Malgré l'amertume que vous avez jetée dans votre hospitalité, j'en garderai le souvenir. J'aurai encore dans l'âme un sentiment de reconnaissance pour un homme dans le monde, cet homme est vous... Mais je vous aurais voulu plus généreux.

Il alla vers la porte. En ce moment la jeune fille se pencha vers sa mère et lui dit un mot à l'oreille.

— Ah !... Ce cri échappé à sa femme fit tressaillir le général, comme s'il eût vu Moïna morte. Hélène était debout, et le meurtrier s'était instinctivement retourné, montrant sur sa figure une sorte d'inquiétude pour cette famille.

— Qu'avez-vous, ma chère? demanda le marquis.

— Hélène veut le suivre, dit-elle.

Le meurtrier rougit.

— Puisque ma mère traduit si mal une exclamation presque involontaire, dit Hélène à voix basse, je réaliserai ses vœux.

Après avoir jeté un regard de fierté presque sauvage autour d'elle, la jeune fille baissa les yeux et resta dans une admirable attitude de modestie.

— Hélène, dit le général, vous êtes allée là-haut dans la chambre où j'avais mis...?

— Oui, mon père.

— Hélène, demanda-t-il d'une voix altérée par un tremblement convulsif, est-ce la première fois que vous avez vu cet homme?

— Oui, mon père.

— Il n'est pas alors naturel que vous ayez le dessein de...

— Si cela n'est pas naturel, au moins cela est vrai, mon père.

— Ah! ma fille?... dit la marquise à voix basse, mais de manière que son mari l'entendît. Hélène, vous mentez à tous les principes d'honneur, de modestie, de vertu, que j'ai tâché de développer dans votre cœur. Si vous n'avez été que mensonge jusqu'à cette heure fatale, alors vous n'êtes point regrettable. Est-ce la perfection morale de cet inconnu qui vous tente? serait-ce l'espèce de puissance nécessaire aux gens qui commettent un crime?... Je vous estime trop pour supposer...

— Oh! supposez tout, madame, répondit Hélène d'un ton froid.

Mais, malgré la force de caractère dont elle faisait preuve en ce moment, le feu de ses yeux absorba difficilement les larmes qui roulèrent dans ses yeux. L'étranger devina le langage de la mère par les pleurs de la jeune fille, et lança son coup d'œil d'aigle sur la marquise, qui fut obligée, par un irrésistible pouvoir, de regarder ce terrible séducteur. Or, quand les yeux de cette femme rencontrèrent les yeux clairs et luisants de cet homme, elle éprouva dans l'âme un frisson semblable à la commotion qui nous saisit à l'aspect d'un reptile, ou lorsque nous touchons à une bouteille de Leyde.

— Mon ami, cria-t-elle à son mari, c'est le démon! Il devine tout...

Le général se leva pour saisir un cordon de sonnette.

— Il vous perd, dit Hélène au meurtrier.

L'inconnu sourit, fit un pas, arrêta le bras du marquis, le força de supporter un regard qui versait la stupeur, et le dépouilla de son énergie.

— Je vais vous payer votre hospitalité, dit-il, et nous serons quittes. Je vous épargnerai un déshonneur en me livrant moi-même. Après tout, que ferais-je maintenant dans la vie?

— Vous pouvez vous repentir, répondit Hélène en lui adressant une de ces espérances qui ne brillent que dans les yeux d'une jeune fille.

— Je ne me repentirai jamais, dit le meurtrier d'une voix sonore et en levant fièrement la tête.

— Ses mains sont teintes de sang, dit le père à sa fille.

— Je les essuierai, répondit-elle.

— Mais, reprit le général, sans se hasarder à lui montrer l'inconnu, savez-vous s'il veut de vous seulement?

Le meurtrier s'avança vers Hélène, dont la beauté, quelque chaste et recueillie qu'elle fût, était comme éclairée par une lumière intérieure dont les reflets coloraient et mettaient, pour ainsi dire, en relief les moindres traits et les lignes les plus délicates; puis, après avoir jeté sur cette ravissante créature un doux regard, dont la flamme était encore terrible, il dit en trahissant une vive émotion :
— N'est-ce pas vous aimer pour vous-même et m'acquitter des deux heures d'existence que m'a vendues votre père, que de me refuser à votre dévouement?

— Et vous aussi vous me repoussez! s'écria Hélène avec un accent qui déchira les cœurs. Adieu donc à tous, je vais aller mourir!

— Qu'est-ce que cela signifie? lui dirent ensemble son père et sa mère.

Elle resta silencieuse et baissa les yeux après avoir interrogé la marquise par un coup d'œil éloquent. Depuis le moment où le général et sa femme avaient essayé de combattre par la parole ou par l'action l'étrange privilége que l'inconnu s'arrogeait en restant au milieu d'eux, et que ce dernier leur avait lancé l'étourdissante lumière qui jaillissait de ses yeux, ils étaient soumis à une torpeur inexplicable : et leur raison engourdie les aidait mal à repousser la puissance surnaturelle sous laquelle ils succombaient.

Pour eux l'air était devenu lourd, et ils respiraient difficilement, sans pouvoir accuser celui qui les opprimait ainsi, quoiqu'une voix intérieure ne leur laissât pas ignorer que cet homme magique était le principe de leur impuissance. Au milieu de cette agonie morale, le général devina que ses efforts devaient avoir pour objet d'influencer la raison chancelante de sa fille : il la saisit par la taille, et la transporta dans l'embrasure d'une croisée, loin du meurtrier.

— Mon enfant chérie, lui dit-il à voix basse, si quelque amour étrange était né tout à coup dans ton cœur, ta vie pleine d'innocence, ton âme pure et pieuse m'ont donné trop de preuves de caractère, pour ne pas te supposer l'énergie nécessaire à dompter un mouvement de folie. Ta conduite cache donc un mystère. Eh! bien, mon cœur est un cœur plein d'indulgence, tu peux tout lui confier ; quand même tu le déchirerais, je saurais, mon enfant, taire mes souffrances et garder à ta confession un silence fidèle. Voyons, es-tu jalouse de notre affection pour tes frères ou ta jeune sœur? As-tu dans l'âme un chagrin d'amour? Es-tu malheureuse ici? Parle, explique-moi les raisons qui te poussent à laisser ta famille, à l'abandonner, à la priver de son plus grand charme, à quitter ta mère, tes frères, ta petite sœur.

— Mon père, répondit-elle, je ne suis ni jalouse ni amoureuse de personne, pas même de votre ami le diplomate, monsieur de Vandenesse.

La marquise pâlit, et sa fille, qui l'observait, s'arrêta.

— Ne dois-je pas tôt ou tard aller vivre sous la protection d'un homme?

— Cela est vrai.

— Savons-nous jamais, dit-elle en continuant, à quel être nous lions nos destinées? Moi, je crois en cet homme.

— Enfant, dit le général en élevant la voix, tu ne songes pas à toutes les souffrances qui vont t'assaillir.

— Je pense aux siennes...

— Quelle vie! dit le père.

— Une vie de femme, répondit la fille en murmurant.

— Vous êtes bien savante, s'écria la marquise en retrouvant la parole.

— Madame, les demandes me dictent les réponses ; mais, si vous le désirez, je parlerai plus clairement.

— Dites tout, ma fille, je suis mère. Ici la fille regarda la mère, et ce regard fit faire une pause à la marquise. — Hélène, je subirai vos reproches si vous en avez à me faire, plutôt que de vous voir suivre un homme que tout le monde fuit avec horreur.

— Vous voyez bien, madame, que sans moi il serait seul.

— Assez, madame, s'écria le général, nous n'avons plus qu'une fille ! Et il regarda Moïna, qui dormait toujours. — Je vous enfermerai dans un couvent, ajouta-t-il en se tournant vers Hélène.

— Soit ! mon père, répondit-elle avec un calme désespérant, j'y mourrai. Vous n'êtes comptable de ma vie et de *son* âme qu'à Dieu.

Un profond silence succéda soudain à ces paroles. Les spectateurs de cette scène, où tout froissait les sentiments vulgaires de la vie sociale, n'osaient se regarder. Tout à coup le marquis aperçut ses pistolets, en saisit un, l'arma lestement et le dirigea sur l'étranger. Au bruit que fit la batterie, cet homme se retourna, jeta son regard calme et perçant sur le général dont le bras, détendu par une invincible mollesse, retomba lourdement, et le pistolet roula sur le tapis...

— Ma fille, dit alors le père abattu par cette lutte effroyable, vous êtes libre. Embrassez votre mère, si elle y consent. Quant à moi, je ne veux plus ni vous voir ni vous entendre...

— Hélène, dit la mère à la jeune fille, pensez donc que vous serez dans la misère.

Une espèce de râle, parti de la large poitrine du meurtrier, attira les regards sur lui. Une expression dédaigneuse était peinte sur sa figure.

— L'hospitalité que je vous ai donnée me coûte cher ! s'écria le général en se levant. Vous n'avez tué, tout à l'heure, qu'un vieillard ; ici, vous assassinez toute une famille. Quoi qu'il arrive, il y aura du malheur dans cette maison.

— Et si votre fille est heureuse ? demanda le meurtrier en regardant fixement le militaire.

— Si elle est heureuse avec vous, répondit le père en faisant un incroyable effort, je ne la regretterai pas.

Hélène s'agenouilla timidement devant son père, et lui dit d'une voix caressante : — O mon père, je vous aime et vous vénère, que vous me prodiguiez des trésors de votre bonté ou les rigueurs de la disgrâce... Mais, je vous en supplie, que vos dernières paroles ne soient pas des paroles de colère.

Le général n'osa pas contempler sa fille. En ce moment l'étranger s'avança, et jetant sur Hélène un sourire où il y avait à la fois quelque chose d'infernal et de céleste : — Vous qu'un meurtrier n'épouvante pas, ange de miséricorde, dit-il, venez, puisque vous persistez à me confier votre destinée.

— Inconcevable ! s'écria le père.

La marquise lança sur sa fille un regard extraordinaire, et lui ouvrit les bras. Hélène s'y précipita en pleurant.

— Adieu, dit-elle, adieu, ma mère !

Hélène fit hardiment un signe à l'étranger, qui tressaillit. Après avoir baisé la main de son père, embrassé précipitamment, mais sans plaisir, Moïna et le petit Abel, elle disparut avec le meurtrier.

— Par où vont-ils ? s'écria le général en écoutant les pas des deux fugitifs. — Madame, reprit-il en s'adressant à sa femme, je crois rêver : cette aventure me cache un mystère. Vous devez le savoir.

La marquise frissonna.

— Depuis quelque temps, répondit-elle, votre fille était devenue extraordinairement romanesque et singulièrement exaltée. Malgré mes soins à combattre cette tendance de son caractère...

— Cela n'est pas clair...

Mais, s'imaginant entendre dans le jardin les pas de sa fille et de l'étranger, le général s'interrompit pour ouvrir précipitamment la croisée.

— Hélène ! cria-t-il.

Cette voix se perdit dans la nuit comme une vaine prophétie. En prononçant ce nom, auquel rien ne répondait plus dans le monde, le général rompit, comme par enchantement, le charme auquel une puissance diabolique l'avait soumis. Une sorte d'esprit lui passa sur la face. Il vit clairement la scène qui venait de se passer, et maudit sa faiblesse qu'il ne comprenait pas. Un frisson chaud alla de son cœur à sa tête, à ses pieds ; il redevint lui-même, terrible, affamé de vengeance, et poussa un effroyable cri.

— Au secours ! au secours !...

Il courut aux cordons des sonnettes, les tira de manière à les briser, après avoir fait retentir des tintements étranges. Tous ses gens s'éveillèrent en sursaut. Pour lui, criant toujours, il ouvrit les fenêtres de la rue, appela les gendarmes, trouva ses pistolets, les tira pour accélérer la marche des cavaliers, le lever de ses gens et la venue des voisins. Les chiens reconnurent alors la voix de leur maître et aboyèrent, les chevaux hennirent et piaffèrent. Ce fut un tumulte affreux au milieu de cette nuit calme. En descendant par les escaliers pour courir après sa fille, le général vit ses gens épouvantés qui arrivaient de toutes parts.

— Ma fille? Hélène est enlevée. Allez dans le jardin! Gardez la rue! Ouvrez à la gendarmerie! A l'assassin!

Aussitôt il brisa par un effort de rage la chaîne qui retenait le gros chien de garde.

— Hélène! Hélène! lui dit-il.

Le chien bondit comme un lion, aboya furieusement et s'élança dans le jardin si rapidement, que le général ne put le suivre. En ce moment le galop des chevaux retentit dans la rue, et le général s'empressa d'ouvrir lui-même.

— Brigadier, s'écria-t-il, allez couper la retraite à l'assassin de monsieur de Mauny. Ils s'en vont par mes jardins. Vite, cernez les chemins de la butte de Picardie, je vais faire une battue dans toutes les terres, les parcs, les maisons. — Vous autres, dit-il à ses gens, veillez sur la rue et tenez la ligne depuis la barrière jusqu'à Versailles. En avant, tous!

Il se saisit d'un fusil que lui apporta son valet de chambre, et s'élança dans les jardins en criant au chien : — Cherche! D'affreux aboiements lui répondirent dans le lointain, et il se dirigea dans la direction d'où les râlements du chien semblaient venir.

A sept heures du matin, les recherches de la gendarmerie, du général, de ses gens et des voisins, avaient été inutiles. Le chien n'était pas revenu. Harassé de fatigue, et déjà vieilli par le chagrin, le marquis rentra dans son salon, désert pour lui, quoique ses trois autres enfants y fussent.

— Vous avez été bien froide pour votre fille, dit-il en regardant sa femme. — Voilà donc ce qui nous reste d'elle! ajouta-t-il en montrant le métier où il voyait une fleur commencée. Elle était là tout à l'heure, et maintenant perdue, perdue!

Il pleura, se cacha la tête dans ses mains, et resta un moment silencieux, n'osant plus contempler ce salon, qui naguère lui offrait le tableau le plus suave du bonheur domestique. Les lueurs de l'aurore luttaient avec les lampes expirantes; les bougies brûlaient leurs festons de papier, tout s'accordait avec le désespoir de ce père.

— Il faudra détruire ceci, dit-il après un moment de silence et en montrant le métier. Je ne pourrais plus rien voir de ce qui nous la rappelle...

La terrible nuit de Noël, pendant laquelle le marquis et sa femme eurent le malheur de perdre leur fille aînée sans avoir pu s'opposer à l'étrange domination exercée par son ravisseur involontaire, fut comme un avis que leur donna la fortune. La faillite d'un agent de change ruina le marquis. Il hypothéqua les biens de sa femme pour tenter une spéculation dont les bénéfices devaient restituer à sa famille toute sa première fortune; mais cette entreprise acheva de le ruiner. Poussé par son désespoir à tout tenter, le général s'expatria. Six ans s'étaient écoulés depuis son départ. Quoique sa famille eût rarement reçu de ses nouvelles, quelques jours avant la reconnaissance de l'indépendance des républiques américaines par l'Espagne, il avait annoncé son retour.

Donc, par une belle matinée, quelques négociants français, impatients de revenir dans leur patrie avec des richesses acquises au prix de longs travaux et de périlleux voyages entrepris, soit au Mexique, soit dans la Colombie, se trouvaient à quelques lieues de Bordeaux, sur un brick espagnol. Un homme, vieilli par les fatigues ou par le chagrin plus que ne le comportaient ses années, était appuyé sur le bastingage et paraissait insensible au spectacle qui s'offrait aux regards des passagers groupés sur le tillac. Échappés aux dangers de la navigation et conviés par la beauté du jour, tous étaient montés sur le pont comme pour saluer la terre natale. La plupart d'entre eux voulaient absolument voir, dans le lointain, les phares, les édifices de la Gascogne, la tour de Cordouan, mêlés aux créations fantastiques de quelques nuages blancs qui s'élevaient à l'horizon. Sans la frange argentée qui badinait devant le brick, sans le long sillon rapidement effacé qu'il traçait derrière lui, les voyageurs auraient pu se croire immobiles au milieu de l'Océan, tant la mer y était calme. Le ciel avait une pureté ravissante. La teinte foncée de sa voûte arrivait, par d'insensibles dégradations, à se confondre avec la couleur des eaux bleuâtres, en marquant le point de sa réunion par une ligne dont la clarté scintillait aussi vivement que celle des étoiles. Le soleil faisait étinceler des millions de facettes dans l'immense étendue de la mer, en sorte que les vastes plaines de l'eau étaient plus lumineuses peut-être que les campagnes du firmament. Le brick avait toutes ses voiles gonflées par un vent d'une merveilleuse douceur, et ces nappes aussi blanches que la neige, ces pavillons jaunes flottants, ce dédale de cordages se dessinaient avec une précision rigoureuse sur le fond brillant de l'air, du ciel et de l'Océan, sans recevoir d'autres teintes que celles des ombres projetées par les toiles vaporeuses. Un beau jour, un vent frais, la vue de la patrie, une mer tranquille, un bruissement mélancolique, un joli brick solitaire, glissant sur l'Océan comme une femme qui vole à un rendez-vous, c'était un tableau plein d'harmonies, une scène d'où l'âme humaine pouvait embrasser d'immuables espaces, en partant d'un point où tout était mouvement. Il y avait une étonnante opposition de solitude et de vie, de silence et de bruit, sans qu'on pût savoir où était le bruit et la vie, le néant et le silence; aussi pas une voix humaine ne rompait-elle ce charme céleste. Le capitaine espagnol, ses matelots, les Français restaient assis ou debout, tous plongés dans une extase religieuse pleine de souvenirs. Il y avait de la paresse dans l'air. Les figures épanouies accusaient un oubli complet des maux passés, et ces hommes se balançaient sur ce doux navire comme dans un songe d'or. Cependant, de temps en temps, le vieux passager, appuyé sur le bastingage, regardait l'horizon avec une sorte d'inquiétude. Il y avait une défiance du sort écrite dans tous ses traits, et il semblait craindre de ne jamais toucher assez vite la terre de France. Cet homme était le marquis. La fortune n'avait pas été sourde aux cris et aux efforts de son désespoir. Après cinq ans de tentatives et de travaux pénibles, il s'était vu possesseur d'une fortune considérable. Dans son impatience de revoir son pays et d'apporter le bonheur à sa famille, il avait suivi l'exemple de quelques négociants français de la Havane, en s'embarquant avec eux sur un vaisseau espagnol en charge pour Bordeaux. Néanmoins son imagination, lassée de prévoir le mal, lui traçait les images les plus délicieuses de son bonheur passé. En voyant de loin la ligne brune décrite par la terre, il croyait contempler sa femme et ses enfants. Il était à sa place, au foyer, et s'y sentait pressé, caressé. Il se figurait Moïna, belle, grandie, imposante comme une jeune fille. Quand ce tableau fantastique eut pris une sorte de réalité, des larmes roulèrent dans ses yeux; alors, comme pour cacher son trouble, il regarda l'horizon humide, opposé à la ligne brumeuse qui annonçait la terre.

— C'est lui, dit-il, il nous suit.

— Qu'est-ce? s'écria le capitaine espagnol.

— Un vaisseau, reprit à voix basse le général.

— Je l'ai déjà vu hier, répondit le capitaine Gomez. Il contempla le Français comme pour l'interroger. — Il nous a toujours donné la chase, dit-il alors à l'oreille du général.

— Et je ne sais pas pourquoi il ne nous a jamais rejoints, reprit le vieux militaire, car il est meilleur voilier que votre damné SAINT-FERDINAND.

— Il aura eu des avaries, une voie d'eau.

— Il nous gagne, s'écria le Français.

— C'est un corsaire colombien, lui dit à l'oreille le capitaine Nous sommes encore à six lieues de terre, et le vent faiblit.

— Il ne marche pas, il vole, comme s'il savait que dans deux heures sa proie lui aura échappé. Quelle hardiesse !

— Lui ! s'écria le capitaine. Ah ! il ne s'appelle pas L'OTHELLO sans raison. Il a dernièrement coulé bas une frégate espagnole, et n'a cependant pas plus de trente canons ! Je n'avais peur que de lui, car je n'ignorais pas qu'il croisait dans les Antilles... — Ah ! ah ! reprit-il après une pause pendant laquelle il regarda les voiles de son vaisseau, le vent s'élève, nous arriverons. Il le faut, le Parisien serait impitoyable.

— Lui aussi arrive ! répondit le marquis.

L'Othello n'était plus guère qu'à trois lieues. Quoique l'équipage n'eût pas entendu la conversation du marquis et du capitaine Gomez, l'apparition de cette voile avait amené la plupart des matelots et des passagers vers l'endroit où étaient les deux interlocuteurs; mais presque tous, prenant le brick pour un bâtiment de commerce, le voyaient venir avec intérêt, quand tout à coup un matelot s'écria, dans un langage énergique : — Par saint Jacques ! nous sommes flambés, voici le capitaine parisien.

A ce nom terrible, l'épouvante se répandit dans le brick, et ce fut une confusion que rien ne saurait exprimer. Le capitaine espagnol imprima par sa parole une énergie momentanée à ses matelots; et, dans ce danger, voulant gagner la terre à quelque prix que ce fût, il essaya de faire mettre promptement toutes ses bonnettes hautes et basses, tribord et bâbord, pour présenter au vent l'entière surface de toile qui garnissait ses vergues. Mais ce ne fut pas sans de grandes difficultés que les manœuvres s'accomplirent; elles manquèrent naturellement de cet ensemble admirable qui séduit tant dans un vaisseau de guerre. Quoique l'Othello volât comme une hirondelle, grâce à l'orientement de ses voiles, il gagnait cependant si peu en apparence, que les malheureux Français se firent une douce illusion. Tout à coup, au moment où, après des efforts inouïs, le Saint-Ferdinand prenait un nouvel essor par suite des habiles manœuvres auxquelles Gomez avait aidé lui-même du geste et de la voix, par un faux coup de barre, volontaire sans doute, le timonier mit le brick en travers. Les voiles, frappées de côté par le vent, *faséièrent* alors si brusquement, qu'il vint à *masquer* en grand; les bouts-dehors se rompirent, et il fut complétement *démané*. Une rage inexprimable rendit le capitaine plus blanc que ses voiles. D'un seul bond il sauta sur le timonier, et l'atteignit si furieusement de son poignard, qu'il le manqua, mais il le précipita dans la mer; puis il saisit la barre, et tâcha de remédier au désordre épouvantable qui révolutionnait son brave et courageux navire. Des larmes de désespoir roulaient dans ses yeux; car nous éprouvons plus de chagrin d'une trahison qui trompe un résultat dû à notre talent, que d'une mort imminente. Mais plus le capitaine jura, moins la besogne se fit. Il tira lui-même le canon d'alarme, espérant être entendu de la côte. En ce moment, le corsaire, qui arrivait avec une vitesse désespérante, répondit par un coup de canon dont le boulet vint expirer à dix toises du Saint-Ferdinand.

— Tonnerre! s'écria le général, comme c'est pointé! Ils ont des caronades faites exprès.

— Oh! celui-là, voyez-vous, quand il parle, il faut se taire, répondit un matelot. Le Parisien ne craindrait pas un vaisseau anglais...

— Tout est dit, s'écria dans un accent de désespoir le capitaine, qui, ayant braqué sa longue-vue, ne distingua rien du côté de la terre... Nous sommes encore plus loin de la France que je ne le croyais.

— Pourquoi vous désoler? reprit le général. Tous vos passagers sont Français, ils ont frété votre bâtiment. Ce corsaire est un Parisien, dites-vous; hé bien, hissez pavillon blanc, et...

— Et il nous coulera, répondit le capitaine. N'est-il pas, suivant les circonstances, tout ce qu'il faut être quand il veut s'emparer d'une riche proie?

— Ah! si c'est un pirate!

— Pirate! dit le matelot d'un air farouche. Ah! il est toujours en règle, ou sait s'y mettre.

— Eh! bien, s'écria le général en levant les yeux au ciel, résignons-nous. Et il eut encore assez de force pour retenir ses larmes.

Comme il achevait ces mots, un second coup de canon, mieux adressé, envoya dans la coque du Saint-Ferdinand un boulet qui la traversa.

— Mettez en panne, dit le capitaine d'un air triste.

Et le matelot qui avait défendu l'honnêteté du Parisien aida fort intelligemment à cette manœuvre désespérée. L'équipage attendit pendant une mortelle demi-heure en proie à la consternation la plus profonde. Le Saint-Ferdinand portait en piastres quatre millions, qui composaient la fortune de cinq passagers, et celle du général était de onze cent mille francs. Enfin l'Othello, qui se trouvait alors à dix portées de fusil, montra distinctement les gueules menaçantes de douze canons prêts à faire feu. Il semblait emporté par un vent que le diable soufflait exprès pour lui ; mais l'œil d'un marin habile devinait facilement le secret de cette vitesse. Il suffisait de contempler pendant un moment l'élancement du brick, sa forme allongée, son étroitesse, la hauteur de sa mâture, la coupe de sa toile, l'admirable légèreté de son gréement, et l'aisance avec laquelle son monde de matelots, unis comme un seul homme, ménageaient le parfait orientement de la surface blanche présentée par ces voiles. Tout annonçait une incroyable sécurité de puissance dans cette svelte créature de bois, aussi rapide, aussi intelligente que l'est un coursier ou quelque oiseau de proie. L'équipage du corsaire était silencieux et prêt, en cas de résistance, à dévorer le pauvre bâtiment marchand, qui, heureusement pour lui, se tint coi, semblable à un écolier pris en faute par son maître.

— Nous avons des canons ! s'écria le général en serrant la main du capitaine espagnol.

Ce dernier lança au vieux militaire un regard plein de courage et de désespoir, en lui disant : — Et des hommes ?

Le marquis regarda l'équipage du Saint-Ferdinand et frissonna. Les quatre négociants étaient pâles, tremblants; tandis que les matelots, groupés autour d'un des leurs, semblaient se concerter pour prendre parti sur l'Othello, ils regardaient le corsaire avec une curiosité cupide. Le contre-maître, le capitaine et le marquis échangeaient seuls, en s'examinant de l'œil, des pensées généreuses.

— Ah ! capitaine Gomez, j'ai dit autrefois adieu à mon pays et à ma famille, le cœur mort d'amertume; faudra-t-il encore les quitter au moment où j'apporte la joie et le bonheur à mes enfants ?

Le général se tourna pour jeter à la mer une larme de rage, et y aperçut le timonier nageant vers le corsaire.

— Cette fois, répondit le capitaine, vous lui direz sans doute adieu pour toujours.

Le Français épouvanta l'Espagnol par le coup d'œil stupide qu'il adressa. En ce moment, les deux vaisseaux étaient presque bord à bord; et à l'aspect de l'équipage ennemi le général crut à la fatale prophétie de Gomez. Trois hommes se tenaient autour de chaque pièce. A voir leur posture athlétique, leurs traits anguleux, leurs bras nus et nerveux, on les eût pris pour des statues de bronze. La mort les aurait tués sans les renverser. Les matelots, bien armés, actifs, lestes et vigoureux, restaient immobiles. Toutes ces figures énergiques étaient fortement basanées par le soleil, durcies par les travaux. Leurs yeux brillaient comme autant de pointes de feu, et annonçaient des intelligences énergiques, des joies infernales. Le profond silence régnant sur ce tillac, noir d'hommes et de chapeaux, accusait l'implacable discipline sous laquelle une puissante volonté courbait ses démons humains. Le chef était au pied du grand mât, debout, les bras croisés, sans armes; seulement une hache se trouvait à ses pieds. Il avait sur la tête, pour se garantir du soleil, un chapeau de feutre à grands bords, dont l'ombre lui cachait le visage. Semblables à des chiens couchés devant leurs maîtres, canonniers, soldats et matelots tournaient alternativement les yeux sur leur capitaine et sur le navire marchand. Quand les deux bricks se touchèrent, la secousse tira le corsaire de sa rêverie, et il dit deux mots à l'oreille d'un jeune officier qui se tenait à deux pas de lui.

— Les grappins d'abordage ! s'écria le lieutenant.

Et le Saint-Ferdinand fut accroché par l'Othello avec une promptitude miraculeuse. Suivant les ordres donnés à voix basse par le corsaire, et répétés par le lieutenant, les hommes désignés pour chaque service allèrent, comme des séminaristes marchant à la messe, sur le tillac de la prise lier les mains aux matelots, aux passagers, et s'emparer des trésors. En un moment les tonnes pleines de piastres, les vivres et l'équipage du Saint-Ferdinand furent transportés sur le pont de l'Othello. Le général se croyait sous la puissance d'un songe, quand il se trouva les mains liées et jeté sur un ballot comme s'il eût été lui-même une marchandise. Une conférence avait lieu entre le corsaire, son lieutenant et l'un des matelots qui paraissait remplir les fonctions de contre-maître. Quand la discussion, qui dura peu, fut terminée, le matelot siffla ses hommes ; sur un ordre qu'il leur donna, il sautèrent tous sur le Saint-Ferdinand, grimpèrent dans les cordages, et se mirent à le dépouiller de ses vergues, de ses voiles, de ses agrès, avec autant de prestesse qu'un soldat déshabille sur le champ de bataille un camarade mort dont les souliers et la capote étaient l'objet de sa convoitise.

— Nous sommes perdus, dit froidement au marquis le capitaine espagnol qui avait épié de l'œil les gestes des trois chefs pendant la délibération et les mouvements des matelots qui procédaient au pillage régulier de son brick.

— Comment ? demanda froidement le général.

— Que voulez-vous qu'ils fassent de nous ? répondit l'Espagnol. Ils viennent sans doute de reconnaître qu'ils vendraient difficilement le Saint-Ferdinand dans les ports de France ou d'Espagne, et ils vont le couler pour ne pas s'en embarrasser. Quant à nous, croyez-vous qu'ils puissent se charger de notre nourriture lorsqu'ils ne savent dans quel port relâcher ?

A peine le capitaine avait-il achevé ces paroles, que le général entendit une horrible clameur suivie du bruit sourd causé par la chute de plusieurs corps tombant à la mer. Il se retourna, et ne vit plus que les quatre négociants. Huit canonniers à figures farouches avaient encore les bras en l'air au moment où le militaire les regardait avec terreur.

— Quand je vous le disais, lui dit froidement le capitaine espagnol.

Le marquis se releva brusquement, la mer avait déjà repris son calme, il ne put même pas voir la place où ses malheureux compagnons venaient d'être engloutis, ils roulaient en ce moment, pieds et poings liés, sous les vagues, si déjà les poissons ne les avaient dévorés. A quelques pas de lui, le perfide timonier et le matelot du Saint-Ferdinand qui vantait naguère la puissance du capitaine parisien fraternisaient avec les corsaires, et leur indiquaient du doigt ceux des marins du brick qu'ils avaient reconnus dignes d'être incorporés à l'équipage de l'Othello ; quant aux autres, deux mousses leur attachaient les pieds, malgré d'affreux jurements. Le choix terminé, les huit canonniers s'emparèrent des condamnés et les lancèrent sans cérémonie à la mer. Les corsaires regardaient avec une curiosité malicieuse les différentes manières dont ces hommes tombaient, leurs grimaces, leur dernière torture ; mais leurs visages ne trahissaient ni moquerie, ni étonnement, ni pitié. C'était pour eux un événement tout simple, auquel ils semblaient accoutumés. Les plus âgés contemplaient de préférence, avec un sourire sombre et arrêté, les tonneaux pleins de piastres déposés au pied du grand mât. Le général et le capitaine Gomez, assis sur un ballot, se consultaient en silence par un regard presque terne. Ils se trouvèrent bientôt les seuls qui survécussent à l'équipage du Saint-Ferdinand. Les sept matelots choisis par les deux espions parmi les marins espagnols s'étaient déjà joyeusement métamorphosés en Péruviens.

— Quels atroces coquins ! s'écria tout à coup le général chez qui une loyale et généreuse indignation fit taire et la douleur et la prudence.

— Ils obéissent à la nécessité, répondit froidement Gomez. Si vous retrouviez un de ces hommes-là, ne lui passeriez-vous pas votre épée au travers du corps ?

—Capitaine, dit le lieutenant en se retournant vers l'Espagnol, le Parisien a entendu parler de vous. Vous êtes, dit-il, le seul homme qui connaissiez bien les débouquements des Antilles et les côtes du Brésil. Voulez-vous....

Le capitaine interrompit le jeune lieutenant par une exclamation de mépris, et répondit : — Je mourrai en marin, en Espagnol fidèle, en chrétien. Entends-tu ?

— A la mer ! cria le jeune homme.

A cet ordre deux canonniers se saisirent de Gomez.

— Vous êtes des lâches ! s'écria le général en arrêtant les deux corsaires.

— Mon vieux, lui dit le lieutenant, ne vous emportez pas trop. Si votre ruban rouge fait quelque impression sur notre capitaine, moi je m'en moque... Nous allons avoir aussi tout à l'heure notre petit bout de conversation.

En ce moment un bruit sourd, auquel nulle plainte ne se mêla, fit comprendre au général que le brave Gomez était mort en marin.

— Ma fortune ou la mort ! s'écria-t-il dans un effroyable accès de rage.

—Ah ! vous êtes raisonnable, lui répondit le corsaire en ricanant. Maintenant vous êtes sûr d'obtenir quelque chose de nous...

Puis, sur un signe du lieutenant, deux matelots s'empressèrent de lier les pieds du Français ; mais ce dernier, les frappant avec une audace imprévue, tira, par un geste auquel on ne s'attendait guère, le sabre que le lieutenant avait au côté, et se mit à en jouer lestement en vieux général de cavalerie qui savait son métier.

— Ah! brigands, vous ne jetterez pas à l'eau comme une huître un ancien troupier de Napoléon.

Des coups de pistolet, tirés presque à bout portant sur le Français récalcitrant, attirèrent l'attention du Parisien, alors occupé à surveiller le transport des agrès qu'il ordonnait de prendre au Saint-Ferdinand. Sans s'émouvoir, il vint saisir par derrière le courageux général, l'enleva rapidement, l'entraîna vers le bord et se disposait à le jeter à l'eau comme un espars de rebut. En ce moment, le général rencontra l'œil fauve du ravisseur de sa fille. Le père et le gendre se reconnurent tout à coup. Le capitaine, imprimant à son élan un mouvement contraire à celui qu'il lui avait donné, comme si le marquis ne pesait rien, loin de le précipiter à la mer, le plaça debout près du grand mât. Un murmure s'éleva sur le tillac; mais alors le corsaire lança un seul coup d'œil sur ses gens, et le plus profond silence régna soudain.

— C'est le père d'Hélène, dit le capitaine d'une voix claire et ferme. Malheur à qui ne le respecterait pas!

Un hourra d'acclamations joyeuses retentit sur le tillac et monta vers le ciel comme une prière d'église, comme le premier cri du *Te Deum*. Les mousses se balancèrent dans les cordages, les matelots jetèrent leurs bonnets en l'air, les canonniers trépignèrent des pieds, chacun s'agita, hurla, siffla, jura. L'expression fanatique de cette allégresse rendit le général inquiet et sombre. Attribuant ce sentiment à quelque horrible mystère, son premier cri, quand il recouvra la parole, fut : — Ma fille! où est-elle? Le corsaire jeta sur le général un de ces regards profonds qui, sans qu'on en pût deviner la raison, bouleversaient toujours les âmes les plus intrépides; il le rendit muet, à la grande satisfaction des matelots, heureux de voir la puissance de leur chef s'exercer sur tous les êtres, le conduisit vers un escalier, le lui fit descendre et l'amena devant la porte d'une cabine, qu'il poussa vivement en disant : — La voilà.

Puis il disparut en laissant le vieux militaire plongé dans une sorte de stupeur à l'aspect du tableau qui s'offrit à ses yeux. En entendant ouvrir la porte de la chambre avec brusquerie, Hélène s'était levée du divan sur lequel elle reposait; mais elle vit le marquis et jeta un cri de surprise. Elle était si changée, qu'il fallait les yeux d'un père pour la reconnaître. Le soleil des tropiques avait embelli sa blanche figure d'une teinte brune, d'un coloris merveilleux qui lui donnaient une expression de poésie, et il y respirait un air de grandeur, une fermeté majestueuse, un sentiment profond par lequel l'âme la plus grossière devait être impressionnée. Sa longue et abondante chevelure, retombant en grosses boucles sur son cou plein de noblesse, ajoutait encore une image de puissance à la fierté de ce visage. Dans sa pose, dans son geste, Hélène laissait éclater la conscience qu'elle avait de son pouvoir. Une satisfaction triomphale enflait légèrement ses narines roses, et son bonheur tranquille était signé dans tous les développements de sa beauté. Il y avait tout à la fois en elle je ne sais quelle suavité de vierge et cette sorte d'orgueil particulier aux bien-aimées. Esclave et souveraine, elle voulait obéir parce qu'elle pouvait régner. Elle était vêtue avec une magnificence pleine de charme et d'élégance. La mousseline des Indes faisait tous les frais de sa toilette; mais son divan et les coussins étaient en cachemire, mais un tapis de Perse garnissait le plancher de la vaste cabine, mais ses quatre enfants jouaient à ses pieds en construisant leurs châteaux bizarres avec des colliers de perles, des bijoux précieux, des objets de prix. Quelques vases en porcelaine de Sèvres, peints par madame Jaquotot, contenaient des fleurs rares qui embaumaient : c'étaient des jasmins du Mexique, des camélias, parmi lesquels de petits oiseaux d'Amérique voltigeaient apprivoisés, et semblaient être des rubis, des saphirs, de l'or animé. Un piano était fixé dans ce salon, et sur ses murs de bois, tapissés en soie jaune, on voyait çà et là des tableaux d'une petite dimension, mais dus aux meilleurs peintres : Un Coucher de soleil, par Gudin, se trouvait auprès d'un Terburg; une Vierge de Raphaël luttait de poésie avec une esquisse de Girodet; un Gérard Dow éclipsait un Drolling. Sur une table en laque de Chine se trouvait une assiette d'or pleine de fruits délicieux. Enfin Hélène semblait être la reine d'un grand empire au milieu du boudoir dans lequel son amant couronné aurait rassemblé les choses les plus élégantes de la terre. Les enfants arrêtaient sur leur aïeul des yeux d'une pénétrante vivacité; et, habitués qu'ils étaient de vivre au milieu des combats, des tempêtes et du tumulte, ils ressemblaient à ces petits Romains curieux de guerre et de sang que David a peints dans son tableau de *Brutus.*

— Comment cela est-il possible? s'écria Hélène en saisissant son père comme pour s'assurer de la réalité de cette vision.

— Hélène !

— Mon père !

Ils tombèrent dans les bras l'un de l'autre, et l'étreinte du vieillard ne fut ni la plus forte ni la plus affectueuse.

— Vous étiez sur ce vaisseau ?

— Oui, répondit-il d'un air triste en s'asseyant sur le divan et regardant les enfants qui, groupés autour de lui, le considéraient avec une attention naïve. J'allais périr sans...

— Sans mon mari, dit-elle en l'interrompant, je devine.

— Ah ! s'écria le général, pourquoi faut-il que je te retrouve ainsi, mon Hélène, toi que j'ai tant pleurée ! Je devrai donc gémir encore sur ta destinée.

— Pourquoi? demanda-t-elle en souriant. Ne serez-vous donc pas content d'apprendre que je suis la femme la plus heureuse de toutes ?

— Heureuse ! s'écria-t-il en faisant un bond de surprise.

— Oui, mon bon père, reprit-elle en s'emparant de ses mains, les embrassant, les serrant sur son sein palpitant, et ajoutant à cette cajolerie un air de tête que ses yeux pétillants de plaisir rendirent encore plus significatif.

— Et comment cela? demanda-t-il, curieux de connaître la vie de sa fille, et oubliant tout devant cette physionomie resplendissante.

— Écoutez, mon père, répondit-elle, j'ai pour amant, pour époux, pour serviteur, pour maître, un homme dont l'âme est aussi vaste que cette mer sans bornes, aussi fertile en douceur que le ciel, un dieu, enfin ! Depuis sept ans, jamais il ne lui est échappé une parole, un sentiment, un geste qui pussent produire une dissonance avec la divine harmonie de ses discours, de ses caresses et de son amour. Il m'a toujours regardée en ayant sur les lèvres un sourire ami et dans les yeux un rayon de joie. Là-haut sa voix tonnante domine souvent les hurlements de la tempête ou le tumulte des combats; mais ici elle est douce et mélodieuse comme la musique de Rossini, dont les œuvres m'arrivent. Tout ce que le caprice d'une femme peut inventer, je l'obtiens. Mes désirs sont même parfois surpassés. Enfin je règne sur la mer, et j'y suis obéie comme peut l'être une souveraine. — Oh ! heureuse ! reprit-elle en s'interrompant elle-même, heureuse n'est pas un mot qui puisse exprimer mon bonheur. J'ai la part de toutes les femmes! Sentir un amour, un dévouement immense pour celui qu'on aime, et rencontrer dans son cœur, *à lui*, un sentiment infini où l'âme d'une femme se perd, et toujours! dites, est-ce un bonheur? J'ai déjà dévoré mille existences. Ici je suis seule, ici je commande. Jamais une créature de mon sexe n'a mis le pied sur ce noble vaisseau, où Victor est toujours à quelques pas de moi. — Il ne peut pas aller plus loin de moi que de la poupe à la proue, reprit-elle avec une fine expression de malice. Sept ans! un amour qui résiste pendant sept ans à cette perpétuelle joie, à cette épreuve de tous les instants, est-ce l'amour? Non! oh! non, c'est mieux que tout ce que je connais de la vie... le langage humain manque pour exprimer un bonheur céleste.

Un torrent de larmes s'échappa de ses yeux enflammés. Les quatre enfants jetèrent alors un cri plaintif, accoururent à elle comme des poussins à leur mère, et l'aîné frappa le général en le regardant d'un air menaçant.

— Abel, dit-elle, mon ange, je pleure de joie.

Elle le prit sur ses genoux, l'enfant la caressa familièrement en passant ses bras autour du cou majestueux d'Hélène, comme un lionceau qui veut jouer avec sa mère.

— Tu ne t'ennuies pas? s'écria le général étourdi par la réponse exaltée de sa fille.

— Si, répondit-elle, à terre quand nous y allons; et encore ne quitté-je jamais mon mari.

— Mais tu aimais les fêtes, les bals, la musique?

— La musique, c'est sa voix; mes fêtes, ce sont les parures que j'invente pour lui. Quand une toilette lui plaît, n'est-ce pas comme si la terre entière m'admirait! Voilà seulement pourquoi je ne jette pas à la mer ces diamants, ces colliers, ces diadèmes de pierreries, ces richesses, ces fleurs, ces chefs-d'œuvre des arts qu'il me prodigue en me disant : — Hélène, puisque tu ne vas pas dans le monde, je veux que le monde vienne à toi.

— Mais sur ce bord il y a des hommes, des hommes audacieux, terribles, dont les passions...

— Je vous comprends, mon père, dit-elle en souriant. Rassurez-vous. Jamais impératrice n'a été environnée de plus d'égards que l'on ne m'en prodigue. Ces gens-là sont superstitieux; ils croient que je suis le génie tutélaire de ce vaisseau, de leurs entreprises, de leurs succès. Mais c'est *lui* qui est leur dieu! Un jour, une seule fois, un matelot me manqua de respect... en paroles, ajouta-t-elle en riant. Avant que Victor eût pu l'apprendre, les gens de l'équipage le lancèrent à la mer malgré le pardon que je lui accordais. Ils m'aiment comme leur bon ange, je les soigne dans leurs maladies, et j'ai eu le bonheur d'en sauver quelques-uns de la mort en les veillant avec une persévérance de femme. Ces pauvres gens sont à la fois des géants et des enfants.

— Et quand il y a des combats?

— J'y suis accoutumée, répondit-elle. Je n'ai tremblé que pendant le premier... Maintenant mon âme est faite à ce péril, et même... je suis votre fille, dit-elle, je l'aime.

— Et s'il périssait?

— Je périrais.

— Et tes enfants?

— Il sont fils de l'Océan et du danger, ils partagent la vie de leurs parents... Notre existence est une, et ne se scinde pas. Nous vivons tous de la même vie, tous inscrits sur la même page, portés par le même esquif, nous le savons.

— Tu l'aimes donc à ce point de le préférer à tout?

— A tout, répéta-t-elle. Mais ne sondons point ce mystère. Tenez! ce cher enfant, eh bien, c'est encore *lui!*

Puis, pressant Abel avec une vigueur extraordinaire, elle lui imprima de dévorants baisers sur les joues, sur les cheveux...

— Mais, s'écria le général, je ne saurais oublier qu'il vient de faire jeter à la mer neuf personnes.

— Il le fallait sans doute, répondit-elle, car il est humain et généreux. Il verse le moins de sang possible pour la conservation et les intérêts du petit monde qu'il protége et de la cause sacrée qu'il défend. Parlez-lui de ce qui vous paraît mal, et vous verrez qu'il saura vous faire changer d'avis.

— Et son crime? dit le général, comme s'il se parlait à lui-même.

— Mais, répliqua-t-elle avec une dignité froide, si c'était une vertu? si la justice des hommes n'avait pu le venger?

— Se venger soi-même! s'écria le général.

— Et qu'est-ce que l'enfer, demanda-t-elle, si ce n'est une vengeance éternelle pour quelques fautes d'un jour!

— Ah! tu es perdue. Il t'a ensorcelée, pervertie. Tu déraisonnes.

— Restez ici un jour, mon père, et si vous voulez l'écouter, le regarder, vous l'aimerez.

— Hélène, dit gravement le général, nous sommes à quelques lieues de la France...

Elle tressaillit, regarda par la croisée de la chambre, montra la mer déroulant ses immenses savanes d'eau verte.

— Voilà mon pays, répondit-elle en frappant sur le tapis du bout du pied.

— Mais ne viendras-tu pas voir ta mère, ta sœur, tes frères?

— Oh! oui, dit-elle avec des larmes dans la voix, s'il le veut et s'il peut m'accompagner.

— Tu n'as donc plus rien, Hélène, reprit sévèrement le militaire, ni pays, ni famille ?...

— Je suis sa femme, répliqua-t-elle avec un air de fierté, avec un accent plein de noblesse. — Voici, depuis sept ans, le premier bonheur qui ne me vienne pas de lui, ajouta-t-elle en saisissant la main de son père et l'embrassant, et voici le premier reproche que j'aie entendu.

— Et ta conscience?

— Ma conscience! mais c'est lui. En ce moment elle tressaillit violemment. — Le voici, dit-elle. Même dans un combat, entre tous les pas, je reconnais son pas sur le tillac.

Et tout à coup une rougeur empourpra ses joues, fit resplendir ses traits, briller ses yeux, et son teint devint d'un blanc mat... Il y avait du bonheur et de l'amour dans ses muscles, dans ses veines bleues, dans le tressaillement involontaire de toute sa personne. Ce mouvement de sensitive émut le général. En effet, un instant après le corsaire entra, vint s'asseoir sur un fauteuil, s'empara de son fils aîné, et se mit à jouer avec lui. Le silence régna pendant un moment; car, pendant un moment, le général, plongé dans une rêverie comparable au sentiment vaporeux d'un rêve, contempla cette élégante cabine, semblable à un nid d'alcyons, où cette famille voguait sur l'Océan depuis sept années, entre les cieux et l'onde, sur la foi d'un homme, conduite à travers les périls de la guerre et des tempêtes, comme un ménage est guidé dans la vie par un chef au sein des malheurs sociaux... Il regardait avec admiration sa fille, image fantastique d'une déesse marine, suave de beauté, riche de bonheur, et faisant pâlir tous les trésors qui l'entouraient devant les trésors de son âme, les éclairs de ses yeux et l'indescriptible poésie exprimée dans sa personne et autour d'elle. Cette situation offrait une étrangeté qui le surprenait, une sublimité de passion et de raisonnement qui confondait les idées vulgaires. Les froides et étroites combinaisons de la société mouraient devant ce tableau. Le vieux militaire sentit toutes ces choses, et comprit aussi que sa fille n'abandonnerait jamais une vie si large, si féconde en contrastes, remplie par un amour si vrai; puis, si elle avait une fois goûté le péril sans en être effrayée, elle ne pouvait plus revenir aux petites scènes d'un monde mesquin et borné.

— Vous gêné-je? demanda le corsaire en rompant le silence et regardant sa femme.

— Non, lui répondit le général, Hélène m'a tout dit. Je vois qu'elle est perdue pour nous...

— Non, répliqua vivement le corsaire... Encore quelques années, et la prescription me permettra de revenir en France. Quand la conscience est pure, et qu'en froissant vos lois sociales un homme a obéi...

Il se tut, en dédaignant de se justifier.

— Et comment pouvez-vous, dit le général en l'interrompant, ne pas avoir des remords pour les nouveaux assassinats qui se sont commis devant mes yeux?

— Nous n'avons pas de vivres, répliqua tranquillement le corsaire.

— Mais en débarquant ces hommes sur la côte...

— Ils nous feraient couper la retraite par quelque vaisseau, et nous n'arriverions pas au Chili.

— Avant que, de France, dit le général en interrompant, ils aient prévenu l'amirauté d'Espagne...

— Mais la France peut trouver mauvais qu'un homme, encore sujet de ses cours d'assises, se soit emparé d'un brick frété par des Bordelais. D'ailleurs n'avez-vous pas quelquefois tiré, sur le champ de bataille, plusieurs coups de canon de trop?

Le général, intimidé par le regard du corsaire, se tut; et sa fille le regarda d'un air qui exprimait autant de triomphe que de mélancolie...

— Général, dit le corsaire d'une voix profonde, je me suis fait une loi de ne jamais rien distraire du butin. Mais il est hors de doute que ma part sera plus considérable que ne l'était votre fortune. Permettez-moi de vous la restituer en autre monnaie...

Il prit dans le tiroir du piano une masse de billets de banque, ne compta pas les paquets, et présenta un million au marquis.

— Vous comprenez, reprit-il, que je ne puis pas m'amuser à regarder les passants sur la route de Bordeaux... Or, à moins que vous ne soyez séduit par les dangers de notre vie bohémienne, par les scènes de l'Amérique méridionale, par nos nuits des tropiques, par nos batailles, et par le plaisir de faire triompher le pavillon d'une jeune nation, ou le nom de Simon Bolivar, il faut nous quitter... Une chaloupe et des hommes dévoués vous attendent. Espérons une troisième rencontre plus complétement heureuse...

— Victor, je voudrais voir mon père encore un moment, dit Hélène d'un ton boudeur.

— Dix minutes de plus ou de moins peuvent nous mettre face à face avec une frégate. Soit! nous nous amuserons un peu. Nos gens s'ennuient.

— Oh! partez, mon père, s'écria la femme du marin. Et portez à ma sœur, à mes frères, à... ma mère, ajouta-t-elle, ces gages de mon souvenir.

Elle prit une poignée de pierres précieuses, de colliers, de bijoux, les enveloppa dans un cachemire, et les présenta timidement à son père.

— Et que leur dirai-je de ta part? demanda-t-il en paraissant frappé de l'hésitation que sa fille avait marquée avant de prononcer le mot de *mère*.

— Oh! pouvez-vous douter de mon âme! Je fais tous les jours des vœux pour leur bonheur.

— Hélène, reprit le vieillard en la regardant avec attention, ne dois-je plus te revoir? Ne saurai-je donc jamais à quel motif ta fuite est due?

— Ce secret ne m'appartient pas, dit-elle d'un ton grave. J'aurais le droit de vous l'apprendre, peut-être ne vous le dirais-je pas encore. J'ai souffert pendant dix ans des maux inouïs...

Elle ne continua pas et tendit à son père les cadeaux qu'elle destinait à sa famille. Le général, accoutumé par les événements de la guerre à des idées assez larges en fait de butin, accepta les présents offerts par sa fille, et se plut à penser que, sous l'inspiration d'une âme aussi pure, aussi élevée que celle d'Hélène, le capitaine parisien restait honnête homme en faisant la guerre aux Espagnols. Sa passion pour les braves l'emporta. Songeant qu'il serait ridicule de se conduire en prude, il serra vigoureusement la main du corsaire, embrassa son Hélène, sa seule fille, avec cette effusion particulière aux soldats, et laissa tomber une larme sur ce visage dont la fierté, dont l'expression mâle lui avaient plus d'une fois souri. Le marin, fortement ému, lui donna ses enfants à bénir. Enfin, tous se dirent une dernière fois adieu par un long regard qui ne fut pas dénué d'attendrissement.

— Soyez toujours heureux ! s'écria le grand-père en s'élançant sur le tillac.

Sur mer, un singulier spectacle attendait le général. Le Saint-Ferdinand, livré aux flammes, flambait comme un immense feu de paille. Les matelots, occupés à couler le brick espagnol, s'aperçurent qu'il avait à bord un chargement de rhum, liqueur qui abondait sur l'Othello, et trouvèrent plaisant d'allumer un grand bol de punch en pleine mer. C'était un divertissement assez pardonnable à des gens auxquels l'apparente monotonie de la mer faisait saisir toutes les occasions d'animer leur vie. En descendant du brick dans la chaloupe du Saint-Ferdinand, montée par six vigoureux matelots, le général partageait involontairement son attention entre l'incendie du Saint-Ferdinand et sa fille appuyée sur le corsaire, tous deux debout à l'arrière de leur navire. En présence de tant de souvenirs, en voyant la robe blanche d'Hélène qui flottait, légère comme une voile de plus ; en distinguant sur l'Océan cette belle et grande figure, assez imposante pour tout dominer, même la mer, il oubliait, avec l'insouciance d'un militaire, qu'il voguait sur la tombe du brave Gomez. Au-dessus de lui, une immense colonne de fumée planait comme un nuage brun, et les rayons du soleil, le perçant çà et là, y jetaient de poétiques lueurs. C'était un second ciel, un dôme sombre sous lequel brillaient des espèces de lustres, et au-dessus duquel planait l'azur inaltérable du firmament, qui paraissait mille fois plus beau par cette éphémère opposition. Les teintes bizarres de cette fumée, tantôt jaune, blonde, rouge, noire, fondues vaporeusement, couvraient le vaisseau, qui pétillait, craquait et criait. La flamme sifflait en mordant les cordages, et courait dans le bâtiment comme une sédition populaire vole par les rues d'une ville. Le rhum produisait des flammes bleues qui frétillaient, comme si le génie des mers eût agité cette liqueur furibonde, de même qu'une main d'étudiant fait mouvoir la joyeuse *flamberie* d'un punch dans une orgie. Mais le soleil, plus puissant de lumière, jaloux de cette lueur insolente, laissait à peine voir dans ses rayons les couleurs de cet incendie. C'était comme un réseau, comme une écharpe qui voltigeait au milieu du torrent de ses feux. L'Othello saisissait, pour s'enfuir, le peu de vent qu'il pouvait pincer dans cette direction nouvelle, et s'inclinait tantôt d'un côté, tantôt de l'autre, comme un cerf-volant balancé dans les airs. Ce beau brick courait des bordées vers le sud ; et, tantôt il se dérobait aux yeux du général, en disparaissant derrière la colonne droite dont l'ombre se projetait fantastiquement sur les eaux, et tantôt il se montrait, en se relevant avec grâce et fuyant. Chaque fois qu'Hélène pouvait apercevoir son père, elle agitait son mouchoir pour le saluer encore. Bientôt le Saint-Ferdinand coula, en produisant un bouillonnement aussitôt effacé par l'Océan. Il ne resta plus alors de toute cette scène qu'un nuage balancé par la brise. L'Othello était loin ; la chaloupe s'approchait de terre ; le nuage s'interposa entre cette frêle embarcation et le brick. La dernière fois que le général aperçut sa fille, ce fut à travers une crevasse de cette fumée ondoyante. Vision prophétique ! Le mouchoir blanc, la robe se détachaient seuls sur ce fond de bistre. Entre l'eau verte et le ciel bleu, le brick ne se voyait même pas. Hélène n'était plus qu'un point imperceptible, une ligne déliée, gracieuse, un ange dans le ciel, une idée, un souvenir.

Après avoir rétabli sa fortune, le marquis mourut épuisé de fatigue. Quelques mois après sa mort, en 1833, la marquise fut obligée de mener Moïna aux eaux des Pyrénées. La capricieuse enfant voulut voir les beautés de ces montagnes. Elle revint aux Eaux, et à son retour il se passa l'horrible scène que voici.

— Mon Dieu, dit Moïna, nous avons bien mal fait, ma mère, de ne pas rester quelques jours de plus dans les montagnes ! Nous y étions bien mieux qu'ici. Avez-vous entendu les gémissements continuels de ce maudit enfant et les bavardages de cette malheureuse femme qui parle sans doute en patois, car je n'ai pas compris un seul mot de ce qu'elle disait ? Quelle espèce de gens nous a-t-on donnés pour voisins ! Cette nuit est une des plus affreuses que j'aie passées de ma vie.

— Je n'ai rien entendu, répondit la marquise ; mais, ma chère enfant, je vais voir l'hôtesse, lui demander la chambre voisine, nous serons seules dans cet appartement, et n'aurons plus de bruit. Comment te trouves-tu ce matin ? Es-tu fatiguée ?

En disant ces dernières phrases, la marquise s'était levée pour venir près du lit de Moïna.

— Voyons, lui dit-elle en cherchant la main de sa fille.

— Oh ! laisse-moi, ma mère, répondit Moïna, tu as froid.

A ces mots la jeune fille se roula dans son oreiller par un mouvement de bouderie, mais si gracieux, qu'il était difficile à une mère de s'en offenser. En ce moment, une plainte, dont l'accent doux et prolongé devait déchirer le cœur d'une femme, retentit dans la chambre voisine.

— Mais si tu as entendu cela pendant toute la nuit, pourquoi ne m'as-tu pas éveillée ? nous aurions... Un gémissement plus profond que tous les autres interrompit la marquise, qui s'écria : — Il y a là quelqu'un qui se meurt ! Et elle sortit vivement.

— Envoie-moi Pauline ! cria Moïna, je vais m'habiller.

La marquise descendit promptement et trouva l'hôtesse dans la cour au milieu de quelques personnes qui paraissaient l'écouter attentivement.

— Madame, vous avez mis près de nous une personne qui paraît souffrir beaucoup...

— Ah ! ne m'en parlez pas ! s'écria la maîtresse de l'hôtel, je viens d'envoyer chercher le maire. Figurez-vous que c'est une femme, une pauvre malheureuse qui y est arrivée hier au soir, à pied ; elle vient d'Espagne, elle est sans passe-port et sans argent. Elle portait sur son dos un petit enfant qui se meurt. Je n'ai pas pu me dispenser de la recevoir ici. Ce matin, je suis allée moi-même la voir ; car hier, quand elle a débarqué ici, elle m'a fait une peine affreuse. Pauvre petite femme ! elle était couchée avec son enfant, et tous deux se débattaient contre la mort.

— Madame, m'a-t-elle dit en tirant un anneau d'or de son doigt, je ne possède plus que cela, prenez-le pour vous payer ; ce sera suffisant, je ne ferai pas long séjour ici. Pauvre petit ! nous allons mourir ensemble, qu'elle dit en regardant son enfant. Je lui ai pris son anneau, je lui ai demandé qui elle était ; mais elle n'a jamais voulu me dire son nom... Je viens d'envoyer chercher le médecin et monsieur le maire.

— Mais, s'écria la marquise, donnez-lui tous les secours qui pourront lui être nécessaires. Mon Dieu ! peut-être est-il encore temps de la sauver ! Je vous paierai tout ce qu'elle dépensera...

— Ah ! madame, elle a l'air d'être joliment fière, et je ne sais pas si elle voudra.

— Je vais aller la voir...

Et aussitôt la marquise monta chez l'inconnue sans penser au mal que sa vue pouvait faire à cette femme dans un moment où on la disait mourante, car elle était encore en deuil. La marquise pâlit à l'aspect de la mourante. Malgré les horribles souffrances qui avaient altéré la belle physionomie d'Hélène, elle reconnut sa fille aînée. A l'aspect d'une femme vêtue de noir, Hélène se dressa sur son séant, jeta un cri de terreur, et retomba lentement sur son lit, lorsque, dans cette femme, elle retrouva sa mère.

— Ma fille ! dit madame d'Aiglemont, que vous faut-il ? Pauline !... Moïna !...

— Il ne me faut plus rien, répondit Hélène d'une voix affaiblie. J'espérais revoir mon père ; mais votre deuil m'annonce...

Elle n'acheva pas ; elle serra son enfant sur son cœur comme pour le réchauffer, le baisa au front, et lança sur sa mère un regard où le reproche se lisait encore, quoique tempéré par le pardon. La marquise ne voulut pas voir ce reproche ; elle oublia qu'Hélène était un enfant conçu jadis dans les larmes et le désespoir, l'enfant du devoir, un enfant qui avait été cause de ses plus grands malheurs : elle s'avança doucement vers sa fille aînée, en se souvenant seulement qu'Hélène la première lui avait fait connaître les plaisirs de la maternité. Les yeux de la mère étaient pleins de larmes ; et, en embrassant sa fille, elle s'écria : — Hélène ! ma fille....

Hélène gardait le silence. Elle venait d'aspirer le dernier soupir de son dernier enfant.

En ce moment Moïna, Pauline, sa femme de chambre, l'hôtesse et un médecin entrèrent. La marquise tenait la main glacée de sa fille dans les siennes, et la contemplait avec un désespoir vrai. Exaspérée par le malheur, la veuve du marin, qui venait d'échapper à un naufrage en ne sauvant de toute sa belle famille qu'un enfant, dit d'une voix horrible à sa mère : — Tout ceci est votre ouvrage ! si vous eussiez été pour moi ce que...

— Moïna, sortez, sortez tous ! cria madame d'Aiglemont en étouffant la voix d'Hélène par les éclats de la sienne.

— Par grâce, ma fille, reprit-elle, ne renouvelons pas en ce moment les tristes combats...

— Je me tairai, répondit Hélène en faisant un effort surnaturel. Je suis mère, je sais que Moïna ne doit pas... Où est mon enfant?

Moïna rentra, poussée par la curiosité.

— Ma sœur, dit cette enfant gâtée, le médecin.....

— Tout est inutile, reprit Hélène. Ah! pourquoi ne suis-je pas morte à seize ans, quand je voulais me tuer! Le bonheur ne se trouve jamais en dehors des lois... Moïna... tu...

Elle mourut en penchant sa tête sur celle de son enfant, qu'elle avait serré convulsivement.

— Ta sœur voulait sans doute te dire, Moïna, reprit madame d'Aiglemont, lorsqu'elle fut rentrée dans sa chambre, où elle fondit en larmes, que le bonheur ne se trouve jamais, pour une fille, dans une vie romanesque, en dehors des idées reçues, et, surtout, loin de sa mère.

IV

LA VIEILLESSE D'UNE MÈRE COUPABLE.

Pendant l'un des premiers jours du mois de juin 1842, une dame d'environ cinquante ans, mais qui paraissait encore plus vieille que ne le comportait son âge véritable, se promenait au soleil, à l'heure de midi, le long d'un allée, dans le jardin d'un grand hôtel situé rue Plumet, à Paris. Après avoir fait deux ou trois fois le tour du sentier légèrement sinueux où elle restait pour ne pas perdre de vue les fenêtres d'un appartement qui semblait attirer toute son attention, elle vint s'asseoir sur un de ces fauteuils à demi champêtres qui se fabriquent avec de jeunes branches d'arbres garnies de leur écorce. De la place où se trouvait ce siége élégant, la dame pouvait embrasser par une des grilles d'enceinte et les boulevards intérieurs, au milieu desquels est posé l'admirable dôme des Invalides, qui élève sa coupole d'or parmi les têtes d'un millier d'ormes, admirable paysage, et l'aspect moins grandiose de son jardin terminé par la façade grise d'un des plus beaux hôtels du faubourg Saint-Germain. Là tout était silencieux, les jardins voisins, les boulevards, les Invalides; car, dans ce noble quartier, le jour ne commence guère qu'à midi. A moins de quelque caprice, à moins qu'une jeune dame ne veuille monter à cheval, ou qu'un vieux diplomate n'ait un protocole à refaire, à cette heure, valets et maîtres, tout dort, ou tout se réveille.

La vieille dame si matinale était la marquise d'Aiglemont, mère de madame de Saint-Héreen, à qui ce bel hôtel appartenait. La marquise s'en était privée pour sa fille, à qui elle avait donné toute sa fortune, en ne se réservant qu'une pension viagère. La comtesse Moïna de Saint-Héreen était le dernier enfant de madame d'Aiglemont. Pour lui faire épouser l'héritier d'une des plus illustres maisons de France, la marquise avait tout sacrifié. Rien n'était plus naturel : elle avait successivement perdu deux fils : l'un, Gustave marquis d'Aiglemont, était mort du choléra ; l'autre, Abel, avait succombé dans l'affaire de la Macta. Gustave laissa des enfants et une veuve. Mais l'affection assez tiède que madame d'Aiglemont avait portée à ses deux fils s'était encore affaiblie en passant à ses petits-enfants. Elle se comportait poliment avec madame d'Aiglemont la jeune ; mais elle s'en tenait au sentiment superficiel que le bon goût et les convenances nous prescrivent de témoigner à nos proches. La fortune de ses enfants morts ayant été parfaitement réglée, elle avait réservé pour sa chère Moïna ses économies et ses biens propres. Moïna, belle et ravissante depuis son enfance, avait toujours été pour madame d'Aiglemont l'objet d'une de ces prédilections innées ou involontaires chez les mères de famille ; fatales sympathies qui semblent inexplicables, ou que les observateurs savent trop bien expliquer. La charmante figure de Moïna, le son de voix de cette fille chérie, ses manières, sa démarche, sa physionomie, ses gestes, tout en elle réveillait chez la marquise les émotions les plus profondes qui puissent animer, troubler ou charmer le cœur d'une mère. Le principe de sa vie présente, de sa vie du lendemain, de sa vie passée, était dans le cœur de cette jeune femme, où elle avait jeté tous ses trésors. Moïna avait heureusement survécu à quatre enfants, ses aînés. Madame d'Aiglemont avait en effet perdu, de la manière la plus malheureuse, disaient les gens du monde, une fille charmante dont la destinée était presque inconnue, et un petit garçon, enlevé à cinq ans par une horrible catastrophe. La marquise vit sans doute un présage du ciel dans le respect que le sort semblait avoir pour la fille de son cœur, et n'accordait que de faibles souvenirs à ses enfants déjà tombés selon les caprices de la mort, et qui restaient au fond de son âme, comme ces tombeaux élevés dans un champ de bataille, mais que les fleurs des champs ont presque fait disparaître. Le monde aurait pu demander à la marquise un compte sévère de cette insouciance et de cette prédilection ; mais le monde de Paris est entraîné par un tel torrent d'événements, de modes, d'idées nouvelles, que toute la vie de madame d'Aiglemont devait y être en quelque sorte oubliée. Personne ne songeait à lui faire un crime d'une froideur, d'un oubli qui n'intéressaient personne, tandis que sa vive tendresse pour Moïna intéressait beaucoup de gens, et avait toute la sainteté d'un préjugé. D'ailleurs, la marquise allait peu dans le monde ; et, pour la plupart des familles qui la connaissaient, elle paraissait bonne, douce, pieuse, indulgente. Or, ne faut-il pas avoir un intérêt bien vif pour aller au delà de ces apparences dont se contente la société ? Puis, que ne pardonne-t-on pas aux vieillards lorsqu'ils s'effacent comme des ombres et ne veulent plus être qu'un souvenir ? Enfin, madame d'Aiglemont était un modèle complaisamment cité par les enfants à leurs pères, par les gendres à leurs belles-mères. Elle avait, avant le temps, donné ses biens à Moïna, contente du bonheur de la jeune comtesse, et ne vivant que par elle et pour elle. Si des vieillards prudents, des oncles chagrins blâmaient cette conduite en disant : — Madame d'Aiglemont se repentira peut-être quelque jour de s'être dessaisie de sa fortune en faveur de sa fille ; car si elle connaît bien le cœur de madame de Saint-Héreen, peut-elle être aussi sûre de la moralité de son gendre ? c'était contre ces prophètes un *tolle* général ; et, de toutes parts, pleuvaient des éloges pour Moïna.

— Il faut rendre cette justice à madame de Saint-Héreen, disait une jeune femme, que sa mère n'a rien trouvé de changé autour d'elle. Madame d'Aiglemont est admirablement bien logée ; elle a une voiture à ses ordres, et peut aller partout dans le monde comme auparavant...

— Excepté aux Italiens, répondait tout bas un vieux parasite, un de ces gens qui se croient en droit d'accabler leurs amis d'épigrammes sous prétexte de faire preuve d'indépendance. La douairière n'aime guère que la musique, en fait de choses étrangères à son enfant gâté. Elle a été si bonne musicienne dans son temps ! Mais comme la loge de la comtesse est toujours envahie par de jeunes papillons, et qu'elle y gênerait cette petite personne, de qui l'on parle déjà comme d'une grande coquette, la pauvre mère ne va jamais aux Italiens.

— Madame de Saint-Héreen, disait une fille à marier, a pour sa mère des soirées délicieuses, un salon où va tout Paris.

— Un salon où personne ne fait attention à la marquise, répondait le parasite.

— Le fait est que madame d'Aiglemont n'est jamais seule, disait un fat en appuyant le parti des jeunes dames.

— Le matin, répondait le vieil observateur à voix basse, le matin, la chère Moïna dort. A quatre heures, la chère Moïna est au bois. Le soir, la chère Moïna va au bal ou aux Bouffes... Mais il est vrai que madame d'Aiglemont a la ressource de voir sa chère fille pendant qu'elle s'habille, ou durant le dîner lorsque la chère Moïna dîne par hasard avec sa chère mère. — Il n'y a pas encore huit jours, monsieur, dit le parasite en prenant par le bras un timide précepteur, nouveau-venu dans la maison où il se trouvait, que je vis cette pauvre mère triste et seule au coin de son feu. — Qu'avez-vous ? lui demandai-je. La marquise me regarda en souriant, mais elle avait certes pleuré. — Je pensais, me disait-elle, qu'il est bien singulier de me trouver seule, après avoir eu cinq enfants ; mais cela est dans notre destinée ! Et puis, je suis heureuse quand je sais que Moïna s'amuse ! Elle pouvait se confier à moi, qui, jadis, ai connu son mari. C'était un pauvre homme, et il a été bien heureux de l'avoir pour femme ; il lui devait certes sa pairie et sa charge à la cour de Charles X.

Mais il se glisse tant d'erreurs dans les conversations du monde, il s'y fait avec légèreté des maux si profonds, que l'historien des mœurs est obligé de sagement peser les assertions insouciamment émises par tant d'insouciants. Enfin, peut-être ne doit-on jamais prononcer qui a tort ou raison de l'enfant ou de la mère. Entre ces deux cœurs, il n'y a qu'un seul juge possible. Ce juge est Dieu ! Dieu qui, souvent, assied sa vengeance au sein des familles, et se sert éternellement des enfants contre les mères, des pères contre les fils, des peuples contre les rois, des princes contre les nations, de tout contre tout ; remplaçant dans le monde moral les sentiments par les sentiments, comme les jeunes feuilles poussent les vieilles au printemps ; agissant en vue d'un ordre immuable, d'un but à lui seul connu. Sans doute, chaque chose va dans son sein, ou, mieux encore, elle y retourne.

Ces religieuses pensées, si naturelles au cœur des vieillards, flottaient éparses dans l'âme de madame d'Aiglemont ; elles y étaient à demi lumineuses, tantôt abîmées, tantôt déployées complétement, comme des fleurs tourmentées à la surface des eaux pendant une tempête. Elle s'était assise, lassée, affaiblie par une longue méditation, par une de ces rêveries au milieu desquelles toute la vie se dresse, se déroule aux yeux de ceux qui pressentent la mort.

Cette femme, vieille avant le temps, eût été, pour quelque poète passant sur le boulevard, un tableau curieux. A la voir assise à l'ombre grêle d'un acacia, l'ombre d'un acacia à midi, tout le monde eût su lire une des mille choses écrites sur ce visage pâle et froid, même au milieu des chauds rayons du soleil. Sa figure pleine d'expression représentait quelque chose de plus grave encore que ne l'est une vie à son déclin, ou de plus profond qu'une âme affaissée par l'expérience. Elle était un de ces types qui, entre mille physionomies dédaignées parce qu'elles sont sans caractère, vous arrêtent un moment, vous font penser; comme, entre les mille tableaux d'un Musée, vous êtes fortement impressionné, soit par la tête sublime où Murillo peignit la douleur maternelle, soit par le visage de Béatrix Cinci où le Guide sut peindre la plus touchante innocence au fond du plus épouvantable crime, soit par la sombre face de Philippe II où Vélasquez a pour toujours imprimé la majestueuse terreur que doit inspirer la royauté. Certaines figures humaines sont de despotiques images qui vous parlent, vous interrogent, qui répondent à vos pensées secrètes, et font même des poèmes entiers. Le visage glacé de madame d'Aiglemont était une de ces poésies terribles, une de ces faces répandues par milliers dans la divine Comédie de Dante Alighieri.

Pendant la rapide saison où la femme reste en fleur, les caractères de sa beauté servent admirablement bien la dissimulation à laquelle sa faiblesse naturelle et nos lois sociales la condamnent. Sous le riche coloris de son visage frais, sous le feu de ses yeux, sous le réseau gracieux de ses traits si fins, de tant de lignes multipliées, courbes ou droites, mais pures et parfaitement arrêtées, toutes ses émotions peuvent demeurer secrètes : la rougeur alors ne révèle rien en colorant encore des couleurs déjà si vives; tous les foyers intérieurs se mêlent alors si bien à la lumière de ces yeux flamboyants de vie, que la flamme passagère d'une souffrance n'y apparaît que comme une grâce de plus. Aussi rien n'est-il si discret qu'un jeune visage, parce que rien n'est plus immobile. La figure d'une jeune femme a le calme, le poli, la fraîcheur de la surface d'un lac. La physionomie des femmes ne commence qu'à trente ans. Jusques à cet âge, le peintre ne trouve dans leurs visages que du rose et du blanc, des sourires et des expressions qui répètent une même pensée, pensée de jeunesse et d'amour, pensée uniforme et sans profondeur ; mais, dans la vieillesse, tout chez la femme a parlé, les passions se sont incrustées sur son visage ; elle a été amante, épouse, mère ; les expressions les plus violentes de la joie et de la douleur ont fini par grimer, torturer ses traits, par s'y empreindre en mille rides, qui toutes ont un langage ; et une tête de femme devient alors sublime d'horreur, belle de mélancolie, ou magnifique de calme ; s'il est permis de poursuivre cette étrange métaphore, le lac desséché laisse voir alors les traces de tous les torrents qui l'ont produit : une tête de vieille femme n'appartient plus alors ni au monde qui, frivole, est effrayé d'y apercevoir la destruction de toutes les idées d'élégance auxquelles il est habitué, ni aux artistes vulgaires qui n'y découvrent rien ; mais aux vrais poètes, à ceux qui ont le sentiment d'un beau indépendant de toutes les conventions sur lesquelles reposent tant de préjugés en fait d'art et de beauté.

Quoique madame d'Aiglemont portât sur sa tête une capote à la mode, il était facile de voir que sa chevelure, jadis noire, avait été blanchie par de cruelles émotions ; mais la manière dont elle la séparait en deux bandeaux trahissait son bon goût, révélait les gracieuses habitudes de la femme élégante, et dessinait parfaitement son front flétri, ridé, dans la forme duquel se retrouvaient quelques traces de son ancien éclat. La coupe de sa figure, la régularité de ses traits donnaient une idée, faible à la vérité, de la beauté dont elle avait dû être orgueilleuse ; mais ces indices accusaient encore mieux les douleurs, qui avaient été assez aiguës pour creuser ce visage, pour en dessécher les tempes, en rentrer les joues, en meurtrir les paupières et les dégarnir de cils, cette grâce du regard. Tout était silencieux en cette femme : sa démarche et ses mouvements avaient cette lenteur grave et recueillie qui imprime le respect. Sa modestie, changée en timidité, semblait être le résultat de l'habitude, qu'elle avait prise depuis quelques années, de s'effacer devant sa fille ; puis sa parole était rare, douce, comme celle de toutes les personnes forcées de réfléchir, de se concentrer, de vivre en elles-mêmes. Cette attitude et cette contenance inspiraient un sentiment indéfinissable, qui n'était ni la crainte ni la compassion, mais dans lequel se fondaient mystérieusement toutes les idées que réveillent ces diverses affections. Enfin la nature de ses rides, la manière dont son visage était plissé, la pâleur de son regard endolori, tout témoignait éloquemment de ces larmes qui, dévorées par le cœur, ne tombent jamais à terre. Les malheureux accoutumés à contempler le ciel pour en appeler à lui des maux de leur vie eussent facilement reconnu dans les yeux de cette mère les cruelles habitudes d'une prière faite à chaque instant du jour, et les légers vestiges de ces meurtrissures secrètes qui finissent par détruire les fleurs de l'âme et jusqu'au sentiment de la maternité. Les peintres ont des couleurs pour ces portraits, mais les idées et les paroles sont impuissantes pour les traduire fidèlement ; il s'y rencontre, dans les tons du teint, dans l'air de la figure, des phénomènes inexplicables que l'âme saisit par la vue, mais le récit des événements auxquels sont dus de si terribles bouleversements de physionomie est la seule ressource qui reste au poète pour les faire comprendre. Cette figure annonçait un orage calme et froid, un secret combat entre l'héroïsme de la douleur maternelle et l'infirmité de nos sentiments, qui sont finis comme nous-mêmes et où rien ne se trouve d'infini. Ces souffrances sans cesse refoulées avaient produit à la longue je ne sais quoi de morbide en cette femme. Sans doute quelques émotions trop violentes avaient physiquement altéré ce cœur maternel, et quelque maladie, un anévrisme peut-être, menaçait lentement cette femme à son insu. Les peines vraies sont en apparence si tranquilles dans le lit profond qu'elles se sont fait, où elles semblent dormir, mais où elles continuent à corroder l'âme comme cet épouvantable acide qui perce le cristal ! En ce moment deux larmes sillonnèrent les joues de la marquise, et elle se leva comme si quelque réflexion plus poignante que toutes les autres l'eût vivement blessée. Elle avait sans doute jugé l'avenir de Moïna. Or, en prévoyant les douleurs qui attendaient sa fille, tous les malheurs de sa propre vie lui étaient retombés sur le cœur.

La situation de cette mère sera comprise en expliquant celle de sa fille.

Le comte de Saint-Héreen était parti depuis environ six mois pour accomplir une mission politique. Pendant cette absence, Moïna, qui à toutes les vanités de la petite-maîtresse joignait les capricieux vouloirs de l'enfant gâté, s'était amusée, par étourderie ou pour obéir aux mille coquetteries de la femme, et peut-être pour en essayer le pouvoir, à jouer avec la passion d'un homme habile, mais sans cœur, se disant ivre d'amour, de cet amour avec lequel se combinent toutes les petites ambitions sociales et vaniteuses du fat. Madame d'Aiglemont, à laquelle une longue expérience avait appris à connaître la vie, à juger les hommes, à redouter le monde, avait observé les progrès de cette intrigue et pressentait la perte de sa fille en la voyant tombée entre les mains d'un homme à qui rien n'était sacré. N'y avait-il pas pour elle quelque chose d'épouvantable à rencontrer *un roué* dans l'homme que Moïna écoutait avec plaisir? Son enfant chérie se trouvait donc au bord d'un abîme. Elle en avait une horrible certitude, et n'osait l'arrêter, car elle tremblait devant la comtesse. Elle savait d'avance que Moïna n'écouterait aucun de ses sages avertissements; elle n'avait aucun pouvoir sur cette âme, de fer pour elle et toute moelleuse pour les autres. Sa tendresse l'eût portée à s'intéresser aux malheurs d'une passion justifiée par les nobles qualités du séducteur, mais sa fille suivait un mouvement de coquetterie; et la marquise méprisait le comte Alfred de Vandenesse, sachant qu'il était homme à considérer sa lutte avec Moïna comme une partie d'échecs. Quoique Alfred de Vandenesse fît horreur à cette malheureuse mère, elle était obligée d'ensevelir dans le pli le plus profond de son cœur les raisons suprêmes de son aversion. Elle était intimement liée avec le marquis de Vandenesse, père d'Alfred, et cette amitié, respectable aux yeux du monde, autorisait le jeune homme à venir familièrement chez madame de Saint-Héreen, pour laquelle il feignait une passion conçue dès l'enfance. D'ailleurs, en vain madame d'Aiglemont se serait-elle décidée à jeter entre sa fille et Alfred de Vandenesse une terrible parole qui les eût séparés; elle était certaine de n'y pas réussir, malgré la puissance de cette parole, qui l'eût déshonorée aux yeux de sa fille. Alfred avait trop de corruption, Moïna trop d'esprit pour croire à cette révélation, et la jeune vicomtesse l'eût éludée en la traitant de ruse maternelle. Madame d'Aiglemont avait bâti son cachot de ses propres mains et s'y était murée elle-même pour y mourir en voyant se perdre la belle vie de Moïna, cette vie devenue sa gloire, son bonheur et sa consolation, une existence pour elle mille fois plus chère que la sienne. Horribles souffrances, incroyables, sans langage! abîmes sans fond!

Elle attendait impatiemment le lever de sa fille, et néanmoins elle le redoutait, semblable au malheureux condamné à mort qui voudrait en avoir fini avec la vie, et qui cependant a froid en pensant au bourreau. La marquise avait résolu de tenter un dernier effort ; mais elle craignait peut-être moins d'échouer dans sa tentative que de recevoir encore une de ces blessures si douloureuses à son cœur qu'elles avaient épuisé tout son courage. Son amour de mère en était arrivé là : aimer sa fille, la redouter, appréhender un coup de poignard et aller au-devant. Le sentiment maternel est si large dans les cœurs aimants qu'avant d'arriver à l'indifférence une mère doit mourir ou s'appuyer sur quelque grande puissance, la religion ou l'amour. Depuis son lever, la fatale mémoire de la marquise lui avait retracé plusieurs de ces faits, petits en apparence, mais qui dans la vie morale sont de grands événements. En effet, parfois un geste enferme tout un drame, l'accent d'une parole déchire toute une vie, l'indifférence d'un regard tue la plus heureuse passion. La marquise d'Aiglemont avait malheureusement vu trop de ces gestes, entendu trop de ces paroles, reçu trop de ces regards affreux à l'âme, pour que ses souvenirs pussent lui donner des espérances. Tout lui prouvait qu'Alfred l'avait perdu dans le cœur de sa fille, où elle restait, elle, la mère, moins comme un plaisir que comme un devoir. Mille choses, des riens même lui attestaient la conduite détestable de la comtesse envers elle, ingratitude que la marquise regardait peut-être comme une punition. Elle cherchait des excuses à sa fille dans les desseins de la Providence, afin de pouvoir encore adorer la main qui la frappait. Pendant cette matinée elle se souvint de tout, et tout la frappa de nouveau si vivement au cœur que sa coupe, remplie de chagrins, devait déborder si la plus légère peine y était jetée. Un regard froid pouvait tuer la marquise. Il est difficile de peindre ces faits domestiques, mais quelques-uns suffiront peut-être à les indiquer tous. Ainsi la marquise, étant devenue un peu sourde, n'avait jamais pu obtenir de Moïna qu'elle élevât la voix pour elle ; et le jour où, dans la naïveté de l'être souffrant, elle pria sa fille de répéter une phrase dont elle n'avait rien saisi, la comtesse obéit, mais avec un air de mauvaise grâce qui ne permit pas à madame d'Aiglemont de réitérer sa modeste prière. Depuis ce jour, quand Moïna racontait un événement ou parlait, la marquise avait soin de s'approcher d'elle ; mais souvent la comtesse paraissait ennuyée de l'infirmité qu'elle reprochait étourdiment à sa mère. Cet exemple, pris entre mille, ne pouvait frapper que le cœur d'une mère. Toutes ces choses eussent échappé peut-être à un observateur, car c'était des nuances insensibles pour d'autres yeux que ceux d'une femme. Ainsi madame d'Aiglemont ayant un jour dit à sa fille que la princesse de Cadignan était venue la voir, Moïna s'écria simplement : — Comment! elle est venue pour vous! L'air dont ces paroles furent dites, l'accent que la comtesse y mit, peignaient par de légères teintes un étonnement, un mépris élégant qui ferait trouver aux cœurs toujours jeunes et tendres de la philanthropie dans la coutume en vertu de laquelle les sauvages tuent leurs vieillards quand ils ne peuvent plus se tenir à la branche d'un arbre fortement secoué. Madame d'Aiglemont se leva, sourit, et alla pleurer en secret. Les gens bien élevés, et les femmes surtout, ne trahissent leurs sentiments que par des touches imperceptibles, mais qui n'en font pas moins deviner les vibrations de leurs cœurs à ceux qui peuvent retrouver dans leur vie des situations analogues à celle de cette mère meurtrie. Accablée par ses souvenirs, madame d'Aiglemont retrouva l'un de ces faits microscopiques si piquants, si cruels, où elle n'avait jamais mieux vu qu'en ce moment le mépris atroce caché sous des sourires. Mais ses larmes se séchèrent quand elle entendit ouvrir les persiennes de la chambre où reposait sa fille. Elle accourut en se dirigeant vers les fenêtres par le sentier qui passait le long de la grille devant laquelle elle était naguère assise. Tout en marchant, elle remarqua le soin particulier que le jardinier avait mis à ratisser le sable de cette allée, assez mal tenue depuis peu de temps. Quand madame d'Aiglemont arriva sous les fenêtres de sa fille, les persiennes se refermèrent brusquement.

— Moïna, dit-elle.

Point de réponse.

— Madame la comtesse est dans le petit salon, dit la femme de chambre de Moïna quand la marquise rentrée au logis demanda si sa fille était levée.

Madame d'Aiglemont avait le cœur trop plein et la tête trop fortement préoccupée pour réfléchir en ce moment sur des circonstances si légères; elle passa promptement dans le petit salon où elle trouva la comtesse en peignoir, un bonnet négligemment jeté sur une chevelure en désordre, les pieds dans ses pantoufles, ayant la clef de sa chambre dans sa ceinture, le visage empreint de pensées presque orageuses et des couleurs animées. Elle était assise sur un divan, et paraissait réfléchir.

— Pourquoi vient-on? dit-elle d'une voix dure. Ah! c'est vous, ma mère, reprit-elle d'un air distrait après s'être interrompue elle-même.

— Oui, mon enfant, c'est ta mère...

L'accent avec lequel madame d'Aiglemont prononça ces paroles peignit une effusion de cœur et une émotion intime, dont il serait difficile de donner une idée sans employer le mot de sainteté. Elle avait en effet si bien revêtu le caractère sacré d'une mère, que sa fille en fut frappée, et se tourna vers elle par un mouvement qui exprimait à la fois le respect, l'inquiétude et le remords. La marquise ferma la porte de ce salon, où personne ne pouvait entrer sans faire du bruit dans les pièces précédentes. Cet éloignement garantissait de toute indiscrétion.

— Ma fille, dit la marquise, il est de mon devoir de t'éclairer sur une des crises les plus importantes dans notre vie de femme, et dans laquelle tu te trouves à ton insu peut-être, mais dont je viens te parler moins en mère qu'en amie. En te mariant, tu es devenue libre de tes actions, tu n'en dois compte qu'à ton mari; mais je t'ai si peu fait sentir l'autorité maternelle (et ce fut un tort peut-être), que je me crois en droit de me faire écouter de toi, une fois au moins, dans la situation grave où tu dois avoir besoin de conseils. Songe, Moïna, que je t'ai mariée à un homme d'une haute capacité, de qui tu peux être fière, que...

— Ma mère, s'écria Moïna d'un air mutin et en l'interrompant, je sais ce que vous venez me dire... Vous allez me prêcher au sujet d'Alfred....

— Vous ne devineriez pas si bien, Moïna, reprit gravement la marquise en essayant de retenir ses larmes, si vous ne sentiez pas...

— Quoi? dit-elle d'un air presque hautain. Mais, ma mère, en vérité....

— Moïna, s'écria madame d'Aiglemont en faisant un effort extraordinaire, il faut que vous entendiez attentivement ce que je dois vous dire....

— J'écoute, dit la comtesse en se croisant les bras et affectant une impertinente soumission. Permettez-moi, ma mère, dit-elle avec un sang-froid incroyable, de sonner Pauline pour la renvoyer...

Elle sonna.

— Ma chère enfant, Pauline ne peut pas entendre...

— Maman, reprit la comtesse d'un air sérieux, et qui aurait dû paraître extraordinaire à la mère, je dois... Elle s'arrêta, la femme de chambre arrivait. — Pauline, allez *vous-même* chez Baudran savoir pourquoi je n'ai pas encore mon chapeau...

Elle se rassit et regarda sa mère avec attention. La marquise, dont le cœur était gonflé, les yeux secs, et qui ressentait alors une de ces émotions dont la douleur ne peut être comprise que par les mères, prit la parole pour instruire Moïna du danger qu'elle courait. Mais, soit que la comtesse se trouvât blessée des soupçons que sa mère concevait sur le fils du marquis de Vandenesse, soit qu'elle fût en proie à l'une de ces folies incompréhensibles dont le secret est dans l'inexpérience de toutes les jeunesses, elle profita d'une pause faite par sa mère pour lui dire en riant d'un rire forcé : — Maman, je ne te croyais jalouse que du père....

A ce mot, madame d'Aiglemont ferma les yeux, baissa la tête et poussa le plus léger de tous les soupirs. Elle jeta son regard en l'air, comme pour obéir au sentiment invincible qui nous fait invoquer Dieu dans les grandes crises de la vie, et dirigea sur sa fille ses yeux pleins d'une majesté terrible, empreints aussi d'une profonde douleur.

— Ma fille, dit-elle d'une voix gravement altérée, vous avez été plus impitoyable envers votre mère que ne le fut l'homme offensé par elle, plus que ne le sera Dieu peut-être.

Madame d'Aiglemont se leva; mais arrivée à la porte, elle se retourna, ne vit que de la surprise dans les yeux de sa fille, sortit et put aller jusque dans le jardin, où ses forces l'abandonnèrent. Là, ressentant au cœur de fortes douleurs, elle tomba sur un banc. Ses yeux, qui erraient sur le sable, y aperçurent la récente empreinte d'un pas d'homme, dont les bottes avaient laissé des marques très-reconnaissables. Sans aucun doute, sa fille était perdue, elle crut comprendre alors le motif de la commission donnée à Pauline. Cette idée cruelle fut accompagnée d'une révélation plus odieuse que ne l'était tout le reste. Elle supposa que le fils du marquis de Vandenesse avait détruit dans le cœur de Moïna ce respect dû par une fille à sa mère. Sa souffrance s'accrut, elle s'évanouit insensiblement, et demeura comme endormie. La jeune comtesse trouva que sa mère s'était permis de lui donner *un coup de boutoir* un peu sec, et pensa que le soir une caresse ou quelques attentions feraient les frais du raccommodement. Entendant un cri de femme dans le jardin, elle se pencha négligemment au moment où Pauline, qui n'était pas encore sortie, appelait au secours, et tenait la marquise dans ses bras.

— N'effrayez pas ma fille, fut le dernier mot que prononça cette mère.

Moïna vit transporter sa mère, pâle, inanimée, respirant avec difficulté, mais agitant les bras comme si elle voulait ou lutter ou parler. Atterrée par ce spectacle, Moïna suivit sa mère, aida silencieusement à la coucher sur son lit et à la déshabiller. Sa faute l'accabla. En ce moment suprême, elle connut sa mère, et ne pouvait plus rien réparer. Elle voulut être seule avec elle; et quand il n'y eut plus personne dans la chambre, qu'elle sentit le froid de cette main pour elle toujours caressante, elle fondit en larmes. Réveillée par ces pleurs, la marquise put encore regarder sa chère Moïna; puis, au bruit de ses sanglots, qui semblaient vouloir briser ce sein délicat et en désordre, elle contempla sa fille en souriant. Ce sourire prouvait à cette jeune parricide que le cœur d'une mère est un abîme au fond duquel se trouve toujours un pardon. Aussitôt que l'état de la marquise fut connu, des gens à cheval avaient été expédiés pour aller chercher le médecin, le chirurgien et les petits-enfants de madame d'Aiglemont. La jeune marquise et ses enfants arrivèrent en même temps que les gens de l'art et formèrent une assemblée assez imposante, silencieuse, inquiète, à laquelle se mêlèrent les domestiques. La jeune marquise, qui n'entendait aucun bruit, vint frapper doucement à la porte de la chambre. A ce signal, Moïna, réveillée sans doute dans sa douleur, poussa brusquement les deux battants, jeta des yeux hagards sur cette assemblée de famille et se montra dans un désordre qui parlait plus haut que le langage. A l'aspect de ce remords vivant chacun resta muet. Il était facile d'apercevoir les pieds de la marquise roides et tendus convulsivement sur le lit de mort. Moïna s'appuya sur la porte, regarda ses parents, et dit d'une voix creuse : — *J'ai perdu ma mère !*

Paris, 1828-1842.

FIN.

LE CONTRAT DE MARIAGE.

DÉDIÉ A G. ROSSINI.

Monsieur de Manerville le père était un bon gentilhomme normand bien connu du maréchal de Richelieu, qui lui fit épouser une des plus riches héritières de Bordeaux dans le temps où le vieux duc y alla trôner en sa qualité de gouverneur de Guienne. Le Normand vendit les terres qu'il possédait en Bessin et se fit Gascon, séduit par la beauté du château de Lanstrac, délicieux séjour qui appartenait à sa femme. Dans les derniers jours du règne de Louis XV, il acheta la charge de major des Gardes de la Porte, et vécut jusqu'en 1813, après avoir fort heureusement traversé la révolution. Voici comment. Il alla vers la fin de l'année 1790 à la Martinique, où sa femme avait des intérêts, et confia la gestion de ses biens de Gascogne à un honnête clerc de notaire, appelé Mathias, qui donnait alors dans les idées nouvelles. A son retour, le comte de Manerville trouva ses propriétés intactes et profitablement gérées. Ce savoir-faire était un fruit produit par la greffe du Gascon sur le Normand. Madame de Manerville mourut en 1810. Instruit de l'importance des intérêts par les dissipations de sa jeunesse et, comme beaucoup de vieillards, leur accordant plus de place qu'ils n'en ont dans la vie, monsieur de Manerville devint progressivement économe, avare et ladre. Sans songer que l'avarice des pères prépare la prodigalité des enfants, il ne donna presque rien à son fils, encore que ce fût un fils unique.

Paul de Manerville, revenu vers la fin de l'année 1810 du collège de Vendôme, resta sous la domination paternelle pendant trois

Le bon monsieur MATHIAS.

(LE CONTRAT DE MARIAGE.)

années. La tyrannie que fit peser sur son héritier un vieillard de soixante-dix-neuf ans influa nécessairement sur un cœur et sur un caractère qui n'étaient pas formés. Sans manquer de ce courage physique qui semble être dans l'air de la Gascogne, Paul n'osa lutter contre son père, et perdit cette faculté de résistance qui engendre le courage moral. Ses sentiments comprimés allèrent au fond de son cœur, où il les garda long-temps sans les exprimer; puis plus tard, quand il les sentit en désaccord avec les maximes du monde, il put bien penser et mal agir. Il se serait battu pour un mot, et tremblait à l'idée de renvoyer un domestique; car sa timidité s'exerçait dans les combats qui demandent une volonté constante. Capable de grandes choses pour fuir la persécution, il ne l'aurait ni prévenue par une opposition systématique, ni affrontée par un déploiement continu de ses forces. Lâche en pensée, hardi en actions, il conserva long-temps cette candeur secrète qui rend l'homme la victime et la dupe volontaire de choses contre lesquelles certaines âmes hésitent à s'insurger, aimant mieux les souffrir que de s'en plaindre. Il était emprisonné dans le vieil hôtel de son père, car il n'avait pas assez d'argent pour frayer avec les jeunes gens de la ville, il enviait leurs plaisirs sans pouvoir les partager. Le vieux gentilhomme le menait chaque soir dans une vieille voiture, traînée par de vieux chevaux mal attelés, accompagné de ses vieux laquais mal habillés, dans une société royaliste, composée des débris de la noblesse parlementaire et de la noblesse d'épée. Réunies depuis la révolution pour résister à l'influence impériale, ces deux noblesses s'étaient transformées en une aristocratie territoriale. Écrasé par les hautes et mouvantes fortunes des villes maritimes, ce faubourg Saint-Germain de Bordeaux répondait par son dédain au faste qu'étalaient alors le commerce, les administrations et les militaires. Trop jeune pour comprendre les distinctions sociales et les nécessités cachées sous l'apparente vanité qu'elles créent, Paul s'ennuyait au milieu de ces antiquités, sans savoir que plus tard ses relations de jeunesse lui assureraient cette prééminence aristocratique que la France aimera toujours. Il trouvait de légères compensations à la maussaderie de ses soirées dans quelques exercices qui plaisent aux jeunes gens, car son père les lui imposait. Pour le vieux gentilhomme, savoir manier les armes, être excellent cavalier, jouer à la paume, acquérir de bonnes manières, enfin la frivole instruction des seigneurs d'autrefois constituait un jeune homme accompli. Paul faisait donc tous les matins des armes, allait au manége et tirait le pistolet. Le reste du temps, il l'employait à lire des romans, car son père n'admettait pas les études transcendantes par lesquelles se terminent aujourd'hui les éducations. Une vie si monotone eût tué ce jeune homme, si la mort de son père ne l'eût délivré de cette tyrannie au moment où elle était devenue insupportable. Paul trouva des capitaux considérables accumulés par l'avarice paternelle, et des propriétés dans le meilleur état du monde ; mais il avait Bordeaux en horreur, et n'aimait pas davantage Lanstrac, où son père allait passer tous les étés et le menait à la chasse du matin au soir.

Dès que les affaires de la succession furent terminées, le jeune héritier avide de jouissances acheta des rentes avec ses capitaux, laissa la gestion de ses domaines au vieux Mathias, le notaire de son père, et passa six années loin de Bordeaux. Attaché d'ambassade à Naples, d'abord ; il alla plus tard comme secrétaire à Madrid, à Londres, et fit ainsi le tour de l'Europe. Après avoir connu le monde, après s'être dégrisé de beaucoup d'illusions, après avoir dissipé les capitaux liquides que son père avait amassés, il vint un moment où, pour continuer son train de vie, Paul dut prendre les revenus territoriaux que son notaire lui avait accumulés. En ce moment critique, saisi par une de ces idées prétendues sages, il voulut quitter Paris, revenir à Bordeaux, diriger ses affaires, mener une vie de gentilhomme à Lanstrac, améliorer ses terres, se marier, et arriver un jour à la députation. Paul était comte, la noblesse redevenait une valeur matrimoniale, il pouvait et devait faire un bon mariage. Si beaucoup de femmes désirent épouser un titre, beaucoup plus encore veulent un homme à qui l'entente de la vie soit familière. Or, Paul avait acquis pour une somme de sept cent mille francs, mangée en six ans, cette charge, qui ne se vend pas et qui vaut mieux qu'une charge d'agent de change ; qui exige aussi de longues études, un stage, des examens, des connaissances, des amis, des ennemis, une certaine élégance de taille, certaines manières, un nom facile et gracieux à prononcer ; une charge qui d'ailleurs rapporte des bonnes fortunes, des duels, des paris perdus aux courses, des déceptions, des ennuis, des travaux, et force plaisirs indigestes. Il était enfin un homme élégant. Malgré ses folles dépenses, il n'avait pu devenir un homme à la mode. Dans la burlesque armée des gens du monde, l'homme à la mode représente le maréchal de France, l'homme élégant équivaut à un lieutenant-général. Paul jouissait de sa petite réputation d'élégance et savait la soutenir. Ses gens avaient une excellente tenue, ses équipages étaient cités, ses soupers avaient quelque succès, enfin sa *garçonnière* était comptée parmi les sept ou huit dont le faste égalait celui des meilleures maisons de Paris. Mais il n'avait fait le malheur d'aucune femme, mais il jouait sans perdre, mais il avait du bonheur sans éclat, mais il avait trop de probité pour tromper qui que ce fût, même une fille ; mais il ne laissait pas traîner ses billets doux, et n'avait pas un coffre aux lettres d'amour dans lequel ses amis pussent puiser en attendant qu'il eût fini de mettre son col ou de se faire la barbe ; mais ne voulant point entamer ses terres de Guyenne, il n'avait pas cette témérité qui conseille de grands coups et attire l'attention à tout prix sur un jeune homme ; mais il n'empruntait d'argent à personne, et avait le tort d'en prêter à des amis qui l'abandonnaient et ne parlaient plus de lui ni en bien ni en mal. Il semblait avoir chiffré son désordre. Le secret de son caractère était dans la tyrannie paternelle qui avait fait de lui comme un métis social. Donc un matin, il dit à l'un de ses amis nommé de Marsay, qui depuis devint illustre : — Mon cher ami, la vie a un sens.

— Il faut être arrivé à vingt-sept ans pour la comprendre, répondit railleusement de Marsay.

— Oui, j'ai vingt-sept ans, et précisément à cause de mes vingt-sept ans, je veux aller vivre à Lanstrac en gentilhomme. J'habiterai Bordeaux où je transporterai mon mobilier de Paris, dans le vieil hôtel de mon père, et viendrai passer trois mois d'hiver ici, dans cette maison que je garderai.

— Et tu te marieras ?

— Et je me marierai.

— Je suis ton ami, mon gros Paul, tu le sais, dit de Marsay après un moment de silence, eh ! bien, sois bon père et bon époux, tu deviendras ridicule pour le reste de tes jours. Si tu pouvais être heureux et ridicule, la chose devrait être prise en considération ; mais tu ne seras pas heureux. Tu n'as pas le poignet assez fort pour gouverner un ménage. Je te rends justice : tu es un parfait cavalier ; personne mieux que toi ne sait rendre et ramasser les guides, faire piaffer un cheval, et rester vissé sur ta selle. Mais, mon cher, le mariage est une autre allure. Je te vois d'ici, mené grand train par madame la comtesse de Manerville, allant contre ton gré plus souvent au galop qu'au trop, et bientôt désarçonné !..... oh ! mais désarçonné de manière à demeurer dans le fossé, les jambes cassées. Écoute. Il te reste quarante et quelques mille livres de rente en propriétés dans le département de la Gironde. Bien. Emmène tes chevaux et tes gens, meuble ton hôtel à Bordeaux, tu seras le roi de Bordeaux, tu y promulgueras les arrêts que nous porterons à Paris, tu seras le correspondant de nos stupidités. Très-bien. Fais des folies en province, fais-y même des sottises, encore mieux ! peut-être gagneras-tu de la célébrité. Mais... ne te marie pas. Qui se marie aujourd'hui ? Des commerçants dans l'intérêt de leur capital ou pour être deux à tirer la charrue, des paysans qui veulent en produisant beaucoup d'enfants se faire des ouvriers, des agents de change ou des notaires obligés de payer leurs charges, de malheureux rois qui continuent de malheureuses dynasties. Nous sommes seuls exempts du bât, et tu vas t'en harnacher ? Enfin pourquoi te maries-tu ? tu dois compte de tes raisons à ton meilleur ami ? D'abord, quand tu épouserais une héritière aussi riche que toi, quatre-vingt mille livres de rente pour deux ne sont pas la même chose que quarante mille livres de rente pour un, parce qu'on se trouve bientôt trois, et quatre s'il nous arrive un enfant. Aurais-tu par hasard de l'amour pour cette sotte race des Manerville qui ne te donnera que des chagrins ? tu ignores donc le métier de père et de mère ? Le mariage, mon gros Paul, est la plus sotte des immolations sociales ; nos enfants seuls en profitent et n'en connaissent le prix qu'au moment où leurs chevaux paissent les fleurs nées sur nos tombes. Regrettes-tu ton père, ce tyran qui t'a désolé ta jeunesse ? Comment t'y prendras-tu pour te faire aimer de tes enfants ? Tes prévoyances pour leur éducation, tes soins de leur bonheur, tes sévérités nécessaires les désaffectionneront. Les enfants aiment un père prodigue ou faible qu'ils mépriseront plus tard. Tu seras donc entre la crainte et le mépris. N'est pas bon père de famille qui veut ! Tourne les yeux sur nos amis, et dis-moi ceux de qui tu voudrais pour fils ? nous en avons connu qui déshonoraient leur nom. Les enfants, mon cher, sont des marchandises très-difficiles à soigner. Les tiens seront des anges, soit ! As-tu jamais sondé l'abîme qui sépare la vie du garçon de la vie de l'homme marié ? Écoute. Garçon, tu peux te dire : — « Je n'aurai que telle somme de ridicule, le public ne pensera de moi que ce que je lui permettrai de penser. » Marié, tu tombes dans l'infini du ridicule ! Garçon, tu te fais ton bonheur, tu en prends aujourd'hui, tu t'en passes demain ; marié, tu le prends comme il est, et, le jour où tu en veux, tu t'en passes. Marié, tu deviens ganache, tu calcules des dots, tu parles de morale publique et religieuse, tu trouves les jeunes gens immoraux, dangereux ; enfin tu deviendras un académicien social. Tu me fais pitié. Le vieux garçon dont l'héritage est attendu, qui se défend à son dernier soupir contre une vieille garde à laquelle il demande vainement à boire, est un béat en comparaison de l'homme marié. Je ne te parle pas de tout ce qui peut advenir de tracassant, d'ennuyant, d'impatientant, de tyrannisant, de contrariant, de gênant, d'idiotisant, de narcotique et de paralytique dans le combat de deux êtres toujours en présence, liés à jamais, et qui se sont attrapés tous deux en croyant se convenir ; non, ce serait recommencer la satire de Boileau, nous la savons par cœur. Je te pardonnerais ta pensée ridicule, si tu me promettais de te marier en grand seigneur, d'instituer un majorat avec ta fortune, de profiter de la lune de miel pour avoir deux enfants légitimes, de donner à ta femme une maison complète distincte de la tienne, de ne vous rencontrer que dans le monde, et de ne jamais revenir de voyage sans te faire annoncer par un courrier. Deux cent mille livres de rente suffisent à cette existence, et tes antécédents te permettent de la créer au moyen d'une riche Anglaise affamée d'un titre. Ah ! cette vie aristocratique me semble vraiment française, la seule grande, la seule qui nous obtienne le respect, l'amitié d'une femme, la seule qui nous distingue de la masse actuelle, enfin la seule pour laquelle un jeune homme puisse quitter la vie de garçon. Ainsi posé, le comte de Manerville conseille son époque, se met au-dessus de tout et ne peut plus être que ministre ou ambassadeur. Le ridicule ne l'atteindra jamais, il a conquis les avantages sociaux du mariage et garde les priviléges du garçon.

— Mais, mon bon ami, je ne suis pas de Marsay, je suis tout bonnement, comme tu me fais l'honneur de le dire toi-même, Paul de Manerville, bon père et bon époux, député du centre, et peut-être pair de France, destinée excessivement médiocre ; mais je suis modeste, je me résigne.

— Et ta femme, dit l'impitoyable de Marsay, se résignera-t-elle ?

— Ma femme, mon cher, fera ce que je voudrai.

— Ha, mon pauvre ami, tu en es encore là ? Adieu, Paul. Dès aujourd'hui je te refuse mon estime. Encore un mot, car je ne saurais souscrire froidement à ton abdication. Vois donc où gît la force de notre position. Un garçon, n'eût-il que six mille livres de rente, ne lui restât-il pour toute fortune que sa réputation d'élégance, que le souvenir de ses succès... Hé! bien, cette ombre fantastique comporte d'énormes valeurs. La vie offre encore des chances à ce garçon déteint. Oui, ses prétentions peuvent tout embrasser. Mais le mariage, Paul, c'est le : — *Tu n'iras pas plus loin* social. Marié, tu ne pourras plus être que ce que tu seras, à moins que ta femme ne daigne s'occuper de toi.

— Mais, dit Paul, tu m'écrases toujours sous des théories exceptionnelles! Je suis las de vivre pour les autres, d'avoir des chevaux pour les montrer, de tout faire en vue du qu'en dira-t-on, de me ruiner pour éviter que des niais s'écrient : — Tiens, Paul a toujours la même voiture. Où en est-il de sa fortune? Il la mange? il joue à la Bourse? Non, il est millionnaire. Madame une telle est folle de lui. Il a fait venir d'Angleterre un attelage qui, certes, est le plus beau de Paris. On a remarqué à Longchamps les calèches à quatre chevaux de messieurs de Marsay et de Manerville, elles étaient parfaitement attelées. Enfin, mille niaiseries avec lesquelles une masse d'imbéciles nous conduit. Je commence à voir que cette vie où l'on roule au lieu de marcher nous use et nous vieillit. Crois-moi, mon cher Henry, j'admire ta puissance, mais sans l'envier. Tu sais tout juger, tu peux agir et penser en homme d'État, te placer au-dessus des lois générales, des idées reçues, des préjugés admis, des convenances adoptées; enfin, tu perçois les bénéfices d'une situation dans laquelle je n'aurais, moi, que des malheurs. Tes déductions froides, systématiques, réelles peut-être, sont aux yeux de la masse, d'épouvantables immoralités. Moi, j'appartiens à la masse. Je dois jouer le jeu selon les règles de la société dans laquelle je suis forcé de vivre. En te mettant au sommet des choses humaines, sur ces pics de glace, tu trouves encore des sentiments ; mais moi j'y gèlerais. La vie de ce plus grand nombre auquel j'appartiens bourgeoisement se compose d'émotions dont j'ai maintenant besoin. Souvent un homme à bonnes fortunes coquette avec dix femmes, et n'en a pas une seule; puis, quels que soient sa force, son habileté, son usage du monde, il survient des crises où il se trouve comme écrasé entre deux portes. Moi, j'aime l'échange constant et doux de la vie, je veux cette bonne existence où vous trouvez toujours une femme près de vous.

— C'est un peu leste, le mariage, s'écria de Marsay.

Paul ne se décontenança pas et dit en continuant : — Ris, si tu veux ; moi, je me sentirai l'homme le plus heureux du monde quand mon valet de chambre entrera me disant : — Madame attend monsieur pour déjeuner. Quand je pourrai, le soir en rentrant, trouver un cœur....

— Toujours trop leste, Paul ! Tu n'es pas encore assez moral pour te marier.

— ... Un cœur à qui confier mes affaires et dire mes secrets. Je veux vivre assez intimement avec une créature pour que notre affection ne dépende pas d'un oui ou d'un non, d'une situation où le plus joli homme cause des désillusionnements à l'amour. Enfin, j'ai le courage nécessaire pour devenir, comme tu le dis, bon père et bon époux ! Je me sens propre aux joies de la famille, et veux me mettre dans les conditions exigées par la société pour avoir une femme, des enfants...

— Tu me fais l'effet d'un panier de mouches à miel. Marche ! tu seras une dupe toute ta vie. Ah ! tu veux te marier pour avoir une femme. En d'autres termes, tu veux résoudre heureusement à ton profit le plus difficile des problèmes que présentent aujourd'hui les mœurs bourgeoises créées par la révolution française, et tu commenceras par une vie d'isolement ! Crois-tu que ta femme ne voudra pas de cette vie que tu méprises? en aura-t-elle comme toi le dégoût ? Si tu ne veux pas de la belle conjugalité dont le programme vient d'être formulé par ton ami de Marsay, écoute un dernier conseil. Reste encore garçon pendant treize ans, amuse-toi comme un damné ; puis, à quarante ans, à ton premier accès de goutte, épouse une veuve de trente-six ans : tu pourras être heureux. Si tu prends une jeune fille pour femme, tu mourras enragé !

— Ah ! çà, dis-moi pourquoi ? s'écria Paul un peu piqué.

— Mon cher, répondit de Marsay, la satire de Boileau contre les femmes est une suite de banalités poétisées. Pourquoi les femmes n'auraient-elles pas des défauts ? Pourquoi les déshériter de l'Avoir le plus clair de la nature humaine ? Aussi, selon moi, le problème du mariage n'est-il plus là où ce critique l'a mis. Crois-tu donc qu'il en soit du mariage comme de l'amour, et qu'il suffise à un mari d'être homme pour être aimé ? Tu vas donc dans les boudoirs pour n'en rapporter que d'heureux souvenirs ? Tout, dans notre vie de garçon, prépare une fatale erreur à l'homme marié qui n'est pas un profond observateur du cœur humain. Dans les heureux jours de sa jeunesse, un homme, par la bizarrerie de nos mœurs, donne toujours le bonheur, il triomphe de femmes toutes séduites qui obéissent à des désirs. De part et d'autre, les obstacles que créent les lois, les sentiments et la défense naturelle à la femme, engendrent une mutualité de sensations qui trompe les gens superficiels sur leurs relations futures en état de mariage où les obstacles n'existent plus, où la femme souffre l'amour au lieu de le permettre, repousse souvent le plaisir au lieu de le désirer. Là, pour nous, la vie change d'aspect. Le garçon libre et sans soins, toujours agresseur, n'a rien à craindre d'un insuccès. En état de mariage, un échec est irréparable. S'il est possible à un amant de faire revenir une femme d'un arrêt défavorable, ce retour, mon cher, est le Waterloo des maris. Comme Napoléon, le mari est condamné à des victoires qui, malgré leur nombre, n'empêchent pas la première défaite de le renverser. La femme, si flattée de la persévérance, si heureuse de la colère d'un amant, les nomme brutalité chez un mari. Si le garçon choisit son terrain, si tout lui est permis, tout est défendu à un maître, et son champ de bataille est invariable. Puis, la lutte est inverse. Une femme est disposée à refuser ce qu'elle doit; tandis que, maîtresse, elle accorde ce qu'elle ne doit point. Toi qui veux te marier et qui te marieras, as-tu jamais médité sur le Code civil? Je ne me suis point sali les pieds dans ce bouge à commentaires, dans ce grenier à bavardages, appelé l'École de Droit, je n'ai jamais ouvert le Code, mais j'en vois les applications sur le vif du monde. Je suis légiste comme un chef de clinique est médecin. La maladie n'est pas dans les livres, elle est dans le malade. Le Code, mon cher, a mis la femme en tutelle, il l'a considérée comme un mineur, comme un enfant. Or, comment gouverne-t-on les enfants? Par la crainte. Dans ce mot, Paul est le mors de la bête. Tâte-toi le pouls! Vois si tu peux te déguiser en tyran, toi, si doux, si bon ami, si confiant; toi, de qui j'ai ri d'abord et que j'aime assez aujourd'hui pour te livrer ma science. Oui, ceci procède d'une science que déjà les Allemands ont nommée Anthropologie. Ah! si je n'avais pas résolu la vie par le plaisir, si je n'avais pas une profonde antipathie pour ceux qui pensent au lieu d'agir, si je ne méprisais pas les niais assez stupides pour croire à la vie d'un livre, quand les sables des déserts africains sont composés des cendres de je ne sais combien de Londres, de Venise, de Paris, de Rome inconnues, pulvérisées, j'écrirais un livre sur les mariages modernes, sur l'influence du système chrétien ; enfin, je mettrais un lampion sur ces tas de pierres aiguës parmi lesquelles se couchent les sectateurs du *multiplicamini* social. Mais, l'Humanité vaut-elle un quart d'heure de mon temps? Puis, le seul emploi raisonnable de l'encre n'est-il pas de piper les cœurs par des lettres d'amour ? Eh ! nous amèneras-tu la comtesse de Manerville ?

— Peut-être, dit Paul.

— Nous resterons amis, dit de Marsay.

— Si ?... répondit Paul.

— Sois tranquille, nous serons polis avec toi, comme la Maison-Rouge avec les Anglais à Fontenoy.

Quoique cette conversation l'eût ébranlé, le comte de Manerville se mit en devoir d'exécuter son dessein, et revint à Bordeaux pendant l'hiver de l'année 1821. Les dépenses qu'il fit pour restaurer et meubler son hôtel soutinrent dignement la réputation d'élégance qui le précédait. Introduit d'avance par ses anciennes relations dans la société royaliste de Bordeaux, à laquelle il appartenait par ses opinions autant que par son nom et par sa fortune, il y obtint la royauté fashionable. Son savoir-vivre, ses manières, son éducation parisienne enchantèrent le faubourg Saint-Germain bordelais. Une vieille marquise se servit d'une expression jadis en usage à la Cour pour désigner la florissante jeunesse des Beaux, des Petits-Maîtres d'autrefois, et dont le langage, les façons faisaient loi : elle dit de lui qu'il était *la fleur des pois*. La société libérale ramassa le mot, en fit un surnom pris par elle en moquerie, et par les royalistes en bonne part. Paul de Manerville acquitta glorieusement les obligations que lui imposait son surnom. Il lui advint ce qui arrive aux acteurs médiocres : le jour où le public leur accorde son attention, ils deviennent presque bons. En se sentant à son aise, Paul déploya les qualités que comportaient ses défauts. Sa raillerie n'avait rien d'âpre ni d'amer, ses manières n'étaient point hautaines, sa conversation avec les femmes exprimait le respect qu'elles aiment, ni trop de déférence ni trop de familiarité; sa fatuité n'était qu'un soin de sa personne qui le rendait agréable, il avait égard au rang, il permettait aux jeunes gens un laisser-aller auquel son expérience parisienne posait des bornes; quoique très-fort au pistolet et à l'épée, il avait une douceur féminine dont on lui savait gré. Sa taille moyenne et son embonpoint qui n'arrivait pas encore à l'obésité, deux obstacles à l'élégance personnelle, n'empêchaient point son extérieur d'aller à son rôle de Brummel bordelais. Un teint blanc rehaussé par la coloration de la santé, de belles mains, un joli pied, des yeux bleus à longs cils, des cheveux noirs, des mouvements gracieux, une voix de poitrine qui se tenait toujours au médium et vibrait dans le cœur, tout en lui s'harmoniait avec son surnom. Paul était bien cette fleur délicate qui veut une soigneuse culture, dont les qualités ne se déploient que dans un terrain humide et complaisant, que les façons dures empêchent de s'élever, que brûle un trop vif rayon de soleil, et que la gelée abat. Il était un de ces hommes faits pour recevoir le bonheur plus que pour le donner, qui tiennent beaucoup de la femme, qui veulent être devinés, encouragés, enfin pour lesquels l'amour conjugal doit avoir quelque chose de providentiel. Si ce caractère crée des difficultés dans la vie intime, il est gracieux et plein d'attraits pour le monde. Aussi Paul eut-il de grands succès dans le cercle étroit de la province, où son esprit, tout en demi-teintes, devait être mieux apprécié qu'à Paris. L'arrangement de son hôtel et la restauration du château de Lanstrac, où il introduisit le luxe et le comfort anglais, absorbèrent les capitaux que depuis six ans lui plaçait son notaire. Strictement réduit à ses quarante et quelques mille livres de rente, il crut être sage en ordonnant sa maison de manière à ne rien dépenser au delà. Quand il eut officiellement promené ses équipages, traité les jeunes gens les plus distingués de la ville, fait des parties de chasse avec eux dans son château restauré, Paul comprit que la vie de province n'allait pas sans le mariage. Trop jeune encore pour employer son temps aux occupations avaricieuses ou s'intéresser aux améliorations spéculatrices dans lesquelles les gens de province finissent par s'engager, et que nécessite l'établissement de leurs enfants, il éprouva bientôt le besoin des changeantes distractions dont l'habitude devient la vie d'un Parisien. Un nom à conserver, des héritiers auxquels il transmettrait ses biens, les relations que lui créerait une maison où pourraient se réunir les principales familles du pays, l'ennui des liaisons irrégulières ne furent pas cependant des raisons déterminantes. Dès son arrivée à Bordeaux, il s'était secrètement épris de la reine de Bordeaux, la célèbre mademoiselle Évangélista.

Vers le commencement du siècle, un riche Espagnol, ayant nom Évangélista, vint s'établir à Bordeaux, où ses recommandations autant que sa fortune l'avaient fait recevoir dans les salons nobles. Sa femme contribua beaucoup à le maintenir en bonne odeur au milieu de cette aristocratie qui ne l'avait peut-être si facilement adopté que pour piquer la société du second ordre. Créole et semblable aux femmes servies par des esclaves, madame Évangélista, qui d'ailleurs appartenait aux Casa-Réal, illustre famille de la monarchie espagnole, vivait en grande dame, ignorait la valeur de l'argent, et ne réprimait aucune de ses fantaisies, même les plus dispendieuses, en les trouvant toujours satisfaites par un homme amoureux qui lui cachait généreusement les rouages de la finance. Heureux de la voir se plaire à Bordeaux où ses affaires l'obligeaient de séjourner, l'Espagnol y fit l'acquisition d'un hôtel, tint maison, reçut avec grandeur et donna des preuves du meilleur goût en toutes choses. Aussi, de 1800 à 1812, ne fut-il question dans Bordeaux que de monsieur et madame Évangélista. L'Espagnol mourut en 1813, laissant sa femme veuve à trente-deux ans, avec une immense fortune et la plus jolie fille du monde, un enfant de onze ans, qui promettait d'être et qui fut une personne accomplie. Quelque habile que fût madame Évangélista, la restauration altéra sa position; le parti royaliste s'épura, quelques familles quittèrent Bordeaux. Quoique la tête et la main de son mari manquassent à la direction de ses affaires, pour lesquelles elle eut l'insouciance de la créole et l'inaptitude de la petite-maîtresse, elle ne voulut rien changer à sa manière de vivre. Au moment où Paul prenait la résolution de revenir dans sa patrie, mademoiselle Natalie Évangélista était une personne remarquablement belle et en apparence le plus riche parti de Bordeaux, où l'on ignorait la progressive diminution des capitaux de sa mère, qui, pour prolonger son règne, avait dissipé des sommes énormes. Des fêtes brillantes et la continuation d'un train royal entretenaient le public dans la croyance où il était des richesses de la maison Évangélista. Natalie atteignit à sa dix-neuvième année, et nulle proposition de mariage n'était parvenue à l'oreille de sa mère. Habituée à satisfaire ses caprices de jeune fille, mademoiselle Évangélista portait des cachemires, avait des bijoux, et vivait au milieu d'un luxe qui effrayait les spéculateurs, dans un pays et à une époque où les enfants calculent aussi bien que leurs parents. Ce mot fatal : — « Il n'y a qu'un prince qui puisse épouser mademoiselle Évangélista ! » circulait dans les salons et dans les coteries. Les mères de famille, les douairières qui avaient des petites-filles à établir, les jeunes personnes jalouses de Natalie, dont la constante élégance et la tyrannique beauté les importunaient, envenimaient soigneusement cette opinion par des propos perfides. Quand elles entendaient un épouseur disant avec une admiration extatique, à l'arrivée de Natalie dans un bal : — Mon Dieu, comme elle est belle! — Oui, répondaient les mamans, mais elle est chère. Si quelque nouveau venu trouvait mademoiselle Évangélista charmante et disait qu'un homme à marier ne pouvait faire un meilleur choix : — Qui donc serait assez hardi, répondait-on, pour épouser une jeune fille à laquelle sa mère donne mille francs par mois pour sa toilette, qui a ses chevaux, sa femme de chambre, et porte des dentelles? Elle a des malines à ses peignoirs. Le prix de son blanchissage de fin entretiendrait le ménage d'un commis. Elle a pour le matin des pèlerines qui coûtent six francs à monter.

Ces propos et mille autres répétés souvent en manière d'éloge éteignaient le plus vif désir qu'un homme pouvait avoir d'épouser mademoiselle Évangélista. Reine de tous les bals, blasée sur les propos flatteurs, sur les sourires et les admirations qu'elle recueillait partout à son passage, Natalie ne connaissait rien de l'existence. Elle vivait comme l'oiseau qui vole, comme la fleur qui pousse, en trouvant autour d'elle chacun prêt à combler ses désirs. Elle ignorait le prix des choses, elle ne savait comment viennent, s'entretiennent et se conservent les revenus. Peut-être croyait-elle que chaque maison avait ses cuisiniers, ses cochers, ses femmes de chambre et ses gens, comme les prés ont leurs foins et les arbres leurs fruits. Pour elle, des mendiants et des pauvres, des arbres tombés et des terrains ingrats étaient même chose. Choyée comme une espérance par sa mère, la fatigue n'altérait jamais son plaisir. Aussi bondissait-elle dans le monde comme un coursier dans son steppe, un coursier sans bride et sans fers.

Six mois après l'arrivée de Paul, la haute société de la ville avait mis en présence la Fleur des pois et la reine des bals. Ces deux fleurs se regardèrent en apparence avec froideur et se trouvèrent réciproquement charmantes. Intéressée à épier les effets de cette rencontre prévue, madame Évangélista devina dans les regards de Paul les sentiments qui l'animaient, et se dit : — Il sera mon gendre! De même que Paul se disait en voyant Natalie : — Elle sera ma femme. La fortune des Évangélista, devenue proverbiale à Bordeaux, était restée dans la mémoire de Paul comme un préjugé d'enfance, de tous les préjugés le plus indélébile. Ainsi les convenances pécuniaires se rencontraient tout d'abord sans nécessiter ces débats et ces enquêtes qui causent autant d'horreur aux âmes timides qu'aux âmes fières. Quand quelques personnes essayèrent de dire à Paul quelques phrases louangeuses qu'il était impossible de refuser aux manières, au langage, à la beauté de Natalie, mais qui se terminaient par des observations si cruellement calculatrices de l'avenir et auxquelles donnait lieu le train de la maison Évangélista, la Fleur des pois y répondit par le dédain que méritaient ces petites idées de province. Cette façon de penser, bientôt connue, fit taire les propos ; car il donnait le ton aux idées, au langage, aussi bien qu'aux manières et aux choses. Il avait importé le développement de la personnalité britannique et ses barrières glaciales, la raillerie byronienne, les accusations contre la vie, le mépris des liens sacrés, l'argenterie et la plaisanterie anglaises, la dépréciation des usages et des vieilles choses de la province, le cigare, le vernis, le poney, les gants jaunes et le galop. Il arriva donc pour Paul le contraire de ce qui s'était fait jusqu'alors : ni jeune fille ni douairière ne tenta de le décourager. Madame Évangélista commença par lui donner plusieurs fois à dîner en cérémonie. La Fleur des pois pouvait-elle manquer à des fêtes où venaient les jeunes gens les plus distingués de la ville ? Malgré la froideur que Paul affectait, et qui ne trompait ni la mère ni la fille, il s'engageait à petits pas dans la voie du mariage. Quand Manerville passait en tilbury ou monté sur son beau cheval à la promenade, quelques jeunes gens s'arrêtaient, et il les entendait se disant : — « Voilà un homme heureux : il est riche, il est joli garçon, et il va, dit-on, épouser mademoiselle Évangélista. Il y a des gens pour qui le monde semble avoir été fait. » Quand il se rencontrait avec la calèche de madame Évangélista, il était fier de la distinction particulière que la mère et la fille mettaient dans le salut qui lui était adressé. Si Paul n'avait pas été secrètement épris de mademoiselle Évangélista, certes le monde l'aurait marié malgré lui. Le monde, qui n'est cause d'aucun bien, est complice de beaucoup de malheurs ; puis, quand il voit éclore le mal qu'il a couvé maternellement, il le renie et s'en venge. La haute société de Bordeaux, attribuant un million de dot à mademoiselle Évangélista, la donnait à Paul sans attendre le consentement des parties, comme cela se fait souvent. Leurs fortunes se convenaient aussi bien que leurs personnes. Paul avait l'habitude du luxe et de l'élégance au milieu de laquelle vivait Natalie. Il venait de disposer pour lui-même son hôtel comme personne à Bordeaux n'aurait disposé de maison pour loger Natalie. Un homme habitué aux dépenses de Paris et aux fantaisies des Parisiennes pouvait seul éviter les malheurs pécuniaires qu'entraînait un mariage avec cette créature déjà aussi créole, aussi grande dame que l'était sa mère. Là où des Bordelais amoureux de mademoiselle Évangélista se seraient ruinés, le comte de Manerville saurait, disait-on, éviter tout désastre. C'était donc un mariage fait. Les personnes de la haute société royaliste, quand la question de ce mariage se traitait devant elles, disaient à Paul des phrases engageantes qui flattaient sa vanité.

—Chacun vous donne ici mademoiselle Évangélista. Si vous l'épousez, vous ferez bien; vous ne trouveriez jamais nulle part, même à Paris, une si belle personne : elle est élégante, gracieuse, et tient aux Casa-Réal par sa mère. Vous ferez le plus charmant couple du monde : vous avez les mêmes goûts, la même entente de la vie, vous aurez la plus agréable maison de Bordeaux. Votre femme n'a que son bonnet de nuit à apporter chez vous. Dans une semblable affaire, une maison montée vaut une dot. Vous êtes bien heureux aussi de rencontrer une belle-mère comme madame Évangélista. Femme d'esprit, insinuante, cette femme-là vous sera d'un grand secours au milieu de la vie politique à laquelle vous devez aspirer. Elle a d'ailleurs sacrifié tout à sa fille, qu'elle adore, et Natalie sera sans doute une bonne femme, car elle aime bien sa mère. Puis il faut faire une fin.

—Tout cela est bel et bon : répondait Paul qui malgré son amour voulait garder son libre arbitre, mais il faut faire une fin heureuse.

Paul vint bientôt chez madame Évangélista, conduit par son besoin d'employer les heures vides, plus difficiles à passer pour lui que pour tout autre. Là seulement respirait cette grandeur, ce luxe dont il avait l'habitude. A quarante ans, madame Évangélista était belle d'une beauté semblable à celle de ces magnifiques couchers du soleil qui couronnent en été les journées sans nuages. Sa réputation inattaquée offrait aux coteries bordelaises un éternel aliment de causerie, et la curiosité des femmes était d'autant plus vive que la veuve offrait les indices de la constitution qui rend les Espagnoles et les créoles particulièrement célèbres. Elle avait les cheveux et les yeux noirs, le pied et la taille de l'Espagnole, cette taille cambrée dont les mouvements ont un nom en Espagne. Son visage toujours beau séduisait par ce teint créole dont l'animation ne peut être dépeinte qu'en le comparant à une mousseline jetée sur de la pourpre, tant la blancheur en est également colorée. Elle avait des formes pleines, attrayantes par cette grâce qui sait unir la nonchalance et la vivacité, la force et le laisser-aller. Elle attirait et imposait, elle séduisait sans rien promettre. Elle était grande, ce qui lui donnait à volonté l'air et le port d'une reine. Les hommes se prenaient à sa conversation comme des oiseaux à la glu, car elle avait naturellement dans le caractère ce génie que la nécessité donne aux intrigants ; elle allait de concession en concession, s'armait de ce qu'on lui accordait pour vouloir davantage, et savait se reculer à mille pas quand on lui demandait quelque chose en retour. Ignorante en fait, elle avait connu les cours d'Espagne et de Naples, les gens célèbres des deux Amériques, plusieurs familles illustres de l'Angleterre et du continent ; ce qui lui prêtait une instruction si étendue en superficie, qu'elle semblait immense. Elle recevait avec ce goût, cette grandeur qui ne s'apprennent pas, mais dont certaines âmes nativement belles peuvent se faire une seconde nature en s'assimilant les bonnes choses partout où elles les rencontrent. Si sa réputation de vertu demeurait inexpliquée, elle ne lui servait pas moins à donner une grande autorité à ses actions, à ses discours, à son caractère. La fille et la mère avaient l'une pour l'autre une amitié vraie, en dehors du sentiment filial et maternel. Toutes deux se convenaient, leur contact perpétuel n'avait jamais amené de choc. Aussi beaucoup de gens expliquaient-ils les sacrifices de madame Évangélista par son amour maternel. Mais si Natalie consola sa mère d'un veuvage obstiné, peut-être n'en fut-elle pas toujours le motif unique. Madame Évangélista s'était, dit-on, éprise d'un homme auquel la seconde Restauration avait rendu ses titres et la pairie. Cet homme, heureux d'épouser madame Évangélista en 1814, avait fort décemment rompu ses relations avec elle en 1816. Madame Évangélista la meilleure femme du monde en apparence, avait dans le caractère une épouvantable qualité qui ne peut s'expliquer que par la devise de Catherine de Médicis : *Odiate e aspettate*, Haïssez et attendez. Habituée à primer, ayant toujours été obéie, elle ressemblait à toutes les royautés : aimable, douce, parfaite, facile dans la vie, elle devenait terrible, implacable, quand son orgueil de femme, d'Espagnole et de Casa-Réal était froissé. Elle ne pardonnait jamais. Cette femme croyait à la puissance de sa haine, elle en faisait un mauvais sort qui devait planer sur son ennemi. Elle avait déployé ce fatal pouvoir sur l'homme qui s'était joué d'elle. Les événements, qui semblaient accuser l'influence de sa *jettatura*, la confirmèrent dans sa foi superstitieuse en elle-même. Quoique ministre et pair de France, cet homme commençait à se ruiner, et se ruina complétement. Ses biens, sa considération politique et personnelle, tout devait périr. Un jour madame Évangélista put passer fière dans son brillant équipage en le voyant à pied dans les Champs-Élysées, et l'accabler d'un regard d'où ruisselèrent les étincelles du triomphe. Cette mésaventure l'avait empêchée de se remarier, en l'occupant durant deux années. Plus tard, sa fierté lui avait toujours suggéré des comparaisons entre ceux qui s'offrirent et le mari qui l'avait si sincèrement et si bien aimée. Elle avait donc atteint, de mécomptes en calculs, d'espérances en déceptions, l'époque où les femmes n'ont plus d'autre rôle à prendre dans la vie que celui de mère, en se sacrifiant à leurs filles, en transportant tous leurs intérêts, en dehors d'elles-mêmes, sur les têtes d'un ménage, dernier placement des affections humaines. Madame Évangélista devina promptement le caractère de Paul et lui cacha le sien. Paul était bien l'homme qu'elle voulait pour gendre, un éditeur responsable de son futur pouvoir. Il appartenait par sa mère aux Maulincour, et la vieille baronne de Maulincour, amie du vidame de Pamiers, vivait au cœur du faubourg Saint-Germain. Le petit-fils de la baronne, Auguste de Maulincour, avait une belle position. Paul devait donc être un excellent introducteur des Évangélista dans le monde parisien. La veuve n'avait connu qu'à de rares intervalles le Paris de l'Empire, elle voulait aller briller au milieu du Paris de la Restauration. Là seulement étaient les éléments d'une fortune politique, la seule à laquelle les femmes du monde puissent décemment coopérer. Madame Évangélista, forcée par les affaires de son mari d'habiter Bordeaux, s'y était déplu; elle y tenait maison; chacun sait par combien d'obligations la vie d'une femme est alors embarrassée; mais elle ne se souciait plus de Bordeaux, elle en avait épuisé les jouissances. Elle désirait un plus grand théâtre, comme les joueurs courent au plus gros jeu. Dans son propre intérêt, elle fit donc à Paul une grande destinée. Elle se proposa d'employer les ressources de son talent et sa science de la vie au profit de son gendre, afin de pouvoir goûter sous son nom les plaisirs de la puissance. Beaucoup d'hommes sont ainsi les paravents d'ambitions féminines inconnues. Madame Évangélista avait d'ailleurs plus d'un intérêt à s'emparer du mari de sa fille. Paul fut nécessairement captivé par cette femme, qui le captiva d'autant mieux qu'elle parut ne pas vouloir exercer le moindre empire sur lui. Elle usa donc de tout son ascendant pour se grandir, pour grandir sa fille et donner du prix à tout chez elle, afin de dominer par avance l'homme en qui elle vit le moyen de continuer sa vie aristocratique. Paul s'estima davantage quand il fut apprécié par la mère et la fille. Il se crut beaucoup plus spirituel qu'il ne l'était en voyant ses réflexions et ses moindres mots sentis par mademoiselle Évangélista qui souriait ou relevait finement la tête, par la mère chez qui la flatterie semblait toujours involontaire. Ces deux femmes eurent avec lui tant de bonhomie, il fut tellement sûr de leur plaire, elles le gouvernèrent si bien en le tenant par le fil de l'amour-propre, qu'il passa bientôt tout son temps à l'hôtel Évangélista.

Un an après son installation, sans s'être déclaré, le comte Paul fut si attentif auprès de Natalie, que le monde le considéra comme lui faisant la cour. Ni la mère ni la fille ne paraissaient songer au mariage. Mademoiselle Évangélista gardait avec lui la réserve de la grande dame qui sait être charmante et cause agréablement sans laisser faire un pas dans son intimité. Ce silence, si peu habituel aux gens de province plut beaucoup à Paul. Les gens timides sont ombrageux, les propositions brusques les effraient. Ils se sauvent devant le bonheur s'il arrive à grand bruit, et se donnent au malheur s'il se présente avec modestie, accompagné d'ombres douces. Paul s'engagea donc de lui-même en voyant que madame Évangélista ne faisait aucun effort pour l'engager. L'Espagnole le séduisit en lui disant un soir que, chez une femme supérieure comme chez les hommes, il se rencontrait une époque où l'ambition remplaçait les premiers sentiments de la vie.

— Cette femme est capable, pensa Paul en sortant, de me faire donner une belle ambassade avant même que je sois nommé député.

Si dans toute circonstance un homme ne tourne pas autour des choses ou des idées pour les examiner sous leurs différentes faces, cet homme est incomplet et faible, partant en danger de périr. En ce moment Paul était optimiste : il voyait un avantage à tout, et ne se disait pas qu'une belle-mère ambitieuse pouvait devenir un tyran. Aussi tous les soirs, en sortant, s'apparaissait-il marié, se séduisait-il lui-même, et chaussait-il tout doucement la pantoufle du mariage. D'abord, il avait trop long-temps joui de sa liberté pour en rien regretter ; il était fatigué de la vie de garçon, qui ne lui offrait rien de neuf, il n'en connaissait plus que les inconvénients ; tandis que si parfois il songeait aux difficultés du mariage, il en voyait beaucoup plus souvent les plaisirs ; tout en était nouveau pour lui. — Le mariage, se disait-il, n'est désagréable que pour les petites gens ; pour les riches, la moitié de ses malheurs disparaît. Chaque jour donc une pensée favorable grossissait l'énumération des avantages qui se rencontraient pour lui dans ce mariage. — A quelque haute position que je puisse arriver, Natalie sera toujours à la hauteur de son rôle, se disait-il encore, et ce n'est pas un petit mérite chez une femme. Combien d'hommes de l'Empire n'ai-je pas vu souffrant horriblement de leurs épouses! N'est-ce pas une grande condition de bonheur que de ne jamais sentir sa vanité, son orgueil froissé par la compagne que l'on s'est choisie ? Jamais un homme ne peut être tout à fait malheureux avec une femme bien élevée ; elle ne le ridiculise point, elle sait lui être utile. Natalie recevrait à merveille. Il mettait alors à contribution ses souvenirs sur les femmes les plus distinguées du faubourg Saint-Germain, pour se convaincre que Natalie pouvait, sinon les éclipser, au moins se trouver près d'elles sur un pied d'égalité parfaite. Tout parallèle servait Natalie. Les termes de comparaison tirés de l'imagination de Paul se pliaient à ses désirs. Paris lui aurait offert chaque jour de nouveaux caractères, des jeunes filles de beautés différentes, et la multiplicité des impressions aurait laissé sa raison en équilibre ; tandis qu'à Bordeaux, Natalie n'avait point de rivales, elle était la fleur unique, et se produisait habilement dans un moment où Paul se trouvait sous la tyrannie d'une idée à laquelle succombent la plupart des hommes. Aussi, ces raisons de juxtaposition, jointes aux raisons d'amour-propre et à une passion réelle qui n'avait d'autre issue que le mariage pour se satisfaire, amenèrent-elles Paul à un amour déraisonnable sur lequel il eut le bon sens de se garder le secret à lui-même, il le fit passer pour une envie de se marier. Il s'efforça même d'étudier mademoiselle Évangélista en homme qui ne voulait pas compromettre son avenir, car les terribles paroles de son ami de Marsay ronflaient parfois dans ses oreilles. Mais d'abord les personnes habituées au luxe ont une apparente simplicité qui trompe : elles le dédaignent, elles s'en servent, il est un instrument et non le travail de leur existence. Paul n'imagina pas, en trouvant les mœurs de ces dames si conformes aux siennes, qu'elles cachassent une seule cause de ruine. Puis, s'il est quelques règles générales pour tempérer les soucis du mariage, il n'en existe aucune ni pour les deviner, ni pour les prévenir. Quand le malheur se dresse entre deux êtres qui ont entrepris de se rendre l'un à l'autre la vie agréable et facile à porter, il naît du contact produit par une intimité continuelle qui n'existe point entre deux jeunes gens à marier, et ne saurait exister tant que les mœurs et les lois ne seront pas changées en France. Tout est tromperie entre deux êtres près de s'associer ; mais leur tromperie est innocente, involontaire. Chacun se montre nécessairement sous un jour favorable ; tous deux luttent à qui se posera le mieux, et prennent alors d'eux-mêmes une idée favorable à laquelle plus tard ils ne peuvent répondre. La vie véritable, comme les jours atmosphériques, se compose beaucoup plus de ces moments ternes et gris qui embrument la Nature que de périodes où le soleil brille et réjouit les champs. Les jeunes gens ne voient que les beaux jours. Plus tard, ils attribuent au mariage les malheurs de la vie elle-même, car il est en l'homme une disposition qui le porte à chercher la cause de ses misères dans les choses ou les êtres qui lui sont immédiats.

Pour découvrir dans l'attitude ou dans la physionomie, dans les paroles ou dans les gestes de mademoiselle Évangélista les indices qui eussent révélé le tribut d'imperfections que comportait son caractère, comme celui de toute créature humaine, Paul aurait dû posséder non-seulement les sciences de Lavater et de Gall, mais encore une science de laquelle il n'existe aucun corps de doctrine, la science individuelle de l'observateur et qui exige des connaissances presque universelles. Comme toutes les jeunes personnes, Natalie avait une figure impénétrable. La paix profonde et sereine imprimée par les sculpteurs aux visages des figures vierges destinées à représenter la Justice, l'Innocence, toutes les divinités qui ne savent rien des agitations terrestres ; ce calme est le plus grand charme d'une fille, il est le signe de sa pureté ; rien encore ne l'a émue ; aucune passion brisée, aucun intérêt trahi n'a nuancé la placide expression de son visage ; est-il joué, la jeune fille n'est plus. Sans cesse au cœur de sa mère, Natalie n'avait reçu, comme toute femme espagnole, qu'une instruction purement religieuse et quelques enseignements de mère à fille, utiles au rôle qu'elle devait jouer. Le calme de son visage était donc naturel. Mais il formait un voile dans lequel la femme était enveloppée, comme le papillon l'est dans sa larve. Néanmoins un homme habile à manier le scalpel de l'analyse eût surpris chez Natalie quelque révélation des difficultés que son caractère devait offrir quand elle serait aux prises avec la vie conjugale ou sociale. Sa beauté vraiment merveilleuse venait d'une excessive régularité de traits en harmonie avec les proportions de la tête et du corps. Cette perfection est de mauvais augure pour l'esprit. On trouve peu d'exceptions à cette règle. Toute nature supérieure a dans la forme de légères imperfections qui deviennent d'irrésistibles attraits, des points lumineux où brillent les sentiments opposés, où s'arrêtent les regards. Une parfaite harmonie annonce la froideur des organisations mixtes. Natalie avait la taille ronde, signe de force, mais indice immanquable d'une volonté qui souvent arrive à l'entêtement chez les personnes dont l'esprit n'est ni vif ni étendu. Ses mains de statue grecque confirmaient les prédictions du visage et de la taille en annonçant un esprit de domination illogique, le vouloir pour le vouloir. Ses sourcils se rejoignaient, et, selon les observateurs, ce trait indique une pente à la jalousie. La jalousie des personnes supérieures devient émulation, elle engendre de grandes choses ; celle des petits esprits devient de la haine. *L'odiate e aspettate* de sa mère était chez elle sans feintise. Ses yeux noirs en apparence, mais en réalité d'un brun orangé, contrastaient avec ses cheveux dont le blond fauve, si prisé des Romains, se nomme *auburn* en Angleterre, et qui sont presque toujours ceux de l'enfant né de deux personnes à chevelure noire comme l'était celle de monsieur et de madame Évangélista. La blancheur et la délicatesse du teint de Natalie donnaient à cette opposition de couleur entre ses cheveux et ses yeux des attraits inexprimables, mais d'une finesse purement extérieure ; car, toutes les fois que les lignes d'un visage manquent d'une certaine rondeur molle, quels que soient le fini, la grâce des détails, n'en transportez point les heureux présages à l'âme. Ces roses d'une jeunesse trompeuse s'effeuillent, et vous êtes surpris, après quelques années, de **voir la sécheresse**, la dureté, là où vous admiriez l'élégance des qualités nobles. Quoique les contours de son visage eussent quelque chose d'auguste, le menton de Natalie était légèrement empâté, expression de peintre qui peut servir à expliquer la préexistence de sentiments dont la violence ne devait se déclarer qu'au milieu de sa vie. Sa bouche, un peu rentrée, exprimait une fierté rouge en harmonie avec sa main, son menton, ses sourcils et sa belle taille. Enfin, dernier diagnostic qui seul aurait déterminé le jugement d'un connaisseur, la voix pure de Natalie, cette voix si séduisante avait des tons métalliques. Quelque doucement manié que fût ce cuivre, malgré la grâce avec laquelle les sons couraient dans les spirales du cor, cet organe annonçait le caractère du duc d'Albe de qui descendaient collatéralement les Casa-Réal. Ces indices supposaient des passions violentes sans tendresse, des dévouements brusques, des haines irréconciliables, de l'esprit sans intelligence, et l'envie de dominer, naturelle aux personnes qui se sentent inférieures à leurs prétentions. Ces défauts, nés du tempérament et de la constitution, compensés peut-être par les qualités d'un sang généreux, étaient ensevelis chez Natalie comme l'or dans la mine, et ne devaient en sortir que sous les durs traitements et par les chocs auxquels les caractères sont soumis dans le monde. En ce moment la grâce et la fraîcheur de la jeunesse, la distinction de ses manières, sa sainte ignorance, la gentillesse de la jeune fille coloraient ses traits d'un vernis délicat qui trompait nécessairement les gens superficiels. Puis sa mère lui avait de bonne heure communiqué ce babil agréable qui joue la supériorité, qui répond aux objections par la plaisanterie, et séduit par une gracieuse volubilité sous laquelle une femme cache le tuf de son esprit comme la nature déguise les terrains ingrats sous le luxe des plantes éphémères. Enfin, Natalie avait le charme des enfants gâtés qui n'ont point connu la souffrance : elle entraînait par sa franchise, et n'avait point cet air solennel que les mères imposent à leurs filles en leur traçant un programme de façons et de langage ridicules au moment de les marier. Elle était rieuse et vraie comme la jeune fille qui ne sait rien du mariage, n'en attend que des plaisirs, n'y prévoit aucun malheur, et croit y acquérir le droit de toujours faire ses volontés. Comment Paul, qui aimait comme on aime quand le désir augmente l'amour, aurait-il reconnu dans une fille de ce caractère et dont la beauté l'éblouissait, la femme telle qu'elle devait être à trente ans, alors que certains observateurs eussent pu se tromper aux apparences? Si le bonheur était difficile à trouver dans un mariage avec cette jeune fille, il n'était pas impossible. A travers ces défauts en germe brillaient quelques belles qualités. Sous la main d'un maître habile, il n'est pas de qualité qui, bien développée, n'étouffe les défauts, surtout chez une jeune fille qui aime. Mais pour rendre ductile une femme si peu malléable, ce poignet de fer dont parlait de Marsay à Paul était nécessaire. Le dandy parisien avait raison. La crainte, inspirée par l'amour, est un instrument infaillible pour manier l'esprit d'une femme. Qui aime, craint; et qui craint, est plus près de l'affection que de la haine. Paul aurait-il le sang-froid, le jugement, la fermeté qu'exigeait cette lutte qu'un mari habile ne doit pas laisser soupçonner à sa femme? Puis, Natalie aimait-elle Paul? Semblable à la plupart des jeunes personnes, Natalie prenait pour de l'amour les premiers mouvements de l'instinct et le plaisir que lui causait l'extérieur de Paul, sans rien savoir ni des choses du mariage, ni des choses du ménage. Pour elle, le comte de Manerville, l'apprenti diplomate auquel les cours de l'Europe étaient connues, l'un des jeunes gens élégants de Paris, ne pouvait pas être un homme ordinaire, sans force morale, à la fois timide et courageux, énergique peut-être au milieu de l'adversité, mais sans défense contre les ennuis qui gâtent le bonheur. Aurait-elle plus tard assez de tact pour distinguer les belles qualités de Paul au milieu de ses légers défauts? Ne grossirait-elle pas les uns, et n'oublierait-elle pas les autres, selon la coutume des jeunes femmes qui ne savent rien de la vie? Il est un âge où la femme pardonne des vices à qui lui évite des contrariétés, et où elle prend les contrariétés pour des malheurs. Quelle force conciliatrice, quelle expérience maintiendrait, éclairerait ce jeune ménage? Paul et sa femme ne croiraient-ils pas s'aimer quand ils n'en seraient encore qu'à ces petites simagrées caressantes que les jeunes femmes se permettent au commencement d'une vie à deux, à ces compliments que les maris font au retour du bal, quand ils ont encore les grâces du désir? Dans cette situation, Paul ne se prêterait-il pas à la tyrannie de sa femme au lieu d'établir son empire? Paul saurait-il dire : Non. Tout était péril pour un homme faible, là où l'homme le plus fort aurait peut-être encore couru des risques.

Le sujet de cette étude n'est pas dans la transition du garçon à l'état d'homme marié, peinture qui, largement composée, ne manquerait point de l'attrait que prête l'orage intérieur de nos sentiments aux choses les plus vulgaires de la vie. Les événements et les idées qui amenèrent le mariage de Paul avec mademoiselle Évangélista sont une introduction à l'œuvre, uniquement destinée à retracer la grande comédie qui précède toute vie conjugale. Jusqu'ici cette scène a été négligée par les auteurs dramatiques, quoiqu'elle offre des ressources neuves à leur verve. Cette scène, qui domina l'avenir de Paul, et que madame Évangélista voyait venir avec terreur, est la discussion à laquelle donnent lieu les contrats de mariage dans toutes les familles, nobles ou bourgeoises : car les passions humaines sont aussi vigoureusement agitées par de petits que par de grands intérêts. Ces comédies jouées par-devant notaire ressemblent toutes plus ou moins à celle-ci, dont l'intérêt sera donc moins dans les pages de ce livre que dans le souvenir des gens mariés.

Au commencement de l'hiver, en 1822, Paul de Manerville fit demander la main de mademoiselle Évangélista par sa grand'tante, la baronne de Maulincour. Quoique la baronne ne passât jamais plus de deux mois en Médoc, elle y resta jusqu'à la fin d'octobre pour assister son petit-neveu dans cette circonstance et jouer le rôle d'une mère. Après avoir porté les premières paroles à madame Évangélista, la tante, vieille femme expérimentée, vint apprendre à Paul le résultat de sa démarche.

— Mon enfant, lui dit-elle, votre affaire est faite. En causant des choses d'intérêt, j'ai su que madame Évangélista ne donnait rien de son chef à sa fille. Mademoiselle Natalie se marie avec ses droits. Épousez, mon ami ! Les gens qui ont un nom et des terres à transmettre, une famille à conserver, doivent tôt ou tard finir par là. Je voudrais voir mon cher Auguste prendre le même chemin. Vous vous marierez bien sans moi, je n'ai que ma bénédiction à vous donner, et les femmes aussi vieilles que je le suis n'ont rien à faire au milieu d'une noce. Je partirai donc demain pour Paris. Quand vous présenterez votre femme au monde, je la verrai chez moi beaucoup plus commodément qu'ici. Si vous n'aviez point eu d'hôtel à Paris, vous auriez trouvé un gîte chez moi, j'aurais volontiers fait arranger pour vous le second de ma maison.

— Chère tante, dit Paul, je vous remercie. Mais qu'entendez-vous par ses paroles : sa mère ne lui donne rien de son chef, elle se marie avec ses droits ?

— La mère, mon enfant, est une fine mouche qui profite de la beauté de sa fille pour imposer des conditions et ne vous laisser que ce qu'elle ne peut pas vous ôter, la fortune du père. Nous autres vieilles gens, nous tenons fort au : Qu'a-t-il ? Qu'a-t-elle ? Je vous engage à donner de bonnes instructions à votre notaire. Le contrat, mon enfant, est le plus saint des devoirs. Si votre père et votre mère n'avaient pas bien fait leur lit, vous seriez peut-être aujourd'hui sans draps. Vous aurez des enfants, ce sont les suites les plus communes du mariage, il y faut donc penser. Voyez maître Mathias, notre vieux notaire.

Madame de Maulincour partit après avoir plongé Paul en d'étranges perplexités. Sa belle-mère était une fine mouche ! Il fallait débattre ses intérêts au contrat et nécessairement les défendre : qui donc allait les attaquer? Il suivit le conseil de sa tante, et confia le soin de rédiger son contrat à maître Mathias. Mais ces débats pressentis le préoccupèrent. Aussi n'entra-t-il pas sans une émotion vive chez madame Évangélista, à laquelle il venait annoncer ses intentions. Comme tous les gens timides, il tremblait de laisser deviner les défiances que sa tante lui avait suggérées et qui lui semblaient insultantes. Pour éviter le plus léger froissement avec une personne aussi imposante que l'était pour lui sa future belle-mère, il inventa de ces circonlocutions naturelles aux personnes qui n'osent pas aborder de front les difficultés.

— Madame, dit-il en prenant un moment où Natalie s'absenta, vous savez ce qu'est un notaire de famille : le mien est un bon vieillard pour qui ce serait un véritable chagrin que de ne pas être chargé de mon contrat de...

— Comment donc, mon cher ! lui répondit en l'interrompant madame Évangélista ; mais nos contrats de mariage ne se font-ils pas toujours par l'intervention du notaire de chaque famille ?

Le temps pendant lequel Paul était resté sans entamer cette question, madame Évangélista l'avait employé à se demander : « A quoi pense-t-il ? » car les femmes possèdent à un haut degré la connaissance des pensées intimes par le jeu des physionomies. Elle devina les observations de la grand'tante dans le regard embarrassé, dans le son de voix émue qui trahissaient en Paul un combat intérieur.

— Enfin, se dit-elle en elle-même, le jour fatal est arrivé, la crise commence, quel en sera le résultat ? — Mon notaire est monsieur Solonet, dit-elle après une pause, le vôtre est monsieur Mathias, je les inviterai à venir dîner demain, et ils s'entendront sur cette affaire. Leur métier n'est-il pas de concilier les intérêts sans que nous nous en mêlions, comme les cuisiniers sont chargés de nous faire faire bonne chère ?

— Mais vous avez raison, répondit-il en laissant échapper un imperceptible soupir de contentement.

Par une singulière interposition des deux rôles, Paul, innocent de tout blâme, tremblait, et madame Évangélista paraissait calme en éprouvant d'horribles anxiétés. Cette veuve devait à sa fille le tiers de la fortune laissée par monsieur Évangélista, douze cent mille francs, et se trouvait hors d'état de s'acquitter, même en se dépouillant de tous ses biens. Elle allait donc être à la merci de son gendre. Si elle était maîtresse de Paul tout seul, Paul, éclairé par son notaire, transigerait-il sur la reddition des comptes de tutelle ? S'il se retirait, tout Bordeaux en saurait les motifs, et le mariage de Natalie y devenait impossible. Cette mère qui voulait le bonheur de sa fille, cette femme qui depuis sa naissance avait noblement vécu, songea que le lendemain il fallait devenir improbe. Comme ces grands capitaines qui voudraient effacer de leur vie le moment où ils ont été secrètement lâches, elle aurait voulu pouvoir retrancher cette journée du nombre de ses jours. Certes, quelques-uns de ses cheveux blanchirent pendant la nuit où, face à face avec les faits, elle se reprocha son insouciance en sentant les dures nécessités de sa situation. D'abord elle était obligée de se confier à son notaire, qu'elle avait mandé pour l'heure de son lever. Il fallait avouer une détresse intérieure qu'elle n'avait jamais voulu s'avouer à elle-même, car elle avait toujours marché vers l'abîme en comptant sur un de ces hasards qui n'arrivent jamais. Il s'éleva dans son âme, contre Paul, un léger mouvement où il n'y avait ni haine, ni aversion, ni rien de mauvais encore ; mais n'était-il pas la partie adverse de ce procès secret ? mais ne devenait-il pas, sans le savoir, un innocent ennemi qu'il fallait vaincre ? Quel être a pu jamais aimer sa dupe ? Contrainte à ruser, l'Espagnole résolut, comme toutes les femmes, de déployer sa supériorité dans ce combat, dont la honte ne pouvait s'absoudre que par une complète victoire. Dans le calme de la nuit, elle s'excusa par une suite de raisonnements que sa fierté domina. Natalie n'avait-elle pas profité de ses dissipations ? Y avait-il dans sa conduite un seul de ces motifs bas et ignobles qui salissent l'âme ? Elle ne savait pas compter, était-ce un crime, un délit ? Un homme n'était-il pas trop heureux d'avoir une fille comme Natalie ? Le trésor qu'elle avait conservé ne valait-il pas une quittance ? Beaucoup d'hommes n'achètent-ils pas une femme aimée par mille sacrifices ? Pourquoi ferait-on moins pour une femme légitime que pour une courtisane ? D'ailleurs Paul était un homme nul, incapable ; elle déploierait pour lui les ressources de son esprit, elle lui ferait faire un beau chemin dans le monde ; il lui serait redevable du pouvoir ; n'acquitterait-elle pas bien un jour sa dette ? Ce serait un sot d'hésiter ! Hésiter pour quelques écus de plus ou de moins ?... il serait infâme.

— Si le succès ne se décide pas tout d'abord, se dit-elle, je quitterai Bordeaux, et pourrai toujours faire un beau sort à Natalie en capitalisant ce qui me reste, hôtel, diamants, mobilier, en lui donnant tout et ne me réservant qu'une pension.

Quand un esprit fortement trempé se construit une retraite comme Richelieu à Brouage, et se dessine une fin grandiose, il s'en fait comme un point d'appui qui l'aide à triompher. Ce dénoûment, en cas de malheur, rassura madame Évangélista, qui s'endormit d'ailleurs pleine de confiance en son parrain dans ce duel. Elle comptait beaucoup sur le concours du plus habile notaire de Bordeaux, monsieur Solonet, jeune homme de vingt-sept ans, décoré de la Légion-d'Honneur pour avoir contribué fort activement à la seconde rentrée des Bourbons. Heureux et fier d'être reçu dans la maison de madame Évangélista, moins comme notaire que comme appartenant à la société royaliste de Bordeaux, Solonet avait conçu pour ce beau coucher de soleil une de ces passions que les femmes comme madame Évangélista repoussent, mais dont elles sont flattées, et que les plus prudes d'entre elles laissent à fleur d'eau. Solonet demeurait dans une vaniteuse attitude pleine de respect et d'espérance très convenable. Ce notaire vint le lendemain avec l'empressement de l'esclave, et fut reçu dans la chambre à coucher par la coquette veuve, qui se montra dans le désordre d'un savant déshabillé.

— Puis-je, lui dit-elle, compter sur votre discrétion et votre entier dévouement dans la discussion qui aura lieu ce soir ? Vous devinez qu'il s'agit du contrat de mariage de ma fille.

Le jeune homme se perdit en protestations galantes.

— Au fait, dit-elle.

— J'écoute, répondit-il en paraissant se recueillir.

Madame Évangélista lui exposa crûment sa situation.

— Ma belle dame, ceci n'est rien, dit maître Solonet en prenant un air avantageux quand madame Évangélista lui eut donné des chiffres exacts. Comment vous êtes-vous tenue avec monsieur de Manerville? Ici les questions morales dominent les questions de droit et de finance.

Madame Évangélista se drapa dans sa supériorité. Le jeune notaire apprit avec un vif plaisir que jusqu'à ce jour sa cliente avait gardé dans ses relations avec Paul la plus haute dignité; que, moitié fierté sérieuse, moitié calcul involontaire, elle avait agi constamment comme si le comte de Manerville lui était inférieur, comme s'il y avait pour lui de l'honneur à épouser mademoiselle Évangélista; ni elle ni sa fille ne pouvaient être soupçonnées d'avoir des vues intéressées; leurs sentiments paraissaient purs de toute mesquinerie; à la moindre difficulté financière soulevée par Paul, elles avaient le droit de s'envoler à une distance incommensurable; enfin, elle avait sur son futur gendre un ascendant insurmontable.

— Cela étant ainsi, dit Solonet, quelles sont les dernières concessions que vous vouliez faire?

— J'en veux faire le moins possible, dit-elle en riant.

— Réponse de femme, s'écria Solonet. Madame, tenez-vous à marier mademoiselle Natalie?

— Oui.

— Vous voulez quittance des onze cent cinquante-six mille francs desquels vous serez reliquataire d'après le compte de tutelle à présenter au susdit gendre?

— Oui.

— Que voulez-vous garder?

— Trente-mille livres de rente au moins, répondit-elle.

— Il faut vaincre ou périr?

— Oui.

— Eh! bien, je vais réfléchir aux moyens nécessaires pour atteindre à ce but, car il nous faut beaucoup d'adresse et ménager nos forces. Je vous donnerai quelques instructions en arrivant; exécutez-les ponctuellement, et je puis déjà vous prédire un succès complet. — Le comte Paul aime-t-il mademoiselle Natalie? demanda-t-il en se levant.

— Il l'adore.

— Ce n'est pas assez. La désire-t-il en tant que femme au point de passer par-dessus quelques difficultés pécuniaires?

— Oui.

— Voilà ce que je regarde comme un Avoir dans les Propres d'une fille! s'écria le notaire. Faites-la donc bien belle ce soir, ajouta-t-il d'un air fin.

— Nous avons la plus jolie toilette du monde.

— La robe du contrat contient, selon moi, la moitié des donations, dit Solonet.

Ce dernier argument parut si nécessaire à madame Évangélista, qu'elle voulut assister à la toilette de Natalie, autant pour la surveiller que pour en faire une innocente complice de sa conspiration financière. Coiffée à la Sévigné, vêtue d'une robe de cachemire blanc ornée de nœuds roses, sa fille lui parut si belle qu'elle pressentit la victoire. Quand la femme de chambre fut sortie, et que madame Évangélista fut certaine que personne ne pouvait être à portée d'entendre, elle arrangea quelques boucles dans la coiffure de sa fille, en manière d'exorde.

— Chère enfant, aimes-tu bien sincèrement monsieur de Manerville? lui dit-elle d'une voix ferme en apparence.

La mère et la fille se jetèrent, l'une à l'autre, un étrange regard.

— Pourquoi, ma petite mère, me faites-vous cette question aujourd'hui plutôt qu'hier? Pourquoi me l'avez-vous laissé voir?

— S'il fallait nous quitter pour toujours, persisterais-tu dans ce mariage?

— J'y renoncerais et n'en mourrais pas de chagrin.

— Tu n'aimes pas, ma chère, dit la mère en baisant sa fille au front.

— Mais pourquoi, bonne mère, fais-tu le grand inquisiteur?

— Je voulais savoir si tu tenais au mariage sans être folle du mari.

— Je l'aime.

— Tu as raison, il est comte, nous en ferons un pair de France à nous deux; mais il va se rencontrer des difficultés.

— Des difficultés entre gens qui s'aiment? Non. La Fleur des pois, chère mère, s'est trop bien plantée là, dit-elle en montrant son cœur par un geste mignon, pour faire la plus légère objection. J'en suis sûre.

— S'il en était autrement? dit madame Évangélista.

— Il serait profondément oublié, répondit Natalie.

— Bien. Tu es une Casa-Réal! Mais, quoique t'aimant comme un fou, s'il survenait des discussions auxquelles il serait étranger, et par-dessus lesquelles il faudrait qu'il passât, pour toi comme pour moi, Natalie, hein? Si, sans blesser aucunement les convenances, un peu de gentillesse dans les manières le décidait? Allons, un rien, un mot? Les hommes sont ainsi faits, ils résistent à une discussion sérieuse et tombent sous un regard.

— J'entends! un petit coup pour que Favori saute la barrière, dit Natalie en faisant le geste de donner un coup de cravache à son cheval.

— Mon ange, je ne te demande rien qui ressemble à de la séduction. Nous avons des sentiments de vieil honneur castillan qui ne nous permettent pas de passer les bornes. Le comte Paul connaîtra ma situation.

— Quelle situation?

— Tu n'y comprendrais rien. Hé! bien, si, après t'avoir vue dans toute ta gloire, son regard trahissait la moindre hésitation, et je l'observerai! certes, à l'instant je romprais tout, je saurais liquider ma fortune, quitter Bordeaux et aller à Douai chez les Claës, qui, malgré tout, sont nos parents par leur alliance avec les Temninck. Puis je te marierais à un pair de France, dussé-je me réfugier dans un couvent afin de te donner toute ma fortune.

— Ma mère, que faut-il donc faire pour empêcher de tels malheurs? dit Natalie.

— Je ne t'ai jamais vue si belle, mon enfant! Sois un peu coquette, et tout ira bien.

Madame Évangélista laissa Natalie pensive, et alla faire une toilette qui lui permit de soutenir le parallèle avec sa fille. Si Natalie devait être attrayante pour Paul, ne devait-elle pas enflammer Solonet, son champion? La mère et la fille se trouvèrent sous les armes quand Paul vint apporter le bouquet que depuis quelques mois il avait l'habitude de donner chaque jour à Natalie. Puis tous trois se mirent à causer en attendant les deux notaires.

Cette journée fut pour Paul la première escarmouche de cette longue et fatigante guerre nommée le mariage. Il est donc nécessaire d'établir les forces de chaque parti, la position des corps belligérants et le terrain sur lequel ils devaient manœuvrer. Pour soutenir une lutte dont l'importance lui échappait entièrement, Paul avait pour tout défenseur son vieux notaire, Mathias. L'un et l'autre allaient être surpris sans défense par un événement inattendu, pressés par un ennemi dont le thème était fait, et forcés de prendre un parti sans avoir le temps d'y réfléchir. Assisté par Cujas et Barthole eux-mêmes, quel homme n'eût pas succombé? Comment croire à la perfidie, là où tout semble facile et naturel? Que pouvait Mathias seul contre madame Évangélista, contre Solonet et contre Natalie, surtout quand son amoureux client passerait à l'ennemi dès que les difficultés menaceraient son bonheur? Déjà Paul s'enferrait en débitant les jolis propos d'usage entre amants, mais auxquels sa passion prêtait en ce moment une valeur énorme aux yeux de madame Évangélista, qui le poussait à se compromettre.

Ces *condottieri* matrimoniaux qui s'allaient battre pour leurs clients et dont les forces personnelles devenaient si décisives en cette solennelle rencontre, les deux notaires représentaient les anciennes et les nouvelles mœurs, l'ancien et le nouveau notariat.

Maître Mathias était un vieux bonhomme âgé de soixante-neuf ans, et qui se faisait gloire de ses vingt années d'exercice en sa charge. Ses gros pieds de goutteux étaient chaussés de souliers ornés d'agrafes en argent, et terminaient ridiculement des jambes si menues, à rotules si saillantes que, quand il les croisait, vous eussiez dit les deux os gravés au-dessus des *ci-gît*. Ses petites cuisses maigres, perdues dans de larges culottes noires à boucles, semblaient plier sous le poids d'un ventre rond et d'un torse développé comme l'est le buste des gens de cabinet, une grosse boule toujours empaquetée dans un habit vert à basques carrées, que personne ne se souvenait d'avoir vu neuf. Ses cheveux, bien tirés et poudrés, se réunissaient en une petite queue de rat, toujours logée entre le collet de l'habit et celui de son gilet blanc à fleurs. Avec sa tête ronde, sa figure colorée comme une feuille de vigne, ses yeux bleus, le nez en trompette, une bouche à grosses lèvres, un menton doublé, ce cher petit homme excitait partout où il se montrait sans être connu le rire généreusement octroyé par le Français aux créations falottes que se permet la nature, que l'art s'amuse à charger, et que *nous nommons* des caricatures. Mais chez maître Mathias l'esprit avait triomphé de la forme, les qualités de l'âme avaient vaincu les bizarreries du corps. La plupart des Bordelais lui témoignaient un respect amical, une déférence pleine d'estime. La voix du notaire gagnait le cœur en y faisant résonner l'éloquence de la probité. Pour toute ruse, il allait droit au fait en culbutant les mauvaises pensées par des interrogations précises. Son coup d'œil prompt, sa grande habitude des affaires lui donnaient ce sens divinatoire qui permet d'aller au fond des consciences et d'y lire les pensées secrètes. Quoique grave et posé dans les affaires, ce patriarche avait la gaieté de nos ancêtres. Il devait risquer la chanson de table, admettre et conserver les solennités de famille, célébrer les anniversaires, les fêtes des grand'mères et des enfants, enterrer avec cérémonie la bûche de Noël; il devait aimer à donner des étrennes, à faire des surprises et offrir des œufs de Pâques; il devait croire aux obligations du parrainage et ne déserter aucune des coutumes qui coloraient la vie d'autrefois. Maître Mathias était un noble et respectable débris de ces notaires, grands hommes obscurs, qui ne donnaient pas de reçu en acceptant des millions, mais les rendaient dans les mêmes sacs, ficelés de la même ficelle; qui exécutaient à la lettre les fidéicommis, dressaient décemment les inventaires, s'intéressaient comme de seconds pères aux intérêts de leurs clients, barraient quelquefois le chemin devant les dissipateurs, et à qui les familles confiaient leurs secrets; enfin l'un de ces notaires qui se croyaient responsables de leurs erreurs dans les actes et les méditaient longuement. Jamais, durant sa vie notariale, un de ses clients n'eut à se plaindre d'un placement perdu, d'une hypothèque ou mal prise ou mal assise. Sa fortune, lentement mais loyalement acquise, ne lui était venue qu'après trente années d'exercice et d'économie. Il avait établi quatorze de ses clercs. Religieux et généreux incognito, Mathias se trouvait partout où le bien s'opérait sans salaire. Membre actif du comité des hospices et du comité de bienfaisance, il s'inscrivait pour la plus forte somme dans les impositions volontaires destinées à secourir les infortunes subites, à créer quelques établissements utiles. Aussi ni lui ni sa femme n'avaient-ils de voiture, aussi sa parole était-elle sacrée, aussi ses caves gardaient-elles autant de capitaux qu'en avait la Banque, aussi le nommait-on *le bon monsieur Mathias*, et quand il mourut y eut-il trois mille personnes à son convoi.

Solonet était ce jeune notaire qui arrive en fredonnant, affecte un air léger, prétend que les affaires se font aussi bien en riant qu'en gardant son sérieux; le notaire capitaine dans la garde nationale, qui se fâche d'être pris pour un notaire, et postule la croix de la Légion-d'Honneur, qui a sa voiture et laisse vérifier les pièces à ses clercs; le notaire qui va au bal, au spectacle, achète des tableaux et joue à l'écarté, qui a une caisse où se versent les dépôts et rend en billets de banque ce qu'il a reçu en or; le notaire qui marche avec son époque et risque les capitaux en placements douteux, spécule et veut se retirer riche de trente mille livres de rente après dix ans de notariat; le notaire dont la science vient de sa duplicité, mais que beaucoup de gens craignent comme un complice qui possède leurs secrets; enfin, le notaire qui voit dans sa charge un moyen de se marier à quelque héritière en bas bleus.

Quand le mince et blond Solonet, frisé, parfumé, botté comme un jeune premier du Vaudeville, vêtu comme un dandy dont l'affaire la plus importante est un duel, entra précédant son vieux confrère, retardé par un ressentiment de goutte, ces deux hommes représentèrent au naturel une de ces caricatures intitulées JADIS et AUJOURD'HUI, qui eurent tant de succès sous l'Empire. Si madame et mademoiselle Évangélista, auxquelles *le bon monsieur Mathias* était inconnu, eurent d'abord une légère envie de rire, elles furent aussitôt touchées de la grâce avec laquelle il les complimenta. La parole du bonhomme respira cette aménité que les vieillards aimables savent répandre autant dans les idées que dans la manière dont ils les expriment. Le jeune notaire, au ton sémillant, eut alors le dessous. Mathias témoigna de la supériorité de son savoir-vivre par la façon mesurée avec laquelle il aborda Paul. Sans compromettre ses cheveux blancs, il respecta la noblesse dans un jeune homme en sachant qu'il appartient quelques honneurs à la vieillesse et que tous les droits sociaux sont solidaires. Au contraire, le salut et le bonjour de Solonet avaient été l'expression d'une égalité parfaite qui devait blesser les prétentions des gens du monde et le ridiculiser aux yeux des personnes vraiment nobles. Le jeune notaire fit un geste assez familier à madame Évangélista pour l'inviter à venir causer dans une embrasure de fenêtre. Durant quelques moments l'un et l'autre se parlèrent à l'oreille en laissant échapper quelques rires, sans doute pour donner le change sur l'importance de cette conversation, par laquelle maître Solonet communiqua le plan de la bataille à sa souveraine.

— Mais, lui dit-il en terminant, aurez-vous le courage de vendre votre hôtel?

— Parfaitement, dit-elle.

Madame Évangélista ne voulut pas dire à son notaire la raison de cet héroïsme qui le frappa, le zèle de Solonet aurait pu se refroidir s'il avait su que sa cliente allait quitter Bordeaux. Elle n'en avait même encore rien dit à Paul, afin de ne pas l'effrayer par l'étendue des circonvallations qu'exigeaient les premiers travaux d'une vie politique.

Après le dîner, les deux plénipotentiaires laissèrent les amants près de la mère, et se rendirent dans un salon voisin destiné à leur conférence. Il se passa donc une double scène : au coin de la cheminée du grand salon, une scène d'amour où la vie apparaissait riante et joyeuse; dans l'autre pièce, une scène grave et sombre où l'intérêt mis à nu jouait par avance le rôle qu'il joue sous les apparences fleuries de la vie.

— Mon cher maître, dit Solonet à Mathias, l'acte restera dans votre étude, je sais tout ce que je dois à mon ancien. Mathias salua gravement. — Mais, reprit Solonet en dépliant un projet d'acte inutile qu'il avait fait brouillonner par un clerc, comme nous sommes la partie opprimée, que nous sommes la fille, j'ai rédigé le contrat pour vous en éviter la peine. Nous nous marions avec nos droits sous le régime de la communauté; donation générale de nos biens l'un à l'autre en cas de mort sans héritier, sinon donation d'un quart en usufruit et d'un quart en nue propriété; la somme mise dans la communauté sera du quart des apports respectifs; le survivant garde le mobilier sans être tenu de faire inventaire. Tout est simple comme bonjour.

— Ta, ta, ta, ta, dit Mathias, je ne fais pas les affaires comme on chante une ariette. Quels sont vos droits ?

— Quels sont les vôtres ? dit Solonet.

— Notre dot à nous, dit Mathias, est la terre de Lanstrac, du produit de vingt-trois mille livres de rentes en sac, sans compter les redevances en nature. *Item*, les fermes du Grassol et du Guadet, valant chacune trois mille six cents livres de rentes. *Item*, le clos de Belle-Rose, rapportant année commune seize mille livres : total, quarante-six mille deux cents francs de rentes. *Item*, un hôtel patrimonial à Bordeaux, imposé à neuf cents francs. *Item*, une belle maison entre cour et jardin, sise à Paris, rue de la Pépinière, imposée à quinze cents francs. Ces propriétés, dont les titres sont chez moi, proviennent de la succession de nos père et mère, excepté la maison de Paris, laquelle est un de nos acquêts. Nous avons également à compter le mobilier de nos deux maisons et celui du château de Lanstrac, estimés quatre cent cinquante mille francs. Voilà la table, la nappe et le premier service. Qu'apportez-vous pour le second service et pour le dessert ?

— Nos droits, dit Solonet.

— Spécifiez-les, mon cher maître, reprit Mathias. Que m'apportez-vous ? où est l'inventaire fait après le décès de monsieur Évangélista ? montrez-moi la liquidation, l'emploi de vos fonds. Où sont vos capitaux, s'il y a capital ? où sont vos propriétés, s'il y a propriétés ? Bref, montrez-nous un compte de tutelle, et dites-nous ce que vous donne ou vous assure votre mère.

— Monsieur le comte de Manerville aime-t-il mademoiselle Évangélista ?

— Il en veut faire sa femme, si toutes les convenances se rencontrent, dit le vieux notaire. Je ne suis pas un enfant, il s'agit ici de nos affaires, et non de nos sentiments.

— L'affaire est manquée si vous n'avez pas les sentiments généreux. Voici pourquoi, reprit Solonet. Nous n'avons pas fait inventaire après la mort de notre mari, nous étions Espagnole, créole, et nous ne connaissions pas les lois françaises. D'ailleurs, nous étions trop douloureusement affectée pour songer à de misérables formalités que remplissent les cœurs froids. Il est de notoriété publique que nous étions adorée par le défunt et que nous l'avons énormément pleuré. Si nous avons une liquidation précédée d'un bout d'inventaire fait par commune renommée, remerciez-en notre subrogé-tuteur qui nous a forcée d'établir une situation et de reconnaître à notre fille une fortune telle quelle, au moment où il nous a fallu retirer de Londres des rentes anglaises dont le capital était immense, et que nous voulions replacer à Paris, où nous en doublions les intérêts.

— Ne me dites donc pas de niaiseries. Il existe des moyens de contrôle. Quels droits de succession avez-vous payés au domaine ? le chiffre nous suffira pour établir les comptes. Allez donc droit au fait. Dites-nous franchement ce qu'il vous revenait et ce qui vous reste. Hé ! bien, si nous sommes trop amoureux, nous verrons.

— Si vous nous épousez pour de l'argent, allez vous promener. Nous avons droit à plus d'un million. Mais il ne reste à notre mère que cet hôtel, son mobilier et quatre cents et quelques mille francs employés vers 1817 en cinq pour cent, donnant quarante mille francs de revenus.

— Comment menez-vous un train qui exige cent mille livres de rentes ? s'écria Mathias atterré.

— Notre fille nous a coûté les yeux de la tête. D'ailleurs, nous aimons la dépense. Enfin, vos jérémiades ne nous feront pas retrouver deux liards.

— Avec les cinquante mille francs de rentes qui appartenaient à mademoiselle Natalie, vous pouviez l'élever richement sans vous ruiner. Mais si vous avez mangé de si bon appétit quand vous étiez fille, vous dévorerez donc quand vous serez femme.

— Laissez-nous alors, dit Solonet, la plus belle fille du monde doit toujours manger plus qu'elle n'a.

— Je vais dire deux mots à mon client, reprit le vieux notaire.

— Va, va, mon vieux père Cassandre, va dire à ton client que nous n'avons pas un liard, pensa maître Solonet qui dans le silence du cabinet avait stratégiquement disposé ses masses, échelonné ses propositions, élevé les tournants de la discussion, et préparé le point où les parties, croyant tout perdu, se trouveraient devant une heureuse transaction où triompherait sa cliente.

La robe blanche à nœuds roses, les tire-bouchons à la Sévigné, le petit pied de Natalie, ses fins regards, sa jolie main sans cesse occupée à réparer le désordre de boucles qui ne se dérangeaient pas, ce manége d'une jeune fille faisant la roue comme un paon au soleil avait amené Paul au point où le voulait voir sa future belle-mère : il était ivre de désirs, et souhaitait sa prétendue comme un lycéen peut désirer une courtisane; ses regards, sûr thermomètre de l'âme, annonçaient ce degré de passion auquel un homme fait mille sottises.

— Natalie est si belle, dit-il à l'oreille de sa belle-mère, que je conçois la frénésie qui nous pousse à payer un plaisir par notre mort.

Madame Évangélista répondit en hochant la tête : — Paroles d'amoureux ! Mon mari ne me disait aucune de ces belles phrases; mais il m'épousa sans fortune, et pendant treize ans il ne m'a jamais causé de chagrins.

— Est-ce une leçon que vous me donnez? dit Paul en riant.

— Vous savez comme je vous aime, cher enfant ! dit-elle en lui serrant la main. D'ailleurs, ne faut-il pas vous bien aimer pour vous donner ma Natalie !

— Me donner, me donner, dit la jeune fille en riant et agitant un écran fait en plumes d'oiseaux indiens. Que dites-vous tout bas?

— Je disais, reprit Paul, combien je vous aime, puisque les convenances me défendent de vous exprimer mes désirs.

— Pourquoi?

— Je me crains.

— Oh! vous avez trop d'esprit pour ne pas savoir bien monter les joyaux de la flatterie. Voulez-vous que je vous dise mon opinion sur vous?... Eh! bien, je vous trouve plus d'esprit qu'un homme amoureux n'en doit avoir. Être la fleur des pois et rester très spirituel, dit-elle en baissant les yeux, c'est avoir trop d'avantages : un homme devrait opter. Je crains aussi, moi!

— Quoi?

— Ne parlons pas ainsi. Ne trouvez-vous pas, ma mère, que cette conversation est dangereuse quand notre contrat n'est pas encore signé?

— Il va l'être, dit Paul.

— Je voudrais bien savoir ce que se disent Achille et Nestor, dit Natalie en indiquant par un regard d'enfantine curiosité la porte d'un petit salon.

— Ils parlent de nos enfants, de notre mort et de je ne sais quelles autres frivolités semblables; ils comptent nos écus pour nous dire si nous pourrons toujours avoir cinq chevaux à l'écurie. Ils s'occupent aussi de donations, mais je les ai prévenus.

— Comment? dit Natalie.

— Ne me suis-je pas déjà donné tout entier? dit-il en regardant la jeune fille dont la beauté redoubla quand le plaisir causé par cette réponse eut coloré son visage.

— Ma mère, comment puis-je reconnaître tant de générosité?

— Ma chère enfant, n'as-tu pas toute la vie pour y répondre? Savoir faire le bonheur de chaque jour, n'est-ce pas apporter d'inépuisables trésors? Moi, je n'en avais pas d'autres en dot.

— Aimez-vous Lanstrac? dit Paul à Natalie.

— Comment n'aimerais-je pas une chose à vous? dit-elle. Aussi voudrais-je bien voir votre maison.

— Notre maison, dit Paul. Vous voulez savoir si j'ai bien prévu vos goûts, si vous vous y plairez. Madame votre mère a rendu la tâche d'un mari difficile, vous avez toujours été bien heureuse; mais quand l'amour est infini, rien ne lui est impossible.

— Chers enfants, dit madame Évangélista, pourrez-vous rester à

Bordeaux pendant les premiers jours de votre mariage ? Si vous vous sentez le courage d'affronter le monde qui vous connaît, vous épie, vous gêne, soit! Mais si vous éprouvez tous deux cette pudeur de sentiment qui enserre l'âme et ne s'exprime pas, nous irons à Paris où la vie d'un jeune ménage se perd dans le torrent. Là seulement vous pourrez être comme deux amants, sans avoir à craindre le ridicule.

— Vous avez raison, ma mère, je n'y pensais point. Mais à peine aurai-je le temps de préparer ma maison. J'écrirai ce soir à de Marsay, celui de mes amis sur lequel je puis compter pour faire marcher les ouvriers.

Au moment où, semblable aux jeunes gens habitués à satisfaire leurs plaisirs sans calcul préalable, Paul s'engageait inconsidérément dans les dépenses d'un séjour à Paris, maître Mathias entra dans le salon et fit signe à son client de venir lui parler.

— Qu'y a-t-il, mon ami ? dit Paul en se laissant mener dans une embrasure de fenêtre.

— Monsieur le comte, dit le bonhomme, il n'y a pas un sou de dot. Mon avis est de remettre la conférence à un autre jour, afin que vous puissiez prendre un parti convenable.

— Monsieur Paul, dit Natalie, je veux vous dire aussi mon mot à part.

Quoique la contenance de madame Évangélista fût calme, jamais juif du moyen âge ne souffrit dans sa chaudière pleine d'huile bouillante, le martyre qu'elle souffrait dans sa robe de velours violet. Solonet lui avait garanti le mariage, mais elle ignorait les moyens, les conditions du succès, et subissait l'horrible angoisse des alternatives. Elle dut peut-être son triomphe à la désobéissance de sa fille. Natalie avait commenté les paroles de sa mère dont l'inquiétude était visible pour elle. Quand elle vit le succès de sa coquetterie, elle se sentit atteinte au cœur par mille pensées contradictoires. Sans blâmer sa mère, elle fut honteuse à demi de ce manége dont le prix était un gain quelconque. Puis, elle fut prise d'une curiosité jalouse assez concevable. Elle voulut savoir si Paul l'aimait assez pour surmonter les difficultés prévues par sa mère, et que lui dénonçait la figure un peu nuageuse de maître Mathias. Ces sentiments la poussèrent à un mouvement de loyauté qui d'ailleurs la posait bien. La plus noire perfidie n'eût pas été aussi dangereuse que le fut son innocence.

— Paul, lui dit-elle à voix basse, et elle le nomma ainsi pour la première fois, si quelques difficultés d'intérêts pouvaient nous séparer, songez que je vous relève de vos engagements, et vous permets de jeter sur moi la défaveur qui résulterait d'une rupture.

Elle mit une si profonde dignité dans l'expression de sa générosité que Paul crut au désintéressement de Natalie, à son ignorance du fait que son notaire venait de lui révéler ; il pressa la main de la jeune fille et la baisa comme un homme à qui l'amour était plus cher que l'intérêt. Natalie sortit.

— Sac à papier, monsieur le comte, vous faites des sottises, reprit le vieux notaire en rejoignant son client.

Paul demeura songeur : il comptait avoir environ cent mille livres de rentes, en réunissant sa fortune à celle de Natalie ; et quelque passionné que soit un homme, il ne passe pas sans émotion de cent à quarante-six mille livres de rentes en acceptant une femme habituée au luxe.

— Ma fille n'est pas là, reprit madame Évangélista qui s'avança royalement vers son gendre et le notaire, pouvez-vous me dire ce qui nous arrive !

— Madame, répondit Mathias épouvanté du silence de Paul, et qui rompit la glace, il survient un empêchement dilatoire...

A ce mot, maître Solonet sortit du petit salon et coupa la parole à son vieux confrère par une phrase qui rendit la vie à Paul. Accablé par le souvenir de ses phrases galantes, par son attitude amoureuse, Paul ne savait ni comment les démentir ni comment en changer ; il aurait voulu pouvoir se jeter dans un gouffre.

— Il est un moyen d'acquitter madame envers sa fille, dit le jeune notaire d'un ton dégagé. Madame Évangélista possède quarante mille livres de rentes en inscriptions cinq pour cent, dont le capital sera bientôt au pair, s'il ne le dépasse ; ainsi nous pouvons le compter pour huit cent mille francs. Cet hôtel et son jardin valent bien deux cent mille francs. Cela posé, madame peut transporter par le contrat la nue propriété de ces valeurs à sa fille, car je ne pense pas que les intentions de monsieur soient de laisser sa belle-mère sans ressources. Si madame a mangé sa fortune, elle rend celle de sa fille, à une bagatelle près.

— Les femmes sont bien malheureuses de ne rien entendre aux affaires, dit madame Évangélista. J'ai des nues propriétés ? Qu'est-ce que cela, mon Dieu !

Paul était dans une sorte d'extase en entendant cette transaction. Le vieux notaire, voyant le piége tendu, son client un pied déjà pris, resta pétrifié, se disant : — Je crois que l'on se joue de nous !

— Si madame suit mon conseil, elle assurera sa tranquillité, dit le jeune notaire en continuant. En se sacrifiant, au moins ne faut-il pas que des mineurs la tracassent. On ne sait ni qui vit ni qui meurt ! Monsieur le comte reconnaîtra donc par le contrat avoir reçu la somme totale revenant à mademoiselle Évangélista sur la succession de son père.

Mathias ne put comprimer l'indignation qui brilla dans ses yeux et lui colora la face.

— Et cette somme, dit-il en tremblant, est de... ?

— Un million cent cinquante-six mille francs, suivant l'acte...

— Pourquoi ne demandez-vous pas à monsieur le comte de faire *hic et nunc* le délaissement de sa fortune à sa future épouse ? dit Mathias, ce serait plus franc que ce que vous nous demandez. La ruine du comte de Manerville ne s'accomplira pas sous mes yeux, je me retire.

Il fit un pas vers la porte afin d'instruire son client de la gravité des circonstances ; mais il revint, et s'adressant à madame Évangélista : — Ne croyez pas, madame, que je vous fasse solidaire des idées de mon confrère, je vous tiens pour une honnête femme, une grande dame qui ne savez rien des affaires.

— Merci, mon cher confrère, dit Solonet.

— Vous savez bien qu'entre nous il n'y a jamais d'injure, lui répondit Mathias. Madame, sachez au moins le résultat de ces stipulations. Vous êtes encore assez jeune, assez belle pour vous remarier. — Oh ! mon Dieu, madame, dit le vieillard à un geste de madame Évangélista, qui peut répondre de soi !

— Je ne croyais pas, monsieur, dit madame Évangélista, qu'après être restée veuve pendant sept belles années et avoir refusé de brillants partis par amour de ma fille, je serais soupçonnée à trente-neuf ans d'une semblable folie ! Si nous n'étions pas en affaire, je prendrais cette supposition pour une impertinence.

— Ne serait-il pas plus impertinent de croire que vous ne pouvez plus vous marier ?

— Vouloir et pouvoir sont deux termes bien différents, dit galamment Solonet.

— Hé ! bien, dit maître Mathias, ne parlons pas de votre mariage.

Vous pouvez, et nous le désirons tous, vivre encore quarante-cinq ans. Or, comme vous gardez pour vous l'usufruit de la fortune de monsieur Évangélista ; durant votre existence, vos enfants pendront-ils leurs dents au croc ?

— Qu'est-ce que signifie cette phrase ? dit la veuve. Que veulent dire ce *croc* et cet *usufruit ?*

Solonet, homme de goût et d'élégance, se mit à rire.

— Je vais la traduire, répondit le bonhomme. Si vos enfants veulent être sages, ils penseront à l'avenir. Penser à l'avenir, c'est économiser la moitié de ses revenus en supposant qu'il ne nous vienne que deux enfants, auxquels il faudra donner d'abord une belle éducation, puis une grosse dot. Votre fille et votre gendre seront donc réduits à vingt mille livres de rentes, quand l'un et l'autre en dépensaient cinquante sans être mariés. Ceci n'est rien. Mon client devra compter un jour à ses enfants onze cent mille francs du bien de leur mère, et ne les aura peut-être pas encore reçus si sa femme est morte et que madame vive encore, ce qui peut arriver. En conscience, signer un pareil contrat, n'est-ce pas se jeter pieds et poings liés dans la Gironde ? Vous voulez faire le bonheur de mademoiselle votre fille ? Si elle aime son mari, sentiment dont ne doutent jamais les notaires, elle épousera ses chagrins. Madame, j'en vois assez pour la faire mourir de douleur, car elle sera dans la misère. Oui, madame, la misère, pour des gens auxquels il faut cent mille livres de rentes, est de n'en avoir plus que vingt mille. Si, par amour, monsieur le comte faisait des folies, sa femme le ruinerait par ses reprises le jour où quelque malheur adviendrait. Je plaide ici pour vous, pour eux, pour leurs enfants, pour tout le monde.

— Le bonhomme a bien fait feu de tous ses canons, pensa maître Solonet en jetant un regard à sa cliente comme pour lui dire : — Allons !

— Il est un moyen d'accorder ces intérêts, répondit avec calme madame Évangélista. Je puis me réserver seulement une pension nécessaire pour entrer dans un couvent, et vous aurez mes biens dès à présent. Je puis renoncer au monde, si ma mort anticipée assure le bonheur de ma fille.

— Madame, dit le vieux notaire, prenons le temps de peser mûrement le parti qui conciliera toutes les difficultés.

— Hé ! mon Dieu, monsieur, dit madame Évangélista qui voyait sa perte dans un retard, tout est pesé. J'ignorais ce qu'était un mariage en France, je suis Espagnole et créole. J'ignorais qu'avant de marier ma fille il fallût savoir le nombre de jours que Dieu m'accorderait encore, que ma fille souffrirait de ma vie, que j'ai tort de vivre et tort d'avoir vécu. Quand mon mari m'épousa, je n'avais que mon nom et ma personne. Mon nom seul valait pour lui des trésors auprès desquels pâlissaient les siens. Quelle fortune égale un grand nom? Ma dot était la beauté, la vertu, le bonheur, la naissance, l'éducation. L'argent donne-t-il ces trésors? Si le père de Natalie entendait notre conversation, son âme généreuse en serait affectée pour toujours et lui gâterait son bonheur en paradis. J'ai dissipé, follement peut-être! quelques millions sans que jamais ses sourcils aient fait un mouvement. Depuis sa mort, je suis devenue économe et rangée en comparaison de la vie qu'il voulait que je menasse. Brisons donc! Monsieur de Manerville est tellement abattu que je....

Aucune onomatopée ne peut rendre la confusion et le désordre que le mot *Brisons* introduisit dans la conversation, il suffira de dire que ces quatre personnes si bien élevées parlèrent toutes ensemble.

— On se marie en Espagne à l'espagnole et comme on veut ; mais on se marie en France à la française, raisonnablement et comme on peut! disait Mathias.

— Ah! madame, s'écria Paul en sortant de sa stupeur, vous vous méprenez sur mes sentiments.

— Il ne s'agit pas ici de sentiments, dit le vieux notaire en voulant arrêter son client, nous faisons les affaires de trois générations. Est-ce nous qui avons mangé les millions absents, nous qui ne demandons qu'à résoudre des difficultés dont nous sommes innocents?

— Épousez-nous et ne chipotez pas, disait Solonet.

— Chipoter! chipoter! Vous appelez chipoter défendre les intérêts des enfants, du père et de la mère, disait Mathias.

— Oui, disait Paul à sa belle-mère en continuant, je déplore les dissipations de ma jeunesse, qui ne me permettent pas de clore cette discussion par un mot, comme vous déplorez votre ignorance des affaires et votre désordre involontaire. Dieu m'est témoin que je ne pense pas en ce moment à moi, une vie simple à Lanstrac ne m'effraie point; mais ne faut-il pas que mademoiselle Natalie renonce à ses goûts, à ses habitudes? Voici notre existence modifiée.

— Où donc Évangélista puisait-il ses millions? dit la veuve.

— Monsieur Évangélista faisait des affaires, il jouait le grand jeu des commerçants, il expédiait des navires et gagnait des sommes considérables ; nous sommes un propriétaire dont le capital est placé, dont les revenus sont inflexibles, répondit vivement le vieux notaire.

— Il est encore un moyen de tout concilier, dit Solonet, qui par cette phrase proférée d'un ton de fausset imposa silence aux trois autres en attirant leurs regards et leur attention.

Ce jeune homme ressemblait à un habile cocher qui tient les rênes d'un attelage à quatre chevaux et s'amuse à les animer, à les retenir. Il déchaînait les passions, il les calmait tour à tour en faisant suer dans son harnais Paul dont la vie et le bonheur étaient à tout moment en question, et sa cliente qui ne voyait pas clair à travers les tournoiements de la discussion.

— Madame Évangélista, dit-il après une pause, peut délaisser dès aujourd'hui les inscriptions cinq pour cent et vendre son hôtel. Je lui en ferai trouver trois cent mille francs en l'exploitant par lots. Sur ce prix, elle vous remettra cent cinquante mille francs. Ainsi madame vous donnera neuf cent cinquante mille francs immédiatement. Si ce n'est pas ce qu'elle doit à sa fille, trouvez beaucoup de dots semblables en France?

— Bien, dit maître Mathias, mais que deviendra madame?

A cette question, qui supposait un assentiment, Solonet se dit en lui-même : — Allons donc, mon vieux loup, te voilà pris !

— Madame ! répondit à haute voix le jeune notaire, madame gardera les cinquante mille écus restant sur le prix de son hôtel. Cette somme jointe au produit de son mobilier peut se placer en rentes viagères, et lui procurera vingt mille livres de rentes. Monsieur le comte lui arrangera une demeure chez lui. Lanstrac est grand. Vous avez un hôtel à Paris, dit-il en s'adressant directement à Paul, madame votre belle-mère peut donc vivre partout avec vous. Une veuve qui, sans avoir à supporter les charges d'une maison, possède vingt mille livres de rentes, est plus riche que ne l'était madame quand elle jouissait de toute sa fortune. Madame Évangélista n'a que sa fille, monsieur le comte est également seul, vos héritiers sont éloignés, aucune collision d'intérêts n'est à craindre. La belle-mère et le gendre qui se trouvent dans les conditions où vous êtes forment toujours une même famille. Madame Évangélista compensera le déficit actuel par les bénéfices d'une pension qu'elle vous donnera sur ses vingt mille livres de rentes viagères, ce qui aidera d'autant votre existence. Nous connaissons madame trop généreuse, trop grande pour supposer qu'elle veuille être à charge à ses enfants. Ainsi vous vivrez unis, heureux, en pouvant disposer de cent mille francs par an, somme suffisante, n'est-ce pas, monsieur le comte? pour jouir en tout pays des agréments de l'existence et satisfaire ses caprices. Et croyez-moi, les jeunes mariés sentent souvent la nécessité d'un tiers dans leur ménage. Or, je le demande, quel tiers plus affectueux qu'une bonne mère?...

Paul croyait entendre un ange en entendant parler Solonet. Il regarda Mathias pour savoir s'il ne partageait pas son admiration pour la chaleureuse éloquence de Solonet, car il ignorait que sous les feints emportements de leurs paroles passionnées, les notaires comme les avoués cachent la froideur et l'attention continue des diplomates.

— Un petit paradis, s'écria le vieillard.

Stupéfait par la joie de son client, Mathias alla s'asseoir sur une ottomane, la tête dans une de ses mains, plongé dans une méditation évidemment douloureuse. La lourde phraséologie dans laquelle les gens d'affaires enveloppent à dessein leurs malices, il la connaissait, et n'était pas homme à s'y laisser prendre. Il se mit à regarder à la dérobée son confrère et madame Évangélista qui continuèrent à converser avec Paul, et il essaya de surprendre quelques indices du complot dont la trame si savamment ourdie commençait à se laisser voir.

— Monsieur, dit Paul à Solonet, je vous remercie du soin que vous prenez à concilier nos intérêts. Cette transaction résout toutes les difficultés plus heureusement que je ne l'espérais; si toutefois elle vous convient, madame, dit-il en se tournant vers madame Évangélista, car je ne voudrais rien de ce qui ne vous arrangerait pas également.

— Moi, reprit-elle, tout ce qui fera le bonheur de mes enfants me comblera de joie. Ne me comptez pour rien.

— Il n'en doit pas être ainsi, dit vivement Paul. Si votre existence n'était pas honorablement assurée, Natalie et moi nous en souffririons plus que vous n'en souffririez vous-même.

— Soyez sans inquiétude, monsieur le comte, reprit Solonet.

— Ah! pensa maître Mathias, ils vont lui faire baiser les verges avant de lui donner le fouet.

— Rassurez-vous, disait Solonet, il se fait en ce moment tant de spéculations à Bordeaux, que les placements en viager s'y négocient à des taux avantageux. Après avoir prélevé sur le prix de l'hôtel et du mobilier les cinquante mille écus que nous vous devrons, je crois pouvoir garantir à madame qu'il lui restera deux cent cinquante mille francs. Je me charge de mettre cette somme en rentes viagères par première hypothèque sur des biens valant un million, t d'en obtenir dix pour cent, vingt-cinq mille livres de rentes. Ainsi nous marions, à peu de chose près, des fortunes égales. En effet, contre vos quarante-six mille livres de rentes, mademoiselle Natalie apporte quarante mille livres de rentes en cinq pour cent, et cent cinquante mille francs en écus, susceptibles de donner sept mille livres de rentes : total, quarante-sept.

— Mais cela est évident, dit Paul.

En achevant sa phrase, maître Solonet avait jeté sur sa cliente un regard oblique, saisi par Mathias, et qui voulait dire : — Lancez la réserve.

— Mais ! s'écria madame Évangélista dans un accès de joie qui ne parut pas jouée, je puis donner à Natalie mes diamants, ils doivent valoir au moins cent mille francs.

— Nous pouvons les faire estimer, dit le notaire, et ceci change tout à fait la thèse. Rien ne s'oppose alors à ce que monsieur le comte reconnaisse avoir reçu l'intégralité des sommes revenant à mademoiselle Natalie de la succession de son père, et que les futurs époux n'entendent au contrat le compte de tutelle. Si madame, en se dépouillant avec une loyauté tout espagnole, remplit à cent mille francs près ses obligations, il est juste de lui donner quittance.

— Rien n'est plus juste, dit Paul, je suis seulement confus de ces procédés généreux.

— Ma fille n'est-elle pas une autre moi ? dit madame Évangélista.

Maître Mathias aperçut une expression de joie sur la figure de madame Évangélista, quand elle vit les difficultés à peu près levées : cette joie et l'oubli des diamants qui arrivaient là comme des troupes fraîches lui confirmèrent tous ses soupçons.

— La scène était préparée entre eux, comme les joueurs préparent les cartes pour une partie où l'on ruinera quelque pigeon, se dit le vieux notaire. Ce pauvre enfant que j'ai vu naître sera-t-il donc plumé vif par sa belle-mère, rôti par l'amour et dévoré par sa femme? Moi qui ai si bien soigné ces belles terres, les verrai-je fricassées en une seule soirée? Trois millions et demi qui seront hypothéqués pour onze cent mille francs de dot que ces deux femmes lui feront manger.

En découvrant dans l'âme de cette femme des intentions qui, sans tenir à la scélératesse, au crime, au vol, à la supercherie, à l'escroquerie, à aucun sentiment mauvais ni à rien de blâmable, comportaient néanmoins toutes les criminalités en germe, maître Mathias n'éprouva ni douleur, ni généreuse indignation. Il n'était pas le Misanthrope, il était un vieux notaire, habitué par son métier aux adroits calculs des gens du monde, à ces habiles traîtrises plus funestes que ne l'est un franc assassinat commis sur la grande route par un pauvre diable, guillotiné en grand appareil. Pour la haute société, ces passages de la vie, ces congrès diplomatiques sont comme de petits coins honteux où chacun jette ses ordures. Plein de pitié pour son client, maître Mathias jetait un long regard sur l'avenir, et n'y voyait rien de bon.

— Entrons donc en campagne avec les mêmes armes, se dit-il, et battons-les.

En ce moment, Paul, Solonet et madame Évangélista, gênés par le silence du vieillard, sentirent combien l'approbation de ce censeur leur était nécessaire pour sanctionner cette transaction, et tous trois ils le regardèrent simultanément.

— Eh! bien, mon cher monsieur Mathias, que pensez-vous de ceci? lui dit Paul.

— Voici ce que je pense, répondit l'intraitable et consciencieux notaire. Vous n'êtes pas assez riche pour faire de ces royales folies. La terre de Lanstrac, estimée à trois pour cent, représente plus d'un million, y compris son mobilier; les fermes du Grassol et du Guadet, votre clos de Bellerose valent un autre million; vos deux hôtels et leur mobilier, un troisième million. Contre ces trois millions donnant quarante-sept mille deux cents francs de rentes, mademoiselle Natalie apporte huit cent mille francs sur le grand livre, et supposons cent mille francs de diamants qui me semblent une valeur hypothétique! plus, cent cinquante mille francs d'argent, en tout un million cinquante mille francs! En présence de ces faits, mon confrère vous dit glorieusement que nous marions des fortunes égales! Il veut que nous restions grevés de cent mille francs envers nos enfants, puisque nous reconnaîtrions à notre femme, par le compte de tutelle entendu, un apport de onze cent cinquante-six mille francs, en n'en recevant que un million cinquante mille ! Vous écoutez de pareilles sornettes avec le ravissement d'un amoureux, et vous croyez que maître Mathias, qui n'est pas amoureux, peut oublier l'arithmétique et ne signalera pas la différence qui existe entre les placements territoriaux dont le capital est énorme, qui va croissant, et les revenus de la dot dont le capital est sujet à des chances et à des diminutions d'intérêt. Je suis assez vieux pour avoir vu l'argent décroître et les terres augmenter. Vous m'avez appelé, monsieur le comte, pour stipuler vos intérêts : laissez-moi les défendre, ou renvoyez-moi.

— Si monsieur cherche une fortune égale en capital à la sienne, dit Solonet, nous n'avons pas trois millions et demi, rien n'est plus évident. Si vous possédez trois accablants millions, nous ne pouvons offrir que notre pauvre petit million, presque rien ! trois fois la dot d'une archiduchesse de la maison d'Autriche. Bonaparte a reçu deux cent cinquante mille francs en épousant Marie-Louise.

— Marie-Louise a perdu Bonaparte, dit maître Mathias en grommelant.

La mère de Natalie saisit le sens de cette phrase.

— Si mes sacrifices ne servent à rien, s'écria-t-elle, je n'entends pas pousser plus loin une discussion semblable, je compte sur la discrétion de monsieur, et renonce à l'honneur de sa main pour ma fille.

Après les évolutions que le jeune notaire avait prescrites, cette bataille d'intérêts était arrivée au terme où la victoire devait appartenir à madame Évangélista. La belle-mère s'ouvrait le cœur, livrait ses biens, était quasi libérée. Sous peine de manquer aux lois de la générosité, de mentir à l'amour, le futur époux devait accepter ces conditions résolues par avance entre maître Solonet et madame Évangélista. Comme une aiguille d'horloge mue par ses rouages, Paul arriva fidèlement au but.

— Comment, madame, s'écria Paul, en un moment vous pourriez briser...

— Mais, monsieur, répondit-elle, à qui dois-je? à ma fille. Quand elle aura vingt et un ans, elle recevra mes comptes et me donnera quittance. Elle possédera un million, et pourra, si elle veut, choisir parmi les fils de tous les pairs de France. N'est-elle pas une Casa-Réal?

— Madame a raison. Pourquoi serait-elle plus maltraitée aujourd'hui qu'elle ne le sera dans quatorze mois. Ne la privez pas des bénéfices de sa maternité, dit Solonet.

— Mathias, s'écria Paul avec une profonde douleur, il est deux sortes de ruines, et vous me perdez en ce moment !

Il fit un pas vers lui, sans doute pour lui dire qu'il voulait que le contrat fût rédigé sur l'heure. Le vieux notaire prévint ce malheur par un regard qui voulait dire : — Attendez ! Puis il vit des larmes dans les yeux de Paul, larmes arrachées par la honte que lui causait ce débat, par la phrase péremptoire de madame Évangélista qui annonçait une rupture, et il les sécha par un geste, celui d'Archimède criant : — *Euréka !* Le mot PAIR DE FRANCE avait été, pour lui, comme une torche dans un souterrain.

Natalie apparut en ce moment ravissante comme une aurore, et dit d'un air enfantin : — Suis-je de trop ?

— Singulièrement de trop, ma fille, lui répondit sa mère avec une cruelle amertume.

— Venez, ma chère Natalie, dit Paul en la prenant par la main et l'amenant à un fauteuil près de la cheminée, tout est arrangé ! Car il lui fut impossible de supporter le renversement de ses espérances.

Mathias reprit vivement : — Oui, tout peut encore s'arranger.

Semblable au général qui, dans un moment, renverse les combinaisons préparées par l'ennemi, le vieux notaire avait vu le génie qui préside au Notariat lui déroulant en caractères légaux une conception capable de sauver l'avenir de Paul et celui de ses enfants. Maître Solonet ne connaissait pas d'autre dénouement à ces difficultés inconciliables que la résolution inspirée au jeune homme par l'amour, et à laquelle l'avait conduit cette tempête de sentiments et d'intérêts contrariés ; aussi fut-il étrangement surpris de l'exclamation de son confrère. Curieux de connaître le remède que maître Mathias pouvait trouver à un état de choses qui devait lui paraître perdu sans ressources, il lui dit : — Que proposez-vous ?

— Natalie, ma chère enfant, laissez-nous, dit madame Évangélista.

— Mademoiselle n'est pas de trop, répondit maître Mathias en souriant, je vais parler pour elle aussi bien que pour monsieur le comte.

Il se fit un silence profond pendant lequel chacun, plein d'agitation, attendit l'improvisation du vieillard avec une indicible curiosité.

— Aujourd'hui, reprit monsieur Mathias après une pause, la profession de notaire a changé de face. Aujourd'hui, les révolutions politiques influent sur l'avenir des familles, ce qui n'arrivait pas autrefois. Autrefois les existences étaient définies et les rangs étaient déterminés...

— Nous n'avons pas un cours d'économie politique à faire, mais un contrat de mariage, dit Solonet en laissant échapper un geste d'impatience et en interrompant le vieillard.

— Je vous prie de me laisser parler à mon tour, dit le bonhomme.

Solonet alla s'asseoir sur l'ottomane en disant à voix basse à madame Évangélista : — Vous allez connaître ce que nous nommons entre nous le *galimatias*.

— Les notaires sont donc obligés de suivre la marche des affaires politiques, qui maintenant sont intimement liées aux affaires des particuliers. En voici un exemple. Autrefois les familles nobles avaient des fortunes inébranlables que les lois de la révolution ont brisées et que le système actuel tend à reconstituer, reprit le vieux notaire en se livrant aussi à la faconde du *tabellionaris boa constrictor* (le Boa-Notaire). Par son nom, par ses talents, par sa fortune, monsieur le comte est appelé à siéger un jour à la chambre élective. Peut-être ses destinées le mèneront-elles à la chambre héréditaire, et nous lui connaissons assez de moyens pour justifier nos prévisions. Ne partagez-vous pas mon opinion, madame? dit-il à la veuve.

— Vous avez pressenti mon plus cher espoir, dit-elle. Manerville sera pair de France, ou je mourrais de chagrin.

— Tout ce qui peut nous acheminer vers ce but?... dit maître Mathias en interrogeant l'astucieuse belle-mère par un geste de bonhomie.

— Est, répondit-elle, mon plus cher désir.

— Eh! bien, reprit Mathias, ce mariage n'est-il pas une occasion naturelle de fonder un majorat? fondation qui, certes, militera dans l'esprit du gouvernement actuel pour la nomination de mon client, au moment d'une fournée. Monsieur le comte y consacrera nécessairement la terre de Lanstrac qui vaut un million. Je ne demande pas à mademoiselle de contribuer à cet établissement par une somme égale, ce ne serait pas juste ; mais nous pouvons y affecter huit cent mille francs de son apport. Je connais à vendre en ce moment deux domaines qui jouxtent la terre de Lanstrac, et où les huit cent mille francs à employer en acquisitions territoriales seront placés un jour à quatre et demi pour cent. L'hôtel à Paris doit être également compris dans l'institution du majorat. Le surplus des deux fortunes, sagement administré, suffira grandement à l'établissement des autres enfants. Si les parties contractantes s'accordent sur ces dispositions, monsieur le comte peut accepter votre compte de tutelle et rester chargé du reliquat. Je consens !

— *Questa coda non è di questo gatto* (cette queue n'est pas de ce chat), s'écria madame Évangélista en regardant son parrain Solonet et lui montrant Mathias.

— Il y a quelque anguille sous roche, lui dit à mi-voix Solonet en répondant par un proverbe français au proverbe italien.

— Pourquoi tout ce gâchis-là ? demanda Paul à Mathias en l'emmenant dans le petit salon.

— Pour empêcher votre ruine, lui répondit à voix basse le vieux notaire. Vous voulez absolument épouser une fille et une mère qui ont mangé environ deux millions en sept ans, vous acceptez un débet de plus de cent mille francs envers vos enfants auxquels vous devrez compter un jour les onze cent cinquante-six mille francs de leur mère, quand vous en recevez aujourd'hui à peine un million. Vous risquez de voir votre fortune dévorée en cinq ans, et de rester nu comme un Saint-Jean, en restant débiteur de sommes énormes envers votre femme ou ses hoirs. Si vous voulez vous embarquer dans cette galère, allez-y, monsieur le comte ; mais laissez au moins votre vieil ami sauver la maison de Manerville.

— Comment la sauvez-vous ainsi ? demanda Paul.

— Écoutez, monsieur le comte, vous êtes amoureux ?

— Oui.

— Un amoureux est discret à peu près comme un coup de canon, je ne veux vous rien dire. Si vous parliez, peut-être votre mariage serait-il rompu. Je mets votre amour sous la protection de mon silence. Avez-vous confiance en mon dévouement ?

— Belle question !

— Eh ! bien, sachez que madame Évangélista, son notaire et sa fille nous jouaient par-dessous jambe, et sont plus qu'adroits. Tudieu, quel jeu serré !

— Natalie ? s'écria Paul.

— Je n'en mettrais pas ma main au feu, dit le vieillard. Vous la voulez, prenez-la! Mais je désirerais voir manquer ce mariage sans qu'il y eût le moindre tort de votre côté.

— Pourquoi?

— Cette fille dépenserait le Pérou. Puis elle monte à cheval comme un écuyer du Cirque, elle est quasiment émancipée : ces sortes de filles font de mauvaises femmes.

Paul serra la main de maître Mathias, et lui dit en prenant un petit air fat : — Soyez tranquille! Mais, pour le moment, que dois-je faire?

— Tenez ferme à ces conditions; ils y consentiront, car elles ne blessent aucun intérêt. D'ailleurs madame Évangélista ne veut que marier sa fille, j'ai vu dans son jeu, défiez-vous d'elle.

Paul rentra dans le salon, où il vit sa belle-mère causant à voix basse avec Solonet, comme il venait de causer avec Mathias. Mise en dehors de ces deux conférences mystérieuses, Natalie jouait avec son écran. Assez embarrassée d'elle-même, elle se demandait : — Par quelle bizarrerie ne me dit-on rien de mes affaires?

Le jeune notaire saisissait en gros l'effet lointain d'une stipulation basée sur l'amour-propre des parties, et dans laquelle sa cliente avait donné tête baissée. Mais si Mathias n'était plus que notaire, Solonet était encore un peu homme, et portait dans les affaires un amour-propre juvénile. Il arrive souvent ainsi que la vanité personnelle fait oublier à un jeune homme l'intérêt de son client. En cette circonstance, maître Solonet, qui ne voulut pas laisser croire à la veuve que Nestor battait Achille, lui conseillait d'en finir promptement sur ces bases. Peu lui importait la future liquidation de ce contrat; pour lui, les conditions de la victoire étaient madame Évangélista libérée, son existence assurée, Natalie mariée.

— Bordeaux saura que vous donnez environ onze cent mille francs à Natalie, et qu'il vous reste vingt-cinq mille livres de rentes, dit Solonet à l'oreille de madame Évangélista. Je ne croyais pas obtenir un si beau résultat.

— Mais, dit-elle, expliquez-moi donc pourquoi la création de ce majorat apaise si promptement l'orage?

— Défiance de vous et de votre fille. Un majorat est inaliénable : aucun des époux n'y peut toucher.

— Ceci est positivement injurieux.

— Non. Nous appelons cela de la prévoyance. Le bonhomme vous a pris dans un piége. Refusez de constituer ce majorat; il nous dira:

Vous voulez donc dissiper la fortune de mon client, qui par la création du majorat est mise hors de toute atteinte, comme si les époux se mariaient sous le régime dotal.

Solonet calma ses propres scrupules en se disant : — Ces stipulations n'ont d'effets que dans l'avenir, et alors madame Évangélista sera morte et enterrée.

En ce moment madame Évangélista se contenta des explications de Solonet, en qui elle avait toute confiance. D'ailleurs elle ignorait les lois ; elle voyait sa fille mariée, elle n'en demandait pas davantage, le matin ; elle fut toute à la joie du succès. Ainsi, comme le pensait Mathias, ni Solonet ni madame Évangélista ne comprenaient encore dans toute son étendue sa conception appuyée sur des raisons inattaquables.

— Hé! bien, monsieur Mathias, dit la veuve, tout est pour le mieux.

— Madame, si vous et monsieur le comte consentez à ces dispositions, vous devez échanger vos paroles. — Il est bien entendu, n'est-ce pas, dit-il en les regardant l'un et l'autre, que le mariage n'aura lieu que sous la condition de la constitution d'un majorat composé de la terre de Lanstrac et de l'hôtel situé rue de la Pépinière, appartenant au futur époux, *item* de huit cent mille francs pris en argent dans l'apport de la future épouse, et dont l'emploi se fera en terres? Pardonnez-moi, madame, cette répétition : un engagement positif et solennel est ici nécessaire. L'érection d'un majorat exige des formalités, des démarches à la chancellerie, une ordonnance royale, et nous devons conclure immédiatement l'acquisition des terres, afin de les comprendre dans la désignation des biens que l'ordonnance royale a la vertu de rendre inaliénables. Dans beaucoup de familles on ferait un compromis, mais entre vous un simple consentement doit suffire. Consentez-vous?

— Oui, dit madame Évangélista.

— Oui, dit Paul.

— Et moi? dit Natalie en riant.

— Vous êtes mineure, mademoiselle, lui répondit Solonet, ne vous en plaignez pas.

Il fut alors convenu que maître Mathias rédigerait le contrat, que maître Solonet minuterait le compte de tutelle, et que ces actes se signeraient, suivant la loi, quelques jours avant la célébration du mariage. Après quelques salutations, les deux notaires se levèrent

— Il pleut. Mathias, voulez-vous que je vous reconduise, dit Solonet? J'ai mon cabriolet.

— Ma voiture est à vos ordres, dit Paul en manifestant l'intention d'accompagner le bonhomme.

— Je ne veux pas vous voler un instant, dit le vieillard : j'accepte la proposition de mon confrère.

— Hé! bien, dit Achille à Nestor quand le cabriolet roula dans les rues, vous avez été vraiment patriarcal. En vérité, ces jeunes gens se seraient ruinés.

— J'étais effrayé de leur avenir, dit Mathias en gardant le secret sur les motifs de sa proposition.

En ce moment les deux notaires ressemblaient à deux acteurs qui se donnent la main dans la coulisse après avoir joué sur le théâtre une scène de provocations haineuses.

— Mais, dit Solonet, qui pensait alors aux choses du métier, n'est-ce pas à moi d'acquérir les terres dont vous parlez? N'est-ce pas l'emploi de notre dot?

— Comment pourrez-vous faire comprendre dans un majorat établi par le comte de Manerville les biens de mademoiselle Évangélista? répondit Mathias.

— La chancellerie nous répondra sur cette difficulté, dit Solonet.

— Mais je suis le notaire du vendeur aussi bien que de l'acquéreur, répondit Mathias. D'ailleurs monsieur de Manerville peut acheter en son nom. Lors du paiement nous ferons mention de l'emploi des fonds dotaux.

— Vous avez réponse à tout, mon ancien, dit Solonet en riant. Vous avez été surprenant ce soir, vous nous avez battus.

— Pour un vieux qui ne s'attendait pas à vos batteries chargées à mitraille, ce n'était pas mal, hein?

— Ha! ha! fit Solonet.

La lutte odieuse où le bonheur matériel d'une famille avait été si périlleusement risqué n'était plus pour eux qu'une question de polémique notariale.

— Nous n'avons pas pour rien quarante ans de bricole! dit Mathias. Écoutez, Solonet, reprit-il, je suis bonhomme, vous pourrez assister au contrat de vente des terres à joindre au majorat.

— Merci, mon bon Mathias. A la première occasion vous me trouverez tout à vous.

Pendant que les deux notaires s'en allaient ainsi paisiblement, sans autre émotion qu'un peu de chaleur à la gorge, Paul et madame Évangélista se trouvaient en proie à cette trépidation de nerfs, à cette agitation précordiale, à ces tressaillements de moelle et de cervelle que ressentent les gens passionnés après une scène où leurs intérêts et leurs sentiments ont été violemment secoués. Chez madame Évangélista ces derniers grondements de l'orage étaient dominés par une terrible réflexion, par une lueur rouge qu'elle voulait éclaircir.

— Maître Mathias n'aurait-il pas détruit en quelques minutes mon ouvrage de six mois? se dit-elle. N'aurait-il pas soustrait Paul à mon influence en lui inspirant de mauvais soupçons pendant leur conférence secrète dans le petit salon?

Elle était debout devant sa cheminée, le coude appuyé sur le coin du manteau de marbre, toute songeuse. Quand la porte cochère se ferma sur la voiture des deux notaires, elle se retourna vers son gendre, impatientée de résoudre ses doutes.

— Voilà la plus terrible journée de ma vie, s'écria Paul vraiment joyeux de voir ces difficultés terminées. Je ne sais rien de plus rude que ce vieux père Mathias. Que Dieu l'entende, et que je devienne *pair de France!* Chère Natalie, je le désire maintenant plus pour vous que pour moi. Vous êtes toute mon ambition, je ne vis qu'en vous.

En entendant cette phrase accentuée par le cœur, en voyant surtout le limpide azur des yeux de Paul dont le regard, aussi bien que le front, n'accusait aucune arrière-pensée, la joie de madame Évangélista fut entière. Elle se reprocha les paroles un peu vives par lesquelles elle avait éperonné son gendre; et dans l'ivresse du succès, elle se résolut à rasséréner l'avenir. Elle reprit sa contenance calme, fit exprimer à ses yeux cette douce amitié qui la rendait si séduisante, et répondit à Paul : — Je puis vous en dire autant. Aussi, cher enfant, peut-être ma nature espagnole m'a-t-elle emportée plus loin que mon cœur ne le voulait. Soyez ce que vous êtes, bon comme Dieu? ne me gardez point rancune de quelques paroles inconsidérées. Donnez-moi la main?

Paul était confus, il se trouvait mille torts, il embrassa madame Évangélista.

— Cher Paul, dit-elle tout émue, pourquoi ces deux escogriffes n'ont-ils pas arrangé cela sans nous, puisque tout devait si bien s'arranger?

— Je n'aurais pas su, dit Paul, combien vous étiez grande et généreuse.

— Bien cela, Paul! dit Natalie en lui serrant la main.

— Nous avons, dit madame Évangélista, plusieurs petites choses à régler, mon cher enfant. Ma fille et moi, nous sommes au-dessus de niaiseries auxquelles certaines gens tiennent beaucoup. Ainsi Natalie n'a nul besoin de diamants, je lui donne les miens.

— Ah! chère mère, croyez-vous que je puisse les accepter? s'écria Natalie.

— Oui, mon enfant, ils sont une condition du contrat.

— Je ne le veux pas, je ne me marierai pas, répondit vivement Natalie. Gardez ces pierreries que mon père prenait tant de plaisir à vous offrir. Comment monsieur Paul peut-il exiger...?

— Tais-toi, chère fille, dit la mère dont les yeux se remplirent de larmes. Mon ignorance des affaires exige bien davantage!

— Quoi donc?

— Je vais vendre mon hôtel pour m'acquitter de ce que je te dois.

— Que pouvez-vous me devoir, dit-elle, à moi qui vous dois la vie? Puis-je m'acquitter jamais envers vous, moi? Si mon mariage vous coûte le plus léger sacrifice, je ne veux pas me marier.

— Enfant!

— Chère Natalie, dit Paul, comprenez donc que ce n'est ni moi, ni votre mère, ni vous qui exigeons ces sacrifices, mais les enfants...

— Et si je ne me marie pas? dit-elle en l'interrompant.

— Vous ne m'aimez donc point? dit Paul.

— Allons, petite folle, crois-tu qu'un contrat soit un château de cartes sur lequel tu puisses souffler à plaisir? Chère ignorante, tu ne sais pas combien nous avons eu de peine à bâtir un majorat à l'aîné de tes enfants! Ne nous rejette pas dans les ennuis d'où nous sommes sortis.

— Pourquoi ruiner ma mère? dit Natalie en regardant Paul.

— Pourquoi êtes-vous si riche? répondit-il en souriant.

— Ne vous disputez pas trop, mes enfants, vous n'êtes pas encore mariés, dit madame Évangélista. Paul, reprit-elle, il ne faut donc ni corbeille, ni joyaux, ni trousseau? Natalie a tout à profusion. Réservez plutôt l'argent que vous auriez mis à des cadeaux de noces, pour vous assurer à jamais un petit luxe intérieur. Je ne sais rien de plus sottement bourgeois que de dépenser cent mille francs à une corbeille de laquelle il ne subsiste rien un jour qu'un vieux coffre en satin blanc. Au contraire, cinq mille francs par an attribués à la toilette évitent mille soucis à une jeune femme, et lui restent pendant toute la vie. D'ailleurs l'argent d'une corbeille sera nécessaire à l'arrangement de votre hôtel à Paris. Nous reviendrons à Lanstrac au printemps, car pendant l'hiver Solonet aura liquidé mes affaires.

— Tout est pour le mieux, dit Paul au comble du bonheur.

— Je verrai donc Paris, s'écria Natalie avec un accent qui aurait justement effrayé un de Marsay.

— Si nous nous arrangeons ainsi, dit Paul, je vais écrire à de Marsay de me prendre une loge aux Italiens et à l'Opéra pour l'hiver.

— Vous êtes bien aimable, je n'osais pas vous le demander, dit Natalie. Le mariage est une institution fort agréable, si elle donne aux maris le talent de deviner les désirs de leurs femmes.

— Ce n'est pas autre chose, dit Paul; mais il est minuit, il faut partir.

— Pourquoi si tôt aujourd'hui? dit madame Évangélista qui déploya les câlineries auxquelles les hommes sont si sensibles.

Quoique tout se fût passé dans les meilleurs termes, et selon les lois de la plus exquise politesse, l'effet de la discussion de ces intérêts avait néanmoins jeté chez le gendre et chez la belle-mère un germe de défiance et d'inimitié prêt à lever au premier feu d'une colère ou sous la chaleur d'un sentiment trop violemment heurté. Dans la plupart des familles, la constitution des dots et les donations à faire au contrat de mariage engendrent ainsi des hostilités primitives, soulevées par l'amour-propre, par la lésion de quelques sentiments, par le regret des sacrifices et par l'envie de les diminuer. Ne faut-il pas un vainqueur et un vaincu, lorsqu'il s'élève une difficulté? Les parents des futurs essaient de conclure avantageusement cette affaire à leurs yeux purement commerciale, et qui comporte les ruses, les profits, les déceptions du négoce. La plupart du temps le mari seul est initié dans les secrets de ces débats, et la jeune épouse reste, comme le fut Natalie, étrangère aux stipulations qui la font ou riche ou pauvre. En s'en allant, Paul pensait que, grâce à l'habileté de son notaire, sa fortune était presque entièrement garantie de toute ruine. Si madame Évangélista ne se séparait point de sa fille, leur maison aurait au delà de cent mille francs à dépenser par an ; ainsi toutes ses prévisions d'existence heureuse se réalisaient.

— Ma belle-mère me paraît être une excellente femme, se dit-il encore sous le charme des patelineries par lesquelles madame Évangélista s'était efforcée de dissiper les nuages élevés par la discussion. Mathias se trompe. Ces notaires sont singuliers, ils enveniment tout. Le mal est venu de ce petit ergoteur de Solonet, qui a voulu faire l'habile.

Pendant que Paul se couchait en récapitulant les avantages qu'il avait remportés dans cette soirée, madame Évangélista s'attribuait également la victoire.

— Eh ! bien, mère chérie, es-tu contente ? dit Natalie en suivant sa mère dans sa chambre à coucher.

— Oui, mon amour, répondit la mère, tout a réussi selon mes désirs, et je me sens un poids de moins sur les épaules qui ce matin m'écrasait. Paul est une excellente pâte d'homme. Ce cher enfant, oui, certes ! nous lui ferons une belle existence. Tu le rendras heureux, et moi je me charge de sa fortune politique. L'ambassadeur d'Espagne est un de mes amis, je vais renouer avec lui, comme avec toutes mes connaissances. Oh ! nous serons bientôt au cœur des affaires, tout sera joie pour nous. A vous les plaisirs, chers enfants ; à moi les dernières occupations de la vie, le jeu de l'ambition. Ne t'effraie pas de me voir vendre mon hôtel, crois-tu que nous revenions jamais à Bordeaux ? à Lanstrac ? oui. Mais nous irons passer tous les hivers à Paris, où sont maintenant nos véritables intérêts. Eh ! bien, Natalie, était-il si difficile de faire ce que je te demandais ?

— Ma petite mère, par moments, j'avais honte.

— Solonet me conseille de mettre mon hôtel en rente viagère, se dit madame Évangélista, mais il faut faire autrement, je ne veux pas t'enlever un liard de ma fortune.

— Je vous ai vus tous bien en colère, dit Natalie. Comment cette tempête s'est-elle donc apaisée ?

— Par l'offre de mes diamants, répondit madame Évangélista. Solonet avait raison. Avec quel talent il a conduit l'affaire. Mais, dit-elle, prends donc mon écrin, Natalie ! Je ne me suis jamais sérieusement demandé ce que valent ces diamants. Quand je disais cent mille francs, j'étais folle. Madame de Gyas ne prétendait-elle pas que le collier et les boucles d'oreilles que m'a donnés ton père, le jour de notre mariage, valaient au moins cette somme. Mon pauvre mari était d'une prodigalité ! Puis mon diamant de famille, celui que Philippe II a donné au duc d'Albe et que m'a légué ma tante, le *Discreto*, fut, je crois, estimé jadis quatre mille quadruples.

Natalie apporta sur la toilette de sa mère ses colliers de perles, ses parures, se bracelets d'or, ses pierreries de toute nature, et les y entassa complaisamment en manifestant l'inexprimable sentiment qui réjouit certaines femmes à l'aspect de ces trésors avec lesquels, suivant les commentateurs du Talmud, les anges maudits séduisirent les filles de l'homme en allant chercher au fond de la terre ces fleurs du feu céleste.

— Certes, dit madame Évangélista, quoiqu'en fait de joyaux, je ne sois bonne qu'à les recevoir et les porter, il me semble qu'en voici pour beaucoup d'argent. Puis, si nous ne faisons plus qu'une seule maison, je peux vendre mon argenterie, qui seulement au poids vaut trente mille francs. Quand nous l'avons apportée de Lima, je me souviens qu'ici la douane lui attribuait cette valeur. Solonet a raison ! J'enverrai chercher Élie Magus. Le juif m'estimera ces écrins. Peut-être serais-je dispensée de mettre le reste de ma fortune à fonds perdu.

— Le beau collier de perles ! dit Natalie.

— J'espère qu'il te le laissera, s'il t'aime. Ne devrait-il pas faire remonter tout ce que je lui remettrai de pierreries et te les offrir. D'après le contrat les diamants t'appartiennent. Allons, adieu, mon ange. Après une si fatigante journée, nous avons toutes deux besoin de repos.

La petite maîtresse, la créole, la grande dame incapable d'analyser les dispositions d'un contrat qui n'était pas encore formulé, s'endormit donc dans la joie en voyant sa fille mariée à un homme facile à conduire, qui les laisserait toutes deux également maîtresses au logis, et dont la fortune, réunie aux leurs, permettrait de ne rien changer à leur manière de vivre. Après avoir rendu ses comptes à sa fille, dont toute la fortune était reconnue, madame Évangélista se trouvait encore à son aise.

— Étais-je folle de tant m'inquiéter, se dit-elle, je voudrais que le mariage fût fini.

Ainsi madame Évangélista, Paul, Natalie et les deux notaires étaient tous enchantés de cette première rencontre. Le *Te Deum* se chantait dans les deux camps, situation dangereuse ! il vient un moment où cesse l'erreur du vaincu. Pour la veuve, son gendre était le vaincu.

Le lendemain matin, Élie Magus vint chez madame Évangélista, croyant, d'après les bruits qui couraient sur le mariage prochain de mademoiselle Natalie et du comte Paul, qu'il s'agissait de parures à leur vendre. Le juif fut donc étonné en apprenant qu'il s'agissait au contraire d'une prisée quasi-légale des diamants de la belle-mère. L'instinct des juifs, autant que certaines questions captieuses, lui fit comprendre que cette valeur allait sans doute être comptée dans le contrat de mariage. Les diamants n'étant pas à vendre, il les prisa comme s'ils devaient être achetés par un particulier chez un marchand. Les joailliers seuls savent reconnaître les diamants de l'Asie de ceux du Brésil. Les pierres de Golconde et de Visapour se distinguent par une blancheur, par une netteté de brillant que n'ont pas les autres dont l'eau comporte une teinte jaune qui les fait, à poids égal, déprécier lors de la vente. Les boucles d'oreilles et le collier de madame Évangélista, entièrement composés de diamants asiatiques, furent estimés deux cent cinquante mille francs par Élie Magus. Quant au *Discreto*, c'était, selon lui, l'un des plus beaux diamants possédés par des particuliers, il était connu dans le commerce et valait cent mille francs. En apprenant un prix qui lui révélait les prodigalités de son mari, madame Évangélista demanda si elle pouvait avoir cette somme immédiatement.

— Madame, répondit le juif, si vous voulez vendre, je ne donnerais que soixante-quinze mille du brillant et cent soixante mille du collier et des boucles d'oreilles.

— Et pourquoi ce rabais ? demanda madame Évangélista surprise.

— Madame, répondit le juif, plus les diamants sont beaux, plus longtemps nous les gardons. La rareté des occasions de placement est en raison de la haute valeur des pierres. Comme le marchand ne doit pas perdre les intérêts de son argent, les intérêts à recouvrer, joints aux chances de la baisse et de la hausse auxquelles sont exposées ces marchandises, expliquent la différence entre le prix d'achat et le prix de vente. Vous avez perdu depuis vingt ans les intérêts de trois cent mille francs. Si vous portiez dix fois par an vos diamants, ils vous coûtaient chaque soirée mille écus. Combien de belles toilettes n'a-t-on pas pour mille écus ! Ceux qui conservent des diamants sont donc des fous ; mais, heureusement pour nous, les femmes ne veulent pas comprendre ces calculs.

— Je vous remercie de me les avoir exposés, j'en profiterai !

— Vous voulez vendre ? reprit avidement le juif.

— Que vaut le reste ? dit madame Évangélista.

Le juif considéra l'or des montures, mit les perles au jour, examina curieusement les rubis, les diadèmes, les agrafes, les bracelets, les fermoirs, les chaînes, et dit en marmottant : — Il s'y trouve beaucoup de diamants portugais venus du Brésil ! Cela ne vaut pour moi que cent mille francs. Mais, de marchand à chaland, ajouta-t-il, ces bijoux se vendraient plus de cinquante mille écus.

— Nous les gardons, dit madame Évangélista.

— Vous avez tort, répondit Élie Magus. Avec les revenus de la somme qu'ils représentent, en cinq ans vous auriez d'aussi beaux diamants et vous conserveriez le capital.

Cette conférence assez singulière fut connue et corrobora certaines rumeurs excitées par la discussion du contrat. En province tout se sait. Les gens de la maison ayant entendu quelques éclats de voix supposèrent une discussion beaucoup plus vive qu'elle ne l'était, leurs commérages avec les autres valets s'étendirent insensiblement ; et, de cette basse région, remontèrent aux maîtres. L'attention du beau monde et de la ville était si bien fixée sur le mariage de deux personnes également riches ; petit ou grand, chacun s'en occupait tant, que, huit jours après, il circulait dans Bordeaux les bruits les plus étranges : — Madame Évangélista vendait son hôtel, elle était donc ruinée. Elle avait proposé ses diamants à Élie Magus. Rien n'était conclu entre elle et le comte de Manerville. Ce mariage se ferait-il ? Les uns disaient *oui*, les autres *non*. Les deux notaires questionnés démentirent ces calomnies et parlèrent des difficultés purement réglementaires suscitées par la constitution d'un majorat. Mais, quand l'opinion publique a pris une pente, il est bien difficile de la lui faire remonter. Quoique Paul allât tous les jours chez madame Évangélista, malgré l'assertion des deux notaires, les doucereuses calomnies continuèrent. Plusieurs jeunes filles, leurs mères ou leurs tantes, chagrines d'un mariage rêvé pour elles-mêmes ou pour leurs familles, ne pardonnaient pas plus à madame Évangélista son bonheur qu'un auteur ne pardonne un succès à son voisin. Quelques personnes se vengeaient de vingt ans de luxe et de grandeur que la maison espagnole avait fait peser sur leur amour-propre. Un grand homme de préfecture disait que les deux notaires et les deux familles ne pouvaient pas tenir un autre langage ni une autre conduite dans le cas d'une rupture. Le temps que demandait l'érection du majorat confirmait les soupçons des politiques bordelais.

— Ils amuseront le tapis pendant tout l'hiver ; puis, au printemps, ils iront aux eaux, et nous apprendrons dans un an que le mariage est manqué.

— Vous comprenez, disaient les uns, que, pour ménager l'honneur de deux familles, les difficultés ne seront venues d'aucun côté, ce sera la chancellerie qui refusera ; ce sera quelque chicane élevée sur le majorat qui fera naître la rupture.

— Madame Évangélista, disaient les autres, menait un train auquel les mines de Valenciana n'auraient pas suffi. Quand il a fallu fondre la cloche, il ne se sera plus rien trouvé !

Excellente occasion pour chacun de supputer les dépenses de la belle veuve, afin d'établir catégoriquement sa ruine ! Les rumeurs furent telles qu'il se fit des paris pour ou contre le mariage. Suivant la jurisprudence mondaine, ces caquetages couraient à l'insu des parties intéressées. Personne n'était ni assez ennemi ni assez ami de Paul ou de madame Évangélista pour les en instruire. Paul eut quelques affaires à Lanstrac, et profita de la circonstance pour y faire une partie de chasse avec plusieurs jeunes gens de la ville, espèce d'adieu à la vie de garçon. Cette partie de chasse fut acceptée par la société comme une éclatante confirmation des soupçons publics. Dans ces conjonctures, madame de Gyas, qui avait une fille à marier, jugea convenable de sonder le terrain et d'aller s'attrister joyeusement de l'échec reçu par les Évangélista. Natalie et sa mère furent assez surprises en voyant la figure mal grimée de la marquise, et lui demandèrent s'il ne lui était rien arrivé de fâcheux.

— Mais, dit-elle, vous ignorez donc les bruits qui circulent dans Bordeaux ? Quoique je les croie faux, je venais savoir la vérité pour les faire cesser sinon partout, au moins dans mon cercle d'amis. Être les dupes ou les complices d'une semblable erreur est une position trop fausse pour que de vrais amis veuillent y rester.

— Mais que se passe-t-il donc ? dirent la mère et la fille.

Madame de Gyas se donna le plaisir de raconter les dires de chacun, sans épargner un seul coup de poignard à ses deux amies intimes. Natalie et madame Évangélista se regardèrent en riant, mais elles avaient bien compris le sens de la narration et les motifs de leur amie. L'Espagnole prit sa revanche à peu près comme Célimène avec Arsinoé.

— Ma chère, ignorez-vous donc, vous qui connaissez la province, ignorez-vous ce dont est capable une mère quand elle a sur les bras une fille qui ne se marie pas faute de dot et d'amoureux, faute de beauté, faute d'esprit, quelquefois faute de tout? Elle arrêterait une diligence, elle assassinerait, elle attendrait un homme au coin d'une rue, elle se donnerait cent fois elle-même si elle valait quelque chose. Il y en a beaucoup dans cette situation à Bordeaux qui nous prêtent sans doute leurs pensées et leurs actions. Les naturalistes nous ont dépeint les mœurs de beaucoup d'animaux féroces; mais ils ont oublié la mère et la fille en quête d'un mari. Ce sont des hyènes qui, selon le Psalmiste, cherchent une proie à dévorer, et qui joignent au naturel de la bête l'intelligence de l'homme et le génie de la femme. Que ces petites araignées bordelaises, mademoiselle de Belor, mademoiselle de Trans, etc., occupées depuis si longtemps à travailler leurs toiles sans y voir de mouche, sans entendre le moindre battement d'aile à l'entour, soient furieuses, je le conçois, je leur pardonne leurs propos envenimés. Mais que vous, qui marierez votre fille quand vous le voudrez, vous riche et titrée, vous qui n'avez rien de provincial; vous dont la fille est spirituelle, pleine de qualités, jolie, en position de choisir; que vous, si distinguée des autres par vos grâces parisiennes, ayez pris le moindre souci, voilà pour nous un sujet d'étonnement! Dois-je compte au public des stipulations matrimoniales que les gens d'affaires ont trouvées utiles dans les circonstances politiques qui domineront l'existence de mon gendre? La manie des délibérations publiques va-t-elle atteindre l'intérieur des familles? Fallait-il convoquer par lettres closes les pères et les mères de *votre* province pour les faire assister au vote des articles de notre contrat de mariage?

Un torrent d'épigrammes roula sur Bordeaux. Madame Évangélista quittait la ville : elle pouvait passer en revue ses amis, ses ennemis, les caricaturer, les fouetter à son gré sans avoir rien à craindre. Aussi donna-t-elle passage à ses observations gardées, à ses vengeances ajournées, en cherchant quel intérêt avait telle ou telle personne à nier le soleil en plein midi.

— Mais, ma chère, dit la marquise de Gyas, le séjour de monsieur de Manerville à Lanstrac, ces fêtes aux jeunes gens en semblables circonstances...

— Hé! ma chère, dit la grande dame en l'interrompant, croyez-vous que nous adoptions les petitesses du cérémonial bourgeois? Le comte Paul est-il tenu en laisse comme un homme qui peut s'enfuir? Croyez-vous que nous ayons besoin de le faire garder par la gendarmerie? Craignons-nous de nous le voir enlever par quelque conspiration bordelaise?

— Soyez persuadée, chère amie, que vous me faites un plaisir extrême....

La parole fut coupée à la marquise par le valet de chambre, qui annonça Paul. Comme tous les amoureux, Paul avait trouvé charmant de faire quatre lieues pour venir passer une heure avec Natalie. Il avait laissé ses amis à la chasse, et il arrivait éperonné, botté, cravache en main.

— Cher Paul, dit Natalie, vous ne savez pas quelle réponse vous donnez en ce moment à madame.

Quand Paul apprit les calomnies qui couraient dans Bordeaux, il se mit à rire au lieu de se mettre en colère.

— Ces braves gens savent peut-être qu'il n'y aura pas de ces nopces et festins en usage dans les provinces, ni mariage à midi dans l'église; ils sont furieux. Eh! bien, chère mère, dit-il en baisant la main de madame Évangélista, nous leur jetterons à la tête un bal, le jour de la signature du contrat, comme on jette au peuple sa fête dans le grand carré des Champs-Élysées, et nous procurerons à nos bons amis le douloureux plaisir de signer un contrat comme il s'en fait rarement en province.

Cet incident fut d'une haute importance. Madame Évangélista pria tout Bordeaux pour le jour de la signature du contrat, et manifesta l'intention de déployer dans sa dernière fête un luxe qui donnât d'éclatants démentis aux sots mensonges de la société. Ce fut un engagement solennel pris à la face du public de marier Paul et Natalie. Les préparatifs de cette fête durèrent quarante jours, elle fut nommée la nuit des camélias. Il y eut une immense quantité de ces fleurs dans l'escalier, dans l'antichambre et dans la salle où l'on servit le souper. Ce délai coïncida naturellement avec ceux qu'exigeaient les formalités préliminaires du mariage, et les démarches faites à Paris pour l'érection du majorat. L'achat des terres qui jouxtaient Lanstrac eut lieu, les bans se publièrent, les doutes se dissipèrent. Amis et ennemis ne pensèrent plus qu'à préparer leurs toilettes pour la fête indiquée. Le temps pris par ces événements passa donc sur les difficultés soulevées par la première conférence, en emportant dans l'oubli les paroles et les débats de l'orageuse discussion à laquelle avait donné lieu le contrat de mariage. Ni Paul ni sa belle-mère n'y songeaient plus. N'était ce pas, comme l'avait dit madame Évangélista, l'affaire des deux notaires? Mais à qui n'est-il pas arrivé, quand la vie est d'un cours si rapide, d'être soudainement interpellé par la voix d'un souvenir qui se dresse souvent trop tard, et vous rappelle un fait important, un danger prochain? Dans la matinée du jour où devait se signer le contrat de Paul et de Natalie, un de ces feux follets de l'âme brilla chez madame Évangélista pendant les somnolescences de son réveil. Cette phrase : *Questa coda non è di questo gatto!* dite par elle à l'instant où Mathias accédait aux conditions de Solonet, lui fut criée par une voix. Malgré son inaptitude aux affaires, madame Évangélista se dit en elle-même : — Si l'habile maître Mathias s'est apaisé, sans doute il trouvait satisfaction aux dépens de l'un des deux époux. L'intérêt lésé ne devait pas être celui de Paul, comme elle l'avait espéré. Serait-ce donc la fortune de sa fille qui payait les frais de la guerre? Elle se proposa de demander des explications sur la teneur du contrat, sans penser à ce qu'elle devait faire au cas où ses intérêts seraient trop gravement compromis. Cette journée influa tellement sur la vie conjugale de Paul, qu'il est nécessaire d'expliquer quelques-unes de ces circonstances extérieures qui déterminent tous les esprits. L'hôtel Évangélista devant être vendu, la belle-mère du comte de Manerville n'avait reculé devant aucune dépense pour la fête. La cour était sablée, couverte d'une tente à la turque et parée d'arbustes malgré l'hiver. Ces camélias, dont il était parlé depuis Angoulême jusqu'à Dax, tapissaient les escaliers et les vestibules. Des pans de murs avaient disparu pour agrandir la salle du festin et celle où l'on dansait. Bordeaux, où brille le luxe de tant de fortunes coloniales, était dans l'attente des féeries annoncées. Vers huit heures, au moment de la dernière discussion, les gens curieux de voir les femmes en toilette descendant de voiture se rassemblèrent en deux haies de chaque côté de la porte cochère. Ainsi la somptueuse atmosphère d'une fête agissait sur les esprits au moment de signer le contrat. Lors de la crise, les lampions allumés flambaient sur leurs ifs, et le roulement des premières voitures retentissait dans la cour.

Les deux notaires dînèrent avec les deux fiancés et la belle-mère. Le premier clerc de Mathias, chargé de recevoir les signatures pendant la soirée en veillant à ce que le contrat ne fût pas indiscrètement lu, fut également un des convives.

Chacun peut feuilleter ses souvenirs : aucune toilette, aucune femme, rien ne serait comparable à la beauté de Natalie, qui, parée de dentelles et de satin, coquettement coiffée de ses cheveux retombant en mille boucles sur son cou, ressemblait à une fleur enveloppée de son feuillage. Vêtue d'une robe en velours cerise, couleur habilement choisie pour rehausser l'éclat de son teint, ses yeux et ses cheveux noirs, madame Évangélista, dans toute la beauté de la femme à quarante ans, portait son collier de perles agrafé par le *Discreto*, afin de démentir les calomnies.

Pour l'intelligence de la scène, il est nécessaire de dire que Paul et Natalie demeurèrent assis au coin du feu, sur une causeuse, et n'écoutèrent aucun article du compte de tutelle. Aussi enfants l'un que l'autre, également heureux, l'un par ses désirs, l'autre par sa curieuse attente, voyant la vie comme un ciel tout bleu, riches, jeunes, amoureux, ils ne cessèrent de s'entretenir à voix basse en se parlant à l'oreille. Armant déjà son amour de la légalité, Paul se plut à baiser le bout des doigts de Natalie, à effleurer son dos de neige, à frôler ses cheveux en dérobant à tous les regards les joies de cette émancipation illégale. Natalie jouait avec l'écran en plumes indiennes que lui avait offert Paul, cadeau qui, d'après les croyances superstitieuses de quelques pays, est pour l'amour un présage aussi sinistre que celui des ciseaux ou de tout autre instrument tranchant donné, qui sans doute rappelle les Parques de la Mythologie. Assise près des deux notaires, madame Évangélista prêtait la plus scrupuleuse attention à la lecture des pièces. Après avoir entendu le compte de la tutelle, savamment rédigé par Solonet, et qui, de trois millions et quelques cent mille francs laissés par monsieur Évangélista, réduisait la part de Natalie aux fameux onze cent cinquante-six mille francs, elle dit au jeune couple : — Mais écoutez donc, mes enfants, voici votre contrat ! Le clerc but un verre d'eau sucrée, Solonet et Mathias se mouchèrent. Paul et Natalie regardèrent ces quatre personnages, écoutèrent le préambule et se remirent à causer. L'établissement des apports, la donation générale en cas de mort sans enfants, la donation du quart en usufruit et du quart en nue propriété permise par le Code, quel que soit le nombre des enfants, la constitution du fonds de la communauté, le don des diamants à la femme, des bibliothèques et des chevaux au mari, tout passa sans observations. Vint la constitution du majorat. Là, quand tout fut lu et qu'il n'y eut plus qu'à signer, madame Évangélista demanda quel serait l'effet de ce majorat.

— Le majorat, madame, dit maître Solonet, est une fortune inaliénable, prélevée sur celle des deux époux et constituée au profit de l'aîné de la maison, à chaque génération, sans qu'il soit privé de ses droits au partage général des autres biens.

— Qu'en résultera-t-il pour ma fille? demanda-t-elle.

Maître Mathias, incapable de déguiser la vérité, prit la parole :
— Madame, le majorat étant un apanage distrait des deux fortunes, si la future épouse meurt la première en laissant un ou plusieurs enfants, dont un mâle, monsieur le comte de Manerville leur tiendra compte de trois cent cinquante-six mille francs seulement, sur lesquels il exercera sa donation du quart en usufruit, du quart en nue propriété. Ainsi sa dette envers eux est réduite à cent soixante mille francs environ, sauf ses bénéfices dans la communauté, ses reprises, etc. Au cas contraire, s'il décédait le premier, laissant également des enfants mâles, madame de Manerville aurait droit à trois cent cinquante-six mille francs seulement, à ses donations sur les biens de monsieur de Manerville qui ne font point partie du majorat, à ses reprises en diamants, et à sa part dans la communauté.

Les effets de la profonde politique de maître Mathias apparurent alors dans tout leur jour.

— Ma fille est ruinée, dit à voix basse madame Évangélista.

Le vieux et le jeune notaire entendirent cette phrase.

— Est-ce se ruiner, lui répondit à mi-voix maître Mathias, que de constituer à sa famille une fortune indestructible?

En voyant l'expression que prit la figure de sa cliente, le jeune notaire ne crut pas pouvoir se dispenser de chiffrer le désastre.

— Nous voulions leur attraper trois cent mille francs, ils nous en reprennent évidemment huit cent mille, le contrat se balance par une perte de quatre cent mille francs à notre charge et au profit des enfants. Il faut rompre ou poursuivre, dit Solonet à madame Évangélista.

Le moment de silence que gardèrent alors ces personnages ne

saurait se décrire. Maître Mathias attendait en triomphateur la signature des deux personnes qui avaient cru dépouiller son client. Natalie, hors d'état de comprendre qu'elle perdait la moitié de sa fortune, Paul ignorant que la maison de Manerville la gagnait, riaient et causaient toujours. Solonet et madame Évangélista se regardaient en contenant l'un son indifférence, l'autre une foule de sentiments irrités. Après s'être livrée à des remords inouïs, après avoir regardé Paul comme la cause de son improbité, la veuve s'était décidée à pratiquer de honteuses manœuvres pour rejeter sur lui les fautes de sa tutelle, en le considérant comme sa victime. En un moment elle s'apercevait que là où elle croyait triompher elle périssait, et la victime était sa propre fille ! Coupable sans profit, elle se trouvait la dupe d'un vieillard probe de qui elle perdait sans doute l'estime. Sa conduite secrète n'avait-elle pas inspiré les stipulations de maître Mathias ? Réflexion horrible : Mathias avait éclairé Paul. S'il n'avait pas encore parlé, certes le contrat une fois signé, ce vieux loup préviendrait son client des dangers courus, et maintenant évités, ne fût-ce que pour en recevoir ces éloges auxquels tous les esprits sont accessibles. Ne le mettrait-il pas en garde contre une femme assez astucieuse pour avoir trempé dans cette ignoble conspiration ? ne détruirait-il pas l'empire qu'elle avait conquis sur son gendre ? Les natures faibles, une fois prévenues, se jettent dans l'entêtement, et n'en reviennent jamais. Tout était donc perdu ! Le jour où commença la discussion, elle avait compté sur la faiblesse de Paul, sur l'impossibilité où il serait de rompre une union si avancée. En ce moment, elle s'était bien autrement liée. Trois mois auparavant, Paul n'avait que peu d'obstacles à vaincre pour rompre son mariage ; mais aujourd'hui tout Bordeaux savait que depuis deux mois les notaires avaient aplani les difficultés. Les bans étaient publiés. Le mariage devait être célébré dans deux jours. Les amis des deux familles, toute la société parée pour la fête arrivaient. Comment déclarer que tout était ajourné ? La cause de cette rupture se saurait, la probité sévère de maître Mathias aurait créance, il serait préférablement écouté. Les rieurs seraient contre les Évangélista qui ne manquaient pas de jaloux. Il fallait donc céder ! Ces réflexions si cruellement justes tombèrent sur madame Évangélista comme une trombe, et lui fendirent la cervelle. Si elle garda le sérieux des diplomates, son menton éprouva ce mouvement apoplectique par lequel Catherine II manifesta sa colère le jour où, sur son trône, devant sa cour et dans des circonstances presque semblables, elle fut bravée par le jeune roi de Suède. Solonet remarqua ce jeu de muscles qui annonçait la contraction d'une haine mortelle, orage sourd et sans éclair ! En ce moment, madame Évangélista vouait effectivement à son gendre une de ces haines insatiables dont le germe a été laissé par les Arabes dans l'atmosphère des deux Espagnes.

— Monsieur, dit-elle en se penchant à l'oreille de son notaire, vous nommiez ceci du galimatias, il me semble que rien n'était plus clair.

— Madame, permettez...

— Monsieur, dit la veuve en continuant sans écouter Solonet, si vous n'avez pas aperçu l'effet de ces stipulations lors de la conférence que nous avons eue, il est bien extraordinaire que vous n'y ayez point songé dans le silence du cabinet. Ce ne saurait être par incapacité.

Le jeune notaire entraîna sa cliente dans le petit salon en se disant à lui-même : — J'ai plus de mille écus d'honoraires pour le compte de tutelle, mille écus pour le contrat, six mille francs à gagner par la vente de l'hôtel, en tout quinze mille francs à sauver : ne nous fâchons pas. Il ferma la porte, jeta sur madame Évangélista le froid regard des gens d'affaires, devina les sentiments qui l'agitaient et lui dit : — Madame, quand j'ai peut-être dépassé pour vous les bornes de la finesse, comptez-vous payer mon dévouement par un semblable mot ?

— Mais, monsieur...

— Madame, je n'ai pas calculé l'effet des donations, il est vrai ; mais si vous ne voulez pas du comte Paul pour votre gendre, êtes-vous forcée de l'accepter ? Le contrat est-il signé ? Donnez votre fête, et remettons la signature. Il vaut mieux attraper tout Bordeaux que de s'attraper soi-même.

— Comment justifier à toute la société déjà prévenue contre nous la non-conclusion de l'affaire ?

— Une erreur commise à Paris, un manque de pièces, dit Solonet.

— Mais les acquisitions ?

— Monsieur de Manerville ne manquera ni de dots ni de partis.

— Oui, lui ne perdra rien ; mais nous perdons tout, nous !

— Vous, reprit Solonet, vous pourrez avoir un comte à meilleur marché, si, pour vous, le titre est la raison suprême de ce mariage.

— Non, non, nous ne pouvons pas ainsi jouer notre honneur ! Je suis prise au piége, monsieur. Tout Bordeaux demain retentirait de ceci. Nous avons échangé des paroles solennelles.

— Vous voulez que mademoiselle Natalie soit heureuse, reprit Solonet.

— Avant tout.

— Être heureuse en France, dit le notaire, n'est-ce pas être la maîtresse au logis ? Elle mènera par le bout du nez ce sot de Manerville, il est si nul qu'il ne s'est aperçu de rien. S'il se défiait maintenant de vous, il croira toujours en sa femme. Sa femme, n'est-ce pas vous ? Le sort du comte Paul est encore entre vos mains.

— Si vous disiez vrai, monsieur, je ne sais pas ce que je pourrais vous refuser, dit-elle dans un transport qui colora son regard.

— Rentrons, madame, dit maître Solonet en comprenant sa cliente ; mais, sur toute chose, écoutez-moi bien ! Vous me trouverez après inhabile, si vous voulez.

— Mon cher confrère, dit en rentrant le jeune notaire à maître Mathias, *malgré votre habileté* vous n'avez prévu ni le cas où monsieur de Manerville décéderait sans enfants, ni celui où il mourrait ne laissant que des filles. Dans ces deux cas, le majorat donnerait lieu à des procès avec les Manerville, car alors

Il s'en présentera, gardez-vous d'en douter !

Je crois donc nécessaire de stipuler que dans le premier cas le majorat sera soumis à la donation générale des biens faite entre les époux, et que dans le second l'institution du majorat sera caduque. La convention concerne uniquement la future épouse.

— Cette clause me semble parfaitement juste, dit maître Mathias. Quant à sa ratification, monsieur le comte s'entendra sans doute avec la chancellerie, s'il est besoin.

Le jeune notaire prit une plume et libella sur la marge de l'acte cette terrible clause, à laquelle Paul et Natalie ne firent aucune attention. Madame Evangélista baissa les yeux pendant que maître Mathias la lut.

— Signons, dit la mère.

Le volume de voix que réprima madame Evangélista trahissait

une violente émotion. Elle venait de se dire : — Non, ma fille ne sera pas ruinée ; mais lui ! Ma fille aura le nom, le titre et la fortune. S'il arrive à Natalie de s'apercevoir qu'elle n'aime pas son mari, si elle en aimait un jour irrésistiblement un autre, Paul sera banni de France ! et ma fille sera libre, heureuse et riche.

Si maître Mathias se connaissait à l'analyse des intérêts, il connaissait peu l'analyse des passions humaines ; il accepta ce mot comme une amende honorable, au lieu d'y voir une déclaration de guerre. Pendant que Solonet et son clerc veillaient à ce que Natali signât et paraphât tous les actes, opération qui voulait du temps, Mathias prit Paul à part dans l'embrasure d'une croisée, et lui donna le secret des stipulations qu'il avait inventées pour le sauver d'une ruine certaine.

— Vous avez une hypothèque de cent cinquante mille francs sur cet hôtel, lui dit-il en terminant, et demain elle sera prise. J'ai chez moi les inscriptions au grand-livre, immatriculées par mes soins au nom de votre femme. Tout est en règle. Mais le contrat contient quittance de la somme représentée par les diamants, demandez-les : les affaires sont les affaires. Le diamant gagne en ce moment, il peut perdre. L'achat des domaines d'Auzac et de Saint-Froult vous permet de faire argent de tout, afin de ne pas toucher aux rentes de votre femme. Ainsi, monsieur le comte, point de fausse honte. Le premier paiement est exigible après les formalités, il est de deux cent mille francs, affectez-y les diamants. Vous aurez l'hypothèque sur l'hôtel Évangélista pour le second terme, et les revenus du majorat vous aideront à solder le reste. Si vous avez le courage de ne dépenser que cinquante mille francs pendant trois ans, vous récupérerez les deux cent mille francs desquels vous êtes maintenant débiteur. Si vous plantez de la vigne dans les parties montagneuses de Saint-Froult, vous pourrez en porter le revenu à vingt-six mille francs. Votre majorat, sans compter votre hôtel à Paris, vaudra donc quelque jour cinquante mille livres de rente, ce sera l'un des plus beaux que je connaisse. Ainsi vous aurez fait un excellent mariage.

Paul serra très-affectueusement les mains de son vieux ami. Ce geste ne put échapper à madame Evangélista qui vint présenter la plume à Paul. Pour elle, ses soupçons devinrent des réalités, elle crut alors que Paul et Mathias s'étaient entendus. Des vagues de sang pleines de rage et de haine lui arrivèrent au cœur. Tout fut dit.

Après avoir vérifié si tous les renvois étaient paraphés, si les trois contractants avaient bien mis leurs initiales et leurs paraphes au bas des rectos, maître Mathias regarda tour à tour Paul et sa belle-mère, et ne voyant pas son client demander les diamants, il dit : — Je ne pense pas que la remise des diamants fasse une question, vous êtes maintenant une même famille.

— Il serait plus régulier que madame les donnât, monsieur de Manerville est chargé du reliquat du compte de tutelle, et l'on ne sait qui vit ni qui meurt, dit maître Solonet qui crut apercevoir dans cette circonstance un moyen d'animer la belle-mère contre le gendre.

— Ha, ma mère, dit Paul, ce serait nous faire injure à tous que d'agir ainsi. — *Summum jus, summa injuria*, monsieur, dit-il à Solonet.

— Et moi, dit madame Évangélista qui dans les dispositions haineuses où elle était vit une insulte dans la demande indirecte de Mathias, je déchire le contrat si vous ne les acceptez pas !

Elle sortit en proie à l'une de ces rages sanguinaires qui font souhaiter le pouvoir de tout abîmer, et que l'impuissance porte jusqu'à la folie.

— Au nom du ciel, prenez-les, Paul, lui dit Natalie à l'oreille. Ma mère est fâchée, je saurai ce soir pourquoi, je vous le dirai, nous l'apaiserons.

Heureuse de cette première malice, madame Évangélista garda les boucles d'oreilles et son collier. Elle fit apporter les bijoux, évalués à cent cinquante mille francs par Élie Magus. Habitués à voir les diamants de famille dans les successions, maître Mathias et Solonet examinèrent les écrins et se récrièrent sur leur beauté.

— Vous ne perdrez rien sur la dot, monsieur le comte, dit Solonet en faisant rougir Paul.

— Oui, dit Mathias, ces bijoux peuvent bien payer le premier terme du prix des domaines acquis.

— Et les frais du contrat, dit Solonet.

La haine, comme l'amour, se nourrit des plus petites choses, tout lui va. De même que la personne aimée ne fait rien de mal, de même la personne haïe ne fait rien de bien. Madame Évangélista taxa de simagrées les façons qu'une pudeur assez compréhensible fit faire à Paul, qui voulait laisser les diamants et qui ne savait où mettre les écrins, il aurait voulu pouvoir les jeter par la fenêtre.

Madame Évangélista, voyant son embarras, le pressait du regard et semblait lui dire : — Emportez-les d'ici.

— Chère Natalie, dit Paul à sa future femme, serrez vous-même ces bijoux, ils sont à vous, je vous les donne.

Natalie les mit dans le tiroir d'une console. En ce moment le fracas des voitures était si grand et le murmure des conversations que tenaient dans les salons voisins les personnes arrivées forcèrent Natalie et sa mère à paraître. Les salons furent pleins en un moment, et la fête commença.

— Profitez de la lune de miel pour vendre vos diamants, dit le vieux notaire à Paul en s'en allant.

En attendant le signal de la danse, chacun se parlait à l'oreille du mariage, et quelques personnes exprimaient des doutes sur l'avenir des deux prétendus.

— Est-ce bien fini? demanda l'un des personnages les plus importants de la ville à madame Évangélista.

— Nous avons eu tant de pièces à lire et à écouter, que nous nous trouvons en retard; mais nous sommes assez excusables, répondit-elle.

— Quant à moi, je n'ai rien entendu, dit Natalie en prenant la main de Paul pour ouvrir le bal.

— Ces jeunes gens-là aiment tous deux la dépense, et ce ne sera pas la mère qui les retiendra, disait une douairière.

— Mais ils ont fondé, dit-on, un majorat de cinquante mille livres de rente.

— Bah !

— Je vois que le bon monsieur Mathias a passé par là, dit un magistrat. Certes, s'il en est ainsi, le bonhomme aura voulu sauver l'avenir de cette famille.

— Natalie est trop belle pour ne pas être horriblement coquette. Une fois qu'elle aura deux ans de mariage, disait une jeune femme, je ne répondrais pas que Manerville ne fût pas un homme malheureux dans son intérieur.

— La Fleur des pois serait donc ramée? lui répondit maître Solonet.

— Il ne lui fallait pas autre chose que cette grande perche, dit une jeune fille.

— Ne trouvez-vous pas un air mécontent à madame Évangélista?

— Mais, ma chère, quelqu'un vient de me dire qu'elle garde à peine vingt-cinq mille livres de rente, et qu'est-ce que cela pour elle!

— La misère, ma chère.

— Oui, elle s'est dépouillée pour sa fille. Monsieur de Manerville a été d'une exigence...

— Excessive! dit maître Solonet. Mais il sera pair de France. Les Maulincourt, le vidame de Pamiers le protégeront; il appartient au faubourg Saint-Germain.

— Oh! il y est reçu, voilà tout, dit une dame qui l'avait voulu pour gendre. Mademoiselle Évangélista, la fille d'un commerçant, ne lui ouvrira certes pas les portes du chapitre de Cologne.

— Elle est petite-nièce du duc de Casa-Réal.

— Par les femmes!

Tous les propos furent bientôt épuisés. Les joueurs se mirent au jeu, les jeunes filles et les jeunes gens dansèrent, le souper se servit, et le bruit de la fête s'apaisa vers le matin, au moment où les premières lueurs du jour blanchirent les croisées. Après avoir dit adieu à Paul, qui s'en alla le dernier, madame Évangélista monta chez sa fille, car sa chambre avait été prise par l'architecte pour agrandir le théâtre de la fête. Quoique Natalie et sa mère fussent accablées de sommeil, quand elles furent seules, elles se dirent quelques paroles.

— Voyons, ma mère chérie, qu'avez-vous?

— Mon ange, j'ai su ce soir jusqu'où pouvait aller la tendresse d'une mère. Tu ne connais rien aux affaires et tu ignores à quels soupçons ma probité vient d'être exposée. Enfin j'ai foulé mon orgueil à mes pieds : il s'agissait de ton bonheur et de notre réputation.

— Vous voulez parler de ces diamants? Il en a pleuré le pauvre garçon. Il n'en a pas voulu, je les ai.

— Dors, chère enfant. Nous causerons d'affaires à notre réveil; car, dit-elle en soupirant, nous avons des affaires, et maintenant il existe un tiers entre nous.

— Ah! chère mère, Paul ne sera jamais un obstacle à notre bonheur, dit Natalie en s'endormant.

— Pauvre fillette, elle ne sait pas que cet homme vient de la ruiner!

Madame Évangélista fut alors saisie par la première pensée de cette avarice à laquelle les gens âgés finissent par être en proie. Elle voulut reconstituer au profit de sa fille toute la fortune laissée par Évangélista. Elle y trouva son honneur engagé. Son amour pour Natalie la fit en un moment aussi habile calculatrice qu'elle avait été jusqu'alors insouciante en fait d'argent et gaspilleuse. Elle pensait à faire valoir ses capitaux après en avoir placé une partie dans les fonds, qui à cette époque valaient environ quatre-vingts francs. Une passion change souvent en un moment le caractère : l'indiscret devient diplomate, le poltron est tout à coup brave. La haine rendit avare la prodigue madame Évangélista. La fortune pouvait servir les projets de vengeance encore mal dessinés et confus qu'elle allait mûrir. Elle s'endormit en se disant : — A demain ! Par un phénomène inexpliqué, mais dont les effets sont familiers aux penseurs, son esprit devait, pendant le sommeil, travailler ses idées, les éclaircir, les coordonner, lui préparer un moyen de dominer la vie de Paul, et lui fournir un plan qu'elle mit en œuvre le lendemain même.

Si l'entraînement de la fête avait chassé les pensées soucieuses qui, par moments, avaient assailli Paul, quand il fut seul avec lui-même et dans son lit, elles revinrent le tourmenter. — Il paraît, se dit-il, que, sans le bon Mathias, j'étais roué par ma belle-mère. Est-ce croyable? Quel intérêt l'aurait poussée à me tromper? Ne devons-nous pas confondre nos fortunes et vivre ensemble? D'ailleurs, à quoi bon prendre du souci? Dans quelques jours, Natalie sera ma femme, nos intérêts sont bien définis, rien ne peut nous désunir. Vogue la galère ! Néanmoins je serai sur mes gardes. Si Mathias avait raison, eh ! bien, après tout, je ne suis pas obligé d'épouser ma belle-mère.

Dans cette deuxième bataille, l'avenir de Paul avait complétement changé de face sans qu'il le sût. Des deux êtres avec lesquels il se mariait, le plus habile était devenu son ennemi capital et méditait de séparer ses intérêts des siens. Incapable d'observer la différence que le caractère créole mettait entre sa belle-mère et les autres femmes, il pouvait encore moins en soupçonner la profonde habileté. La créole est une nature à part, qui tient à l'Europe par l'intelligence, aux Tropiques par la violence illogique de ses passions, à l'Inde par l'apathique insouciance avec laquelle elle fait ou souffre également le bien et le mal; nature gracieuse d'ailleurs, mais dangereuse comme un enfant est dangereux s'il n'est pas surveillé. Comme l'enfant, cette femme veut tout avoir immédiatement ; comme un enfant, elle mettrait le feu à la maison pour cuire un œuf. Dans sa vie molle, elle ne songe à rien ; elle songe à tout quand elle est passionnée. Elle a quelque chose de la perfidie des nègres qui l'ont entourée dès le berceau, mais elle est aussi naïve qu'ils sont naïfs. Comme eux et comme les enfants, elle sait toujours vouloir la même chose avec une croissante intensité de désir et peut couver son idée pour la faire éclore. Étrange assemblage de qualités et de défauts, que le génie espagnol avait corroboré chez madame Évangélista, et sur lequel la politesse française avait jeté la glace de son vernis. Ce caractère endormi par le bonheur pendant seize ans, occupé depuis par les minuties du monde, et à qui la première de ses haines avait révélé sa force, se réveillait comme un incendie ; il éclatait à un moment de la vie où la femme perd ses plus chères affections et veut un nouvel élément pour nourrir l'activité qui la dévore. Natalie restait encore pendant trois jours sous l'influence de sa mère ! Madame Évangélista vaincue avait donc à elle une journée, la dernière de celles qu'une fille passe avec sa mère. Par un seul mot, la créole pouvait influencer la vie de ces deux êtres destinés à marcher ensemble à travers les halliers et les grandes routes de la société parisienne, car Natalie avait en sa mère une croyance aveugle. Quelle portée acquérait un conseil dans un esprit ainsi prévenu ! Tout un avenir pouvait être déterminé par une phrase. Aucun code, aucune institution humaine ne peut prévenir le crime moral qui tue par un mot. Là est le défaut des justices sociales ; là est la différence qui se trouve entre les mœurs du grand monde et les mœurs du peuple : l'un est franc, l'autre est hypocrite ; à l'un le couteau, à l'autre le venin du langage ou des idées ; à l'un la mort, à l'autre l'impunité.

Le lendemain, vers midi, madame Évangélista se trouvait à demi couchée sur le bord du lit de Natalie. Pendant l'heure du réveil, toutes deux luttaient de câlineries et de caresses en reprenant les heureux souvenirs de leur vie à deux, durant laquelle aucun discord n'avait troublé ni l'harmonie de leurs sentiments, ni la convenance de leurs idées, ni la mutualité de leurs plaisirs.

— Pauvre chère petite, disait la mère en pleurant de véritables larmes, il m'est impossible de ne pas être émue en pensant qu'après avoir toujours fait tes volontés, demain soir tu seras à un homme auquel il faudra obéir ?

— Oh, chère mère, quant à lui obéir ! dit Natalie en laissant échapper un geste de tête qui exprimait une gracieuse mutinerie.

Vous riez ? reprit-elle. Mon père n'a-t-il pas toujours satisfait vos caprices ? pourquoi ? il vous aimait. Ne serais-je donc pas aimée, moi ?

— Oui, Paul a pour toi de l'amour ; mais si une femme mariée n'y prend garde, rien ne se dissipe plus promptement que l'amour conjugal. L'influence que doit avoir une femme sur son mari dépend de son début dans le mariage, il te faudra d'excellents conseils.

— Mais vous serez avec nous...

— Peut-être, chère enfant ! Hier, pendant le bal, j'ai beaucoup réfléchi aux dangers de notre réunion. Si ma présence te nuisait, si les petits actes par lesquels tu dois lentement établir ton autorité de femme étaient attribués à mon influence, ton ménage ne deviendrait-il pas un enfer ? Au premier froncement de sourcils que se permettrait ton mari, fière comme je le suis, ne quitterais-je pas à l'instant la maison ? Si je la dois quitter un jour, mon avis est de n'y pas entrer. Je ne pardonnerais pas à ton mari la désunion qu'il mettrait entre nous. Au contraire, quand tu seras la maîtresse, lorsque ton mari sera pour toi ce que ton père était pour moi, ce malheur ne sera plus à craindre. Quoique cette politique doive coûter à un cœur jeune et tendre comme est le tien, ton bonheur exige que tu sois chez toi souveraine absolue.

— Pourquoi, ma mère, me disiez-vous alors que je dois lui obéir ?

— Chère fillette, pour qu'une femme commande, elle doit avoir l'air de toujours faire ce que veut son mari. Si tu ne le savais pas, tu pourrais par une révolte intempestive gâter ton avenir. Paul est un jeune homme faible, il pourrait se laisser dominer par un ami, peut-être même pourrait-il tomber sous l'empire d'une femme, qui te feraient subir leurs influences. Préviens ces chagrins en te rendant maîtresse de lui. Ne vaut-il pas mieux qu'il soit gouverné par toi que de l'être par un autre ?

— Certes, dit Natalie. Moi, je ne puis vouloir que son bonheur.

— Il m'est bien permis, ma chère enfant, de penser exclusivement au tien, et de vouloir que, dans une affaire si grave, tu ne te trouves pas sans boussole au milieu des écueils que tu vas rencontrer.

— Mais, ma mère chérie, ne sommes-nous donc pas assez fortes toutes les deux pour rester ensemble près de lui, sans avoir à redouter ce froncement de sourcils que vous paraissez redouter ? Paul t'aime, maman.

— Oh ! oh ! il me craint plus qu'il ne m'aime. Observe-le bien aujourd'hui quand je lui dirai que je vous laisse aller à Paris sans moi, tu verras sur sa figure, quelle que soit la peine qu'il prendra pour la dissimuler, une joie intérieure.

— Pourquoi ? demanda Natalie.

— Pourquoi ? chère enfant ! Je suis comme saint Jean Bouche-d'Or, je le lui dirai à lui-même, et devant toi.

— Mais si je me marie à la seule condition de ne te pas quitter ? dit Natalie.

— Notre séparation est devenue nécessaire, reprit madame Évangélista, car plusieurs considérations modifient mon avenir. Je suis ruinée. Vous aurez la plus brillante existence à Paris, je ne saurais y être convenablement sans manger le peu qui me reste ; tandis qu'en vivant à Lanstrac, j'aurai soin de vos intérêts et referai ma fortune à force d'économies.

— Toi, maman, faire des économies ? s'écria railleusement Natalie. Ne deviens donc pas déjà grand'mère. Comment, tu me quitterais pour de semblables motifs ? Chère mère, Paul peut te sembler un petit peu bête, mais il n'est pas le moins du monde intéressé...

— Ah ! répondit madame Évangélista d'un son de voix gros d'observations et qui fit palpiter Natalie, la discussion du contrat m'a rendue défiante et m'inspire quelques doutes. Mais sois sans inquiétudes, chère enfant, dit-elle en prenant sa fille par le cou et l'amenant à elle pour l'embrasser, je ne te laisserai pas longtemps seule. Quand mon retour parmi vous ne causera plus d'ombrage, quand Paul m'aura jugée, nous reprendrons notre bonne petite vie, nos causeries du soir...

— Comment, ma mère, tu pourras vivre sans ta Ninie ?

— Oui, cher ange, parce que je vivrai pour toi. Mon cœur de mère ne sera-t-il pas sans cesse satisfait par l'idée que je contribue, comme je le dois, à votre double fortune ?

— Mais, chère adorable mère, vais-je donc être seule avec Paul, là, tout de suite ? Que deviendrai-je ? comment cela se passera-t-il ? que dois-je faire, que dois-je ne pas faire ?

— Pauvre petite, crois-tu que je veuille ainsi t'abandonner à la première bataille ? Nous nous écrirons trois fois par semaine comme deux amoureux, et nous serons ainsi sans cesse au cœur l'une de l'autre. Il ne t'arrivera rien que je ne le sache, et je te garantirai de tout malheur. Puis il serait trop ridicule que je ne vinsse pas vous voir, ce serait jeter de la déconsidération sur ton mari, je passerai toujours un mois ou deux chez vous à Paris.

— Seule, déjà seule et avec lui ! dit Natalie avec terreur en interrompant sa mère.

— Ne faut-il pas que tu sois sa femme ?

— Je le veux bien, mais au moins dis-moi comment je dois me conduire, toi qui faisais tout ce que tu voulais de mon père, tu t'y connais, je t'obéirai aveuglément.

Madame Évangélista baisa Natalie au front, elle voulait et attendait cette prière.

— Enfant, mes conseils doivent s'adapter aux circonstances. Les hommes ne se ressemblent pas entre eux. Le lion et la grenouille sont moins dissemblables que ne l'est un homme comparé à un autre, moralement parlant. Sais-je aujourd'hui ce qui t'adviendra demain ? Je ne puis maintenant te donner que des avis généraux sur l'ensemble de ta conduite.

— Chère mère, dis-moi donc bien vite tout ce que tu sais.

— D'abord, ma chère enfant, la cause de la perte des femmes mariées qui tiennent à conserver le cœur de leurs maris... et, dit-elle en faisant une parenthèse, conserver leur cœur ou les gouverner est une seule et même chose, eh ! bien, la cause principale des désunions conjugales se trouve dans une cohésion constante qui n'existait pas autrefois, et qui s'est introduite dans ce pays-ci avec la manie de la famille. Depuis la révolution qui s'est faite en France, les mœurs bourgeoises ont envahi les maisons aristocratiques. Ce malheur est dû à l'un de leurs écrivains, à Rousseau, hérétique infâme qui n'a eu que des pensées anti-sociales et qui, je ne sais comment, a justifié les choses les plus déraisonnables. Il a prétendu que toutes les femmes avaient les mêmes droits, les mêmes facultés ; que, dans l'état de société, on devait obéir à la nature ; comme si la femme d'un grand d'Espagne, comme si toi et moi nous avions quelque chose de commun avec une femme du peuple ? Et, depuis, les femmes comme il faut ont nourri leurs enfants, ont élevé leurs filles et sont restées à la maison. Ainsi la vie s'est compliquée de telle sorte que le bonheur est devenu presque impossible, car une convenance entre deux caractères semblable à celle qui nous a fait vivre comme deux amies est une exception. Le contact perpétuel n'est pas moins dangereux entre les enfants et les parents qu'il l'est entre les époux. Il est peu d'âmes chez lesquelles l'amour résiste à l'omniprésence, ce miracle n'appartient qu'à Dieu. Mets donc entre Paul et toi les barrières du monde, va au bal, à l'Opéra ; promène-toi le matin, dîne en ville le soir, rends beaucoup de visites, accorde peu de moments à Paul. Par ce système tu ne perdras rien de ton prix. Quand, pour aller jusqu'au bout de l'existence, deux êtres n'ont que le sentiment, ils en ont bientôt épuisé les ressources; et bientôt l'indifférence, la satiété, le dégoût arrivent. Une fois le sentiment flétri, que devenir? Sache bien que l'affection éteinte ne se remplace que par l'indifférence ou par le mépris. Sois donc toujours jeune et toujours neuve pour lui. Qu'il t'ennuie, cela peut arriver, mais toi ne l'ennuie jamais. Savoir s'ennuyer à propos est une des conditions de toute espèce de pouvoir. Vous ne pourrez diversifier le bonheur ni par les soins de fortune, ni par les occupations du ménage ; si donc tu ne faisais partager à ton mari tes occupations mondaines, si tu ne l'amusais pas, vous arriveriez à la plus horrible atonie. Là commence le *spleen* de l'amour. Mais on aime toujours qui nous amuse ou qui nous rend heureux. Donner le bonheur ou le recevoir, sont deux systèmes de conduite féminine séparés par un abîme.

— Chère mère, je vous écoute, mais je ne comprends pas.

— Si tu aimes Paul au point de faire tout ce qu'il voudra, s'il te donne vraiment le bonheur, tout sera dit, tu ne seras pas la maîtresse, et les meilleurs préceptes du monde ne serviront à rien.

— Ceci est plus clair, mais j'apprends la règle sans pouvoir l'appliquer, dit Natalie en riant. J'ai la théorie, la pratique viendra.

— Ma pauvre Ninie, reprit la mère qui laissa tomber une larme sincère en pensant au mariage de sa fille et qui la pressa sur son cœur, il t'arrivera des choses qui te donneront de la mémoire. Enfin, reprit-elle après une pause pendant laquelle la mère et la fille restèrent unies dans un embrassement plein de sympathie, sache-le bien, ma Natalie, nous avons toutes une destinée en tant que femmes comme les hommes ont leur vocation. Ainsi, une femme est née pour être une femme à la mode, une charmante maîtresse de maison, comme un homme est né général ou poète. Ta vocation est de plaire. Ton éducation t'a d'ailleurs formée pour le monde. Aujourd'hui les femmes doivent être élevées pour le salon comme autrefois elles l'étaient pour le gynécée. Tu n'es faite ni pour être mère de famille, ni pour devenir un intendant. Si tu as des enfants, j'espère qu'ils n'arriveront pas de manière à te gâter la taille le lendemain de ton mariage; rien n'est plus bourgeois que d'être grosse un mois après la cérémonie, et d'abord cela prouve qu'un mari ne nous aime pas bien. Si donc tu as des enfants, deux ou trois ans après ton mariage, eh! bien, les gouvernantes et les précepteurs les élèveront. Toi, sois la grande dame qui représente le luxe et le plaisir de la maison; mais sois une supériorité visible seulement dans les choses qui flattent l'amour-propre des hommes, et cache la supériorité que tu pourras acquérir dans les grandes.

— Mais vous m'effrayez, chère maman, s'écria Natalie. Comment me souviendrai-je de ces préceptes? Comment vais-je faire, moi si étourdie, si enfant, pour tout calculer, pour réfléchir avant d'agir?

— Mais, ma chère petite, je ne te dis aujourd'hui que ce que tu apprendrais plus tard, mais en achetant ton expérience par des fautes cruelles, par des erreurs de conduite qui te causeraient des regrets et embarrasseraient ta vie.

— Mais par quoi commencer? dit naïvement Natalie.

— L'instinct te guidera, reprit la mère. En ce moment, Paul te désire beaucoup plus qu'il ne t'aime; car l'amour enfanté par les désirs est une espérance, et celui qui succède à leur satisfaction est la réalité. Là, ma chère, sera ton pouvoir, là est toute la question. Quelle femme n'est pas aimée la veille? sois-le le lendemain, tu le seras toujours. Paul est un homme faible, qui se façonne facilement à l'habitude; s'il te cède une première fois, il cédera toujours. Une femme ardemment désirée peut tout demander: ne fais pas la folie que j'ai vu faire à beaucoup de femmes qui, ne connaissant pas l'importance des premières heures où nous régnons, les emploient à des niaiseries, à des sottises sans portée. Sers-toi de l'empire que te donnera la première passion de ton mari pour l'habituer à t'obéir. Mais pour le faire céder, choisis la chose la plus déraisonnable, afin de bien mesurer l'étendue de ta puissance par l'étendue de la concession. Quel mérite aurais-tu en lui faisant vouloir une chose raisonnable? Serait-ce à toi qu'il obéirait? Il faut toujours attaquer le taureau par les cornes, dit un proverbe castillan; une fois qu'il a vu l'inutilité de ses défenses et de sa force, il est dompté. Si ton mari fait une sottise pour toi, tu le gouverneras.

— Mon Dieu! pourquoi cela?

— Parce que, mon enfant, le mariage dure toute la vie et qu'un mari n'est pas un homme comme un autre. Aussi, ne fais jamais la folie de te livrer en quoi que ce soit. Garde une constante réserve dans tes discours et dans tes actions ; tu peux même aller sans danger jusqu'à la froideur, car on peut la modifier à son gré, tandis qu'il n'y a rien au delà des expressions extrêmes de l'amour. Un mari, ma chère, est le seul homme avec lequel une femme ne peut rien se permettre. Rien n'est d'ailleurs plus facile que de garder sa dignité. Ces mots : « Votre femme ne doit pas, votre femme ne peut pas faire ou dire telle et telle chose ! » sont le grand talisman. Toute la vie d'une femme est dans : — Je ne veux pas ! — Je ne peux pas ! Je ne peux pas est l'irrésistible argument de la faiblesse qui se couche, qui pleure et séduit. Je ne veux pas, est le dernier argument. La force féminine se montre alors tout entière ; aussi doit-on ne l'employer que dans les occasions graves. Le succès est tout entier dans les manières dont une femme se sert de ces deux mots, les commente et les varie. Mais il est un moyen de domination meilleur que ceux-ci qui semblent comporter des débats. Moi, ma chère, j'ai régné par la Foi. Si ton mari croit en toi, tu peux tout. Pour lui inspirer cette religion, il faut lui persuader que tu le comprends. Et ne pense pas que ce soit chose facile : une femme peut toujours prouver à un homme qu'il est aimé, mais il est plus difficile de lui faire avouer qu'il est compris. Je dois te dire tout à toi, mon enfant, car pour toi la vie avec ses complications, la vie où deux volontés doivent s'accorder, va commencer demain ! Songes-tu bien à cette difficulté ? Le meilleur moyen d'accorder vos deux volontés est de t'arranger à ce qu'il n'y en ait qu'une seule au logis. Beaucoup de gens prétendent qu'une femme se crée des malheurs en changeant ainsi de rôle ; mais, ma chère, une femme est ainsi maîtresse de commander aux événements au lieu de les subir, et ce seul avantage compense tous les inconvénients possibles.

Natalie baisa les mains de sa mère en y laissant des larmes de reconnaissance. Comme les femmes chez lesquelles la passion physique n'échauffe point la passion morale, elle comprit tout à coup la portée de cette haute politique de femme; mais semblable aux enfants gâtés qui ne se tiennent pas pour battus par les raisons les plus solides, et qui reproduisent obstinément leur désir, elle revint à la charge avec un de ces arguments personnels que suggère la logique droite des enfants.

— Chère mère, dit-elle, il y a quelques jours, vous parliez tant des préparations nécessaires à la fortune de Paul que vous seule pouviez diriger, pourquoi changez-vous d'avis en nous abandonnant ainsi à nous-mêmes?

— Je ne connaissais ni l'étendue de mes obligations, ni le chiffre de mes dettes, répondit la mère qui ne voulait pas dire son secret. D'ailleurs, dans un an ou deux d'ici, je te répondrai là-dessus. Paul va venir, habillons-nous! Sois chatte et gentille comme tu l'as été, tu sais? dans la soirée où nous avons discuté ce fatal contrat, car il s'agit aujourd'hui de sauver un débris de notre maison, et de te donner une chose à laquelle je suis superstitieusement attachée.

— Quoi?

— Le *Discreto*.

Paul vint vers quatre heures. Quoiqu'il s'efforçât en abordant sa belle-mère de donner un air gracieux à son visage, madame Évangélista vit sur son front les nuages que les conseils de la nuit et les réflexions du réveil y avaient amassés.

— Mathias a parlé! se dit-elle en se promettant à elle-même de détruire l'ouvrage du vieux notaire. — Cher enfant, lui dit-elle, vous avez laissé vos diamants dans la console, et je vous avoue que je ne voudrais plus voir des choses qui ont failli élever des nuages entre nous. D'ailleurs, comme l'a fait observer Mathias, il faut les vendre pour subvenir au premier payement des terres que vous avez acquises.

— Ils ne sont plus à moi, dit-il, je les ai donnés à Natalie, afin qu'en les voyant sur elle vous ne vous souveniez plus de la peine qu'ils vous ont causée.

Madame Évangélista prit la main de Paul et la serra cordialement en réprimant une larme d'attendrissement.

— Écoutez, mes bons enfants, dit-elle en regardant Natalie et Paul; s'il en est ainsi, je vais vous proposer une affaire. Je suis forcée de vendre mon collier de perles et mes boucles d'oreilles. Oui, Paul, je ne veux pas mettre un sou de ma fortune en rentes viagères, je n'oublie pas ce que je vous dois. Eh! bien, j'avoue ma faiblesse, vendre le *Discreto* me semble un désastre. Vendre un diamant qui porte le surnom de Philippe II, et dont fut ornée sa royale main, une pierre historique que pendant dix ans le duc d'Albe a caressée sur le pommeau de son épée, non, ce ne sera pas. Élie Magus a estimé mes boucles d'oreilles et mon collier à cent et quelques mille francs, échangeons-les contre les joyaux que je vous livre pour accomplir mes engagements envers ma fille; vous y gagnerez, mais qu'est-ce que cela me fait ! je ne suis pas intéressée. Ainsi, Paul, avec vos économies vous vous amuserez à composer pour Natalie un diadème ou des épis, diamant à diamant. Au lieu d'avoir ces parures de fantaisie, ces brimborions qui ne sont à la mode que parmi les petites gens, votre femme aura de magnifiques diamants avec lesquels elle aura de véritables jouissances. Vendre pour vendre, ne vaut-il pas mieux se défaire de ces antiquailles, et garder dans la famille ces belles pierreries?

— Mais, ma mère, et vous? dit Paul.

— Moi, répondit madame Évangélista, je n'ai plus besoin de rien. Oui, je vais être votre fermière à Lanstrac. Ne serait-ce pas une folie que d'aller à Paris au moment où je dois liquider ici le reste de ma fortune? Je deviens avare pour mes petits-enfants.

— Chère mère, dit Paul tout ému, dois-je accepter cet échange sans soulte?

— Mon Dieu ! n'êtes-vous pas mes plus chers intérêts! croyez-vous qu'il n'y aura pas pour moi du bonheur à me dire au coin de mon feu : Natalie arrive ce soir brillante au bal chez la duchesse de Berry! en se voyant mon diamant au cou, mes boucles d'oreilles, elle a ces petites jouissances d'amour-propre qui contribuent tant au bonheur d'une femme et la rendent gaie, avenante ! Rien n'attriste plus une femme que le froissement de ses vanités, je n'ai jamais vu nulle part une femme mal mise être aimable et de bonne humeur. Allons, soyez juste, Paul ! nous jouissons beaucoup plus en l'objet aimé qu'en nous-même.

— Mon Dieu ! que voulait donc dire Mathias? pensait Paul. Allons, maman, dit-il à demi-voix, j'accepte.

— Moi, je suis confuse, dit Natalie.

Solonet vint en ce moment pour annoncer une bonne nouvelle à sa cliente ; il avait trouvé, parmi les spéculateurs de sa connaissance, deux entrepreneurs affriolés par l'hôtel, où l'étendue des jardins permettait de faire des constructions.

— Ils offrent deux cent cinquante mille francs, dit-il ; mais si vous y consentez je pourrais les amener à trois cent mille. Vous avez deux arpents de jardin.

— Mon mari a payé le tout deux cent mille francs, ainsi je

consens, dit-elle ; mais vous me réserverez le mobilier, les glaces...

— Ah ! dit en riant Solonet, vous entendez les affaires.

— Hélas ! il faut bien, dit-elle en soupirant.

— J'ai su que beaucoup de personnes viendront à votre messe de minuit, dit Solonet en s'apercevant qu'il était de trop et se retirant.

Madame Évangélista le reconduisit jusqu'à la porte du dernier salon, et lui dit à l'oreille : — J'ai maintenant pour deux cent cinquante mille francs de valeurs ; si j'ai deux cent mille francs à moi sur le prix de la maison, je puis réunir quatre cent cinquante mille francs de capitaux. Je veux en tirer le meilleur parti possible, et je compte sur vous pour cela. Je resterai probablement à Lanstrac.

Le jeune notaire baisa la main de sa cliente avec un geste de reconnaissance ; car l'accent de la veuve fit croire à Solonet que cette alliance, conseillée par les intérêts, allait s'étendre un peu plus loin.

— Vous pouvez compter sur moi, dit-il, je vous trouverai des placements sur marchandises où vous ne risquerez rien et où vous aurez des gains considérables.....

— A demain, dit-elle, car vous êtes notre témoin avec monsieur le marquis de Gyas.

— Pourquoi, chère mère, dit Paul, refusez-vous de venir à Paris ? Natalie me boude, comme si j'étais la cause de votre résolution.

— J'ai bien pensé à cela, mes enfants, je vous gênerais. Vous vous croiriez obligés de me mettre en tiers dans tout ce que vous feriez, et les jeunes gens ont des idées à eux que je pourrais involontairement contrarier. Allez seuls à Paris. Je ne veux pas continuer sur la comtesse de Manerville la douce domination que j'exerçais sur Natalie, il faut vous la laisser tout entière. Voyez-vous, il existe entre nous deux, Paul, des habitudes qu'il faut briser. Mon influence doit céder à la vôtre. Je veux que vous m'aimiez, et croyez que je prends ici vos intérêts plus que vous ne l'imaginez. Les jeunes maris sont, tôt ou tard, jaloux de l'affection qu'une fille porte à sa mère. Ils ont raison peut-être. Quand vous serez bien unis, quand l'amour aura fondu vos âmes en une seule, eh ! bien, alors, mon cher enfant, vous ne craindrez plus en me voyant chez vous d'y voir une influence contrariante. Je connais le monde, les hommes et les choses ; j'ai vu bien des ménages brouillés par l'amour aveugle de mères qui se rendaient insupportables à leurs filles autant qu'à leurs gendres. L'affection des vieilles gens est souvent minutieuse et tracassière. Peut-être ne saurais-je pas bien m'éclipser. J'ai la faiblesse de me croire encore belle, il y a des flatteurs qui veulent me prouver que je suis aimable, j'aurais des prétentions gênantes. Laissez-moi faire un sacrifice de plus à votre bonheur : je vous ai donné ma fortune, eh! bien, je vous livre encore mes dernières vanités de femme. Votre père Mathias est vieux, il ne pourrait pas veiller sur vos propriétés ; moi je me ferai votre intendant, je me créerai des occupations que, tôt ou tard, doivent avoir les vieilles gens ; puis, quand il faudra, je viendrai vous seconder à Paris dans vos projets d'ambition. Allons, Paul, soyez franc, ma résolution vous arrange, dites ?

Paul ne voulut jamais en convenir, mais il était très-heureux d'avoir sa liberté. Les soupçons que le vieux notaire lui avait inspirés sur le caractère de sa belle-mère furent en un moment dissipés par cette conversation, que madame Évangélista reprit et continua sur ce ton.

— Ma mère avait raison, se dit Natalie qui observa la physionomie de Paul. Il est fort content de me savoir séparée d'elle, pourquoi ?

Ce *pourquoi* n'était-il pas la première interrogation de la défiance, et ne donnait-il pas une autorité considérable aux enseignements maternels ?

Il est certains caractères qui, sur la foi d'une seule preuve, croient à l'amitié. Chez les gens ainsi faits, le vent du nord chasse aussi vite les nuages que le vent d'ouest les amène ; ils s'arrêtent aux effets sans remonter aux causes. Paul était une de ces natures essentiellement confiantes, sans mauvais sentiments, mais aussi sans prévisions. Sa faiblesse procédait beaucoup plus de sa bonté, de sa croyance au bien, que d'une débilité d'âme.

Natalie était songeuse et triste, car elle ne savait pas se passer de sa mère. Paul, avec cette espèce de fatuité que donne l'amour, se riait de la mélancolie de sa future femme, en se disant que les plaisirs du mariage et l'entraînement de Paris la dissiperaient. Madame Évangélista voyait avec un sensible plaisir la confiance de Paul, car la première condition de la vengeance est la dissimulation. Une haine avouée est impuissante. La créole avait déjà fait deux grands pas. Sa fille se trouvait déjà riche d'une belle parure qui coûtait deux cent mille francs à Paul et que Paul compléterait sans doute. Puis elle laissait ces deux enfants à eux-mêmes, sans autre conseil que leur amour illogique. Elle préparait ainsi sa vengeance à l'insu de sa fille qui, tôt ou tard, serait sa complice. Natalie aimerait-elle Paul? Là était une question encore indécise dont la solution pouvait modifier ses projets, car elle aimait trop sincèrement sa fille pour ne pas respecter son bonheur. L'avenir de Paul dépendait donc encore de lui-même. S'il se faisait aimer, il était sauvé.

Enfin, le lendemain soir à minuit, après une soirée passée en famille avec les quatre témoins auxquels madame Évangélista donna le long repas qui suit le mariage légal, les époux et les amis vinrent entendre une messe aux flambeaux, à laquelle assistèrent une centaine de personnes curieuses. Un mariage célébré nuitamment apporte toujours à l'âme de sinistres présages, la lumière est un symbole de vie et de plaisir dont les prophéties lui manquent. Demandez à l'âme la plus intrépide pourquoi elle est glacée? pourquoi le froid noir des voûtes l'énerve? pourquoi le bruit des pas effraie? pourquoi l'on remarque le cri des chats-huants et la clameur des chouettes? Quoiqu'il n'existe aucune raison de trembler, chacun tremble, et les ténèbres, image de mort, attristent. Natalie, séparée de sa mère, pleurait. La jeune fille était en proie à tous les doutes qui saisissent le cœur à l'entrée d'une vie nouvelle, où, malgré les plus fortes assurances de bonheur, il existe mille pièges dans lesquels tombe la femme. Elle eut froid, il lui fallut un manteau. L'attitude de madame Évangélista, celle des époux, excitèrent quelques remarques parmi la foule élégante qui environnait l'autel.

— Solonet vient de me dire que les mariés partent demain matin, seuls, pour Paris.

— Madame Évangélista devait aller vivre avec eux.

— Le comte Paul s'en est déjà débarrassé.

— Quelle faute! dit la marquise de Gyas. Fermer sa porte à la mère de sa femme, n'est-ce pas l'ouvrir à un amant? Il ne sait donc pas tout ce qu'est une mère?

— Il a été très-dur pour madame Évangélista, la pauvre femme a vendu son hôtel et va vivre à Lanstrac.

— Natalie est bien triste.

— Aimeriez-vous, pour un lendemain de noces, de vous trouver sur une grande route ?

— C'est bien gênant.

— Je suis bien aise d'être venue ici, dit une dame, pour me convaincre de la nécessité d'entourer le mariage de ses pompes, de ses fêtes d'usage ; car je trouve ceci bien nu, bien triste. Et si vous voulez que je vous dise toute ma pensée, ajouta-t-elle en se penchant à l'oreille de son voisin, ce mariage me semble indécent.

Madame Évangélista prit Natalie dans sa voiture, et la conduisit elle-même chez le comte Paul.

— Hé bien, ma mère, tout est dit...

— Songe, ma chère enfant, à mes dernières recommandations, et tu seras heureuse. Sois toujours sa femme et non sa maîtresse.

Quand Natalie fut couchée, la mère joua la petite comédie de se jeter dans les bras de son gendre en pleurant. Ce fut la seule chose provinciale que madame Évangélista se permit, mais elle avait ses raisons. A travers ses larmes et ses paroles en apparence folles ou désespérées, elle obtint de Paul de ces concessions que font tous les maris. Le lendemain, elle mit les mariés en voiture, et les accompagna jusqu'au delà du bac où l'on passe la Gironde. Par un mot Natalie avait appris à madame Évangélista que si Paul avait gagné la partie au jeu du contrat, sa revanche à elle commençait. Natalie avait obtenu déjà de son mari la plus parfaite obéissance.

CONCLUSION.

Cinq ans après, au mois de novembre, dans l'après-midi, le comte Paul de Manerville, enveloppé dans un manteau, la tête inclinée, entra mystérieusement chez monsieur Mathias à Bordeaux. Trop vieux pour continuer les affaires, le bonhomme avait vendu son étude et achevait paisiblement sa vie dans une de ses maisons où il s'était retiré. Une affaire urgente l'avait contraint de s'absenter quand arriva son hôte ; mais sa vieille gouvernante, prévenue de l'arrivée de Paul, le conduisit à la chambre de madame Mathias, morte depuis un an. Fatigué par un rapide voyage, Paul dormit jusqu'au soir. A son retour, le vieillard vint voir son ancien client, et se contenta de le regarder endormi, comme une mère regarde son enfant. Josette, la gouvernante, accompagnait son maître, et demeura debout devant le lit, les poings sur les hanches.

— Il y a aujourd'hui un an, Josette, quand je recevais ici le dernier soupir de ma chère femme, je ne savais pas que j'y reviendrais pour y voir monsieur le comte quasi mort.

— Pauvre monsieur! il geint en dormant, dit Josette.

L'ancien notaire ne répondit que par un : — Sac à papier! innocent juron qui annonçait toujours en lui la désespérance de l'homme d'affaires rencontrant d'infranchissables difficultés. — Enfin, se dit-il, je lui ai sauvé la nue propriété de Lanstrac, de d'Auzac, de Saint-Froult et de son hôtel! Mathias compta sur ses doigts, et s'écria : — Cinq ans! Voici cinq ans, dans ce mois-ci précisément, sa vieille tante, aujourd'hui défunte, la respectable madame de Maulincour, demandait pour lui la main de ce petit crocodile habillé en femme qui définitivement l'a ruiné, comme je le pensais.

Après avoir long-temps contemplé le jeune homme, le bon vieux goutteux, appuyé sur sa canne, s'alla promener à pas lents dans son petit jardin. A neuf heures le souper était servi, car Mathias soupait. Le vieillard ne fut pas médiocrement étonné de voir à Paul un front calme, une figure sereine quoique sensiblement altérée. Si à trente-trois ans le comte de Manerville paraissait en avoir quarante, ce changement de physionomie était dû seulement à des secousses morales; physiquement il se portait bien. Il alla prendre les mains du bonhomme pour le forcer à rester assis, et les lui serra fort affectueusement en lui disant : — Bon cher maître Mathias! vous avez eu vos douleurs, vous!

— Les miennes étaient dans la nature, monsieur le comte; mais les vôtres...

— Nous parlerons de moi tout à l'heure en soupant.

— Si je n'avais pas un fils dans la magistrature et une fille mariée, dit le bonhomme, croyez, monsieur le comte, que vous auriez trouvé chez le vieux Mathias autre chose que l'hospitalité. Comment venez-vous à Bordeaux au moment où sur tous les murs les passants lisent les affiches de la saisie immobilière des fermes du Grassol, du Guadet, du clos de Belle-Rose et de votre hôtel! Il m'est impossible de dire le chagrin que j'éprouve en voyant ces grands placards, moi qui, pendant quarante ans, ai soigné ces immeubles comme s'ils m'appartenaient ; moi qui, troisième clerc du digne monsieur Chesneau, mon prédécesseur, les ai achetés pour madame votre mère, et qui, de ma main de troisième clerc, ai si bien écrit l'acte de vente sur parchemin en belle ronde ! moi qui ai les titres de propriété dans l'étude de mon successeur, moi qui ai fait les liquidations ! Moi qui vous ai vu grand comme ça ! dit le notaire en mettant la main à deux pieds de terre. Il faut avoir été notaire pendant quarante et un ans et demi pour connaître l'espèce de douleur que me cause la vue de mon nom imprimé tout vif à la face d'Israël dans les verbaux de la saisie et dans l'établissement de la propriété. Quand je passe dans la rue et que je vois des gens occupés à lire ces horribles affiches jaunes, je suis honteux comme s'il s'agissait de ma propre ruine et de mon honneur. Il y a des imbéciles qui vous épellent cela tout haut exprès pour attirer les curieux, et ils se mettent tous à faire les plus sots commentaires. N'est-on pas maître de son bien ? Votre père avait mangé deux fortunes avant de refaire celle qu'il vous a laissée, vous ne seriez point un Manerville si vous ne l'imitiez pas. D'ailleurs les saisies immobilières ont donné lieu à tout un titre dans le Code, elles ont été prévues, vous êtes dans un cas admis par la loi. Si je n'étais pas un vieillard à cheveux blancs et qui n'attend qu'un coup de coude pour tomber dans sa fosse, je rosserais ceux qui s'arrêtent devant ces abominations : *A la requête de dame Natalie Évangélista, épouse de Paul-François-Joseph, comte de Manerville, séparée quant aux biens par jugement du tribunal de première instance du département de la Seine*, etc.

— Oui, dit Paul, et maintenant séparée de corps...

— Ah ! fit le vieillard.

— Oh ! contre le gré de Natalie, dit vivement le comte, il m'a fallu la tromper, elle ignore mon départ.

— Vous partez ?

— Mon passage est payé, je m'embarque sur *la Belle-Amélie* et vais à Calcutta.

— Dans deux jours ! dit le vieillard. Ainsi nous ne nous verrons plus, monsieur le comte.

— Vous n'avez que soixante-treize ans, mon cher Mathias, et vous avez la goutte, un vrai brevet de vieillesse. Quand je serai de retour, je vous retrouverai sur vos pieds. Votre bonne tête et votre cœur seront encore sains, vous m'aiderez à reconstruire l'édifice ébranlé. Je veux gagner une belle fortune en sept ans. A mon retour je n'aurai que quarante ans. Tout est encore possible à cet âge.

— Vous? dit Mathias en laissant échapper un geste de surprise, vous, monsieur le comte, aller faire le commerce, y pensez-vous?

— Je ne suis plus monsieur le comte, cher Mathias. Mon passage est arrêté sous le nom de Camille, un des noms de baptême de ma mère. Puis j'ai des connaissances qui me permettent de faire fortune autrement. Le commerce sera ma dernière chance. Enfin je pars avec une somme assez considérable pour qu'il me soit permis de tenter la fortune sur une grande échelle.

— Où est cette somme?

— Un ami doit me l'envoyer.

Le vieillard laissa tomber sa fourchette en entendant le mot d'*ami*, non par raillerie ni surprise; son air exprima la douleur qu'il éprouvait en voyant Paul sous l'influence d'une illusion trompeuse; car son œil plongeait dans un gouffre là où le comte apercevait un plancher solide.

— J'ai pendant cinquante ans environ exercé le notariat, je n'ai jamais vu les gens ruinés avoir des amis qui leur prêtassent de l'argent!

— Vous ne connaissez pas de Marsay! A l'heure où je vous parle, je suis sûr qu'il a vendu des rentes, s'il le faut, et demain vous recevrez une lettre de change de cinquante mille écus.

— Je le souhaite. Cet ami ne pouvait-il donc pas arranger vos affaires? Vous auriez vécu tranquillement à Lanstrac avec les revenus de madame la comtesse pendant six ou sept ans.

— Une délégation aurait-elle payé quinze cent mille francs de dettes dans lesquelles ma femme entrait pour cinq cent cinquante mille francs?

— Comment, en quatre ans, avez-vous fait quatorze cent cinquante mille francs de dettes?

— Rien de plus clair, Mathias. N'ai-je pas laissé les diamants à ma femme? N'ai-je pas dépensé les cent cinquante mille francs qui nous revenaient sur le prix de l'hôtel Évangélista dans l'arrangement de ma maison à Paris? N'a-t-il pas fallu payer ici les frais de nos acquisitions et ceux auxquels a donné lieu mon contrat de mariage? Enfin n'a-t-il pas fallu vendre les quarante mille livres de rente de Natalie pour payer d'Auzac et Saint-Froult? Nous avons vendu à quatre-vingt-sept, je me suis donc endetté de près de deux cent mille francs dès le premier mois de mon mariage. Il nous est resté soixante-sept mille livres de rente. Nous en avons constamment dépensé deux cent mille en sus. Joignez à ces neuf cent mille francs quelques intérêts usuraires, vous trouverez facilement un million.

— Bouffre ! fit le vieux notaire. Après ?

— Hé ! bien, j'ai d'abord voulu compléter à ma femme la parure qui se trouvait commencée avec le collier de perles agrafé par le *Discreto*, un diamant de famille, et par les boucles d'oreilles de sa mère. J'ai payé cent mille francs une couronne d'épis. Nous voici à onze cent mille francs. Je me trouve devoir la fortune de ma femme, qui s'élève aux trois cent cinquante-six mille francs de sa dot.

— Mais, dit Mathias, si madame la comtesse avait engagé ses diamants et vous vos revenus, vous auriez à mon compte trois cent mille francs avec lesquels vous pourriez apaiser vos créanciers....

— Quand un homme est tombé, Mathias, quand ses propriétés sont grevées d'hypothèques, quand sa femme prime les créanciers par ses reprises, quand enfin cet homme est sous le coup de cent mille francs de lettres de change qui s'acquitteront, je l'espère, par le haut prix auquel monteront mes biens, rien n'est possible. Et les frais d'expropriation donc ?

— Effroyable ! dit le notaire.

— Les saisies ont été converties heureusement en ventes volontaires, afin de couper le feu.

— Vendre Belle-Rose, s'écria Mathias, quand la récolte de 1825 est dans les caves !

— Je n'y puis rien.

— Belle-Rose vaut six cent mille francs.

— Natalie le rachètera, je le lui ai conseillé.

— Seize mille francs année commune, et des éventualités telles que 1825 ! Je pousserai moi-même Belle-Rose à sept cent mille francs, et chacune des fermes à cent vingt mille francs.

— Tant mieux, je serai quitte, si mon hôtel de Bordeaux peut se vendre deux cent mille francs.

— Solonet le paiera bien quelque chose de plus, il en a envie. Il se retire avec cent et quelques mille livres de rente gagnées à jouer sur les troix-six. Il a vendu son étude trois cent mille francs et il épouse une mulâtresse riche, Dieu sait à quoi elle a gagné son argent, mais riche comme on dit, à millions. Un notaire jouer sur les trois-six ? un notaire épouser une mulâtresse ? Quel siècle ! Il faisait valoir, dit-on, les fonds de votre belle-mère.

— Elle a bien embelli Lanstrac et bien soigné les terres, elle m'a bien payé son loyer.

— Je ne l'aurais jamais crue capable de se conduire ainsi.

— Elle est si bonne et si dévouée, elle payait toujours les dettes de Natalie pendant les trois mois qu'elle venait passer à Paris.

— Elle le pouvait bien, elle vit sur Lanstrac, dit Mathias. Elle ! devenir économe ? quel miracle. Elle vient d'acheter entre Lanstrac et Grassol le domaine de Grainrouge, en sorte que si elle continue l'avenue de Lanstrac jusqu'à la grande route, vous pourriez faire une lieue et demie sur vos terres. Elle a payé cent mille francs comptant Grainrouge, qui vaut mille écus de rente en sac.

— Elle est toujours belle, dit Paul. La vie de la campagne la conserve bien ; je n'irai pas lui dire adieu, elle se saignerait pour moi.

— Vous iriez vainement, elle est à Paris. Elle y arrivait peut-être au moment où vous en partiez.

— Elle a sans doute appris la vente de mes propriétés et vient à mon secours. Je n'ai pas à me plaindre de la vie. Je suis aimé, certes, autant qu'un homme peut l'être en ce bas monde, aimé par deux femmes qui luttaient ensemble de dévouement ; elles étaient jalouses l'une de l'autre, la fille reprochait à la mère de m'aimer trop, la mère reprochait à la fille ses dissipations. Cette affection m'a perdu. Comment ne pas satisfaire aux moindres caprices d'une femme que l'on aime ? le moyen de s'en défendre ! Mais aussi comment accepter ces sacrifices ? Oui, certes, nous pouvions liquider ma fortune et venir vivre à Lanstrac ; mais j'aime mieux aller aux Indes et en rapporter une fortune que d'arracher Natalie à la vie qu'elle aime. Aussi est-ce moi qui lui ai proposé la séparation de biens. Les femmes sont des anges qu'il ne faut jamais mêler aux intérêts de la vie.

Le vieux Mathias écoutait Paul d'un air de doute et d'étonnement.

— Vous n'avez pas d'enfants ? lui dit-il.

— Heureusement, répondit Paul.

— Je comprends autrement le mariage, répondit naïvement le vieux notaire. Une femme doit, selon moi, partager le sort bon ou mauvais de son mari. J'ai entendu dire que les jeunes mariés qui s'aimaient comme des amants n'avaient pas d'enfants. Le plaisir est-il donc le seul but du mariage? N'est-ce pas plutôt le bonheur et la famille? Mais vous aviez à peine vingt-huit ans, et madame la comtesse en avait vingt; vous étiez excusable de ne songer qu'à l'amour. Cependant, la nature de votre contrat et votre nom, vous allez me trouver bien notaire? tout vous obligeait à commencer par faire un bon gros garçon. Oui, monsieur le comte, et si vous aviez eu des filles, il n'aurait pas fallu s'arrêter que vous n'ayez eu l'enfant mâle qui consolidait le majorat. Mademoiselle Évangélista n'était-elle pas forte, avait-elle à craindre quelque chose de la maternité? Vous me direz que ceci est une vieille méthode de nos ancêtres; mais, dans les familles nobles, monsieur le comte, une femme légitime doit faire les enfants et les bien élever : comme le disait la duchesse de Sully, la femme du grand Sully, une femme n'est pas un instrument de plaisir, mais l'honneur et la vertu de la maison.

— Vous ne connaissez pas les femmes, mon bon Mathias, dit Paul. Pour être heureux, il faut les aimer comme elles veulent être aimées. N'y a-t-il pas quelque chose de brutal à sitôt priver une femme de ses avantages, à lui gâter sa beauté sans qu'elle en ait joui?

— Si vous aviez eu des enfants, la mère aurait empêché les dissipations de la femme, elle serait restée au logis...

— Si vous aviez raison, mon cher, dit Paul en fronçant le sourcil, je serais encore plus malheureux. N'aggravez pas mes douleurs par une morale après la chute, laissez-moi partir sans arrière-pensée.

Le lendemain Mathias reçut une lettre de change de cent cinquante mille francs payable à vue, envoyée par Henri de Marsay.

— Vous voyez, dit Paul, il ne m'écrit pas un mot, il commence par obliger. Henri est la nature la plus parfaitement imparfaite, la plus illégalement belle que je connaisse. Si vous saviez avec quelle supériorité cet homme encore jeune plane sur les sentiments, sur les intérêts, et quel grand politique il est, vous vous étonneriez comme moi de lui savoir tant de cœur.

Mathias essaya de combattre la détermination de Paul, mais elle était irrévocable, et justifiée par tant de raisons valables que le vieux notaire ne tenta plus de retenir son client. Il est rare que le départ des navires en charge se fasse avec exactitude; mais par une circonstance fatale à Paul, le vent fut propice, et *la Belle-Amélie* dut mettre à la voile le lendemain. Au moment où part un navire, l'embarcadère est encombré de parents, d'amis, de curieux. Parmi les personnes qui se trouvaient là, quelques unes connaissaient personnellement Manerville Son désastre le rendait aussi célèbre en ce moment qu'il l'avait été jadis par sa fortune, il y eut donc un mouvement de curiosité. Chacun disait son mot. Le vieillard avait accompagné Paul sur le port, et ses souffrances durent être vives en entendant quelques uns de ces propos.

— Qui reconnaîtrait dans cet homme que vous voyez là, près du vieux Mathias, ce dandy que l'on avait nommé la *Fleur des pois*, et qui faisait, il y a cinq ans à Bordeaux, la pluie et le beau temps?

— Quoi! ce gros petit homme en redingote d'alpaga, qui a l'air d'un cocher, serait le comte Paul de Manerville?

— Oui, ma chère, celui qui a épousé mademoiselle Évangélista. Le voici ruiné, sans sou ni maille, allant aux Indes pour y chercher la pie au nid.

— Mais comment s'est-il ruiné? il était si riche!

— Paris, les femmes, la Bourse, le jeu, le luxe...

— Puis, dit un autre, Manerville est un pauvre sire, sans esprit, mou comme du papier mâché, se laissant manger la laine sur le dos, incapable de quoi que ce soit. Il était né ruiné.

Paul serra la main du vieillard et se réfugia sur le navire. Mathias resta sur le quai, regardant son ancien client qui s'appuya sur le bastingage en défiant la foule par un coup d'œil plein de mépris. Au moment où les matelots levaient l'ancre, Paul aperçut Mathias qui lui faisait des signaux à l'aide de son mouchoir. La vieille gouvernante était arrivée en toute hâte près de son maître, qu'un événement de haute importance semblait agiter. Paul pria le capitaine d'attendre encore un moment et d'envoyer un canot, afin de savoir ce que lui voulait le vieux notaire qui lui faisait énergiquement signe de débarquer. Trop impotent pour pouvoir aller à bord, Mathias remit deux lettres à l'un des matelots qui amenèrent le canot.

— Mon cher ami, ce paquet, dit l'ancien notaire au matelot en lui montrant une des lettres qu'il lui donnait, tu vois bien, ne te trompe pas; ce paquet vient d'être apporté par un courrier qui a fait la route de Paris en trente-cinq heures. Dis bien cette circonstance à monsieur le comte, n'oublie pas! elle pourrait le faire changer de résolution.

— Et il faudrait le débarquer? demanda le matelot.

— Oui, mon ami, répondit imprudemment le notaire.

Le matelot est généralement en tout pays un être à part, qui presque toujours professe le plus profond mépris pour les gens de terre. Quant aux bourgeois, il n'en comprend rien, il ne se les explique pas, il s'en moque, il les vole s'il le peut, sans croire manquer aux lois de la probité. Celui-là par hasard était un bas Breton qui vit une seule chose dans les recommandations du bonhomme Mathias.

— C'est ça, se dit-il en ramant. Le débarquer! faire perdre un passager au capitaine! Si l'on écoutait ces marsouins-là, il faudrait passer sa vie à les embarquer et à les débarquer. A-t-il peur que son fils n'attrape des rhumes?

Le matelot remit donc à Paul les lettres sans lui rien dire. En reconnaissant l'écriture de sa femme et celle de de Marsay, Paul présuma tout ce que ces deux personnes pouvaient lui dire, et ne voulut pas se laisser influencer par les offres que leur inspirait le dévouement. Il mit avec une apparente insouciance leurs lettres dans sa poche.

— Voilà pourquoi ils nous dérangent! des bêtises, dit le matelot en bas breton au capitaine. Si c'était important, comme le disait ce vieux lampion, monsieur le comte jetterait-il son paquet dans ses écoutilles?

Absorbé par les pensées tristes qui saisissent les hommes les plus forts en semblables circonstances, Paul s'abandonnait à la mélancolie en saluant de la main son vieil ami, en disant adieu à la France, en regardant les édifices de Bordeaux qui fuyaient avec rapidité. Il s'assit sur un paquet de cordages. La nuit le surprit là perdu dans ses rêveries. Avec les demi-ténèbres du couchant vinrent les doutes : il plongeait dans l'avenir un œil inquiet; en le sondant, il n'y trouvait que périls et incertitudes, il se demandait s'il ne manquerait pas de courage. Il avait des craintes vagues en sachant Natalie livrée à elle-même : il se repentait de sa résolution, il regrettait Paris et sa vie passée. Le mal de mer le prit. Chacun connaît les effets de cette maladie : la plus horrible de ses souffrances sans danger est une dissolution complète de la volonté. Un trouble inexpliqué relâche dans les centres les liens de la vitalité, l'âme ne fait plus ses fonctions, et tout devient indifférent au malade : une mère oublie son enfant, l'amant ne pense plus à sa maîtresse, l'homme le plus fort gît comme une masse inerte. Paul fut porté dans sa cabine, où il demeura pendant trois jours, étendu, tour à tour vomissant et gorgé de grog par les matelots, ne songeant à rien et dormant; puis il eut une espèce de convalescence et revint à son état ordinaire. Le matin où, se trouvant mieux, il alla se promener sur le tillac pour y respirer les brises marines d'un nouveau climat, il sentit ses lettres en mettant les mains dans ses poches; il les saisit aussitôt pour les lire, et commença par celle de Natalie. Pour que la lettre de la comtesse de Manerville puisse être bien comprise, il est nécessaire de rapporter celle que Paul avait écrite à sa femme et que voici.

Lettre de Paul de Manerville à sa femme.

Ma bien-aimée, quand tu liras cette lettre je serai loin de toi; peut-être serai-je déjà sur le vaisseau qui m'emmène aux Indes, où je vais refaire ma fortune abattue. Je ne me suis pas senti la force de t'annoncer mon départ. Je t'ai trompée; mais ne le fallait-il pas? Tu te serais inutilement gênée, tu m'aurais voulu sacrifier ta fortune. Chère Natalie, n'aie pas un remords, je n'ai pas un regret. Quand je rapporterais des millions, j'imiterais ton père, je les mettrais à tes pieds, comme il mettait les siens aux pieds de ta mère, en te disant : — Tout est à toi. Je t'aime follement, Natalie ; je te le dis sans avoir à craindre que cet aveu te serve à étendre un pouvoir qui n'est redouté que par les gens faibles, le tien fut sans bornes le jour où je t'ai connue. Mon amour est le seul complice de mon désastre. Ma ruine progressive m'a fait éprouver les délirants plaisirs du joueur. A mesure que mon argent diminuait, mon bonheur grandissait. Chaque fragment de ma fortune converti pour toi en une petite jouissance me causait des ravissements célestes. Je t'aurais voulu plus de caprices que tu n'en avais. Je savais que j'allais vers un abîme, mais j'y allais le front couronné par la joie. C'est des sentiments que ne connaissent pas les gens vulgaires. J'ai agi comme ces amants qui s'enferment dans une petite maison au bord d'un lac pour un an ou deux et qui se promettent de se tuer après s'être plongés dans un océan de plaisirs, mourant ainsi dans toute la gloire de leurs illusions et de leur amour. J'ai toujours trouvé ces gens-là prodigieusement raisonnables. Tu ne savais rien ni de mes plaisirs ni de mes sacrifices. Ne trouve-t-on pas de grandes voluptés à cacher à la personne aimée le prix de ce qu'elle souhaite? Je puis t'avouer ces secrets. Je serai loin de toi quand tu tiendras ce papier chargé d'amour. Si je perds les trésors de ta reconnaissance, je n'éprouve pas cette contraction au cœur qui me prendrait en te parlant de ces choses. Puis, ma bien-aimée, n'y a-t-il pas quelque savant calcul à te révéler ainsi le passé? n'est-ce pas étendre notre amour dans l'avenir? Aurions-nous donc besoin de fortifiants? ne nous aimons-nous donc pas d'un amour pur, auquel les preuves sont indifférentes, qui méconnaît le temps, les distances, et vit de lui-même! Ah! Natalie, je viens de quitter la table où j'écris près du feu, je viens de te voir endormie, confiante, posée comme une enfant naïve, la main tendue vers moi. J'ai laissé une larme sur l'oreiller confident de nos joies. Je pars sans crainte sur la foi de cette attitude, je pars afin de conquérir le repos en conquérant une fortune assez considérable pour que nulle inquiétude ne trouble nos voluptés, pour que tu puisses satisfaire tes goûts. Ni toi ni moi, nous ne saurions nous passer des jouissances de la vie que nous menons. Je suis homme, j'ai du courage : à moi seul la tâche d'amasser la fortune qui nous est nécessaire. Peut-être m'aurais-tu suivi! Je te cacherai le nom du vaisseau, le lieu de mon départ et le jour. Un ami te dira tout quand il ne sera plus temps. Natalie, mon affection est sans bornes, je t'aime comme une mère aime son enfant, comme un amant aime sa maîtresse, avec le plus grand désintéressement. A moi les travaux, à toi les plaisirs; à moi les souffrances, à toi la vie heureuse. Amuse-toi, conserve toutes tes habitudes de luxe, va aux Italiens, à l'Opéra, dans le monde, au bal, je t'absous de tout. Chère ange, lorsque tu reviendras à ce nid où nous avons savouré les fruits éclos durant nos cinq années d'amour, pense à ton ami, pense à moi pendant un moment, endors-toi dans mon cœur. Voilà tout ce que je te demande. Moi, chère éternelle pensée, lorsque, perdu sous des cieux brûlants, travaillant pour nous deux, je rencontrerai des obstacles à vaincre, ou que, fatigué, j me reposerai dans les espérances du retour, moi, je songerai à toi, qui es ma belle vie. Oui, je tâcherai d'être en toi, je me dirai que tu n'as ni peines ni soucis, que tu es heureuse. De même que nous avons l'existence du jour et de la nuit, la veille et le sommeil, ainsi j'aurai mon existence fleurie à Paris, mon existence de travail aux Indes; un rêve pénible, une réalité délicieuse : je vivrai si bien dans ta réalité que mes jours seront des rêves. J'aurai mes souvenirs, je reprendrai chant par chant ce beau poème de cinq ans, je me rappellerai les jours où tu te plaisais à briller, où par une toilette aussi bien que par un déshabillé tu te faisais nouvelle à mes yeux. Je reprendrai sur mes lèvres le goût de nos festins. Oui, chère ange, je pars comme un homme voué à une entreprise dont la réussite lui donnera sa belle maîtresse. Le passé sera pour moi comme ces rêves du désir qui précèdent la possession, et que souvent la possession détrompe, mais que tu as toujours agrandis. Je reviendrai pour trouver une femme nouvelle, l'absence ne te donnera-t-elle pas des charmes nouveaux? O mon bel amour, ma Natalie, que je sois une religion pour toi. Sois bien l'enfant que je vois endormie! Si tu trahissais une confiance aveugle, Natalie, tu n'aurais pas à craindre ma colère, tu dois en être sûre; je mourrais silencieusement. Mais la femme ne trompe pas l'homme qui la laisse libre, car la femme n'est jamais lâche. Elle se joue d'un tyran; mais une trahison facile et qui donnerait la mort, elle y renonce. Non, je n'y pense pas. Grâce pour ce cri si naturel à un homme. Chère ange, tu verras de Marsay, il sera le locataire de nôtre hôtel et te le laissera. Ce bail simulé était nécessaire pour éviter des pertes inutiles. Les créanciers, ignorant que leur paiement est une question de temps, auraient pu saisir le mobilier et l'usufruit de notre hôtel. Sois bonne pour de Marsay : j'ai la plus entière confiance dans sa capacité, dans sa loyauté. Prends-le pour défenseur et pour conseil, fais-en ton mentor. Quelles que soient ses occupations, il sera toujours à toi. Je le charge de veiller à ma liquidation. S'il avançait quelque somme de laquelle il eût besoin plus tard, je compte sur toi pour la lui remettre. Songe que je ne te laisse pas à de Marsay, mais à toi-même; en te l'indiquant, je ne te l'impose pas. Hélas! il m'est impossible de te parler d'affaires, je n'ai plus qu'une heure à rester là près de toi. Je compte tes aspirations, je tâche de retrouver tes pensées dans les rares accidents de ton sommeil, ton souffle ranime les heures fleuries de notre amour. A chaque battement de ton cœur, le mien te verse ses trésors, j'effeuille sur toi toutes les roses de mon âme comme les enfants les sèment devant l'autel au jour de la fête de Dieu. Je te recommande aux souvenirs dont je t'accable, je voudrais t'infuser mon sang pour que tu fusses bien à moi, pour que ta pensée fût ma pensée, pour que ton cœur fût mon cœur, pour être tout en toi. Tu as laissé échapper un petit murmure comme une douce réponse. Sois toujours calme et belle comme tu es calme et belle en ce moment. Ah! je voudrais posséder ce fabuleux pouvoir dont parlent les contes de fées, je voudrais te laisser endormie ainsi pendant mon absence et te réveiller à mon retour par un baiser. Combien ne faut-il pas d'énergie et combien ne faut-il pas t'aimer pour te quitter en te voyant ainsi! Tu es une Espagnole religieuse, tu respecteras un serment fait pendant le sommeil, et où l'on ne doutait pas de ta parole inexprimée. Adieu, chère, voici ta pauvre Fleur des pois emportée par un vent d'orage; mais elle te reviendra pour toujours sur les ailes de la fortune. Non, chère Ninie, je ne te dis pas adieu, je ne te quitterai jamais. Ne seras-tu pas l'âme de mes actions? L'espoir de t'apporter un bonheur indestructible n'animera-t-il pas mon entreprise, ne dirigera-t-il point tous mes pas? Ne seras-tu pas toujours là? Non, ce ne sera pas le soleil de l'Inde, mais le feu de ton regard qui m'éclairera. Sois aussi heureuse qu'une femme peut l'être sans son amant. J'aurais bien voulu ne pas prendre pour dernier baiser un baiser où tu n'étais que passive; mais, mon ange adoré, ma Ninie, je n'ai pas voulu t'éveiller. A ton réveil, tu trouveras une larme sur ton front, fais-en un talisman! Songe, songe à qui mourra peut-être pour toi, loin de toi; songe moins au mari qu'à l'amant dévoué qui te confie à Dieu.

Réponse de la comtesse de Manerville à son mari.

Cher bien-aimé, dans quelle affliction me plonge ta lettre! Avais-tu le droit de prendre sans me consulter une résolution qui nous frappe également? Es-tu libre? ne m'appartiens-tu pas? ne suis-je pas à moitié créole? ne pouvais-je donc te suivre? Tu m'apprends que je ne te suis pas indispensable. Que t'ai-je fait, Paul, pour me priver de mes droits? Que veux-tu que je devienne seule dans Paris? Pauvre ange, tu prends sur toi tous mes torts. Ne suis-je pas pour quelque chose dans cette ruine? mes chiffons n'ont-ils pas bien pesé dans la balance? tu m'as fait maudire la vie heureuse, insouciante, que nous avons menée pendant quatre ans. Te savoir banni pour six ans, n'y a-t-il pas de quoi mourir? Fait-on fortune en six ans? Reviendras-tu? J'étais bien inspirée, quand je me refusais avec une obstination instinctive à cette séparation de biens que ma mère et toi vous avez voulue à toute force. Que vous disais-je alors? N'était-ce pas jeter sur toi de la déconsidération? N'était-

ce pas ruiner ton crédit ? Il a fallu que tu te sois fâché pour que
j'aie cédé. Mon cher Paul, jamais tu n'as été si grand à mes yeux
que tu l'es en ce moment. Ne désespérer de rien, aller chercher une
fortune ?... il faut ton caractère et ta force pour se conduire ainsi.
Je suis à tes pieds. Un homme qui avoue sa faiblesse avec ta bonne
foi, qui refait sa fortune par la même cause qui la lui a fait dissiper,
par amour, par une irrésistible passion, oh! Paul, cet homme est
sublime. Va sans crainte, marche à travers les obstacles, sans douter
de ta Natalie, car ce serait douter de toi-même. Pauvre cher, tu
veux vivre en moi ? Et moi, ne serai-je pas toujours en toi ? Je ne
serai pas ici, mais partout où tu seras, toi. Si ta lettre m'a causé de
vives douleurs, elle m'a comblée de joie; tu m'as fait en un moment
connaître les deux extrêmes, car, en voyant combien tu m'aimes,
j'ai été fière d'apprendre que mon amour était bien senti. Parfois,
je croyais t'aimer plus que tu ne m'aimais, maintenant je me reconnais vaincue, tu peux joindre cette supériorité délicieuse à toutes
celles que tu as; mais n'ai-je pas plus de raisons de t'aimer, moi !
Ta lettre, cette précieuse lettre où ton âme se révèle et qui m'a si
bien dit que rien n'était perdu entre nous, restera sur mon cœur
pendant ton absence, car toute ton âme gît là, cette lettre est ma
gloire! J'irai demeurer à Lanstrac avec ma mère, j'y serai comme
morte au monde, j'économiserai nos revenus pour payer tes dettes
intégralement. De ce matin, Paul, je suis une autre femme, je dis
adieu sans retour au monde, je ne veux pas d'un plaisir que tu ne
partagerais pas. D'ailleurs, Paul, je dois quitter Paris et aller dans
la solitude. Cher enfant, apprends que tu as une double raison de
faire fortune. Si ton courage avait besoin d'aiguillon, ce serait un
autre cœur que tu trouverais maintenant en toi-même. Mon bon
ami, ne devines-tu pas ? nous aurons un enfant. Vos plus chers
désirs sont comblés, monsieur. Je ne voulais pas te causer de ces
fausses joies qui tuent, nous avons eu déjà trop de chagrin à ce sujet,
je ne voulais pas être forcée de démentir la bonne nouvelle. Aujourd'hui je suis certaine de ce que je t'annonce, heureuse ainsi
de jeter une joie à travers tes douleurs. Ce matin, ne me doutant
de rien, te croyant sorti dans Paris, j'étais allée à l'Assomption y
remercier Dieu. Pouvais-je prévoir un malheur ? tout me souriait
pendant cette matinée. En sortant de l'église, j'ai rencontré ma
mère; elle avait appris ta détresse, et arrivait en poste avec ses
économies, avec trente mille francs, espérant pouvoir arranger tes

affaires. Quel cœur, Paul! J'étais joyeuse, je revenais pour t'annoncer ces deux bonnes nouvelles en déjeunant sous la tente de notre serre où je t'avais préparé les gourmandises que tu aimes. Augustine me remet ta lettre. Une lettre de toi, quand nous avions dormi ensemble, n'était-ce pas tout un drame? Il m'a pris un frisson mortel, et puis j'ai lu!... J'ai lu en pleurant, et ma mère fondait en larmes aussi! Ne faut-il pas bien aimer un homme pour pleurer, car les pleurs enlaidissent une femme. J'étais à demi morte. Tant d'amour et tant de courage! tant de bonheur et tant de misères! les plus riches fortunes du cœur et la ruine momentanée des intérêts! ne pas pouvoir presser le bien-aimé dans le moment où l'admiration de sa grandeur vous étreint, quelle femme eût résisté à cette tempête de sentiments? Te savoir loin de moi quand ta main sur mon cœur m'aurait fait tant de bien; tu n'étais pas là pour me donner ce regard que j'aime tant, pour te réjouir avec moi de la réalisation de tes espérances; et je n'étais pas près de toi pour adoucir tes peines par ces caresses qui te rendent ta Natalie si chère, et qui te font tout oublier. J'ai voulu partir, voler à tes pieds; mais ma mère m'a fait observer que le départ de *la Belle-Amélie* devait avoir lieu le lendemain; que la poste seule pouvait aller assez vite, et que, dans l'état où j'étais, ce serait une insigne folie que de risquer tout un avenir dans un cahot. Quoique déjà mère, j'ai demandé des chevaux, ma mère m'a trompée en me laissant croire qu'on les amènerait. Et elle a sagement agi, les premiers malaises de la grossesse ont commencé. Je n'ai pu soutenir tant d'émotions violentes, et je me suis trouvée mal. Je t'écris au lit, les médecins ont exigé du repos pendant les premiers mois. Jusqu'alors j'étais une femme frivole, maintenant je vais être une mère de famille. La Providence est bien bonne pour moi, car un enfant à nourrir, à soigner, à élever peut seul amoindrir les douleurs que me causera ton absence. J'aurai en lui un autre toi que je fêterai. J'avouerai hautement mon amour que nous avons si soigneusement caché. Je dirai la vérité. Ma mère a déjà trouvé l'occasion de démentir quelques calomnies qui courent sur ton compte. Les deux Vandenesse, Charles et Félix t'ont bien notablement défendu; mais ton ami de Marsay prend tout en raillerie: il se moque de tes accusateurs, au lieu de leur répondre: je n'aime pas cette manière de repousser légèrement des attaques sérieuses. Ne te trompes-tu pas sur lui? Néanmoins je t'obéirai, j'en ferai mon ami. Sois bien tranquille, mon adoré, relativement aux choses qui touchent à ton honneur. N'est-il pas le mien? Mes diamants seront engagés. Nous allons, ma mère et moi, employer toutes nos ressources pour acquitter intégralement tes dettes, et tâcher de racheter ton clos de Belle-Rose. Ma mère, qui s'entend aux affaires comme un vrai procureur, t'a bien blâmé de ne pas t'être ouvert à elle. Elle n'aurait pas acheté, croyant te faire plaisir, le domaine de Grainrouge, qui se trouvait enclavé dans tes terres, et t'aurait pu prêter cent trente mille francs. Elle est au désespoir du parti que tu as pris. Elle craint pour toi le séjour des Indes. Elle te supplie d'être sobre, de ne pas te laisser séduire par les femmes... Je me suis mise à rire. Je suis sûre de toi comme de moi-même. Tu me reviendras riche et fidèle. Moi seule au monde connais ta délicatesse de femmes et tes sentiments secrets qui font de toi comme une délicieuse fleur humaine digne du ciel. Les Bordelais avaient bien raison de te donner ton joli surnom. Qui donc soignera ma fleur délicate? J'ai le cœur percé par d'horribles idées. Moi sa femme, sa Natalie, être ici, quand déjà peut-être il souffre! Et moi, si bien unie à toi, ne pas partager tes peines, tes traverses, tes périls! A qui te confieras-tu? Comment as-tu pu te passer de l'oreille à qui tu disais tout? Chère sensitive emportée par un orage, pourquoi t'es-tu déplantée du seul terrain où tu pourrais développer tes parfums? Il me semble que je suis seule depuis deux siècles, j'ai froid aussi dans Paris. J'ai déjà bien pleuré. Être la cause de ta ruine! quel texte aux pensées d'une femme aimante! tu m'as traitée en enfant à qui on donne tout ce qu'il demande, en courtisane par laquelle un étourdi mange sa fortune. Ah! ta prétendue délicatesse a été une insulte. Crois-tu que je ne pouvais me passer de toilette, de bals, d'Opéra, de succès? Suis-je une femme légère? Crois-tu que je ne puisse concevoir des pensées graves, servir à ta fortune aussi bien que je servais à tes plaisirs? Si tu n'étais pas loin de moi, souffrant et malheureux, vous seriez bien grondé, monsieur, de tant d'impertinence. Ravaler votre femme à ce point! Mon Dieu! pourquoi donc allais-je dans le monde? pour flatter ta vanité; je me parais pour toi, tu le sais bien. Si j'avais des torts, je serais bien cruellement punie; ton absence est une bien dure expiation de notre vie intime. Cette joie était trop complète : elle devait se payer par quelque grande douleur, et la voici venue! Après ces bonheurs si soigneusement voilés aux regards curieux du monde, après ces fêtes continuelles entremêlées des folies secrètes de notre amour, il n'y a plus rien de possible que la solitude. La solitude, cher ami, nourrit les grandes passions, et j'y aspire. Que ferai-je dans le monde? à qui reporter mes triomphes? Ah! vivre à Lanstrac, cette terre arrangée par ton père, dans un château que tu as renouvelé si luxueusement, y vivre avec ton enfant en t'attendant, en t'envoyant tous les soirs, tous les matins, la prière de la mère et de l'enfant, de la femme et de l'ange, ne sera-ce pas un demi-bonheur? Vois-tu ces petites mains jointes dans les miennes? Te souviendras-tu, comme je vais m'en souvenir tous les soirs, de ces félicités que tu m'as rappelées dans ta chère lettre? Oh! oui, nous nous aimons autant l'un que l'autre. Cette bonne certitude est un talisman contre le malheur. Je ne doute pas plus de toi que tu ne doutes de moi. Quelles consolations puis-je te mettre ici, moi désolée, moi brisée, moi qui vois ces six années comme un désert à traverser? Allons, je ne suis pas la plus malheureuse; ce désert ne sera-t-il pas animé par notre petit : oui je veux te donner un fils, il le faut, n'est-ce pas? Allons, adieu, cher bien-aimé, nos vœux et notre amour te suivront partout. Les larmes qui sont sur ce papier te diront-elles bien les choses que je ne puis exprimer? Reprends les baisers que te met, là au bas, dans ce carré,

Ta Natalie.

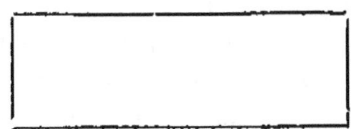

Cette lettre engagea Paul dans une rêverie autant causée par l'ivresse où le plongeaient ces témoignages d'amour que par ses plaisirs évoqués à dessein; et il les reprenait un à un, afin de s'expliquer la grossesse de sa femme. Plus un homme est heureux, plus il tremble. Chez les âmes exclusivement tendres, et la tendresse comporte un peu de faiblesse, la jalousie et l'inquiétude sont en raison directe du bonheur et de son étendue. Les âmes fortes ne sont ni jalouses ni craintives : la jalousie est un doute, la crainte est une petitesse. La croyance sans bornes est le principal attribut du grand homme : s'il est trompé, la force aussi bien que la faiblesse peuvent rendre l'homme également dupe, son mépris lui sert alors de hache, il tranche tout. Cette grandeur est une exception. A qui n'arrive-t-il pas d'être abandonné de l'esprit qui soutient notre frêle machine et d'écouter la puissance inconnue qui nie tout? Paul, accroché par quelques faits irrécusables, croyait et doutait tout à la fois. Perdu dans ses pensées, en proie à une terrible incertitude involontaire, mais combattue par les gages d'un amour pur et par sa croyance en Natalie, il relut deux fois cette lettre diffuse, sans pouvoir en rien conclure ni pour ni contre sa femme. L'amour est aussi grand par le bavardage que par la concision.

Pour bien comprendre la situation dans laquelle allait entrer Paul, il faut se le représenter flottant sur l'Océan comme il flottait sur l'immense étendue de son passé, revoyant sa vie entière ainsi qu'un ciel sans nuage, et finissant par revenir après les tourbillons du doute, à la foi pure, entière, sans mélange, du fidèle, du chrétien, de l'amoureux que rassurait la voix du cœur. Et d'abord il est également nécessaire de rapporter ici la lettre à laquelle répondait Henri de Marsay.

Lettre du comte Paul de Manerville à M. le marquis Henri de Marsay.

Henri, je vais te dire un des plus grands mots qu'un homme puisse dire à son ami : je suis ruiné. Quand tu me liras, je serai prêt à partir de Bordeaux pour Calcutta, sur le navire *la Belle-Amélie*. Tu trouveras chez ton notaire un acte qui n'attend que ta signature pour être complet et dans lequel je te loue pour six ans mon hôtel par un bail simulé, tu remettras une contre-lettre à ma femme. Je suis forcé de prendre cette précaution pour que Natalie puisse rester chez elle sans avoir à craindre d'en être chassée. Je te transporte également les revenus de mon majorat pendant quatre années, le tout contre une somme de cent cinquante mille francs que je te prie d'envoyer en une lettre de change sur une maison de Bordeaux, à l'ordre de Mathias. Ma femme te donnera sa garantie en surérogation de mes revenus. Si l'usufruit de mon majorat te payait plus promptement que je ne le suppose, nous compterons à mon retour. La somme que je te demande est indispensable pour aller tenter la fortune; et, si je t'ai bien connu, je dois la recevoir sans phrase à Bordeaux, la veille de mon départ. Je me suis conduit comme tu te serais conduit à ma place. J'ai tenu bon jusqu'au dernier moment sans laisser soupçonner ma ruine. Puis quand le bruit de la saisie-immobilière de mes biens disponibles est venu à Paris, j'avais fait de l'argent avec cent mille francs de lettres de change pour essayer du jeu. Quelque coup du hasard pouvait me rétablir. J'ai perdu. Comment me suis-je ruiné? volontairement, mon cher Henri. Dès le premier jour, j'ai vu que je ne pouvais tenir au train que je prenais, je savais le résultat, j'ai voulu fermer les yeux, car il m'était impossible de dire à ma femme : — Quittons Paris, allons vivre à Lanstrac. Je me suis ruiné pour elle comme on se ruine pour une maîtresse, mais avec certitude. Entre nous, je ne suis ni un niais ni un homme faible. Un niais ne se laisse pas dominer, les yeux ouverts, par une passion ; puis un homme qui va reconstruire sa fortune aux Indes au lieu de se brûler la cervelle, cet homme a du courage. Je reviendrai riche ou ne reviendrai pas. Seulement, cher ami, comme je ne veux de fortune que pour elle, que je ne veux être la dupe de rien, que je serai six ans absent, je te confie ma femme. Tu as assez de bonnes fortunes pour respecter Natalie et m'accorder toute la probité du sentiment qui nous lie. Je ne sais pas de meilleur gardien que toi. Je laisse ma femme sans enfant, un amant serait bien dangereux pour elle. Sache-le, mon bon Marsay, j'aime éperdument Natalie, bassement, sans vergogne. Je lui pardonnerais, je crois, une infidélité, non parce que je suis certain de pouvoir me venger, dussé-je en mourir ! mais parce que je me tuerais pour la laisser heureuse, si je ne pouvais faire son bonheur moi-même. Que puis-je craindre? Natalie a pour moi cette amitié véritable indépendante de l'amour, mais qui conserve l'amour. Elle a été traitée par moi comme un enfant gâté. J'éprouvais tant de bonheur dans mes sacrifices, l'un amenait si naturellement l'autre qu'elle serait un monstre si elle me trompait. L'amour vaut l'amour... Hélas! veux-tu tout savoir, mon cher Henri? je viens de lui écrire une lettre où je lui laisse croire que je pars l'espoir au cœur, le front serein, que je n'ai ni doute, ni jalousie, ni crainte, une lettre comme en écrivent les fils qui veulent cacher à leurs mères qu'ils vont à la mort. Mon Dieu, de Marsay, j'avais l'enfer en moi, je suis l'homme le plus malheureux du monde! A toi les cris, à toi les grincements de dents! je t'avoue les pleurs de l'amant désespéré; j'aimerais mieux rester six ans balayeur sous ses fenêtres que de revenir millionnaire après six ans d'absence, si cela était possible. J'ai d'horribles angoisses, je marcherai de douleur en douleur jusqu'à ce que tu m'aies écrit un mot par lequel tu accepteras un mandat que toi seul au monde peux remplir et accomplir. O mon cher de Marsay, cette femme est indispensable à ma vie, elle est mon air et mon soleil. Prends-la sous ton égide, garde-la-moi fidèle, quand même ce serait contre son gré. Oui, je serais encore heureux d'un demi-bonheur. Sois son chaperon, je n'aurai nulle défiance de toi. Prouve-lui qu'en me trahissant, elle serait vulgaire ; qu'elle ressemblerait à toutes les femmes, et qu'il y aurait de l'esprit à me rester fidèle. Elle doit avoir encore assez de fortune pour continuer sa vie molle et sans soucis ; mais si elle manquait de quelque chose, si elle avait des caprices, fais-toi son banquier, ne crains rien, je reviendrai riche. Après tout, mes terreurs sont sans doute vaines, Natalie est un ange de vertu. Quand Félix de Vandenesse, épris de belle passion pour elle, s'est permis quelques assiduités, je n'ai eu qu'à faire apercevoir le danger à Natalie, elle m'a tout aussitôt remercié si affectueusement que j'en étais ému aux larmes. Elle m'a dit qu'il ne convenait pas à sa réputation qu'un homme quittât brusquement sa maison, mais qu'elle saurait le congédier : elle l'a en effet reçu très-froidement et tout s'est terminé pour le mieux. Nous n'avons pas eu d'autre sujet de discussion en quatre ans, si toutefois on peut appeler discussion la causerie de deux amis. Allons, mon cher Henri, je te dis adieu en homme. Le malheur est venu. Par quelque cause que ce soit, il est là ; j'ai mis habit bas. La misère et Natalie sont deux termes inconciliables. La balance sera d'ailleurs très exacte entre mon passif et mon actif, ainsi personne ne pourra se plaindre de moi ; mais si quelque chose d'imprévu mettait mon honneur en péril, je compte sur toi. Enfin, si quelque événement grave arrivait, tu peux m'envoyer tes lettres sous l'enveloppe du gouverneur des Indes, à Calcutta, j'ai quelques relations d'amitié dans sa maison, et quelqu'un m'y gardera les lettres qui me viendront d'Europe. Cher ami, je désire te retrouver le même à mon retour : l'homme qui sait se moquer de tout et qui néanmoins est accessible aux sentiments d'autrui quand ils s'accordent avec le grandiose que tu sens en toi-même. Tu restes à Paris, toi ! Au moment où tu liras ceci, je crierai : — A Carthage !

Réponse du marquis Henri de Marsay au comte Paul de Manerville.

Ainsi, monsieur le comte, tu t'es enfoncé, monsieur l'ambassadeur a sombré. Voilà donc les belles choses que tu faisais ? Pourquoi, Paul, t'es-tu caché de moi ? Si tu m'avais dit un seul mot, mon pauvre bonhomme, je t'aurais éclairé sur ta position. Ta femme m'a refusé sa garantie. Puisse ce seul mot te dessiller les yeux ! S'il ne suffisait pas, apprends que les lettres de change ont été protestées à la requête d'un sieur Lécuyer, ancien premier clerc d'un sieur Solonet, notaire à Bordeaux. Cet usurier en herbe, arrivé de Gascogne pour faire ici des tripotages, est le prête-nom de ta très-honorée belle-mère, créancière réelle des cent mille francs pour lesquels la bonne femme t'a compté, dit-on, soixante-dix mille francs. Comparé à madame Évangélista, le papa Gobseck est une flanelle, un velours, une potion calmante, une meringue à la vanille, un oncle à dénouement. Ton clos de Belle-Rose sera la proie de ta femme, à laquelle sa mère donnera la différence entre le prix de l'adjudication et le montant de ses reprises. Madame Évangélista aura le Guadet et Grassol, et les hypothèques qui grèvent ton hôtel à Bordeaux lui appartiennent sous le nom des hommes de paille que lui a trouvés ce Solonet. Ainsi, ces deux excellentes créatures réuniront cent vingt mille livres de rente, somme à laquelle s'élève le revenu de tes biens, joint à trente et quelques mille francs en inscriptions sur le grand-livre que les petites chattes possèdent. La garantie de ta femme était inutile. Ce susdit sieur Lécuyer est venu ce matin m'offrir le remboursement de la somme que je t'ai prêtée contre un transport en bonne forme de mes droits. La récolte de 1825, que ta belle-mère a dans tes caves de Lanstrac, lui suffit pour me payer. Ainsi, ces deux femmes ont déjà calculé que tu devais être en mer ; mais je t'envoie ma lettre par un courrier, afin que tu sois encore à temps de suivre les conseils que je vais te donner. J'ai fait causer ce Lécuyer. J'ai saisi dans ses mensonges, dans ses paroles et dans ses réticences, les fils qui me manquaient pour faire reparaître la trame entière de la conspiration domestique ourdie contre toi. Ce soir, à l'ambassade d'Espagne, j'offrirai mes compliments d'admiration à ta belle-mère et à ta femme. Je ferai la cour à madame Évangélista, je t'abandonnerai lâchement, je te dirai d'adroites injures, quelque chose de grossier serait trop tôt découvert par ce sublime Mascarille en jupons. Comment l'as-tu mise contre toi? Voilà ce que je veux savoir. Si tu avais eu l'esprit d'être amoureux de cette femme avant d'épouser sa fille, tu serais aujourd'hui pair de France, duc de Manerville et ambassadeur à Madrid. Si tu m'avais appelé près de toi lors de ton mariage, je t'aurais aidé à connaître, analyser les deux femmes avec lesquelles tu t'engageais; et, de ces observations faites en commun, il serait sorti quelques conseils utiles. N'étais-je pas le seul de tes amis en position de respecter ta femme? Étais-je à craindre? Après m'avoir jugé, ces deux femmes ont eu peur de moi et nous ont séparés. Si tu ne m'avais pas bêtement fait la moue, elles ne t'auraient pas dévoré. Ta femme a bien aidé à notre refroidissement; elle était serinée par sa mère, à qui elle écrivait deux lettres dans la semaine, et tu n'y as jamais pris garde. J'ai bien reconnu mon Paul quand j'ai su ce détail. Dans un mois, je serai assez près de ta belle-mère pour apprendre d'elle la raison de la haine hispano-italienne qu'elle t'a vouée, à toi, le meilleur homme du monde. Te haïssait-elle avant que sa fille n'aimât Félix de Vandenesse, ou te chasse-t-elle jusque dans les Indes pour rendre sa fille aussi libre que l'est en France une femme séparée de corps et de biens? Là est le problème. Je te vois bondissant et hurlant en apprenant que ta femme aime à la folie Félix de Vandenesse. Si je n'avais pas eu la fantaisie de faire un tour en Orient avec Montriveau, Ronquerolles et quelques autres bons vivants de ta connaissance, j'aurais pu te dire quelque chose de cette intrigue qui commençait quand je suis parti; je voyais poindre alors les germes de ton malheur. Mais quel gentilhomme assez dépravé pourrait entamer de semblables questions sans une première ouverture? Qui oserait nuire à une femme? Qui briserait le miroir aux illusions où l'un de nos amis se complaît à regarder les féeries d'un heureux mariage? Les illusions ne sont-elles pas la fortune du cœur? Ta femme, cher ami, n'était-elle pas, dans la plus large acception du mot, une femme à la mode? Elle ne pensait qu'à ses succès, à sa toilette; elle allait aux Bouffons, à l'Opéra, au bal; se levait tard, se promenait au bois; dînait en ville ou donnait elle-même à dîner. Cette vie me semble être pour les femmes ce qu'est la guerre pour les hommes; le public ne voit que les vainqueurs, il oublie les morts. Si les femmes délicates périssent à ce métier, celles qui résistent doivent avoir des organisations de fer, conséquemment peu de cœur, et des estomacs excellents. Là est la raison de l'insensibilité, du froid des salons. Les belles âmes restent dans la solitude, les natures faibles et tendres succombent, il ne reste que des galets qui maintiennent l'Océan social dans ses bornes en se laissant frotter, arrondir par le flot, sans s'user. Ta femme résistait admirablement à cette vie, elle y semblait habituée, elle apparaissait toujours fraîche et belle; pour moi, la conclusion était facile à tirer : elle ne t'aimait pas, et tu l'aimais comme un fou. Pour faire jaillir l'amour dans cette nature siliceuse, il fallait un homme de fer. Après avoir subi sans y rester le choc de lady Dudley, la femme de mon vrai père, Félix devait être le fait de Natalie. Il n'y avait pas grand mérite à deviner que tu lui étais indifférent, à ta femme. De cette indifférence au déplaisir, il n'y avait qu'un pas ; et, tôt ou tard, un rien, une discussion, un mot, un acte d'autorité pouvait le faire sauter à ta femme. J'aurais pu te raconter à toi-même la scène qui se passait tous les soirs dans sa chambre à coucher entre vous deux. Tu n'as pas d'enfant, mon cher. Ce mot n'explique-t-il pas bien des choses à un observateur? Amoureux, tu ne pouvais guère t'apercevoir de la froideur naturelle à une jeune femme que tu as formée à point pour Félix de Vandenesse. Eusses-tu trouvé ta femme froide, la stupide jurisprudence des gens mariés te poussait à faire honneur de sa réserve à son innocence. Comme tous les maris, tu croyais pouvoir la maintenir vertueuse dans un monde où les femmes s'expliquent d'oreille à oreille ce que les hommes n'osent dire, où tout ce qu'un mari n'apprend pas à sa femme est spécifié, commenté sous l'éventail en riant, en badinant, à propos d'un procès ou d'une aventure. Si ta femme aimait les bénéfices sociaux du mariage, elle en trouvait les charges un peu lourdes. La charge, l'impôt, c'était toi ! Ne voyant rien de ces choses, tu allais creusant des abîmes et les couvrant de fleurs, suivant l'éternelle phrase de la rhétorique ; tu obéissais tout doucement à la loi qui régit le commun des hommes, et de laquelle j'avais voulu te garantir. Cher enfant, il ne te manquait plus, pour être aussi bête que le bourgeois trompé par son épouse et qui s'en étonne, ou s'en épouvante, ou s'en fâche, que de me parler de tes sacrifices, de ton amour pour Natalie, de venir me chanter : — Elle serait bien ingrate si elle me trahissait; j'ai fait cela, j'ai fait ceci, je ferai mieux, j'irai pour elle aux Indes, je, etc. Mon cher Paul, as-tu donc vécu dans Paris, as-tu donc l'honneur d'appartenir par les liens de l'amitié à Henri de Marsay,

pour ignorer les choses les plus vulgaires, les premiers principes
qui meuvent le mécanisme féminin, l'alphabet de leur cœur? Exter-
minez-vous; allez pour une femme à Sainte-Pélagie, tuez vingt-
deux hommes, abandonnez sept filles, servez Laban, traversez le
désert, côtoyez le bagne, couvrez-vous de gloire, couvrez-vous de
honte, refusez comme Nelson de livrer bataille pour aller baiser l'é-
paule de lady Hamilton, comme Bonaparte battez le vieux Wurm-
ser, fendez-vous sur le pont d'Arcole, délirez comme Roland, cas-
sez-vous une jambe éclissée pour valser six minutes avec une
femme!... Mon cher, qu'est-ce que ces choses ont à faire avec l'a-
mour? Si l'amour se déterminait sur de tels échantillons, l'homme serait trop heureux : quelques prouesses faites dans le moment du désir
lui donneraient la femme aimée. L'amour, mon gros Paul, mais c'est
une croyance comme celle de l'immaculée conception de la Sainte
Vierge : cela vient ou cela ne vient pas. A quoi servent des flots de
sang versés, les mines du Potose, ou la gloire pour faire naître un
sentiment involontaire, inexplicable? Les jeunes gens comme toi,
qui veulent être aimés par balance de compte, me semblent être
d'ignobles usuriers. Nos femmes légitimes nous doivent des enfants
et de la vertu, mais elles ne nous doivent pas l'amour. L'amour,
Paul! est la conscience du plaisir donné et reçu, la certitude de le
donner et de le recevoir; l'amour est un désir incessamment mou-
vant, incessamment satisfait et insatiable. Le jour où Vandenesse a
remué dans le cœur de ta femme la corde du désir que tu y laissais
vierge, tes fanfaronnades amoureuses, tes torrents de cervelle et
d'argent n'ont pas même été des souvenirs. Tes nuits conjugales
semées de roses, fumée! ton dévouement, un remords à offrir! ta
personne, une victime à égorger sur l'autel! ta vie antérieure, ténèbres! une émotion d'amour effaçait tes trésors de passion qui
n'étaient plus que de la vieille ferraille. Il a eu, lui Félix, toutes les
beautés, tous les dévouements, gratis peut-être, mais en amour la
croyance équivaut à la réalité. Ta belle-mère a donc été naturellement du parti de l'amant contre le mari; secrètement ou patem-
ment, elle a fermé les yeux, ou elle les a ouverts, je ne sais ce
qu'elle a fait, mais elle a été pour sa fille, contre toi. Depuis quinze
ans que j'observe la société, je ne connais pas une mère qui, dans
cette circonstance, ait abandonné sa fille. Cette indulgence est un
héritage transmis de femme en femme. Quel homme peut la leur
reprocher? quelque rédacteur du Code civil, qui a vu des formules

là où il n'existe que des sentiments! La dissipation dans laquelle te jetait la vie d'une femme à la mode; la pente d'un caractère facile et ta vanité peut-être ont fourni les moyens de se débarrasser de toi par une ruine habilement concertée. De tout ceci, tu concluras, mon bon ami, que le mandat dont tu me chargeais et dont je me serais d'autant plus glorieusement acquitté qu'il m'aurait amusé, se trouve comme nul et non avenu. Le mal à prévenir est accompli, *consummatum est*. Pardonne-moi, mon ami, de t'écrire à la de Marsay, comme tu disais, sur des choses qui doivent te paraître graves. Loin de moi l'idée de pirouetter sur la tombe d'un ami, comme les héritiers sur celle d'un parent. Mais tu m'as écrit que tu devenais homme, je te crois, je te traite en politique et non en amoureux. Pour toi, cet accident n'est-il pas comme la marque à l'épaule qui décide un forçat à se jeter dans une vie d'opposition systématique et à combattre la société? Te voilà dégagé d'un souci : le mariage te possédait, tu possèdes maintenant le mariage. Paul, je suis ton ami dans toute l'acception du mot. Si tu avais eu la cervelle cerclée dans un crâne d'airain, si tu avais eu l'énergie qui t'est venue trop tard, je t'aurais prouvé mon amitié par des confidences qui t'auraient fait marcher sur l'humanité comme sur un tapis. Mais quand nous causions des combinaisons auxquelles j'ai dû la faculté de m'amuser avec quelques amis au sein de la civilisation parisienne, comme un bœuf dans la boutique d'un faïencier; quand je te racontais sous des formes romanesques les véritables aventures de ma jeunesse, tu les prenais en effet pour des romans, sans en voir la portée. Aussi n'ai-je pu te considérer que comme une passion malheureuse. Hé! bien, foi d'homme, dans les circonstances actuelles tu joues le beau rôle, et tu n'as rien perdu de ton crédit auprès de moi, comme tu pourrais le croire. Si j'admire les grands fourbes, j'estime et j'aime les gens trompés. A propos de ce médecin qui a si mal fini, conduit à l'échafaud par son amour pour une maîtresse, je t'ai raconté l'histoire bien autrement belle de ce pauvre avocat qui vit, dans je ne sais quel bagne, marqué pour un faux, et qui voulait donner à sa femme, une femme adorée aussi! trente mille livres de rentes; mais que sa femme a dénoncé pour se débarrasser de lui et vivre avec un monsieur. Tu t'es récrié, toi et quelques niais qui soupaient avec nous. Eh! bien, mon cher, tu es l'avocat, moins le bagne. Tes amis ne te font pas grâce de la considération qui, dans notre société, vaut un jugement de cour d'assises. La sœur des deux Vandenesse, la marquise de Listomère et toute sa coterie où s'est enrégimenté le petit Rastignac, un drôle qui commence à percer ; madame d'Aiglemont et son salon où règne Charles de Vandenesse, les Lenoncourt, la comtesse Féraud, madame d'Espard, les Nucingen, l'ambassade d'Espagne, enfin tout un monde soufflé fort habilement te couvre d'accusations boueuses. Tu es un mauvais sujet, un joueur, un débauché qui as mangé stupidement ta fortune. Après avoir payé tes dettes plusieurs fois, ta femme, un ange de vertu ! vient d'acquitter cent mille francs de lettres de change, quoique séparée de biens. Heureusement tu t'es rendu justice en disparaissant. Si tu avais continué, tu l'aurais mise sur la paille, elle eût été victime de son dévouement conjugal. Quand un homme arrive au pouvoir, il a toutes les vertus d'une épitaphe ; qu'il tombe dans la misère, il a plus de vices que n'en avait l'enfant prodigue : tu ne saurais imaginer combien le monde te prête de péchés à la Don Juan. Tu jouais à la Bourse, tu avais des goûts licencieux dont la satisfaction te coûtait des sommes énormes et dont l'explication exige des commentaires et des plaisanteries qui font rêver les femmes. Tu payais des intérêts horribles aux usuriers. Les deux Vandenesse racontent en riant comme quoi Gobseck te donnait pour six mille francs une frégate en ivoire et la faisait racheter pour cent écus à ton valet de chambre, afin de te la revendre ; comme quoi tu l'as démolie solennellement en t'apercevant que tu pouvais avoir un véritable brick avec l'argent qu'elle te coûtait. L'histoire est arrivée à Maxime de Trailles, il y a neuf ans ; mais elle te va si bien que Maxime a pour toujours perdu le commandement de sa frégate. Enfin je ne puis te dire tout, car tu fournis à une encyclopédie de cancans que les femmes ont intérêt à grossir. Dans cet état de choses, les plus prudes ne légitiment-elles pas les consolations du comte Félix de Vandenesse (leur père est enfin mort, hier !) ? Ta femme a le plus prodigieux succès. Hier, madame de Camps me répétait ces belles choses aux Italiens. — Ne m'en parlez pas, lui ai-je répondu, vous ne savez rien vous autres ! Paul a volé la Banque et abusé le Trésor royal. Il a assassiné Ezzelin, fait mourir trois Médora de la rue Saint-Denis, et je le crois associé (je vous le dis entre nous) avec la bande des Dix-Mille. Son intermédiaire est le fameux Jacques Collin, sur qui la police n'a pu remettre la main depuis qu'il s'est encore une fois évadé du bagne. Paul le logeait dans son hôtel. Vous voyez, il est capable de tout : il trompe le gouvernement. Ils sont partis tous deux pour aller travailler dans les Indes et voler le Grand Mogol. La de Camps a compris qu'une femme distinguée comme elle ne doit pas convertir ses belles lèvres en gueule de bronze vénitienne. En apprenant ces tragi-comédies, beaucoup de gens refusent d'y croire ; ils prennent le parti de la nature humaine et de ses beaux sentiments, ils soutiennent que c'est des fictions. Mon cher, Talleyrand a dit ce magnifique mot : — *Tout arrive !* Certes il se passe sous nos yeux des choses encore plus étonnantes que ne l'est ce complot domestique ; mais le monde a tant d'intérêt à les démentir, à se dire calomnié ; puis ces magnifiques drames se jouent si naturellement, avec un vernis de si bon goût, que souvent j'ai besoin d'éclaircir le verre de ma lorgnette pour voir le fond des choses. Mais, je te le répète, quand un homme est de mes amis, quand nous avons reçu ensemble le baptême du vin de Champagne, communié ensemble à l'autel de la Vénus Commode, quand nous nous sommes fait confirmer par les doigts crochus du Jeu, et que mon ami se trouve dans une position fausse, je briserai vingt familles pour le remettre droit. Tu dois bien voir ici que je t'aime ; ai-je jamais, à ta connaissance, écrit des lettres aussi longues que l'est celle-ci ? Lis donc avec attention ce qu'il me reste à te dire.

Hélas ! Paul, il faut bien se livrer à l'écriture, je dois m'habituer à minuter des dépêches. J'aborde la politique. Je veux avoir dans cinq ans un portefeuille de ministre ou de quelque ambassade d'où je puisse remuer les affaires publiques à ma fantaisie. Il vient un âge où la plus belle maîtresse que puisse servir un homme est sa nation. Je me mets dans les rangs de ceux qui renversent le système aussi bien que le ministère actuel. Enfin je vogue dans les eaux d'un certain prince qui n'est manchot que du pied, et que je regarde comme un politique de génie dont le nom grandira dans l'histoire ; un prince complet comme peut l'être un grand artiste. Nous sommes Ronquerolles, Montriveau, les Grandlieu, La Roche-Hugon, Serizy, Féraud et Graville, tous alliés contre le parti-prêtre, comme dit ingénieusement le parti-niais représenté par *le Constitutionnel*. Nous voulons renverser les deux Vandenesse, les ducs de Lenoncourt, de Navareins, de Langeais et la Grande-Aumônerie. Pour triompher, nous irons jusqu'à nous réunir à La Fayette, aux Orléanistes, à la Gauche, gens à égorger le lendemain de la victoire, car tout gouvernement est impossible avec leurs principes. Nous sommes capables de tout pour le bonheur du pays et pour le nôtre. Les questions personnelles en fait de roi sont aujourd'hui des sottisses sentimentales, il faut en déblayer la politique. Sous ce rapport, les Anglais avec leur façon de doge sont plus avancés que nous ne le sommes. La politique n'est plus là, mon cher. Elle est dans l'impulsion à donner à la nation en créant une oligarchie où demeure une pensée fixe de gouvernement et qui dirige les affaires publiques dans une voie droite, au lieu de laisser tirailler le pays en mille sens différents, comme nous l'avons été depuis quarante ans dans cette belle France, si intelligente et si niaise, si folle et si sage, à laquelle il faudrait un système plutôt que des hommes. Que sont les personnes dans cette belle question? Si le but est grand, si elle vit plus heureuse et sans troubles, qu'importe à la masse les profits de notre gérance, notre fortune, nos priviléges et nos plaisirs? Je suis maintenant carré par ma base. J'ai aujourd'hui cent cinquante mille livres de rente dans le trois pour cent, et une réserve de deux cent mille francs pour parer à des pertes. Ceci me semble encore peu de chose dans la poche d'un homme qui part du pied gauche pour escalader le pouvoir. Un événement heureux a décidé mon entrée dans cette carrière qui me souriait peu; car tu sais combien j'aime la vie orientale. Après trente-cinq ans de sommeil, ma très-honorée mère s'est réveillée en se souvenant qu'elle avait un fils qui lui faisait honneur. Souvent, quand on arrache un plant de vignes, à quelques années de là certains ceps reparaissent à fleur de terre; eh! bien, mon cher, quoique ma mère m'eût presque arraché de son cœur, j'ai repoussé dans sa tête. A cinquante-huit ans, elle se trouve assez vieillie pour ne plus pouvoir penser à un autre homme qu'à son fils. En ces circonstances, elle a rencontré, dans je ne sais quelle bouilloire d'eau thermale, une délicieuse vieille fille anglaise, riche de deux cent quarante mille livres de rente, à laquelle, en bonne mère, elle a inspiré l'audacieuse ambition de devenir ma femme. Une fille de trente-six ans, ma foi! élevée dans les meilleurs principes puritains, une vraie couveuse qui soutient que les femmes adultères devraient être brûlées publiquement. — Où prendrait-on du bois? lui ai-je dit. Je l'aurais bien envoyée à tous les diables, attendu que deux cent quarante mille livres de rente ne sont pas l'équivalent de ma liberté, de ma valeur physique ou morale ni de mon avenir. Mais elle est seule et unique héritière d'un vieux podagre, quelque brasseur de Londres qui, dans un délai calculable, doit lui laisser une fortune au moins égale à celle dont est déjà douée la mignonne. Outre ces avantages, elle a le nez rouge, des yeux de chèvre morte, une taille qui me fait craindre qu'elle ne se casse en trois morceaux si elle tombe; elle a l'air d'une poupée mal coloriée; mais elle est d'une économie ravissante; mais elle adorera son mari quand même; mais elle a le génie anglais; elle me tiendra mon hôtel, mes écuries, ma maison, mes terres, mieux que ne le ferait un intendant. Elle a toute la dignité de la vertu; elle se tient droite comme une confidente du Théâtre-Français; rien ne m'ôterait l'idée qu'elle a été empalée et que le pal s'est brisé dans son corps. Miss Stevens est d'ailleurs assez blanche pour n'être pas trop désagréable à épouser quand il le faudra absolument. Mais, et ceci m'affecte! elle a les mains d'une fille vertueuse comme l'arche sainte; elles sont si rougeaudes que je n'ai pas encore imaginé le moyen de les lui blanchir sans trop de frais, et je ne sais comment lui en effiler les doigts qui ressemblent à des boudins. Oh! elle tient évidemment au brasseur par ses mains et à l'aristocratie par son argent; mais elle affecte un peu trop les grandes manières comme les riches Anglaises qui veulent se faire prendre pour des ladies, et ne cache pas assez ses pattes de homard. Elle a d'ailleurs aussi peu d'intelligence que j'en veux chez une femme. S'il en existait une plus bête, je me mettrais en route pour l'aller chercher. Jamais cette fille, qui se nomme Dinah, ne me jugera; jamais elle ne me contrariera; je serai sa chambre haute, son lord, ses communes. Enfin, Paul, cette fille est une preuve irrécusable du génie anglais; elle offre un produit de la mécanique anglaise arrivée à son dernier degré de perfectionnement; elle a certainement été fabriquée à Manchester entre l'attelier des plumes Perry et celui des machines à vapeur. Ça mange, ça marche, ça boit, ça pourra faire des enfants, les soigner, les élever admirablement, et ça joue la femme à croire que c'en est une. Quand ma mère nous a présentés l'un à l'autre, elle avait si bien monté la machine, elle en avait si bien repassé les chevilles, tant mis l'huile dans les rouages, que rien n'a crié; puis, quand elle a vu que je ne faisais pas trop la grimace, elle a lâché les derniers ressorts, cette fille a parlé! Enfin ma mère a lâché aussi le dernier mot. Miss Dinah Stevens ne dépense que trente mille francs par an, et voyage par économie depuis sept ans. Il existe donc un second magot, et en argent. Les affaires sont tellement avancées que les publications sont à terme.

Nous en sommes à *my dear love*. Miss me fait des yeux à renverser un portefaix. Les arrangements sont pris : il n'est point question de ma fortune, miss Stevens consacre une partie de la sienne à un majorat en fonds de terre, d'un revenu de deux cent quarante mille francs, et à l'achat d'un hôtel qui en dépendra ; la dot avérée dont je serai responsable est d'un million. Elle n'a pas à se plaindre, je lui laisse intégralement son oncle. Le bon brasseur, qui a contribué d'ailleurs au majorat, a failli crever de joie en apprenant que sa nièce devenait marquise. Il est capable de faire un sacrifice pour mon aîné. Je retirerai ma fortune des fonds publics aussitôt qu'ils atteindront quatre-vingts, et je placerai tout en terres. Dans deux ans, je puis avoir quatre cent mille livres en revenus territoriaux. Une fois le brasseur en bière, je puis compter sur six cent mille livres de rente. Tu le vois, Paul, je ne donne à mes amis que les conseils dont je fais usage pour moi-même. Si tu m'avais écouté, tu aurais une Anglaise, quelque fille de Nabab qui te laisserait l'indépendance du garçon et la liberté nécessaire pour jouer le whist de l'ambition. Je te céderais ma future femme si tu n'étais pas marié. Mais il n'en est pas ainsi. Je ne suis pas homme à te faire remâcher ton passé. Ce préambule était nécessaire pour t'expliquer que je vais avoir l'existence nécessaire à ceux qui veulent jouer le grand jeu d'onchets. Je ne te faudrai point mon ami. Au lieu d'aller te mariner dans les Indes, il est beaucoup plus simple de naviguer de conserve avec moi dans les eaux de la Seine. Crois-moi ! Paris est encore le pays d'où sourd le plus abondamment la fortune. Le Potose est situé rue Vivienne ou rue de la Paix, à la place Vendôme, ou de Rivoli. En toute autre contrée, des œuvres matérielles, des sueurs de commissionnaire, des marches et des contre-marches sont nécessaires à l'édification d'une fortune ; mais ici les pensées suffisent. Ici tout homme, même médiocrement spirituel, aperçoit une mine d'or en mettant ses pantoufles, en se curant les dents après dîner, en se couchant, en se levant. Trouve un lieu du monde où une bonne idée, bien bête, rapporte davantage et soit plus tôt comprise ? Si j'arrive en haut de l'échelle, crois-tu que je sois homme à te refuser une poignée de main, un mot, une signature ? Ne nous faut-il pas, à nous autres jeunes roués, un ami sur lequel nous puissions compter, quand ce ne serait que pour le compromettre en notre lieu et place, pour l'envoyer mourir comme simple soldat afin de sauver le général ? La politique est impossible sans un homme d'honneur avec qui l'on puisse tout dire et tout faire. Voici donc ce que je te conseille. Laisse partir *la Belle-Amélie*, reviens ici comme la foudre, je te ménagerai un duel avec Félix de Vandenesse où tu tireras le premier, et tu me l'abattras comme un pigeon. En France, le mari insulté qui tue son rival devient un homme respectable et respecté. Personne ne s'en moque. La peur, mon cher, est un élément social, un moyen de succès pour ceux qui ne baissent les yeux sous le regard de personne. Moi qui me soucie de vivre comme de boire une tasse de lait d'ânesse et qui n'ai jamais senti l'émotion de la peur, j'ai remarqué, mon cher, les étranges effets produits par ce sentiment dans nos mœurs modernes. Les uns tremblent de perdre les jouissances auxquelles ils se sont acoquinés ; les autres tremblent de quitter une femme. Les mœurs aventureuses d'autrefois, où l'on jetait la vie comme un chausson, n'existent plus ! La bravoure de beaucoup de gens est un calcul habilement fait sur la peur qui saisit leur adversaire. Les Polonais se battent seuls en Europe pour le plaisir de se battre, ils cultivent encore l'art pour l'art et non par spéculation. Tue Vandenesse, et ta femme tremble, et ta belle-mère tremble, et le public tremble, et tu te réhabilites, et tu publies ta passion insensée pour ta femme, et l'on te croit, et tu deviens un héros. Telle est la France. Je ne suis pas à cent mille francs près avec toi ; tu payeras tes principales dettes ; tu arrêteras ta ruine en vendant tes propriétés à réméré, car tu auras promptement une position qui te permettra de rembourser avant terme tes créanciers. Puis, une fois éclairé sur le caractère de ta femme, tu la domineras par une seule parole. En l'aimant tu ne pouvais pas lutter avec elle ; mais, en ne l'aimant plus, tu auras une force indomptable. Je t'aurai rendu ta belle-mère souple comme un gant ; car il s'agit de te retrouver avec les cent cinquante mille livres de rentes que ces deux femmes se sont ménagées. Ainsi renonce à l'expatriation qui me paraît le réchaud de charbon des gens de tête. T'en aller n'est-ce pas donner gain de cause aux calomnies? Le joueur qui va chercher son argent pour revenir au jeu perd tout. Il faut avoir son or en poche. Tu me fais l'effet d'aller chercher des troupes fraîches aux Indes. Mauvais ! Nous sommes deux joueurs au grand tapis vert de la politique ; entre nous le prêt est de rigueur. Ainsi, prends des chevaux de poste, arrive à Paris et recommence la partie ; tu la gagneras avec Henri de Marsay pour partner, car Henri de Marsay sait vouloir et sait frapper. Vois où nous en sommes. Mon vrai père fait partie du ministère anglais. Nous aurons des intelligences en Espagne par les Évangélista; car une fois que nous aurons mesuré nos griffes, ta belle-mère et moi, nous verrons qu'il n'y a rien à gagner quand on se trouve diable contre diable. Montriveau, mon cher, est lieutenant-général; il sera certes un jour ministre de la guerre, car son éloquence lui donne un grand ascendant sur la chambre. Voici Ronquerolles ministre d'état et du conseil privé. Martial de La Roche-Hugon est ambassadeur, il nous apporte en dot le maréchal duc de Carigliano et tout le croupion de l'empire qui s'est soudé si bêtement à l'échine de la restauration. Serizy mène le conseil d'état où il est indispensable. Granville tient la magistrature à laquelle appartiennent ses deux fils; les Grandlieu sont admirablement bien en cour; Féraud est l'âme de la coterie Gondreville, bas intrigants qui sont toujours en haut, je ne sais pourquoi. Appuyés ainsi, qu'avons-nous à craindre? Nous avons un pied dans toutes les capitales, un œil dans tous les cabinets, et nous enveloppons l'administration sans qu'elle s'en doute. La question argent n'est-elle pas une misère, un rien dans ces grands rouages préparés? Qu'est surtout une femme? resteras-tu donc toujours lycéen? Qu'est la vie, mon cher, quand une femme est toute la vie? une galère dont on n'a pas le commandement, qui obéit à une boussole folle, mais non sans aimant, que régissent des vents contraires et où l'homme est un vrai galérien qui exécute non-seulement la loi, mais encore celle qu'improvise l'argousin, sans vengeance possible. Pouah! Je comprends que par passion, ou pour le plaisir que l'on éprouve à transmettre sa force à des mains blanches, on obéisse à une femme; mais obéir à Médor?... dans ce cas, je brise Angélique. Le grand secret de l'alchimie sociale, mon cher, est de tirer tout le parti possible de chacun des âges par lesquels nous passons, d'avoir toutes ses feuilles au printemps, toutes ses fleurs en été, tous les fruits en automne. Nous nous sommes amusés, quelques bons vivants et moi, comme des mousquetaires noirs, gris et rouges, pendant douze années, ne nous refusant rien, pas même une entreprise de flibustier par ci par là; maintenant nous allons nous mettre à secouer les prunes mûres dans l'âge où l'expérience a doré les moissons. Viens avec nous, tu auras ta part dans le *pudding* que nous allons cuisiner. Arrive, et tu trouveras un ami tout à toi dans la peau de   HENRI DE M.

Au moment où Paul de Manerville achevait cette lettre dont chaque phrase était comme un coup de marteau donné sur l'édifice de ses espérances, de ses illusions, de son amour, il se trouvait au delà des Açores. Au milieu de ces décombres, il fut saisi par une rage froide, une rage impuissante.

— Que leur ai-je fait? se demanda-t-il. Le mot des niais, le mot des gens faibles qui ne savent rien voir et ne peuvent rien prévoir. Il cria : — Henri, Henri ! à l'ami fidèle. Bien des gens seraient devenus fous ; Paul alla se coucher, il dormit de ce profond sommeil qui suit les immenses désastres, et qui saisit Napoléon après la bataille de Waterloo.

Paris, septembre-octobre 1835.

FIN.

Au moment où FANNY vit le baron endormi, elle
cessa la lecture du journal.

(BÉATRIX.)

BÉATRIX.

A SARAH,

Par un temps pur, aux rives de la Méditerranée où s'étendait jadis l'élégant empire de votre nom, parfois la mer laisse voir sous la gaze de ses eaux une fleur marine, chef-d'œuvre de la nature : la dentelle de ses filets teints de pourpre, de bistre, de rose, de violet ou d'or, la fraîcheur de ses filigranes vivants, le velours du tissu, tout se flétrit dès que la curiosité l'attire et l'expose sur la grève. De même le soleil de la publicité offenserait votre pieuse modestie. Aussi dois-je, en vous dédiant cette œuvre, taire un nom qui certes en serait l'orgueil ; mais, à la faveur de ce demi-silence, vos magnifiques mains pourront la bénir, votre front sublime pourra s'y pencher en rêvant, vos yeux, pleins d'amour maternel, pourront lui sourire, car vous serez ici tout à la fois présente et voilée. Comme cette perle de la Flore marine, vous resterez sur le sable uni, fin et blanc où s'épanouit votre belle vie, cachée par une onde, diaphane seulement pour quelques yeux amis et discrets.

J'aurais voulu mettre à vos pieds une œuvre en harmonie avec vos perfections ; mais si c'était chose impossible, je savais, comme consolation, répondre à l'un de vos instincts en vous offrant quelque chose à protéger.

DE BALZAC.

PREMIÈRE PARTIE.

La France, et la Bretagne particulièrement, possède encore aujourd'hui quelques villes complétement en dehors du mouvement social qui donne au dix-neuvième siècle sa physionomie. Faute de communications vives et soutenues avec Paris, à peine liées par un mauvais chemin avec la sous-préfecture ou le chef-lieu dont elles dépendent, ces villes entendent ou regardent passer la civilisation nouvelle comme un spectacle, elles s'en étonnent sans y applaudir ; et, soit qu'elles la craignent ou s'en moquent, elles sont fidèles aux vieilles mœurs dont l'empreinte leur est restée. Qui voudrait voyager en archéologue moral et observer les hommes au lieu d'observer les pierres, pourrait retrouver une image du siècle de Louis XV dans quelque village de la Provence, celle du siècle de Louis XIV au fond du Poitou, celle de siècles encore plus anciens au fond de la Bretagne. La plupart de ces villes sont déchues de quelque splendeur dont ne parlent point les historiens, plus occupés des faits et des dates que des mœurs, mais dont le souvenir vit encore dans la mémoire, comme en Bretagne, où le caractère national admet peu l'oubli de ce qui touche au pays. Beaucoup de ces villes ont été les capitales d'un petit état féodal, comté, duché conquis par la Couronne ou partagés par des héritiers faute d'une lignée masculine. Déshéritées de leur activité, ces têtes sont dès lors devenues des bras. Le bras, privé d'aliments, se dessèche et végète. Cependant, depuis trente ans, ces portraits des anciens âges commencent à s'effacer et deviennent rares. En travaillant pour les masses, l'Industrie moderne va détruisant les créations de l'Art antique dont les travaux étaient tout personnels au consommateur comme à l'artisan. Nous avons des *produits*, nous n'avons plus d'*œuvres*. Les monuments sont pour la moitié dans ces phénomènes de rétrospection. Or pour l'industrie, les monuments sont des carrières de moellons, des mines à salpêtre ou des magasins à coton. Encore quelques années, ces cités originales seront transformées et ne se verront plus que dans cette iconographie littéraire.

Une des villes où se retrouve le plus correctement la physionomie des siècles féodaux est Guérande. Ce nom seul réveillera mille souvenirs dans la mémoire des peintres, des artistes, des penseurs qui peuvent être allés jusqu'à la côte où gît ce magnifique joyau de féodalité, si fièrement posé pour commander les relais de la mer et les dunes, et qui est comme le sommet d'un triangle aux coins duquel se trouvent deux autres bijoux non moins curieux, le Croisic et le bourg de Batz. Après Guérande, il n'est plus que Vitré situé au centre de la Bretagne, Avignon dans le midi, qui conservent au milieu de notre époque leur intacte configuration du moyen âge. Encore aujourd'hui, Guérande est enceinte de ses puissantes murailles : ses larges douves sont pleines d'eau, ses créneaux sont entiers, ses meurtrières ne sont pas encombrées d'arbustes, le lierre n'a pas jeté de manteau sur ses tours carrées ou rondes. Elle a trois portes où se voient les anneaux des herses, vous n'y entrez qu'en passant sur un pont-levis de bois ferré qui ne se relève plus, mais qui pourrait encore se lever. La Mairie a été blâmée d'avoir, en 1820, planté des peupliers le long des douves pour y ombrager la promenade. Elle a répondu que, depuis cent ans, du côté des dunes, la longue et belle esplanade des fortifications qui semblent achevées d'hier avait été convertie en un mail, ombragé d'ormes sous lesquels se plaisent les habitants. Là, les maisons n'ont point subi de changement, elle n'ont ni augmenté ni diminué. Nulle d'elles n'a senti sur sa façade le marteau de l'architecte, le pinceau du badigeonneur, ni faibli sous le poids d'un étage ajouté. Toutes ont leur caractère primitif. Quelques-unes reposent sur des piliers de bois qui forment des galeries sous lesquelles les passants circulent, et dont les planchers plient sans rompre. Les maisons des marchands sont petites et basses, à façades couvertes en ardoises clouées. Les bois maintenant pourris sont entrés pour beaucoup dans les matériaux sculptés aux fenêtres ; et aux appuis, ils s'avancent au-dessus des piliers en visages grotesques, ils s'allongent en forme de bêtes fantastiques aux angles, animés par la grande pensée de l'art, qui, dans ce temps, donnait la vie à la nature morte. Ces vieilleries, qui résistent à tout, présentent aux peintres les tons bruns et les figures effacées que leur brosse affectionne. Les rues sont ce qu'elles étaient il y a quatre cents ans. Seulement, comme la population n'y abonde plus, comme le mouvement social y est moins vif, un voyageur curieux d'examiner cette ville, aussi belle qu'une antique armure complète, pourra suivre non sans mélancolie une rue presque déserte où les croisées de pierre sont bouchées en pisé pour éviter l'impôt. Cette rue aboutit à une poterne condamnée par un mur en maçonnerie, et au-dessus de laquelle croît un bouquet d'arbres élégamment posé par les mains de la nature bretonne, l'une des plus luxuriantes, des plus plantureuses végétations de la France. Un peintre, un poète resteront assis occupés à savourer le silence profond qui règne sous la voûte encore neuve de cette poterne, où la vie de cette cité paisible n'envoie aucun bruit, où la riche campagne apparaît dans toute sa magnificence à travers les meurtrières occupées jadis par les archers, les arbalétiers, et qui ressemblent aux vitraux à points de vue ménagés dans quelque belvédère. Il est impossible de se promener là sans penser à chaque pas aux usages, aux mœurs des temps passés : toutes les pierres vous en parlent ; enfin les idées du moyen âge y sont encore à l'état de superstition. Si, par hasard, il passe un gendarme à chapeau bordé, sa présence est un anachronisme contre lequel votre pensée proteste ; mais rien n'est plus rare que d'y rencontrer un être ou une chose du temps présent. Il y a même peu de chose du vêtement actuel : ce que les habitants en admettent s'approprie en quelque sorte à leurs mœurs immobiles, à leur physionomie stationnaire. La place publique est pleine de costumes bretons que viennent dessiner les artistes et qui ont un relief incroyable. La blancheur des toiles que portent les *Paludiers*, nom des gens qui cultivent le sel dans les marais salants, contraste vigoureusement avec les couleurs bleues et brunes des *Paysans*, avec les parures originales et saintement conservées des femmes. Ces deux classes et celle des marins à jaquette, à petit chapeau de cuir verni, sont aussi distinctes entre elles que les castes de l'Inde, et reconnaissent encore les distances qui séparent la bourgeoisie, la noblesse et le clergé. Là tout est encore tranché ; là le niveau révolutionnaire a trouvé les masses trop raboteuses et trop dures pour y passer : il s'y serait ébréché, sinon brisé. Le caractère d'immuabilité que la nature a donné à ses espèces zoologiques se retrouve là chez les hommes. Enfin, même après la révolution de 1830, Guérande est encore une ville à part, essentiellement bretonne, catholique fervente, silencieuse, recueillie, où les idées nouvelles ont peu d'accès.

La position géographique explique ce phénomène. Cette jolie cité commande des marais salants dont le sel se nomme, dans toute la Bretagne, sel de Guérande, et auquel beaucoup de Bretons attribuent la bonté de leur beurre et des sardines. Elle ne se relie à la France moderne que par deux chemins, celui qui mène à Savenay, l'arrondissement dont elle dépend, et qui passe à Saint-Nazaire ; celui qui mène à Vannes et qui la rattache au Morbihan. Le chemin de l'arrondissement établit la communication par terre, et Saint-Nazaire, la communication maritime avec Nantes. Le chemin par terre n'est fréquenté que par l'administration. La voie la plus rapide, la plus usitée, est celle de Saint-Nazaire. Or, entre ce bourg et Guérande, il se trouve une distance d'au moins six lieues que la poste ne dessert pas, et pour cause : il n'y a pas trois voyageurs à voiture par année. Saint-Nazaire est séparé de Paimbœuf par l'embouchure de la Loire, qui a quatre lieues de largeur. La barre de la Loire rend assez capricieuse la navigation des bateaux à vapeur ; mais pour surcroît d'empêchements, il n'existait pas de débarcadère en 1829 à la pointe de Saint-Nazaire, et cet endroit était orné des roches gluantes, des rescifs granitiques, des pierres colossales qui servent de fortifications naturelles à sa pittoresque église et qui forçaient les voyageurs à se jeter dans des barques avec leurs paquets quand la mer était agitée, ou, quand il faisait beau, d'aller à travers les écueils jusqu'à la jetée que le génie construisait alors. Ces obstacles, peu faits pour encourager les amateurs, existent peut-être encore. D'abord, l'administration est lente dans ses œuvres; puis, les habitants de ce territoire, que vous verrez découpé comme une dent sur la carte de France et compris entre Saint-Nazaire, le bourg de Batz et le Croisic, s'accommodent assez de ces difficultés qui défendent l'approche de leur pays aux étrangers. Jetée au bout du continent, Guérande ne mène donc à rien, et personne ne vient à elle. Heureuse d'être ignorée, elle ne se soucie que d'elle-même. Le mouvement des produits immenses des marais salants, qui ne paient pas moins d'un million au fisc, est au Croisic, ville péninsulaire dont les communications avec Guérande sont établies sur des sables mouvants où s'efface pendant la nuit le chemin tracé le jour, et par des barques indispensables pour traverser le bras de mer qui sert de port au Croisic, et qui a fait irruption dans les sables. Cette charmante petite ville est donc l'Herculanum de la Féodalité, moins le linceul de lave. Elle est debout sans vivre, elle n'a point d'autres raisons d'être que de n'avoir pas été démolie. Si vous arrivez à Guérande par le Croisic, après avoir traversé le paysage des marais salants, vous éprouverez une vive émotion à la vue de cette immense fortification encore toute neuve. Le pittoresque de sa position et les grâces naïves de ses environs quand on y arrive par Saint-Nazaire ne séduisent pas moins. A l'entour, le pays est ravissant, les haies sont pleines de fleurs, de chèvrefeuilles, de buis, de rosiers, de belles plantes. Vous diriez d'un jardin anglais dessiné par un grand artiste. Cette riche nature, si coite, si peu pratiquée et qui offre la grâce d'un bouquet de violettes de muguet dans un fourré de forêt, a pour cadre un désert d'Afrique bordé par l'Océan, mais un désert sans un arbre, sans une herbe, sans un oiseau, où, par les jours de soleil, les paludiers, vêtus de blanc et clair-semés dans les tristes marécages où se cultive le sel, font croire à des Arabes couverts de leurs beurnous. Aussi Guérande, avec son joli paysage en terre ferme, avec son désert, borné à droite par le Croisic, à gauche par le bourg de Batz, ne ressemble-t-elle à rien de ce que les voyageurs voient en France. Ces deux natures si opposées, unies par la dernière image de la vie féodale, ont je ne sais quoi de saisissant. La ville produit sur l'âme l'effet que produit un calmant sur le corps, elle est silencieuse autant que Venise. Il n'y a pas d'autre voiture publique que celle d'un messager qui conduit dans une patache les voyageurs, les marchandises et peut-être les lettres de Saint-Nazaire à Guérande, et réciproquement. Bernus le voiturier était, en 1829, le factotum de cette grande communauté. Il va comme il veut, tout le pays le connaît, il fait les commissions de chacun. L'arrivée d'une voiture, soit quelque femme qui passe à Guérande par la voie de terre pour gagner le Croisic, soit quelques vieux malades qui vont prendre les bains de mer, lesquels dans les roches de cette presqu'île ont des vertus supérieures à ceux de Boulogne, de Dieppe et des Sables, est un immense événement. Les paysans y viennent à cheval, la plupart apportent les denrées dans des sacs. Ils y sont conduits surtout, de même que les paludiers, par la nécessité d'y acheter les bijoux particuliers à leur caste, et qui se donnent à toutes les fiancées bretonnes, ainsi que la toile blanche ou le drap de leurs costumes. A dix lieues à la ronde, Guérande est toujours Guérande, la ville illustre où se signa le traité fameux dans l'histoire, la clef de la côte, et qui accuse, non moins que le bourg de Batz, une splendeur aujourd'hui perdue dans la nuit des temps. Les bijoux, le drap, la toile, les rubans, les chapeaux se font ailleurs; mais ils sont de Guérande pour tous les consommateurs. Tout artiste, tout bourgeois même, qui passent à Guérande, y éprouvent, comme ceux qui séjournent à Venise, un désir bientôt oublié d'y finir leurs jours dans la paix, dans le silence, en se promenant par les beaux temps sur le mail qui enveloppe la ville du côté de la mer, d'une porte à l'autre. Parfois l'image de cette ville revient frapper au temple du souvenir : elle entre coiffée de ses tours, parée de sa ceinture; elle déploie sa robe semée de ses belles fleurs, secoue le manteau d'or de ses dunes, exhale les senteurs enivrantes de ses jolis chemins épineux et pleins de bouquets noués au hasard; elle vous occupe et vous appelle comme une femme divine que vous avez entrevue dans un pays étrange et qui s'est logée dans un coin du cœur.

Auprès de l'église de Guérande se voit une maison qui est dans la ville ce que la ville est dans le pays, une image exacte du passé, le symbole d'une grande chose détruite, une poésie. Cette maison appartient à la plus noble famille du pays, aux du Guaisnic, qui, du temps des du Guesclin, leur étaient aussi supérieurs en fortune et en antiquité que les Troyens l'étaient aux Romains. Les *Guaisqlain* (également orthographié jadis *du Glaicquin*), dont on a fait Guesclin, sont issus des Guaisnic. Vieux comme le granit de la Bretagne, les Guaisnic ne sont ni Francs ni Gaulois, ils sont Bretons, ou pour être plus exact, Celtes. Ils ont dû jadis être druides, avoir cueilli le gui des forêts sacrées et sacrifié des hommes sur les dolmen. Il est inutile de dire ce qu'ils furent. Aujourd'hui cette race, égale aux Rohan sans avoir daigné se faire princière, qui existait puissante avant qu'il ne fût question des ancêtres de Hugues-Capet, cette famille, pure de tout alliage, possède environ deux mille livres de rente, sa maison de Guérande et son petit castel du Guaisnic. Toutes les terres qui dépendent de la baronnie du Guaisnic, la première de Bretagne, sont engagées aux fermiers, et rapportent environ soixante mille livres, malgré l'imperfection des cultures. Les du Guaisnic sont d'ailleurs toujours propriétaires de leurs terres; mais, comme ils n'en peuvent rendre le capital, consigné depuis deux cents ans entre leurs mains par les tenanciers actuels, ils n'en touchent point les revenus. Ils sont dans la situation de la couronne de France avec ses *engagistes* avant 1789. Où et quand les barons trouveront-ils le million que leurs fermiers leur ont remis? Avant 1789 la mouvance des fiefs soumis au castel du Guaisnic, perché sur une colline, valait encore cinquante mille livres; mais en un vote l'Assemblée nationale supprima l'impôt des lods et ventes perçus par les seigneurs. Dans cette situation, cette famille, qui n'est plus rien pour personne en France, serait un sujet de moquerie à Paris : elle est toute la Bretagne à Guérande. A Guérande, le baron de Guaisnic est un des grands barons de France, un des hommes au-dessus desquels il n'est qu'un seul homme, le roi de France, jadis élu pour chef. Aujourd'hui le nom de du Guaisnic, plein de signifiances bretonnes et dont les racines sont d'ailleurs expliquées dans *les Chouans ou la Bretagne en* 1800, a subi l'altération qui défigure celui de du Guaisqlain. Le percepteur des contributions écrit, comme tout le monde, Guénic.

Au bout d'une ruelle silencieuse, humide et sombre, formée par les murailles à pignon des maisons voisines, se voit le cintre d'une porte bâtarde assez large et assez haute pour le passage d'un cavalier, circonstance qui déjà vous annonce qu'au temps où cette construction fut terminée les voitures n'existaient pas. Ce cintre, supporté par deux jambages, est tout en granit. La porte, en chêne fendillé comme l'écorce des arbres qui fournirent le bois, est pleine de clous énormes, lesquels dessinent des figures géométriques. Le cintre est creux. Il offre l'écusson des du Guaisnic aussi net, aussi propre que si le sculpteur venait de l'achever Cet écu ravirait un amateur de l'art héraldique par une simplicité qui prouve la fierté, l'antiquité de la famille. Il est comme au jour où les croisés du monde chrétien inventèrent ces symboles pour se reconnaître, les Guaisnic ne l'ont jamais écartelé, il est toujours semblable à lui-même, comme celui de la maison de France, que les connaisseurs retrouvent en abîme ou écartelé, semé dans les armes des plus vieilles familles. Le voici tel que vous pouvez encore le voir à Guérande : *de gueules à la main au naturel gonfalonnée d'hermine, à l'épée d'argent en pal*, avec ce terrible mot pour devise : FAC ! N'est-ce pas une grande et belle chose ? Le tortil de la couronne baronniale surmonte ce simple écu dont les lignes verticales, employées en sculpture pour représenter les gueules, brillent encore. L'artiste a donné je ne sais quelle tournure fière et chevaleresque à la main. Avec quel nerf elle tient cette épée dont s'est encore servie hier la famille ! En vérité, si vous alliez à Guérande après avoir lu cette histoire, il vous serait impossible de ne pas tressaillir en voyant ce blason. Oui, le républicain le plus absolu serait attendri par la fidélité, par la noblesse et la grandeur cachées au fond de cette ruelle. Les du Guaisnic ont bien fait hier, ils sont prêts à bien faire demain. Faire est le grand mot de la chevalerie. — Tu as bien fait à la bataille disait toujours le connétable par excellence, ce grand du Guesclin, qui mit pour un temps l'Anglais hors de France. La profondeur de la sculpture, préservée de toute intempérie par la forte marge que produit la saillie ronde du cintre, est en harmonie avec la profondeur morale de la devise dans l'âme de cette famille. Pour qui connaît les du Guaisnic, cette particularité devient touchante. La porte ouverte laisse voir une cour assez vaste, à droite de laquelle sont les écuries, à gauche la cuisine. L'hôtel est en pierre de taille depuis les caves jusqu'au grenier. La façade sur la cour est ornée d'un perron à double rampe dont la tribune est couverte de vestiges de sculptures effacées par le temps, mais où l'œil de l'antiquaire distinguerait encore au centre les masses principales de la main tenant l'épée. Sous cette jolie tribune, encadrée par des nervures cassées en quelques endroits et comme vernie par l'usage à quelques places, est une petite loge autrefois occupée par un chien de garde. Les rampes en pierre sont disjointes : il y pousse des herbes, quelques petites fleurs et des mousses aux fentes, comme dans les marches de l'escalier, que les siècles ont déplacées sans leur ôter de la solidité. La porte dut être d'un joli caractère. Autant que le reste des dessins permet d'en juger, elle fut travaillée par un artiste élevé dans la grande école vénitienne du treizième siècle. On y retrouve je ne sais quel mélange du byzantin et du moresque. Elle est couronnée par une saillie circulaire chargée de végétation, un bouquet rose, jaune, brun ou bleu, selon les saisons. La porte, en chêne clouté, donne entrée dans une vaste salle, au bout de laquelle est une autre porte avec un perron pareil qui descend au jardin. Cette salle est merveilleuse de conservation. Ses boiseries à hauteur d'appui sont en châtaignier. Un magnifique cuir espagnol, animé de figures en relief, mais où les dorures sont émiettées et rougies, couvre les murs. Le plafond est composé de planches artistement jointes, peintes et dorées. L'or s'y voit à peine ; il est dans le même état que celui du cuir de Cordoue ; mais on peut encore apercevoir quelques fleurs rouges et quelques feuillages verts. Il est à croire qu'un nettoyage ferait reparaître des peintures semblables à celles qui décorent les planchers de la maison de Tristan à Tours, et qui prouveraient que ces planchers ont été refaits ou restaurés sous le règne de Louis XI. La cheminée est énorme, en pierre sculptée, munie de chenets gigantesques en fer forgé d'un travail précieux. Il y tiendrait une voie de bois. Les meubles de cette salle sont tous en bois de chêne et portent au-dessus de leurs dossiers l'écusson de la famille. Il y a trois fusils anglais également bons pour la chasse et pour la guerre, trois sabres, deux carniers, les ustensiles du chasseur et du pêcheur accrochés à des clous.

A côté se trouve une salle à manger qui communique avec l cuisine par une porte pratiquée dans une tourelle d'angle. Cette tou relle correspond, dans le dessin de la façade sur la cour, à un autre collée à l'autre angle et où se trouve un escalier en colimaçon qui monte aux deux étages supérieurs. La salle à manger est tendue de tapisseries qui remontent au quatorzième siècle, le style et l'orthographe des inscriptions écrites dans les banderoles sous chaque personnage en font foi ; mais, comme elles sont dans le langage naïf des fabliaux, il est impossible de les transcrire aujourd'hui. Ces tapisseries, bien conservées dans les endroits où la lumière a peu pénétré, sont encadrées de bandes en chêne sculpté, devenu noir comme l'ébène. Le plafond est à solives saillantes enrichies de feuillages différents à chaque solive ; les entre-deux sont couverts d'une planche peinte où court une guirlande de fleurs en or sur fond bleu. Deux vieux dressoirs à buffets sont en face l'un de l'autre. Sur leurs planches, frottées avec une obstination bretonne par Mariotte, la cuisinière, se voient, comme au temps où les rois étaient tout aussi pauvres en 1200 que les du Guaisnic en 1830, quatre vieux gobelets, une vieille soupière bosselée et deux salières en argent ; puis force assiettes d'étain, force pots en grès bleu et gris, à dessins arabesques et aux armes des du Guaisnic, recouverts d'un couvercle à charnières en étain. La cheminée a été modernisée. Son état prouve que la famille se tient dans cette pièce depuis le dernier siècle. Elle est en pierre sculptée dans le goût du siècle de Louis XV, ornée d'une glace encadrée dans un trumeau à baguettes perlées et dorées. Cette antithèse, indifférente à la famille, chagrinerait un poète. Sur la tablette, couverte de velours rouge, il y a au milieu un cartel en écaille incrusté de cuivre, et de chaque côté deux flambeaux d'argent d'un modèle étrange. Une large table carrée à colonnes torses occupe le milieu de cette salle. Les chaises sont en bois tourné, garnies de tapisseries. Sur une table ronde à un seul pied, figurant un cep de vigne et placée devant la croisée qui donne sur le jardin, se voit une lampe bizarre. Cette lampe consiste dans un globe de verre commun, un peu moins gros qu'un œuf d'autruche, fixé dans un chandelier par une queue de verre. Il sort d'un trou supérieur une mèche plate maintenue dans une espèce d'anche en cuivre, et dont la trame, pliée comme un tænia dans un bocal, boit l'huile de noix que contient le globe. La fenêtre qui donne sur le jardin, comme celle qui donne sur la cour, et toutes deux se correspondent, est croisée de pierres et à vitrages sexagones sertis en plomb, drapée de rideaux à baldaquins et à gros glands en une vieille étoffe de soie rouge à reflets jaunes, nommée jadis brocatelle ou petit brocart.

A chaque étage de la maison, qui en a deux, il ne se trouve que ces deux pièces. Le premier sert d'habitation au chef de la famille.

Le second était destiné jadis aux enfants. Les hôtes logeaient dans les chambres sous le toit. Les domestiques habitaient au-dessus des cuisines et des écuries. Le toit pointu, garni de plomb à ses angles, est percé sur la cour et sur le jardin d'une magnifique croisée en ogive, qui se lève presque aussi haut que le faîte, à consoles minces et fines dont les sculptures sont rongées par les vapeurs salines de l'atmosphère. Au-dessus du tympan brodé de cette croisée à quatre croisillons en pierre, grince encore la girouette du noble.

N'oublions pas un détail précieux et plein de naïveté qui n'est pas sans mérite aux yeux des archéologues. La tourelle, où tourne l'escalier, orne l'angle d'un grand mur à pignon dans lequel il n'existe aucune croisée. L'escalier descend par une petite porte en ogive jusque sur un terrain sablé qui sépare la maison du mur de clôture auquel sont adossées les écuries. Cette tourelle est répétée vers le jardin par une autre à cinq pans, terminée en cul-de-four, et qui supporte un clocheton, au lieu d'être coiffée, comme sa sœur, d'une poivrière. Voilà comment ces gracieux architectes savaient varier leur symétrie. A la hauteur du premier étage seulement, ces deux tourelles sont réunies par une galerie en pierre que soutiennent des espèces de proues à visages humains. Cette galerie extérieure est ornée d'une balustrade travaillée avec une élégance, avec une finesse merveilleuse. Puis, du haut du pignon, sous lequel il existe un seul croisillon oblong, pend un ornement en pierre représentant un dais semblable à ceux qui couronnent les statues des saints dans les portails d'église. Les deux tourelles sont percées d'une jolie porte à cintre aigu donnant sur cette terrasse. Tel est le parti que l'architecture du treizième siècle tirait de la muraille nue et froide que présente aujourd'hui le pan coupé d'une maison. Voyez-vous une femme se promenant au matin sur cette galerie et regardant par-dessus Guérande le soleil illuminer l'or des sables et miroiter la nappe de l'Océan? N'admirez-vous pas cette muraille à pointe fleuretée, meublée à ses deux angles de deux tourelles quasi cannelées, dont l'une est brusquement arrondie en nid d'hirondelle, et dont l'autre offre sa jolie porte à cintre gothique et décoré de la main tenant une épée? L'autre pignon de l'hôtel du Guaisnic tient à la maison voisine. L'harmonie que cherchaient si soigneusement les Maîtres de ce temps est conservée dans la façade de la cour par la tourelle semblable à celle où monte la *vis*, tel est le nom donné jadis à un escalier, et qui sert de communication entre la salle à manger et la cuisine ; mais elle s'arrête au premier étage, et son couronnement est un petit dôme à jour sous lequel s'élève une noire statue de saint Calyste.

Le jardin est luxueux dans une vieille enceinte, il a un demi-arpent environ, ses murs sont garnis d'espaliers ; il est divisé en carrés de légumes, bordés de quenouilles que cultive un domestique mâle nommé Gasselin, lequel panse les chevaux. Au bout de ce jardin est une tonnelle sous laquelle est un banc. Au milieu s'élève un cadran solaire. Les allées sont sablées. Sur le jardin, la façade n'a pas de tourelle pour correspondre à celle qui monte le long du pignon. Elle rachète ce défaut par une colonnette tournée en vis depuis le bas jusqu'en haut, et qui devait jadis supporter la bannière de la famille, car elle est terminée par une espèce de grosse crapaudine en fer rouillé, d'où il s'élève de maigres herbes. Ce détail, en harmonie avec les vestiges de sculpture, prouve que ce logis fut construit par un architecte vénitien. Cette hampe élégante est comme une signature qui trahit Venise, la chevalerie, la finesse du treizième siècle. S'il restait des doutes à cet égard, la nature des ornements les dissiperait. Les trèfles de l'hôtel du Guaisnic ont quatre feuilles, au lieu de trois. Cette différence indique l'école vénitienne adultérée par son commerce avec l'Orient où les architectes à demi moresques, peu soucieux de la grande pensée catholique, donnaient quatre feuilles au trèfle, tandis que les architectes chrétiens demeuraient fidèles à la Trinité. Sous ce rapport, la fantaisie vénitienne était hérétique. Si ce logis surprend votre imagination, vous vous demanderez peut-être pourquoi l'époque actuelle ne renouvelle plus ces miracles d'art. Aujourd'hui les beaux hôtels se vendent, sont abattus et font place à des rues. Personne ne sait si sa génération gardera le logis patrimonial, où chacun passe comme dans une auberge ; tandis qu'autrefois en bâtissant une demeure, on travaillait, on croyait du moins travailler pour une famille éternelle. De là, la beauté des hôtels. La foi en soi faisait des prodiges autant que la foi en Dieu. Quant aux dispositions et au mobilier des étages supérieurs, ils ne peuvent que se présumer d'après la description de ce rez-de-chaussée, d'après la physionomie et les mœurs de la famille. Depuis cinquante ans, les du Guaisnic n'ont jamais reçu personne ailleurs que dans les deux pièces où respiraient, comme dans cette cour et dans les accessoires extérieurs de ce logis, l'esprit, la grâce, la naïveté de la vieille et noble Bretagne. Sans la topographie et la description de la ville, sans la peinture minutieuse de cet hôtel, les surprenantes figures de cette famille eussent été peut-être moins comprises. Aussi les cadres devaient-ils passer avant les portraits. Chacun pensera que les choses ont dominé les êtres. Il est des monuments dont l'influence est visible sur les personnes qui vivent à l'entour. Il est difficile d'être irréligieux à l'ombre d'une cathédrale comme celle de Bourges. Quand partout l'âme est rappelée à sa destinée par des images, il est moins facile d'y faillir. Telle était l'opinion de nos aïeux, abandonnée par une génération qui n'a plus ni signes ni distinctions, et dont les mœurs changent tous les dix ans. Ne vous attendez-vous pas à trouver le baron du Guaisnic une épée au poing, ou tout ici serait mensonge?

En 1836, au moment où s'ouvre cette scène, dans les premiers jours du mois d'août, la famille du Guénic était encore composée de monsieur et de madame du Guénic, de mademoiselle du Guénic, sœur aînée du baron et d'un fils unique âgé de vingt-un ans, nommé Gaudebert-Calyste-Louis, suivant un vieil usage de la famille. Le père se nommait Gaudebert-Calyste-Charles. On ne variait que le dernier patron. Saint Gaudebert et saint Calyste devaient toujours protéger les Guénic. Le baron du Guénic avait quitté Guérande dès que la Vendée et la Bretagne prirent les armes, et il avait fait la guerre avec Charette, avec Catelineau, La Rochejaquelein, d'Elbée, Bonchamps et le prince de Talmont. Avant de partir, il avait vendu tous ses biens à sa sœur aînée, mademoiselle Zéphirine du Guénic, par un trait de prudence unique dans les annales révolutionnaires. Après la mort de tous les héros de l'Ouest, le baron, qu'un miracle seul avait préservé de finir comme eux, ne s'était pas soumis à Napoléon. Il avait guerroyé jusqu'en 1802, année où, après avoir failli se laisser prendre, il revint à Guérande, et de Guérande au Croisic, d'où il gagna l'Irlande, fidèle à la vieille haine des Bretons pour l'Angleterre. Les gens de Guérande feignirent d'ignorer l'existence du baron : il n'y eut pas en vingt ans une seule indiscrétion. Mademoiselle du Guénic touchait les revenus et les faisait passer à son frère par des pêcheurs. Monsieur du Guénic revint en 1813 à Guérande, aussi simplement que s'il était allé passer une saison à Nantes. Pendant son séjour à Dublin, le vieux Breton s'était épris, malgré ses cinquante ans, d'une charmante Irlandaise, fille d'une des plus nobles et des plus pauvres maisons de ce malheureux royaume. Miss Fanny O'Brien avait alors vingt-un ans. Le baron du Guénic vint chercher les papiers nécessaires à son mariage, retourna se marier, et revint dix mois après, au commencement de 1814, avec sa femme, qui lui donna Calyste le jour même de l'entrée de Louis XVIII à Calais, circonstance qui explique son prénom de Louis. Le vieux et loyal Breton avait en ce moment soixante-treize ans ; mais la guerre de partisan faite à la république, mais ses souffrances pendant cinq traversées sur des chasse-marées, mais sa vie à Dublin, avaient pesé sur sa tête : il paraissait avoir plus d'un siècle. Aussi jamais à aucune époque aucun Guénic ne fut-il plus en harmonie avec la vétusté de ce logis, bâti dans le temps où il y avait une cour à Guérande.

Monsieur du Guénic était un vieillard de haute taille, droit, sec, nerveux et maigre. Son visage ovale était ridé par des milliers de plis qui formaient des franges arquées au-dessus des pommettes, au-dessus des sourcils, et donnaient à sa figure une ressemblance avec les vieillards que le pinceau de Van Ostade, de Rembrandt, de Miéris, de Gérard Dow a tant caressés, et qui veulent une loupe pour être admirés. Sa physionomie était comme enfouie sous ses nombreux sillons, produits par sa vie en plein air, par l'habitude d'observer la campagne sous le soleil, au lever comme au déclin du jour. Néanmoins il restait à l'observateur les formes impérissables de la figure humaine et qui disent encore quelque chose à l'âme, même quand l'œil n'y voit plus qu'une tête morte. Les fermes contours de la face, le dessin du front, le sérieux des lignes, la roideur du nez, les linéaments de la charpente que les blessures seules peuvent altérer, annonçaient une intrépidité sans calcul, une foi sans bornes, une obéissance sans discussion, une fidélité sans transaction, un amour sans inconstance. En lui, le granit breton s'était fait homme. Le baron n'avait plus de dents. Ses lèvres, jadis rouges, mais alors violacées, n'étant plus soutenues que par les dures gencives sur lesquelles il mangeait du pain que sa femme avait soin d'amollir en le mettant dans une serviette humide, rentraient dans la bouche en dessinant toutefois un rictus menaçant et fier. Son menton voulait rejoindre le nez, mais on voyait, dans le caractère de ce nez bossué au milieu, les signes de son énergie et de sa résistance bretonne. Sa peau, marbrée de taches rouges qui paraissaient à travers ses rides, annonçait un tempérament sanguin, violent, fait pour les fatigues qui sans doute avaient préservé le baron de mainte apoplexie. Cette tête était couronnée d'une chevelure blanche comme de l'argent, qui retombait en boucles sur les épaules. La figure, alors éteinte en partie, vivait par l'éclat de deux yeux noirs qui brillaient au fond de leurs orbites brunes et jetaient les dernières flammes d'une âme généreuse et loyale. Les sourcils et les cils étaient tombés. La peau, devenue rude, ne pouvait se déplisser. La difficulté de se raser obligeait le vieillard à laisser pousser sa barbe en éventail. Un peintre eût admiré par-dessus tout, dans ce vieux lion de Bretagne aux larges épaules, à la nerveuse poitrine, d'admirables mains de soldat, des mains comme devaient être celles de du Guesclin, des mains larges, épaisses, poilues; des mains qui avaient embrassé la poignée du sabre pour ne la quitter, comme fit Jeanne d'Arc, qu'au jour où l'étendard royal flotterait dans la cathédrale de Reims; des mains qui souvent avaient été mises en sang par les épines des halliers dans le Bocage, qui avaient manié la rame dans le Marais pour aller surprendre les Bleus, ou en pleine mer pour favoriser l'arrivée de Georges; les mains du partisan, du canonnier, du simple soldat, du chef; des mains alors blanches quoique les Bourbons de la branche aînée fussent en exil; mais en y regardant bien on y aurait vu quelques marques récentes qui vous eussent dit que le baron avait naguère rejoint MADAME dans la Vendée. Aujourd'hui ce fait peut s'avouer. Ces mains étaient le vivant commentaire de la belle devise à laquelle aucun Guénic n'avait failli : *Fac !* Le front attirait l'attention par des teintes dorées aux tempes, qui contrastaient avec le ton brun de ce petit front dur et serré que la chute des cheveux avait assez agrandi pour donner encore plus de majesté à cette belle ruine. Cette physionomie, un peu matérielle d'ailleurs, et comment eût-elle pu être autrement ! offrait, comme toutes les figures bretonnes groupées autour du baron, des apparences sauvages, un calme brut qui ressemblait à l'impassibilité des Hurons, je ne sais quoi de stupide, dû peut-être au repos absolu qui suit les fatigues excessives et qui laisse alors reparaître l'animal tout seul. La pensée y était rare. Elle semblait y être un effort, elle avait son siége plus au cœur que dans la tête, elle aboutissait plus au fait qu'à l'idée. Mais, en examinant ce beau vieillard avec une attention soutenue, vous deviniez les mystères de cette opposition réelle à l'esprit de son siècle. Il avait des religions, des sentiments pour ainsi dire innés qui le dispensaient de méditer. Ses devoirs, il les avait appris avec la vie. Les Institutions, la Religion pensaient pour lui. Il devait donc réserver son esprit, lui et les siens, pour agir, sans le dissiper sur aucune des choses jugées inutiles, mais dont s'occupaient les autres. Il sortait sa pensée de son cœur, comme son épée du fourreau, éblouissante de candeur, comme était dans son écusson la main gonfalonnée d'hermine. Une fois ce secret deviné, tout s'expliquait. On comprenait la profondeur des résolutions dues à des pensées nettes, distinctes, franches, immaculées comme l'hermine. On comprenait cette vente faite à sa sœur avant la guerre, et qui répondait à tout, à la mort, à la confiscation, à l'exil. La beauté du caractère des deux vieillards, car la sœur ne vivait que pour et par le frère, ne peut plus même être comprise dans son étendue par les mœurs égoïstes que nous font l'incertitude et l'inconstance de notre époque. Un archange, chargé de lire dans leurs cœurs, n'y aurait pas découvert une seule pensée empreinte de personnalité. En 1814, quand le curé de Guérande insinua au baron du Guénic d'aller à Paris et d'y réclamer sa récompense, la vieille sœur, si avare pour la maison, s'écria : — Fi donc ! mon frère a-t-il besoin d'aller tendre la main comme un gueux ?

— On croirait que j'ai servi le roi par intérêt, dit le vieillard. D'ailleurs, c'est à lui de se souvenir. Et puis, ce pauvre roi, il est bien embarrassé avec tous ceux qui le harcellent. Donnât-il la France par morceaux, on lui demanderait encore quelque chose.

Ce loyal serviteur, qui portait tant d'intérêt à Louis XVIII, eut le grade de colonel, la croix de Saint-Louis et une retraite de deux mille francs.

— Le roi s'est souvenu ! dit-il en recevant ses brevets.

Personne ne dissipa son erreur. Le travail avait été fait par le duc de Feltre, d'après les états des armées vendéennes, où il avait trouvé le nom de du Guénic avec quelques autres noms bretons en *ic*. Aussi, comme pour remercier le roi de France, le baron soutint-il en 1815 un siége à Guérande contre les bataillons du général Travot, il ne voulut jamais rendre cette forteresse ; et quand il fallut l'évacuer, il se sauva dans les bois avec une bande de chouans qui restèrent armés jusqu'au second retour des Bourbons. Guérande garde encore la mémoire de ce dernier siége. Si les vieilles bandes bretonnes étaient venues, la guerre éveillée par cette résistance héroïque eût embrasé la Vendée. Nous devons avouer que le baron du Guénic était entièrement illettré, mais illettré comme un paysan : il savait lire, écrire et quelque peu compter ; il connaissait l'art militaire et le blason ; mais, hormis son livre de prières, il n'avait pas lu trois volumes dans sa vie. Le costume, qui ne saurait être indifférent, était invariable, et consistait en gros souliers, en bas drapés, en une culotte de velours verdâtre, un gilet de drap et une redingote à collet à laquelle était attachée une croix de Saint-Louis. Une admirable sérénité siégeait sur ce visage, que depuis un an un sommeil, avant-coureur de la mort, semblait préparer au repos éternel. Ces somnolences constantes, plus fréquentes de jour en jour, n'inquiétaient ni sa femme, ni sa sœur aveugle, ni ses amis, dont les connaissances médicales n'étaient pas grandes. Pour eux, ces pauses sublimes d'une âme sans reproche, mais fatiguée, s'expliquaient naturellement : le baron avait fait son devoir. Tout était dans ce mot.

Dans cet hôtel, les intérêts majeurs étaient les destinées de la branche dépossédée. L'avenir des Bourbons exilés et celui de la religion catholique, l'influence des nouveautés politiques sur la Bretagne occupaient exclusivement la famille du baron. Il n'y avait d'autre intérêt mêlé à ceux-là que l'attachement de tous pour le fils unique, pour Calyste, l'héritier, le seul espoir du grand nom des du Guénic. Le vieux Vendéen, le vieux Chouan avait eu quelques années auparavant comme un retour de jeunesse pour habituer ce fils aux exercices violents qui conviennent à un gentilhomme appelé d'un moment à l'autre à guerroyer. Dès que Calyste eut seize ans, son père l'avait accompagné dans les marais et dans les bois, lui montrant dans les plaisirs de la chasse les rudiments de la guerre, prêchant d'exemple, dur à la fatigue, inébranlable sur sa selle, sûr de son coup, quel que fût le gibier, à courre, au vol, intrépide à franchir les obstacles, conviant son fils au danger comme s'il avait eu dix enfants à risquer. Aussi, quand la duchesse de Berry vint en France pour conquérir le royaume, le père emmena-t-il son fils afin de lui faire pratiquer la devise de ses armes. Le baron partit pendant une nuit, sans prévenir sa femme qui l'eût peut-être attendri, menant son unique enfant au feu comme à une fête, et suivit de Gasselin, son seul vassal, qui détala joyeusement. Les trois hommes de la famille furent absents pendant six mois, sans donner de leurs nouvelles à la baronne, qui ne lisait jamais la *Quotidienne* sans trembler de ligne en ligne; ni à sa vieille belle-sœur, héroïquement droite, et dont le front ne sourcillait pas en écoutant le journal. Les trois fusils accrochés dans la grande salle avaient donc récemment servi. Le baron, qui jugea cette prise d'armes inutile, avait quitté la campagne avant l'affaire de la Penissière, sans quoi peut-être la maison du Guénic eût-elle été finie.

Quand, par une nuit affreuse, le père, le fils et le serviteur arrivèrent chez eux après avoir pris congé de MADAME, et surprirent leurs amis, la baronne et la vieille mademoiselle du Guénic qui reconnut, par l'exercice d'un sens dont sont doués tous les aveugles, le pas de trois hommes dans la ruelle, le baron regarda le cercle formé par ses amis inquiets autour de la petite table éclairée par cette lampe antique, et dit d'une voix chevrotante, pendant que Gasselin remettait les trois fusils et les sabres à leurs places, ce mot de naïveté féodale : — Tous les barons n'ont pas fait leur devoir. Puis après avoir embrassé sa femme et sa sœur, il s'assit dans son vieux fauteuil, et commanda de faire à souper pour son fils, pour Gasselin et pour lui. Gasselin, qui s'était mis au-devant de Calyste, avait reçu dans l'épaule un coup de sabre ; chose si simple, que les femmes le remercièrent à peine. Le baron ni ses hôtes ne proférèrent ni malédictions ni injures contre les vainqueurs. Ce silence est un des traits du caractère breton. En quarante ans, jamais personne ne surprit un mot de mépris sur les lèvres du baron contre ses adversaires. A eux de faire leur métier comme il faisait son devoir. Ce silence profond est l'indice des volontés immuables. Ce dernier effort, ces lueurs d'une énergie à bout avaient causé l'affaiblissement dans lequel était en ce moment le baron. Ce nouvel exil de la famille de Bourbon, aussi miraculeusement chassée que miraculeusement rétablie, lui causait une mélancolie amère.

Vers six heures du soir, au moment où commence cette scène, le baron, qui, selon sa vieille habitude, avait fini de dîner à quatre heures, venait de s'endormir en entendant lire la *Quotidienne*. Sa tête s'était posée sur le dossier de son fauteuil au coin de la cheminée, du côté du jardin.

Auprès de ce tronc noueux de l'arbre antique et devant la cheminée, la baronne, assise sur une des vieilles chaises, offrait le type de ces adorables créatures qui n'existent qu'en Angleterre, en Écosse ou en Irlande. Là seulement naissent ces filles pétries de lait, à chevelure dorée, dont les boucles sont tournées par la main des anges, car la lumière du ciel semble ruisseler dans leurs spirales avec l'air qui s'y joue. Fanny O'Brien était une de ces sylphides, forte de tendresse, invincible dans le malheur, douce comme la musique de sa voix, pure comme était le bleu de ses yeux, d'une beauté fine, élégante, jolie et douée de cette chair soyeuse à la main, caressante au regard, que ni le pinceau ni la parole ne peuvent peindre. Belle encore à quarante-deux ans, bien des hommes eussent regardé comme un bonheur de l'épouser, à l'aspect des splendeurs de cet août chaudement coloré, plein de fleurs et de fruits, rafraîchi par de célestes rosées. La baronne tenait le journal d'une main frappée de fossettes, à doigts retroussés et dont les ongles étaient taillés carrément comme dans les statues antiques. Étendue à demi, sans mauvaise grâce ni affectation, sur sa chaise, les pieds en avant pour les chauffer, elle était vêtue d'une robe de velours noir, car le vent avait fraîchi depuis quelques jours. Le corsage montant moulait des épaules d'un contour magnifique, et une riche poitrine que la nourriture d'un fils unique n'avait pu déformer. Elle était coiffée de cheveux qui descendaient en *ringlets* le long de ses joues, et les accompagnaient suivant la mode anglaise. Tordue simplement au-dessus de sa tête et retenue par un peigne d'écaille, cette chevelure, au lieu d'avoir une couleur indécise, scintillait au jour comme des filigranes d'or bruni. La baronne faisait tresser les cheveux follets qui se jouaient sur sa nuque et qui sont un signe de race. Cette natte mignonne, perdue dans la masse de ses cheveux soigneusement relevés, permettait à l'œil de suivre avec plaisir la ligne onduleuse par laquelle son col se rattachait à ses belles épaules. Ce petit détail prouvait le soin qu'elle apportait toujours à sa toilette. Elle tenait à réjouir les regards de ce vieillard. Quelle charmante et délicieuse attention ! Quand vous verrez une femme déployant dans la vie intérieure la coquetterie que les autres femmes puisent dans un seul sentiment, croyez-le, elle est aussi noble mère que noble épouse, elle est la joie et la fleur du ménage, elle a compris ses obligations de femme, elle a dans l'âme et dans la tendresse les élégances de son extérieur, elle fait le bien en secret, elle sait adorer sans calcul, elle aime ses proches, comme elle aime Dieu, pour eux-mêmes. Aussi semblait-il que la Vierge du paradis, sous la garde de laquelle elle vivait, eût récompensé la chaste jeunesse, la vie sainte de cette femme auprès de ce noble vieillard en l'entourant d'une sorte d'auréole qui la préservait des outrages du temps. Les altérations de sa beauté, Platon les eût célébrées peut-être comme autant de grâces nouvelles. Son teint si blanc jadis avait pris ces tons chauds et nacrés que les peintres adorent. Son front large et bien taillé recevait avec amour la lumière qui s'y jouait en des luisants satinés. Sa prunelle, d'un bleu de turquoise, brillait, sous un sourcil pâle et velouté, d'une extrême douceur. Ses paupières molles et ses tempes attendries invitaient à je ne sais quelle muette mélancolie. Au-dessous, le tour des yeux était d'un blanc pâle, semé de fibrilles bleuâtres comme à la naissance du nez. Ce nez, d'un contour aquilin, mince, avait je ne sais quoi de royal qui rappelait l'origine de cette noble fille. Sa bouche, pure et bien coupée, était embellie par un sourire aisé que dictait une inépuisable aménité. Ses dents étaient blanches et petites. Elle avait pris un léger embonpoint, mais ses hanches délicates, sa taille svelte n'en souffraient point. L'automne de sa beauté présentait donc quelques vives fleurs de printemps oubliées et les ardentes richesses de l'été. Ses bras noblement arrondis, sa peau tendue et lustrée avaient un grain plus fin ; les contours avaient acquis leur plénitude. Enfin sa physionomie ouverte, sereine et faiblement rosée, la pureté de ses yeux bleus qu'un regard trop vif eût blessés, exprimaient l'inaltérable douceur, la tendresse infinie des anges.

A l'autre coin de la cheminée, et dans un fauteuil, la vieille sœur octogénaire, semblable en tout point, sauf le costume, à son frère, écoutait la lecture du journal en tricotant des bas, travail pour lequel la vue est inutile. Elle avait les yeux couverts d'une taie, et se refusait obstinément à subir l'opération, malgré les instances de sa belle-sœur. Le secret de son obstination, elle seule le savait : elle se rejetait sur un défaut de courage, mais elle ne voulait pas qu'il se dépensât vingt-cinq louis pour elle. Cette somme eût été de moins dans la maison. Cependant elle aurait bien voulu voir son frère. Ces deux vieillards faisaient admirablement ressortir la beauté de la baronne. Quelle femme n'eût semblé jeune et jolie entre monsieur du Guénic et sa sœur? Mademoiselle Zéphirine, privée de vue, ignorait les changements que ses quatre-vingts ans avaient apportés dans sa physionomie. Son visage pâle et creusé, que l'immobilité des yeux blancs et sans regard faisait ressembler à celui d'une morte, que trois ou quatre dents saillantes rendaient presque menaçant, où la profonde orbite des yeux était cerclée de teintes rouges, où quelques signes de virilité déjà blanchis perçaient dans le menton et aux environs de la bouche; ce froid mais calme visage était encadré par un petit béguin d'indienne brune, piqué comme une courte-pointe, garni d'une ruche en percale et noué sous le menton par des cordons toujours un peu roux. Elle portait un cotillon de gros drap sur une jupe de piqué, vrai matelas qui recélait des doubles louis, et des poches cousues à une ceinture qu'elle détachait tous les soirs et remettait tous les matins comme un vêtement. Son corsage était serré dans le casaquin populaire de la Bretagne, en drap pareil à celui du cotillon, orné d'une collerette à mille plis dont le blanchissage était l'objet de la seule dispute qu'elle eût avec sa belle-sœur, elle ne voulait la changer que tous les huit jours. Des grosses manches ouatées de ce casaquin sortaient deux bras desséchés mais nerveux, au bout desquels s'agitaient ses deux mains, dont la couleur un peu rousse faisait paraître les bras blancs comme le bois du peuplier. Ses mains, crochues par suite de la contraction que l'habitude de tricoter leur avait fait prendre, étaient comme un métier à bas incessamment monté : le phénomène eût été de les voir arrêtées. De temps en temps mademoiselle du Guénic prenait une longue aiguille à tricoter fichée dans sa gorge pour la passer entre son béguin et ses cheveux en fourgonnant sa blanche chevelure. Un étranger eût ri de voir l'insouciance avec laquelle elle repiquait l'aiguille sans la moindre crainte de se blesser. Elle était droite comme un clocher. Sa prestance de colonne pouvait passer pour une de ces coquetteries de vieillard qui prouvent que l'orgueil est une passion nécessaire à la vie. Elle avait le sourire gai. Elle aussi avait fait son devoir.

Au moment où Fanny vit le baron endormi, elle cessa la lecture du journal. Un rayon de soleil allait d'une fenêtre à l'autre et partageait en deux, par une bande d'or, l'atmosphère de cette vieille salle, où il faisait resplendir les meubles presque noirs. La lumière bordait les sculptures du plancher, papillotait dans les bahuts, étendait une nappe luisante sur la table de chêne, égayait cet intérieur brun et doux, comme la voix de Fanny jetait dans l'âme de la vieille octogénaire une musique aussi lumineuse, aussi gaie que ce rayon. Bientôt les rayons du soleil prirent ces couleurs rougeâtres qui, par d'insensibles gradations, arrivent aux tons mélancoliques du crépuscule. La baronne tomba dans une méditation grave, dans un de ces silences absolus que sa vieille belle-sœur observait depuis une quinzaine de jours, en cherchant à se les expliquer sans avoir adressé la moindre question à la baronne ; mais elle n'en étudiait pas moins les causes de cette préoccupation à la manière des aveugles qui lisent comme dans un livre noir où les lettres sont blanches, et dans l'âme desquels tout son retentit comme dans un écho divinatoire. La vieille aveugle, sur qui l'heure noire n'avait plus de prise, continuait à tricoter, et le silence devint si profond que l'on put entendre le bruit des aiguilles d'acier.

— Vous venez de laisser tomber le journal, ma sœur, et cependant vous ne dormez pas, dit la vieille d'un air fin.

La nuit était venue, Mariotte vint allumer la lampe, la plaça sur une table carrée devant le feu ; puis elle alla chercher sa quenouille, son peloton de fil, une petite escabelle, et se mit dans l'embrasure de la croisée qui donnait sur la cour, occupée à filer comme tous les soirs. Gasselin tournait encore dans les communs, il visitait les chevaux du baron et de Calyste, il voyait si tout allait bien dans l'écurie, il donnait aux deux beaux chiens de chasse leur pâtée du soir. Les aboiements joyeux des deux bêtes furent le dernier bruit qui réveilla les échos cachés dans les murailles noires de cette vieille maison. Ces deux chiens et les deux chevaux étaient le dernier vestige des splendeurs de la chevalerie. Un homme d'imagination assis sur une des marches du perron, qui se serait laissé aller à la poésie des images encore vivantes dans ce logis, eût tressailli peut-être en entendant les chiens et les coups de pied des chevaux hennissants.

Gasselin était un de ces petits Bretons courts, épais, trapus, à chevelure noire, à figure bistrée, silencieux, lents, têtus comme des mules, mais allant toujours dans la voie qui leur a été tracée. Il avait quarante-deux ans, il était depuis vingt-cinq ans dans la maison. Mademoiselle avait pris Gasselin à quinze ans, en apprenant le mariage et le retour probable du baron. Ce serviteur se considérait comme faisant partie de la famille : il avait joué avec Calyste, il aimait les chevaux et les chiens de la maison, il leur parlait et les caressait comme s'ils lui eussent appartenu. Il portait une veste bleue en toile de fil à petites poches ballottant sur ses hanches, un gilet et un pantalon de même étoffe par toutes les saisons, des bas bleus et de gros souliers ferrés. Quand il faisait trop froid, ou par des temps de pluie, il mettait la peau de bique en usage dans son pays. Mariotte, qui avait également passé quarante ans, était en femme ce qu'était Gasselin en homme. Jamais attelage ne fut mieux accouplé : même teint, même taille, mêmes petits yeux vifs et noirs. On ne comprenait pas comment Mariotte et Gasselin ne s'étaient pas mariés ; peut-être y aurait-il eu inceste, ils semblaient être presque frère et sœur. Mariotte avait trente écus de gages, et Gasselin cent livres ; mais mille écus de gages ailleurs ne leur auraient pas fait quitter la maison du Guénic. Tous deux étaient sous les ordres de la vieille demoiselle, qui, depuis la guerre de Vendée jusqu'au retour de son frère, avait eu l'habitude de gouverner la maison. Aussi, quand elle sut que le baron allait amener une maîtresse au logis, avait-elle été très émue en croyant qu'il lui faudrait abandonner le sceptre du ménage et abdiquer en faveur de la baronne du Guénic, de laquelle elle serait la première sujette.

Mademoiselle Zéphirine avait été bien agréablement surprise en trouvant dans miss Fanny O'Brien une fille née pour un haut rang, à qui les soins minutieux d'un ménage pauvre répugnaient excessivement, et qui, semblable à toutes les belles âmes, eût préféré le pain sec du boulanger au meilleur repas qu'elle eût été obligée de préparer ; capable d'accomplir les devoirs les plus pénibles de la maternité, forte contre toute privation nécessaire, mais sans courage pour des occupations vulgaires. Quand le baron pria sa sœur, au nom de sa timide femme, de régir leur ménage, la vieille fille baisa la baronne comme une sœur; elle en fit sa fille, elle l'adora, tout heureuse de pouvoir continuer à veiller au gouvernement de la maison, tenue avec une rigueur et des coutumes d'économie incroyables, desquelles elle ne se relâchait que dans les grandes occasions, telles que les couches, la nourriture de sa belle-sœur et tout ce qui concernait Calyste, l'enfant adoré de toute la maison. Quoique les deux domestiques fussent habitués à ce régime sévère et qu'il n'y eût rien à leur dire, qu'ils eussent pour les intérêts de leurs maîtres plus de soin que pour les leurs, mademoiselle Zéphirine voyait toujours à tout. Son attention n'étant pas distraite, elle était fille à savoir, sans y monter, la grosseur du tas de noix dans le grenier, et ce qu'il restait d'avoine dans le coffre de l'écurie sans y plonger son bras nerveux. Elle avait au bout d'un cordon attaché à la ceinture de son casaquin un sifflet de contre-maître avec lequel elle appelait Mariotte par un, et Gasselin par deux coups. Le grand bonheur de Gasselin consistait à cultiver le jardin et à y faire venir de beaux fruits et de bons légumes. Il avait si peu d'ouvrage que, sans cette culture, il se serait ennuyé. Quand il avait pansé ses chevaux, le matin il frottait les planchers et nettoyait les deux pièces du rez-de-chaussée ; il avait peu de chose à faire *après ses maîtres*. Aussi n'eussiez-vous pas vu dans le jardin une mauvaise herbe ni le moindre insecte nuisible. Quelquefois on surprenait Gasselin immobile, tête nue en plein soleil, guettant un mulot ou la terrible larve du hanneton ; puis il accourait avec la joie d'un enfant montrer à ses maîtres l'animal qui l'avait occupé pendant une semaine. C'était un plaisir pour lui d'aller, les jours maigres, chercher le poisson au Croisic, où il se payait moins cher qu'à Guérande. Ainsi, jamais famille ne fut plus unie, mieux entendue ni plus cohérente que cette sainte et noble famille. Maîtres et domestiques semblaient avoir été faits les uns pour les autres. Depuis vingt-cinq ans il n'y avait eu ni troubles ni discordes. Les seuls chagrins furent les petites indispositions de l'enfant, et les seules terreurs furent causées par les événements de 1814 et par ceux de 1830. Si les mêmes choses s'y faisaient invariablement aux mêmes heures, si les mets étaient soumis à la régularité des saisons, cette monotonie, semblable à celle de la nature, que varient les alternatives d'ombre, de pluie et le soleil, était soutenue par l'affection qui régnait dans tous les cœurs, et d'autant plus féconde et bienfaisante qu'elle émanait des lois naturelles.

Quand le crépuscule cessa, Gasselin entra dans la salle et demanda respectueusement à son maître si l'on avait besoin de lui.

— Tu peux sortir ou t'aller coucher après la prière, dit le baron en se réveillant, à moins que madame ou sa sœur....

Les deux femmes firent un signe d'acquiescement. Gasselin se mit à genoux en voyant ses maîtres tous levés pour s'agenouiller sur leurs siéges. Mariotte se mit également en prières sur son escabelle. La vieille demoiselle du Guénic dit la prière à haute voix. Quand elle fut finie, on entendit frapper à la porte de la ruelle. Gasselin alla ouvrir.

— Ce sera sans doute monsieur le curé, il vient presque toujours le premier, dit Mariotte.

En effet, chacun reconnut le curé de Guérande au bruit de ses pas sur les marches sonores du perron. Le curé salua respectueusement les trois personnages, en adressant au baron et aux deux dames de ces phrases pleines d'onctueuse aménité que savent trouver les prêtres. Au bonsoir distrait que lui dit la maîtresse du logis il répondit par un regard d'inquisition ecclésiastique.

— Seriez-vous inquiète ou indisposée, madame la baronne? demanda-t-il.

— Merci, non, dit-elle.

Monsieur Grimont, homme de cinquante ans, de moyenne taille, enseveli dans sa soutane, d'où sortaient deux gros souliers à boucles d'argent, offrait au-dessus de son rabat un visage grassouillet, d'une teinte généralement blanche, mais dorée. Il avait la main potelée. Sa figure tout abbatiale tenait à la fois du bourgmestre hollandais par la placidité du teint, par les tons de la chair, et du paysan breton par sa plate chevelure noire, par la vivacité de ses yeux bruns que contenait néanmoins le décorum du sacerdoce. Sa gaieté, semblable à celle des gens dont la conscience est calme et pure, admettait la plaisanterie. Son air n'avait rien d'inquiet ni de revêche comme celui des pauvres curés dont l'existence ou le pouvoir est contesté par leurs paroissiens, et qui, au lieu d'être, selon le mot sublime de Napoléon, les chefs moraux de la population et des juges de paix naturels, sont traités en ennemis. A voir monsieur Grimont marchant dans Guérande, le plus incrédule voyageur aurait reconnu le souverain de cette ville catholique ; mais ce souverain abaissait sa supériorité spirituelle devant la suprématie féodale des du Guénic. Il était dans cette salle comme un chapelain chez son seigneur. A l'église, en donnant la bénédiction, sa main s'étendait toujours en premier sur la chapelle appartenant aux du Guénic, et où leur main armée, leur devise étaient sculptées à la clef de la voûte.

— Je croyais mademoiselle de Pen-Hoël arrivée, dit le curé qui s'assit en prenant la main de la baronne et la baisant. Elle se dérange. Est-ce que la mode de la dissipation se gagnerait? Car, je le vois, monsieur le chevalier est encore ce soir aux Touches.

— Ne dites rien de ses visites devant mademoiselle de Pen-Hoël, s'écria doucement la vieille fille.

— Ah! mademoiselle, répondit Mariotte, pouvez-vous empêcher toute la ville de jaser?

— Et que dit-on? demanda la baronne.

— Les jeunes filles, les commères, enfin tout le monde le croit amoureux de mademoiselle des Touches.

— Un garçon tourné comme Calyste fait son métier en se faisant aimer, dit le baron.

— Voici mademoiselle de Pen-Hoël, dit Mariotte.

Le sable de la cour criait en effet sous les pas discrets de cette personne, qu'accompagnait un petit domestique armé d'une lanterne. En voyant le domestique, Mariotte transporta son établissement dans la grande salle pour causer avec lui à la lueur de la chandelle de résine qu'elle brûlait aux dépens de la riche et avare demoiselle, en économisant ainsi celle de ses maîtres.

Cette demoiselle était une sèche et mince fille, jaune comme le parchemin d'un *olim*, ridée comme un lac froncé par le vent, à yeux gris, à grandes dents saillantes, à mains d'homme, assez petite, un peu déjetée et peut-être bossue; mais personne n'avait été curieux de connaître ni ses perfections ni ses imperfections. Vêtue dans le goût de mademoiselle du Guénic, elle mouvait une énorme quantité de linges et de jupes quand elle voulait trouver l'une des deux ouvertures de sa robe par où elle atteignait ses poches. Le plus étrange cliquetis de clefs et de monnaie retentissait alors sous ces étoffes. Elle avait toujours d'un côté toute la ferraille des bonnes ménagères, et de l'autre sa tabatière d'argent, son dé, son tricot, autres ustensiles sonores. Au lieu du béguin matelassé de mademoiselle du Guénic, elle portait un chapeau vert avec lequel elle devait aller visiter ses melons; il avait passé, comme eux, du vert au blond; et quant à sa forme, après vingt ans, la mode l'a ramenée à Paris sous le nom de *bibi*. Ce chapeau se confectionnait sous ses yeux par les mains de ses nièces, avec du florence vert acheté à Guérande, avec une carcasse qu'elle renouvelait tous les cinq ans à Nantes, car elle lui accordait la durée d'une législature. Ses nièces lui faisaient également ses robes, taillées sur des patrons immuables. Cette vieille fille avait encore la canne à petit bec de laquelle les femmes se servaient au commencement du règne de Marie-Antoinette. Elle était de la plus haute noblesse de Bretagne. Ses armes portaient les hermines des anciens ducs. En elle et sa sœur finissait l'illustre maison bretonne des Pen-Hoël. Sa sœur cadette avait épousé un Kergarouët, qui malgré la désapprobation du pays joignait le nom de Pen-Hoël au sien et se faisait appeler le vicomte de Kergarouët-Pen-Hoël. — Le ciel l'a puni, disait la vieille demoiselle, il n'a que des filles, et le nom de Kergarouët-Pen-Hoël s'éteindra. Mademoiselle de Pen-Hoël possédait environ sept mille livres de rentes en fonds de terre. Majeure depuis trente-six ans, elle administrait elle-même ses biens, allait les inspecter à cheval et déployait en toute chose le caractère ferme qui se remarque chez la plupart des bossus. Elle était d'une avarice admirée à dix lieues à la ronde, et qui n'y rencontrait aucune désapprobation. Elle avait avec elle une seule femme et ce petit domestique. Toute sa dépense, non compris les impôts, ne montait pas à plus de mille francs par an. Aussi était-elle l'objet des cajoleries des Kergarouët-Pen-Hoël, qui passaient leurs hivers à Nantes et les étés à leur terre située au bord de la

Loire, au-dessous de l'Indret. On la savait disposée à donner sa fortune et ses économies à celle de ses nièces qui lui plairait. Tous les trois mois, une des quatre demoiselles de Kergarouët, dont la plus jeune avait douze et l'aînée vingt ans, venait passer quelques jours chez elle. Amie de Zéphirine du Guénic, Jacqueline de Pen-Hoël, élevée dans l'adoration des grandeurs bretonnes des du Guénic, avait, dès la naissance de Calyste, formé le projet de transmettre ses biens au chevalier en le mariant à l'une des nièces que devait lui donner la vicomtesse de Kergarouët-Pen-Hoël. Elle pensait à racheter quelques unes des meilleures terres des du Guénic en remboursant les fermiers *engagistes*. Quand l'avarice se propose un but, elle cesse d'être un vice, elle est le moyen d'une vertu, ses privations excessives deviennent de continuelles offrandes, elle a enfin la grandeur de l'intention cachée sous ses petitesses. Peut-être Zéphirine était-elle dans le secret de Jacqueline. Peut-être la baronne, dont tout l'esprit était employé dans son amour pour son fils et dans sa tendresse pour le père, avait-elle deviné quelque chose en voyant avec quelle malicieuse persévérance mademoiselle de Pen-Hoël amenait avec elle chaque jour Charlotte de Kergarouët, sa favorite, âgée de quinze ans. Le curé Grimont était certes dans la confidence, il aidait la vieille fille à bien placer son argent. Mais mademoiselle de Pen-Hoël aurait-elle eu trois cent mille francs en or, somme à laquelle étaient évaluées ses économies; eût-elle eu dix fois plus de terres qu'elle n'en possédait, les du Guénic ne se seraient pas permis une attention qui pût faire croire à la vieille fille qu'on pensât à sa fortune. Par un sentiment de fierté bretonne admirable, Jacqueline de Pen-Hoël, heureuse de la suprématie affectée par sa vieille amie Zéphirine et par les du Guénic, se montrait toujours honorée de la visite que daignaient lui faire la fille des rois d'Irlande et Zéphirine. Elle allait jusqu'à cacher avec soin l'espèce de sacrifice auquel elle consentait tous les soirs en laissant son petit domestique brûler chez les du Guénic un *oribus*, nom de cette chandelle couleur de pain d'épice qui se consomme dans certaines parties de l'Ouest. Ainsi cette vieille et riche fille était la noblesse, la fierté, la grandeur en personne. Au moment où vous lisez son portrait, une indiscrétion de l'abbé Grimont a fait savoir que dans la soirée où le vieux baron, le jeune chevalier et Gasselin décampèrent munis de leurs sabres et de leurs canardières pour rejoindre

Madame en Vendée, à la grande terreur de Fanny, à la grande joie des Bretons, mademoiselle de Pen-Hoël avait remis au baron une somme de dix mille livres en or, immense sacrifice corroboré de dix mille autres livres, produit d'une dîme récoltée par le curé que le vieux partisan fut chargé d'offrir à la mère de Henri V, au nom des Pen-Hoël et de la paroisse de Guérande. Cependant elle traitait Calyste en femme qui se croyait des droits sur lui ; ses projets l'autorisaient à le surveiller ; non qu'elle apportât des idées étroites en matière de galanterie, elle avait l'indulgence des vieilles femmes de l'ancien régime ; mais elle avait en horreur les mœurs révolutionnaires. Calyste, qui peut-être aurait gagné dans son esprit par des aventures avec des Bretonnes, eût perdu considérablement s'il eût donné dans ce qu'elle appelait les nouveautés. Mademoiselle de Pen-Hoël, qui eût déterré quelque argent pour apaiser une fille séduite, aurait cru Calyste un dissipateur en lui voyant mener un tilbury, en l'entendant parler d'aller à Paris. Si elle l'avait surpris lisant des revues ou des journaux impies, on ne sait ce dont elle aurait été capable. Pour elle, les idées nouvelles, c'était les assolements de terre renversés, la ruine sous le nom d'améliorations et de méthodes, enfin les biens hypothéqués tôt ou tard par suite d'essais. Pour elle, la sagesse est le vrai moyen de faire fortune ; enfin la belle administration consistait à amasser dans ses greniers ses blés noirs, ses seigles, ses chanvres ; à attendre la hausse au risque de passer pour accapareuse, à se coucher sur ses sacs avec obstination. Par un singulier hasard, elle avait souvent rencontré des marchés heureux qui confirmaient ses principes. Elle passait pour malicieuse, elle était néanmoins sans esprit ; mais elle avait un ordre de Hollandais, une prudence de chatte, une persistance de prêtre qui dans un pays si routinier équivalait à la pensée la plus profonde.

— Aurons-nous ce soir monsieur du Halga ? demanda la vieille fille en ôtant ses mitaines de laine tricotée après l'échange des compliments habituels.

— Oui, mademoiselle, je l'ai vu promenant sa chienne sur le mail, répondit le curé.

— Ah ! notre mouche sera donc animée ce soir ? répondit-elle. Hier nous n'étions que quatre.

A ce mot de mouche, le curé se leva pour aller prendre dans le tiroir d'un des bahuts un petit panier rond en fin osier, des jetons

MADEMOISELLE DE PEN-HOËL.

(BÉATRIX.)

d'ivoire devenus jaunes comme du tabac turc par un usage de vingt années, et un jeu de cartes aussi gras que celui des douaniers de Saint-Nazaire qui n'en changent que tous les quinze jours. L'abbé revint disposer lui-même sur la table les jetons nécessaires à chaque joueur, mit la corbeille à côté de la lampe au milieu de la table avec un empressement enfantin et les manières d'un homme habitué à faire ce petit service. Un coup frappé fortement à la manière des militaires retentit dans les profondeurs silencieuses de ce vieux manoir. Le petit domestique de mademoiselle de Pen-Hoël alla gravement ouvrir la porte. Bientôt le long corps sec et méthodiquement vêtu selon le temps du chevalier du Halga, ancien capitaine de pavillon de l'amiral Kergarouët, se dessina en noir dans la pénombre qui régnait encore sur le perron.

— Arrivez, chevalier! cria mademoiselle de Pen-Hoël.
— L'autel est dressé, dit le curé.

Le chevalier était un homme de petite santé, qui portait de la flanelle pour ses rhumatismes, un bonnet de soie noire pour préserver sa tête du brouillard, un spencer pour garantir son précieux buste des vents soudains qui fraîchissent l'atmosphère de Guérande. Il allait toujours armé d'un jonc à pomme d'or pour chasser les chiens qui faisaient intempestivement la cour à sa chienne favorite. Cet homme, minutieux comme une petite-maîtresse, se dérangeant devant les moindres obstacles, parlant bas pour ménager un reste de voix, avait été l'un des plus intrépides et des plus savants hommes de l'ancienne marine. Il avait été honoré de l'estime du bailli de Suffren, de l'amitié du comte de Portenduère. Sa belle conduite comme capitaine du pavillon de l'amiral de Kergarouët était écrite en caractères visibles sur son visage couturé de blessures. A le voir, personne n'eût reconnu la voix qui dominait la tempête, l'œil qui planait sur la mer, le courage indompté du marin breton. Le chevalier ne fumait, ne jurait pas; il avait la douceur, la tranquillité d'une fille, et s'occupait de sa chienne Thisbé et de ses petits caprices avec la sollicitude d'une vieille femme. Il donnait ainsi la plus haute idée de sa galanterie défunte. Il ne parlait jamais des actes surprenants qui avaient étonné le comte d'Estaing. Quoiqu'il eût une attitude d'invalide et marchât comme s'il eût craint à chaque pas d'écraser des œufs, qu'il se plaignît de la fraîcheur de la brise, de l'ardeur du soleil, de l'humidité du brouillard, il montrait des dents blanches enchâssées dans des gencives rouges qui rassuraient sur sa maladie, un peu coûteuse d'ailleurs, car elle consistait à faire quatre repas d'une ampleur monastique. Sa charpente, comme celle du baron, était osseuse et d'une force indestructible, couverte d'un parchemin collé sur ses os comme la peau d'un cheval arabe sur les nerfs qui semblent reluire au soleil. Son teint avait gardé une couleur de bistre, due à ses voyages aux Indes, desquels il n'avait rapporté ni une idée ni une histoire. Il avait émigré, il avait perdu sa fortune, puis retrouvé la croix de Saint-Louis et une pension de deux mille francs légitimement due à ses services, et payée par la caisse des Invalides de la marine. La légère hypocondrie qui lui faisait inventer mille maux imaginaires s'expliquait facilement par ses souffrances pendant l'émigration. Il avait servi dans la marine russe jusqu'au jour où l'empereur Alexandre voulut l'employer contre la France ; il donna sa démission et alla vivre à Odessa, près du duc de Richelieu avec lequel il revint, et qui fit liquider la pension due à ce débris glorieux de l'ancienne marine bretonne. A la mort de Louis XVIII, époque à laquelle il revint à Guérande, le chevalier du Halga devint maire de la ville. Le curé, le chevalier, mademoiselle de Pen-Hoël, avaient depuis quinze ans l'habitude de passer leurs soirées à l'hôtel du Guénic, où venaient également quelques personnages nobles de la ville et de la contrée. Chacun devine aisément dans les du Guénic les chefs du petit faubourg Saint-Germain de l'arrondissement, où ne pénétrait aucun des membres de l'administration envoyée par le nouveau gouvernement. Depuis six ans le curé toussait à l'endroit critique du *Domine, salvum fac regem*. La politique en était toujours là dans Guérande.

La mouche est un jeu qui se joue avec cinq cartes et avec une retourne. La retourne détermine l'atout. A chaque coup, le joueur est libre d'en courir les chances ou de s'abstenir. En s'abstenant, il ne perd que son enjeu, car tant qu'il n'y a pas de *remises* au panier, chaque joueur mise une faible somme. En jouant, le joueur est tenu de faire une levée qui se paye au prorata de la mise. S'il y a cinq sous au panier, la levée vaut un sou. Le joueur qui ne fait pas de levée est mis à la mouche : il doit alors tout l'enjeu, qui grossit le panier au coup suivant. On inscrit les mouches dues; elles se mettent l'une après l'autre au panier par ordre de capital, le plus gros passant avant le plus faible. Ceux qui renoncent à jouer donnent leurs cartes pendant le coup, mais ils sont considérés comme nuls. Les cartes du talon s'échangent, comme à l'écarté, mais par ordre de primauté. Chacun prend autant de cartes qu'il en veut, en sorte que le premier en cartes et le second peuvent absorber le talon à eux deux. La retourne appartient à celui qui distribue les cartes, qui est alors le dernier, et auquel appartient la retourne; il a le droit de l'échanger contre une des cartes de son jeu. Une carte terrible emporte toutes les autres, elle se nomme Mistigris. Mistigris est le valet de trèfle. Ce jeu, d'une excessive simplicité, ne manque pas d'intérêt. La cupidité naturelle à l'homme s'y développe aussi bien que les finesses diplomatiques et les jeux de physionomie. A l'hôtel du Guénic, chacun des joueurs prenait vingt jetons et répondait de cinq sous, ce qui portait la somme totale de l'enjeu à cinq liards par coup, somme majeure aux yeux de ces personnes. En supposant beaucoup de bonheur, on pouvait gagner cinquante sous, capital que personne à Guérande ne dépensait dans sa journée. Aussi mademoiselle de Pen-Hoël apportait-elle à ce jeu, dont l'innocence n'est surpassée dans la nomenclature de l'Académie que par celui de la Bataille, une passion égale à celle des chasseurs dans une grande partie de chasse. Mademoiselle Zéphirine, qui était de moitié dans le jeu de la baronne, n'attachait pas une importance moindre à la mouche. Avancer un liard pour risquer d'en avoir cinq, de coup en coup, constituait pour la vieille thésauriseuse une opération financière immense, à laquelle elle mettait autant d'action intérieure que le plus avide spéculateur en met pendant la tenue de la Bourse à la hausse et à la baisse des rentes. Par une convention diplomatique, en date de septembre 1825, après une soirée où mademoiselle de Pen-Hoël perdit trente-sept sous, le jeu cessait dès qu'une personne en manifestait le désir après avoir dissipé dix sous. La politesse ne permettait pas de causer à un joueur le petit chagrin de voir jouer la mouche sans qu'il y prît part. Mais toutes les passions ont leur jésuitisme. Le chevalier et le baron, ces deux vieux politiques, avaient trouvé moyen d'éluder la charte. Quand tous les joueurs désiraient vivement de prolonger une émouvante partie, le hardi chevalier du Halga, l'un de ces garçons prodigues et riches des dépenses qu'ils ne font pas, offrait toujours dix jetons à mademoiselle de Pen-Hoël ou à Zéphirine quand l'une d'elles ou toutes deux avaient perdu leurs cinq sous, à condition de les lui restituer en cas de gain. Un vieux garçon pouvait se permettre cette galanterie envers des demoiselles. Le baron offrait aussi dix jetons aux deux vieilles filles, sous prétexte de continuer la partie. Les deux avares acceptaient toujours, non sans se faire prier, selon les us et coutumes des filles. Pour s'abandonner à cette prodigalité, le baron et le chevalier devaient avoir gagné, sans quoi cette offre eût pris le caractère d'une offense. La mouche était brillante quand une demoiselle de Kergarouët tout court était en transit chez sa tante, car là les Kergarouët n'avaient jamais pu se faire nommer Kergarouët-Pen-Hoël par personne, pas même par les domestiques, lesquels avaient à cet égard des ordres formels. La tante montrait à sa nièce la mouche à faire chez les du Guénic, comme un plaisir insigne. La petite avait ordre d'être aimable, chose assez facile quand elle voyait le beau Calyste, de qui raffolaient les quatre demoiselles de Kergarouët. Ces jeunes personnes, élevées en pleine civilisation moderne, tenaient peu à cinq sous et faisaient mouche sur mouche. Il y avait alors des mouches inscrites dont le total s'élevait quelquefois à cent sous, et qui étaient échelonnées depuis deux sous et demi jusqu'à dix sous. C'était des soirées de grandes émotions pour la vieille aveugle. Les levées s'appellent des *mains* à Guérande. La baronne faisait sur le pied de sa belle-sœur un nombre de pressions égal au nombre de mains qui, d'après son jeu, étaient sûres. Jouer ou ne pas jouer, selon les occasions où le panier était plein, entraînait des discussions intérieures où la cupidité luttait avec la peur. On se demandait l'un à l'autre : Irez-vous ? en manifestant des sentiments d'envie contre ceux qui avaient assez beau jeu pour tenter le sort, et des sentiments de désespoir quand il fallait s'abstenir. Si Charlotte de Kergarouët, généralement taxée de folie, était heureuse dans ses hardiesses, en revenant, sa tante, quand elle n'avait rien gagné, lui marquait de la froideur et lui faisait quelques leçons : elle avait trop de décision dans le caractère, une jeune personne ne devait pas rompre en visière à des gens respectables, elle avait une manière insolente de prendre le panier ou d'aller au jeu ; les mœurs d'une jeune personne exigeaient un peu plus de réserve et de modestie ; on ne riait pas du malheur des autres, etc. Les plaisanteries éternelles et qui se disaient mille fois par an, mais toujours nouvelles, roulaient sur l'attelage à donner au panier quand il était trop chargé. On parlait d'atteler des bœufs, des éléphants, des chevaux, des ânes, des chiens. Après vingt ans, personne ne s'apercevait de ces redites. La proposition excitait toujours le même sourire. Il en était de même des mots que le chagrin de voir prendre un panier plein dictait à ceux qui l'avaient engraissé sans en rien prendre. Les cartes se donnaient avec une lenteur automatique. On causait en poitrinant. Ces dignes et nobles personnes avaient l'adorable petitesse de se défier les unes des autres au jeu. Mademoiselle de Pen-Hoël accusait presque toujours le curé de tricherie quand il prenait un panier. — Il est singulier, disait alors le curé, que je ne triche jamais quand je suis à la mouche. Personne ne lâchait sa carte sur le tapis sans des calculs profonds, sans des regards fins et des mots plus ou moins astucieux, sans des remarques ingénieuses et fines. Les coups étaient, pensez-le bien, entrecoupés de narrations sur les événements arrivés en ville, ou par les discussions sur les affaires politiques. Souvent les joueurs restaient un grand quart d'heure, les cartes appuyées en éventail sur leur estomac, occupés à causer. Si, par suite de ces interruptions, il se trouvait un jeton de moins au panier, tout le monde prétendait avoir mis son jeton. Presque toujours le chevalier complétait l'enjeu, accusé par tous de penser à ses cloches aux oreilles, à sa tête, à ses farfadets, et d'oublier sa mise. Quand le chevalier avait remis un jeton, la vieille Zéphirine ou la malicieuse bossue étaient prises de remords : elles imaginaient alors que peut-être elles n'avaient pas mis, elles croyaient, elles doutaient ; mais enfin le chevalier était bien assez riche pour supporter ce petit malheur. Souvent le baron ne savait plus où il en était quand on parlait des infortunes de la maison royale. Quelquefois il arrivait un résultat toujours surprenant pour ces personnes, qui toutes comptaient sur le même gain. Après un certain nombre de parties, chacun avait regagné ses jetons et s'en allait, l'heure étant trop avancée, sans perte ni gain, mais non sans émotion. Dans ces cruelles soirées, il s'élevait des plaintes sur la mouche : la mouche n'avait pas été piquante ; les joueurs accusaient la mouche comme les nègres battent la lune dans l'eau quand le temps est contraire. La soirée passait pour avoir été pâle. On avait bien travaillé pour pas grand'chose. Quand, à sa première visite, le vicomte et la vicomtesse de Kergarouët parlèrent de whist et de boston comme de jeux plus intéressants que la mouche, et furent encouragés à les montrer par la baronne que la mouche ennuyait excessivement, la société de l'hôtel du Guénic s'y prêta, non sans se récrier sur ces innovations ; mais il fut impossible de faire comprendre ces jeux, qui, les Kergarouët partis, furent traités de casse-têtes, de travaux algébriques, de difficultés inouïes. Chacun préférait sa chère mouche, sa petite et agréable mouche. La mouche triompha des jeux modernes comme triomphaient partout les choses anciennes sur les nouvelles en Bretagne.

Pendant que le curé donnait les cartes, la baronne faisait au chevalier du Halga des questions pareilles à celles de la veille sur sa santé. Le chevalier tenait à honneur d'avoir des maux nouveaux. Si les demandes se ressemblaient, le capitaine de pavillon avait un avantage singulier dans ses réponses. Aujourd'hui les fausses côtes l'avaient inquiété. Chose remarquable, ce digne chevalier ne se plaignait jamais de ses blessures. Tout ce qui était sérieux, il s'y attendait, il le connaissait ; mais les choses fantastiques, les douleurs de tête, les chiens qui lui mangeaient l'estomac, les cloches qui bourdonnaient à ses oreilles, et mille autres farfadets l'inquiétaient horriblement ; il se posait comme incurable avec d'autant plus de raison que les médecins ne connaissent aucun remède contre les maux qui n'existent pas.

— Hier il me semble que vous aviez des inquiétudes dans les jambes, dit le curé d'un air grave.

— Ça saute, répondit le chevalier.

— Des jambes au fausses côtes ? demanda mademoiselle Zéphirine.

— Ça ne s'est pas arrêté en chemin ? dit mademoiselle de Pen-Hoël en souriant.

Le chevalier s'inclina gravement en faisant un geste négatif passablement drôle qui eût prouvé à un observateur que, dans sa jeunesse, le marin avait été spirituel, aimant, aimé. Peut-être sa vie fossile à Guérande cachait-elle bien des souvenirs. Quand il était stupidement planté sur ses deux jambes de héron au soleil, au mail, regardant la mer ou les ébats de sa chienne, peut-être revivait-il dans le paradis terrestre d'un passé fertile en souvenirs.

— Voilà le vieux duc de Lenoncourt mort, dit le baron en se rappelant le passage où sa femme en était restée de *la Quotidienne*. Allons, le premier gentilhomme de la chambre du roi n'a pas tardé de rejoindre son maître. J'irai bientôt aussi.

— Mon ami, mon ami ! lui dit sa femme en frappant doucement sur la main osseuse et calleuse de son mari.

— Laissez-le dire, ma sœur, dit Zéphirine, tant que je serai dessus il ne sera pas dessous : il est mon cadet.

Un gai sourire erra sur les lèvres de la vieille fille. Quand le baron avait laissé échapper une réflexion de ce genre, les joueurs et les gens en visite se regardaient avec émotion, inquiets de la tristesse du roi de Guérande. Les personnages venus pour le voir se disaient en s'en allant : — Monsieur du Guénic était triste. Avez-vous vu comme il dort ? Et le lendemain tout Guérande causait de cet événement. — Le baron du Guénic baisse ! Cette phrase ouvrait les conversations dans tous les ménages.

— Thisbé va bien ? demanda mademoiselle de Pen-Hoël au chevalier dès que les cartes furent données.

— Cette pauvre petite est comme moi, répondit le chevalier, elle a des maux de nerfs, elle relève constamment une de ses pattes en courant. Tenez, comme ça !

Pour imiter sa chienne et crisper un de ses bras en le levant, le chevalier laissa voir son jeu à sa voisine la bossue, qui voulait savoir s'il avait de l'atout ou le Mistigris. C'était une première finesse à laquelle il succomba.

— Oh ! dit la baronne, le bout du nez de monsieur le curé blanchit, il a Mistigris.

Le plaisir d'avoir Mistigris était si vif chez le curé, comme chez les autres joueurs, que le pauvre prêtre ne savait pas le cacher. Il est dans toute figure humaine une place où les secrets mouvements du cœur se trahissent, et ces personnes habituées à s'observer avaient fini, après quelques années, par découvrir l'endroit faible chez le curé : quand il avait le Mistigris le bout de son nez blanchissait. On se gardait bien alors d'aller au jeu.

— Vous avez eu du monde aujourd'hui chez vous ? dit le chevalier à mademoiselle de Pen-Hoël.

— Oui, l'un des cousins de mon beau-frère. Il m'a surprise en m'annonçant le mariage de madame la comtesse de Kergarouët, une demoiselle de Fontaine...

— Une fille à *Grand-Jacques*, s'écria le chevalier qui pendant son séjour à Paris n'avait jamais quitté son amiral.

— La comtesse est son héritière, elle a épousé un ancien ambassadeur. Il m'a raconté les plus singulières choses sur notre voisine, mademoiselle des Touches, mais si singulières que je ne veux pas les croire. Calyste ne serait pas si assidu chez elle, il a bien assez de bon sens pour s'apercevoir de pareilles monstruosités.

— Monstruosités ?... dit le baron réveillé par ce mot.

La baronne et le curé se jetèrent un regard d'intelligence. Les cartes étaient données, la vieille fille avait Mistigris, elle ne voulut pas continuer cette conversation, heureuse de cacher sa joie à la faveur de la stupéfaction générale causée par son mot.

— A vous de jeter une carte, monsieur le baron, dit-elle en poitrinant.

— Mon neveu n'est pas de ces jeunes gens qui aiment les monstruosités, dit Zéphirine en fourgonnant sa tête.

— Mistigris, s'écria mademoiselle de Pen-Hoël qui ne répondit pas à son amie.

Le curé, qui paraissait instruit de toute l'affaire de Calyste et de mademoiselle des Touches, n'entra pas en lice.

— Que fait-elle donc d'extraordinaire, mademoiselle des Touches? demanda le baron.

— Elle fume, dit mademoiselle de Pen-Hoël.

— C'est très-sain, dit le chevalier.

— Ses terres ?... demanda le baron.

— Ses terres, reprit la vieille fille, elle les mange.

— Tout le monde y est allé, tout le monde est à la mouche, j'ai le roi, la dame, le valet d'atout, Mistigris et un roi, dit la baronne. A nous le panier, ma sœur.

Ce coup, gagné sans qu'on jouât, attéra mademoiselle de Pen-Hoël, qui cessa de s'occuper de Calyste et de mademoiselle des Touches. A neuf heures il ne resta plus dans la salle que la baronne et le curé. Les quatre vieillards étaient allés se coucher. Le chevalier accompagna, selon son habitude, mademoiselle de Pen-Hoël jusqu'à sa maison, située sur la place de Guérande, en faisant des réflexions sur la finesse du dernier coup, sur leur plus ou moins de bonheur, ou sur le plaisir toujours nouveau avec lequel mademoiselle Zéphirine engouffrait son gain dans sa poche, car la vieille aveugle ne réprimait plus sur son visage l'expression de ses sentiments. La préoccupation de madame du Guénic fit les frais de cette conversation. Le chevalier avait remarqué les distractions de sa charmante Irlandaise. Sur le pas de sa porte, quand son petit domestique fut monté, la vieille fille répondit confidentiellement, aux suppositions faites par le chevalier du Halga sur l'air extraordinaire de la baronne, ce mot gros d'intérêt : — J'en sais la cause. Calyste est perdu si nous ne le marions promptement. Il aime mademoiselle des Touches, une comédienne.

— En ce cas, faites venir Charlotte.

— Ma sœur aura ma lettre demain, dit mademoiselle de Pen-Hoël en saluant le chevalier.

Jugez d'après cette soirée normale du vacarme que devaient produire dans les intérieurs de Guérande l'arrivée, le séjour, le départ ou seulement le passage d'un étranger.

Quand aucun bruit ne retentit plus ni dans la chambre du baron ni dans celle de sa sœur, madame du Guénic regarda le curé qui jouait pensivement avec des jetons.

— J'ai deviné que vous avez enfin partagé mes inquiétudes sur Calyste, lui dit-elle.

— Avez-vous vu l'air pincé qu'avait mademoiselle de Pen-Hoël ce soir? demanda le curé.

— Oui, répondit la baronne.

— Elle a, je le sais, reprit le curé, les meilleures intentions pour notre cher Calyste, elle le chérit comme s'il était son fils; et sa conduite en Vendée aux côtés de son père, les louanges que MADAME a faites de son dévouement ont augmenté l'affection que mademoiselle de Pen-Hoël lui porte. Elle assurera par donation entre vifs toute sa fortune à celle de ses nièces que Calyste épousera. Je sais que vous avez en Irlande un parti beaucoup plus riche pour votre cher Calyste; mais il vaut mieux avoir deux cordes à son arc. Au cas où votre famille ne se chargerait pas de l'établissement de Calyste, la fortune de mademoiselle de Pen-Hoël n'est pas à dédaigner. Vous trouverez toujours pour ce cher enfant un parti de sept mille livres de rente; mais vous ne trouverez pas les économies de quarante ans ni des terres administrées, bâties, réparées comme le sont celles de mademoiselle de Pen-Hoël. Cette femme impie, mademoiselle des Touches, est venue gâter bien des choses! On a fini par avoir de ses nouvelles.

— Hé! bien? dit la mère.

— Oh! une gaupe, une gourgandine, s'écria le curé, une femme de mœurs équivoques, occupée de théâtre, hantant les comédiens et les comédiennes, mangeant sa fortune avec des folliculaires, des peintres, des musiciens, la société du diable, enfin! Elle prend, pour écrire ses livres, un faux nom sous lequel elle est, dit-on, plus connue que sous celui de Félicité des Touches. Une vraie baladine qui, depuis sa première communion, n'est entrée dans une église que pour y voir des statues ou des tableaux. Elle a dépensé sa fortune à décorer les Touches de la plus inconvenante façon, pour en faire un paradis de Mahomet où les houris ne sont pas femmes. Il s'y boit pendant son séjour plus de vins fins que dans tout Guérande durant une année. Les demoiselles Bougniol ont logé l'année dernière des hommes à barbe de bouc, soupçonnés d'être des Bleus, qui venaient chez elle et qui chantaient des chansons impies à faire rougir et pleurer ces vertueuses filles. Voilà la femme qu'adore en ce moment monsieur le chevalier. Elle voudrait avoir ce soir un de ces infâmes livres où les athées d'aujourd'hui se moquent de tout, le chevalier viendrait seller son cheval lui-même et partirait au grand galop le lui chercher à Nantes. Je ne sais si Calyste en ferait autant pour l'Église. Enfin elle n'est pas royaliste. Il faudrait aller faire le coup de fusil pour la bonne cause, si mademoiselle des Touches ou le sieur Camille Maupin, tel est son nom, je me le rappelle maintenant, voulait garder Calyste près de lui, le chevalier laisserait aller son vieux père tout seul.

— Non, dit la baronne.

— Je ne voudrais pas le mettre à l'épreuve, vous pourriez trop en souffrir, répondit le curé. Tout Guérande est sens dessus dessous de la passion du chevalier pour cet être amphibie qui n'est ni homme ni femme, qui fume comme un housard, écrit comme un journaliste, et dans ce moment loge chez elle le plus vénéneux de tous les écrivains, selon le directeur de la poste, ce juste-milieu qui lit les journaux. Il en est question à Nantes. Ce matin, ce cousin de Kergarouët qui voudrait faire épouser à Charlotte un homme de soixante mille livres de rentes, est venu voir mademoiselle de Pen-Hoël et lui a tourné l'esprit avec des narrés sur mademoiselle des Touches qui ont duré sept heures. Voici dix heures quart moins qui sonnent au clocher, et Calyste ne rentre pas, il est aux Touches, peut-être n'en reviendra-t-il qu'au matin.

La baronne écoutait le curé, qui substituait le monologue au dialogue sans s'en apercevoir ; il regardait son ouaille sur la figure de laquelle se lisaient des sentiments inquiets. La baronne rougissait et tremblait. Quand l'abbé Grimont vit rouler des larmes dans les beaux yeux de cette mère atterrée, il fut attendri.

— Je verrai demain mademoiselle de Pen-Hoël, rassurez-vous, dit-il d'une voix consolante. Le mal n'est peut-être pas aussi grand qu'on le dit, je saurai la vérité. D'ailleurs mademoiselle Jacqueline a confiance en moi. Puis Calyste est notre élève et ne se laissera pas ensorceler par le démon. Il ne voudra pas troubler la paix dont jouit sa famille ni déranger les plans que nous formons pour son avenir. Ainsi, ne pleurez pas, tout n'est pas perdu, madame : une faute n'est pas le vice.

— Vous ne m'apprenez que des détails, dit la baronne. N'ai-je pas été la première à m'apercevoir du changement de Calyste. Une mère sent bien vivement la douleur de n'être plus qu'en second dans le cœur de son fils, ou le chagrin de ne pas y être seule. Cette phase de la vie de l'homme est un des maux de la maternité ; mais, tout en m'y attendant, je ne croyais pas que ce fût sitôt. Enfin j'aurais voulu qu'au moins il mît dans son cœur une noble et belle créature et non une histrionne, une baladine, une femme de théâtre, un auteur habitué à feindre des sentiments, une mauvaise femme qui le trompera et le rendra malheureux. Elle a eu des aventures...

— Avec plusieurs hommes, dit l'abbé Grimont. Cette impie est pourtant née en Bretagne ! Elle déshonore son pays. Je ferai dimanche un prône à son sujet.

— Gardez-vous-en bien, dit la baronne. Les paludiers, les paysans seraient capables de se porter aux Touches. Calyste est digne de son nom, il est Breton, il pourrait arriver quelque malheur s'il y était, car il la défendrait comme s'il s'agissait de la sainte Vierge.

— Voici dix heures, je vous souhaite une bonne nuit, dit l'abbé Grimont en allumant l'oribus de son falot dont les vitres étaient claires et le métal étincelant, ce qui révélait les soins minutieux de sa gouvernante pour toutes les choses au logis. Qui m'eût dit, madame, reprit-il, qu'un jeune homme nourri par vous, élevé par moi dans les idées chrétiennes, un fervent catholique, un enfant qui vivait comme un agneau sans tache, irait se plonger dans un pareil bourbier ?

— Est-ce donc bien sûr ? dit la mère. Mais comment une femme n'aimerait-elle pas Calyste ?

— Il n'en faut pas d'autres preuves que le séjour de cette sorcière aux Touches. Voilà, depuis vingt-quatre ans qu'elle est majeure, le temps le plus long qu'elle y reste. Ses apparitions, heureusement pour nous, duraient peu.

— Une femme de quarante ans, dit la baronne. J'ai entendu dire en Irlande qu'une femme de ce genre est la maîtresse la plus dangereuse pour un jeune homme.

— En ceci je suis un ignorant, répondit le curé. Je mourrai même dans mon ignorance.

— Hélas ! et moi aussi, dit naïvement la baronne. Je voudrais maintenant avoir aimé d'amour, pour observer, conseiller, consoler Calyste.

Le curé ne traversa pas seul la petite cour proprette, la baronne l'accompagna jusqu'à la porte en espérant entendre le pas de Calyste dans Guérande ; mais elle n'entendit que le bruit lourd de la prudente démarche du curé qui finit par s'affaiblir dans le lointain, et qui cessa lorsque, dans le silence de la ville, la porte du presbytère retentit en se fermant. La pauvre mère rentra désolée en apprenant que la ville était au fait de ce qu'elle croyait être seule à savoir. Elle s'assit, raviva la mèche de la lampe en la coupant avec de vieux ciseaux, et reprit la tapisserie à la main qu'elle faisait en attendant Calyste. La baronne se flattait ainsi de forcer son fils à revenir plus tôt, à passer moins de temps chez mademoiselle des Touches. Ce calcul de la jalousie maternelle était inutile. De jour en jour les visites de Calyste aux Touches devenaient plus fréquentes, et chaque soir il revenait plus tard ; enfin la veille le chevalier n'était rentré qu'à minuit. La baronne, perdue dans sa méditation maternelle, tirait ses points avec l'activité des personnes qui pensent en faisant quelque ouvrage manuel. Qui l'eût vue ainsi penchée à la lueur de cette lampe, sous les lambris quatre fois centenaires de cette salle, aurait admiré ce sublime portrait. Fanny avait une telle transparence de chair qu'on aurait pu lire ses pensées sur son front. Tantôt piquée des curiosités qui viennent aux femmes pures, elle se demandait quels secrets diaboliques possédaient ces filles de Baal pour autant charmer les hommes, et leur faire oublier mère, famille, pays, intérêt. Tantôt elle allait jusqu'à vouloir rencontrer cette femme, afin de la juger sainement. Elle mesurait l'étendue des ravages que l'esprit novateur du siècle, peint comme si dangereux pour les jeunes âmes par le curé, devait faire sur son unique enfant, jusqu'alors aussi candide, aussi pur qu'une jeune fille innocente, dont la beauté n'eût pas été plus fraîche que la sienne.

Calyste, ce magnifique rejeton de la plus vieille race bretonne et du sang irlandais le plus noble, avait été soigneusement élevé par sa mère. Jusqu'au moment où la baronne le remit au curé de Guérande, elle était certaine qu'aucun mot impur, qu'aucune idée mauvaise n'avaient souillé les oreilles ni l'entendement de son fils. La mère, après l'avoir nourri de son lait, après lui avoir ainsi donné deux fois son sang, put le présenter dans une candeur de vierge au pasteur, qui, par vénération pour cette famille, avait promis de lui donner une éducation complète et chrétienne. Calyste eut l'enseignement du séminaire où l'abbé Grimont avait fait ses études. La baronne lui apprit l'anglais. On trouva, non sans peine, un maître de mathématiques parmi les employés de Saint-Nazaire. Calyste ignorait nécessairement la littérature moderne, la marche et les progrès actuels des sciences. Son instruction avait été bornée à la géographie et à l'histoire circonspectes des pensionnats de demoiselles, au latin et au grec des séminaires, à la littérature des langues mortes et à un choix restreint d'auteurs français. Quand, à seize ans, il commença ce que l'abbé Grimont nommait sa philosophie, il n'était pas moins pur qu'au moment où Fanny l'avait remis au curé. L'Église fut aussi maternelle que la mère. Sans être dévot ni ridicule, l'adoré jeune homme était un fervent catholique. A ce fils si beau, si candide, la baronne voulait arranger une vie heureuse obscure. Elle attendait quelque bien, deux ou trois mille livres sterling d'une vieille tante. Cette somme, jointe à la fortune actuelle des Guénic, pourrait lui permettre de trouver pour Calyste une femme qui lui apporterait douze ou quinze mille livres de revenu. Charlotte de Kergarouët, avec la fortune de sa tante, une riche Irlandaise ou toute autre héritière semblait indifférente à la baronne : elle ignorait l'amour, elle voyait comme toutes les personnes groupées autour d'elle un moyen de fortune dans le mariage. La passion était inconnue à ces âmes catholiques, à ces vieilles gens exclusivement occupés de leur salut, de Dieu, du roi, de leur fortune. Personne ne s'étonnera donc de la gravité des pensées qui servaient d'accompagnement aux sentiments blessés dans le cœur de cette mère, qui vivait autant par les intérêts que par la tendresse de son fils. Si le jeune ménage pouvait écouter la sagesse, à la seconde génération les du Guénic, en vivant de privations, en économisant comme on sait économiser en province, pouvaient racheter leurs terres et reconquérir le lustre de la richesse. La baronne souhaitait une longue vieillesse pour voir poindre l'aurore du bien-être. Mademoiselle du Guénic avait compris et adopté ce plan, que menaçait alors mademoiselle des Touches. La baronne entendit sonner minuit avec effroi ; elle conçut des terreurs affreuses pendant une heure, car le coup d'une heure retentit encore au clocher sans que Calyste fût venu.

— Y resterait-il ? se dit-elle. Ce serait la première fois. Pauvre enfant !

En ce moment le pas de Calyste anima la ruelle. La pauvre mère, dans le cœur de laquelle la joie succédait à l'inquiétude, vola de la salle à la porte et ouvrit à son fils.

— Oh! s'écria Calyste d'un air chagrin, ma mère chérie, pourquoi m'attendre? J'ai le passe-partout et un briquet.

— Tu sais bien, mon enfant, qu'il m'est impossible de dormir quand tu es dehors, dit-elle en l'embrassant.

Quand la baronne fut dans la salle, elle regarda son fils pour deviner, d'après l'expression de son visage, les événements de la soirée; mais il lui causa, comme toujours, cette émotion que l'habitude n'affaiblit pas, que ressentent toutes les mères aimantes à la vue du chef-d'œuvre humain qu'elles ont fait et qui leur trouble toujours la vue pour un moment.

Hormis les yeux noirs pleins d'énergie et de soleil qu'il tenait de son père, Calyste avait les beaux cheveux blonds, le nez aquilin, la bouche adorable, les doigts retroussés, le teint suave, la délicatesse, la blancheur de sa mère. Quoiqu'il ressemblât assez à une fille déguisée en homme, il était d'une force herculéenne. Ses nerfs avaient la souplesse et la vigueur de ressorts en acier, et la singularité de ses yeux noirs n'était pas sans charme. Sa barbe n'avait pas encore poussé. Ce retard annonce, dit-on, une grande longévité. Le chevalier, vêtu d'une redingote courte en velours noir pareil à la robe de sa mère, et garnie de boutons d'argent, avait un foulard bleu, de jolies guêtres et un pantalon de coutil grisâtre. Son front de neige semblait porter les traces d'une grande fatigue, et n'accusait cependant que le poids de pensées tristes. Incapable de soupçonner les peines qui dévoraient le cœur de Calyste, la mère attribuait au bonheur cette altération passagère. Néanmoins Calyste était beau comme un dieu grec, mais beau sans fatuité : d'abord il était habitué à voir sa mère, puis il se souciait fort peu d'une beauté qu'il savait inutile.

— Ces belles joues si pures, pensa-t-elle, où le sang jeune et riche rayonne en mille réseaux, sont donc à une autre femme, maîtresse également de ce front de jeune fille. La passion y amènera mille désordres et ternira ces beaux yeux, humides comme ceux des enfants!

Cette amère pensée serra le cœur de la baronne et troubla son plaisir. Il doit paraître extraordinaire à ceux qui savent calculer que, dans une famille de six personnes obligées de vivre avec trois

mille livres de rente le fils eût une redingote et la mère une robe de
velours; mais Fanny O'Brien avait des tantes et des parents riches
à Londres qui se rappelaient au souvenir de la Bretonne par des
présents. Plusieurs de ses sœurs, richement mariées, s'intéressaient
assez vivement à Calyste pour penser à lui trouver une héritière, en
le sachant beau et noble, autant que Fanny, leur favorite exilée,
était belle et noble.

— Vous êtes resté plus tard qu'hier aux Touches, mon bien-
aimé, dit enfin la mère d'une voix émue.

— Oui, chère mère, répondit-il sans donner d'explication.

La sécheresse de cette réponse attira des nuages sur le front de la
baronne, qui remit l'explication au lendemain. Quand les mères
conçoivent les inquiétudes que ressentait en ce moment la baronne,
elles tremblent presque devant leurs fils, elles sentent instinctivement les effets de la grande émancipation de l'amour, elles comprennent tout ce que ce sentiment va leur emporter ; mais elles ont
en même temps quelque joie de savoir leurs fils heureux : il y a
comme une bataille dans leur cœur. Quoique le résultat soit leur
fils grandi, devenu supérieur, les véritables mères n'aiment pas cette
tacite abdication, elles aiment mieux leurs enfants petits et proté-
gés. Peut-être est-ce là le secret de la prédilection des mères pour
leurs enfants faibles, disgraciés ou malheureux.

— Tu es fatigué, cher enfant, couche-toi, dit-elle en retenant
ses larmes.

Une mère qui ne sait pas tout ce que fait son fils croit tout perdu,
quand une mère aime autant et est aussi aimée que Fanny. Peut-
être toute autre mère aurait-elle tremblé d'ailleurs autant que madame du Guénic. La patience de vingt années pouvait être rendue
inutile. Ce chef-d'œuvre humain de l'éducation noble, sage et religieuse, Calyste, pouvait être détruit ; le bonheur de sa vie, si bien
préparé, pouvait être à jamais ruiné par une femme.

Le lendemain, Calyste dormit jusqu'à midi ; car sa mère défendit
de l'éveiller, et Mariotte servit à l'enfant gâté son déjeuner au lit.
Les règles inflexibles et quasi conventuelles qui régissaient les heures
des repas cédaient aux caprices du chevalier. Aussi, quand on voulait arracher à mademoiselle du Guénic son trousseau de clefs pour
donner en dehors des repas quelque chose qui eût nécessité des
explications interminables, n'y avait-il pas d'autre moyen que de
prétexter une fantaisie de Calyste. Vers une heure, le baron, sa

femme et mademoiselle étaient réunis dans la salle, car ils dînaient à trois heures. La baronne avait repris la *Quotidienne* et l'achevait à son mari, toujours un peu plus éveillé avant ses repas. Au moment où madame du Guénic allait terminer sa lecture, elle entendit au second étage le bruit des pas de son fils, et laissa tomber le journal en disant : — Calyste va sans doute encore dîner aux Touches, il vient de s'habiller.

— S'il s'amuse, cet enfant, dit la vieille en prenant un sifflet d'argent dans sa poche et sifflant.

Mariotte passa par la tourelle et déboucha par la porte de communication que cachait une portière en étoffe de soie pareille à celle des rideaux.

— Plaît-il, dit-elle, avez-vous besoin de quelque chose ?

— Le chevalier dîne aux Touches, supprimez la *lubine*.

— Mais nous n'en savons rien encore, dit l'Irlandaise.

— Vous en paraissez fâchée, ma sœur; je le devine à votre accent, dit l'aveugle.

— Monsieur Grimont a fini par apprendre des choses graves sur mademoiselle des Touches, qui, depuis un an, a bien changé notre cher Calyste.

— En quoi? demanda le baron.

— Mais il lit toutes sortes de livres.

— Ah! ah! fit le baron, voilà donc pourquoi il néglige la chasse et son cheval.

— Elle a des mœurs répréhensibles et porte un nom d'homme, reprit madame du Guénic.

— Un nom de guerre, dit le vieillard. Je me nommais l'*Intimé*, le comte de Fontaine *Grand-Jacques*, le marquis de Montauran le *Gars*. J'étais l'ami de *Ferdinand*, qui ne s'est pas plus soumis que moi. C'était le bon temps! on se tirait des coups de fusil, et l'on s'amusait tout de même par-ci par-là.

Ce souvenir de guerre qui remplaçait l'inquiétude paternelle attrista pour un moment Fanny. La confidence du curé, le manque de confiance chez son fils l'avaient empêchée de dormir, elle.

— Quand monsieur le chevalier aimerait mademoiselle des Touches, où serait le malheur ? dit Mariotte. Elle a trente mille écus de rentes, et elle est belle.

— Que dis-tu donc là, Mariotte? s'écria le vieillard. Un du Guénic épouser une des Touches! Les des Touches n'étaient pas

encore nos écuyers au temps où Duguesclin regardait notre alliance
comme un insigne honneur.

— Une fille qui porte un nom d'homme, Camille Maupin ! dit la
baronne.

— Les Maupin sont anciens, dit le vieillard, ils sont de Normandie, et portent *de gueules à trois*... Il s'arrêta. Mais elle ne peut pas
être à la fois des Touches et Maupin.

— Elle se nomme Maupin au théâtre.

— Une des Touches ne saurait être comédienne, dit le vieillard.
Si vous ne m'étiez pas connue, Fanny, je vous croirais folle.

— Elle écrit des pièces, des livres, dit encore la baronne.

— Des livres ? dit le vieillard en regardant sa femme d'un air
aussi surpris que si on lui eût parlé d'un miracle. J'ai ouï dire que
mademoiselle Scudéry et madame de Sévigné avaient écrit, ce n'est
pas ce qu'elles ont fait de mieux ; mais il a fallu, pour de tels prodiges, Louis XIV et sa cour.

— Vous dînerez aux Touches, n'est-ce pas, monsieur ? dit Mariotte à Calyste qui se montra.

— Probablement, répondit le jeune homme.

Mariotte n'était pas curieuse, elle faisait partie de la famille, elle
sortit sans chercher à entendre la question que madame du Guénic
allait adresser à Calyste.

— Vous allez encore aux Touches, mon Calyste ? Elle appuya sur
ce mot, *mon* Calyste. Et les Touches ne sont pas une honnête et
décente maison. La maîtresse mène une folle vie, elle corrompra
notre Calyste. Camille Maupin lui a fait lire bien des volumes, elle
a eu bien des aventures ! Et vous saviez tout cela, méchant enfant,
et nous n'en avons rien dit à nos vieux amis !

— Le chevalier est discret, répondit le père, une vertu du vieux
temps.

— Trop discret, dit la jalouse Irlandaise en voyant la rougeur qui
couvrait le front de son fils.

— Ma chère mère, dit Calyste en se mettant aux genoux de la
baronne, je ne crois pas qu'il soit bien nécessaire de publier mes
défaites. Mademoiselle des Touches, ou, si vous voulez, Camille
Maupin a rejeté mon amour, il y a dix-huit mois, à son dernier séjour ici. Elle s'est alors doucement moquée de moi : elle pourrait
être ma mère, disait-elle ; une femme de quarante ans qui aimait
un mineur commettait une espèce d'inceste, elle était incapable

d'une pareille dépravation. Elle m'a fait enfin mille plaisanteries qui m'ont accablé, car elle a de l'esprit comme un ange. Aussi, quand elle m'a vu pleurant à chaudes larmes, m'a-t-elle consolé en m'offrant son amitié de la manière la plus noble. Elle a plus de cœur encore que de talent; elle est généreuse autant que vous. Je suis maintenant comme son enfant. Puis, à son retour, en apprenant qu'elle en aimait un autre, je me suis résigné. Ne répétez pas les calomnies qui courent sur elle : Camille est artiste, elle a du génie, et mène une de ces existences exceptionnelles que l'on ne saurait juger comme les existences ordinaires.

— Mon enfant, dit la religieuse Fanny, rien ne peut dispenser une femme de se conduire comme le veut l'Église. Elle manque à ses devoirs envers Dieu, envers la société en abjurant les douces religions de son sexe. Une femme commet déjà des péchés en allant au théâtre; mais écrire les impiétés que répètent les acteurs, courir le monde, tantôt avec un ennemi du pape, tantôt avec un musicien, ah! vous aurez de la peine, Calyste, à me persuader que ces actions soient des actes de foi, d'espérance ou de charité. Sa fortune lui a été donnée par Dieu pour faire le bien, à quoi lui sert la sienne?

Calyste se releva soudain, il regarda sa mère et lui dit : — Ma mère, Camille est mon amie; je ne saurais entendre parler d'elle ainsi, car je donnerais ma vie pour elle.

— Ta vie? dit la baronne en regardant son fils d'un air effrayé, ta vie est notre vie à tous.

— Mon beau neveu a dit là bien des mots que je ne comprends pas, s'écria doucement la vieille aveugle en se tournant vers lui.

— Où les a-t-il appris? dit la mère, aux Touches.

— Mais, ma mère chérie, elle m'a trouvé ignorant comme une carpe.

— Tu savais les choses essentielles en connaissant bien les devoirs que nous enseigne la religion, répondit la baronne. Ah! cette femme détruira tes nobles et saintes croyances.

La vieille fille se leva, étendit solennellement les mains vers son frère, qui sommeillait.

— Calyste, dit-elle d'une voix qui partait du cœur, ton père n'a jamais ouvert de livres, il parle breton, il a combattu dans le danger pour le roi et pour Dieu. Les gens instruits avaient fait le mal, et les gentilshommes savants avaient quitté leur patrie. Apprends si tu veux !

Elle se rassit et se remit à tricoter avec l'activité que lui prêtait son émotion intérieure. Calyste fut frappé de ce discours à la Phocion.

— Enfin, mon ange, j'ai le pressentiment de quelque malheur pour toi dans cette maison, dit la mère d'une voix altérée et en roulant des larmes.

— Qui fait pleurer Fanny ? s'écria le vieillard réveillé en sursaut par le son de voix de sa femme. Il regarda sa sœur, son fils et la baronne. — Qu'y a-t-il ?

— Rien, mon ami, répondit la baronne.

— Maman, répondit Calyste à l'oreille de sa mère et à voix basse, il m'est impossible de m'expliquer en ce moment, mais ce soir nous causerons. Quand vous saurez tout, vous bénirez mademoiselle des Touches.

— Les mères n'aiment pas à maudire, répondit la baronne, et je ne maudirais pas la femme qui aimerait bien mon Calyste.

Le jeune homme dit adieu à son vieux père et sortit. Le baron et sa femme se levèrent pour le regarder passer dans la cour, ouvrir la porte et disparaître. La baronne ne reprit pas le journal, elle était émue. Dans cette vie si tranquille, si unie, la courte discussion qui venait d'avoir lieu équivalait à une querelle chez une autre famille. Quoique calmée, l'inquiétude de la mère n'était d'ailleurs pas dissipée. Où cette amitié, qui pouvait réclamer la vie de Calyste et la mettre en péril, l'allait-elle mener ! Comment la baronne aurait-elle à bénir mademoiselle des Touches ? Ces deux questions étaient aussi graves pour cette âme simple que pour des diplomates la révolution la plus furieuse. Camille Maupin était une révolution dans cet intérieur doux et calme.

— J'ai bien peur que cette femme ne nous le gâte, dit-elle en reprenant le journal.

— Ma chère Fanny, dit le vieux baron d'un air égrillard, vous êtes trop ange pour concevoir ces choses-là. Mademoiselle des Touches est, dit-on, noire comme un corbeau, forte comme un Turc, elle a quarante ans, notre cher Calyste devait s'adresser à elle. Il fera quelques petits mensonges bien honorables pour cacher son bonheur. Laissez-le s'amuser à sa première tromperie d'amour.

— Si c'était une autre femme...

— Mais, chère Fanny, si cette femme était une sainte, elle n'accueillerait pas votre fils. La baronne reprit le journal. — J'irai la voir, moi, dit le vieillard, je vous en rendrai compte.

Ce mot ne peut avoir de saveur que par souvenir. Après la biographie de Camille Maupin, figurez-vous le vieux baron aux prises avec cette femme illustre ?

La ville de Guérande, qui depuis deux mois voyait Calyste, sa fleur et son orgueil, allant tous les jours, le soir ou le matin, souvent soir et matin, aux Touches, pensait que mademoiselle Félicité des Touches était passionnément éprise de ce bel enfant, et qu'elle pratiquait sur lui des sortiléges. Plus d'une jeune fille et d'une jeune femme se demandaient quels priviléges étaient ceux des vieilles femmes pour exercer sur un ange un empire si absolu. Aussi, quand Calyste traversa la Grand'Rue pour sortir par la porte du Croisic, plus d'un regard s'attacha-t-il sur lui.

Il devient maintenant nécessaire d'expliquer les rumeurs qui planaient sur le personnage que Calyste allait voir. Ces bruits, grossis par les commérages bretons, envenimés par l'ignorance publique, étaient arrivés jusqu'au curé. Le receveur des contributions, le juge de paix, le chef de la douane de Saint-Nazaire et autres gens lettrés du canton n'avaient pas rassuré l'abbé Grimont en lui racontant la vie bizarre de la femme artiste cachée sous le nom de Camille Maupin. Elle ne mangeait pas encore des petits enfants, elle ne tuait pas des esclaves comme Cléopâtre, elle ne faisait pas jeter un homme à la rivière comme on en accuse faussement l'héroïne de la Tour de Nesle ; mais pour l'abbé Grimont, cette monstrueuse créature, qui tenait de la sirène et de l'athée, formait une combinaison immorale de la femme et du philosophe, et manquait à toutes les lois sociales inventées pour contenir ou utiliser les infirmités du beau sexe.

De même que Clara Gazul est le pseudonyme femelle d'un homme d'esprit, George Sand le pseudonyme masculin d'une femme de génie, Camille Maupin fut le masque sous lequel se cacha pendant longtemps une charmante fille, très-bien née, une Bretonne, nommée Félicité des Touches, la femme qui causait de si vives inquiétudes à la baronne du Guénic et au bon curé de Guérande. Cette famille n'a rien de commun avec les des Touches de Touraine, auxquels appartient l'ambassadeur du Régent, encore plus fameux aujourd'hui par son nom littéraire que par ses talents diplomatiques. Camille Maupin, l'une des quelques femmes célèbres du dix-neuvième siècle, passa long-temps pour un auteur réel à cause de la virilité de son début. Tout le monde connaît aujourd'hui les deux volumes de pièces non susceptibles de représentation, écrites à la manière de Shakspeare ou de Lopez de Véga, publiées en 1822, et qui firent une sorte de révolution littéraire, quand la grande question des romantiques et des classiques palpitait dans les journaux, dans les cercles, à l'Académie. Depuis, Camille Maupin a donné plusieurs pièces de théâtre et un roman qui n'ont point démenti le succès obtenu par sa première publication, maintenant un peu trop oubliée. Expliquer par quel enchaînement de circonstances s'est accomplie l'incarnation masculine d'une jeune fille, comment Félicité des Touches s'est faite homme et auteur ; pourquoi, plus heureuse que madame de Staël, elle est restée libre et se trouve ainsi plus excusable de sa célébrité, ne sera-ce pas satisfaire beaucoup de curiosités et justifier l'une de ces monstruosités qui s'élèvent dans l'humanité comme des monuments, et dont la gloire est favorisée par la rareté? car, en vingt siècles, à peine compte-t-on vingt grandes femmes. Aussi, quoiqu'elle ne soit ici qu'un personnage secondaire, comme elle eut une grande influence sur Calyste et qu'elle joue un rôle dans l'histoire littéraire de notre époque, personne ne regrettera de s'être arrêté devant cette figure un peu plus de temps que ne le veut la poétique moderne.

Mademoiselle Félicité des Touches s'est trouvée orpheline en 1793. Ses biens échappèrent ainsi aux confiscations qu'auraient sans doute encourues son père et son frère. Le premier mourut au 10 août, tué sur le seuil du palais, parmi les défenseurs du roi, auprès de qui l'appelait son grade de major aux gardes de la porte. Son frère, jeune garde du corps, fut massacré aux Carmes. Mademoiselle des Touches avait deux ans quand sa mère mourut tuée par le chagrin, quelques jours après cette seconde catastrophe. En mourant, madame des Touches confia sa fille à sa sœur, une religieuse de Chelles. Madame de Faucombe, la religieuse, emmena prudemment l'orpheline à Faucombe, terre considérable située près de Nantes, appartenant à madame des Touches, et où la religieuse s'établit avec trois sœurs de son couvent. La populace de Nantes vint pendant les derniers jours de la terreur démolir le château, saisir les religieuses et mademoiselle des Touches, qui furent jetées en prison, accusées par une rumeur calomnieuse d'avoir reçu des émissaires de Pitt et Cobourg. Le 9 thermidor les délivra. La tante de Félicité mourut de frayeur. Deux des sœurs quittèrent la France, la troisième confia la petite des Touches à son plus proche parent, à monsieur de Faucombe, son grand-oncle maternel, qui habitait Nantes, et rejoignit ses compagnes en exil. Monsieur de Faucombe, vieillard de soixante ans, avait épousé une jeune femme à laquelle il laissait le gouvernement de ses affaires. Il ne s'occupait plus que d'archéologie, une passion ou, pour parler plus correctement, une de ces manies qui aident les vieillards à se croire vivants. L'éducation de sa pupille fut entièrement livrée au hasard. Peu surveillée par une jeune femme adonnée aux plaisirs de l'époque impériale, Félicité s'éleva toute seule, en garçon. Elle tenait compagnie à monsieur de Faucombe dans sa bibliothèque et y lisait tout ce qu'il lui plaisait de lire. Elle connut donc la vie en théorie, et n'eut aucune innocence d'esprit, tout en demeurant vierge. Son intelligence flotta dans les impuretés de la science, et son cœur resta pur. Son instruction devint surprenante, excitée par la passion de la lecture et servie par une belle mémoire. Aussi fut-elle à dix-huit ans savante comme devraient l'être, avant d'écrire, les jeunes auteurs d'aujourd'hui. Ces prodigieuses lectures continrent ses passions beaucoup mieux que la vie de couvent, où s'enflamment les imaginations des jeunes filles. Ce cerveau bourré de connaissances ni digérées ni classées dominait ce cœur enfant. Cette dépravation de l'intelligence, sans action sur la chasteté du corps, eût étonné des philosophes ou des observateurs, si quelqu'un à Nantes eût pu soupçonner la valeur de mademoiselle des Touches. Le résultat fut en sens inverse de la cause : Félicité n'avait aucune pente au mal, elle concevait tout par la pensée et s'abstenait du fait ; elle enchantait le vieux Faucombe et l'aidait dans ses travaux ; elle écrivit trois des ouvrages du bon gentilhomme, qui les crut de lui, car sa paternité spirituelle fut aveugle aussi. De si grands travaux, en désaccord avec les développements de la jeune fille, eurent leur effet : Félicité tomba malade, son sang s'était échauffé, la poitrine paraissait menacée d'inflammation. Les médecins ordonnèrent l'exercice du cheval et les distractions du monde. Mademoiselle des Touches devint une très-habile écuyère, et se rétablit en peu de mois. A dix-huit ans elle apparut dans le monde, où elle produisit une si grande sensation qu'à Nantes personne ne la nommait autrement que la belle demoiselle des Touches ; mais les adorations qu'elle inspira la trouvèrent insensible, elle y était venue par un de ces sentiments impérissables chez une femme, quelle que soit sa supériorité. Froissée par sa tante et ses cousines qui se moquèrent de ses travaux et la persiflèrent sur son éloignement en la supposant inhabile à plaire, elle avait voulu se montrer coquette et légère, femme, en un mot. Félicité s'attendait à un échange quelconque d'idées, à des séductions en harmonie avec l'élévation de son intelligence, avec l'étendue de ses connaissances ; elle éprouva du dégoût en entendant les lieux communs de la conversation, les sottises de la galanterie, et fut surtout choquée par l'aristocratie des militaires, auxquels tout cédait alors. Naturellement, elle avait négligé les arts d'agrément. En se voyant inférieure à des poupées qui jouaient du piano et faisaient les agréables en chantant des romances, elle voulut être musicienne : elle rentra dans sa profonde retraite et se mit à étudier avec obstination sous la direction du meilleur maître de la ville. Elle était riche, elle fit venir Steibelt pour se perfectionner, au grand étonnement de la ville. On y parle encore de cette conduite princière. Le séjour de ce maître lui coûta douze mille francs. Elle est, depuis, devenue musicienne consommée. Plus tard, à Paris, elle se fit enseigner l'harmonie, le contre-point, et a composé la musique de deux opéras, qui ont eu le plus grand succès, sans que le public ait jamais été mis dans la confidence. Ces opéras appartiennent ostensiblement à Conti, l'un des artistes les plus éminents de notre époque ; mais cette circonstance tient à l'histoire de son cœur et s'expliquera plus tard. La médiocrité du monde de province l'ennuyait si fortement, elle avait dans l'imagination des idées si grandioses, qu'elle déserta les salons après y avoir reparu pour éclipser les femmes par l'éclat de sa beauté, jouir de son triomphe sur les musiciennes, et se faire adorer par les gens d'esprit ; mais, après avoir démontré sa puissance à ses deux cousines et désespéré deux amants, elle revint à ses livres, à son piano, aux œuvres de Beethoven et au vieux Faucombe. En 1812, elle eut vingt et un ans, l'archéologue lui rendit ses comptes de tutelle ; ainsi, dès cette année, elle prit la direction de sa fortune composée de quinze mille livres de rente que donnaient les Touches, le bien de son père ; des douze mille francs que rapportaient alors les terres de Faucombe, mais dont le revenu s'augmenta d'un tiers au renouvellement des baux; et d'un capital de trois cent mille francs économisé par son tuteur. De la vie de province, Félicité ne prit que l'entente de la fortune et cette pente à la sagesse administrative qui peut-être y rétablit la balance entre le mouvement ascensionnel des capitaux vers Paris. Elle reprit ses trois cent mille francs à la maison où l'archéologue les faisait valoir, et les plaça sur le Grand-Livre au moment des désastres de la retraite de Moscou. Elle eut trente mille francs de rentes de plus. Toutes ses dépenses acquittées, il lui restait cinquante mille francs par an à placer. A vingt et un ans, une fille de ce vouloir était l'égale d'un homme de trente ans. Son esprit avait pris une énorme étendue, et des habitudes de critique lui permettaient de juger sainement les hommes, les arts, les choses et la politique. Dès ce moment elle eut l'intention de quitter Nantes, mais le vieux Faucombe tomba malade de la maladie qui l'emporta. Elle était comme la femme de ce vieillard, elle le soigna pendant dix-huit mois avec le dévouement d'un ange gardien, et lui ferma les yeux au moment où Napoléon luttait avec l'Europe sur le cadavre de la France. Elle remit donc son départ pour Paris à la fin de cette lutte. Royaliste, elle courut assister au retour des Bourbons à Paris. Elle y fut accueillie par les Grandlieu, avec lesquels elle avait des liens de parenté; mais les catastrophes du Vingt-Mars arrivèrent, et tout pour elle fut en suspens. Elle put voir de près cette dernière image de l'Empire, admirer la Grande-Armée qui vint au Champ de Mars, comme à un cirque, saluer son César avant d'aller mourir à Waterloo. L'âme grande et noble de Félicité fut saisie par ce magique spectacle. Les commotions politiques, la féerie de cette pièce de théâtre en trois mois que l'histoire a nommée les Cent-Jours, l'occupèrent et la préservèrent de toute passion, au milieu d'un bouleversement qui dispersa la société royaliste où elle avait débuté. Les Grandlieu avaient suivi les Bourbons à Gand, laissant leur hôtel à mademoiselle des Touches. Félicité, qui ne voulait pas de position subalterne, acheta, pour cent trente mille francs, un des plus beaux hôtels de la rue du Mont-Blanc où elle s'installa quand les Bourbons revinrent en 1815, et dont le jardin seul vaut aujourd'hui deux millions. Habituée à se conduire elle-même, Félicité se familiarisa de bonne heure avec l'action qui semble exclusivement départie aux hommes. En 1816, elle eut vingt-cinq ans. Elle ignorait le mariage, elle ne le concevait que par la pensée, le jugeait dans ses causes au lieu de le voir dans ses effets, et n'en apercevait que les inconvénients. Son esprit supérieur se refusait à l'abdication par laquelle la femme mariée commence la vie ; elle sentait vivement le prix de l'indépendance et n'éprouvait que du dégoût pour les soins de la maternité. Il est nécessaire de donner ces détails pour justifier les anomalies qui distinguent Camille Maupin. Elle n'a connu ni père ni mère, et fut sa maîtresse dès l'enfance, son tuteur fut un vieil archéologue, le hasard l'a jetée dans le domaine de la science et de l'imagination, dans le monde littéraire, au lieu de la maintenir dans le cercle tracé par l'éducation futile donnée aux femmes, par les enseignements maternels sur la toilette, sur la décence hypocrite, sur les grâces chasseresses du sexe. Aussi, longtemps avant qu'elle devînt célèbre, voyait-on du premier coup d'œil qu'elle n'avait jamais joué à la poupée. Vers la fin de l'année 1817, Félicité des Touches aperçut non pas des flétrissures, mais un commencement de fatigue dans sa personne. Elle comprit que sa beauté allait s'altérer par le fait de son célibat obstiné, mais elle voulait demeurer belle, car alors elle tenait à sa beauté. La science lui notifia l'arrêt porté par la nature sur ses créations, lesquelles dépérissent autant par la méconnaissance que par l'abus de ses lois. Le visage macéré de sa tante lui apparut et la fit frémir. Placée entre le mariage et la passion, elle voulut rester libre ; mais elle ne fut plus indifférente aux hommages qui l'entouraient. Elle était, au moment où cette histoire commence, presque semblable à elle-même en 1817. Dix-huit ans avaient passé sur elle en la respectant. A quarante ans, elle pouvait dire n'en avoir que vingt-cinq. Aussi la peindre en 1836, est-ce la représenter comme elle était en 1817. Les femmes qui savent dans quelles conditions de tempérament et de beauté doit être une femme pour résister aux outrages du temps comprendront comment et pourquoi Félicité des Touches jouissait d'un si grand privilége en étudiant un portrait pour lequel sont réservés les tons les plus brillants de la palette et la plus riche bordure.

La Bretagne offre un singulier problème à résoudre dans la prédominance de la chevelure brune, des yeux bruns et du teint bruni chez une contrée voisine de l'Angleterre où les conditions atmosphériques sont si peu différentes. Ce problème tient-il à la grande question des races, à des influences physiques inobservées ? Les savants rechercheront peut-être un jour la cause de cette singularité qui cesse dans la province voisine, en Normandie. Jusqu'à la solution, ce fait bizarre est sous nos yeux : les blondes sont assez rares parmi les Bretonnes qui presque toutes ont les yeux vifs des méridionaux ; mais, au lieu d'offrir la taille élevée et les lignes serpentines de l'Italie ou de l'Espagne, elles sont généralement petites, ramassées, bien prises, fermes, hormis les exceptions de la classe élevée, qui se croise par ses alliances aristocratiques. Mademoiselle des Touches, en vraie Bretonne de race, est d'une taille ordinaire ; elle n'a pas cinq pieds, mais on les lui donne. Cette erreur provient du caractère de sa figure, qui la grandit. Elle a ce teint olivâtre au jour et blanc aux lumières, qui distingue les belles Italiennes : vous diriez de l'ivoire animé. Le jour glisse sur cette peau comme sur un corps poli, il y brille ; une émotion violente est nécessaire pour que de faibles rougeurs s'y infusent au milieu des joues, mais elles disparaissent aussitôt. Cette particularité prête à son visage une impassibilité de sauvage. Ce visage, plus long qu'ovale, ressemble à celui de quelque belle Isis des bas-reliefs éginétiques. Vous diriez la pureté des têtes de sphinx, polies par le feu des déserts, caressées par la flamme du soleil égyptien. Ainsi la couleur du teint est en harmonie avec la correction de cette tête. Les cheveux noirs et abondants descendent en nattes le long du col comme la coiffe à double bandelette rayée des statues de Memphis, et continue admirablement la sévérité générale de la forme. Le front est plein, large, renflé aux tempes, illuminé par des méplats où s'arrête la lumière, coupé, comme celui de la Diane chasseresse ; un front puissant et volontaire, silencieux et calme. L'arc des sourcils, tracé vigoureusement, s'étend sur deux yeux dont la flamme scintille par moments comme celle d'une étoile fixe. Le blanc de l'œil n'est ni bleuâtre, ni semé de fils rouges, ni d'un blanc pur ; il a la consistance de la corne, mais il est d'un ton chaud. La prunelle est bordée d'un cercle orange. C'est du bronze entouré d'or, mais de l'or vivant, du bronze animé. Cette prunelle a de la profondeur. Elle n'est pas doublée, comme dans certains yeux, par une espèce de tain qui renvoie la lumière et les fait ressembler aux yeux des tigres ou des chats ; elle n'a pas cette inflexibilité terrible qui cause un frisson aux gens sensibles ; mais cette profondeur a son infini, de même que l'éclat des yeux à miroir a son absolu. Le regard de l'observateur peut se perdre dans cette âme qui se concentre et se retire avec autant de rapidité qu'elle faillit de ces yeux veloutés. Dans un moment de passion, l'œil de

Camille Maupin est sublime : l'or de son regard allume le blanc
jaune, et tout flambe ; mais au repos, il est terne, la torpeur de la
méditation lui prête souvent l'apparence de la niaiserie ; quand la
lumière de l'âme y manque, les lignes du visage s'attristent également.
Les cils sont courts, mais fournis et noirs comme des queues
d'hermine. Les paupières sont brunes et semées de fibrilles rouges
qui leur donnent à la fois de la grâce et de la force, deux qualités
difficiles à réunir chez la femme. Le tour des yeux n'a pas la moindre
flétrissure ni la moindre ride. Là encore, vous retrouverez le granit
de la statue égyptienne adouci par le temps. Seulement, la saillie
des pommettes, quoique douce, est plus accusée que chez les autres
femmes et complète l'ensemble de force exprimé par la figure. Le
nez, mince et droit, est coupé de narines obliques assez passionnément
dilatées pour laisser voir le rose lumineux de leur délicate
doublure. Ce nez continue bien le front auquel il s'unit par une
ligne délicieuse, il est parfaitement blanc à sa naissance comme au
bout, et ce bout est doué d'une sorte de mobilité qui fait merveille
dans les moments où Camille s'indigne, se courrouce, se révolte.
Là surtout, comme l'a remarqué Talma, se peint la colère ou
l'ironie des grandes âmes. L'immobilité des narines accuse une
sorte de sécheresse. Jamais le nez d'un avare n'a vacillé : il est contracté
comme la bouche ; tout est clos dans son visage comme chez
lui. La bouche arquée à ses coins est d'un rouge vif, le sang y
abonde, il y fournit ce minium vivant et penseur qui donne tant
de séductions à cette bouche et peut rassurer l'amant que la gravité
majestueuse du visage effraierait. La lèvre supérieure est mince, le
sillon qui l'unit au nez y descend assez bas comme dans un arc,
ce qui donne un accent particulier à son dédain. Camille a peu de
chose à faire pour exprimer sa colère. Cette jolie lèvre est bordée
par la forte marge rouge de la lèvre inférieure, admirable de bonté,
pleine d'amour, et que Phidias semble avoir posée comme le bord
d'une grenade ouverte, dont elle a la couleur. Le menton se relève
fermement ; il est un peu gras, mais il exprime la résolution et termine
bien ce profil royal sinon divin. Il est nécessaire de dire que
le dessous du nez est légèrement estompé par un duvet plein de
grâce. La nature aurait fait une faute si elle n'avait jeté là cette
suave fumée. L'oreille a des enroulements délicats, signe de bien
des délicatesses cachées. Le buste est large. Le corsage est mince
et suffisamment orné. Les hanches ont peu de saillie, mais elles

sont gracieuses. La chute des reins est magnifique, et rappelle plus le Bacchus que la Vénus Callipyge. Là se voit la nuance qui sépare de leur sexe presque toutes les femmes célèbres ; elles ont là comme une vague similitude avec l'homme, elles n'ont ni la souplesse, ni l'abandon des femmes que la nature a destinées à la maternité ; leur démarche ne se brise pas par un mouvement doux. Cette observation est comme bilatérale, elle a sa contre-partie chez les hommes dont les hanches sont presque semblables à celles des femmes quand ils sont fins, astucieux, faux et lâches. Au lieu de se creuser à la nuque, le col de Camille forme un contour renflé qui lie les épaules à la tête sans sinuosité, le caractère le plus évident de la force. Ce col présente par moments des plis d'une magnificence athlétique. L'attache des bras, d'un superbe contour, semble appartenir à une femme colossale. Les bras sont vigoureusement modelés, terminés par un poignet d'une délicatesse anglaise, par des mains mignonnes et pleines de fossettes, grasses, enjolivées d'ongles roses taillés en amandes et côtelés sur les bords, et d'un blanc qui annonce que le corps si rebondi, si ferme, si bien pris est d'un tout autre ton que le visage. L'attitude ferme et froide de cette tête est corrigée par la mobilité des lèvres, par leur changeante expression, par le mouvement artiste des narines. Mais, malgré ces promesses irritantes et assez cachées aux profanes, le calme de cette physionomie a je ne sais quoi de provoquant. Cette figure, plus mélancolique, plus sérieuse que gracieuse, est frappée par la tristesse d'une méditation constante. Aussi mademoiselle des Touches écoute-t-elle plus qu'elle ne parle. Elle effraie par son silence et par ce regard profond d'une profonde fixité. Personne, parmi les gens vraiment instruits, n'a pu la voir sans penser à la vraie Cléopâtre, à cette petite brune qui faillit changer la face du monde ; mais chez Camille, l'animal est si complet, si bien ramassé, d'une nature si léonine, qu'un homme quelque peu Turc regrette l'assemblage d'un si grand esprit dans un pareil corps, et le voudrait tout femme. Chacun tremble de rencontrer les corruptions étranges d'une âme diabolique. La froideur de l'analyse, le positif de l'idée n'éclairent-ils pas les passions chez elle ? Cette fille ne juge-t-elle pas au lieu de sentir ? ou, phénomène encore plus terrible, ne sent-elle pas et ne juge-t-elle pas à la fois ? pouvant tout par son cerveau, doit-elle s'arrêter là où s'arrêtent les autres femmes ? Cette force intellectuelle laisse-t-elle le cœur faible ? A-t-elle de la grâce ? Descend-elle aux riens touchants par lesquels les femmes occupent, amusent, intéressent un homme aimé? Ne brise-t-elle pas un sentiment quand il ne répond pas à l'infini qu'elle embrasse et contemple? Qui peut combler les deux précipices de ses yeux? On a peur de trouver en elle je ne sais quoi de vierge, d'indompté. La femme forte ne doit être qu'un symbole, elle effraie à voir en réalité. Camille Maupin est un peu, mais vivante, cette Isis de Schiller, cachée au fond du temple, et aux pieds de laquelle les prêtres trouvaient expirant les hardis lutteurs qui l'avaient consultée. Les aventures tenues pour vraies par le monde et que Camille ne désavoue point, confirment les questions suggérées par son aspect. Mais peut-être aime-t-elle cette calomnie? La nature de sa beauté n'a pas été sans influence sur sa renommée : elle l'a servie, de même que sa fortune et sa position l'ont maintenue au milieu du monde. Quand un statuaire voudra faire une admirable statue de la Bretagne, il peut copier mademoiselle des Touches. Ce tempérament sanguin, bilieux, est le seul qui puisse repousser l'action du temps. La pulpe incessamment nourrie de cette peau comme vernissée est la seule arme que la nature ait donnée aux femmes pour résister aux rides, prévenues d'ailleurs chez Camille par l'impassibilité de la figure.

En 1817, cette charmante fille ouvrit sa maison aux artistes, aux auteurs en renom, aux savants, aux publicistes vers lesquels ses instincts la portaient. Elle eut un salon semblable à celui du baron Gérard, où l'aristocratie se mêlait aux gens illustres, où vinrent les femmes. La parenté de mademoiselle des Touches et sa fortune, augmentée de la succession de sa tante religieuse, la protégèrent dans l'entreprise, si difficile à Paris, de se créer une société. Son indépendance fut une raison de son succès. Beaucoup de mères ambitieuses conçurent l'espoir de lui faire épouser leurs fils dont la fortune était en désaccord avec la beauté de leurs écussons. Quelques pairs de France, alléchés par quatre-vingt mille livres de rentes, séduits par cette maison magnifiquement montée, y amenèrent leurs parentes les plus revêches et les plus difficiles. Le monde diplomatique, qui recherche les amusements de l'esprit, y vint et s'y plut. Mademoiselle des Touches, entourée de tant d'intérêts, put donc étudier les différentes comédies que la passion, l'avarice, l'ambition font jouer à tous les hommes, même les plus élevés. Elle vit de bonne heure le monde comme il est, et fut assez heureuse pour ne pas éprouver promptement cet amour entier qui hérite de l'esprit, des facultés de la femme et l'empêche alors de juger sainement. Ordinairement la femme sent, jouit et juge successivement ; de là trois âges distincts, dont le dernier coïncide avec la triste époque de la vieillesse. Pour mademoiselle des Touches, l'ordre fut renversé. Sa jeunesse fut enveloppée des neiges de la science et des froideurs de la réflexion. Cette transposition explique encore la bizarrerie de son existence et la nature de son talent. Elle observait les hommes à l'âge où les femmes ne peuvent en voir qu'un, elle méprisait ce qu'elles admirent, elle surprenait des mensonges dans les flatteries qu'elles acceptent comme des vérités, elle riait de ce qui les rend graves. Ce contre-sens dura longtemps, mais il eut une fin terrible : elle devait trouver en elle, jeune et fraîs, le premier amour, au moment où les femmes sont sommées par la nature de renoncer à l'amour. Sa première liaison fut si secrète que personne ne la connut. Félicité, comme toutes les femmes livrées au bon sens du cœur, fut portée à conclure de la beauté du corps à celle de l'âme, elle fut éprise d'une figure, et connut toute la sottise d'un homme à bonnes fortunes qui ne vit qu'une femme en elle. Elle fut quelque temps à se remettre de son dégoût et de ce mariage insensé. Sa douleur, un homme la devina, la consola sans arrière-pensée, ou du moins sut cacher ses projets. Félicité crut avoir trouvé la noblesse de cœur et l'esprit qui manquaient au dandy. Cet homme possède un des esprits les plus originaux de ce temps. Lui-même écrivait sous un pseudonyme, et ses premiers écrits annoncèrent un adorateur de l'Italie. Félicité devait voyager sous peine de perpétuer la seule ignorance qui lui restât. Cet homme sceptique et moqueur emmena Félicité pour connaître la patrie des arts. Ce célèbre inconnu peut passer pour le maître et le créateur de Camille Maupin. Il mit en ordre les immenses connaissances de Félicité, les augmenta par l'étude des chefs-d'œuvre qui meublent l'Italie, lui donna ce ton ingénieux et fin, épigrammatique et profond qui est le caractère de son talent à lui, toujours un peu bizarre dans la forme, mais que Camille Maupin modifia par la délicatesse de sentiment et le tour ingénieux naturels aux femmes ; il lui inculqua le goût des œuvres de la littérature anglaise et allemande, et lui fit apprendre ces deux langues en voyage. A Rome, en 1820, mademoiselle des Touches fut quittée pour une Italienne. Sans ce malheur, peut-être n'eût-elle jamais été célèbre. Napoléon a surnommé l'infortune la sage-femme du génie. Cet événement inspira pour toujours à mademoiselle des Touches ce mépris de l'humanité qui la rend si forte. Félicité mourut et Camille naquit. Elle revint à Paris avec Conti, le grand musicien, pour lequel elle fit deux livrets d'opéra ; mais elle n'avait plus d'illusions, et devint à l'insu du monde une sorte de Don Juan femelle sans dettes ni conquêtes. Encouragée par le succès, elle publia ses deux volumes de pièces de théâtre qui, du premier coup, placèrent Camille Maupin parmi les illustres anonymes. Elle raconta sa passion trompée dans un petit roman admirable, un des chefs-d'œuvre de l'époque. Ce livre, d'un dangereux exemple, fut mis à côté d'*Adolphe*, horrible lamentation dont la contre partie se trouvait dans l'œuvre de Camille. La délicatesse de sa métamorphose littéraire est encore incomprise. Quelques esprits fins y voient seuls cette générosité qui livre un homme à la critique, et sauve la femme de la gloire en lui permettant de demeurer obscure. Malgré son désir, sa célébrité s'augmenta chaque jour, autant par l'influence de son salon que par ses reparties, par la justesse de ses jugements, par la solidité de ses connaissances. Elle faisait autorité, ses mots étaient redits, elle ne put se démettre des fonctions dont elle était investie par la société parisienne. Elle devint une exception admise. Le monde plia sous le talent et devant la fortune de cette fille étrange ; il reconnut, sanctionna son indépendance, les femmes admirèrent son esprit et les hommes sa beauté. Sa conduite fut d'ailleurs soumise à toutes les convenances sociales. Ses amitiés parurent purement platoniques. Elle n'eut d'ailleurs rien de la femme auteur. Mademoiselle des Touches est charmante comme une femme du monde, à propos faible, oisive, coquette, occupée de toilette, enchantée des niaiseries qui séduisent les femmes et les poètes. Elle comprit très bien qu'après madame de Staël il n'y avait plus de place dans ce siècle pour une Sapho, et que Ninon ne saurait exister dans Paris sans grands seigneurs ni cour voluptueuse. Elle est la Ninon de l'intelligence, elle adore l'art et les artistes, elle va du poète au musicien, du statuaire au prosateur. Elle est d'une noblesse, d'une générosité qui arrive à la duperie, tant elle est pleine de pitié pour le malheur, pleine de dédain pour les gens heureux. Elle vit depuis 1830 dans un cercle choisi, avec des amis éprouvés qui s'aiment tendrement et s'estiment. Aussi loin du fracas de madame de Staël que des luttes politiques, elle se moque très bien de Camille Maupin, ce **cadet de George Sand qu'elle appelle son frère Caïn, car cette** gloire récente a fait oublier la sienne. Mademoiselle des Touches admire son heureuse rivale avec un angélique laisser-aller, sans éprouver de jalousie ni garder d'arrière-pensée.

Jusqu'au moment où commence cette histoire, elle eut l'existence la plus heureuse que puisse imaginer une femme assez forte pour se protéger elle-même. De 1817 à 1834, elle était venue cinq ou six fois aux Touches. Son premier voyage eut lieu, après sa première déception, en 1818. Sa maison des Touches était inhabitable ; elle renvoya son homme d'affaires à Guérande et en prit le logement aux Touches. Elle n'avait alors aucun soupçon de sa gloire à venir, elle était triste, elle ne vit personne, elle voulait en quelque sorte se contempler elle-même après ce grand désastre. Elle écrivit à Paris ses intentions à l'une de ses amies, relativement au mobilier nécessaire pour arranger les Touches. Le mobilier descendit par un bateau jusqu'à Nantes, fut apporté par un petit bâtiment au Croisic, et de là transporté, non sans difficulté, à travers les sables jusqu'aux Touches. Elle fit venir des ouvriers de Paris, et se casa aux Touches, dont l'ensemble lui plut extraordinairement.. Elle voulut pouvoir méditer là sur les événements de la vie, comme dans une chartreuse privée. Au commencement de l'hiver, elle repartit pour Paris. La petite ville de Guérande fut alors soulevée par une curiosité diabolique : il n'y était bruit que du luxe asiatique de mademoiselle des Touches. Le notaire, son homme d'affaires, donna des permissions pour aller voir les Touches. On y vint du bourg de Batz, du Croisic, de Savenay. Cette curiosité rapporta, en deux ans, une somme énorme à la famille du concierge et du jardinier, dix-sept francs. Mademoiselle ne revint aux Touches que deux ans après, à son retour d'Italie, et y vint par le Croisic. On fut quelque temps sans la savoir à Guérande, où elle était avec Conti le compositeur. Les apparitions qu'elle y fit successivement excitèrent peu la curiosité de la petite ville de Guérande. Son régisseur et tout au plus le notaire étaient dans le secret de la gloire de Camille Maupin. En ce moment, cependant, la contagion des idées nouvelles avait fait quelques progrès dans Guérande, plusieurs personnes y connaissaient la double existence de mademoiselle des Touches. Le directeur de la poste recevait des lettres adressées à Camille Maupin, aux Touches. Enfin, le voile se déchira. Dans un pays essentiellement catholique, arriéré, plein de préjugés, la vie étrange de cette fille illustre devait causer les rumeurs qui avaient effrayé l'abbé

Grimont, et ne pouvait jamais être comprise ; aussi parut-elle monstrueuse à tous les esprits. Félicité n'était pas seule aux Touches, elle y avait un hôte. Cet hôte était Claude Vignon, écrivain dédaigneux et superbe, qui, tout en ne faisant que de la critique, a trouvé moyen de donner au public et à la littérature l'idée d'une certaine supériorité. Félicité, qui depuis sept ans avait reçu cet écrivain comme cent autres auteurs, journalistes, artistes et gens du monde, qui connaissait son caractère sans ressort, sa paresse, sa profonde misère, son incurie et son dégoût de toutes choses, paraissait vouloir en faire son mari par la manière dont elle s'y prenait avec lui. Sa conduite, incompréhensible pour ses amis, elle l'expliquait par l'ambition, par l'effroi que lui causait la vieillesse ; elle voulait confier le reste de sa vie à un homme supérieur pour qui sa fortune serait un marchepied et qui lui continuerait son importance dans le monde poétique. Elle avait donc emporté Claude Vignon de Paris aux Touches comme un aigle emporte dans ses serres un chevreau, pour l'étudier et pour prendre quelque parti violent ; mais elle abusait à la fois Calyste et Claude : elle ne songeait point au mariage, elle était dans les plus violentes convulsions qui puissent agiter une âme aussi forte que la sienne, en se trouvant la dupe de son esprit, en voyant la vie éclairée trop tard par le soleil de l'amour, brillant comme il brille dans les cœurs à vingt ans. Voici maintenant la chartreuse de Camille.

A quelques cents pas de Guérande, le sol de la Bretagne cesse, et les marais salants, les dunes commencent. On descend dans le désert des sables que la mer a laissés comme une marge entre elle et la terre, par un chemin raviné qui n'a jamais vu de voitures. Ce désert contient des sables infertiles, les mares de forme inégale bordées de crêtes boueuses où se cultive le sel, et le petit bras de mer qui sépare du continent l'île du Croisic. Quoique géographiquement le Croisic soit une presqu'île, comme elle ne se rattache à la Bretagne que par les grèves qui la lient au bourg de Batz, sables arides et mouvants qui ne sauraient se franchir facilement, elle peut passer pour une île. A l'endroit où le chemin du Croisic à Guérande s'embranche sur la route de la terre ferme, se trouve une maison de campagne entourée d'un grand jardin remarquable par des pins tortueux et tourmentés, les uns en parasol, les autres pauvres de branchages, montrant tous leurs troncs rougeâtres aux places où l'écorce est détachée. Ces arbres, victimes des ouragans, venus malgré vent et marée, pour eux le mot est juste, préparent l'âme au spectacle triste et bizarre des marais salants et des dunes qui ressemblent à une mer figée. La maison, assez bien bâtie en pierres schisteuses et en mortier maintenus par des chaînes en granit, est sans aucune architecture, elle offre à l'œil une muraille sèche, régulièrement percée par les baies des fenêtres. Les fenêtres sont à grandes vitres au premier étage, et au rez-de-chaussée en petits carreaux. Au-dessus du premier sont des greniers qui s'étendent sous un énorme toit élevé, pointu, à deux pignons, et qui a deux grandes lucarnes sur chaque face. Sous le triangle de chaque pignon, une croisée ouvre son œil de cyclope à l'ouest sur la mer, à l'est sur Guérande. Une façade de la maison regarde le chemin de Guérande et l'autre le désert au bout duquel s'élève le Croisic. Par delà cette petite ville, s'étend la pleine mer. Un ruisseau s'échappe par une ouverture de la muraille du parc, que longe le chemin du Croisic, le traverse et va se perdre dans les sables ou dans le petit lac d'eau salée cerclé par les dunes, par les marais, et produit par l'irruption du bras de mer. Une route de quelques toises, pratiquée dans cette brèche du terrain, conduit du chemin à cette maison. On y entre par une grande porte. La cour est entourée de bâtiments ruraux assez modestes qui sont une écurie, une remise, une maison de jardinier près de laquelle est une basse-cour avec ses dépendances, plus à l'usage du concierge que du maître. Les tons grisâtres de cette maison s'harmonient admirablement avec le paysage qu'elle domine. Son parc est l'oasis de ce désert à l'entrée duquel le voyageur trouve une hutte en boue où veillent les douaniers. Cette maison sans terres, ou dont les terres sont situées sur le territoire de Guérande, a dans les marais un revenu de dix mille livres de rentes et le reste en métairies disséminées en terre ferme. Tel est le fief des Touches, auquel la révolution a retiré ses revenus féodaux. Aujourd'hui les Touches sont un bien; mais les *paludiers* continuent à dire *le château*; ils diraient *le seigneur* si le fief n'était tombé en quenouille. Quand Félicité voulut restaurer les Touches, elle se garda bien, en grande artiste, de rien changer à cet extérieur désolé qui donne un air de prison à ce bâtiment solitaire. Seulement la porte d'entrée fut enjolivée de deux colonnes en briques soutenant une galerie dessous laquelle peut passer une voiture. La cour fut plantée.

La distribution du rez-de-chaussée est celle de la plupart des maisons de campagne construites il y a cent ans. Évidemment cette maison avait été bâtie sur les ruines de quelque petit castel perché là comme un anneau qui rattachait le Croisic et le bourg de Batz à Guérande, et qui seigneurisait les marais. Un péristyle avait été ménagé au bas de l'escalier. D'abord une grande antichambre planchéiée, dans laquelle Félicité mit un billard ; puis un immense salon à six croisées dont deux, percées au bas du mur de pignon, forment des portes, descendent au jardin par une dizaine de marches et correspondent dans l'ordonnance du salon aux portes qui mènent l'une au billard et l'autre à la salle à manger. La cuisine, située à l'autre bout, communique à la salle à manger par une office. L'escalier sépare le billard de la cuisine, laquelle avait une porte sur le péristyle, que mademoiselle des Touches fit aussitôt condamner en en ouvrant une autre sur la cour. La hauteur d'étage, la grandeur des pièces ont permis à Camille de déployer une noble simplicité dans ce rez-de-chaussée. Elle s'est bien gardée d'y mettre des choses précieuses. Le salon, entièrement peint en gris, est meublé d'un vieux meuble en acajou et en soie verte, des rideaux de calicot blanc avec un bordure verte aux fenêtres, deux consoles, une table ronde; au milieu, un tapis à grands carreaux ; sur la vaste cheminée à glace énorme, une pendule qui représentait le char du soleil, entre deux candélabres de style impérial. Le billard a des rideaux de calicot gris avec des bordures vertes et deux divans. Le meuble de la salle à manger se compose de quatre grands buffets d'acajou, d'une table, de douze chaises d'acajou garnies en étoffes de crin, et de magnifiques gravures d'Audran encadrées dans des cadres en acajou. Au milieu du plafond descend une lanterne élégante comme il y en avait dans les escaliers des grands hôtels et où il tient deux lampes. Tous les plafonds, à solives saillantes, ont été peints en couleur de bois. Le vieil escalier, qui est en bois à gros balustres, a, depuis le haut jusqu'en bas, un tapis vert.

Le premier étage avait deux appartements séparés par l'escalier. Elle a pris pour elle celui qui a vue sur les marais, sur la mer, sur les dunes, et l'a distribué en un petit salon, une grande chambre à coucher, deux cabinets, l'un pour la toilette, l'autre pour le travail. Dans l'autre partie de la maison, elle a trouvé de quoi faire deux logements ayant chacun une antichambre et un cabinet. Les domestiques ont leurs chambres dans les combles. Les deux appartements à donner n'ont eu d'abord que le strict nécessaire. Le luxe artistique qu'elle avait demandé à Paris fut réservé pour son appartement. Elle voulut avoir dans cette sombre et mélancolique habitation, devant ce sombre et mélancolique paysage, les créations les plus fantasques de l'art. Son petit salon est tendu de belles tapisseries des Gobelins, encadrées des plus merveilleux cadres sculptés. Aux fenêtres se drapent les étoffes les plus lourdes du vieux temps, un magnifique brocart à doubles reflets, or et rouge, jaune et vert, qui foisonne en plis vigoureux, orné de franges royales, de glands dignes des plus splendides dais de l'église. Ce salon est rempli par un bahut que lui trouva son homme d'affaires et qui vaut aujourd'hui sept ou huit mille francs, par une table en ébène sculpté, par un secrétaire aux mille tiroirs, incrusté d'arabesques en ivoire, et venu de Venise, enfin par les plus beaux meubles gothiques. Il s'y trouve des tableaux, des statuettes, tout ce qu'un peintre de ses amis put choisir de mieux chez les marchands de curiosités, qui en 1818, ne se doutaient pas du prix qu'acquerraient plus tard ces trésors. Elle a mis sur ses tables de beaux vases du Japon aux dessins fantasques. Le tapis est un tapis de Perse entré par les dunes en contrebande. Sa chambre est dans le goût du siècle de Louis XV et d'une parfaite exactitude. C'est bien le lit de bois sculpté, peint en blanc, à dossiers cintrés, surmontés d'Amours se jetant des fleurs, rembourrés, garnis de soie brochée, avec le ciel orné de quatre bouquets de plumes ; la tenture en vraie perse, agencée avec des ganses de soie, des cordes et des nœuds ; la garniture de cheminée en rocaille ; la pendule d'or moulu, entre deux grands vases du premier bleu de Sèvres, montés en cuivre doré ; la glace encadrée dans le même goût ; la toilette Pompadour avec ses dentelles et sa glace ; puis ces meubles si contourné, ces duchesses, cette chaise longue, ce petit canapé sec, la chauffeuse à dossier matelassé, le paravent de laque, les rideaux de soie pareille à celle du meuble, doublés de satin rose et drapés par des cordes à puits ; le tapis de la Savonnerie ; enfin toutes les choses élégantes, riches, somptueuses, délicates, au milieu desquelles les jolies femmes du dix-huitième siècle faisaient l'amour. Le cabinet, entièrement moderne, oppose aux galanteries du siècle de Louis XV un charmant mobilier d'acajou : sa bibliothèque est pleine, il ressemble à un boudoir, il a un divan. Les charmantes futilités de la femme l'encombrent, y occupent le regard d'œuvres modernes : des livres à secret, des boîtes à mouchoirs et à gants, des abat-jour en lithophanies, des statuettes, des chinoiseries, des écritoires, un ou deux albums, des presse-papiers, enfin les innombrables colifichets à la mode. Les curieux y voient avec une surprise inquiète des pistolets, un narghilé, une cravache, un hamac, une pipe, un fusil de chasse, une blouse, du tabac, un sac de soldat, bizarre assemblage qui peint Félicité.

Toute grande âme, en venant là, sera saisie par les beautés spéciales du paysage qui déploie ses savanes après le parc, dernière végétation du continent. Ces tristes carrés d'eau saumâtre, divisés par les petits chemins blancs sur lesquels se promène le paludier, vêtu tout en blanc, pour ratisser, recueillir le sel et le mettre en *mulons*; cet espace que les exhalaisons salines défendent aux oiseaux de traverser, en étouffant aussi tous les efforts de la botanique; ces sables où l'œil n'est consolé que par une petite herbe dure, persistante, à fleurs rosées, et par l'œillet des Chartreux; ce lac d'eau marine, le sable des dunes et la vue du Croisic, miniature de ville arrêtée comme Venise en pleine mer; enfin, l'immense océan qui borde les rescifs en granit de ses franges écumeuses pour faire encore mieux ressortir leurs formes bizarres, ce spectacle élève la pensée tout en l'attristant, effet que produit à la longue le sublime, qui donne le regret de choses inconnues, entrevues par l'âme à des hauteurs désespérantes. Aussi ces sauvages harmonies ne conviennent-elles qu'aux grands esprits et aux grandes douleurs. Ce désert plein d'accidents, où parfois les rayons du soleil réfléchis par les eaux, par les sables, blanchissent le bourg de Batz, et ruissellent sur les toits du Croisic, en répandant un éclat impitoyable, occupait alors Camille des jours entiers. Elle se tournait rarement vers les délicieuses vues fraîches, vers les bosquets et les haies fleuries qui enveloppent Guérande, comme une mariée, de fleurs, de rubans, de voiles et de festons. Elle souffrait alors d'horribles douleurs inconnues.

Dès que Calyste vit poindre les girouettes des deux pignons au-dessus des ajoncs du grand chemin et les têtes tortues des pins, il trouva l'air plus léger. Guérande lui semblait une prison, sa vie était aux Touches. Qui ne comprendrait les attraits qui s'y trouvaient pour un jeune homme candide? L'amour pareil à celui de Chérubin, qui l'avait fait tomber aux pieds d'une personne qui devint une grande chose pour lui avant d'être une femme, devait survivre aux inexplicables refus de Félicité. Ce sentiment, qui est plus le besoin d'aimer que l'amour, n'avait pas échappé sans doute à la terrible analyse de Camille Maupin, et de là peut-être venait son refus, noblesse incomprise par Calyste. Puis là brillaient d'autant plus les merveilles de la civilisation moderne qu'elles contrastaient avec tout Guérande, où la pauvreté des du Guénic était une splendeur. Là se déployèrent aux regards ravis de ce jeune ignorant, qui ne connaissait que les genêts de la Bretagne et les bruyères de la Vendée, les richesses parisiennes d'un monde nouveau ; de même qu'il y entendit un langage inconnu, sonore. Calyste écouta les accents poétiques de la plus belle musique, la surprenante musique du dix-neuvième siècle chez laquelle la mélodie et l'harmonie luttent à puissance égale, où le chant et l'instrumentation sont arrivés à des perfections inouïes. Il y vit les œuvres de la plus prodigue peinture, celle de l'école française, aujourd'hui héritière de l'Italie, de l'Espagne et des Flandres, où le talent est devenu si commun que tous les yeux, tous les cœurs fatigués de talent appellent à grands cris le génie. Il y lut ces œuvres d'imagination, ces étonnantes créations de la littérature moderne qui produisirent tout leur effet sur un cœur neuf. Enfin notre grand dix-neuvième siècle lui apparut avec ses magnificences collectives, sa critique, ses efforts de rénovation en tout genre, ses tentatives immenses et presque toutes à la mesure du géant qui berça dans ses drapeaux l'enfance de ce siècle, et lui chanta des hymnes accompagnés par la terrible basse du canon. Initié par Félicité à toutes ces grandeurs, qui peut-être échappent aux regards de ceux qui les mettent en scène et qui en sont les ouvriers, Calyste satisfaisait aux Touches le goût du merveilleux si puissant à son âge, et cette naïve admiration, le premier amour de l'adolescence, qui s'irrite tant de la critique. Il est si naturel que la flamme monte ! Il écouta cette jolie moquerie parisienne, cette élégante satire qui lui révélèrent l'esprit français et réveillèrent en lui mille idées endormies par la douce torpeur de sa vie en famille. Pour lui, mademoiselle des Touches était la mère de son intelligence, une mère qu'il pouvait aimer sans crime. Elle était si bonne pour lui : une femme est toujours adorable pour un homme à qui elle inspire de l'amour, encore qu'elle ne paraisse pas le partager. En ce moment Félicité lui donnait des leçons de musique. Pour lui ces grands appartements du rez-de-chaussée encore étendus par les habiles dispositions des prairies et des massifs du parc, cette cage d'escalier meublée des chefs-d'œuvre de la patience italienne, de bois sculptés, de mosaïques vénitiennes et florentines, de bas-reliefs en ivoire, en marbre, de curiosités commandées par les fées du moyen âge; cet appartement intime, si coquet, si voluptueusement artiste, étaient vivifiés, animés par une lumière, un esprit, un air surnaturels, étranges, indéfinissables. Le monde moderne avec ses poésies s'opposait vivement au monde morne et patriarcal de Guérande en mettant deux systèmes en présence. D'un côté les mille effets de l'art, de l'autre l'unité de la sauvage Bretagne. Personne alors ne demandera pourquoi le pauvre enfant, ennuyé comme sa mère des finesses de la mouche, tressaillait toujours en entrant dans cette maison, en y sonnant, en en traversant la cour. Il est à remarquer que ces pressentiments n'agitent plus les hommes faits, rompus aux inconvénients de la vie, que rien ne surprend plus, et qui s'attendent à tout. En ouvrant la porte, Calyste entendit les sons du piano, il crut que Camille Maupin était au salon; mais, lorsqu'il entra au billard, la musique n'arriva plus à son oreille. Camille jouait sans doute sur le petit piano droit qui lui venait d'Angleterre rapporté par Conti et placé dans son salon d'en haut. En montant l'escalier où l'épais tapis étouffait entièrement le bruit des pas, Calyste alla de plus en plus lentement. Il reconnut quelque chose d'extraordinaire dans cette musique. Félicité jouait pour elle seule, elle s'entretenait avec elle-même. Au lieu d'entrer, le jeune homme s'assit sur un banc gothique garni de velours vert qui se trouvait le long du palier sous une fenêtre artistement encadrée de bois sculptés colorés en brou de noix et vernis. Rien de plus mystérieusement mélancolique que l'improvisation de Camille : vous eussiez dit d'une âme criant quelque *De profundis* à Dieu du fond de la tombe. Le jeune amant y reconnut la prière de l'amour au désespoir, la tendresse de la plainte soumise, les gémissements d'une affliction contenue. Camille avait étendu, varié modifié l'introduction à la cavatine de *Grâce pour toi, grâce pour moi*, qui est presque tout le quatrième acte de *Robert-le-Diable*. Elle chanta tout à coup ce morceau d'une manière déchirante et s'interrompit. Calyste entra et vit la raison de cette interruption. La pauvre Camille Maupin! la belle Félicité lui montra sans coquetterie un visage baigné de larmes, prit son mouchoir, les essuya, et lui dit simplement : — Bonjour. Elle était ravissante dans sa toilette du matin. Elle avait sur la tête une de ces résilles en velours rouge alors à la mode et de laquelle s'échappaient ses luisantes grappes de cheveux noirs. Une redingote très courte lui formait une tunique grecque moderne qui laissait voir un pantalon de batiste à manchettes brodées et les plus jolies pantoufles turques, rouge et or.

— Qu'avez-vous? lui dit Calyste.

— Il n'est pas revenu, répondit-elle en se tenant debout à la croisée et regardant les sables, le bras de mer et les marais.

Cette réponse expliquait sa toilette. Camille paraissait attendre Claude Vignon, elle était inquiète comme une femme qui fait des frais inutiles. Un homme de trente ans aurait vu cela, Calyste ne vit que la douleur de Camille.

— Vous êtes inquiète? lui demanda-t-il.

— Oui, répondit-elle avec une mélancolie que cet enfant ne pouvait analyser.

Calyste sortit vivement.

— Hé! bien, où allez-vous?

— Le chercher, répondit-il.

— Cher enfant, dit-elle en le prenant par la main, le retenant auprès d'elle et lui jetant un de ces regards mouillés qui sont pour les jeunes âmes la plus belle des récompenses. Êtes-vous fou? Où voulez-vous le trouver sur cette côte?

— Je le trouverai.

— Votre mère aurait des angoisses mortelles. D'ailleurs restez. Allons, je le veux, dit-elle en le faisant asseoir sur le divan. Ne vous attendrissez pas sur moi. Les larmes que vous voyez sont de ces larmes qui nous plaisent. Il est en nous une faculté que n'ont point les hommes, celle de nous abandonner à notre nature nerveuse en poussant les sentiments à l'extrême. En nous figurant certaines situations et nous y laissant aller, nous arrivons ainsi aux pleurs, et quelquefois à des états graves, à des désordres. Nos fantaisies à nous ne sont pas des jeux de l'esprit, mais du cœur. Vous êtes venu fort à propos, la solitude ne me vaut rien. Je ne suis pas la dupe du désir qu'il a eu de visiter sans moi le Croisic et ses roches, le bourg de Batz et ses sables, les marais salants. Je savais qu'il y mettrait plusieurs jours au lieu d'un. Il a voulu nous laisser seuls; il est jaloux, ou plutôt il joue la jalousie. Vous êtes jeune, vous êtes beau.

— Que ne me le disiez-vous! Faut-il ne plus venir? demanda

Calyste en retenant mal une larme qui roula sur sa joue et qui toucha vivement Félicité.

— Vous êtes un ange! s'écria-t-elle. Puis elle chanta gaiement le *Restez* de Mathilde dans *Guillaume Tell*, pour ôter toute gravité à cette magnifique réponse de la princesse à son sujet. — Il a voulu, reprit-elle, me faire croire ainsi à plus d'amour qu'il n'en a pour moi. Il sait tout le bien que je lui veux, dit-elle en regardant Calyste avec attention; mais il est humilié peut-être de se trouver inférieur à moi en ceci. Peut-être aussi lui est-il venu des soupçons sur vous et veut-il nous surprendre. Mais, quand il ne serait coupable que d'aller chercher les plaisirs de cette sauvage promenade sans moi, de ne m'avoir pas associée à ses courses, aux idées que lui inspireront ces spectacles, et de me donner de mortelles inquiétudes, n'est-ce pas assez? Je ne suis pas plus aimée par ce grand cerveau que je ne l'ai été par le musicien, par l'homme d'esprit, par le militaire. Sterne a raison : les noms signifient quelque chose, et le mien est la plus sauvage raillerie. Je mourrai sans trouver chez un homme l'amour que j'ai dans le cœur, la poésie que j'ai dans l'âme.

Elle demeura les bras pendants, la tête appuyée sur son coussin, les yeux stupides de réflexion, fixés sur une rosace de son tapis. Les douleurs des esprits supérieurs ont je ne sais quoi de grandiose et d'imposant, elles révèlent d'immenses étendues d'âme que la pensée du spectateur étend encore. Ces âmes partagent les priviléges de la royauté dont les affections tiennent à un peuple et qui frappent alors tout un monde.

— Pourquoi m'avez-vous..., dit Calyste qui ne put achever.

La belle main de Camille Maupin s'était posée brûlante sur la sienne et l'avait éloquemment interrompu.

— La nature a changé pour moi ses lois en m'accordant encore cinq à six ans de jeunesse. Je vous ai repoussé par égoïsme. Tôt ou tard l'âge nous aurait séparés. J'ai treize ans de plus que lui, c'est déjà bien assez.

— Vous serez encore belle à soixante ans! s'écria héroïquement Calyste.

— Dieu vous entende! répondit-elle en souriant. D'ailleurs, cher enfant, je veux l'aimer. Malgré son insensibilité, son manque d'imagination, sa lâche insouciance et l'envie qui le dévore, je crois qu'il y a des grandeurs sous ces haillons, j'espère galvaniser ce cœur, le sauver de lui-même, me l'attacher. Hélas! j'ai l'esprit clairvoyant et le cœur aveugle.

Elle fut épouvantable de clarté sur elle-même. Elle souffrait et analysait sa souffrance, comme Cuvier, Dupuytren expliquaient à leurs amis la marche fatale de leur maladie et le progrès que faisait en eux la mort. Camille Maupin se connaissait en passion aussi bien que ces deux savants se connaissaient en anatomie.

— Je suis venue ici pour le bien juger, il s'ennuie déjà. Paris lui manque, je le lui ai dit : il a la nostalgie de la critique, il n'a ni auteur à plumer, ni système à creuser, ni poëte à désespérer, et n'ose se livrer ici à quelque débauche au sein de laquelle il pourrait déposer le fardeau de sa pensée. Hélas! mon amour n'est pas assez vrai, peut-être, pour lui détendre le cerveau. Je ne l'enivre pas, enfin! Grisez-vous ce soir avec lui, je me dirai malade et resterai dans ma chambre, je saurai si je ne me trompe point.

Calyste devint rouge comme une cerise, rouge du menton au front, et ses oreilles se bordèrent de feu.

— Mon Dieu! s'écria-t-elle, et moi qui déprave sans y songer ton innocence de jeune fille! Pardonne-moi, Calyste. Quand tu aimeras, tu sauras qu'on est capable de mettre le feu à la Seine pour donner le moindre plaisir à *l'objet aimé*, comme disent les tireuses de cartes. Elle fit une pause. Il y a des natures superbes et conséquentes qui s'écrient à un certain âge : — Si je recommençais la vie, je ferais de même! Moi qui ne me crois pas faible, je m'écrie : — Je serais une femme comme votre mère, Calyste. Avoir un Calyste, quel bonheur! Eussé-je pris pour mari le plus sot des hommes, j'aurais été femme humble et soumise. Et cependant je n'ai pas commis de fautes envers la société, je n'ai fait de tort qu'à moi-même. Hélas! cher enfant, la femme ne peut pas plus aller seule dans la société que dans ce qu'on appelle l'état primitif. Les affections qui ne sont pas en harmonie avec les lois sociales ou naturelles, les affections qui ne sont pas obligées enfin, nous fuient. Souffrir pour souffrir, autant être utile. Que m'importent les enfants de mes cousines Faucombe qui ne sont plus Faucombe, que je n'ai pas vues depuis vingt ans, et qui d'ailleurs ont épousé des négociants! Vous êtes un fils qui ne m'avez pas coûté les ennuis de la maternité, je vous laisserai ma fortune, et vous serez heureux, au moins de ce côté-là, par moi, cher trésor de beauté, de grâce, que rien ne doit altérer ni flétrir.

Après ces paroles dites d'un son de voix profond, elle déroula ses belles paupières pour ne pas laisser lire dans ses yeux.

— Vous n'avez rien voulu de moi, dit Calyste, je rendrais votre fortune à vos héritiers.

— Enfant! dit Camille d'un son de voix profond en laissant couler des larmes sur ses joues. Rien ne me sauvera-t-il donc de moi-même?

— Vous avez une histoire à me dire et une lettre à me..., dit le généreux enfant pour faire diversion à ce chagrin ; mais il n'acheva pas, elle lui coupa la parole.

— Vous avez raison, il faut être honnête fille avant tout. Il était trop tard hier, mais il paraît que nous aurons bien du temps à nous aujourd'hui, dit-elle d'un ton à la fois plaisant et amer. Pour acquitter ma promesse, je vais me mettre de manière à plonger sur le chemin qui mène à la falaise.

Calyste lui disposa dans cette direction un grand fauteuil gothique et ouvrit la croisée à vitraux. Camille Maupin, qui partageait le goût oriental de l'illustre écrivain de son sexe, alla prendre un magnifique narghilé persan que lui avait donné un ambassadeur ; elle chargea la cheminée de patchouli, nettoya le *bochettino*, parfuma le tuyau de plume qu'elle y adaptait, et dont elle ne se servait jamais qu'une fois, mit le feu aux feuilles jaunes, plaça le vase à long col émaillé bleu et or de ce bel instrument de plaisir à quelques pas d'elle, et sonna pour demander du thé.

— Si vous voulez des cigarettes ?... Ah ! j'oublie toujours que vous ne fumez pas. Une pureté comme la vôtre est si rare ! Il me semble que pour caresser le duvet satiné de vos joues il faut la main d'une Ève sortie des mains de Dieu.

Calyste rougit et se posa sur un tabouret, il ne vit pas la profonde émotion qui fit rougir Camille.

— La personne de qui j'ai reçu cette lettre hier, et qui sera peut-être demain ici, est la marquise de Rochegude, la belle-sœur de madame d'Ajuda-Pinto, dit Félicité. Après avoir marié sa fille aînée à un grand seigneur portugais établi pour toujours en France, le vieux Rochegude, dont la maison n'est pas aussi vieille que la vôtre, voulut apparenter son fils à la haute noblesse, afin de pouvoir lui faire avoir la pairie qu'il n'avait pu obtenir pour lui-même. La comtesse de Montcornet lui signala dans le département de l'Orne une mademoiselle Béatrix-Maximilienne-Rose de Casteran, fille cadette du marquis de Casteran, qui voulait marier ses deux filles sans dot, afin de réserver toute sa fortune au comte de Casteran, son fils. Les Casteran sont, à ce qu'il paraît, de la côte d'Adam. Béatrix, née, élevée au château de Casteran, avait alors, le mariage s'est fait en 1828, une vingtaine d'années. Elle était remarquable par ce que vous autres provinciaux nommez originalité, et qui n'est simplement que de la supériorité dans les idées, de l'exaltation, un sentiment pour le beau, un certain entraînement pour les œuvres de l'art. Croyez-en une pauvre femme qui s'est laissée aller à ces pentes, il n'y a rien de plus dangereux pour une femme ; en les suivant on arrive où vous me voyez, et où est arrivée la marquise... à des abîmes. Les hommes ont seuls le bâton avec lequel on se soutient le long de ces précipices, une force qui nous manque et qui fait de nous des monstres quand nous la possédons. Sa vieille grand'mère, la douairière de Casteran, lui vit avec plaisir épouser un homme auquel elle devait être supérieure en noblesse et en idées. Les Rochegude firent très bien les choses, Béatrix n'eut qu'à se louer d'eux ; de même que les Rochegude durent être satisfaits des Casteran, qui, liés aux Gordon, aux d'Esgrignon, aux Troisville, aux Navarreins, obtinrent la pairie pour leur gendre dans cette dernière grande fournée de pairs que fit Charles X, et dont l'annulation a été prononcée par la révolution de juillet. Le vieux Rochegude mort, son fils a eu toute sa fortune. Rochegude est assez sot ; néanmoins il a commencé par avoir un fils ; et comme il a très fort assassiné sa femme de lui-même, elle en a eu bientôt assez. Les premiers jours du mariage sont un écueil pour les petits esprits comme pour les grands amours. En sa qualité de sot, Rochegude a pris l'ignorance de sa femme pour de la froideur, il a classé Béatrix parmi les femmes lymphatiques et froides : elle est blonde, et il est parti de là pour rester dans la plus entière sécurité, pour vivre en garçon et pour compter sur la prétendue froideur de la marquise, sur sa fierté, sur son orgueil, sur une manière de vivre grandiose qui entoure de mille barrières une femme à Paris. Vous saurez ce que je veux dire quand vous visiterez cette ville. Ceux qui comptaient profiter de son insouciante tranquillité lui disaient : « Vous êtes bien heureux : vous avez une femme froide, qui n'aura que des passions de tête ; elle est contente de briller, ses fantaisies sont purement artistiques ; sa jalousie, ses désirs seront satisfaits si elle se fait un

salon où elle réunira tous les beaux-esprits ; elle fera des débauches
de musique, des orgies de littérature. » Et le mari de gober ces
plaisanteries par lesquelles à Paris on mystifie les niais. Cependant
Rochegude n'est pas un sot ordinaire : il a de la vanité, de l'orgueil autant qu'un homme d'esprit, avec cette différence que les
gens d'esprit se frottent de modestie et se font chats, ils vous ca-
ressent pour être caressés ; tandis que Rochegude a un bon gros
amour-propre rouge et frais qui s'admire en public et sourit toujours. Sa vanité se vautre à l'écurie et se nourrit à grand bruit au
râtelier en tirant son fourrage. Il a de ces défauts qui ne sont connus que des gens à même de les juger dans l'intimité, qui ne frappent que dans l'ombre et le mystère de la vie privée, tandis que
dans le monde, et pour le monde, un homme paraît charmant.
Rochegude devait être insupportable dès qu'il se croirait menacé
dans ses foyers, car il a cette jalousie louche et mesquine, brutale
quand elle est surprise, lâche pendant six mois, meurtrière le
septième. Il croyait tromper sa femme et il la redoutait, deux causes de tyrannie, le jour où il s'apercevrait que la marquise lui faisait la charité de paraître indifférente à ses infidélités. Je vous
analyse ce caractère afin d'expliquer la conduite de Béatrix. La
marquise a eu pour moi la plus vive admiration, mais de l'admiration à la jalousie il n'y a qu'un pas. J'ai l'un des salons les plus
remarquables de Paris, elle désirait s'en faire un, et tâchait de me
prendre mon monde. Je ne sais pas garder ceux qui veulent me
quitter. Elle a eu les gens superficiels qui sont amis de tout le
monde par oisiveté, dont le but est de sortir d'un salon dès qu'ils
y sont entrés ; mais elle n'a pas eu le temps de fonder une société.
Dans ce temps-là je l'ai crue dévorée du désir d'une célébrité
quelconque. Néanmoins elle a de la grandeur d'âme, une fierté
royale, des idées, une facilité merveilleuse à concevoir et à comprendre tout ; elle parlera métaphysique et musique, théologie et
peinture. Vous la verrez femme ce que nous l'avons vue jeune mariée ; mais il y a chez elle un peu d'affectation : elle a trop l'air de
savoir les choses difficiles, le chinois ou l'hébreu, de se douter des
hiéroglyphes ou de pouvoir expliquer les papyrus qui enveloppent
les momies. Béatrix est une de ces blondes auprès desquelles la
blonde Ève paraîtrait une négresse. Elle est mince et droite comme
un cierge et blanche comme une hostie ; elle a une figure longue et
pointue, un teint assez journalier, aujourd'hui couleur percale,

demain bis et taché sous la peau de mille points, comme si le sang avait charrié de la poussière pendant la nuit ; son front est magnifique, mais un peu trop audacieux ; ses prunelles sont vert de mer pâle et nagent dans le blanc sous des sourcils faibles, sous des paupières paresseuses. Elle a souvent les yeux cernés. Son nez, qui décrit un quart de cercle, est pincé des narines et plein de finesse, mais impertinent. Elle a la bouche autrichienne, la lèvre supérieure est plus forte que l'inférieure qui tombe d'une façon dédaigneuse. Ses joues pâles ne se colorent que par une émotion très vive. Son menton est assez gras ; le mien n'est pas mince, et peut-être ai-je tort de vous dire que les femmes à menton gras sont exigeantes en amour. Elle a une des plus belles tailles que j'aie vues, un dos d'une étincelante blancheur, autrefois très plat et qui maintenant s'est dit-on développé, rembourré ; mais le corsage n'a pas été aussi heureux que les épaules, les bras sont restés maigres. Elle a d'ailleurs une tournure et des manières dégagées qui rachètent ce qu'elle peut avoir de défectueux, et mettent admirablement en relief ses beautés. La nature lui a donné cet air de princesse qui ne s'acquiert point, qui lui sied et révèle soudain la femme noble, en harmonie d'ailleurs avec des hanches grêles, mais du plus délicieux contour, avec le plus joli pied du monde, avec cette abondante chevelure d'ange que le pinceau de Girodet a tant cultivée, et qui ressemble à des flots de lumière. Sans être irréprochablement belle ni jolie, elle produit, quand elle le veut, des impressions ineffaçables. Elle n'a qu'à se mettre en velours cerise, avec des bouillons de dentelles, à se coiffer de roses rouges, elle est divine. Si, par un artifice quelconque, elle pouvait porter le costume du temps où les femmes avaient des corsets pointus à échelles de rubans s'élançant minces et frêles de l'ampleur étoffée des jupes en brocart à plis soutenus et puissants, où elles s'entouraient de fraises godronnées, cachaient leurs bras dans des manches à crevés, à sabots de dentelles d'où la main sortait comme le pistil d'un calice, et qu'elles rejetaient les mille boucles de leur chevelure au delà d'un chignon ficelé de pierreries, Béatrix lutterait avantageusement avec les beautés idéales que vous voyez vêtues ainsi.

Félicité montrait à Calyste une belle copie du tableau de Miéris, où se voit une femme en satin blanc, debout, tenant un papier et chantant avec un seigneur brabançon pendant qu'un nègre verse dans un verre à patte du vieux vin d'Espagne, et qu'une vieille femme de charge arrange des biscuits.

— Les blondes, reprit-elle, ont sur nous autres femmes brunes l'avantage d'une précieuse diversité : il y a cent manières d'être blonde, et il n'y en a qu'une d'être brune. Les blondes sont plus femmes que nous, nous ressemblons trop aux hommes, nous autres brunes françaises. Eh ! bien, dit-elle, n'allez-vous pas tomber amoureux de Béatrix sur le portrait que je vous en fais, absolument comme je ne sais quel prince des *Mille et un Jours ?* Tu arriverais encore trop tard, mon pauvre enfant. Mais, console-toi : là c'est au premier venu les os !

Ces paroles furent dites avec intention. L'admiration peinte sur le visage du jeune homme était plus excitée par la peinture que par le peintre dont le *faire* manquait son but. En parlant, Félicité déployait les ressources de son éloquente physionomie.

— Malgré son état de blonde, continua-t-elle, Béatrix n'a pas la finesse de sa couleur; elle a de la sévérité dans les lignes, elle est élégante et dure; elle a la figure d'un dessin sec, et l'on dirait que dans son âme il y a des ardeurs méridionales. C'est un ange qui flambe et se dessèche. Enfin ses yeux ont soif. Ce qu'elle a de mieux est la face; de profil, sa figure a l'air d'avoir été prise entre deux portes. Vous verrez si je me suis trompée. Voici ce qui nous a rendues amies intimes. Pendant trois ans, de 1828 à 1831, Béatrix, en jouissant des dernières fêtes de la Restauration, en voyageant à travers les salons, en allant à la cour, en ornant les bals costumés de l'Élysée-Bourbon, jugeait les hommes, les choses, les événements et la vie de toute la hauteur de sa pensée. Elle eut l'esprit occupé. Ce premier moment d'étourdissement causé par le monde empêcha son cœur de se réveiller, et il fut encore engourdi par les premières malices du mariage : l'enfant, les couches, et ce trafic de maternité que je n'aime point. Je ne suis point femme de ce côté-là. Les enfants me sont insupportables, ils donnent mille chagrins et des inquiétudes constantes. Aussi trouvé-je qu'un des grands bénéfices de la société moderne, et dont nous avons été privées par cet hypocrite de Jean-Jacques, était de nous laisser libres d'être ou de ne pas être mères. Si je ne suis pas seule à penser ainsi, je suis seule à le dire. Béatrix alla de 1830 à 1831 passer la tourmente à la terre de son mari et s'y ennuya comme un saint dans sa stalle au paradis. A son retour à Paris, la marquise jugea peut-être avec justesse que la révolution, en apparence purement politique aux yeux de certaines gens, allait être une révolution morale. Le monde auquel elle appartenait n'ayant pu se reconstituer pendant le triomphe inespéré des quinze années de la Restauration, s'en irait en miettes sous les coups de bélier mis en œuvre par la bourgeoisie. Cette grande parole de monsieur Lainé : Les rois s'en vont ! elle l'avait entendue. Cette opinion, je le crois, n'a pas été sans influence sur sa conduite. Elle prit une part intellectuelle aux nouvelles doctrines qui pullulèrent durant trois ans, après Juillet, comme des moucherons au soleil, et qui ravagèrent plusieurs têtes femelles ; mais comme tous les nobles, en trouvant ces nouveautés superbes, elle voulait sauver la noblesse. Ne voyant plus de place pour les supériorités personnelles, voyant la haute noblesse recommencer l'opposition muette qu'elle avait faite à Napoléon, ce qui était son seul rôle sous l'empire de l'action et des faits, mais ce qui, dans une époque morale, équivaut à donner sa démission, elle préféra le bonheur à ce mutisme. Quand nous respirâmes un peu, la marquise trouva chez moi l'homme avec qui je croyais finir ma vie, Gennaro Conti, le grand compositeur, d'origine napolitaine, mais né à Marseille. Conti a beaucoup d'esprit, il a du talent comme compositeur quoiqu'il ne puisse jamais arriver au premier rang. Sans Meyerbeer et Rossini, peut-être eût-il passé pour un homme de génie. Il a sur eux un avantage, il est en musique vocale ce qu'est Paganini sur le violon, Liszt sur le piano, Taglioni dans la danse, et ce qu'était enfin le fameux Garat, qu'il rappelle à ceux qui l'ont entendu. Ce n'est pas une voix, mon ami, c'est une âme. Quand ce chant répond à certaines idées, à des dispositions difficiles à peindre et dans lesquelles se trouve parfois une femme, elle est perdue en entendant Gennaro. La marquise conçut pour lui la plus folle passion et me l'enleva. Le trait est excessivement provincial, mais de bonne guerre. Elle conquit mon estime et mon amitié par la manière dont elle s'y prit avec moi. Je lui paraissais femme à défendre mon bien, elle ne savait pas que pour moi la chose au monde la plus ridicule dans cette position est l'objet même de la lutte. Elle vint chez moi. Cette femme si fière était tant éprise qu'elle me livra son secret et me rendit l'arbitre de sa destinée. Elle fut adorable : elle resta femme et marquise à mes yeux. Je vous dirai, mon ami, que les femmes sont parfois mauvaises ; mais elles ont des grandeurs secrètes que jamais les hommes ne sauront apprécier. Ainsi, comme je puis faire mon testament de femme au bord de la vieillesse qui m'attend, je vous dirai que j'étais fidèle à Conti, que je l'eusse été jusqu'à la mort, et que cependant je le connaissais. C'est une nature charmante en apparence, et détestable au fond. Il est charlatan dans les choses du cœur. Il se rencontre des hommes, comme Nathan de qui je vous ai déjà parlé, qui sont charlatans d'extérieur et de bonne foi. Ces hommes se mentent à eux-mêmes. Montés sur leurs échasses, ils croient être sur leurs pieds, et font leurs jongleries avec une sorte d'innocence ; leur vanité est dans leur sang ; ils sont nés comédiens, vantards, extravagants de forme comme un vase chinois ; ils riront peut-être d'eux-mêmes. Leur personnalité est d'ailleurs généreuse, et, comme l'éclat des vêtements royaux de Murat, elle attire le danger. Mais la fourberie de Conti ne sera jamais connue que de sa maîtresse. Il a dans son art la célèbre jalousie italienne qui porta le Carlone à assassiner Piola, qui valut un coup de stylet à Paësiello. Cette envie terrible est cachée sous la camaraderie la plus gracieuse. Conti n'a pas le courage de son vice, il sourit à Meyerbeer et le complimente quand il voudrait le déchirer. Il sent sa faiblesse, et se donne les apparences de la force ; puis il est d'une vanité qui lui fait jouer les sentiments les plus éloignés de son cœur. Il se donne pour un artiste qui reçoit ses inspirations du ciel. Pour lui l'art est quelque chose de saint et de sacré. Il est fanatique, il est sublime de moquerie avec les gens du monde ; il est d'une éloquence qui semble partir d'une conviction profonde. C'est un voyant, un démon, un dieu, un ange. Enfin, quoique prévenu, Calyste, vous serez sa dupe. Cet homme méridional, cet artiste bouillant est froid comme une corde à puits. Écoutez-le : l'artiste est un missionnaire, l'art est une religion qui a ses prêtres et doit avoir ses martyrs. Une fois parti, Gennaro arrive au pathos le plus échevelé que jamais professeur de philosophie allemande ait dégurgité à son auditoire. Vous admirez ses convictions, il ne croit à rien. En vous enlevant au ciel par un chant qui semble un fluide mystérieux et qui verse l'amour, il jette sur vous un regard extatique ; mais il surveille votre admiration, il se demande : Suis-je bien un dieu pour eux ? Au même moment parfois il se dit en lui-même : J'ai mangé trop de macaroni. Vous vous croyez aimée, il vous hait, et vous ne savez pourquoi ; mais je le savais, moi : il avait vu la veille une femme, il l'aimait par caprice, et m'insultait de quelque faux amour, de caresses hypocrites, en me faisant payer cher sa fidélité forcée. Enfin il est insatiable d'applaudissements, il singe tout et se joue de tout; il feint la joie aussi bien que la douleur; mais il réussit admirablement. Il plaît, on l'aime, il peut être admiré quand il le veut. Je l'ai laissé haïssant sa voix, il lui devait plus de succès qu'à son talent de compositeur; et il préfère être homme de génie comme Rossini à être un exécutant de la force de Rubini. J'avais fait la faute de m'attacher à lui, j'étais résignée à parer cette idole jusqu'au bout. Conti, comme beaucoup d'artistes, est friand; il aime ses aises, ses jouissances; il est coquet, recherché, bien mis; eh! bien, je flattais toutes ses passions, j'aimais cette nature faible et astucieuse. J'étais enviée, et je souriais parfois de pitié. J'estimais son courage; il est brave, et la bravoure est, dit-on, la seule vertu qui n'ait pas d'hypocrisie. En voyage, dans une circonstance, je l'ai vu à l'épreuve : il a su risquer une vie qu'il aime; mais, chose étrange! à Paris, je lui ai vu commettre ce que je nomme des lâchetés de pensée. Mon ami, je savais toutes ces choses. Je dis à la pauvre marquise : — Vous ne savez dans quel abîme vous mettez le pied. Vous êtes le Persée d'une pauvre Andromède, vous me délivrez de mon rocher. S'il vous aime, tant mieux! mais j'en doute, il n'aime que lui. Gennaro fut au septième ciel de l'orgueil. Je n'étais pas marquise, je ne suis pas née Casteran, je fus oubliée en un jour. Je me donnai le sauvage plaisir d'aller au fond de cette nature. Sûre du dénouement, je voulus observer les détours que ferait Conti. Mon pauvre enfant, je vis en une semaine des horreurs de sentiment, des pantalonnades infâmes. Je ne veux rien vous en dire, vous verrez cet homme ici. Seulement, comme il sait que je le connais, il me hait aujourd'hui. S'il pouvait me poignarder avec quelque sécurité, je n'existerais pas deux secondes. Je n'ai jamais dit un mot à Béatrix. La dernière et constante insulte de Gennaro est de croire que je suis capable de communiquer mon triste savoir à la marquise. Il est devenu sans cesse inquiet, rêveur; car il ne croit aux bons sentiments de personne. Il joue encore avec moi le personnage d'un homme malheureux de m'avoir quittée. Vous trouverez en lui les cordialités les plus pénétrantes; il est caressant, il est chevaleresque. Pour lui, toute femme est une madone. Il faut vivre longtemps avec lui pour avoir le secret de cette fausse bonhomie et connaître le stylet invisible de ses mystifications. Son air convaincu tromperait Dieu. Aussi serez-vous enlacé par ses manières chattes et ne croirez-vous jamais à la profonde et rapide arithmétique de sa pensée intime. Laissons-le. Je poussai l'indifférence jusqu'à les recevoir chez moi. Cette circonstance fit que le monde le plus perspicace, le monde parisien, ne sut rien de cette intrigue. Quoique Gennaro fût ivre d'orgueil, il avait besoin sans doute de se poser devant Béatrix : il fut d'une admirable dissimulation. Il me surprit, je m'attendais à le voir demandant un éclat. Ce fut la marquise qui se compromit après un an de bonheur soumis à toutes les vicissitudes, à tous les hasards de la vie parisienne. A la fin de l'avant-dernier hiver, elle n'avait pas vu Gennaro depuis plusieurs jours, et je l'avais invité à dîner chez moi, où elle devait venir dans la soirée. Rochegude ne se doutait de rien ; mais Béatrix connaissait si bien son mari, qu'elle aurait préféré, me disait-elle souvent, les plus grandes misères à la vie qui l'attendait auprès de cet homme dans le cas où il aurait le droit de la mépriser ou de la tourmenter. J'avais choisi le jour de la soirée de notre amie la comtesse de Montcornet. Après avoir vu le café servi à son mari, Béatrix quitta le salon pour aller s'habiller, quoiqu'elle ne commençât jamais sa toilette de si bonne heure. — Votre coiffeur n'est pas venu, lui fit observer Rochegude quand il sut le motif de la retraite de sa femme. — Thérèse me coiffera, répondit-elle. — Mais où allez-vous donc? vous n'allez pas chez madame de Montcornet à huit heures. — Non, dit-elle, mais j'entendrai le premier acte aux Italiens. L'interrogeant bailli du Huron dans Voltaire est un muet en comparaison des maris oisifs. Béatrix s'enfuit pour ne pas être questionnée davantage, et n'entendit pas son mari qui lui répondait : — Eh ! bien, nous irons ensemble. Il n'y mettait aucune malice, il n'avait aucune raison de soupçonner sa femme, elle avait tant de liberté ! il s'efforçait de ne la gêner en rien, il y mettait de l'amour-propre. La conduite de Béatrix n'offrait d'ailleurs pas la moindre prise à la critique la plus sévère. Le marquis comptait aller je ne sais où, chez sa maîtresse peut-être ! Il s'était habillé avant le dîner, il n'avait qu'à prendre ses gants et son chapeau, lorsqu'il entendit rouler la voiture de sa femme dans la cour sous la marquise du perron. Il passa chez elle et la trouva prête, mais dans le dernier étonnement de le voir. — Où allez-vous? lui demanda-t-elle. — Ne vous ai-je pas dit que je vous accompagnais aux Italiens ? La marquise réprima les mouvements extérieurs d'une violente contrariété ; mais ses joues prirent une teinte de rose vif, comme si elle eût mis du rouge. — Eh ! bien, partons, dit-elle. Rochegude la suivit sans prendre garde à l'émotion trahie par la voix de sa femme, que dévorait la colère la plus concentrée. — Aux Italiens! dit le mari. — Non! s'écria Béatrix, chez mademoiselle des Touches. J'ai quelques mots à lui dire, reprit-elle quand la portière fut fermée. La voiture partit. — Mais, si vous le vouliez, reprit Béatrix, je vous conduirais d'abord aux Italiens, et j'irais chez elle après. — Non, répondit le marquis, si vous n'avez que quelques mots à lui dire, j'attendrai dans la voiture; il est sept heures et demie. Si Béatrix avait dit à son mari : — Allez aux Italiens et laissez-moi tranquille, il aurait paisiblement obéi. Comme toute femme d'esprit, elle eut peur d'éveiller ses soupçons en se sentant coupable, et se résigna. Quand elle voulut quitter les Italiens pour venir chez moi, son mari l'accompagna. Elle entra rouge de colère et d'impatience. Elle vint à moi et me dit à l'oreille de l'air le plus tranquille du monde : — Ma chère Félicité, je partirai demain soir avec Conti pour l'Italie, priez-le de faire ses préparatifs et d'être avec une voiture et un passe-port ici. — Elle partit avec son mari. Les passions violentes veulent à tout prix leur liberté. Béatrix souffrait depuis un an de sa contrainte et de la rareté de ses rendez-vous, elle se regardait comme unie à Gennaro. Ainsi rien ne me surprit. A sa place, avec mon caractère, j'eusse agi de même. Elle se résolut à cet éclat en se voyant contrariée de la manière la plus innocente. Elle prévint le malheur par un malheur plus grand. Conti fut d'un bonheur qui me navra, sa vanité seule était en jeu. — C'est être aimé, cela! me dit-il au milieu de ses transports. Combien peu de femmes sauraient perdre ainsi toute leur vie, leur fortune, leur considération! — Oui, elle vous aime, lui dis-je, mais vous ne l'aimez pas! Il devint furieux et me fit une scène : il pérora, me querella, me peignit son amour en disant qu'il n'avait jamais cru qu'il lui serait possible d'aimer autant. Je fus impassible et lui prêtai l'argent dont il pouvait avoir besoin pour ce voyage qui le prenait au dépourvu. Béatrix laissa pour Rochegude une lettre, et partit le lendemain soir en Italie. Elle y est restée dix-huit mois; elle m'a plusieurs fois écrit, ses lettres sont ravissantes d'amitié; la pauvre enfant s'est attachée à moi comme à la seule femme qui la comprenne. Elle m'adore, dit-elle. Le besoin d'argent a fait faire un opéra français à Gennaro, qui n'a pas trouvé en Italie les ressources pécuniaires qu'ont les compositeurs à Paris. Voici la lettre de Béatrix, vous pourrez maintenant la comprendre, si à votre âge on peut analyser déjà les choses du cœur, dit-elle en lui tendant la lettre.

En ce moment Claude Vignon entra. Cette apparition inattendue rendit pendant un moment Calyste et Félicité silencieux, elle par surprise, lui par inquiétude vague. Le front immense, haut et large de ce jeune homme chauve à trente-sept ans semblait obscurci de nuages. Sa bouche ferme et judicieuse exprimait une froide ironie. Claude Vignon est imposant, malgré les dégradations précoces d'un visage autrefois magnifique et devenu livide. Entre dix-huit et vingt-cinq ans, il a ressemblé presque au divin Raphaël; mais son nez, ce trait de la face humaine qui change le plus, s'est taillé en pointe; mais sa physionomie s'est tassée pour ainsi dire sous de mystérieuses dépressions; les contours ont acquis une plénitude d'une mauvaise couleur; les tons de plomb dominent dans le teint fatigué, sans qu'on connaisse les fatigues de ce jeune homme, vieilli peut-être par une amère solitude et par les abus de la compréhension. Il scrute la pensée d'autrui, sans but ni système. Le pic de sa critique démolit toujours et ne construit rien. Ainsi sa lassitude est celle du manœuvre, et non celle de l'architecte. Les yeux d'un bleu pâle, brillants jadis, ont été voilés par des peines inconnues, ou ternis par une tristesse morne. La débauche a estompé le dessus des sourcils d'une teinte noirâtre. Les tempes ont perdu de leur fraîcheur. Le menton, d'une incomparable distinction, s'est doublé sans noblesse. Sa voix, déjà peu sonore, a faibli; sans être ni éteinte ni enrouée, elle est entre l'enrouement et l'extinction. L'impassibilité de cette belle tête, la fixité de ce regard couvrent une irrésolution, une faiblesse que trahit un sourire spirituel et moqueur. Cette faiblesse frappe sur l'action et non sur la pensée : il y a les traces d'une compréhension encyclopédique sur ce front, dans les habitudes de ce visage enfantin et superbe à la fois. Il est un détail qui peut expliquer les bizarreries du caractère. L'homme est d'une haute taille, légèrement voûté déjà, comme tous ceux qui portent un monde d'idées. Jamais ces grands longs corps n'ont été remarquables par une énergie continue, par une activité créatrice. Charlemagne, Narsès, Bélisaire et Constantin sont en ce genre, des exceptions excessivement remarquées. Certes, Claude Vignon offre des mystères à deviner. D'abord il est très-simple et très-fin tout ensemble. Quoiqu'il tombe avec la facilité d'une courtisane dans les excès, sa pensée demeure inaltérable. Cette intelligence, qui peut critiquer les arts, la science, la littérature, la politique, est inhabile à gouverner la vie extérieure. Claude se contemple dans l'étendue de son royaume intellectuel et abandonne sa forme avec une insouciance diogénique. Satisfait de tout pénétrer, de tout comprendre, il méprise les matérialités ; mais, atteint par le doute dès qu'il s'agit de créer, il voit les obstacles sans être ravi des beautés, et à force de discuter les moyens, il demeure les bras pendants, sans résultat. C'est le Turc de l'intelligence endormi par la méditation. La critique est son opium, et son harem de livres faits l'a dégoûté de toute œuvre à faire. Indifférent aux plus petites comme aux plus grandes choses, il est obligé, par le poids même de sa tête, de tomber dans la débauche pour abdiquer pendant quelques instants le fatal pouvoir de son omnipotente analyse. Il est trop préoccupé par l'envers du génie, et vous pouvez maintenant concevoir que Camille Maupin essayât de le mettre à l'endroit. Cette tâche était séduisante. Claude Vignon se croyait aussi grand politique que grand écrivain ; mais ce Machiavel inédit se rit en lui-même des ambitieux, il sait tout ce qu'il peut, il prend instinctivement mesure de son avenir sur ses facultés, il se voit grand, il regarde les obstacles, pénètre la sottise des parvenus, s'effraie ou se dégoûte, et laisse le temps s'écouler sans se mettre à l'œuvre. Comme Étienne Lousteau le feuilletoniste, comme Nathan le célèbre auteur dramatique, comme Bloudet, autre journaliste, il est sorti du sein de la bourgeoisie, à laquelle on doit la plupart des grands écrivains.

— Par où donc êtes-vous venu ? lui dit mademoiselle des Touches surprise et rougissant de bonheur ou de surprise.

— Par la porte, dit sèchement Claude Vignon.

— Mais, s'écria-t-elle en haussant les épaules, je sais bien que vous n'êtes pas homme à entrer par une fenêtre.

— L'escalade est une espèce de croix d'honneur pour les femmes aimées.

— Assez, dit Félicité.

— Je vous dérange ? dit Claude Vignon.

— Monsieur, dit le naïf Calyste, cette lettre...

— Gardez-la, je ne demande rien, *à nos âges ces choses-là se comprennent*, dit-il d'un air moqueur en interrompant Calyste.

— Mais, monsieur... dit Calyste indigné.

— Calmez-vous, jeune homme, je suis d'une indulgence excessive pour les sentiments.

— Mon cher Calyste... dit Camille en voulant parler.

— Cher? dit Vignon qui l'interrompit.

— Claude plaisante, dit Camille en continuant de parler à Calyste, il a tort avec vous qui ne connaissez rien aux mystifications parisiennes.

— Je ne savais pas être plaisant, répliqua Vignon d'un air grave.

— Par quel chemin êtes-vous venu? voilà deux heures que je ne cesse de regarder dans la direction du Croisic.

— Vous ne regardiez pas toujours, répondit Vignon.

— Vous êtes insupportable dans vos railleries.

— Je raille?

Calyste se leva.

— Vous n'êtes pas assez mal ici pour vous en aller, lui dit Vignon.

— Au contraire, dit le bouillant jeune homme à qui Camille Maupin tendit sa main qu'il baisa, au lieu de la serrer, en y laissant une larme brûlante.

— Je voudrais être ce petit jeune homme, dit le critique en s'asseyant et prenant le bout du houka. Comme il aimera!

— Trop, car alors il ne sera pas aimé, dit mademoiselle des Touches. Madame de Rochegude arrive ici.

— Bon! fit Claude. Avec Conti?

— Elle y restera seule, mais il l'accompagne.

— Il y a de la brouille?

— Non.

— Jouez-moi une sonate de Beethoven, je ne connais rien de la musique qu'il a écrite pour le piano.

Claude se mit à charger de tabac turc la cheminée du houka, en examinant Camille beaucoup plus qu'elle ne le croyait. Une pensée horrible l'occupait, il se croyait pris pour dupe par une femme de bonne foi. Cette situation était neuve.

Calyste en s'en allant ne pensait plus à Béatrix de Rochegude ni à sa lettre, il était furieux contre Claude Vignon, il se courrouçait de ce qu'il prenait pour de l'indélicatesse, il plaignait la pauvre Félicité. Comment être aimé de cette sublime femme et ne pas l'adorer à genoux, ne pas la croire sur la foi d'un regard ou d'un sourire? Après avoir été le témoin privilégié des douleurs que causait l'attente à Félicité, l'avoir vue tournant la tête vers le Croisic, il s'était senti l'envie de déchirer ce spectre pâle et froid; ignorant, comme le lui avait dit Félicité, les mystifications de pensée aux-

quelles excellent les railleurs de la Presse. Pour lui, l'amour était
une religion humaine. En l'apercevant dans la cour, sa mère ne
put retenir une exclamation de joie, et aussitôt la vieille mademoiselle du Guénic siffla Mariotte.

— Mariotte, voici l'enfant, mets la lubine.

— Je l'ai vu, mademoiselle, répondit la cuisinière.

La mère, un peu inquiète de la tristesse qui siégeait sur le front
de Calyste, sans se douter qu'elle était causée par le prétendu mauvais traitement de Vignon envers Félicité, se mit à sa tapisserie. La
vieille tante prit son tricot. Le baron donna son fauteuil à son fils,
et se promena dans la salle comme pour se dérouiller les jambes
avant d'aller faire un tour au jardin. Jamais tableau flamand ou
hollandais n'a représenté d'intérieur d'un ton si brun, meublé de
figures si harmonieusement suaves. Ce beau jeune homme vêtu de
velours noir, cette mère encore si belle et les deux vieillards encadrés dans cette salle antique, exprimaient les plus touchantes harmonies domestiques. Fanny aurait bien voulu questionner Calyste, mais
il avait tiré de sa poche cette lettre de Béatrix, qui peut-être allait
détruire tout le bonheur dont jouissait cette noble famille. En la
dépliant, la vive imagination de Calyste lui montra la marquise vêtue comme la lui avait fantastiquement dépeinte Camille Maupin.

LETTRE DE BÉATRIX A FÉLICITÉ.

« Gênes, le 2 juillet.

» Je ne vous ai pas écrit depuis notre séjour à Florence, chère
amie; mais Venise et Rome ont absorbé mon temps, et vous le
savez, le bonheur tient de la place dans la vie. Nous n'en sommes
ni l'une ni l'autre à une lettre de plus ou de moins. Je suis un peu
fatiguée. J'ai voulu tout voir et quand on n'a pas l'âme facile à
blaser, la répétition des jouissances cause de la lassitude. Notre
ami a eu de beaux triomphes à la Scala, à la Fenice, et ces jours
derniers à Saint-Charles. Trois opéras italiens en dix-huit mois!
vous ne direz pas que l'amour le rend paresseux. Nous avons été
partout accueillis à merveille, mais j'eusse préféré le silence et la
solitude. N'est-ce pas la seule manière d'être qui convienne à des
femmes en opposition directe avec le monde? Je croyais qu'il en
serait ainsi. L'amour, ma chère, est un maître plus exigeant que

le mariage; mais il est si doux de lui obéir! Après avoir fait de l'amour toute ma vie, je ne savais pas qu'il faudrait revoir le monde, même par échappées, et les soins dont on m'y a entourée étaient autant de blessures. Je n'y étais plus sur un pied d'égalité avec les femmes les plus élevées. Plus on me marquait d'égards, plus on étendait mon infériorité. Gennaro n'a pas compris ces finesses; mais il était si heureux que j'aurais eu mauvaise grâce à ne pas immoler de petites vanités à une aussi grande chose que la vie d'un artiste. Nous ne vivons que par l'amour; tandis que les hommes vivent par l'amour et par l'action, autrement ils ne seraient pas hommes. Cependant il existe pour nous autres femmes de grands désavantages dans la position où je me suis mise, et vous les aviez évités : vous étiez restée grande en face du monde, qui n'avait aucun droit sur vous; vous aviez votre libre arbitre, et je n'ai plus le mien. Je ne parle de ceci que relativement aux choses du cœur, et non aux choses sociales desquelles j'ai fait un entier sacrifice. Vous pouviez être coquette et volontaire, avoir toutes les grâces de la femme qui aime et peut tout accorder ou tout refuser à son gré; vous aviez conservé le privilége des caprices, même dans l'intérêt de votre amour et de l'homme qui vous plaisait. Enfin, aujourd'hui, vous avez encore votre propre aveu; moi, je n'ai plus la liberté du cœur, que je trouve toujours délicieuse à exercer en amour, même quand la passion est éternelle. Je n'ai pas ce droit de quereller en riant, auquel nous tenons tant et avec tant de raison : n'est-ce pas la sonde avec laquelle nous interrogeons le cœur? Je n'ai pas une menace à faire, je dois tirer tous mes attraits d'une obéissance et d'une douceur illimitées, je dois imposer par la grandeur de mon amour; j'aimerais mieux mourir que de quitter Gennaro, car mon pardon est dans la sainteté de ma passion. Entre la dignité sociale et ma petite dignité, qui est un secret pour ma conscience, je n'ai pas hésité. Si j'ai quelques mélancolies semblables à ces nuages qui passent sur les cieux les plus purs et auxquelles nous autres femmes nous aimons à nous livrer, je les tais, elles ressembleraient à des regrets. Mon Dieu, j'ai si bien aperçu l'étendue de mes obligations, que je me suis armée d'une indulgence entière; mais jusqu'à présent Gennaro n'a pas effarouché ma susceptible jalousie. Enfin, je n'aperçois point par où ce cher beau génie pourrait faillir. Je ressemble un peu, chère ange, à ces dévots qui discutent avec leur Dieu, car n'est-ce pas à vous que je dois mon bonheur? Aussi ne pouvez-vous douter que je pense souvent à vous. J'ai vu l'Italie, enfin! comme vous l'avez vue, comme on doit la voir, éclairée dans notre âme par l'amour, comme elle l'est par son beau soleil et par ses chefs-d'œuvre. Je plains ceux qui sont incessamment remués par les adorations qu'elle réclame à chaque pas, de ne pas avoir une main à serrer, un cœur où jeter l'exubérance des émotions qui s'y calment en s'y agrandissant. Ces dix-huit mois sont pour moi toute ma vie, et mon souvenir y fera de riches moissons. N'avez-vous pas fait comme moi le projet de demeurer à Chiavari, d'acheter un palais à Venise, une maisonnette à Sorrente, à Florence une villa? Toutes les femmes aimantes ne craignent-elles pas le monde? Mais moi, jetée pour toujours en dehors de lui, ne devais-je pas souhaiter de m'ensevelir dans un beau paysage, dans un monceau de fleurs, en face d'une jolie mer ou d'une vallée qui vaille la mer, comme celle qu'on voit de Fiesole? Mais, hélas! nous sommes de pauvres artistes, et l'argent ramène à Paris les deux bohémiens. Gennaro ne veut pas que je m'aperçoive d'avoir quitté mon luxe, et vient faire répéter à Paris une œuvre nouvelle, un grand opéra. Vous comprenez aussi bien que moi, mon bel ange, que je ne saurais mettre le pied dans Paris. Au prix de mon amour, je ne voudrais pas rencontrer un de ces regards de femme ou d'homme qui me feraient concevoir l'assassinat. Oui, je hacherais en morceaux quiconque m'honorerait de sa pitié, me couvrirait de sa bonne grâce, comme cette adorable Châteauneuf, laquelle, sous Henri III, je crois, a poussé son cheval et foulé aux pieds le prévôt de Paris, pour un crime de ce genre. Je vous écris donc pour vous dire que je ne tarderai pas à venir vous retrouver aux Touches, y attendre, dans cette chartreuse, notre Gennaro. Vous voyez comme je suis hardie avec ma bienfaitrice et ma sœur? Mais c'est que la grandeur des obligations ne me mènera pas, comme certains cœurs, à l'ingratitude. Vous m'avez tant parlé des difficultés de la route que je vais essayer d'arriver au Croisic par mer. Cette idée m'est venue en apprenant ici qu'il y avait un petit navire danois déjà chargé de marbre qui va y prendre du sel en retournant dans la Baltique. J'évite par cette voie la fatigue et les dépenses du voyage par la poste. Je sais que vous n'êtes pas seule, et j'en suis bien heureuse: j'avais des remords à travers mes félicités. Vous êtes la seule personne auprès de laquelle je pouvais être seule et sans Conti. Ne sera-ce pas pour vous aussi un plaisir que d'avoir auprès de vous une femme qui comprendra votre bonheur sans en être jalouse ? Allons, à bientôt. Le vent est favorable, je pars en vous envoyant un baiser. »

— Hé ! bien, elle m'aime aussi, celle-là, se dit Calyste en repliant la lettre d'un air triste.

Cette tristesse jaillit sur le cœur de la mère comme si quelque lueur lui eût éclairé un abîme. Le baron venait de sortir. Fanny alla pousser le verrou de la tourelle et revint se poser au dossier du fauteuil où était son enfant, comme est la sœur de Didon dans le tableau de Guérin ; elle lui baisa le front en lui disant : — Qu'as-tu, mon Calyste, qui t'attriste ? Tu m'as promis de m'expliquer tes assiduités aux Touches ; je dois, dis-tu, en bénir la maîtresse.

— Oui, certes, dit-il, elle m'a démontré, ma mère chérie, l'insuffisance de mon éducation à une époque où les nobles doivent conquérir une valeur personnelle pour rendre la vie à leur nom. J'étais aussi loin de mon siècle que Guérande est loin de Paris. Elle a été un peu la mère de mon intelligence.

— Ce n'est pas pour cela que je la bénirai, dit la baronne dont les yeux s'emplirent de larmes.

— Maman, s'écria Calyste sur le front de qui tombèrent ces larmes chaudes, deux perles de maternité endolorie ! maman, ne pleurez pas, car tout à l'heure je voulais, pour lui rendre service, parcourir le pays depuis la berge aux douaniers jusqu'au bourg de Batz, et elle m'a dit : « Dans quelle inquiétude serait votre mère ! »

— Elle a dit cela ? Je puis donc lui pardonner bien des choses, dit Fanny.

— Félicité ne veut que mon bien, reprit Calyste, elle retient souvent de ces paroles vives et douteuses qui échappent aux artistes, pour ne pas ébranler en moi une foi qu'elle ne sait pas être inébranlable. Elle m'a raconté la vie à Paris de quelques jeunes gens de la plus haute noblesse, venant de leur province comme je puis en sortir, quittant une famille sans fortune, et y conquérant, par la puissance de leur volonté, de leur intelligence, une grande fortune. Je puis faire ce qu'a fait le baron de Rastignac, au Ministère aujourd'hui. Elle me donne des leçons de piano, elle m'apprend l'italien, elle m'initie à mille secrets sociaux desquels personne ne se doute à Guérande. Elle n'a pu me donner les trésors de l'amour, elle me donne ceux de sa vaste intelligence, de son esprit, de son génie. Elle ne veut pas être un plaisir, mais une lumière pour moi ; elle ne heurte aucune de mes religions : elle a foi dans la noblesse, elle aime la Bretagne, elle...

— Elle a changé notre Calyste, dit la vieille aveugle en l'interrompant, car je ne comprends rien à ces paroles. Tu as une maison solide, mon beau neveu, de vieux parents qui t'adorent, de bons vieux domestiques ; tu peux épouser une bonne petite Bretonne, une fille religieuse et accomplie qui te rendra heureux, et tu peux réserver les ambitions pour ton fils aîné, qui sera trois fois plus riche que tu ne l'es, si tu sais vivre tranquille, économiquement, à l'ombre, dans la paix du Seigneur, pour dégager les terres de notre maison. C'est simple comme un cœur breton. Tu ne seras pas si promptement, mais plus solidement un riche gentilhomme.

— Ta tante a raison, mon ange, elle s'est occupée de ton bonheur avec autant de sollicitude que moi. Si je ne réussis pas à te marier avec miss Margaret, la fille de ton oncle lord Fitz-William, il est à peu près sûr que mademoiselle de Pen-Hoël donnera son héritage à celle de ses nièces que tu chériras.

— D'ailleurs on trouvera quelques écus ici, dit la vieille tante à voix basse et d'un air mystérieux.

— Me marier à mon âge?... dit-il en jetant à sa mère un de ces regards qui font mollir la raison des mères.

Serais-je donc sans belles et folles amours? Ne pourrais-je trembler, palpiter, craindre, respirer, me coucher sous d'implacables regards et les attendrir? Faut-il ne pas connaître la beauté libre, la fantaisie de l'âme, les nuages qui courent sous l'azur du bonheur et que le souffle du plaisir dissipe? N'irais-je pas dans les petits chemins détournés, humides de rosée? Ne resterais-je pas sous le ruisseau d'une gouttière sans savoir qu'il pleut, comme les amoureux vus par Diderot? Ne prendrais-je pas, comme le duc de Lorraine, un charbon ardent dans la paume de ma main? N'escaladerais-je pas d'échelles de soie? ne me suspendrais-je pas à un vieux treillis pourri sans le faire plier? ne me cacherais-je pas dans une armoire ou sous un lit? Ne connaîtrais-je de la femme que la soumission conjugale, de l'amour que sa flamme de lampe égale? Mes curiosités seront-elles rassasiées avant d'être excitées? Vivrais-je sans éprouver ces rages de cœur qui grandissent la puissance de l'homme? Serais-je un moine conjugal? Non! j'ai mordu la pomme parisienne de la civilisation. Ne voyez-vous pas que vous avez, par les chastes, par les ignorantes mœurs de la famille, préparé le feu qui me dévore, et que je serais consumé sans avoir adoré la divinité que je vois partout, dans les feuillages verts, comme dans les sables allumés par le soleil, et dans toutes les femmes belles, nobles, élégantes, dépeintes par les livres, par les poèmes dévorés chez Camille ? Hélas ! de ces femmes, il n'en est qu'une à Guérande, et c'est vous, ma mère ! Ces beaux oiseaux bleus de mes rêves, ils viennent de Paris, ils sortent d'entre les pages de lord Byron, de Scott : c'est Parisina, Effie, Minna ! Enfin c'est la royale duchesse que j'ai vue dans les landes, à travers les bruyères et les genêts, et dont l'aspect me mettait tout le sang au cœur !

La baronne vit toutes ces pensées plus claires, plus belles, plus vives que l'art ne les fait à celui qui les lit ; elle les embrassa rapides, toutes jetées par ce regard comme les flèches d'un carquois qui se renverse. Sans avoir jamais lu Beaumarchais, elle pensa, avec toutes les femmes, que ce serait un crime que de marier ce Chérubin.

— Oh ! mon cher enfant, dit-elle en le prenant dans ses bras, le serrant et baisant ses beaux cheveux qui étaient encore à elle, marie-toi quand tu voudras, mais sois heureux ! Mon rôle n'est pas de te tourmenter.

Mariotte vint mettre le couvert. Gasselin était sorti pour promener le cheval de Calyste, qui depuis deux mois ne le montait plus. Ces trois femmes, la mère, la tante et Mariotte s'entendaient avec la ruse naturelle aux femmes pour fêter Calyste quand il dînait au logis. La pauvreté bretonne, armée des souvenirs et des habitudes de l'enfance, essayait de lutter avec la civilisation parisienne si fidèlement représentée à deux pas de Guérande, aux Touches. Mariotte essayait de dégoûter son jeune maître des préparations savantes de la cuisine de Camille Maupin, comme sa mère et sa tante rivalisaient de soins pour enserrer leur enfant dans les rets de leur tendresse, et rendre toute comparaison impossible.

— Ah ! vous avez une lubine (le bar), monsieur Calyste, et des bécassines, et des crêpes qui ne peuvent se faire qu'ici, dit Mariotte d'un air sournois et triomphant en se mirant dans la nappe blanche, une vraie tombée de neige.

Après le dîner, quand sa vieille tante se fut remise à tricoter, quand le curé de Guérande et le chevalier du Halga revinrent, alléchés par leur partie de *mouche*, Calyste sortit pour retourner aux Touches, prétextant la lettre de Béatrix à rendre.

Claude Vignon et mademoiselle des Touches étaient encore à table. Le grand critique avait une pente à la gourmandise, et ce vice était caressé par Félicité qui savait combien une femme se rend indispensable par ses complaisances. La salle à manger, complétée depuis un mois par des additions importantes, annonçait avec quelle souplesse et quelle promptitude une femme épouse le caractère, embrasse l'état, les passions et les goûts de l'homme qu'elle aime ou veut aimer. La table offrait le riche et brillant aspect que le luxe moderne a imprimé au service, aidé par les perfectionnements de l'industrie. La pauvre et noble maison du Guénic ignorait à quel adversaire elle avait affaire, et quelle fortune était nécessaire pour jouter avec l'argenterie réformée à Paris, et apportée par mademoiselle des Touches, avec ses porcelaines jugées encore bonnes pour la campagne, avec son beau linge, son vermeil, les colifichets de sa table et la science de son cuisinier. Calyste refusa de prendre des liqueurs contenues dans un de ces magnifiques cabarets en bois précieux qui sont comme des tabernacles.

— Voici votre lettre, dit-il avec une innocente ostentation, en regardant Claude qui dégustait un verre de liqueur des îles.

— Eh! bien, qu'en dites-vous? lui demanda mademoiselle des Touches en jetant la lettre à travers la table à Vignon, qui se mit à lire en prenant et déposant tour à tour son petit verre.

— Mais... que les femmes de Paris sont bien heureuses, elles ont toutes des hommes de génie à adorer et qui les aiment.

— Eh! bien, vous êtes encore de votre village, dit en riant Félicité. Comment? vous n'avez pas vu qu'elle l'aime déjà moins, et que....

— C'est évident! dit Claude Vignon qui n'avait encore parcouru que le premier feuillet. Observe-t-on quoi que ce soit de sa situation quand on aime véritablement? est-on aussi subtil que la marquise? calcule-t-on, distingue-t-on? La chère Béatrix est attachée à Conti par la fierté, elle est condamnée à l'aimer quand même.

— Pauvre femme! dit Camille.

Calyste avait les yeux fixés sur la table, il n'y voyait plus rien. La belle femme dans le costume fantastique dessiné le matin par Félicité lui était apparue brillante de lumière; elle lui souriait, elle agitait son éventail; et l'autre main, sortant d'un sabot de dentelle et de velours nacarat, tombait blanche et pure sur les plis bouffants de sa robe splendide.

— Ce serait bien votre affaire, dit Claude Vignon en souriant d'un air sardonique à Calyste.

Calyste fut blessé du mot *affaire*.

— Ne donnez pas à ce cher enfant l'idée d'une intrigue pareille, vous ne savez pas combien ces plaisanteries sont dangereuses. Je connais Béatrix, elle a trop de grandiose dans le caractère pour changer, et d'ailleurs Conti serait là.

— Ah! dit railleusement Claude Vignon, un petit mouvement de jalousie?...

— Le croiriez-vous? dit fièrement Camille.

— Vous êtes plus perspicace que ne le serait une mère, répondit railleusement Claude.

— Mais cela est-il possible? dit Camille en montrant Calyste.

— Cependant, reprit Vignon, ils seraient bien assortis. Elle a dix ans de plus que lui, et c'est lui qui semble être la jeune fille.

— Une jeune fille, monsieur, qui a déjà vu le feu deux fois dans la Vendée. S'il s'était seulement trouvé vingt mille jeunes filles semblables...

— Je faisais votre éloge, dit Vignon, ce qui est bien plus facile que de vous faire la barbe.

— J'ai une épée qui la fait à ceux qui l'ont trop longue, répondit Calyste.

— Et moi je fais très-bien l'épigramme, dit en souriant Vignon, nous sommes Français, l'affaire peut s'arranger.

Mademoiselle des Touches jeta sur Calyste un regard suppliant qui le calma soudain.

— Pourquoi, dit Félicité pour briser ce débat, les jeunes gens comme mon Calyste commencent-ils par aimer des femmes d'un certain âge?

— Je ne sais pas de sentiment qui soit plus naïf ni plus généreux, répondit Vignon, il est la conséquence des adorables qualités de la jeunesse. D'ailleurs, comment les vieilles femmes finiraient-elles sans cet amour? Vous êtes jeune et belle, vous le serez encore pendant vingt ans, on peut s'expliquer devant vous, ajouta-t-il en jetant un regard fin à mademoiselle des Touches. D'abord les semi-douairières auxquelles s'adressent les jeunes gens savent beaucoup mieux aimer que n'aiment les jeunes femmes. Un adulte ressemble trop à une jeune femme pour qu'une jeune femme lui plaise. Une telle passion frise la fable de Narcisse. Outre cette répugnance, il y a, je crois, entre eux une inexpérience mutuelle qui les sépare. Ainsi la raison qui fait que le cœur des jeunes femmes ne peut être compris que par des hommes dont l'habileté se cache sous une passion vraie ou feinte, est la même, à part la différence des esprits, qui rend une femme d'un certain âge plus apte à séduire un enfant : il sent admirablement qu'il réussira près d'elle, et les vanités de la femme sont admirablement flattées de sa poursuite. Il est enfin très-naturel à la jeunesse de se jeter sur les fruits, et l'automne de la femme en offre d'admirables et de très-savoureux. N'est-ce donc rien que ces regards à la fois hardis et réservés, languissants à propos, trempés des dernières lueurs de l'amour, si chaudes et si suaves? cette savante élégance de parole, ces magnifiques épaules dorées si noblement développées, ces rondeurs si pleines, ce galbe gras et comme ondoyant, ces mains trouées de fossettes, cette peau pulpeuse et nourrie, ce front plein de sentiments abondants où la lumière se traîne, cette chevelure si bien ménagée, si bien soignée, où d'étroites raies de chair blanche sont admirablement dessinées, et ces cols à plis superbes, ces nuques provoquantes où toutes les ressources de l'art sont déployées pour faire briller les oppositions entre les cheveux et les tons de la peau, pour mettre en relief toute l'insolence de la vie et de l'amour? Les brunes elles-mêmes prennent alors des teintes blondes, les couleurs d'ambre de la maturité. Puis ces femmes révèlent dans leurs sourires et déploient dans leurs paroles la science du monde : elles savent causer, elles vous livrent le monde entier pour vous faire sourire, elles ont des dignités et des fiertés sublimes, elles poussent des cris de désespoir à fendre l'âme, des adieux à l'amour qu'elles savent rendre inutiles et qui ravivent les passions; elles deviennent jeunes en variant les choses les plus désespérément simples; elles se font à tout moment relever de leur déchéance proclamée avec coquetterie, et l'ivresse causée par leurs triomphes est contagieuse; leurs dévouements sont absolus : elles vous écoutent, elles vous aiment enfin, elles se saisissent de l'amour comme le condamné à mort s'accroche aux plus petits détails de la vie, elles ressemblent à ces avocats qui plaident tout dans leurs causes sans ennuyer le tribunal, elles usent de tous leurs moyens, enfin on ne connaît l'amour absolu que par elles. Je ne crois pas qu'on puisse jamais les oublier, pas plus qu'on n'oublie ce qui est grand, sublime. Une jeune femme a mille distractions, ces femmes-là n'en ont aucune ; elles n'ont plus ni amour-propre, ni vanité, ni petitesse; leur amour, c'est la Loire à son embouchure ; il est immense, il est grossi de toutes les déceptions, de tous les affluents de la vie, et voilà pourquoi...... ma fille est muette, dit-il en voyant l'attitude extatique de mademoiselle des Touches qui serrait avec force la main de Calyste, peut-être pour le remercier d'avoir été l'occasion d'un pareil moment, d'un éloge si pompeux qu'elle ne put y voir aucun piége.

Pendant le reste de la soirée, Claude Vignon et Félicité furent étincelants d'esprit, racontèrent des anecdotes et peignirent le monde parisien à Calyste qui s'éprit de Claude, car l'esprit exerce ses séductions surtout sur les gens de cœur.

— Je ne serais pas étonné de voir débarquer demain la marquise de Rochegude et Conti, qui sans doute l'accompagne, dit Claude à la fin de la soirée. Quand j'ai quitté le Croisic, les marins avaient reconnu un petit bâtiment danois, suédois ou norwégien.

Cette phrase rosa les joues de l'impassible Camille. Ce soir, madame du Guénic attendit encore jusqu'à une heure du matin son fils, sans pouvoir comprendre ce qu'il faisait aux Touches, puisque Félicité ne l'aimait pas.

— Mais il les gêne, se disait cette adorable mère. — Qu'avez-vous donc tant dit? lui demanda-t-elle en le voyant entrer.

— Oh! ma mère, je n'ai jamais passé de soirée plus délicieuse. Le génie est une bien grande, bien sublime chose! Pourquoi ne m'as-tu pas donné du génie? Avec du génie on doit pouvoir choisir parmi les femmes celle qu'on aime, elle est forcément à vous.

— Mais tu es beau, mon Calyste.

— La beauté n'est bien placée que chez vous. D'ailleurs Claude Vignon est beau. Les hommes de génie ont des fronts lumineux, des yeux d'où jaillissent des éclairs ; et moi, malheureux, je ne sais rien qu'aimer.

— On dit que cela suffit, mon ange, dit-elle en le baisant au front.

— Bien vrai?

— On me l'a dit, je ne l'ai jamais éprouvé.

Ce fut au tour de Calyste à baiser saintement la main de sa mère.

— Je t'aimerai pour tous ceux qui t'auraient adorée, lui dit-il.

— Cher enfant! c'est un peu ton devoir, tu as hérité de tous mes sentiments. Ne sois donc pas imprudent : tâche de n'aimer que de nobles femmes, s'il faut que tu aimes.

Quel est le jeune homme plein d'amour débordant et de vie contenue qui n'aurait eu l'idée victorieuse d'aller au Croisic voir débarquer madame de Rochegude, afin de pouvoir l'examiner incognito? Calyste surprit étrangement sa mère et son père, qui ne savaient rien de l'arrivée de la belle marquise, en partant dès le matin sans vouloir déjeuner. Dieu sait avec quelle agilité le Breton leva le pied! Il semblait qu'une force inconnue l'aidât, il se sentit léger, il se coula le long des murs des Touches pour n'être pas vu. Cet adorable enfant eut honte de son ardeur et peut-être une crainte horrible d'être plaisanté : Félicité, Claude Vignon étaient si perspicaces! Dans ces cas-là, d'ailleurs, les jeunes gens croient que leurs fronts sont diaphanes. Il suivit les détours du chemin à travers le dédale des marais salants, gagna les sables et les franchit comme d'un bond, malgré l'ardeur du soleil qui y pétillait. Il arriva près de la berge, consolidée par un empierrement, au pied de laquelle est une maison où les voyageurs trouvent un abri contre les orages, les vents de mer, la pluie et les ouragans. Il n'est pas toujours possible de traverser le petit bras de mer, il ne se trouve pas toujours des barques, et pendant le temps qu'elles mettent à venir du port il est souvent utile de tenir à couvert les chevaux, les ânes, les marchandises ou les bagages des passagers. De là, se découvrent la pleine mer et la ville du Croisic; de là, Calyste vit bientôt arriver deux barques pleines d'effets, de paquets, de coffres, sacs de nuit et caisses dont la forme et les dispositions annonçaient aux naturels du pays les choses extraordinaires qui ne pouvaient appartenir qu'à des voyageurs de distinction. Dans l'une des barques était une jeune femme, en chapeau de paille à voile vert, accompagnée d'un homme. Leur barque aborda la première. Calyste de tressaillir; mais à leur aspect il reconnut un domestique et une femme de chambre, il n'osa les questionner.

— Venez-vous au Croisic, monsieur Calyste? demandèrent les marins qui le connaissaient et auxquels il répondit par un signe de tête négatif, assez honteux d'avoir été nommé.

Calyste fut charmé à la vue d'une caisse couverte en toile goudronnée sur laquelle on lisait : MADAME LA MARQUISE DE ROCHEGUDE. Ce nom brillait à ses yeux comme un talisman, il y sentait je ne sais quoi de fatal; il savait, sans en pouvoir douter, qu'il aimerait cette femme; les plus petites choses qui la concernaient l'occupaient déjà, l'intéressaient et piquaient sa curiosité. Pourquoi? Dans le brûlant désert de ses désirs infinis et sans objet, la eunesse n'envoie-t-elle pas toutes ses forces sur la première femme qui s'y présente? Béatrix avait hérité de l'amour que dédaignait Camille. Calyste regarda faire le débarquement, tout en jetant de temps en temps les yeux sur le Croisic, espérant voir une barque sortir du port, venir à ce petit promontoire où mugissait la mer, et lui montrer cette Béatrix déjà devenue dans sa pensée ce qu'était Béatrix pour Dante, une éternelle statue de marbre aux mains de laquelle il suspendrait ses fleurs et ses couronnes. Il demeurait les bras croisés, perdu dans les méditations de l'attente. Un fait digne de remarque, et qui cependant n'a point été remarqué, c'est comme nous soumettons souvent nos sentiments à une volonté, combien nous prenons une sorte d'engagement avec nous-mêmes, et comme nous créons notre sort : le hasard n'y a certes pas autant de part que nous le croyons.

— Je ne vois point les chevaux, dit la femme de chambre assise sur une malle.

— Et moi je ne vois pas de chemin frayé, dit le domestique.

— Il est cependant venu des chevaux ici, dit la femme de chambre en montrant les preuves de leur séjour. Monsieur, dit-elle en s'adressant à Calyste, est-ce bien là la route qui mène à Guérande?

— Oui, répondit-il. Qui donc attendez-vous?

— On nous a dit qu'on viendrait nous chercher des Touches. Si l'on tardait, je ne sais pas comment madame la marquise s'habillerait, dit-elle au domestique. Vous devriez aller chez mademoiselle des Touches. Quel pays de sauvages!

Calyste eut un vague soupçon de la fausseté de sa position.

— Votre maîtresse va donc aux Touches? demanda-t-il.

— Mademoiselle est venue ce matin à sept heures la chercher, répondit-elle. Ah! voici des chevaux...

Calyste se précipita vers Guérande avec la vitesse et la légèreté d'un chamois, en faisant un crochet de lièvre pour ne pas être reconnu par les gens des Touches; mais il en rencontra deux dans le chemin étroit des marais par où il passa. — Entrerai-je, n'entrerai-je pas? pensait-il en voyant poindre les pins des Touches. Il eut peur, il rentra penaud et contrit à Guérande, et se promena sur le mail, où il continua sa délibération. Il tressaillit en voyant les Touches, il en examinait les girouettes. — Elle ne se doute pas de mon agitation! se disait-il. Ses pensées capricieuses étaient autant de grappins qui s'enfonçaient dans son cœur et y attachaient la marquise. Calyste n'avait pas eu ces terreurs, ces joies d'avant-propos avec Camille; il l'avait rencontrée à cheval, et son désir était né comme à l'aspect d'une belle fleur qu'il eût voulu cueillir. Ces incertitudes composent comme des poèmes chez les âmes timides. Échauffées par les premières flammes de l'imagination, ces âmes se soulèvent, se courroucent, s'apaisent, s'animent tour à tour, et arrivent dans le silence et la solitude au plus haut degré de l'amour, avant d'avoir abordé l'objet de tant d'efforts. Calyste aperçut de loin sur le mail le chevalier du Halga qui se promenait avec mademoiselle de Pen-Hoël, il entendit prononcer son nom, il se cacha. Le chevalier et la vieille fille, se croyant seuls sur le mail, y parlaient à haute voix.

— Puisque Charlotte de Kergarouët vient, disait le chevalier, gardez-la trois ou quatre mois. Comment voulez-vous qu'elle soit coquette avec Calyste? elle ne reste jamais assez longtemps pour l'entreprendre; tandis qu'en se voyant tous les jours, ces deux enfants finiront par se prendre de belle passion, et vous les marierez l'hiver prochain. Si vous dites deux mots de vos intentions à Charlotte, elle en aura bientôt dit quatre à Calyste, et une jeune fille de seize ans aura certes raison d'une femme de quarante et quelques années.

Les deux vieilles gens se retournèrent pour revenir sur leurs pas; Calyste n'entendit plus rien, mais il avait compris l'intention de mademoiselle de Pen-Hoël. Dans la situation d'âme où il était, rien ne devait être plus fatal. Est-ce au milieu des espérances d'un amour préconçu qu'un jeune homme accepte pour femme une jeune fille imposée? Calyste, à qui Charlotte de Kergarouët était indifférente, se sentit disposé à la rebuter. Il était inaccessible aux considérations de fortune, il avait depuis son enfance accoutumé sa vie à la médiocrité de la maison paternelle, et d'ailleurs il ignorait les richesses de mademoiselle de Pen-Hoël en lui voyant mener une vie aussi pauvre que celle des du Guénic. Enfin, un jeune homme élevé comme l'était Calyste ne devait faire cas que des sentiments, et sa pensée tout entière appartenait à la marquise. Devant le portrait que lui avait dessiné Camille, qu'était la petite Charlotte? la compagne de son enfance qu'il traitait comme une sœur. Il ne revint au logis que vers cinq heures. Quand il entra dans la salle, sa mère lui tendit avec un sourire triste une lettre de mademoiselle des Touches.

« Mon cher Calyste, la belle marquise de Rochegude est venue, nous comptons sur vous pour fêter son arrivée. Claude, toujours railleur, prétend que vous serez *Bice*, et qu'elle sera *Dante*. Il y va de l'honneur de la Bretagne et des du Guénic de bien recevoir une Casteran. A bientôt donc.

» Votre ami,
» CAMILLE MAUPIN.

» Venez sans cérémonie, comme vous serez ; autrement nous serions ridicules. »

Calyste montra la lettre à sa mère et partit.

— Que sont les Casteran ? demanda-t-elle au baron.

— Une vieille famille de Normandie, alliée à Guillaume-le-Conquérant ; répondit-il. Ils portent tiercé en fasce d'azur, de gueules et de sable, au cheval élancé d'argent, ferré d'or.

— Et les Rochegude ?

— Je ne connais pas ce nom, il faudrait voir leur blason, dit-il.

La baronne fut un peu moins inquiète en apprenant que la marquise Béatrix de Rochegude appartenait à une vieille maison ; mais elle éprouva toujours une sorte d'effroi de savoir son fils exposé à de nouvelles séductions.

Calyste éprouvait en marchant des mouvements à la fois violents et doux ; il avait la gorge serrée, le cœur gonflé, le cerveau troublé ; la fièvre le dévorait. Il voulait ralentir sa marche, une force supérieure la précipitait toujours. Cette impétuosité des sens excitée par un vague espoir, tous les jeunes gens l'ont connue : un feu subtil flambe intérieurement, et fait rayonner autour d'eux comme ces nimbes peints autour des divins personnages dans les tableaux religieux, et à travers lesquels ils voient la nature embrasée et la femme radieuse. Ne sont-ils pas alors, comme les saints, pleins de foi, d'espérance, d'ardeur, de pureté ? Le jeune Breton trouva la compagnie dans le petit salon de l'appartement de Camille. Il était alors environ six heures : le soleil en tombant répandait par la fenêtre ses teintes rouges, brisées dans les arbres ; l'air était calme, il y avait dans le salon cette pénombre que les femmes aiment tant.

— Voici le député de la Bretagne, dit en souriant Camille Maupin à son amie en lui montrant Calyste quand il souleva la portière en tapisserie, il est exact comme un roi.

— Vous avez reconnu son pas, dit Claude Vignon à mademoiselle des Touches.

Calyste s'inclina devant la marquise qui le salua par un geste de tête, il ne l'avait pas regardée ; il prit la main que lui tendait Claude Vignon et la serra.

— Voici le grand homme de qui nous vous avons tant parlé, Gennaro Conti, lui dit Camille sans répondre à Vignon.

Elle montrait à Calyste un homme de moyenne taille, mince et fluet, aux cheveux châtains, aux yeux presque rouges, au teint blanc et marqué de taches de rousseur, ayant tout à fait la tête si connue de lord Byron que la peinture en serait superflue, mais mieux portée peut-être. Conti était assez fier de cette ressemblance.

— Je suis enchanté, pour un jour que je passe aux Touches, de rencontrer monsieur, dit Gennaro.

— C'était à moi de dire cela de vous, répondit Calyste avec assez d'aisance.

— Il est beau comme un ange, dit la marquise à Félicité.

Placé entre le divan et les deux femmes, Calyste entendit confusément cette parole, quoique dite en murmurant et à l'oreille. Il s'assit dans un fauteuil et jeta sur la marquise quelques regards à la dérobée. Dans la douce lueur du couchant, il aperçut alors, jetée sur le divan comme si quelque statuaire l'y eût posée, une forme blanche et serpentine qui lui causa des éblouissements. Sans le savoir, Félicité, par sa description, avait bien servi son amie. Béatrix était supérieure au portrait peu flatté fait la veille par Camille. N'était-ce pas un peu pour le convive que Béatrix avait mis dans sa royale chevelure des touffes de bleuets qui faisaient valoir le ton pâle de ses boucles crêpées, arrangées pour accompagner sa figure en badinant le long des joues ? Le tour de ses yeux, cerné par la fatigue, était semblable à la nacre la plus pure, la plus chatoyante, et son teint avait l'éclat de ses yeux. Sous la blancheur de sa peau, aussi fine que la pellicule satinée d'un œuf, la vie étincelait dans un sang bleuâtre. La délicatesse des traits était inouïe. Le front paraissait être diaphane. Cette tête sauve et douce, admirablement posée sur un long col d'un dessin merveilleux, se prêtait aux expressions les plus diverses. La taille, à prendre avec les mains, avait un laisser-aller ravissant. Les épaules découvertes étincelaient dans l'ombre comme un camélia blanc dans une chevelure noire. La gorge, habilement présentée, mais couverte d'un fichu clair, laissait apercevoir deux contours d'une exquise mièvrerie. La robe de mousseline blanche semée de fleurs bleues, les grandes manches, le corsage à pointe et sans ceinture, les souliers à cothurnes croisés sur un bas de fil d'Écosse accusaient une admirable science de toilette. Deux boucles d'oreilles en filigrane d'argent, miracle d'orfévrerie génoise qui allait sans doute être à la mode, étaient parfaitement en harmonie avec le flou délicieux de cette blonde chevelure étoilée de bleuets. En un seul coup d'œil, l'avide regard de Calyste appréhenda ces beautés et les grava dans son âme. La blonde Béatrix et la brune Félicité eussent rappelé ces contrastes de keepsake si fort recherchés par les graveurs et les dessinateurs anglais. C'était la Force et la Faiblesse de la femme dans tous leurs développements, une parfaite antithèse. Ces deux femmes ne pouvaient jamais être rivales, elles avaient chacune leur empire. C'était une délicate pervenche ou un lis auprès d'un somptueux et brillant pavot rouge, une turquoise près d'un rubis. En un moment Calyste fut saisi d'un amour qui couronna l'œuvre secrète de ses espérances, de ses craintes, de ses incertitudes. Mademoiselle des Touches avait réveillé les sens, Béatrix enflammait le cœur et la pensée. Le jeune Breton sentait en lui-même s'élever une force à tout vaincre, à ne rien respecter. Aussi jeta-t-il sur Conti le regard envieux, haineux, sombre et craintif de la rivalité qu'il n'avait jamais eue pour Claude Vignon. Calyste employa toute son énergie à se contenir, en pensant néanmoins que les Turcs avaient raison d'enfermer les femmes, et qu'il devait être défendu à de belles créatures de se montrer dans leurs irritantes coquetteries à des jeunes gens embrasés d'amour. Ce fougueux ouragan s'apaisait dès que les yeux de Béatrix s'abaissaient sur lui et que sa douce parole se faisait entendre ; déjà le pauvre enfant la redoutait à l'égal de Dieu. On sonna le dîner.

— Calyste, donnez le bras à la marquise, dit mademoiselle des Touches en prenant Conti à sa droite, Vignon à sa gauche, et se rangeant pour laisser passer le jeune couple.

Descendre ainsi le vieil escalier des Touches était pour Calyste comme une première bataille : le cœur lui faillit, il ne trouvait rien à dire, une petite sueur emperlait son front et lui mouillait le dos ; son bras tremblait si fort qu'à la dernière marche la marquise lui dit : — Qu'avez-vous ?

— Mais, répondit-il d'une voix étranglée, je n'ai jamais vu de ma vie une femme aussi belle que vous, excepté ma mère, et je ne suis pas maître de mes émotions.

— N'avez-vous pas ici Camille Maupin ?
— Ah ! quelle différence ! dit naïvement Calyste.
— Bien, Calyste, lui souffla Félicité dans l'oreille, quand je vous le disais que vous m'oublieriez comme si je n'avais pas existé. Mettez-vous là, près d'elle, à sa droite, et Vignon à sa gauche. Quant à toi, Gennaro, je te garde, ajouta-t-elle en riant, nous surveillerons ses coquetteries.

L'accent particulier que mit Camille à ce mot frappa Claude, qui lui jeta ce regard sournois et quasi distrait par lequel se trahit en lui l'observation. Il ne cessa d'examiner mademoiselle des Touches pendant tout le dîner.

— Des coquetteries, répondit la marquise en se dégantant et montrant ses magnifiques mains, il y a de quoi. J'ai d'un côté, dit-elle en montrant Claude, un poète, et de l'autre la poésie.

Gennaro Conti jeta sur Calyste un regard plein de flatteries. Aux lumières, Béatrix parut encore plus belle : les blanches clartés des bougies produisaient des luisants satinés sur son front, allumaient des paillettes dans ses yeux de gazelle et passaient à travers ses boucles soyeuses en les brillantant et y faisant resplendir quelques fils d'or. Elle rejeta son écharpe de gaze en arrière par un geste gracieux, et se découvrit le col. Calyste aperçut alors une nuque délicate et blanche comme du lait, creusée par un sillon vigoureux qui se séparait en deux ondes perdues vers chaque épaule avec une moelleuse et décevante symétrie. Ces changements à vue que se permettent les femmes produisent peu d'effet dans le monde où tous les regards sont blasés, mais ils font de cruels ravages sur les âmes neuves comme était celle de Calyste. Ce col, si dissemblable de celui de Camille, annonçait chez Béatrix un tout autre caractère. Là se reconnaissaient l'orgueil de la race, une ténacité particulière à la noblesse, et je ne sais quoi de dur dans cette double attache, qui peut-être est le dernier vestige de la force des anciens conquérants.

Calyste eut mille peines à paraître manger, il éprouvait des mouvements nerveux qui lui ôtaient la faim. Comme chez tous les jeunes gens, la nature était en proie aux convulsions qui précèdent le premier amour et le gravent si profondément dans l'âme. A cet âge, l'ardeur du cœur, contenue par l'ardeur morale, amène un combat intérieur qui explique la longue hésitation respectueuse, les profondes méditations de tendresse, l'absence de tout calcul, attraits particuliers aux jeunes gens dont le cœur et la vie sont purs. En étudiant, quoique à la dérobée, afin de ne pas éveiller les soupçons du jaloux Gennaro, les détails qui rendent la marquise de Rochegude si noblement belle, Calyste fut bientôt opprimé par la majesté de la femme aimée : il se sentit rapetissé par la hauteur de certains regards, par l'attitude imposante de ce visage où débordaient les sentiments aristocratiques, par une certaine fierté que les femmes font exprimer à de légers mouvements, à des airs de tête, à d'admirables lenteurs de geste, et qui sont des effets moins plastiques, moins étudiés qu'on ne le pense. Ces mignons détails de leur changeante physionomie correspondent aux délicatesses, aux mille agitations de leurs âmes. Il y a du sentiment dans toutes ces expressions. La fausse situation où se trouvait Béatrix lui commandait de veiller sur elle-même, de se rendre imposante sans être ridicule, et les femmes du grand monde savent toutes atteindre à ce but, l'écueil des femmes vulgaires. Aux regards de Félicité, Béatrix devina l'adoration intérieure qu'elle inspirait à son voisin et qu'il était indigne d'elle d'encourager, elle jeta donc sur Calyste en temps opportun un ou deux regards répressifs qui tombèrent sur lui comme des avalanches de neige. L'infortuné se plaignit à mademoiselle des Touches par un regard où se devinaient des larmes gardées sur le cœur avec une énergie surhumaine, et Félicité lui demanda d'une voix amicale pourquoi il ne mangeait rien. Calyste se bourra par ordre et eut l'air de prendre part à la conversation. Être importun au lieu de plaire, cette idée insoutenable lui martelait la cervelle. Il devint d'autant plus honteux qu'il aperçut derrière la chaise de la marquise le domestique qu'il avait vu le matin sur la jetée, et qui, sans doute parlerait de sa curiosité. Contrit ou heureux, madame de Rochegude ne fit aucune attention à son voisin. Mademoiselle des Touches l'ayant mise sur son voyage d'Italie, elle trouva moyen de raconter spirituellement la passion à brûle-pourpoint dont l'avait honorée un diplomate russe à Florence, en se moquant des petits jeunes gens qui se jetaient sur les femmes comme des sauterelles sur la verdure. Elle fit rire Claude Vignon, Gennaro, Félicité elle-même, quoique ces traits moqueurs atteignissent au cœur de Calyste, qui, au travers du bourdonnement qui retentissait à ses oreilles et dans sa cervelle, n'entendit que des mots. Le pauvre enfant ne se jurait pas à lui-même, comme certains entêtés, d'obtenir cette femme à tout prix ; non, il n'avait point de colère, il souffrait.

Quand il aperçut chez Béatrix une intention de l'immoler aux pieds de Gennaro, il se dit : Que je lui serve à quelque chose ! et se laissa maltraiter avec une douceur d'agneau.

— Vous qui admirez tant la poésie, dit Claude Vignon à la marquise, comment l'accueillez-vous aussi mal ? Ces naïves admirations, si jolies dans leur expression, sans arrière-pensée et si dévouées, n'est-ce pas la poésie du cœur ? Avouez-le, elles vous laissent un sentiment de plaisir et de bien-être.

— Certes, dit-elle ; mais nous serions bien malheureuses et surtout bien indignes, si nous cédions à toutes les passions que nous inspirons.

— Si vous ne choisissiez pas, dit Conti, nous ne serions pas si fiers d'être aimés.

— Quand serai-je choisi et distingué par une femme ? se demanda Calyste qui réprima difficilement une émotion cruelle. Il rougit alors comme un malade sur la plaie duquel un doigt s'est par mégarde appuyé. Mademoiselle des Touches fut frappée de l'expression qui se peignit sur la figure de Calyste, et tâcha de le consoler par un regard plein de sympathie. Ce regard, Claude Vignon le surprit. Dès ce moment, l'écrivain devint d'une gaieté qu'il répandit en sarcasmes : il soutint à Béatrix que l'amour n'existait que par le désir, que la plupart des femmes se trompaient en aimant, qu'elles aimaient pour des raisons très-souvent inconnues aux hommes et à elles-mêmes, qu'elles voulaient quelquefois se tromper, que la plus noble d'entre elles était encore artificieuse.

— Tenez-vous-en aux livres, ne critiquez pas nos sentiments, dit Camille en lui lançant un regard impérieux.

Le dîner cessa d'être gai. Les moqueries de Claude Vignon avaient rendu les deux femmes pensives. Calyste sentait une souffrance horrible au milieu du bonheur que lui causait la vue de Béatrix. Conti cherchait dans les yeux de la marquise à deviner ses pensées. Quand le dîner fut fini, mademoiselle des Touches prit le bras de Calyste, donna les deux autres hommes à la marquise et les laissa aller en avant afin de pouvoir dire au jeune Breton : — Mon cher enfant, si la marquise vous aime, elle jettera Conti par les fenêtres ; mais vous vous conduisez en ce moment de manière à resserrer leurs liens. Quand elle serait ravie de vos adorations, doit-elle y faire attention ? Possédez-vous.

— Elle a été dure pour moi, elle ne m'aimera point, dit Calyste, et si elle ne m'aime pas, j'en mourrai.

— Mourir ?... vous ! mon cher Calyste, dit Camille, vous êtes un enfant. Vous ne seriez donc pas mort pour moi ?

— Vous vous êtes faite mon amie, répondit-il.

Après les causeries qu'engendre toujours le café, Vignon pria Conti de chanter un morceau. Mademoiselle des Touches se mit au piano. Camille et Gennaro chantèrent le *Dunque il mio bene tu mia sarai*, le dernier duo de *Roméo et Juliette* de Zingarelli, l'une des pages les plus pathétiques de la musique moderne. Le passage *Di tanti palpiti* exprime l'amour dans toute sa grandeur. Calyste, assis dans le fauteuil où Félicité lui avait raconté l'histoire de la marquise, écoutait religieusement. Béatrix et Vignon étaient chacun d'un côté du piano. La voix sublime de Conti savait se marier à celle de Félicité. Tous deux avaient souvent chanté ce morceau, et ils en connaissaient les ressources et s'entendaient à merveille pour les faire valoir. Ce fut en ce moment, ce que le musicien a voulu créer, un poème de mélancolie divine, les adieux de deux cygnes à la vie. Quand le duo fut terminé, chacun était en proie à des sensations qui ne s'expriment point par de vulgaires applaudissements.

— Ah ! la musique est le premier des arts ! s'écria la marquise.

— Camille place en avant la jeunesse et la beauté, la première de toutes les poésies, dit Claude Vignon.

Mademoiselle des Touches regarda Claude en dissimulant une vague inquiétude. Béatrix, ne voyant point Calyste, tourna la tête comme pour savoir quel effet cette musique lui faisait éprouver, moins par intérêt pour lui que pour la satisfaction de Conti : elle aperçut dans l'embrasure un visage blanc couvert de grosses larmes. A cet aspect, comme si quelque vive douleur l'eût atteinte, elle détourna promptement la tête et regarda Gennaro. Non-seulement la musique s'était dressée devant Calyste, l'avait touché de sa baguette divine, l'avait lancé dans la création et lui en avait dépouillé les voiles, mais encore il était abasourdi du génie de Conti. Malgré ce que Camille Maupin lui avait dit de son caractère, il lui croyait alors une belle âme, un cœur plein d'amour. Comment lutter avec un pareil artiste ? comment une femme ne l'adorerait-elle pas toujours ? Ce chant entrait dans l'âme comme une autre âme. Le pauvre enfant était autant accablé par la poésie que par le désespoir : il se trouvait être si peu de chose ! Cette accusation ingénue de son néant se lisait mêlée à son admiration. Il ne s'aperçut pas du geste de Béatrix, qui, ramenée vers Calyste par la contagion des sentiments vrais, le montra par un signe à mademoiselle des Touches.

— Oh ! l'adorable cœur ! dit Félicité. Conti, vous ne recueillerez jamais d'applaudissements qui vaillent l'hommage de cet enfant. Chantons alors un trio. Béatrix, ma chère, venez ?

Quand la marquise, Camille et Conti se mirent au piano, Calyste se leva doucement à leur insu, se jeta sur un des sofas de la chambre à coucher dont la porte était ouverte, et y demeura plongé dans son désespoir.

— Qu'avez-vous, mon enfant ? lui dit Claude, qui se coula silencieusement auprès de Calyste, et lui prit la main. Vous aimez, vous vous croyez dédaigné ; mais il n'en est rien. Dans quelques jours vous aurez le champ libre ici, vous y régnerez, vous serez aimé par plus d'une personne ; enfin, si vous savez vous bien conduire, vous y serez comme un sultan.

— Que me dites-vous ? s'écria Calyste en se levant et entraînant par un geste Claude dans la bibliothèque. Qui m'aime ici ?

— Camille, répondit Claude.

— Camille m'aimerait ! demanda Calyste. Eh ! bien, vous ?

— Moi, reprit Claude, moi... Il ne continua pas. Il s'assit et s'appuya la tête avec une profonde mélancolie sur un coussin. — Je suis ennuyé de la vie et je n'ai pas le courage de la quitter, dit-il après un moment de silence. Je voudrais m'être trompé dans ce que je viens de vous dire ; mais depuis quelques jours plus d'une clarté vive a lui. Je ne me suis pas promené dans les roches du Croisic pour mon plaisir. L'amertume de mes paroles à mon retour, quand je vous ai trouvé causant avec Camille, prenait sa source au fond de mon amour-propre blessé. Je m'expliquerai tantôt avec Camille. Deux esprits aussi clairvoyants que le sien et le mien ne sauraient se tromper. Entre deux duellistes de profession, le combat n'est pas de longue durée. Aussi puis-je d'avance vous annoncer mon départ. Oui, je quitterai les Touches, demain peut-être, avec Conti. Certes il s'y passera, quand nous n'y serons plus, d'étranges, de terribles choses peut-être, et j'aurai le regret de ne pas assister à ces débats de passion si rares en France et si dramatiques. Vous êtes bien jeune pour une lutte si dangereuse : vous m'intéressez. Sans le profond dégoût que m'inspirent les femmes, je resterais pour vous aider à jouer cette partie : elle est difficile, vous pouvez la perdre, vous avez affaire à deux femmes extraordinaires, et vous êtes déjà trop amoureux de l'une pour vous servir de l'autre. Béatrix doit avoir de l'obstination dans le caractère, et Camille a de la grandeur. Peut-être, comme une chose frêle et délicate, serez-vous brisé entre ces deux écueils, entraîné par les torrents de la passion. Prenez garde.

La stupéfaction de Calyste en entendant ces paroles permit à Claude Vignon de les dire et de quitter le jeune Breton, qui demeura comme un voyageur à qui, dans les Alpes, un guide a démontré la profondeur d'un abîme en y jetant une pierre. Apprendre de la bouche même de Claude que lui, Calyste, était aimé de Camille au moment où il se sentait amoureux de Béatrix pour toute sa vie ! il y avait dans cette situation un poids trop fort pour une jeune âme si naïve. Pressé par un regret immense qui l'accablait dans le passé, tué dans le présent par la difficulté de sa position entre Béatrix qu'il aimait, entre Camille qu'il n'aimait plus et par laquelle Claude le disait aimé, le pauvre enfant se désespérait, il demeurait indécis, perdu dans ses pensées. Il cherchait inutilement les raisons qu'avait eues Félicité de rejeter son amour et de courir à Paris y chercher Claude Vignon. Par moments la voix de Béatrix arrivait pure et fraîche à ses oreilles et lui causait ces émotions violentes qu'il avait évitées en quittant le petit salon. A plusieurs reprises il ne s'était plus senti maître de réprimer une féroce envie de la saisir et de l'emporter. Qu'allait-il devenir ? Reviendrait-il aux Touches ? En se sachant aimé de Camille, comment pourrait-il y adorer Béatrix ? Il ne trouvait aucune solution à ces difficultés. Insensiblement le silence régna dans la maison. Il entendit sans y faire attention le bruit de plusieurs portes qui se fermaient. Puis tout à coup il compta les douze coups de minuit à la pendule de la chambre voisine, où la voix de Camille et celle de Claude le réveillèrent de l'engourdissante contemplation de son avenir et où brillait une lumière au milieu des ténèbres. Avant qu'il se montrât, il put écouter de terribles paroles prononcées par Vignon.

— Vous êtes arrivée à Paris éperdument amoureuse de Calyste, disait-il à Félicité ; mais vous étiez épouvantée des suites d'une semblable passion à votre âge : elle vous menait dans un abîme, dans un enfer, au suicide peut-être ! L'amour ne subsiste qu'en se croyant éternel, et vous aperceviez à quelques pas dans votre vie une séparation horrible : le dégoût et la vieillesse terminant bientôt un poëme sublime. Vous vous êtes souvenue d'Adolphe, épouvantable dénouement des amours de madame de Staël et de Benjamin Constant, qui cependant étaient bien plus en rapport d'âge que vous ne l'êtes avec Calyste. Vous m'avez alors pris comme on prend des fascines pour élever des retranchements entre les ennemis et soi. Mais, si vous vouliez me faire aimer les Touches, n'était-ce pas pour y passer vos jours dans l'adoration secrète de votre Dieu? Pour accomplir votre plan, à la fois ignoble et sublime, vous deviez chercher un homme vulgaire ou un homme si préoccupé par de hautes pensées qu'il pût être facilement trompé. Vous m'avez cru simple, facile à abuser comme un homme de génie. Il paraît que je suis seulement un homme d'esprit : je vous ai devinée. Quand hier je vous ai fait l'éloge des femmes de votre âge en vous expliquant pourquoi Calyste vous aimait, croyez-vous que j'aie pris pour moi vos regards ravis, brillants, enchantés? N'avais-je pas déjà lu dans votre âme? Les yeux étaient bien tournés sur moi, mais le cœur battait pour Calyste. Vous n'avez jamais été aimée, ma pauvre Maupin, et vous ne le serez jamais après vous être refusé le beau fruit que le hasard vous a offert aux portes de l'enfer des femmes, et qui tournent sur leurs gonds poussées par le chiffre 50!

— Pourquoi l'amour m'a-t-il donc fuie, dit-elle d'une voix altérée, dites-le-moi, vous qui savez tout?...

— Mais vous n'êtes pas aimable, reprit-il, vous ne vous pliez pas à l'amour, il doit se plier à vous. Vous pourrez peut-être vous adonner aux malices et à l'entrain des gamins ; mais vous n'avez pas d'enfance au cœur, il y a trop de profondeur dans votre esprit, vous n'avez jamais été naïve, et vous ne commencerez pas à l'être aujourd'hui. Votre grâce vient du mystère, elle est abstraite et non active. Enfin votre force éloigne les gens très forts qui prévoient une lutte. Votre puissance peut plaire à de jeunes âmes qui, semblables à celle de Calyste, aiment à être protégées ; mais, à la longue, elle fatigue. Vous êtes grande et sublime : subissez les inconvénients de ces deux qualités, elles ennuient.

— Quel arrêt! s'écria Camille. Ne puis-je être femme, suis-je une monstruosité?

— Peut-être, dit Claude.

— Nous verrons, s'écria la femme piquée au vif.

— Adieu, ma chère, demain je pars. Je ne vous en veux pas,

Camille : je vous trouvé la plus grande des femmes ; mais si je continuais à vous servir de paravent ou d'écran, dit Claude avec deux savantes inflexions de voix, vous me mépriseriez singulièrement. Nous pouvons nous quitter sans chagrin ni remords : nous n'avons ni bonheur à regretter ni espérances déjouées. Pour vous, comme pour quelques hommes de génie infiniment rares, l'amour n'est pas ce que la nature l'a fait : un besoin impérieux à la satisfaction duquel elle attache de vifs mais de passagers plaisirs, et qui meurt ; vous le voyez tel que l'a créé le christianisme : un royaume idéal, plein de sentiments nobles, de grandes petitesses, de poésies, de sensations spirituelles, de dévouements, de fleurs morales, d'harmonies enchanteresses, et situé bien au-dessus des grossièretés vulgaires, mais où vont deux créatures réunies en un ange, enlevées par les ailes du plaisir. Voilà ce que j'espérais, je croyais saisir une des clefs qui nous ouvrent la porte fermée pour tant de gens et par laquelle on s'élance dans l'infini. Vous y étiez déjà vous ! Ainsi vous m'avez trompé. Je retourne à la misère, dans ma vaste prison de Paris. Il m'aurait suffi de cette tromperie au commencement de ma carrière pour me faire fuir les femmes ; aujourd'hui, elle met dans mon âme un désenchantement qui me plonge à jamais dans une solitude épouvantable. je m'y trouverai sans la foi qui aidait les pères à la peupler d'images sacrées. Voilà, ma chère Camille, où nous mène la supériorité de l'esprit : nous pouvons chanter tous deux l'hymne horrible qu'Alfred de Vigny met dans la bouche de Moïse parlant à Dieu :

> Seigneur, vous m'avez fait puissant et solitaire !

En ce moment Calyste parut.

— Je ne dois pas vous laisser ignorer que je suis là, dit-il.

Mademoiselle des Touches exprima la plus vive crainte, une rougeur subite colora son visage impassible d'un ton de feu. Pendant toute cette scène, elle demeura plus belle qu'en aucun moment de sa vie.

— Nous vous avions cru parti, Calyste, dit Claude ; mais cette indiscrétion involontaire de part et d'autre est sans danger : peut-être serez-vous plus à votre aise aux Touches en connaissant Félicité tout entière. Son silence annonce que je ne me suis point trompé sur le rôle qu'elle me destinait. Elle vous aime, comme je vous le disais, mais elle vous aime pour vous et non pour elle, sentiment que peu de femmes sont capables de concevoir et d'embrasser : peu d'entre elles connaissent la volupté des douleurs entretenues par le désir, c'est une des magnifiques passions réservées à l'homme ; mais elle est un peu homme ! dit-il en raillant. Votre passion pour Béatrix la fera souffrir et la rendra heureuse tout à la fois.

Des larmes vinrent aux yeux de mademoiselle des Touches, qui n'osait regarder ni le terrible Claude Vignon ni l'ingénu Calyste. Elle était effrayée d'avoir été comprise, elle ne croyait pas qu'il fût possible à un homme, quelle que fût sa portée, de deviner une délicatesse si cruelle, un héroïsme aussi élevé que l'était le sien. En la trouvant si humiliée de voir ses grandeurs dévoilées, Calyste partagea l'émotion de cette femme qu'il avait mise si haut, et qu'il contemplait abattue. Calyste se jeta, par un mouvement irrésistible, aux pieds de Camille, et lui baisa les mains en y cachant son visage couvert de pleurs.

— Claude, dit-elle, ne m'abandonnez pas, que deviendrais-je ?

— Qu'avez-vous à craindre ? répondit le critique. Calyste aime déjà la marquise comme un fou. Certes, vous ne sauriez trouver une barrière plus forte entre vous et lui que cet amour excité par vous-même. Cette passion me vaut bien. Hier, il y avait du danger pour vous et pour lui ; mais aujourd'hui tout vous sera bonheur maternel, dit-il en lui lançant un regard railleur. Vous serez fière de ses triomphes.

Mademoiselle des Touches regarda Calyste, qui, sur ce mot, avait relevé la tête par un mouvement brusque. Claude Vignon, pour toute vengeance, prenait plaisir à voir la confusion de Calyste et de Félicité.

— Vous l'avez poussé vers madame de Rochegude, reprit Claude Vignon, il est maintenant sous le charme. Vous avez creusé vous-même votre tombe. Si vous vous étiez confiée à moi, vous eussiez évité les malheurs qui vous attendent.

— Des malheurs ! s'écria Camille Maupin en prenant la tête de Calyste et l'élevant jusqu'à elle et la baisant dans les cheveux et y versant d'abondantes larmes. Non, Calyste, vous oublierez tout ce que vous venez d'entendre, vous me compterez pour rien !

Elle se leva, se dressa devant ces deux hommes et les terrassa par les éclairs que lancèrent ses yeux où brilla toute son âme.

— Pendant que Claude parlait, reprit-elle, j'ai conçu la beauté, la grandeur d'un amour sans espoir, n'est-ce pas le seul sentiment qui nous approche de Dieu ? Ne m'aime pas, Calyste, moi je t'aimerai comme aucune femme n'aimera !

Ce fut le cri le plus sauvage que jamais un aigle blessé ait poussé dans son aire. Claude fléchit le genou, prit la main de Félicité et la lui baisa.

— Quittez-nous, mon ami, dit mademoiselle des Touches au jeune homme, votre mère pourrait être inquiète.

Calyste revint à Guérande à pas lents en se retournant pour voir la lumière qui brillait aux croisées de l'appartement de Béatrix. Il fut surpris lui-même de ressentir peu de compassion pour Camille, il lui en voulait presque d'avoir été privé de quinze mois de bonheur. Puis parfois il éprouvait en lui-même les tressaillements que Camille venait de lui causer, il sentait dans ses cheveux les larmes qu'elle y avait laissées, il souffrait de sa souffrance, il croyait entendre les gémissements que poussait sans doute cette grande femme, tant désirée quelques jours auparavant. En ouvrant la porte du logis paternel où régnait un profond silence, il aperçut par la croisée, à la lueur de cette lampe d'une si naïve construction, sa mère qui travaillait en l'attendant. Des larmes mouillèrent les yeux de Calyste à cet aspect.

— Que t'est-il donc encore arrivé? demanda Fanny dont le visage exprimait une horrible inquiétude.

Pour toute réponse, Calyste prit sa mère dans ses bras et la baisa sur les joues, au front, dans les cheveux, avec une de ces effusions passionnées qui ravissent les mères et les pénètrent des subtiles flammes de la vie qu'elles ont donnée.

— C'est toi que j'aime, dit Calyste à sa mère presque honteuse et rougissant, toi qui ne vis que pour moi, toi que je voudrais rendre heureuse.

— Mais tu n'es pas dans ton assiette ordinaire, mon enfant, dit la baronne en contemplant son fils. Que t'est-il arrivé?

— Camille m'aime, et je ne l'aime plus, dit-il.

La baronne attira Calyste à elle, le baisa sur le front, et Calyste entendit dans le profond silence de cette vieille salle brune et tapissée les coups d'une vive palpitation au cœur de sa mère. L'Irlandaise était jalouse de Camille, et pressentait la vérité. Cette mère avait, en attendant son fils toutes les nuits, creusé la passion de cette femme; elle avait, conduite par les lueurs d'une méditation obstinée, pénétré dans le cœur de Camille, et, sans pouvoir se l'expliquer, elle avait imaginé chez cette fille une fantaisie de maternité. Le récit de Calyste épouvanta cette mère simple et naïve.

— Hé! bien, dit-elle après une pause, aime madame de Rochegude, elle ne me causera pas de chagrin.

Béatrix n'était pas libre, elle ne dérangeait aucun des projets formés pour le bonheur de Calyste, du moins Fanny le croyait, elle voyait une espèce de belle-fille à aimer, et non une autre mère à combattre.

— Mais Béatrix ne m'aimera pas! s'écria Calyste.

— Peut-être, répondit la baronne d'un air fin. Ne m'as-tu pas dit qu'elle allait être seule demain.

— Oui.

— Eh! bien, mon enfant, ajouta la mère en rougissant. La jalousie est au fond de tous nos cœurs, et je ne savais pas la trouver au jour au fond du mien, car je ne croyais pas qu'on dût me disputer l'affection de mon Calyste! Elle soupira. Je croyais, dit-elle, que le mariage serait pour toi ce qu'il a été pour moi. Quelles lueurs tu as jetées dans mon âme depuis deux mois! de quels reflets se colore ton amour si naturel, pauvre ange! Eh! bien, aie l'air de toujours aimer ta mademoiselle des Touches, la marquise en sera jalouse et tu l'auras.

— Oh! ma bonne mère, Camille ne m'aurait pas dit cela! s'écria Calyste en tenant sa mère par la taille et la baisant sur le cou.

— Tu me rends bien perverse, mauvais enfant, dit-elle tout heureuse du visage radieux que l'espérance faisait à son fils qui monta gaiement l'escalier de la tourelle.

Le lendemain matin, Calyste dit à Gasselin d'aller se mettre en sentinelle sur le chemin de Guérande à Saint-Nazaire, de guetter au passage la voiture de mademoiselle des Touches et de compter les personnes qui s'y trouveraient. Gasselin revint au moment où toute la famille était réunie et déjeunait.

— Qu'arrive-t-il? dit mademoiselle du Guénic, Gasselin court comme s'il y avait le feu dans Guérande.

— Il aurait pris le mulot, dit Mariotte qui apportait le café, le lait et les rôties.

— Il vient de la ville et non du jardin, répondit mademoiselle du Guénic.

— Mais le mulot a son trou derrière le mur, du côté de la place, dit Mariotte.

— Monsieur le chevalier, ils étaient cinq, quatre dedans et le cocher.

— Deux dames au fond? dit Calyste.

— Et deux messieurs, devant, reprit Gasselin.

— Selle le cheval de mon père, cours après, arrive à Saint-Nazaire au moment où le bateau part pour Paimbœuf, et si les deux hommes s'embarquent, accours me le dire à bride abattue.

Gasselin sortit.

— Mon neveu, vous avez le diable au corps, dit la vieille Zéphirine.

— Laissez-le donc s'amuser, ma sœur, s'écria le baron, il était triste comme un hibou, le voilà gai comme un pinson.

— Vous lui avez peut-être dit que notre chère Charlotte arrive, s'écria la vieille fille en se tournant vers sa belle-sœur.

— Non, répondit la baronne.

— Je croyais qu'il voulait aller au-devant d'elle, dit malicieusement mademoiselle du Guénic.

— Si Charlotte reste trois mois chez sa tante, il a bien le temps de la voir, répondit la baronne.

— Oh! ma sœur, que s'est-il donc passé depuis hier? demanda la vieille fille. Vous étiez si heureuse de savoir que mademoiselle de Pen-Hoël allait ce matin nous chercher sa nièce.

— Jacqueline veut me faire épouser Charlotte pour m'arracher à la perdition, ma tante, dit Calyste en riant et lançant à sa mère un coup d'œil d'intelligence. J'étais sur le mail quand mademoiselle de Pen-Hoël parlait à monsieur du Halga, mais elle n'a pas pensé que ce serait une bien plus grande perdition pour moi de me marier à mon âge.

— Il est écrit là-haut, s'écria la vieille fille en interrompant Calyste, que je ne mourrai ni tranquille ni heureuse. J'aurais voulu voir notre famille continuée, et quelques unes de nos terres rachetées, il n'en sera rien. Peux-tu, mon beau neveu, mettre quelque chose en balance avec de tels devoirs?

— Mais, dit le baron, est-ce que mademoiselle des Touches empêchera Calyste de se marier quand il le faudra? Je dois l'aller voir.

— Je puis vous assurer, mon père, que Félicité ne sera jamais un obstacle à mon mariage.

— Je n'y vois plus clair, dit la vieille aveugle qui ne savait rien de la subite passion de son neveu pour la marquise de Rochegude.

La mère garda le secret à son fils; en cette matière le silence est instinctif chez toutes les femmes. La vieille fille tomba dans une profonde méditation, écoutant de toutes ses forces, épiant les voix et le bruit pour pouvoir deviner le mystère qu'on lui cachait. Gasselin arriva bientôt, et dit à son jeune maître qu'il n'avait pas eu besoin d'aller à Saint-Nazaire pour savoir que mademoiselle des Touches et son amie reviendraient seules, il l'avait appris en ville chez Bernus, le messager qui s'était chargé des paquets des deux messieurs.

— Elles seront seules au retour, s'écria Calyste. Selle mon cheval.

Au ton de son jeune maître, Gasselin crut qu'il y avait quelque chose de grave; il alla seller les deux chevaux, chargea les pistolets sans rien dire à personne, et s'habilla pour suivre Calyste. Calyste était si content de savoir Claude et Gennaro partis, qu'il ne songeait pas à la rencontre qu'il allait faire à Saint-Nazaire, il ne pensait qu'au plaisir d'accompagner la marquise; il prenait les mains de son vieux père et les lui serrait tendrement, il embrassait sa mère, il serrait sa vieille tante par la taille.

— Enfin, je l'aime mieux ainsi que triste, dit la vieille Zéphirine.

— Où vas-tu, chevalier? lui dit son père.

— A Saint-Nazaire.

— Peste! Et à quand le mariage? dit le baron qui crut son fils empressé de revoir Charlotte de Kergarouët. Il me tarde d'être grand-père, il est temps.

Quand Gasselin se montra dans l'intention assez évidente d'accompagner Calyste, le jeune homme pensa qu'il pourrait revenir dans la voiture de Camille avec Béatrix en laissant son cheval à Gasselin, et il lui frappa sur l'épaule en disant : — Tu as eu de l'esprit.

— Je le crois bien, répondit Gasselin.

— Mon garçon, dit le père en venant avec Fanny jusqu'à la tribune du perron, ménage les chevaux, ils auront douze lieues à faire.

Calyste partit après avoir échangé le plus pénétrant regard avec sa mère.

— Cher trésor, dit-elle en lui voyant courber la tête sous le cintre de la porte d'entrée.

— Que Dieu le protége! répondit le baron, car nous ne le referions pas.

Ce mot assez dans le ton grivois des gentilshommes de province fit frissonner la baronne.

— Mon neveu n'aime pas assez Charlotte pour aller au-devant d'elle, dit la vieille fille à Mariotte qui ôtait le couvert.

— Il est arrivé une grande dame, une marquise aux Touches, et il court après ! Bah ! c'est de son âge, dit Mariotte.

— Elles nous le tueront, dit mademoiselle du Guénic.

— Ça ne le tuera pas, mademoiselle ; au contraire, répondit Mariotte qui paraissait heureuse du bonheur de Calyste.

Calyste allait d'un train à crever son cheval, lorsque Gasselin demanda fort heureusement à son maître s'il voulait arriver avant le départ du bateau, ce qui n'était nullement son dessein ; il ne désirait se faire voir ni à Conti ni à Claude. Le jeune homme ralentit alors le pas de son cheval, et se mit à regarder complaisamment les doubles raies tracées par les roues de la calèche sur les parties sablonneuses de la route. Il était d'une gaieté folle à cette seule pensée : elle a passé par là, elle reviendra par là, ses regards se sont arrêtés sur ces bois, sur ces arbres ! — Le charmant chemin, dit-il à Gasselin.

— Ah ! monsieur, la Bretagne est le plus beau pays du monde, répondit le domestique. Y a-t-il autre part des fleurs dans les haies et des chemins frais qui tournent comme celui-là ?

— Dans aucun pays, Gasselin.

— Voilà la voiture à Bernus, dit Gasselin.

— Mademoiselle de Pen-Hoël et sa nièce y seront : cachons-nous, dit Calyste.

— Ici, monsieur. Êtes-vous fou ? Nous sommes dans les sables.

La voiture, qui montait en effet une côte assez sablonneuse au-dessus de Saint-Nazaire, apparut aux regards de Calyste dans la naïve simplicité de sa construction bretonne. Au grand étonnement de Calyste, la voiture était pleine.

— Nous avons laissé mademoiselle de Pen-Hoël, sa sœur et sa nièce, qui se tourmentent ; toutes les places étaient prises par la douane, dit le conducteur à Gasselin.

— Je suis perdu ! s'écria Calyste.

En effet la voiture était remplie d'employés qui sans doute allaient relever ceux des marais salants. Quand Calyste arriva sur la petite esplanade qui tourne autour de l'église de Saint-Nazaire, et d'où l'on découvre Paimbœuf et la majestueuse embouchure de la Loire luttant avec la mer, il y trouva Camille et la marquise agitant leurs mouchoirs pour dire un dernier adieu aux deux passagers qu'emportait le bateau à vapeur. Béatrix était ravissante ainsi : le visage adouci par le reflet d'un chapeau de paille de riz sur lequel étaient jetés des coquelicots et noué par un ruban couleur ponceau, en robe de mousseline à fleurs, avançant son petit pied fluet chaussé d'une guêtre verte, s'appuyant sur sa frêle ombrelle et montrant sa belle main bien gantée. Rien n'est plus grandiose à l'œil qu'une femme en haut d'un rocher comme une statue sur son piédestal. Conti put alors voir Calyste abordant Camille.

— J'ai pensé, dit le jeune homme à mademoiselle des Touches, que vous reviendriez seules.

— Vous avez bien fait, Calyste, répondit-elle en lui serrant la main.

Béatrix se retourna, regarda son jeune amant et lui lança le plus impérieux coup d'œil de son répertoire. Un sourire que la marquise surprit sur les éloquentes lèvres de Camille lui fit comprendre la vulgarité de ce moyen, digne d'une bourgeoise. Madame de Rochegude dit alors à Calyste en souriant : — N'est-ce pas une légère impertinence de croire que je pouvais ennuyer Camille en route?

— Ma chère, un homme pour deux veuves n'est pas de trop, dit mademoiselle des Touches en prenant le bras de Calyste et laissant Béatrix occupée à regarder le bateau.

En ce moment Calyste entendit dans la rue en pente qui descend à ce qu'il faut appeler le port de Saint-Nazaire la voix de mademoiselle de Pen-Hoël, de Charlotte et de Gasselin, babillant tous trois comme des pies. La vieille fille questionnait Gasselin et voulait savoir pourquoi son maître et lui se trouvaient à Saint-Nazaire, la voiture de mademoiselle des Touches faisait esclandre. Avant que le jeune homme eût pu se retirer, il avait été vu de Charlotte.

— Voilà Calyste, s'écria la petite Bretonne.

— Allez leur proposer ma voiture, leur femme de chambre se mettra près de mon cocher, dit Camille, qui savait que madame de Kergarouët, sa fille et mademoiselle de Pen-Hoël n'avaient pas eu de places.

Calyste, qui ne pouvait s'empêcher d'obéir à Camille, vint s'acquitter de son message. Dès qu'elle sut qu'elle voyagerait avec la marquise de Rochegude et la célèbre Camille Maupin, madame de Kergarouët ne voulut pas comprendre les réticences de sa sœur aînée, qui se défendit de profiter de ce qu'elle nommait la carriole du diable. A Nantes on était sous une latitude un peu plus civilisée qu'à Guérande : on y admirait Camille, elle était là comme la muse de la Bretagne et l'honneur du pays; elle y excitait autant de curiosité que de jalousie. L'absolution donnée à Paris par le grand monde, par la mode, était consacrée par la grande fortune de mademoiselle des Touches, et peut-être par ses anciens succès à Nantes qui se flattait d'avoir été le berceau de Camille Maupin. Aussi la vicomtesse, folle de curiosité, entraîna-t-elle sa vieille sœur sans prêter l'oreille à ses jérémiades.

— Bonjour, Calyste, dit la petite Kergarouët.
— Bonjour, Charlotte, répondit Calyste sans lui offrir le bras.

Tous deux interdits, l'une de tant de froideur, lui de sa cruauté, remontèrent le ravin creux qu'on appelle une rue à Saint-Nazaire et suivirent en silence les deux sœurs. En un moment la petite fille de seize ans vit s'écrouler le château en Espagne bâti, meublé par ses romanesques espérances. Elle et Calyste avaient si souvent joué ensemble pendant leur enfance, elle était si liée avec lui qu'elle croyait son avenir inattaquable. Elle accourait emportée par un bonheur étourdi, comme un oiseau fond sur un champ de blé; elle fut arrêtée dans son vol sans pouvoir imaginer l'obstacle.

— Qu'as-tu, Calyste? lui demanda-t-elle en lui prenant la main.
— Rien, répondit le jeune homme qui dégagea sa main avec un horrible empressement en pensant aux projets de sa tante et de mademoiselle de Pen-Hoël.

Des larmes mouillèrent les yeux de Charlotte. Elle regarda sans haine le beau Calyste; mais elle allait éprouver son premier mouvement de jalousie et sentir les effroyables rages de la rivalité à l'aspect des deux belles Parisiennes et en soupçonnant la cause des froideurs de Calyste.

D'une taille ordinaire, Charlotte Kergarouët avait une vulgaire fraîcheur, une petite figure ronde éveillée par deux yeux noirs qui jouaient l'esprit, des cheveux bruns abondants, une taille ronde, un dos plat, des bras maigres, le parler bref et décidé des filles de province qui ne veulent pas avoir l'air de petites niaises. Elle était l'enfant gâté de la famille à cause de la prédilection de sa tante pour elle. Elle gardait en ce moment sur elle le manteau de mérinos écossais à grands carreaux, doublé de soie verte, qu'elle avait sur le bateau à vapeur. Sa robe de voyage, en stoff assez commun, à corsage fait chastement en guimpe, ornée d'une collerette à mille plis, allait lui paraître horrible à l'aspect des fraîches toilettes de Béatrix et de Camille. Elle devait souffrir d'avoir des bas blancs salis dans les roches, dans les barques où elle avait sauté, et de méchants souliers en peau, choisis exprès pour ne rien gâter de beau en voyage, selon les us et coutumes des gens de province. Quant à la vicomtesse de Kergarouët, elle était le type de la provinciale. Grande, sèche, flétrie, pleine de prétentions cachées qui ne se montraient qu'après avoir été blessées, parlant beaucoup et attrapant à force de parler quelques idées, comme on carambole au billard, et qui lui donnaient une réputation d'esprit, essayant d'humilier les Parisiens par la prétendue bonhomie de la sagesse départementale et par un faux bonheur incessamment mis en avant, s'abaissant pour se faire relever, et furieuse d'être laissée à genoux; pêchant, selon une expression anglaise, les compliments à la ligne et n'en prenant pas toujours; ayant une toilette à la fois exagérée et peu soignée, prenant le manque d'affabilité pour de l'impertinence, et croyant embarrasser beaucoup les gens en ne leur accordant aucune attention; refusant ce qu'elle désirait pour se le faire offrir deux fois et avoir l'air d'être priée au delà des bornes; occupée de ce dont on ne parle plus, et fort étonnée de ne pas être au courant de la mode; enfin se tenant difficilement une heure sans faire arriver Nantes, et les tigres de Nantes, et les affaires de la haute société de Nantes, et se plaignant de Nantes, et critiquant Nantes, et prenant pour des personnalités les phrases arrachées par la complaisance à ceux qui, distraits, abondaient dans son sens. Ses manières, son langage, ses idées avaient plus ou moins déteint sur ses quatre filles. Connaître Camille Maupin et madame de Rochegude, il y avait pour elle un avenir et le fond de cent conversations!... aussi marchait-elle vers l'église comme si elle eût voulu l'emporter d'assaut, agitant son mouchoir, qu'elle déplia pour en montrer les coins lourds de broderies domestiques et garnis d'une dentelle invalide. Elle avait une démarche passablement cavalière, qui, pour une femme de quarante-sept ans, était sans conséquence.

— Monsieur le chevalier, dit-elle à Camille et à Béatrix en montrant Calyste qui venait piteusement avec Charlotte, nous a fait part de votre aimable proposition, mais nous craignons, ma sœur, ma fille et moi, de vous gêner.

— Ce ne sera pas moi, ma sœur, qui gênerai ces dames, dit la vieille fille avec aigreur, car je trouverai bien dans Saint-Nazaire un cheval pour revenir.

Camille et Béatrix échangèrent un regard oblique surpris par

Calyste, et ce regard suffit pour anéantir tous ses souvenirs d'enfance, ses croyances aux Kergarouët-Pen-Hoël, et pour briser à jamais les projets conçus par les deux familles.

— Nous pouvons très bien tenir cinq dans la voiture, répondit mademoiselle des Touches, à qui Jacqueline tourna le dos. Quand nous serions horriblement gênées, ce qui n'est pas possible à cause de la finesse de vos tailles, je serais bien dédommagée par le plaisir de rendre service aux amis de Calyste. Votre femme de chambre, madame, trouvera place ; et vos paquets, si vous en avez, peuvent tenir derrière la calèche, je n'ai pas amené de domestique.

La vicomtesse se confondit en remercîments et gronda sa sœur Jacqueline d'avoir voulu si promptement sa nièce qu'elle ne lui avait pas permis de venir dans sa voiture par le chemin de terre ; mais il est vrai que la route de poste était non-seulement longue, mais coûteuse ; elle devait revenir promptement à Nantes où elle laissait trois autres petites chattes qui l'attendaient avec impatience, dit-elle en caressant le cou de sa fille. Charlotte eut alors un petit air de victime, en levant les yeux vers sa mère, qui fit supposer que la vicomtesse ennuyait prodigieusement ses quatre filles en les mettant aussi souvent en jeu que le caporal Trim son bonnet.

— Vous êtes une heureuse mère, et vous devez.... dit Camille qui s'arrêta en pensant que la marquise avait dû se priver de son fils en suivant Conti.

— Oh ! reprit la vicomtesse, si j'ai le malheur de passer ma vie à la campagne et à Nantes, j'ai la consolation d'être adorée par mes enfants. Avez-vous des enfants ? demanda-t-elle à Camille.

— Je me nomme mademoiselle des Touches, répondit Camille. Madame est la marquise de Rochegude.

— Il faut vous plaindre alors de ne pas connaître le plus grand bonheur qu'il y ait pour nous autres pauvres simples femmes, n'est-ce pas, madame ? dit la vicomtesse à la marquise pour réparer sa faute. Mais vous avez tant de dédommagements !

Il vint une larme chaude dans les yeux de Béatrix qui se tourna brusquement, et alla jusqu'au grossier parapet du rocher, où Calyste la suivit.

— Madame, dit Camille à l'oreille de la vicomtesse, ignorez-vous que la marquise est séparée de son mari, qu'elle n'a pas vu son fils depuis dix-huit mois, et qu'elle ne sait pas quand elle le verra ?

— Bah ! dit madame de Kergarouët, cette pauvre dame ! Est-ce judiciairement ?

— Non, par goût, dit Camille.

— Hé ! bien, je comprends cela, répondit intrépidement la vicomtesse.

La vieille Pen-Hoël, au désespoir d'être dans le camp ennemi, s'était retranchée à quatre pas avec sa chère Charlotte. Calyste après avoir examiné si personne ne pouvait les voir, saisit la main de la marquise et la baisa en y laissant une larme. Béatrix se retourna, les yeux séchés par la colère : elle allait lancer quelque mot terrible, et ne put rien dire en retrouvant ses pleurs sur la belle figure de cet ange aussi douloureusement atteint qu'elle-même.

— Mon Dieu, Calyste, lui dit Camille à l'oreille en le voyant revenir avec madame de Rochegude, vous auriez *cela* pour belle-mère, et cette petite bécasse pour femme !

— Parce que sa tante est riche, dit ironiquement Calyste.

Le groupe entier se mit en marche vers l'auberge, et la vicomtesse se crut obligée de faire à Camille une satire sur les sauvages de Saint-Nazaire.

— J'aime la Bretagne, madame, répondit gravement Félicité, je suis née à Guérande.

Calyste ne pouvait s'empêcher d'admirer mademoiselle des Touches, qui, par le son de sa voix, la tranquillité de ses regards et le calme de ses manières, le mettait à l'aise, malgré les terribles déclarations de la scène qui avait eu lieu pendant la nuit. Elle paraissait néanmoins un peu fatiguée : ses traits annonçaient une insomnie, ils étaient comme grossis, mais le front dominait l'orage intérieur par une placidité cruelle.

— Quelles reines ! dit-il à Charlotte en lui montrant la marquise et Camille et donnant le bras à la jeune fille au grand contentement de mademoiselle de Pen-Hoël.

— Quelle idée a eue ta mère, dit la vieille fille en donnant aussi son bras sec à sa nièce, de se mettre dans la compagnie de cette réprouvée ?

— Oh ! ma tante, une femme qui est la gloire de la Bretagne !

— La honte, petite. Ne vas-tu pas la cajoler aussi ?

— Mademoiselle Charlotte a raison, vous n'êtes pas juste, dit Calyste.

— Oh ! vous, répondit mademoiselle de Pen-Hoël, elle vous a ensorcelé.

— Je lui porte, dit Calyste, la même amitié qu'à vous.

— Depuis quand les du Guénic mentent-ils ? dit la vieille fille.

— Depuis que les Pen-Hoël sont sourdes, répliqua Calyste.

— Tu n'es pas amoureux d'elle ? demanda la vieille fille enchantée.

— Je l'ai été, je ne le suis plus, répondit-il.

— Méchant enfant ! pourquoi nous as-tu donné tant de souci ? Je savais bien que l'amour est une sottise, il n'y a de solide que le mariage, lui dit-elle en regardant Charlotte.

Charlotte, un peu rassurée, espéra pouvoir reconquérir ses avantages en s'appuyant sur tous les souvenirs de l'enfance, et serra le bras de Calyste, qui se promit de s'expliquer nettement avec la petite héritière.

— Ah ! les belles parties de mouche que nous ferons, Calyste, dit-elle, et comme nous rirons !

Les chevaux étaient mis, Camille fit passer au fond de la voiture la vicomtesse et Charlotte, car Jacqueline avait disparu ; puis elle se plaça sur le devant avec la marquise. Calyste, obligé de renoncer au plaisir qu'il se promettait, accompagna la voiture à cheval, et les chevaux fatigués allèrent assez lentement pour qu'il pût regarder Béatrix. L'histoire a perdu les conversations étranges des quatre personnes que le hasard avait si singulièrement réunies dans cette voiture, car il est impossible d'admettre les cent et quelques versions qui courent à Nantes sur les récits, les répliques, les mots que la vicomtesse tient de la célèbre Camille Maupin *lui-même*. Elle s'est bien gardée de répéter ni de comprendre les réponses de mademoiselle des Touches à toutes les demandes saugrenues que les auteurs entendent si souvent, et par lesquelles on leur fait cruellement expier leurs rares plaisirs.

— Comment avez-vous fait vos livres ? demanda la vicomtesse.

— Mais comme vous faites vos ouvrages de femme, du filet ou de la tapisserie, répondit Camille.

— Et où avez-vous pris ces observations si profondes et ces tableaux si séduisants ?

— Où vous prenez les choses spirituelles que vous dites, madame. Il n'y a rien de si facile que d'écrire, et si vous vouliez...

— Ah ! le tout est de vouloir, je ne l'aurais pas cru ! Quelle est celle de vos compositions que vous préférez?

— Il est bien difficile d'avoir des prédilections pour ces petites chattes.

— Vous êtes blasée sur les compliments, et l'on ne sait que vous dire de nouveau.

— Croyez, madame, que je suis sensible à la forme que vous donnez aux vôtres.

La vicomtesse ne voulut pas avoir l'air de négliger la marquise et dit en la regardant d'un air fin : — Je n'oublierai jamais ce voyage fait entre l'Esprit et la Beauté.

— Vous me flattez, madame, dit la marquise en riant; il n'est pas naturel de remarquer l'esprit auprès du génie, et je n'ai pas encore dit grand'chose.

Charlotte, qui sentait vivement les ridicules de sa mère, la regarda comme pour l'arrêter, mais la vicomtesse continua bravement à lutter avec les deux rieuses parisiennes.

Le jeune homme, qui trottait d'un trot lent et abandonné le long de la calèche, ne pouvait voir que les deux femmes assises sur le devant, et son regard les embrassait tour à tour en trahissant des pensées assez douloureuses. Forcée de se laisser voir, Béatrix évita constamment de jeter les yeux sur le jeune homme par une manœuvre désespérante pour les gens qui aiment, elle tenait son châle croisé sous ses mains croisées, et paraissait en proie à une méditation profonde. A un endroit où la route est ombragée, humide et verte comme un délicieux sentier de forêt, où le bruit de la calèche s'entendait à peine, où les feuilles effleuraient les capotes, où le vent apportait des odeurs balsamiques, Camille fit remarquer ce lieu plein d'harmonies, et appuya sa main sur le genou de Béatrix en lui montrant Calyste : — Comme il monte bien à cheval ! lui dit-elle.

— Calyste? reprit la vicomtesse, c'est un charmant cavalier.

— Oh ! Calyste est bien gentil, dit Charlotte.

— Il y a tant d'Anglais qui lui ressemblent ! répondit indolemment la marquise sans achever sa phrase.

— Sa mère est Irlandaise, une O'Brien, repartit Charlotte qui se crut attaquée personnellement.

Camille et la marquise entrèrent dans Guérande avec la vicomtesse de Kergarouët et sa fille, au grand étonnement de toute la ville ébahie; elles laissèrent leurs compagnes de voyage à l'entrée de la ruelle du Guénic, où peu s'en fallut qu'il ne se formât un attroupement. Calyste avait pressé le pas de son cheval pour aller prévenir sa tante et sa mère de l'arrivée de cette compagnie attendue à dîner. Le repas avait été retardé conventionnellement jusqu'à quatre heures. Le chevalier revint pour donner le bras aux deux dames; puis il baisa la main de Camille en espérant pouvoir prendre celle de la marquise, qui tint résolûment ses bras croisés, et à laquelle il jeta les plus vives prières dans un regard inutilement mouillé.

— Petit niais, lui dit Camille en lui effleurant l'oreille par un modeste baiser plein d'amitié.

— C'est vrai, se dit en lui-même Calyste pendant que la calèche tournait, j'oublie les recommandations de ma mère; mais je les oublierai, je crois, toujours.

Mademoiselle de Pen-Hoël intrépidement arrivée sur un cheval de louage, la vicomtesse de Kergarouët et Charlotte troùvèrent la table mise et furent traitées avec cordialité, sinon avec luxe, par les du Guénic. La vieille Zéphirine avait indiqué dans les profondeurs de la cave des vins fins, et Mariotte s'était surpassée en ses plats bretons. La vicomtesse, enchantée d'avoir fait le voyage avec l'illustre Camille Maupin, essaya d'expliquer la littérature moderne et la place qu'y tenait Camille; mais il en fut du monde littéraire comme du whist : ni les du Guénic, ni le curé qui survint, ni le chevalier du Halga n'y comprirent rien. L'abbé Grimont et le vieux marin prirent part aux liqueurs du dessert. Dès que Mariotte, aidée par Gasselin et par la femme de chambre de la vicomtesse, eut ôté le couvert, il y eut un cri d'enthousiasme pour se livrer à la mouche. La joie régnait dans la maison. Tous croyaient Calyste libre et le voyaient marié dans peu de temps à la petite Charlotte. Calyste restait silencieux. Pour la première fois de sa vie, il établissait des comparaisons entre les Kergarouët et les deux femmes élégantes, spirituelles, pleines de goût, qui pendant ce moment devaient bien se moquer des deux provinciales, à s'en rapporter au premier regard qu'elles avaient échangé. Fanny, qui connaissait le secret de Calyste, observait la tristesse de son fils, sur qui les coquetteries de Charlotte ou les attaques de la vicomtesse avaient peu de prise. Évidemment son cher enfant s'ennuyait, le corps était dans cette salle où jadis il se serait amusé des plaisanteries de la mouche, mais l'esprit se promenait aux Touches. Comment l'envoyer chez Camille? se demandait la mère qui sympathisait avec son fils, qui aimait et s'ennuyait avec lui. Sa tendresse émue lui donna de l'esprit.

— Tu meurs d'envie d'aller aux Touches *la* voir, dit Fanny à l'oreille de Calyste. L'enfant répondit par un sourire et par une rougeur qui firent tressaillir cette adorable mère jusque dans les derniers replis de son cœur. — Madame, dit-elle à la vicomtesse, vous serez bien mal demain dans la voiture du messager, et surtout forcée de partir de bonne heure; ne vaudrait-il pas mieux que vous prissiez la voiture de mademoiselle des Touches? Va, Calyste, dit-elle en regardant son fils, arranger cette affaire aux Touches, mais reviens-nous promptement.

— Il ne me faut pas dix minutes, s'écria Calyste qui embrassa follement sa mère sur le perron où elle le suivit.

Calyste courut avec la légèreté d'un faon, et se trouva dans le péristyle des Touches quand Camille et Béatrix sortaient du grand salon après leur dîner. Il eut l'esprit d'offrir le bras à Félicité.

— Vous avez abandonné pour nous la vicomtesse et sa fille, dit-elle en lui pressant le bras, nous sommes à même de connaître l'étendue de ce sacrifice.

— Ces Kergarouët sont-ils parents des Portenduère et du vieil amiral de Kergarouët, dont la veuve a épousé Charles de Vandenesse? demanda madame de Rochegude à Camille.

— Sa petite nièce, répondit Camille.

— C'est une charmante jeune personne, dit Béatrix en se posant dans un fauteuil gothique, ce sera bien l'affaire de monsieur du Guénic.

— Ce mariage ne se fera jamais, dit vivement Camille.

Abattu par l'air froid et calme de la marquise, qui montrait la petite Bretonne comme la seule créature qui pût s'appareiller avec lui, Calyste resta sans voix ni esprit.

— Et pourquoi, Camille? dit madame de Rochegude.

— Ma chère, reprit Camille en voyant le désespoir de Calyste, je n'ai pas conseillé à Conti de se marier, et je crois avoir été charmante pour lui : vous n'êtes pas généreuse.

Béatrix regarda son amie avec une surprise mêlée de soupçons indéfinissables. Calyste comprit à peu près le dévouement de Camille en voyant se mêler à ses joues cette faible rougeur qui chez elle annonce ses émotions les plus violentes; il vint assez gauchement auprès d'elle, lui prit la main et la baisa. Camille se mit négligemment au piano, comme une femme sûre de son amie et de l'adorateur qu'elle s'attribuait, en leur tournant le dos et les laissant presque seuls. Elle improvisa des variations sur quelques thèmes choisis à son insu par son esprit, car ils furent d'une mélancolie excessive. La marquise paraissait écouter, mais elle observait Calyste, qui, trop jeune et trop naïf pour jouer le rôle que lui donnait Camille, était en extase devant sa véritable idole. Après une heure, pendant laquelle mademoiselle des Touches se laissa naturellement aller à sa jalousie, Béatrix se retira chez elle. Camille fit aussitôt passer Calyste dans sa chambre, afin de ne pas être écoutée, car les femmes ont un admirable instinct de défiance.

— Mon enfant, lui dit-elle, ayez l'air de m'aimer, ou vous êtes perdu. Vous êtes un enfant, vous ne connaissez rien aux femmes, vous ne savez qu'aimer. Aimer et se faire aimer sont deux choses bien différentes. Vous allez tomber en d'horribles souffrances, et je vous veux heureux. Si vous contrariez non pas l'orgueil, mais l'entêtement de Béatrix, elle est capable de s'envoler à quelques lieues de Paris, auprès de Conti. Que deviendrez-vous alors?

— Je l'aimerai, répondit Calyste.

— Vous ne la verrez plus.

— Oh! si, dit-il.

— Et comment?

— Je la suivrai.

— Mais tu es aussi pauvre que Job, mon enfant.

— Mon père, Gasselin et moi, nous sommes restés pendant trois mois en Vendée avec cent cinquante francs, marchant jour et nuit.

— Calyste, dit mademoiselle des Touches, écoutez-moi bien. Je vois que vous avez trop de candeur pour feindre, je ne veux pas corrompre un aussi beau naturel que le vôtre, je prendrai tout sur moi. Vous serez aimé de Béatrix.

— Est-ce possible? dit-il en joignant les mains.

— Oui, répondit Camille, mais il faut vaincre chez elle les engagements qu'elle a pris avec elle-même. Je mentirai donc pour vous. Seulement ne dérangez rien dans l'œuvre assez ardue que je vais entreprendre. La marquise possède une finesse aristocratique, elle est spirituellement défiante; jamais chasseur ne rencontra de proie plus difficile à prendre: ici donc, mon pauvre garçon, le chasseur doit écouter son chien. Me promettez-vous une obéissance aveugle? Je serai votre Fox, dit-elle en se donnant le nom du meilleur lévrier de Calyste.

— Que dois-je faire? répondit le jeune homme.

— Très peu de chose, reprit Camille. Vous viendrez ici tous les jours à midi. Comme une maîtresse impatiente, je serai à celle des croisées du corridor d'où l'on aperçoit le chemin de Guérande pour vous voir arriver. Je me sauverai dans ma chambre afin de n'être pas vue et de ne pas vous donner la mesure d'une passion qui vous est à charge; mais vous m'apercevrez quelquefois et me ferez un signe avec votre mouchoir. Vous aurez dans la cour et en montant l'escalier un petit air assez ennuyé. Ça ne te coûtera pas de dissimulation, mon enfant, dit-elle en se jetant la tête sur son sein, n'est-ce pas? Tu n'iras pas vite, tu regarderas par la fenêtre de l'escalier qui donne sur le jardin en y cherchant Béatrix. Quand elle y sera (elle s'y promènera, sois tranquille!), si elle t'aperçoit, tu te précipiteras très lentement dans le petit salon et de là dans ma chambre. Si tu me vois à la croisée espionnant tes trahisons, tu te rejetteras vivement en arrière pour que je ne te surprenne pas mendiant un regard de Béatrix. Une fois dans ma chambre, tu seras mon prisonnier. Ah! nous y resterons ensemble jusqu'à quatre heures. Vous emploierez ce temps à lire et moi à fumer; vous vous ennuierez bien de ne pas la voir, mais je vous trouverai des livres attachants. Vous n'avez rien lu de George Sand, j'enverrai cette nuit un de mes gens acheter ses œuvres à Nantes et celles de quelques autres auteurs que vous ne connaissez pas. Je sortirai la première et vous ne quitterez votre livre, vous ne viendrez dans mon petit salon qu'au moment où vous y entendrez Béatrix causant avec moi. Toutes les fois que vous verrez un livre de musique ouvert sur le piano, vous me demanderez à rester. Je vous permets d'être avec moi grossier si vous le pouvez, tout ira bien.

— Je sais, Camille, que vous avez pour moi la plus rare des affections et qui me fait regretter d'avoir vu Béatrix, dit-il avec une charmante bonne foi; mais qu'espérez-vous?

— En huit jours Béatrix sera folle de vous.

— Mon Dieu! serait-ce possible? dit il en tombant à genoux et joignant les mains devant Camille attendrie, heureuse de lui donner une joie à ses propres dépens.

— Écoutez-moi bien, dit-elle. Si vous avez avec la marquise, non une conversation suivie, mais si vous échangez seulement quelques mots, enfin si vous la laissez vous interroger, si vous manquez au rôle muet que je vous donne, et qui certes est facile à jouer, sachez-le bien, dit-elle d'un ton grave, vous la perdriez à jamais.

— Je ne comprends rien à ce que vous me dites, Camille, s'écria Calyste en la regardant avec une adorable naïveté.

— Si tu comprenais, tu ne serais pas l'enfant sublime, le noble et beau Calyste, répondit-elle en lui prenant la main et en la lui baisant.

Calyste fit alors ce qu'il n'avait jamais fait, il prit Camille par la taille et la baisa au cou mignonnement, sans amour, mais avec tendresse et comme il embrassait sa mère. Mademoiselle des Touches ne put retenir un torrent de larmes.

—Allez-vous-en, mon enfant, et dites à votre vicomtesse que ma voiture est à ses ordres.

Calyste voulut rester, mais il fut contraint d'obéir au geste impératif et impérieux de Camille; il revint tout joyeux, il était sûr d'être aimé sous huit jours par la belle Rochegude. Les joueurs de mouche retrouvèrent en lui le Calyste perdu depuis deux mois. Charlotte s'attribua le mérite de ce changement. Mademoiselle de Pen-Hoël fut charmante d'agacerie avec Calyste. L'abbé Grimont cherchait à lire dans les yeux de la baronne la raison du calme qu'il y voyait. Le chevalier du Halga se frottait les mains. Les deux vieilles filles avaient la vivacité de deux lézards. La vicomtesse devait cent sous de mouches accumulées. La cupidité de Zéphirine était si vivement intéressée qu'elle regretta de ne pas voir les cartes, et décocha quelques paroles vives à sa belle-sœur, à qui le bonheur de Calyste causait des distractions, et qui par moments l'interrogeait sans pouvoir rien comprendre à ses réponses. La partie dura jusqu'à onze heures. Il y eut deux défections : le baron et le chevalier s'endormirent dans leurs fauteuils respectifs. Mariotte avait fait des galettes de blé noir, la baronne alla chercher sa boîte à thé. L'illustre maison du Guénic servit, avant le départ des Kergarouët et de mademoiselle de Pen-Hoël, une collation composée de beurre frais, de fruits, de crème, et pour laquelle on sortit du bahut la théière d'argent et les porcelaines d'Angleterre envoyées à la baronne par une de ses tantes. Cette apparence de splendeur moderne dans cette vieille salle, la grâce exquise de la baronne, élevée en bonne Irlandaise à faire et à servir le thé, cette grande affaire des Anglaises, eurent je ne sais quoi de charmant. Le luxe le plus effréné n'aurait pas obtenu l'effet simple, modeste et noble que produisait ce sentiment d'hospitalité joyeuse. Quand il n'y eut plus dans cette salle que la baronne et son fils, elle regarda Calyste d'un air curieux.

— Que t'est-il arrivé ce soir aux Touches ? lui dit-elle.

Calyste raconta l'espoir que Camille lui avait mis au cœur et ses bizarres instructions.

— La pauvre femme ! s'écria l'Irlandaise en joignant les mains et plaignant pour la première fois mademoiselle des Touches.

Quelques moments après le départ de Calyste, Béatrix, qui l'avait entendu partir des Touches, revint chez son amie qu'elle trouva les yeux humides, à demi renversée sur un sofa.

— Qu'as-tu, Félicité ? lui demanda la marquise.

— J'ai quarante ans et j'aime, ma chère ! dit avec un horrible accent de rage mademoiselle des Touches dont les yeux devinrent secs et brillants. Si tu savais, Béatrix, combien de larmes je verse sur les jours perdus de ma jeunesse ! Être aimée par pitié, savoir qu'on ne doit son bonheur qu'à des travaux pénibles, à des finesses de chatte, à des pièges tendus à l'innocence et aux vertus d'un enfant, n'est-ce pas infâme ? Heureusement on trouve alors une espèce d'absolution dans l'infini de la passion, dans l'énergie du bonheur, dans la certitude d'être à jamais au-dessus de toutes les femmes en gravant son souvenir dans un jeune cœur par des plaisirs ineffaçables, par un dévouement insensé. Oui, s'il me le demandait, je me jetterais dans la mer à un seul de ses signes. Par moments, je me surprends à souhaiter qu'il le veuille, ce serait une offrande et non un suicide... Ah ! Béatrix, tu m'as donné une rude tâche en venant ici. Je sais qu'il est difficile de l'emporter sur toi ; mais tu aimes Conti, tu es noble et généreuse, et tu ne me tromperas pas ; tu m'aideras au contraire à conserver mon Calyste. Je m'attendais à l'impression que tu fais sur lui, mais je n'ai pas commis la faute de paraître jalouse, ce serait attiser le mal. Au contraire, je t'ai annoncée en te peignant avec de si vives couleurs que tu ne pusses jamais réaliser le portrait, et par malheur tu es embellie.

Cette violente élégie, où le vrai se mêlait à la tromperie, abusa complétement madame de Rochegude. Claude Vignon avait dit à

Conti les motifs de son départ, Béatrix en fut naturellement instruite, elle déployait donc de la générosité en marquant de la froideur à Calyste ; mais en ce moment il s'éleva dans son âme ce mouvement de joie qui frétille au fond du cœur de toutes les femmes quand elles se savent aimées. L'amour qu'elles inspirent à un homme comporte des éloges sans hypocrisie, et qu'il est difficile de ne pas savourer ; mais quand cet homme appartient à une amie, ses hommages causent plus que de la joie, c'est de célestes délices. Béatrix s'assit auprès de son amie et lui fit de petites cajoleries.

— Tu n'as pas un cheveu blanc, lui dit-elle, tu n'as pas une ride, tes tempes sont encore fraîches, tandis que je connais plus d'une femme de trente ans obligée de cacher les siennes. Tiens, ma chère, dit-elle en soulevant ses boucles, vois ce que m'a coûté mon voyage?

La marquise montra l'imperceptible flétrissure qui fatiguait là le grain de sa peau si tendre ; elle releva ses manchettes et fit voir une pareille flétrissure à ses poignets, où la transparence du tissu déjà froissé laissait voir le réseau de ses vaisseaux grossis, où trois lignes profondes lui faisaient un bracelet de rides.

— N'est-ce pas, comme l'a dit un écrivain à la piste de nos misères, les deux endroits qui ne mentent point chez nous ? dit-elle. Il faut avoir bien souffert pour reconnaître la vérité de sa cruelle observation ; mais heureusement pour nous, la plupart des hommes n'y connaissent rien, et ne lisent pas cet infâme auteur.

— Ta lettre m'a tout dit, répondit Camille, le bonheur ignore la fatuité, tu t'y vantais trop d'être heureuse. En amour, la vérité n'est-elle pas sourde, muette et aveugle? Aussi, te sachant bien des raisons d'abandonner Conti, redouté-je ton séjour ici. Ma chère, Calyste est un ange, il est aussi bon qu'il est beau, le pauvre innocent ne résisterait pas à un seul de tes regards, il t'admire trop pour ne pas t'aimer à un seul encouragement ; ton dédain me le conservera. Je te l'avoue avec la lâcheté de la passion vraie : me l'arracher, ce serait me tuer. ADOLPHE, cet épouvantable livre de Benjamin Constant, ne nous a dit que les douleurs d'Adolphe, mais celles de la femme? hein ! il ne les a pas assez observées pour nous les peindre. Et quelle femme oserait les révéler, elles déshonoreraient notre sexe, elles en humilieraient les vertus, elles en étendraient les vices. Ah ! si je les mesure par mes craintes, ces souffrances ressemblent à celles de l'enfer. Mais en cas d'abandon, mon thème est fait.

— Et qu'as-tu décidé? demanda Béatrix avec une vivacité qui fit tressaillir Camille.

Là les deux amies se regardèrent avec l'attention de deux inquisiteurs d'État vénitiens, par un coup d'œil rapide où leurs âmes se heurtèrent et firent feu comme deux cailloux. La marquise baissa les yeux.

— Après l'homme, il n'y a plus que Dieu, répondit gravement la femme célèbre. Dieu, c'est l'inconnu. Je m'y jetterai comme dans un abîme. Calyste vient de me jurer qu'il ne t'admirait que comme on admire un tableau; mais tu es à vingt-huit ans dans toute la magnificence de la beauté. La lutte vient donc de commencer entre lui et moi par un mensonge. Je sais heureusement comment m'y prendre pour triompher.

— Comment feras-tu?

— Ceci est mon secret, ma chère. Laisse-moi les bénéfices de mon âge. Si Claude Vignon m'a brutalement jetée dans l'abîme, moi, qui m'étais élevée jusque dans un lieu que je croyais inaccessible, je cueillerai du moins toutes les fleurs pâles, étiolées, mais délicieuses qui croissent au fond des précipices.

La marquise fut pétrie comme une cire par mademoiselle des Touches, qui goûtait un sauvage plaisir à l'envelopper de ses ruses. Camille renvoya son amie piquée de curiosité, flottant entre la jalousie et sa générosité, mais certainement occupée du beau Calyste.

— Elle sera ravie de me tromper, se dit Camille en lui donnant le baiser du bonsoir.

Puis, quand elle fut seule, l'auteur fit place à la femme; elle fondit en larmes, elle chargea de tabac lessivé dans l'opium la cheminée de son houka, et passa la plus grande partie de la nuit à fumer, engourdissant ainsi les douleurs de son amour, et voyant à travers les nuages de fumée la délicieuse tête de Calyste.

— Quel beau livre à écrire que celui dans lequel je raconterais mes douleurs! se dit-elle, mais il est fait : Sapho vivait avant moi, Sapho était jeune. Belle et touchante héroïne, vraiment, qu'une femme de quarante ans? Fume ton houka, ma pauvre Camille, tu n'as pas même la ressource de faire une poésie de ton malheur, il est au comble!

Elle ne se coucha qu'au jour, en entremêlant ainsi de larmes, d'accents de rage et de résolutions sublimes la longue méditation où parfois elle étudia les mystères de la religion catholique, ce à quoi, dans sa vie d'artiste insoucieuse et d'écrivain incrédule, elle n'avait jamais songé.

Le lendemain, Calyste, à qui sa mère avait dit de suivre exactement les conseils de Camille, vint à midi, monta mystérieusement dans la chambre de mademoiselle des Touches, où il trouva des livres. Félicité resta dans un fauteuil à une fenêtre, occupée à fumer, en contemplant tour à tour le sauvage pays des marais, la mer et Calyste, avec qui elle échangea quelques paroles sur Béatrix. Il y eut un moment où, voyant la marquise se promenant dans le jardin, elle alla détacher, en se faisant voir de son amie, les rideaux, et les étala pour intercepter le jour, en laissant passer néanmoins une bande de lumière qui rayonnait sur le livre de Calyste.

— Aujourd'hui, mon enfant, je te prierai de rester à dîner, dit-elle en lui mettant ses cheveux en désordre, et tu me refuseras en regardant la marquise, tu n'auras pas de peine à lui faire comprendre combien tu regrettes de ne pas rester.

Vers quatre heures, Camille sortit et alla jouer l'atroce comédie de son faux bonheur auprès de la marquise qu'elle amena dans son salon. Calyste sortit de la chambre, il comprit en ce moment la honte de sa position. Le regard qu'il jeta sur Béatrix et attendu par Félicité fut encore plus expressif qu'elle ne le croyait. Béatrix avait fait une charmante toilette.

— Comme vous vous êtes coquettement mise, ma mignonne? dit Camille quand Calyste fut parti.

Ce manége dura six jours; il fut accompagné, sans que Calyste le sût, des conversations les plus habiles de Camille avec son amie. Il y eut entre ces deux femmes un duel sans trêve où elles firent assaut de ruses, de feintes, de fausses générosités, d'aveux mensongers, de confidences astucieuses, où l'une cachait, où l'autre mettait à nu son amour, et où cependant le fer aigu, rougi des traîtresses paroles de Camille, atteignait au fond du cœur de son amie et y piquait quelques-uns de ces mauvais sentiments que les femmes honnêtes répriment avec tant de peine. Béatrix avait fini par s'offenser des défiances que manifestait Camille, elle les trouvait peu honorables et pour l'une et pour l'autre; elle était enchantée de savoir à ce grand écrivain les petitesses de son sexe, elle voulut avoir le plaisir de lui montrer où cessait sa supériorité et comment elle pouvait être humiliée.

— Ma chère, que vas-tu lui dire aujourd'hui? demanda-t-elle en regardant méchamment son amie au moment où l'amant prétendu demandait à rester. Lundi nous avions à causer ensemble, mardi le dîner ne valait rien, mercredi tu ne voulais pas t'attirer la colère de la baronne, jeudi tu t'allais promener avec moi, hier tu lui as dit adieu quand il ouvrait la bouche : eh! bien, je veux qu'il reste aujourd'hui, ce pauvre garçon.

— Déjà, ma petite! dit avec une mordante ironie Camille à Béatrix. La marquise rougit. — Restez, monsieur du Guénic, dit mademoiselle des Touches à Calyste en prenant des airs de reine et de femme piquée.

Béatrix devint froide et dure, elle fut cassante, épigrammatique, et maltraita Calyste, que sa prétendue maîtresse envoya jouer la mouche avec mademoiselle de Kergarouët.

— Elle n'est pas dangereuse, celle-là, dit en souriant Béatrix.

Les jeunes gens amoureux sont comme les affamés, les préparatifs du cuisinier ne les rassasient pas, ils pensent trop au dénoûment pour comprendre les moyens. En revenant des Touches à Guérande, Calyste avait l'âme pleine de Béatrix, il ignorait la profonde habileté féminine que déployait Félicité pour, en termes consacrés, avancer ses affaires. Pendant cette semaine la marquise n'avait écrit qu'une lettre à Conti, et ce symptôme d'indifférence n'avait pas échappé à Camille. Toute la vie de Calyste était concentrée dans l'instant si court pendant lequel il voyait la marquise. Cette goutte d'eau, loin d'étancher sa soif, ne faisait que la redoubler. Ce mot magique : Tu seras aimé! dit par Camille et approuvé par sa mère, était le talisman à l'aide duquel il contenait la fougue de sa passion. Il dévorait le temps, il ne dormait plus, il trompait l'insomnie en lisant, et il apportait chaque soir des charretées de livres, selon l'expression de Mariotte. Sa tante maudissait mademoiselle des Touches; mais la baronne, qui plusieurs fois était montée chez son fils en y apercevant de la lumière, avait le secret de ces veillées. Quoiqu'elle en fût restée aux timidités de la jeune fille ignorante et que pour elle l'amour eût tenu ses livres fermés, Fanny s'élevait par sa tendresse maternelle jusqu'à certaines idées; mais la plupart des abîmes de ce sentiment étaient obscurs et couverts de nuages, elle s'effrayait donc beaucoup de l'état dans lequel elle voyait son fils, elle s'épouvantait du désir unique, incompris qui le dévorait. Calyste n'avait plus qu'une pensée, il semblait toujours voir Béatrix devant lui. Le soir, pendant la partie, ses distractions ressemblaient au sommeil de son père. En le trouvant si différent de ce qu'il était quand il croyait aimer Camille, la baronne reconnaissait avec une sorte de terreur les symptômes qui signalent le véritable amour, sentiment tout à fait inconnu dans ce vieux manoir. Une irritabilité fébrile, une absorption constante rendaient Calyste hébété. Souvent il restait des heures entières à regarder une figure de la tapisserie. Elle lui avait conseillé le matin de ne plus aller aux Touches et de laisser ces deux femmes.

— Ne plus aller aux Touches ! s'était écrié Calyste.

— Vas-y, ne te fâche pas, mon bien-aimé, répondit-elle en l'embrassant sur ces yeux qui lui avaient lancé des flammes.

Dans ces circonstances, Calyste faillit perdre le fruit des savantes manœuvres de Camille par la furie bretonne de son amour, dont il ne fut plus le maître. Il se jura, malgré ses promesses à Félicité, de voir Béatrix et de lui parler. Il voulait lire dans ses yeux, y noyer son regard, examiner les légers détails de sa toilette, en aspirer les parfums, écouter la musique de sa voix, suivre l'élégante composition de ses mouvements, embrasser par un coup d'œil cette taille, enfin la contempler, comme un grand général étudie le champ où se livrera quelque bataille décisive ; il le voulait comme veulent les amants ; il était en proie à un désir qui lui fermait les oreilles, qui lui obscurcissait l'intelligence, qui le jetait dans un état maladif où il ne reconnaissait plus ni obstacles ni distances, où il ne sentait même plus son corps. Il imagina alors d'aller aux Touches avant l'heure convenue, espérant y rencontrer Béatrix dans le jardin. Il avait su qu'elle s'y promenait le matin en attendant le déjeuner. Mademoiselle des Touches et la marquise étaient allées voir pendant la matinée les marais salants et le bassin bordé de sable fin où la mer pénètre, et qui ressemble à un lac au milieu des dunes, elles étaient revenues au logis et devisaient en tournant dans les petites allées jaunes du boulingrin.

— Si ce paysage vous intéresse, lui dit Camille, il faut aller avec Calyste faire le tour du Croisic. Il y a là des roches admirables, des cascades de granit, de petites baies ornées de cuves naturelles, des choses surprenantes de caprices, et puis la mer avec ses milliers de fragments de marbre, un monde d'amusements. Vous verrez des femmes faisant du bois, c'est-à-dire collant des bouses de vache le longs des murs pour les dessécher et les entasser comme les mottes à Paris ; puis, l'hiver, on se chauffe de ce bois-là.

— Vous risquez donc Calyste, dit en riant la marquise et d'un ton qui prouvait que la veille Camille en boudant Béatrix l'avait contrainte à s'occuper de Calyste.

— Ah! ma chère, quand vous connaîtrez l'âme angélique d'un pareil enfant, vous me comprendrez. Chez lui, la beauté n'est rien, il faut pénétrer dans ce cœur pur, dans cette naïveté surprise à chaque pas fait dans le royaume de l'amour. Quelle foi! quelle candeur! quelle grâce! Les anciens avaient raison dans le culte qu'ils rendaient à la sainte beauté. Je ne sais quel voyageur nous a dit que les chevaux en liberté prennent le plus beau d'entre eux pour chef. La beauté, ma chère, est le génie des choses; elle est l'enseigne que la nature a mise à ses créations les plus parfaites, elle est le plus vrai des symboles, comme elle est le plus grand des hasards. A-t-on jamais figuré les anges difformes? ne réunissent-ils pas la grâce à la force? Qui nous a fait rester des heures entières devant certains tableaux en Italie, où le génie a cherché pendant des années à réaliser un de ces hasards de la nature? Allons, la main sur la conscience, n'était-ce pas l'idéal de la beauté que nous unissions aux grandeurs morales? Eh! bien, Calyste est un de ces rêves réalisés, il a le courage du lion qui demeure tranquille sans soupçonner sa royauté. Quand il se sent à l'aise, il est spirituel, et j'aime sa timidité de jeune fille. Mon âme se repose dans son cœur de toutes les corruptions, de toutes les idées de la science, de la littérature, du monde, de la politique, de tous ces inutiles accessoires sous lesquels nous étouffons le bonheur. Je suis ce que je n'ai jamais été, je suis enfant! Je suis sûre de lui, mais j'aime à faire la jalouse, il en est heureux. D'ailleurs cela fait partie de mon secret.

Béatrix marchait pensive et silencieuse. Camille endurait un martyre inexprimable et lançait sur elle des regards obliques qui ressemblaient à des flammes.

— Ah! ma chère, tu es heureuse, toi! dit Béatrix en appuyant sa main sur le bras de Camille en femme fatiguée de quelque résistance secrète.

— Oui, bien heureuse! répondit avec une sauvage amertume la pauvre Félicité.

Les deux femmes tombèrent sur un banc, épuisées toutes deux. Jamais aucune créature de son sexe ne fut soumise à de plus véritables séductions et à un plus pénétrant machiavélisme que ne l'était la marquise depuis une semaine.

— Mais, moi ! moi, voir les infidélités de Conti, les dévorer...

— Et pourquoi ne le quittes-tu pas ? dit Camille en apercevant l'heure favorable où elle pouvait frapper un coup décisif.

— Le puis-je ?

— Oh ! pauvre enfant.

Toutes deux regardèrent un groupe d'arbres d'un air hébété.

— Je vais aller hâter le déjeuner, dit Camille, cette course m'a donné de l'appétit.

— Notre conversation m'a ôté le mien, dit Béatrix.

Béatrix, en toilette du matin, se dessinait comme une forme blanche sur les masses vertes du feuillage. Calyste, qui s'était coulé par le salon dans le jardin, prit une allée où il chemina lentement, pour y rencontrer la marquise comme par hasard ; et Béatrix ne put retenir un léger tressaillement en l'apercevant.

— En quoi, madame, vous ai-je déplu hier ? dit Calyste après quelques phrases banales échangées.

— Mais vous ne me plaisez ni ne me déplaisez, dit-elle d'un ton doux.

Le ton, l'air, la grâce admirable de la marquise encourageaient Calyste.

— Je vous suis indifférent, dit-il avec une voix troublée par les larmes qui lui vinrent aux yeux.

— Ne devons-nous pas être indifférents l'un à l'autre ? répondit la marquise. Nous avons l'un et l'autre un attachement vrai...

— Hé ! dit vivement Calyste, j'aimais Camille, mais je ne l'aime plus.

— Et que faites-vous donc tous les jours pendant toute la matinée ? dit-elle avec un sourire assez perfide. Je ne suppose pas que malgré sa passion pour le tabac, Camille vous préfère un cigare, et que, malgré votre admiration pour les femmes auteurs, vous passiez quatre heures à lire des romans femelles.

— Vous savez donc... dit ingénument le naïf Breton dont la figure était illuminée par le bonheur de voir son idole.

— Calyste ! cria violemment Camille en apparaissant, l'interrompant, le prenant par le bras et l'entraînant à quelques pas, Calyste, est-ce là ce que vous m'aviez promis ?

La marquise put entendre ce reproche de mademoiselle des Touches qui disparut en grondant et emmenant Calyste, elle demeura stupéfaite de l'aveu de Calyste, sans y rien comprendre. Madame de Rochegude n'était pas aussi forte que Claude Vignon. La vérité du rôle horrible et sublime joué par Camille est une de ces infâmes grandeurs que les femmes n'admettent qu'à la dernière extrémité. Là se brisent leurs cœurs, là cessent leurs sentiments de femmes, là commence pour elles une abnégation qui les plonge dans l'enfer, ou qui les mène au ciel.

Pendant le déjeuner, auquel Calyste fut convié, la marquise, dont les sentiments étaient nobles et fiers, avait déjà fait un retour sur elle-même, en étouffant les germes d'amour qui croissaient dans son cœur. Elle fut, non pas froide et dure pour Calyste, mais d'une douceur indifférente qui le navra. Félicité mit sur le tapis la proposition d'aller le surlendemain faire une excursion dans le paysage original compris entre les Touches, le Croisic et le bourg de Batz. Elle pria Calyste d'employer la journée du lendemain à se procurer une barque et des matelots en cas de promenade sur mer. Elle se chargeait des vivres, des chevaux et de tout ce qu'il fallait avoir à sa disposition pour ôter toute fatigue à cette partie de plaisir. Béatrix brisa net en disant qu'elle ne s'exposerait pas à courir ainsi le pays. La figure de Calyste qui peignait une vive joie se couvrit soudain d'un voile.

— Et que craignez-vous, ma chère? dit Camille.

— Ma position est trop délicate pour que je compromette, non pas ma réputation, mais mon bonheur, dit-elle avec emphase en regardant le jeune Breton. Vous connaissez la jalousie de Conti, s'il savait...

— Et qui le lui dira?

— Ne reviendra-t-il pas me chercher?

Ce mot fit pâlir Calyste. Malgré les instances de Félicité, malgré celles du jeune Breton, madame de Rochegude fut inflexible, et montra ce que Camille appelait son entêtement. Calyste, malgré les espérances que lui donna Félicité, quitta les Touches en proie à un de ces chagrins d'amoureux dont la violence arrive à la folie. Revenu à l'hôtel du Guénic, il ne sortit de sa chambre que pour dîner, et y remonta quelque temps après. A dix heures sa mère inquiète vint le voir, et le trouva griffonnant au milieu d'une grande quantité de papiers biffés et déchirés; il écrivait à Béatrix, car il se défiait de Camille ; l'air qu'avait eu la marquise pendant leur entrevue au jardin l'avait singulièrement encouragé. Jamais première lettre d'amour n'a été, comme on pourrait le croire, un jet brûlant de l'âme. Chez tous les jeunes gens que n'a pas atteints la corruption, une pareille lettre est accompagnée de bouillonnements trop abondants, trop multipliés, pour ne pas être l'élixir de plusieurs lettres essayées, rejetées, recomposées. Voici celle à laquelle s'arrêta Calyste, et qu'il lut à sa pauvre mère étonnée. Pour elle, cette vieille maison était comme en feu, l'amour de son fils y flambait comme la lumière d'un incendie.

CALYSTE A BÉATRIX.

« Madame, je vous aimais quand vous n'étiez pour moi qu'un rêve, jugez quelle force a prise mon amour en vous apercevant. Le rêve a été surpassé par la réalité. Mon chagrin est de n'avoir rien à vous dire que vous ne sachiez en vous disant combien vous êtes belle; mais, peut-être vos beautés n'ont-elles jamais éveillé chez personne autant de sentiments qu'elles en excitent en moi. Vous êtes belle de plus d'une façon ; et je vous ai tant étudiée en pensant à vous jour et nuit, que j'ai pénétré les mystères de votre personne, les secrets de votre cœur et vos délicatesses méconnues. Avez-vous jamais été comprise, adorée comme vous méritez de l'être? Sachez-le donc, il n'y a pas un de vos traits qui ne soit interprété dans mon cœur : votre fierté répond à la mienne, la noblesse de vos regards, la grâce de votre maintien, la distinction de vos mouvements, tout en vous est en harmonie avec des pensées, avec des vœux cachés au fond de votre âme, et c'est en les devinant que je me suis cru digne de vous. Si je n'étais pas devenu depuis quelques jours un autre vous-même, vous parlerais-je de moi? Me âre, ce sera de l'égoïsme : il s'agit ici bien plus de vous que de Calyste. Pour vous écrire, Béatrix, j'ai fait taire mes vingt ans, j'ai entrepris sur moi, j'ai vieilli ma pensée, ou peut-être l'avez-vous vieillie par une semaine des plus horribles souffrances, d'ailleurs innocemment causées par vous. Ne me croyez pas un de ces amants vulgaires desquels vous vous êtes moquée avec tant de raison. Le beau mérite d'aimer une jeune, une belle, une spirituelle, une noble femme ! Hélas ! je ne pense même pas à vous mériter. Que suis-je pour vous ? un enfant attiré par l'éclat de la beauté, par les grandeurs morales, comme un insecte est attiré par la lumière. Vous ne pouvez pas faire autrement que de marcher sur les fleurs de mon âme, mais tout mon bonheur sera de vous les voir fouler aux pieds. Un dévouement absolu, la foi sans bornes, un amour insensé, toutes ces richesses d'un cœur aimant et vrai, ne sont rien; elles servent à aimer et ne font pas qu'on soit aimé. Par moments je ne comprends pas qu'un fanatisme si ardent n'échauffe pas l'idole; et quand je rencontre votre œil sévère et froid, je me sens glacé. C'est votre dédain qui agit et non mon adoration. Pourquoi? Vous ne sauriez me haïr autant que je vous aime, le sentiment le plus faible doit-il donc l'emporter sur le plus fort? J'aimais Félicité de toutes les puissances de mon cœur; je l'ai oubliée en un jour, en un moment, en vous voyant. Elle était l'erreur, vous êtes la vérité. Vous avez, sans le savoir, détruit mon bonheur, et vous ne me devez rien en échange. J'aimais Camille sans espoir et vous ne me donnez aucune espérance : rien n'est changé que la divinité. J'étais idolâtre, je suis chrétien, voilà tout. Seulement, vous m'avez appris qu'aimer est le premier de tous les bonheurs, être aimé ne vient qu'après. Selon Camille, ce n'est pas aimer que d'aimer pour quelques jours : l'amour qui ne s'accroît pas de jour en jour est une passion misérable; pour s'accroître, il doit ne pas voir sa fin, et elle apercevait le coucher de notre soleil. A votre aspect, j'ai compris ces discours que je combattais de toute ma jeunesse, de toute la fougue de mes désirs, avec l'austérité despotique de mes vingt ans. Cette grande et sublime Camille mêlait alors ses larmes aux miennes. Je puis donc vous aimer sur la terre et dans les cieux, comme on aime Dieu. Si vous m'aimiez, vous n'auriez pas à m'opposer les raisons par lesquelles Camille terrassait mes efforts. Nous sommes jeunes tous deux, nous pouvons voler des mêmes ailes, sous le même ciel, sans craindre l'orage que redoutait cet aigle. Mais que vous dis-je là? Je suis emporté bien loin au delà de la modestie de mes vœux! Vous ne croirez plus à la soumission, à la patience, à la muette adoration que je viens vous prier de ne pas blesser inutilement. Je sais, Béatrix, que vous ne pouvez m'aimer sans perdre de votre propre estime. Aussi ne vous demandé-je aucun retour. Camille disait naguère qu'il y avait une fatalité innée dans les noms, à propos du sien. Cette fatalité, je l'ai pressentie pour moi dans le vôtre, quand, sur la jetée de Guérande, il a frappé mes yeux au bord de l'Océan. Vous passerez dans ma vie

comme Béatrix a passé dans la vie de Dante. Mon cœur servira de
piédestal à une statue blanche, vindicative, jalouse et oppressive.
Il vous est défendu de m'aimer; vous souffririez mille morts, vous
seriez trahie, humiliée, malheureuse : il est en vous un orgueil de
démon qui vous lie à la colonne que vous avez embrassée ; vous y
périrez en secouant le temple comme fit Samson. Ces choses, je
ne les ai pas devinées, mon amour est trop aveugle ; mais Camille
me les a dites. Ici, ce n'est point mon esprit qui vous parle, c'est
le sien ; moi je n'ai plus d'esprit dès qu'il s'agit de vous, il s'élève
de mon cœur des bouillons de sang qui obscurcissent de leurs
vagues mon intelligence, qui m'ôtent mes forces, qui paralysent ma
langue, qui brisent mes genoux et les font plier. Je ne puis que
vous adorer, quoi que vous fassiez. Camille appelle votre résolution
de l'entêtement ; moi, je vous défends, et je la crois dictée par la
vertu. Vous n'en êtes que plus belle à mes yeux. Je connais ma
destinée : l'orgueil de la Bretagne est à la hauteur de la femme qui
s'est fait une vertu du sien. Ainsi, chère Béatrix, soyez bonne et
consolante pour moi. Quand les victimes étaient désignés, on les
couronnait de fleurs ; vous me devez les bouquets de la pitié, les
musiques du sacrifice. Ne suis-je pas la preuve de votre grandeur,
et ne vous élèverez-vous pas de la hauteur de mon amour dédaigné,
malgré sa sincérité, malgré son ardeur immortelle ? Demandez à
Camille comment je me suis conduit depuis le jour où elle m'a dit
qu'elle aimait Claude Vignon. Je suis resté muet, j'ai souffert en
silence. Eh! bien, pour vous, je trouverai plus de force encore si
vous ne me désespérez pas, si vous appréciez mon héroïsme. Une
seule louange de vous me ferait supporter les douleurs du martyre.
Si vous persistez dans ce froid silence, dans ce mortel dédain, vous
donneriez à penser que je suis à craindre. Ah ! soyez avec moi tout
ce que vous êtes, charmante, gaie, spirituelle, aimante. Parlez-moi
de Gennaro, comme Camille me parlait de Claude. Je n'ai pas
d'autre génie que celui de l'amour, je n'ai rien qui me rende
redoutable, et je serai devant vous comme si je ne vous aimais pas.
Rejetterez-vous la prière d'un amour si humble, d'un pauvre enfant
qui demande pour toute grâce à sa lumière de l'éclairer, à son
soleil de le réchauffer ? Celui que vous aimez vous verra toujours ;
le pauvre Calyste a peu de jours pour lui, vous en serez bientôt
quitte. Ainsi, je reviendrai demain aux Touches, n'est-ce pas ?
vous ne refuserez pas mon bras pour aller visiter les bords du Croisic

et le bourg de Batz? Si vous ne veniez pas, ce serait une réponse, et Calyste l'entendrait. »

Il y avait encore quatre autres pages d'une écriture fine et serrée où Calyste expliquait la terrible menace que ce dernier mot contenait en racontant sa jeunesse et sa vie; mais il y procédait par phrases exclamatives; il y avait beaucoup de ces points prodigués par la littérature moderne dans les passages dangereux, comme des planches offertes à l'imagination du lecteur pour lui faire franchir les abîmes. Cette peinture naïve serait une répétition dans le récit; si elle ne toucha pas madame de Rochegude, elle intéresserait médiocrement les amateurs d'émotions fortes; elle fit pleurer la mère, qui dit à son fils : — Tu n'as donc pas été heureux?

Ce terrible poème de sentiments tombés comme un orage dans le cœur de Calyste, et qui devait aller en tourbillonnant dans une autre âme, effraya la baronne : elle lisait une lettre d'amour pour la première fois de sa vie. Calyste était debout dans un terrible embarras, il ne savait comment remettre sa lettre. Le chevalier du Halga se trouvait encore dans la salle où se jouaient les dernières *remises* d'une mouche animée. Charlotte de Kergarouët, au désespoir de l'indifférence de Calyste, essayait de plaire aux grands parents pour assurer par eux son mariage. Calyste suivit sa mère et reparut dans la salle en gardant dans sa poche sa lettre qui lui brûlait le cœur : il s'agitait, il allait et venait comme un papillon entré par mégarde dans une chambre. Enfin la mère et le fils attirèrent le chevalier du Halga dans la grande salle, d'où ils renvoyèrent le petit domestique de mademoiselle de Pen-Hoël et Mariotte.

— Qu'ont-ils à demander au chevalier? dit la vieille Zéphirine à la vieille Pen-Hoël.

— Calyste me fait l'effet d'être fou, répondit-elle. Il n'a pas plus d'égard pour Charlotte que si c'était une paludière.

La baronne avait très-bien imaginé que, vers l'an 1780, le chevalier du Halga devait avoir navigué dans les parages de la galanterie, et elle avait dit à Calyste de le consulter.

— Quel est le meilleur moyen de faire parvenir secrètement une lettre à sa maîtresse? dit Calyste à l'oreille du chevalier.

— On met la lettre dans la main de sa femme de chambre en l'accompagnant de quelques louis, car tôt ou tard une femme de chambre est dans le secret, et il vaut mieux l'y mettre tout d'abord, répondit le chevalier dont la figure laissa échapper un sourire ; mais il vaut mieux la remettre soi-même.

— Des louis! s'écria la baronne.

Calyste rentra, prit son chapeau ; puis il courut aux Touches, et produisit comme une apparition dans le petit salon où il entendait les voix de Béatrix et de Camille. Toutes les deux étaient sur le divan et paraissaient être en parfaite intelligence. Calyste, avec cette soudaineté d'esprit que donne l'amour, se jeta très étourdiment sur le divan à côté de la marquise en lui prenant la main et y mettant sa lettre, sans que Félicité, quelque attentive qu'elle fût, pût s'en apercevoir. Le cœur de Calyste fut chatouillé par une émotion aiguë et douce tout à la fois en se sentant presser la main par celle de Béatrix, qui, sans interrompre sa phrase ni paraître décontenancée, glissait la lettre dans son gant.

— Vous vous jetez sur les femmes comme sur des divans, dit-elle en riant.

— Il n'en est cependant pas à la doctrine des Turcs, répliqua Félicité, qui ne put se refuser cette épigramme.

Calyste se leva, prit la main de Camille et la lui baisa ; puis il alla au piano, en fit résonner toutes les notes d'un coup en passant le doigt dessus. Cette vivacité de joie occupa Camille, qui lui dit de venir lui parler.

— Qu'avez-vous? lui demanda-t-elle à l'oreille.

— Rien, répondit-il.

— Il y a quelque chose entre eux, se dit mademoiselle des Touches.

La marquise fut impénétrable. Camille essaya de faire causer Calyste en espérant qu'il se trahirait ; mais l'enfant prétexta l'inquiétude où serait sa mère, et quitta les Touches à onze heures, non sans avoir essuyé le feu d'un regard perçant de Camille, à qui cette phrase était dite pour la première fois.

Après les agitations d'une nuit pleine de Béatrix, après être allé pendant la matinée vingt fois dans Guérande au-devant de la réponse qui ne venait pas, la femme de chambre de la marquise entra dans l'hôtel du Guénic, et remit à Calyste cette réponse, qu'il alla lire au fond du jardin sous la tonnelle.

BÉATRIX A CALYSTE.

« Vous êtes un noble enfant, mais vous êtes un enfant. Vous vous devez à Camille, qui vous adore. Vous ne trouveriez en moi ni les perfections qui la distinguent ni le bonheur qu'elle vous prodigue. Quoi que vous puissiez penser, elle est jeune et je suis vieille, elle a le cœur plein de trésors et le mien est vide, elle a pour vous un dévouement que vous n'appréciez pas assez, elle est sans égoïsme, elle ne vit qu'en vous; et moi je serais remplie de doutes, je vous entraînerais dans une vie ennuyée, sans noblesse, sans une vie gâtée par ma faute. Camille est libre, elle va et vient comme elle veut; moi je suis esclave. Enfin vous oubliez que j'aime et que je suis aimée. La situation où je suis devrait me défendre de tout hommage. M'aimer ou me dire qu'on m'aime est, chez un homme, une insulte. Une nouvelle faute ne me mettrait elle pas au niveau des plus mauvaises créatures de mon sexe? Vous qui êtes jeune et plein de délicatesses, comment m'obligez-vous à vous dire ces choses, qui ne sortent du cœur qu'en le déchirant? J'ai préféré l'éclat d'un malheur irréparable à la honte d'une constante tromperie, ma propre perte à celle de la probité; mais aux yeux de beaucoup de personnes à l'estime desquelles je tiens, je suis encore grande : en changeant, je tomberais de quelques degrés de plus. Le monde est encore indulgent pour celles dont la constance couvre de son manteau l'irrégularité du bonheur; mais il est impitoyable pour les habitudes vicieuses. Je n'ai ni dédain ni colère, je vous réponds avec franchise et simplicité. Vous êtes jeune, vous ignorez le monde, vous êtes emporté par la fantaisie, et vous êtes incapable, comme tous les gens dont la vie est pure, de faire les réflexions que suggère le malheur. J'irai plus loin. Je serais la femme du monde la plus humiliée, je cacherais d'épouvantables misères, je serais trahie, enfin je serais abandonnée, et, Dieu merci, rien de tout cela n'est possible; mais, par une vengeance du ciel, il en serait ainsi, personne au monde ne me verrait plus. Oui, je me sentirais alors le courage de tuer un homme qui me parlerait d'amour, si, dans la situation où je serais, un homme pouvait encore arriver à moi. Vous avez là le fond de ma pensée. Aussi peut-être ai-je à vous remercier de m'avoir écrit. Après votre lettre, et surtout après ma réponse, je puis être à mon aise auprès de vous aux Touches, être au gré de mon caractère et comme vous le demandez. Je ne vous parle pas du ridicule amer qui me poursuivrait dans le cas où mes yeux cesseraient d'exprimer les sentiments dont vous vous plaignez. Un second vol fait à Camille serait une preuve d'impuissance auquel une femme ne se résout pas deux fois. Vous aimé-je follement, fussé-je aveugle, oublié-je tout, je verrais toujours Camille ! Son amour pour vous est une de ces barrières trop hautes pour être franchies par aucune puissance, même par les ailes d'un ange : il n'y a qu'un démon qui ne recule pas devant ces infâmes trahisons. Il se trouve ici, mon enfant, un monde de raisons que les femmes nobles et délicates se réservent et auxquelles vous n'entendez rien, vous autres hommes, même quand ils sont aussi semblables à nous que vous l'êtes en ce moment. Enfin vous avez une mère qui vous a montré ce que doit être une femme dans la vie; elle est pure et sans tache, elle a rempli sa destinée noblement ; ce que je sais d'elle a mouillé mes yeux de larmes, et du fond de mon cœur il s'est élevé des mouvements d'envie. J'aurais pu être ainsi ! Calyste, ainsi doit être votre femme, et telle doit être sa vie. Je ne vous renverrai plus méchamment, comme j'ai fait, à cette petite Charlotte, qui vous ennuierait promptement; mais à quelque divine jeune fille digne de vous. Si j'étais à vous, je vous ferais manquer votre vie. Il y aurait chez vous manque de foi, de constance, ou vous auriez alors l'intention de me vouer toute votre existence : je suis franche, je la prendrais, je vous emmènerais je ne sais où, loin du monde; je vous rendrais fort malheureux, je suis jalouse, je vois des monstres dans une goutte d'eau, je suis au désespoir de misères dont beaucoup de femmes s'arrangent; il est même des pensées inexorables qui viendraient de moi, non de vous, et qui me blesseraient à mort. Quand un homme n'est pas à la dixième année de bonheur aussi respectueux et aussi délicat qu'à la veille du jour où il mendiait une faveur, il me semble un infâme et m'avilit à mes propres yeux ! un pareil amant ne croit plus aux Amadis et aux Cyrus de mes rêves. Aujourd'hui, l'amour pur est une fable, et je ne vois en vous que la fatuité d'un désir à qui sa fin est inconnue. Je n'ai pas quarante ans, je ne sais pas encore faire plier ma fierté sous l'autorité de l'expérience, je n'ai pas cet amour qui rend humble, enfin je suis une femme dont le caractère est encore trop jeune pour ne pas être détestable. Je ne puis répondre de mon humeur, et chez moi la grâce est tout extérieure. Peut-être n'ai-je pas assez souffert encore pour avoir les indulgentes manières et la tendresse absolue que nous devons à de cruelles tromperies. Le bonheur a son impertinence, et je suis très impertinente. Camille sera toujours pour vous une esclave dévouée, et je serais un tyran déraisonnable. D'ailleurs, Camille n'a-t-elle pas été mise auprès de vous par votre bon ange pour vous permettre d'atteindre au moment où vous commencerez la vie que vous êtes destiné à mener, et à laquelle vous ne devez pas faillir? Je la connais, Félicité! sa tendresse est inépuisable; elle ignore peut-être les grâces de notre sexe, mais elle déploie cette force féconde, ce génie de la constance et cette noble intrépidité qui fait tout accepter. Elle vous mariera, tout en souffrant d'horribles douleurs; elle saura vous choisir une Béatrix libre, si c'est Béatrix qui répond à vos idées sur la femme et à vos rêves; elle vous aplanira toutes les difficultés de votre avenir. La vente d'un arpent de terre qu'elle possède à Paris dégagera vos propriétés en Bretagne, elle vous instituera son héritier, n'a-t-elle pas déjà fait de vous un fils d'adoption? Hélas! que puis-je pour votre bonheur? rien. Ne trahissez donc pas un amour infini qui se résout aux devoirs de la maternité. Je la trouve bien heureuse, cette Camille!... L'admiration que vous inspire la pauvre Béatrix est une de ces peccadilles pour lesquelles les femmes de l'âge de Camille sont pleines d'indulgence. Quand elles sont sûres d'être aimées, elles pardonnent à la constance une infidélité, c'est même chez elles un de leurs plus vifs plaisirs que de triompher de la jeunesse de leurs rivales. Camille est au-dessus des autres femmes; ceci ne s'adresse point à elle, je ne le dis que pour rassurer votre conscience. Je l'ai bien étudiée, Camille, elle est à mes yeux une des plus grandes figures de notre temps. Elle est spirituelle et bonne, deux qualités presque inconciliables chez les femmes; elle est généreuse et simple, deux autres grandeurs qui se trouvent rarement ensemble. J'ai vu dans le fond de son cœur de sûrs trésors, il semble que Dante ait fait pour elle dans son Paradis la belle strophe sur le bonheur éternel qu'elle vous expliquait l'autre soir et qui finit par *Senza brama sicura richezza*. Elle me parlait de sa destinée, elle me racontait sa vie en me prouvant que l'amour, cet objet de nos vœux et de nos rêves, l'avait toujours fuie, et je lui répondais qu'elle me paraissait démontrer la difficulté d'appareiller les choses sublimes et qui explique bien des malheurs.

Vous êtes une de ces âmes angéliques dont la sœur paraît impossible à rencontrer. Ce malheur, mon cher enfant, Camille vous l'évitera ; elle vous trouvera, dût-elle en mourir, une créature avec laquelle vous puissiez être heureux en ménage.

» Je vous tends une main amie, et compte, non pas sur votre cœur, mais sur votre esprit, pour nous trouver maintenant ensemble comme un frère et une sœur, et terminer là notre correspondance, qui, des Touches à Guérande, est chose au moins bizarre.

» BÉATRIX DE CASTERAN. »

Émue au dernier point par les détails et par la marche des amours de son fils avec la belle Rochegude, la baronne ne put rester dans la salle où elle faisait sa tapisserie en regardant Calyste à chaque point, elle quitta son fauteuil et vint auprès de lui d'une manière à la fois humble et hardie. La mère eut en ce moment la grâce d'une courtisane qui veut obtenir une concession.

— Eh ! bien, dit-elle en tremblant, mais sans positivement demander la lettre.

Calyste lui montra le papier et le lui lut. Ces deux belles âmes, si simples, si naïves, ne virent dans cette astucieuse et perfide réponse aucune des malices et des pièges qu'y avait mis la marquise.

— C'est une noble et grande femme ! dit la baronne dont les yeux étaient humides. Je prierai Dieu pour elle. Je ne croyais pas qu'une mère pût abandonner son mari, son enfant, et conserver tant de vertus ! Elle est digne de pardon.

— N'ai-je pas raison de l'adorer ? dit Calyste.

— Mais où cet amour te mènera-t-il ? s'écria la baronne. Ah ! mon enfant, combien les femmes à sentiments nobles sont dangereuses ! Les mauvaises sont moins à craindre. Épouse Charlotte de Kergarouët, dégage les deux tiers des terres de la famille. En vendant quelques fermes, mademoiselle de Pen-Hoël obtiendra ce grand résultat, et cette bonne fille s'occupera de faire valoir tes biens. Tu peux laisser à tes enfants un beau nom, une belle fortune...

— Oublier Béatrix ?... dit Calyste d'une voix sourde et les yeux fixés en terre.

Il laissa la baronne et remonta chez lui pour répondre à la marquise. Madame du Guénic avait la lettre de madame de Rochegude gravée dans le cœur : elle voulut savoir à quoi s'en tenir sur les espérances de Calyste. Vers cette heure le chevalier du Halga promenait sa chienne sur le mail ; la baronne, sûre de l'y trouver, mit un chapeau, son châle, et sortit. Voir la baronne du Guénic dans Guérande ailleurs qu'à l'église, ou dans les deux jolis chemins affectionnés pour la promenade les jours de fête, quand elle y accompagnait son mari et mademoiselle de Pen-Hoël, était un événement si remarquable que, dans toute la ville, deux heures après, chacun s'abordait en disant : — Madame du Guénic est sortie aujourd'hui, l'avez-vous vue?

Aussi bientôt cette nouvelle arriva-t-elle aux oreilles de mademoiselle de Pen-Hoël, qui dit à sa nièce : — Il se passe quelque chose de bien extraordinaire chez les du Guénic.

— Calyste est amoureux fou de la belle marquise de Rochegude, dit Charlotte, je devrais quitter Guérande et retourner à Nantes.

En ce moment le chevalier du Halga, surpris d'être cherché par la baronne, avait détaché la laisse de Thisbé, reconnaissant l'impossibilité de se partager.

— Chevalier, vous avez pratiqué la galanterie? dit la baronne.

Le capitaine du Halga se redressa par un mouvement passablement fat. Madame du Guénic, sans rien dire de son fils ni de la marquise, expliqua la lettre d'amour en demandant quel pouvait être le sens d'une pareille réponse. Le chevalier tenait le nez au vent et se caressait le menton ; il écoutait, il faisait de petites grimaces ; enfin il regarda fixement la baronne d'un air fin.

— Quand les chevaux de race doivent franchir les barrières, ils viennent les reconnaître et les flairer, dit-il. Calyste sera le plus heureux coquin du monde.

— Chut! dit la baronne.

— Je suis muet. Autrefois je n'avais que cela pour moi, dit le vieux chevalier. Le temps est beau, reprit-il après une pause, le vent est nord-est. Tudieu! comme la *Belle-Poule* vous pinçait ce vent-là le jour où... Mais, dit-il en s'interrompant, mes oreilles sonnent, et je sens des douleurs dans les fausses côtes, le temps changera. Vous savez que le combat de la *Belle-Poule* a été si célèbre que les femmes ont porté des bonnets à la *Belle-Poule.* Madame de Kergarouët est venue la première à l'Opéra avec cette coiffure. « Vous êtes coiffée en conquête, » lui ai-je dit. Ce mot fut répété dans toutes les loges.

La baronne écouta complaisamment le vieillard, qui, fidèle aux lois de la galanterie, reconduisit la baronne jusqu'à sa ruelle en négligeant Thisbé. Le secret de la naissance de Thisbé échappa au chevalier. Thisbé était petite-fille de la délicieuse Thisbé, chienne de madame l'amirale de Kergarouët, première femme du comte de Kergarouët. Cette dernière Thisbé avait dix-huit ans. La baronne monta lestement chez Calyste, légère de joie comme si elle aimait pour son compte. Calyste n'était pas chez lui; mais Fanny aperçut une lettre pliée sur la table, adressée à madame de Rochegude, et non cachetée. Une invincible curiosité poussa cette mère inquiète à lire la réponse de son fils. Cette indiscrétion fut cruellement punie. Elle ressentit une horrible douleur en entrevoyant le précipice où l'amour faisait tomber Calyste.

CALYSTE A BÉATRIX.

« Et que m'importe la race des du Guénic par le temps où nous vivons, chère Béatrix ! Mon nom est Béatrix, le bonheur de Béatrix est mon bonheur, sa vie ma vie, et toute ma fortune est dans son cœur. Nos terres sont engagées depuis deux siècles, elles peuvent rester ainsi pendant deux autres siècles ; nos fermiers les gardent, personne ne peut les prendre. Vous voir, vous aimer, voilà ma religion. Me marier ! cette idée m'a bouleversé le cœur. Y a-t-il deux Béatrix ? Je ne me marierai qu'avec vous, j'attendrai vingt ans s'il le faut ; je suis jeune, et vous serez toujours belle. Ma mère est une sainte, je ne dois pas la juger. Elle n'a pas aimé ! Je sais maintenant combien elle a perdu, et quels sacrifices elle a faits. Vous m'avez appris, Béatrix, à mieux aimer ma mère, elle est avec vous dans mon cœur, il n'y aura jamais qu'elle, voilà votre seule rivale, n'est-ce pas vous dire que vous y régnez sans partage ? Ainsi vos raisons n'ont aucune force sur mon esprit. Quant à Camille, vous n'avez qu'un signe à me faire, je la prierai de vous dire elle-même que je ne l'aime pas ; elle est la mère de mon intelligence, rien de moins, rien de plus. Dès que je vous ai vue, elle est devenue ma sœur, mon amie ou mon ami, tout ce qu'il vous plaira ; mais nous n'avons pas d'autres droits que celui de l'amitié l'un sur l'autre. Je l'ai prise pour une femme jusqu'au moment où je vous ai vue. Mais vous m'avez démontré que Camille est un garçon : elle nage, elle chasse, elle monte à cheval, elle fume, elle boit, elle écrit, elle analyse un cœur et un livre, elle n'a pas la moindre faiblesse, elle marche dans sa force ; elle n'a ni vos mouvements déliés, ni votre pas qui ressemble au vol d'un oiseau, ni votre voix d'amour, ni vos regards fins, ni votre allure gracieuse ; elle est Camille Maupin, et pas autre chose ; elle n'a rien de la femme, et vous en avez toutes les choses que j'en aime ; il m'a semblé, dès le premier jour où je vous ai vue, que vous étiez à moi. Vous rirez de ce sentiment, mais il n'a fait que s'accroître, il me semblerait monstrueux que nous fussions séparés : vous êtes mon âme, ma vie, et je ne saurais vivre où vous ne seriez pas. Laissez-vous aimer ! nous fuirons, nous nous en irons bien loin du monde, dans un pays où vous ne rencontrerez personne, et où vous pourrez n'avoir que moi et Dieu dans le cœur. Ma mère, qui vous aime, viendra quelque jour vivre auprès de nous. L'Irlande a des châteaux, et la famille de ma mère m'en prêtera bien un. Mon Dieu, partons ! Une barque, des matelots, et nous y serions cependant avant que personne pût savoir où nous aurions fui ce monde que vous craignez tant ! Vous n'avez pas été aimée ; je le sens en relisant votre lettre, et j'y crois deviner que, s'il n'existait aucune des raisons dont vous parlez, vous vous laisseriez aimer par moi. Béatrix, un saint amour efface le passé. Peut-on penser à autre chose qu'à vous, en vous voyant ? Ah ! je vous aime tant que je vous voudrais mille fois infâme afin de vous montrer la puissance de mon amour en vous adorant comme la plus sainte des créatures. Vous appelez mon amour une injure pour vous. Oh ! Béatrix, tu ne le crois pas ! l'amour d'un noble enfant, ne m'appelez-vous pas ainsi ? honorerait une reine. Ainsi demain nous irons en amants le long des roches et de la mer, et vous marcherez sur les sables de la vieille Bretagne pour les consacrer de nouveau pour moi ! Donnez-moi ce jour de bonheur ; et cette aumône passagère, et peut-être, hélas ! sans souvenir pour vous, sera pour Calyste une éternelle richesse.... »

La baronne laissa tomber la lettre sans l'achever, elle s'agenouilla sur une chaise et fit à Dieu une oraison mentale en lui demandant de conserver à son fils l'entendement, d'écarter de lui toute folie, toute erreur, et de le retirer de la voie où elle le voyait.

— Que fais-tu là, ma mère ? dit Calyste.

— Je prie Dieu pour toi, dit-elle en lui montrant ses yeux pleins

CAMILLE. BÉATRIX.

Ces deux femmes en apparence indolentes, étaient à demi-couchées sur le divan.

(BÉATRIX.)

de larmes. Je viens de commettre la faute de lire cette lettre. Mon Calyste est fou!

— De la plus douce des folies, dit le jeune homme en embrassant sa mère.

— Je voudrais voir cette femme, mon enfant.

— Hé! bien, maman, dit Calyste, nous nous embarquerons demain pour aller au Croisic, sois sur la jetée.

Il cacheta sa lettre et partit pour les Touches. Ce qui, par-dessus toute chose, épouvantait la baronne, était de voir le sentiment arriver par la force de son instinct à la seconde vue d'une expérience consommée. Calyste venait d'écrire à Béatrix comme si le chevalier du Halga l'avait conseillé.

Peut-être une des plus grandes jouissances que puissent éprouver les petits esprits ou les êtres inférieurs est-elle de jouer les grandes âmes et de les prendre à quelque piége. Béatrix savait être bien au-dessous de Camille Maupin. Cette infériorité n'existait pas seulement dans cet ensemble de choses morales appelé *talent*, mais encore dans les choses du cœur nommées *passion*. Au moment où Calyste arrivait aux Touches avec l'impétuosité d'un premier amour porté sur les ailes de l'espérance, la marquise éprouvait une joie vive de se savoir aimée par cet adorable jeune homme. Elle n'allait pas jusqu'à vouloir être complice de ce sentiment, elle mettait son héroïsme à comprimer ce *capriccio*, disent les Italiens, et croyait alors égaler son amie; elle était heureuse d'avoir à lui faire un sacrifice. Enfin les vanités particulières à la femme française et qui constituent cette célèbre coquetterie d'où elle tire sa supériorité, se trouvaient caressées et pleinement satisfaites chez elle : livrée à d'immenses séductions, elle y résistait, et ses vertus lui chantaient à l'oreille un doux concert de louanges. Ces deux femmes, en apparence indolentes, étaient à demi couchées sur le divan de ce petit salon plein d'harmonies, au milieu d'un monde de fleurs et la fenêtre ouverte, car le vent du nord avait cessé. Une dissolvante brise du sud pailletait le lac d'eau salée que leurs yeux pouvaient voir, et le soleil enflammait les sables d'or. Leurs âmes étaient aussi profondément agitées que la nature était calme, et non moins ardentes. Broyée dans les rouages de la machine qu'elle mettait en mouvement, Camille était forcée de veiller sur elle-même, à cause de la prodigieuse finesse de l'amicale ennemie qu'elle avait mise dans sa cage; mais pour ne pas donner son secret, elle se livrait à des contemplations intimes de la nature; elle trompait ses souffrances en cherchant un sens au mouvement des mondes, et trouvait Dieu dans le sublime désert du ciel. Une fois Dieu reconnu par l'incrédule, il se jette dans le catholicisme absolu, qui, vu comme système, est complet. Le matin Camille avait montré à la marquise un front encore baigné par les lueurs de ses recherches pendant une nuit passée à gémir. Calyste était toujours debout devant elle, comme une image céleste. Ce beau jeune homme à qui elle se dévouait, elle le regardait comme un ange gardien. N'était-ce pas lui qui la guidait vers les hautes régions où cessent les souffrances, sous le poids d'une incompréhensible immensité? Cependant l'air triomphant de Béatrix inquiétait Camille. Une femme ne gagne pas sur une autre un pareil avantage sans le laisser deviner, tout en se défendant de l'avoir pris. Rien n'était plus bizarre que le combat moral et sourd de ces deux amies, se cachant l'une à l'autre un secret, et se croyant réciproquement créancières de sacrifices inconnus. Calyste arriva tenant sa lettre entre sa main et son gant, prêt à la glisser dans la main de Béatrix. Camille, à qui le changement des manières de son amie n'avait pas échappé, parut ne pas l'examiner et l'examina dans une glace au moment où Calyste allait faire son entrée. Là se trouve un écueil pour toutes les femmes. Les plus spirituelles comme les plus sottes, les plus franches comme les plus astucieuses, ne sont plus maîtresses de leur secret; en ce moment il éclate aux yeux d'une autre femme. Trop de réserve ou trop d'abandon, un regard libre et lumineux, l'abaissement mystérieux des paupières, tout trahit alors le sentiment le plus difficile à cacher, car l'indifférence a quelque chose de si complétement froid qu'elle ne peut jamais être simulée. Les femmes ont le génie des nuances, elles en usent trop pour ne pas les connaître toutes; et dans ces occasions leurs yeux embrassent une rivale des pieds à la tête; elles devinent le plus léger mouvement d'un pied sous la robe, la plus imperceptible convulsion dans la taille, et savent la signification de ce qui pour un homme paraît insignifiant. Deux femmes en observation jouent une des plus admirables scènes de comédie qui se puissent voir.

— Calyste a commis quelque sottise, pensa Camille remarquant chez l'un et l'autre l'air indéfinissable des gens qui s'entendent.

Il n'y avait plus ni roideur ni fausse indifférence chez la marquise, elle regardait Calyste comme une chose à elle. Calyste fut alors explicite, il rougit en vrai coupable, en homme heureux. Il venait arrêter les arrangements à prendre pour le lendemain.

— Vous venez donc décidément, ma chère? dit Camille.

— Oui, dit Béatrix.

— Comment le savez-vous? demanda mademoiselle des Touches à Calyste.

— Je venais le savoir, répondit-il à un regard que lui lança madame de Rochegude qui ne voulait pas que son amie eût la moindre lumière sur la correspondance.

— Ils s'entendent déjà, dit Camille qui vit ce regard par la puissance circulaire de son œil. Tout est fini, je n'ai plus qu'à disparaître.

Sous le poids de cette pensée, il se fit dans son visage une espèce de décomposition qui fit frémir Béatrix.

— Qu'as-tu, ma chère? dit elle.

— Rien. Ainsi, Calyste, vous enverrez mes chevaux et les vôtres pour que nous puissions les trouver au delà du Croisic, afin de revenir à cheval par le bourg de Batz. Nous déjeunerons au Croisic et dînerons aux Touches. Vous vous chargez des bateliers. Nous partirons à huit heures et demie du matin. Quels beaux spectacles! dit-elle à Béatrix. Vous verrez Cambremer, un homme qui fait pénitence sur un roc pour avoir tué volontairement son fils. Oh! vous êtes dans un pays primitif où les hommes n'éprouvent pas des sentiments ordinaires. Calyste vous dira cette histoire.

Elle alla dans sa chambre, elle étouffait. Calyste donna sa lettre et suivit Camille.

— Calyste, vous êtes aimé, je le crois, mais vous me cachez une escapade, et vous avez certainement enfreint mes ordres?

— Aimé! dit-il en tombant sur un fauteuil.

Camille mit la tête à la porte, Béatrix avait disparu. Ce fait était bizarre. Une femme ne quitte pas une chambre où se trouve celui qu'elle aime en ayant la certitude de le revoir, sans avoir à faire mieux. Mademoiselle des Touches se dit : — Aurait-elle une lettre de Calyste? Mais elle crut l'innocent Breton incapable de cette hardiesse.

— Si tu m'as désobéi, tout sera perdu par ta faute, lui dit-elle d'un air grave. Va-t'en préparer tes joies de demain.

Elle fit un geste auquel Calyste ne résista pas : il y a des douleurs muettes d'une éloquence despotique. En allant au Croisic voir les bateliers, en traversant les sables et les marais, Calyste eut des craintes. La phrase de Camille était empreinte de quelque chose de fatal qui trahissait la seconde vue de la maternité. Quand il revint quatre heures après, fatigué, comptant dîner aux Touches, il trouva la femme de chambre de Camille en sentinelle sur la porte, l'attendant pour lui dire que sa maîtresse et la marquise ne pourraient le recevoir ce soir. Quand Calyste, surpris, voulut questionner la femme de chambre, elle ferma la porte et se sauva. Six heures sonnaient au clocher de Guérande. Calyste rentra chez lui, se fit faire à dîner et joua la mouche en proie à une sombre méditation. Ces alternatives de bonheur et de malheur, l'anéantissement de ses espérances succédant à la presque certitude d'être aimé, brisaient cette jeune âme qui s'envolait à pleines ailes vers le ciel et arrivait si haut que la chute devait être horrible.

— Qu'as-tu, mon Calyste? lui dit sa mère à l'oreille.

— Rien, répondit-il en montrant des yeux d'où la lumière de l'âme et le feu de l'amour s'étaient retirés.

Ce n'est pas l'espérance, mais le désespoir qui donne la mesure de nos ambitions. On se livre en secret aux beaux poëmes de l'espérance, tandis que la douleur se montre sans voile.

— Calyste, vous n'êtes pas gentil, dit Charlotte après avoir essayé vainement sur lui ces petites agaceries de provinciale qui dégénèrent toujours en taquinages.

— Je suis fatigué, dit-il en se levant et souhaitant le bonsoir à la compagnie.

— Calyste est bien changé, dit mademoiselle de Pen-Hoël.

— Nous n'avons pas de belles robes garnies de dentelles, nous n'agitons pas nos manches comme ça, nous ne nous posons pas ainsi, nous ne savons pas regarder de côté, tourner la tête, dit Charlotte en imitant et chargeant les airs, la pose et les regards de la marquise. Nous n'avons pas une voix qui part de la tête, ni cette petite toux intéressante, *heu! heu!* qui semble être le soupir d'une ombre; nous avons le malheur d'avoir une santé robuste et d'aimer nos amis sans coquetterie; quand nous les regardons nous n'avons pas l'air de les piquer d'un dard ou de les examiner par un coup d'œil hypocrite. Nous ne savons pas pencher la tête en saule pleureur et paraître aimables en la relevant ainsi!

Mademoiselle de Pen-Hoël ne put s'empêcher de rire en voyant les gestes de sa nièce ; mais ni le chevalier ni le baron ne comprirent cette satire de la province contre Paris.

— La marquise de Rochegude est cependant bien belle, dit la vieille fille.

— Mon ami, dit la baronne à son mari, je sais qu'elle va demain au Croisic, nous irons nous y promener, je voudrais bien la rencontrer.

Pendant que Calyste se creusait la tête afin de deviner ce qui pouvait lui avoir fait fermer la porte des Touches, il se passait entre les deux amies une scène qui devait influer sur les événements du lendemain. La lettre de Calyste avait apporté dans le cœur de madame de Rochegude des émotions inconnues. Les femmes ne sont pas toujours l'objet d'un amour aussi jeune, aussi naïf, aussi sincère et absolu que l'était celui de cet enfant. Béatrix avait plus aimé qu'elle n'avait été aimée. Après avoir été l'esclave, elle éprouvait un désir inexplicable d'être à son tour le tyran. Au milieu de sa joie, en lisant et relisant la lettre de Calyste, elle fut traversée par la pointe d'une idée cruelle. Que faisaient donc ensemble Calyste et Camille depuis le départ de Claude Vignon! Si Calyste n'aimait pas Camille et si Camille le savait, à quoi donc employaient-ils leurs matinées? La mémoire de l'esprit rapprocha malicieusement de cette remarque les discours de Camille. Il semblait qu'un diable souriant fît apparaître dans un miroir magique le portrait de cette héroïque fille avec certains gestes et certains regards qui achevèrent d'éclairer Béatrix. Au lieu de lui être égale, elle était écrasée par Félicité ; loin de la jouer, elle était jouée par elle ; elle n'était qu'un plaisir que Camille voulait donner à son enfant aimé d'un amour extraordinaire et sans vulgarité. Pour une femme comme Béatrix, cette découverte fut un coup de foudre. Elle repassa minutieusement l'histoire de cette semaine. En un moment, le rôle de Camille et le sien se déroulèrent dans toute leur étendue : elle se trouva singulièrement ravalée. Dans son accès de haine jalouse, elle crut apercevoir chez Camille une intention de vengeance contre Conti. Tout le passé de ces deux ans agissait peut-être sur ces deux semaines. Une fois sur la pente des défiances, des suppositions et de la colère, Béatrix ne s'arrêta point : elle se promenait dans son appartement poussée par d'impétueux mouvements d'âme et s'asseyait tour à tour en essayant de prendre un parti; mais elle resta jusqu'à l'heure du dîner en proie à l'indécision et ne descendit que pour se mettre table sans être habillée. En voyant entrer sa rivale, Camille devina tout. Béatrix, sans toilette, avait un air froid et une taciturnité de physionomie qui, pour une observatrice de la force de Maupin, dénotait l'hostilité d'un cœur aigri. Camille sortit et donna sur-le-champ l'ordre qui devait si fort étonner Calyste; elle pensa que si le naïf Breton arrivait avec son amour insensé au milieu de la querelle, il ne reverrait peut-être jamais Béatrix en compromettant l'avenir de sa passion par quelque sotte franchise, elle voulut être sans témoin pour ce duel de tromperies. Béatrix, sans auxiliaire, devait être à elle. Camille connaissait la sécheresse de cette âme, les petitesses de ce grand orgueil auquel elle avait si justement appliqué le mot d'entêtement. Le dîner fut sombre. Chacune de ces deux femmes avait trop d'esprit et de bon goût pour s'expliquer devant les domestiques ou se faire écouter aux portes par eux. Camille fut douce et bonne, elle se sentait si supérieure! La marquise fut dure et mordante, elle se savait jouée comme un enfant. Il y eut pendant le dîner un combat de regards, de gestes, de demi-mots auxquels les gens ne devaient rien comprendre et qui annonçait un violent orage. Quand il fallut remonter, Camille offrit malicieusement son bras à Béatrix, qui feignit de ne pas voir le mouvement de son amie et s'élança seule dans l'escalier. Lorsque le café fut servi, mademoiselle des Touches dit à son valet de chambre un: Laissez-nous! qui fut le signal du combat.

— Les romans que vous faites, ma chère, sont un peu plus dangereux que ceux que vous écrivez, dit la marquise.

— Ils ont cependant un grand avantage, dit Camille en prenant une cigarette.

— Lequel? demanda Béatrix.

— Ils sont inédits, mon ange.

— Celui dans lequel vous me mettez sera-t-il un livre?

— Je n'ai pas de vocation pour le métier d'Œdipe; vous avez l'esprit et la beauté des sphinx, je le sais; mais ne me proposez pas d'énigmes, parlez clairement, ma chère Béatrix.

— Quand pour rendre les hommes heureux, les amuser, leur plaire et dissiper leurs ennuis, nous demandons au diable de nous aider...

— Les hommes nous reprochent plus tard nos efforts et nos tentatives, en les croyant dictés par le génie de la dépravation, dit Camille en quittant la cigarette et interrompant son amie.

— Ils oublient l'amour qui nous emportait et qui justifiait nos excès, car où n'allons-nous pas!... Mais ils font alors leur métier d'hommes, ils sont ingrats et injustes, reprit Béatrix. Les femmes entre elles se connaissent, elles savent combien leur attitude en toute circonstance est fière, noble et, disons-le, vertueuse. Mais, Camille, je viens de reconnaître la vérité des critiques dont vous vous êtes plainte quelquefois. Oui, ma chère, vous avez quelque chose des hommes, vous vous conduisez comme eux, rien ne vous arrête, et si vous n'avez pas tous les avantages, vous avez dans l'esprit leurs allures, et vous partagez leur mépris envers nous. Je n'ai pas lieu, ma chère, d'être contente de vous, et je suis trop franche pour le cacher. Personne ne me fera peut-être au cœur une blessure aussi profonde que celle dont je souffre. Si vous n'êtes pas toujours femme en amour, vous la redevenez en vengeance. Il fallait une femme de génie pour trouver l'endroit le plus sensible de nos délicatesses; je veux parler de Calyste et des *roueries*, ma chère (voilà le vrai mot), que vous avez employées contre moi. Jusqu'où, vous, Camille Maupin, êtes-vous descendue, et dans quelle intention?

— Toujours de plus en plus sphinx! dit Camille en souriant.

— Vous avez voulu que je me jetasse à la tête de Calyste; je suis encore trop jeune pour avoir de telles façons. Pour moi l'amour est l'amour avec ses atroces jalousies et ses volontés absolues. Je ne suis pas auteur : il m'est impossible de voir des idées dans des sentiments...

— Vous vous croyez capable d'aimer sottement? dit Camille. Rassurez-vous, vous avez encore beaucoup d'esprit. Vous vous calomniez, ma chère, vous êtes assez froide pour toujours rendre votre tête juge des hauts faits de votre cœur.

Cette épigramme fit rougir la marquise; elle lança sur Camille un regard plein de haine, un regard venimeux, et trouva, sans les chercher, les flèches les plus acérées de son carquois. Camille écouta froidement et en fumant des cigarettes cette tirade furieuse qui pétilla d'injures si mordantes qu'il est impossible de la rapporter. Béatrix, irritée par le calme de son adversaire, chercha d'horribles personnalités dans l'âge auquel atteignait mademoiselle des Touches.

— Est-ce tout? dit Camille en poussant un nuage de fumée. Aimez-vous Calyste?

— Non, certes.

— Tant mieux, répondit Camille. Moi je l'aime, et beaucoup trop pour mon repos. Peut-être a-t-il pour vous un caprice, vous êtes la plus délicieuse blonde du monde, et moi je suis noire comme une taupe; vous êtes svelte, élancée, et moi j'ai trop de dignité dans la taille; enfin vous êtes jeune! voilà le grand mot, et vous ne me l'avez pas épargné. Vous avez abusé de vos avantages de femme contre moi, ni plus ni moins qu'un petit journal abuse de la plaisanterie. J'ai tout fait pour empêcher ce qui arrive, dit-elle en levant les yeux au plafond. Quelque peu femme que je sois, je le suis encore assez, ma chère, pour qu'une rivale ait besoin de moi-même pour l'emporter sur moi... (La marquise fut atteinte au cœur par ce mot cruel dit de la façon la plus innocente.) Vous me prenez pour une femme bien niaise en croyant de moi ce que Calyste veut vous en faire croire. Je ne suis ni si grande ni si petite, je suis femme et très femme. Quittez vos grands airs et donnez-moi la main, dit Camille en s'emparant de la main de Béatrix. Vous n'aimez pas Calyste, voilà la vérité, n'est-ce pas? Ne vous emportez donc point! soyez dure, froide et sévère avec lui demain, il finira par se soumettre après la querelle que je vais lui faire, et surtout après le raccommodement, car je n'ai pas épuisé les ressources de notre arsenal, et, après tout, le Plaisir a toujours raison du Désir. Mais Calyste est Breton. S'il persiste à vous faire la cour, dites-le-moi franchement, et vous irez dans une petite maison de campagne que je possède à six lieues de Paris, où vous trouverez toutes les aises de la vie, et où Conti pourra venir. Que Calyste me calomnie, eh! mon Dieu! l'amour le plus pur ment six fois par jour, ses impostures accusent sa force.

Il y eut dans la physionomie de Camille un air de superbe froideur qui rendit la marquise inquiète et craintive. Elle ne savait que répondre. Camille lui porta le dernier coup.

— Je suis plus confiante et moins aigre que vous, reprit Camille, je ne vous suppose pas l'intention de couvrir par une récrimination une attaque qui compromettrait ma vie : vous me connaissez, je ne survivrai pas à la perte de Calyste, et je dois le perdre tôt ou tard. Calyste m'aime d'ailleurs, je le sais.

— Voilà ce qu'il répondait à une lettre où je ne lui parlais que de vous, dit Béatrix en tendant la lettre de Calyste.

Camille la prit et la lut; mais, en la lisant, ses yeux s'emplirent de larmes; elle pleura comme pleurent toutes les femmes dans leurs vives douleurs.

— Mon Dieu! dit-elle, il l'aime. Je mourrai donc sans avoir été ni comprise ni aimée!

Elle resta quelques moments la tête appuyée sur l'épaule de Béatrix : sa douleur était véritable, elle éprouvait dans ses entrailles le coup terrible qu'y avait reçu la baronne du Guénic à la lecture de cette lettre.

— L'aimes-tu? dit-elle en se dressant et regardant Béatrix. As-tu pour lui cette adoration infinie qui triomphe de toutes les douleurs et qui survit au mépris, à la trahison, à la certitude de n'être plus jamais aimée? L'aimes-tu pour lui-même et pour le plaisir même de l'aimer?

— Chère amie, dit la marquise attendrie; eh! bien, sois tranquille, je partirai demain.

— Ne pars pas, il t'aime, je le vois! Et je l'aime tant que je serais au désespoir de le voir souffrant, malheureux. J'avais formé bien des projets pour lui; mais s'il t'aime, tout est fini.

— Je l'aime, Camille, dit alors la marquise avec une adorable naïveté, mais en rougissant.

— Tu l'aimes, et tu peux lui résister! s'écria Camille. Ah! tu ne l'aimes pas.

— Je ne sais quelles vertus nouvelles il a réveillées en moi, mais certes il m'a rendue honteuse de moi-même, dit Béatrix. Je voudrais être vertueuse et libre pour lui sacrifier autre chose que les restes de mon cœur et des chaînes infâmes. Je ne veux d'une destinée incomplète ni pour lui ni pour moi.

— Tête froide : aimer et calculer! dit Camille avec une sorte d'horreur.

— Tout ce que vous voudrez, mais je ne veux pas flétrir sa vie, être à son cou comme une pierre, et devenir un regret éternel. Si je ne puis être sa femme, je ne serai pas sa maîtresse. Il m'a..... Vous ne vous moquerez pas de moi? non. Eh! bien, son adorable amour m'a purifiée.

Camille jeta sur Béatrix le plus fauve, le plus farouche regard que jamais femme jalouse ait jeté sur sa rivale.

— Sur ce terrain, dit-elle, je croyais être seule. Béatrix, ce mot nous sépare à jamais, nous ne sommes plus amies. Nous commençons un combat horrible. Maintenant, je te le dis : tu succom-

beras ou tu fuiras.... Félicité se précipita dans sa chambre après avoir montré le visage d'une lionne en fureur à Béatrix stupéfaite.
— Viendrez-vous au Croisic demain? dit Camille en soulevant la portière.

— Certes, répondit orgueilleusement la marquise. Je ne fuirai pas et je ne succomberai pas.

— Je joue cartes sur table : j'écrirai à Conti, répondit Camille. Béatrix devint aussi blanche que la gaze de son écharpe.

— Chacune de nous joue sa vie, répondit Béatrix qui ne savait plus que résoudre.

Les violentes passions que cette scène avait soulevées entre ces deux femmes se calmèrent pendant la nuit. Toutes deux se raisonnèrent et revinrent au sentiment des perfides temporisations qui séduisent la plupart des femmes; système excellent entre elles et les hommes, mauvais entre les femmes. Ce fut au milieu de cette dernière tempête que mademoiselle des Touches entendit la grande voix qui triomphe des plus intrépides. Béatrix écouta les conseils de la jurisprudence mondaine, elle eut peur du mépris de la société. La dernière tromperie de Félicité, mêlée des accents de la plus atroce jalousie, eut donc un plein succès. La faute de Calyste fut réparée, mais une nouvelle indiscrétion pouvait à jamais ruiner ses espérances.

On arrivait à la fin du mois d'août, le ciel était d'une pureté magnifique. A l'horizon, l'Océan avait, comme dans les mers méridionales, une teinte d'argent en fusion, et près du rivage papillotaient de petites vagues. Une espèce de fumée brillante, produite par les rayons du soleil qui tombaient d'aplomb sur les sables, y produisait une atmosphère au moins égale à celle des tropiques. Aussi le sel fleurissait-il en petits œillets blancs à la surface des mares. Les courageux paludiers, vêtus de blanc précisément pour résister à l'action du soleil, étaient dès le matin à leur poste, armés de leurs longs râteaux, les uns appuyés sur les petits murs de boue qui séparent chaque propriété, regardant le travail de cette chimie naturelle, à eux connue dès l'enfance; les autres jouant avec leurs petits gars et leurs femmes. Ces dragons verts, appelés douaniers, fumaient leurs pipes tranquillement. Il y avait je ne sais quoi d'oriental dans ce tableau, car, certes, un Parisien subitement transporté là ne se serait pas cru en France. Le baron et la baronne, qui avaient pris le prétexte de venir voir comment allait la récolte de sel, étaient sur la jetée, admirant ce silencieux paysage où la mer faisait seule entendre le mugissement de ses vagues en temps égaux, où des barques sillonnaient la mer, et où la ceinture verte de la terre cultivée produisait un effet d'autant plus gracieux qu'il est excessivement rare sur les bords toujours désolés de l'Océan.

— Hé! bien, mes amis, j'aurai vu les marais de Guérande encore une fois avant de mourir, dit le baron à des paludiers qui se groupèrent à l'entrée des marais pour le saluer.

— Est-ce que les du Guénic meurent! dit un paludier.

En ce moment, la caravane partie des Touches arriva dans le petit chemin. La marquise allait seule en avant, Calyste et Camille la suivaient en se donnant le bras. A vingt pas en arrière venait Gasselin.

— Voilà ma mère et mon père, dit le jeune homme à Camille.

La marquise s'arrêta. Madame du Guénic éprouva la plus violente répulsion en voyant Béatrix, qui cependant était mise à son avantage : un chapeau d'Italie orné de bluets et à grands bords, ses cheveux crêpés dessous, une robe d'une étoffe écrue de couleur grisâtre, une ceinture bleue à longs bouts flottants, enfin un air de princesse déguisée en bergère.

— Elle n'a pas de cœur, se dit la baronne.

— Mademoiselle, dit Calyste à Camille, voici madame du Guénic et mon père. Puis il dit au baron et à la baronne : — Mademoiselle des Touches et madame la marquise de Rochegude, née de Casteran, mon père.

Le baron salua mademoiselle des Touches, qui fit un salut humble et plein de reconnaissance à la baronne.

— Celle-là, pensa Fanny, aime vraiment mon fils, elle semble me remercier d'avoir mis Calyste au monde.

— Vous venez voir, comme je le fais, si la récolte sera bonne, mais vous avez de meilleures raisons que moi d'être curieuse, dit le baron à Camille, car vous avez là du bien, mademoiselle.

— Mademoiselle est la plus riche de tous les propriétaires, dit un de ces paludiers, et que Dieu la conserve, elle est *bonne dame.*

Les deux compagnies se saluèrent et se quittèrent.

— On ne donnerait pas plus de trente ans à mademoiselle des Touches, dit le bonhomme à sa femme. Elle est bien belle. Et Calyste préfère cette haridelle de marquise parisienne à cette excellente fille de la Bretagne ?

— Hélas! oui, dit la baronne.

Une barque attendait au pied de la jetée où l'embarquement se fit sans gaieté. La marquise était froide et digne. Camille avait grondé Calyste sur son manque d'obéissance, en lui expliquant l'état dans lequel étaient ses affaires de cœur. Calyste, en proie à un désespoir morne, jetait sur Béatrix des regards où l'amour et la haine se combattaient. Il ne fut pas dit une parole pendant le court trajet de la jetée de Guérande à l'extrémité du port du Croisic, endroit où se charge le sel que des femmes apportent dans de grandes terrines placées sur leurs têtes, et qu'elles tiennent de façon à ressembler à des cariatides. Ces femmes vont pieds nus et n'ont qu'une jupe assez courte. Beaucoup d'entre elles laissent insoucieusement voltiger les mouchoirs qui couvrent leurs bustes; plusieurs n'ont que leurs chemises et sont les plus fières, car moins les femmes ont de vêtements, plus elles déploient de pudiques noblesses. Le petit navire danois achevait sa cargaison. Le débarquement de ces deux belles personnes excita donc la curiosité des porteuses de sel ; et pour y échapper autant que pour servir Calyste, Camille s'élança vivement vers les rochers, en le laissant à Béatrix. Gasselin mit entre son maître et lui une distance d'au moins deux cents pas. Du côté de la mer, la presqu'île du Croisic est bordée de roches granitiques dont les formes sont si singulièrement capricieuses, qu'elles ne peuvent être appréciées que par les voyageurs qui ont été mis à même d'établir des comparaisons entre ces grands spectacles de la nature sauvage. Peut-être les roches du Croisic ont-elles sur les choses de ce genre la supériorité accordée au chemin de la grande Chartreuse sur les autres vallées étroites. Ni les côtes de la Corse où le granit offre des recsifs bien bizarres, ni celles de la Sardaigne où la nature s'est livrée à des effets grandioses et terribles, ni les roches basaltiques des mers du Nord, n'ont un caractère si complet. La fantaisie s'est amusée à composer là d'interminables arabesques où les figures les plus fantastiques s'enroulent et se déroulent. Toutes les formes y sont. L'imagination est peut-être fatiguée de cette immense galerie de monstruosités où par les temps de fureur la mer se glisse et a fini par polir toutes les aspérités. Vous rencontrez sous une voûte naturelle et d'une hardiesse imitée de loin par Brunelleschi, car les plus grands efforts de l'art sont toujours une timide contrefaçon des effets de la nature, une cuve polie comme une baignoire de marbre et sablée par un sable uni, fin, blanc, où l'on peut se baigner sans crainte dans quatre pieds d'eau tiède. Vous allez admirant de petites anses fraîches, abritées par des portiques grossièrement taillés, mais majestueux, à la manière du palais Pitti, cette autre imitation des caprices de la nature. Les accidents sont innombrables, rien n'y manque de ce que l'imagination la plus dévergondée pourrait inventer ou désirer. Il existe même, chose si rare sur les bords de l'Océan que peut-être est-ce la seule exception, un gros *buisson* de la plante qui a fait créer ce mot. Ce buis, la plus grande curiosité du Croisic, où les arbres ne peuvent pas venir, se trouve à une lieue environ du port, à la pointe la plus avancée de la côte. Sur un des promontoires formés par le granit, et qui s'élèvent au-dessus de la mer à une hauteur où les vagues n'arrivent jamais, même dans les temps les plus furieux, à l'exposition du midi, les caprices diluviens ont pratiqué une marge creuse d'environ quatre pieds de saillie. Dans cette fente, le hasard, ou peut-être l'homme, a mis assez de terre végétale pour qu'un buis ras et fourni, semé par les oiseaux, y ait poussé. La forme des racines indique au moins trois cents ans d'existence. Au-dessous la roche est cassée net. Le commotion, dont les traces sont écrites en caractères ineffaçables sur cette côte, a emporté les morceaux de granit je ne sais où. La mer arrive sans rencontrer de rescifs au pied de cette lame, où elle a plus de cinq cents pieds de profondeur; à l'entour, quelques roches à fleur d'eau, que les bouillonnements de l'écume indiquent, décrivent comme un grand cirque. Il faut un peu de courage et de résolution pour aller jusqu'à la cime de ce petit Gibraltar, dont la tête est presque ronde et d'où quelque coup de vent peut précipiter les curieux dans la mer ou, ce qui serait plus dangereux, sur les roches. Cette sentinelle gigantesque ressemble à ces lanternes de vieux châteaux d'où l'on pouvait prévoir les attaques en embrassant tout le pays; de là se voient le clocher et les arides cultures du Croisic, les sables et les dunes qui menacent la terre cultivée et qui ont envahi le territoire du bourg de Batz. Quelques vieillards prétendent que, dans des temps fort reculés, il se trouvait un château fort en cet endroit. Les pêcheurs de sardines ont donné un nom à ce rocher, qui se voit de loin en mer; mais il faut pardonner l'oubli de ce mot breton, aussi difficile à prononcer qu'à retenir.

Calyste menait Béatrix vers ce point, d'où le coup d'œil est superbe et où les décorations du granit surpassent tous les étonnements qu'il a pu causer le long de la route sablonneuse qui côtoie la mer. Il est inutile d'expliquer pourquoi Camille s'était sauvée en avant. Comme une bête sauvage blessée, elle aimait la solitude ; elle se perdait dans les grottes, reparaissait sur les pics, chassait les crabes de leurs trous ou surprenait en flagrant délit leurs mœurs originales. Pour ne pas être gênée par ses habits de femme, elle avait mis des pantalons à manchettes brodées, une blouse courte, un chapeau de castor, et pour bâton de voyage elle avait une cravache, car elle a toujours eu la fatuité de sa force et de son agilité ; elle était ainsi cent fois plus belle que Béatrix : elle avait un petit châle de soie rouge de Chine croisé sur son buste comme on le met aux enfants Pendant quelque temps, Béatrix et Calyste la virent voltigeant sur les cimes ou sur les abîmes comme un feu follet, essayant de donner le change à ses souffrances en affrontant le péril. Elle arriva la première à la roche au buis et s'assit dans une des anfractuosités à l'ombre, occupée à méditer. Que pouvait faire une femme comme elle de sa vieillesse, après avoir bu la coupe de la gloire que tous les grands talents, trop avides pour détailler les stupides jouissances de l'amour-propre, vident d'une gorgée ? Elle a depuis avoué que là l'une de ces réflexions suggérées par un rien, par un de ces accidents qui sont une niaiserie peut-être pour des gens vulgaires, et qui présentent un abîme de réflexions aux grandes âmes, l'avait décidée à l'acte singulier par lequel elle devait en finir avec la vie sociale. Elle tira de sa poche une petite boîte où elle avait mis, en cas de soif, des pastilles à la fraise ; elle en prit plusieurs ; mais, tout en les savourant, elle ne put s'empêcher de remarquer que les fraises, qui n'existaient plus, revivaient cependant dans leurs qualités. Elle conclut de là qu'il en pouvait être ainsi de nous. La mer lui offrait alors une image de l'infini. Nul grand esprit ne peut se tirer de l'infini, en admettant l'immortalité de l'âme, sans conclure à quelque avenir religieux. Cette idée la poursuivit encore quand elle respira son flacon d'eau de Portugal. Son manége pour faire tomber Béatrix en partage à Calyste lui parut alors bien mesquin : elle sentit mourir la femme en elle, et se dégager la noble et angélique créature voilée jusqu'alors par la chair. Son immense esprit, son savoir, ses connaissances, ses fausses amours l'avaient conduite face à face avec quoi ? qui le lui eût dit ?

avec la mère féconde, la consolatrice des affligés, l'Église romaine, si douce aux repentirs, si poétique avec les poètes, si naïve avec les enfants, si profonde et si mystérieuse pour les esprits inquiets et sauvages qu'ils y peuvent toujours creuser en satisfaisant toujours leurs insatiables curiosités, sans cesse excitées. Elle jeta les yeux sur les détours que Calyste lui avait fait faire, et les comparait aux chemins tortueux de ces rochers. Calyste était toujours à ses yeux le beau messager du ciel, un divin conducteur. Elle étouffa l'amour terrestre par l'amour divin.

Après avoir marché pendant quelque temps en silence, Calyste ne put s'empêcher, sur une exclamation de Béatrix relative à la beauté de l'Océan qui diffère beaucoup de la Méditerranée, de comparer, comme pureté, comme étendue, comme agitation, comme profondeur, comme éternité, cette mer à son amour.

— Elle est bordée par un rocher, dit en riant Béatrix.

— Quand vous me parlez ainsi, répondit-il en lui lançant un regard divin, je vous vois, je vous entends, et puis avoir la patience des anges ; mais quand je suis seul, vous auriez pitié de moi si vous pouviez me voir. Ma mère pleure alors de mon chagrin.

— Écoutez, Calyste, il faut en finir, dit la marquise en regagnant le chemin sablé. Peut-être avons-nous atteint le seul lieu propice à dire ces choses, car jamais de ma vie je n'ai vu la nature plus en harmonie avec mes pensées. J'ai vu l'Italie, où tout parle d'amour ; j'ai vu la Suisse, où tout est frais et exprime un vrai bonheur, un bonheur laborieux ; où la verdure, les eaux tranquilles, les lignes les plus riantes sont opprimées par les Alpes couronnées de neige ; mais je n'ai rien vu qui peigne mieux l'ardente aridité de ma vie que cette petite plaine desséchée par les vents de mer, corrodée par les vapeurs marines, où lutte une triste agriculture en face de l'immense Océan, en face des bouquets de la Bretagne d'où s'élèvent les tours de votre Guérande. Eh ! bien, Calyste, voilà Béatrix. Ne vous y attachez donc point. Je vous aime, mais je ne serai jamais à vous d'aucune manière, car j'ai la conscience de ma désolation intérieure. Ah ! vous ne savez pas à quel point je suis dure pour moi-même en vous parlant ainsi. Non, vous ne verrez pas votre idole, si je suis une idole, amoindrie, elle ne tombera pas de la hauteur où vous la mettez. J'ai maintenant en horreur une passion que désavouent le monde et la religion, je ne veux plus être humiliée ni cacher mon bonheur ; je reste attachée où je suis, je serai le désert sablonneux et sans végétation, sans fleurs ni verdure que voici.

— Et si vous étiez abandonnée ? dit Calyste.

— Eh! bien, j'irai mendier ma grâce, je m'humilierai devant l'homme que j'ai offensé, mais je ne courrai jamais le risque de me jeter dans un bonheur que je sais devoir finir.

— Finir! s'écria Calyste.

La marquise interrompit le dithyrambe auquel allait se livrer son amant en répétant : Finir ! d'un ton qui lui imposa silence.

Cette contradiction émut chez le jeune homme une de ces muettes fureurs internes que connaissent seuls ceux qui ont aimé sans espoir. Béatrix et lui firent environ trois cents pas dans un profond silence, ne regardant plus ni la mer, ni les roches, ni les champs du Croisic.

— Je vous rendrais si heureuse ! dit Calyste.

— Tous les hommes commencent par nous promettre le bonheur, et ils nous lèguent l'infamie, l'abandon, le dégoût. Je n'ai rien à reprocher à celui à qui je dois être fidèle ; il ne m'a rien promis, je suis allée à lui ; mais le seul moyen qui me reste pour amoindrir ma faute est de la rendre éternelle.

— Dites, madame, que vous ne m'aimez pas ! Moi qui vous aime, je sais par moi-même que l'amour ne discute pas, il ne voit que lui-même, il n'est pas un sacrifice que je ne fasse. Ordonnez, je tenterai l'impossible. Celui qui jadis a méprisé sa maîtresse pour avoir jeté son gant entre les lions en lui commandant d'aller le reprendre, il n'aimait pas ! il méconnaissait votre droit de nous éprouver pour être sûres de notre amour et ne rendre les armes qu'à des grandeurs surhumaines. Je vous sacrifierais ma famille, mon nom, mon avenir.

— Quelle insulte dans ce mot de sacrifices ! dit-elle d'un ton de reproche qui fit sentir à Calyste la sottise de son expression.

Il n'y a que les femmes qui aiment absolument ou les coquettes pour savoir prendre un point d'appui dans un mot et s'élancer à une hauteur prodigieuse : l'esprit et le sentiment procèdent là de la même manière ; mais la femme aimante s'afflige, et la coquette méprise.

— Vous avez raison, dit Calyste en laissant tomber deux larmes, ce mot ne peut se dire que des efforts que vous me demandez.

— Taisez-vous, dit Béatrix saisie d'une réponse où pour la première fois Calyste peignait bien son amour, j'ai fait assez de fautes, ne me tentez pas.

Ils étaient en ce moment au pied de la roche au buis. Calyste éprouva les plus enivrantes félicités à soutenir la marquise en gravissant ce rocher où elle voulut aller jusqu'à la cime. Ce fut pour ce pauvre enfant la dernière faveur que de serrer cette taille, de sentir cette femme un peu tremblante : elle avait besoin de lui ! Ce plaisir inespéré lui tourna la tête, il ne vit plus rien, il saisit Béatrix par la ceinture.

— Eh ! bien ? dit-elle d'un air imposant.

— Ne serez-vous jamais à moi ? lui demanda-t-il d'une voix étouffée par un orage de sang.

— Jamais, mon ami, répondit-elle. Je ne puis être pour vous que Béatrix, un rêve. N'est-ce pas une douce chose ? nous n'aurons ni amertume, ni chagrin, ni repentir.

— Et vous retournerez à Conti ?

— Il le faut bien.

— Tu ne seras donc jamais à personne, dit Calyste en poussant la marquise avec une violence frénétique.

Il voulut écouter sa chute avant de se précipiter après elle, mais il n'entendit qu'une clameur sourde, la stridente déchirure d'une étoffe et le bruit grave d'un corps tombant sur la terre. Au lieu d'aller la tête en bas, Béatrix avait chaviré, elle était renversée dans le buis ; mais elle aurait roulé néanmoins au fond de la mer si sa robe ne s'était accrochée à une pointe et n'avait en se déchirant amorti le poids du corps sur le buisson. Mademoiselle des Touches, qui vit cette scène, ne put crier, car son saisissement fut tel qu'elle ne put que faire signe à Gasselin d'accourir. Calyste se pencha par une sorte de curiosité féroce, il vit la situation de Béatrix et frémit : elle paraissait prier, elle croyait mourir, elle sentait le buis près de céder. Avec l'habileté soudaine que donne l'amour, avec l'agilité surnaturelle que la jeunesse trouve dans le danger, il se laissa couler de neuf pieds de hauteur, en se tenant à quelques aspérités, jusqu'à la marge du rocher, et put relever à temps la marquise en la prenant dans ses bras, au risque de tomber tous les deux à la mer. Quand il tint Béatrix, elle était sans connaissance ; mais il la pouvait croire toute à lui dans ce lit aérien où ils allaient rester longtemps seuls, et son premier mouvement fut un mouvement de plaisir.

— Ouvrez les yeux, pardonnez-moi, disait Calyste, ou nous mourrons ensemble.

— Mourir? dit-elle en ouvrant les yeux et dénouant ses lèvres pâles.

Calyste salua ce mot par un baiser, et sentit alors chez la marquise un frémissement convulsif qui le ravit. En ce moment, les souliers ferrés de Gasselin se firent entendre au-dessus. Le Breton était suivi de Camille, avec laquelle il examinait les moyens de sauver les deux amants.

— Il n'en est qu'un seul, mademoiselle, dit Gasselin : je vais m'y couler, ils remonteront sur mes épaules, et vous leur donnerez la main.

— Et toi? dit Camille.

Le domestique parut surpris d'être compté pour quelque chose au milieu du danger que courait son jeune maître.

— Il vaut mieux aller chercher une échelle au Croisic, dit Camille.

— Elle est malicieuse tout de même, se dit Gasselin en descendant.

Béatrix demanda d'une voix faible à être couchée, elle se sentait défaillir. Calyste la coucha entre le granit et le buis sur le terreau frais.

— Je vous ai vu, Calyste, dit Camille. Que Béatrix meure ou soit sauvée, ceci ne doit être jamais qu'un accident.

— Elle me haïra, dit-il les yeux mouillés.

— Elle t'adorera, répondit Camille. Nous voilà revenus de notre promenade, il faut la transporter aux Touches. Que serais-tu donc devenu si elle était morte? lui dit-elle.

— Je l'aurais suivie.

— Et ta mère?... Puis, après une pause : Et moi? dit-elle faiblement.

Calyste resta pâle, le dos appuyé au granit, immobile, silencieux. Gasselin revint promptement d'une des petites fermes éparses dans les champs en courant avec une échelle qu'il y avait trouvée. Béatrix avait repris quelques forces. Quand Gasselin eut placé l'échelle, la marquise put, aidée par Gasselin qui pria Calyste de passer le châle rouge de Camille sous les bras de Béatrix et de lui en apporter le bout, arriver sur la plate-forme ronde, où Gasselin la prit dans ses bras comme un enfant, et la descendit sur la plage.

— Je n'aurais pas dit non à la mort ; mais les souffrances ! dit-elle à mademoiselle des Touches d'une voix faible.

La faiblesse et le brisement que ressentait Béatrix forcèrent Camille à la faire porter à la ferme où Gasselin avait emprunté l'échelle. Calyste, Gasselin et Camille se dépouillèrent des vêtements qu'ils pouvaient quitter, firent un matelas sur l'échelle, y placèrent Béatrix et la portèrent comme sur une civière. Les fermiers offrirent leur lit. Gasselin courut à l'endroit où attendaient les chevaux, en prit un, et alla chercher le chirurgien du Croisic, après avoir recommandé aux bateliers de venir à l'anse la plus voisine de la ferme. Calyste, assis sur une escabelle, répondait par des mouvements de tête et par de rares monosyllabes à Camille, dont l'inquiétude était excitée et par l'état de Béatrix et par celui de Calyste. Après une saignée, la malade se trouva mieux ; elle put parler, consentit à s'embarquer, et vers cinq heures du soir elle fut transportée de la jetée de Guérande aux Touches, où le médecin de la ville l'attendait. Le bruit de cet événement s'était répandu dans ce pays solitaire et presque sans habitants visibles avec une inexplicable rapidité.

Calyste passa la nuit aux Touches, au pied du lit de Béatrix, et en compagnie de Camille. Le médecin avait promis que le lendemain la marquise n'aurait plus qu'une courbature. A travers le désespoir de Calyste éclatait une joie profonde : il était au pied du lit de Béatrix, il la regardait sommeillant ou s'éveillant ; il pouvait étudier son visage pâle et ses moindres mouvements. Camille souriait avec amertume en reconnaissant chez Calyste les symptômes d'une de ces passions qui teignent à jamais l'âme et les facultés d'un homme en se mêlant à sa vie, dans une époque où nulle pensée, nul soin ne contrarient ce cruel travail intérieur. Jamais Calyste ne devait voir la femme vraie qui était en Béatrix. Avec quelle naïveté le jeune Breton ne laissait-il pas lire ses plus secrètes pensées !... il s'imaginait que cette femme était sienne en se trouvant ainsi dans sa chambre, et en l'admirant dans le désordre du lit. Il épiait avec une attention extatique les plus légers mouvements de Béatrix ; sa contenance annonçait une si jolie curiosité, son bonheur se révélait si naïvement, qu'il y eut un moment où les deux femmes se regardèrent en souriant. Quand Calyste vit les beaux yeux vert de mer de la malade exprimant un mélange de confusion, d'amour et de raillerie, il rougit et détourna la tête.

— Ne vous ai-je pas dit, Calyste, que vous autres hommes vous nous promettiez le bonheur et finissiez par nous jeter dans un précipice ?

En entendant cette plaisanterie, dite d'un ton charmant, et qui annonçait quelque changement dans le cœur de Béatrix, Calyste se mit à genoux, prit une des mains moites qu'elle laissa prendre et la baisa d'une façon très soumise.

— Vous avez le droit de repousser à jamais mon amour, et moi je n'ai plus le droit de vous dire un seul mot.

— Ah ! s'écria Camille en voyant l'expression peinte sur le visage de Béatrix et la comparant à celle qu'avaient obtenue les efforts de sa diplomatie, l'amour aura toujours plus d'esprit à lui seul que tout le monde ! Prenez votre calmant, ma chère amie, et dormez.

Cette nuit, passée par Calyste auprès de mademoiselle des Touches, qui lut des livres de théologie mystique pendant que Calyste lisait *Indiana*, le premier ouvrage de la célèbre rivale de Camille, et où se trouvait la captivante image d'un jeune homme aimant avec idolâtrie et dévouement, avec une tranquillité mystérieuse et pour toute sa vie, une femme placée dans la situation fausse où était Béatrix, livre qui fut d'un fatal exemple pour lui ! cette nuit laissa des traces ineffaçables dans le cœur de ce pauvre jeune homme, à qui Félicité fit comprendre qu'à moins d'être un monstre, une femme ne pouvait être qu'heureuse et flattée dans toutes ses vanités d'avoir été l'objet d'un crime.

— Vous ne m'auriez pas jetée à l'eau, moi ! dit la pauvre Camille en essuyant une larme.

Vers le matin, Calyste, accablé, s'était endormi dans son fauteuil. Ce fut au tour de la marquise à contempler ce charmant enfant, pâli par ses émotions et par sa première veille d'amour ; elle l'entendit murmurant son nom dans son sommeil.

— Il aime en dormant, dit-elle à Camille.

— Il faut l'envoyer se coucher chez lui, dit Félicité, qui le réveilla.

Personne n'était inquiet à l'hôtel du Guénic, mademoiselle des Touches avait écrit un mot à la baronne. Calyste revint dîner aux Touches, il retrouva Béatrix levée, pâle, faible et lasse ; mais il n'y avait plus la moindre dureté dans sa parole ni la moindre dureté dans ses regards. Depuis cette soirée, remplie de musique par Camille qui se mit au piano pour laisser Calyste prendre et serrer les mains Béatrix sans que ni l'un ni l'autre pussent parler, il n'y eut plus le moindre orage aux Touches. Félicité s'effaça complétement. Les femmes froides, frêles, dures et minces, comme est madame de Rochegude, ces femmes, dont le cou offre une attache osseuse qui leur donne une vague ressemblance avec la race féline, ont l'âme de la couleur pâle de leurs yeux clairs, gris ou verts ; aussi, pour fondre, pour vitrifier ces cailloux, faut-il des coups de foudre. Pour Béatrix, la rage d'amour et l'attentat de Calyste avaient été ce coup de tonnerre auquel rien ne résiste et qui change les natures les plus rebelles. Béatrix se sentait intérieurement mortifiée, l'amour pur et vrai lui baignait le cœur de ses molles et fluides ardeurs. Elle vivait dans une douce et tiède atmosphère de sentiments inconnus où elle se trouvait agrandie, élevée ; elle entrait dans les cieux où la Bretagne a, de tout temps, mis la femme. Elle savourait les adorations respectueuses de cet enfant dont le bonheur lui coûtait peu de chose, car un geste, un regard, une parole satisfaisaient Calyste. Ce haut prix donné par le cœur à ces riens la touchait excessivement. Son gant effleuré pouvait devenir pour cet ange plus que toute sa personne n'était pour celui par qui elle aurait dû être adorée. Quel contraste ! Quelle femme aurait pu résister à cette constante déification ? Elle était sûre d'être obéie et comprise. Elle eût dit à Calyste de risquer sa vie pour le moindre de ses caprices, il n'eût même pas réfléchi. Aussi Béatrix prit-elle je ne sais quoi de noble et d'imposant ; elle vit l'amour du côté de ses grandeurs, elle y chercha comme un point d'appui pour demeurer la plus magnifique de toutes les femmes aux yeux de Calyste, sur qui elle voulut avoir un empire éternel. Ses coquetteries furent alors d'autant plus tenaces qu'elle se sentit plus faible. Elle joua la malade pendant toute une semaine avec une charmante hypocrisie. Combien de fois ne fit-elle pas le tour du tapis vert qui s'étendait devant la façade des Touches sur le jardin, appuyée sur le bras de Calyste et rendant alors à Camille les souffrances qu'elle lui avait données pendant la première semaine de son séjour.

— Ah ! ma chère, tu lui fais faire le grand tour, dit mademoiselle des Touches à la marquise.

Avant la promenade au Croisic, un soir ces deux femmes devisaient sur l'amour et riaient des différentes manières dont s'y prenaient les hommes pour faire leurs déclarations, en s'avouant à elles-mêmes que les plus habiles et naturellement les moins aimants ne s'amusaient pas à se promener dans le labyrinthe de la sensiblerie, et avaient raison, en sorte que les gens qui aiment le mieux étaient pendant un certain temps les plus maltraités. — Ils s'y prennent comme La Fontaine pour aller à l'Académie ! dit alors Camille. Son mot rappelait cette conversation à la marquise en lui reprochant son machiavélisme. Madame de Rochegude avait une puissance absolue pour contenir Calyste dans les bornes où elle voulait qu'il se tint, elle lui rappelait d'un geste ou d'un regard son horrible violence au bord de la mer. Les yeux de ce pauvre martyr se remplissaient alors de larmes, il se taisait et dévorait ses raisonnements, ses vœux, ses souffrances, avec un héroïsme qui certes eût touché toute autre femme. Elle l'amena par son infernale coquetterie à un si grand désespoir qu'il vint un jour se jeter dans les bras de Camille en lui demandant conseil. Béatrix, armée de la lettre de Calyste, en avait extrait le passage où il disait qu'aimer était le premier bonheur, qu'être aimé venait après, et se servait de cet axiome pour restreindre sa passion à cette idolâtrie respectueuse qui lui plaisait. Elle aimait tant à se laisser caresser l'âme par ces doux concerts de louanges et d'adorations que la nature suggère aux jeunes gens; il y a tant d'art sans recherche, tant de séductions innocentes dans leurs cris, dans leurs prières, dans leurs exclamations, dans leurs appels à eux-mêmes, dans les hypothèques qu'ils offrent sur l'avenir, que Béatrix se gardait bien de répondre. Elle l'avait dit, elle doutait ! il ne s'agissait pas encore du bonheur, mais de la permission d'aimer que demandait toujours cet enfant, qui s'obstinait à vouloir prendre la place du côté le plus fort, le côté moral. La femme la plus forte en paroles est souvent très faible en action. Après avoir vu le progrès qu'il avait fait en poussant Béatrix à la mer, il est étrange que Calyste ne continuât pas à demander son bonheur aux violences; mais l'amour chez les jeunes gens est tellement extatique et religieux qu'il veut tout obtenir de la conviction morale : et de là vient sa sublimité.

Néanmoins un jour le Breton, poussé à bout par le désir, se plaignit vivement à Camille de la conduite de Béatrix.

— J'ai voulu te guérir en te la faisant promptement connaître, répondit mademoiselle des Touches, et tu as tout brisé dans ton impatience. Il y a dix jours tu étais son maître; aujourd'hui tu es l'esclave, mon pauvre garçon. Ainsi tu n'auras jamais la force d'exécuter mes ordres.

— Que faut-il faire ?

— Lui chercher querelle à propos de sa rigueur. Une femme est toujours emportée par le discours, fais qu'elle te maltraite, et ne reviens plus aux Touches qu'elle ne t'y rappelle.

Il est un moment, dans toutes les maladies violentes, où le patient accepte les plus cruels remèdes et se soumet aux opérations les plus horribles. Calyste en était arrivé là. Il écouta le conseil de Camille, il resta deux jours au logis; mais, le troisième, il grattait à la porte de Béatrix en l'avertissant que Camille et lui l'attendaient pour déjeuner.

— Encore un moyen de perdu, lui dit Camille en le voyant si lâchement arrivé.

Béatrix s'était souvent arrêtée pendant ces deux jours à la fenêtre d'où se voit le chemin de Guérande. Quand Camille l'y surprenait, elle se disait occupée de l'effet produit par les ajoncs du chemin, dont les fleurs d'or étaient illuminées par le soleil de septembre. Camille eut ainsi le secret de Béatrix, et n'avait plus qu'un mot à dire pour que Calyste fût heureux, mais elle ne le disait pas : elle était encore trop femme pour le pousser à cette action dont s'effraient les jeunes cœurs qui semblent avoir la conscience de tout ce que va perdre leur idéal. Béatrix fit attendre assez longtemps Camille et Calyste. Avec tout autre que lui, ce retard eût été significatif, car la toilette de la marquise accusait le désir de fasciner Calyste, et d'empêcher une nouvelle absence. Après le déjeuner, elle alla se promener dans le jardin, et ravit de joie cet enfant qu'elle ravissait d'amour en lui exprimant le désir de revoir avec lui cette roche où elle avait failli périr.

Allons-y seuls, demanda Calyste d'une voix troublée.

— En refusant, répondit-elle, je vous donnerais à penser que vous êtes dangereux. Hélas! je vous l'ai dit mille fois, je suis à un autre et ne puis être qu'à lui; je l'ai choisi sans rien connaître à l'amour. La faute est double, double est la punition.

Quand elle parlait ainsi, les yeux à demi mouillés par le peu de larmes que ces sortes de femmes répandent, Calyste éprouvait une compassion qui adoucissait son ardente fureur; il l'adorait alors comme une madone. Il ne faut pas plus demander aux différents caractères de se ressembler dans l'expression des sentiments qu'il ne faut exiger les mêmes fruits d'arbres différents. Béatrix était en ce moment violemment combattue; elle hésitait entre elle-même et Calyste, entre le monde où elle espérait rentrer un jour et le bonheur complet; entre se perdre à jamais par une seconde passion impardonnable, et le pardon social. Elle commençait à écouter, sans aucune fâcherie même jouée, les discours d'un amour aveugle; elle se laissait caresser par les douces mains de la Pitié. Déjà plusieurs fois elle avait été émue aux larmes en écoutant Calyste lui promettant de l'amour pour tout ce qu'elle perdrait aux yeux du monde, et la plaignant d'être attachée à un aussi mauvais génie, à un homme aussi faux que Conti. Plus d'une fois elle n'avait pas fermé la bouche à Calyste quand elle lui contait les misères et les souffrances qui l'avaient accablée en Italie en ne se voyant pas seule dans le cœur de Conti. Camille avait à ce sujet fait plus d'une leçon à Calyste et Calyste en profitait.

— Moi, lui disait-il, je vous aimerai absolument ; vous ne trouverez pas chez moi les triomphes de l'art, les jouissances que donne une foule émue par les merveilles du talent; mon seul talent sera de vous aimer, mes seules jouissances seront les vôtres, l'admiration d'aucune femme ne me paraîtra mériter de récompense; vous n'aurez pas à redouter d'odieuses rivalités; vous êtes méconnue, et là où l'on vous accepte, moi je voudrais me faire accepter tous les jours.

Elle écoutait ces paroles la tête baissée, en lui laissant baiser ses mains, en avouant silencieusement, mais de bonne grâce, qu'elle était peut-être un ange méconnu.

— Je suis trop humiliée, répondait-elle, mon passé dépouille l'avenir de toute sécurité.

Ce fut une belle matinée pour Calyste que celle où, en venant aux Touches à sept heures du matin, il aperçut entre deux ajoncs, à une fenêtre, Béatrix coiffée du même chapeau de paille qu'elle portait le jour de leur excursion. Il eut comme un éblouissement. Ces petites choses de la passion agrandissent le monde. Peut-être n'y a-t-il que les Françaises qui possèdent les secrets de ces coups de théâtre ; elles les doivent aux grâces de leur esprit, elles savent en mettre dans le sentiment autant qu'il peut en accepter sans perdre de sa force. Ah! combien elle pesait peu sur le bras de Calyste. Tous deux, ils sortirent par la porte du jardin qui donne sur les dunes. Béatrix trouva les sables jolis ; elle aperçut alors ces petites plantes dures à fleurs roses qui y croissent, elle en cueillit plusieurs auxquelles elle joignit l'œillet des Chartreux qui se trouve également dans ces sables arides, et les partagea d'une façon significative avec Calyste, pour qui ces fleurs et ce feuillage devaient être une éternelle, une sinistre image.

— Nous y joindrons du buis, dit-elle en souriant. Elle resta quelque temps sur la jetée où Calyste, en attendant la barque, lui raconta son enfantillage le jour de son arrivée. — Votre escapade, que j'ai sue, fut la cause de ma sévérité le premier jour, dit-elle.

Pendant cette promenade, madame de Rochegude eut ce ton légèrement plaisant de la femme qui aime, comme elle en eut la tendresse et le laisser-aller. Calyste pouvait se croire aimé. Mais quand, en allant le long des rochers sur le sable, ils descendirent dans une de ces charmantes criques où les vagues ont apporté les plus extraordinaires mosaïques composées des marbres les plus étranges, et qu'ils y eurent joué comme des enfants en cherchant les plus beaux échantillons; quand Calyste, au comble de l'ivresse, lui proposa nettement de s'enfuir en Irlande, elle reprit un air digne, mystérieux, lui demanda son bras, et ils continuèrent leur chemin vers la roche qu'elle avait surnommée sa roche Tarpéienne.

— Mon ami, lui dit-elle en gravissant à pas lents ce magnifique bloc de granit dont elle devait se faire un piédestal, je n'ai pas le courage de vous cacher tout ce que vous êtes pour moi. Depuis dix ans je n'ai pas eu de bonheur comparable à celui que nous venons de goûter en faisant la chasse aux coquillages dans ces roches à fleur d'eau, en échangeant ces cailloux avec lesquels je me ferai faire un collier qui sera plus précieux pour moi que s'il était composé des plus beaux diamants. Je viens d'être petite fille, enfant, telle que j'étais à quatorze ou seize ans, et alors digne de vous. L'amour que j'ai eu le bonheur de vous inspirer m'a relevée à mes propres yeux. Entendez ce mot dans toute sa magie. Vous avez fait de moi la femme la plus orgueilleuse, la plus heureuse de son sexe, et vous vivrez peut-être plus longtemps dans mon souvenir que moi dans le vôtre.

En ce moment, elle était arrivée au faîte du rocher, d'où se voyaient l'immense Océan d'un côté, la Bretagne de l'autre avec ses îles d'or, ses tours féodales et ses bouquets d'ajoncs. Jamais une femme ne fut sur un plus beau théâtre pour faire un si grand aveu.

— Mais, dit-elle, je ne m'appartiens pas, je suis plus liée par ma volonté que je ne l'étais par la loi. Soyez donc puni de mon malheur, et contentez-vous de savoir que nous en souffrirons ensemble. Dante n'a jamais revu Béatrix, Pétrarque n'a jamais possédé sa Laure. Ces désastres n'atteignent que de grandes âmes. Ah ! si je suis abandonnée, si je tombe de mille degrés de plus dans la honte et dans l'infamie, si ta Béatrix est cruellement méconnue par le monde qui lui sera horrible, si elle est la dernière des femmes !... alors, enfant adoré, dit-elle en lui prenant la main, tu sauras qu'elle est la première de toutes, qu'elle pourra s'élever jusqu'aux cieux appuyée sur toi ; mais alors, ami, dit-elle, en lui jetant un regard sublime, quand tu voudras la précipiter, ne manque pas ton coup : après ton amour, la mort !

Calyste tenait Béatrix par la taille, il la serra sur son cœur. Pour confirmer ses douces paroles, madame de Rochegude déposa sur le front de Calyste le plus chaste et le plus timide de tous les baisers. Puis ils redescendirent et revinrent lentement, causant comme des gens qui se sont parfaitement entendus et compris, elle croyant avoir la paix, lui ne doutant plus de son bonheur, et se trompant l'un et l'autre. Calyste, d'après les observations de Camille, espérait que Conti serait enchanté de cette occasion de quitter Béatrix. La marquise, elle, s'abandonnait au vague de sa position, attendant un hasard. Calyste était trop ingénu, trop aimant pour inventer le hasard. Ils arrivèrent tous deux dans la situation d'âme la plus délicieuse, et rentrèrent aux Touches par la porte du jardin. Calyste en avait pris la clef. Il était environ six heures du soir. Les enivrantes senteurs, la tiède atmosphère, les couleurs jaunâtres des rayons du soir, tout s'accordait avec leurs dispositions et leurs discours attendris. Leur pas était égal et harmonieux comme est la démarche des amants, leur mouvement accusait l'union de leur pensée. Il régnait aux Touches un si grand silence que le bruit de la porte en s'ouvrant et se fermant y retentit et dut se faire entendre dans tout le jardin. Comme Calyste et Béatrix s'étaient tout dit et que leur promenade pleine d'émotions les avait lassés, ils venaient doucement et sans rien dire. Tout à coup, au tournant d'une allée, Béatrix éprouva le plus horrible saisissement, cet effroi communicatif que cause la vue d'un reptile et qui glaça Calyste avant qu'il en vît la cause. Sur un banc, sous un frêne à rameaux pleureurs, Conti causait avec Camille Maupin. Le tremblement intérieur et convulsif de la marquise fut plus franc qu'elle ne le voulait ; Calyste apprit alors combien il était cher à cette femme qui venait d'élever une barrière entre elle et lui, sans doute pour se ménager encore quelques jours de coquetterie avant de la franchir. En un moment, un drame tragique se déroula dans toute son étendue au fond des cœurs.

— Vous ne m'attendiez peut-être pas sitôt, dit l'artiste à Béatrix en lui offrant le bras.

La marquise ne put s'empêcher de quitter le bras de Calyste et de prendre celui de Conti. Cette ignoble transition impérieusement commandée et qui déshonorait le nouvel amour accabla Calyste, qui s'alla jeter sur le banc à côté de Camille après avoir échangé le plus froid salut avec son rival. Il éprouvait une foule de sensations contraires : en apprenant combien il était aimé de Béatrix, il avait voulu par un mouvement se jeter sur l'artiste en lui disant que Béatrix était à lui ; mais la convulsion intérieure de cette pauvre femme, en trahissant tout ce qu'elle souffrait, car elle avait payé là le prix de toutes ses fautes en un moment, l'avait si profondément ému qu'il en était resté stupide, frappé comme elle par une implacable nécessité. Ces deux mouvements contraires produisirent en lui le plus violent des orages auxquels il eût été soumis depuis qu'il aimait Béatrix. Madame de Rochegude et Conti passaient devant le banc où gisait Calyste auprès de Camille, la marquise regardait sa rivale et lui jetait un de ces regards terribles par lesquels les femmes savent tout dire, elle évitait les yeux de Calyste et paraissait écouter Conti qui semblait badiner.

— Que peuvent-ils se dire ? demanda Calyste à Camille.

— Cher enfant ! tu ne connais pas encore les épouvantables droits que laisse à un homme sur une femme un amour éteint. Béatrix n'a pas pu lui refuser sa main. Il la raille sans doute sur ses amours, il a dû les deviner à votre attitude et à la manière dont vous vous êtes présentés à ses regards.

— Il la raille ?... dit l'impétueux jeune homme.

— Calme-toi, dit Camille, ou tu perdrais les chances favorables qui te restent. S'il froisse un peu trop l'amour-propre de Béatrix, elle le foulera comme un ver à ses pieds. Mais il est astucieux, il saura s'y prendre avec esprit. Il ne supposera pas que la fière madame de Rochegude ait pu le trahir. Il y aurait trop de dépravation à aimer un homme à cause de sa beauté ! Il te peindra sans doute à elle-même comme un enfant saisi par la vanité d'avoir une marquise, et de se rendre l'arbitre des destinées de deux femmes.

Enfin, il fera tonner l'artillerie piquante des suppositions les plus injurieuses. Béatrix alors sera forcée d'opposer de menteuses dénégations dont il va profiter pour rester le maître.

— Ah! dit Calyste, il ne l'aime pas. Moi, je la laisserais libre: l'amour comporte un choix fait à tout moment, confirmé de jour en jour. Le lendemain approuve la veille et grossit le trésor de nos plaisirs. Quelques jours plus tard, il ne nous trouvait plus. Qui donc l'a ramené?

— Une plaisanterie de journaliste, dit Camille. L'opéra sur le succès duquel il comptait est tombé, mais à plat. Ce mot : « Il est dur de perdre à la fois sa réputation et sa maîtresse! » dit au foyer par Claude Vignon, peut-être, l'a sans doute atteint dans toutes ses vanités. L'amour basé sur des sentiments petits est impitoyable. Je l'ai questionné, mais qui peut connaître une nature si fausse et si trompeuse? il a paru fatigué de sa misère et de son amour, dégoûté de la vie. Il a regretté d'être lié si publiquement avec la marquise, et m'a fait, en me parlant de son ancien bonheur, un poème de mélancolie un peu trop spirituel pour être vrai. Sans doute il espérait me surprendre le secret de votre amour au milieu de la joie que ses flatteries me causeraient.

— Hé! bien? dit Calyste en regardant Béatrix et Conti qui venaient, et n'écoutant déjà plus.

Camille, par prudence, s'était tenue sur la défensive, elle n'avait trahi ni le secret de Calyste ni celui de Béatrix. L'artiste était homme à jouer tout le monde, et mademoiselle des Touches engagea Calyste à se défier de lui.

— Cher enfant, lui dit-elle, voici pour toi le moment le plus critique; il faut une prudence, une habileté qui te manquent, et tu vas te laisser jouer par l'homme le plus rusé du monde, car maintenant je ne puis rien pour toi.

La cloche annonça le dîner. Conti vint offrir son bras à Camille, Béatrix prit celui de Calyste. Camille laissa passer la marquise la première, qui put regarder Calyste et lui recommander une discrétion absolue en mettant un doigt sur ses lèvres. Conti fut d'une excessive gaieté pendant le dîner. Peut-être était-ce une manière de sonder madame de Rochegude, qui joua mal son rôle. Coquette, elle eût pu tromper Conti; mais aimante, elle fut devinée. Le rusé musicien, loin de la gêner, ne parut pas s'apercevoir de son embarras. Il mit au dessert la conversation sur les femmes, et vanta la noblesse de leurs sentiments. Telle femme près de nous abandonner dans la prospérité nous sacrifie tout dans le malheur, disait-il. Les femmes ont sur les hommes l'avantage de la constance ; il faut les avoir bien blessées pour les détacher d'un premier amant, elles y tiennent comme à leur honneur ; un second amour est honteux, etc. Il fut d'une moralité parfaite, il encensait l'autel où saignait un cœur percé de mille coups. Camille et Béatrix comprenaient seules l'âpreté des épigrammes acérées qu'il décochait d'éloge en éloge. Par moments toutes deux rougissaient, mais elles étaient forcées de se contenir ; elles se donnèrent le bras pour remonter chez Camille, et passèrent, d'un commun accord, par le grand salon où il n'y avait pas de lumière et où elles pouvaient être seules un moment.

— Il m'est impossible de me laisser marcher sur le corps par Conti, de lui donner raison sur moi, dit Béatrix à voix basse. Le forçat est toujours sous la domination de son compagnon de chaîne. Je suis perdue, il faudra retourner au bagne de l'amour. Et c'est vous qui m'y avez rejeté ! Ah ! vous l'avez fait venir un jour trop tard ou un jour trop tôt. Je reconnais là votre infernal talent d'auteur : la vengeance est complète, et le dénoûment parfait.

— J'ai pu vous dire que j'écrirais à Conti, mais le faire !... j'en suis incapable ! s'écria Camille. Tu souffres, je te pardonne.

— Que deviendra Calyste ? dit la marquise avec une admirable naïveté d'amour-propre.

— Conti vous emmène donc? demanda Camille!..

— Ah ! vous croyez triompher ? s'écria Béatrix.

Ce fut avec rage et sa belle figure décomposée que la marquise dit ces affreuses paroles à Camille qui essaya de cacher son bonheur par une fausse expression de tristesse ; mais l'éclat de ses yeux démentait la contraction de son masque, et Béatrix se connaissait en grimaces ! Aussi, quand elles se virent aux lumières en s'asseyant sur ce divan où, depuis trois semaines, il s'était joué tant de comédies, et où la tragédie intime de tant de passions contrariées avait commencé, ces deux femmes s'observèrent-elles pour la dernière fois : elles se virent alors séparées par une haine profonde.

— Calyste te reste, dit Béatrix en voyant les yeux de son amie ; mais je suis établie dans son cœur, et nulle femme ne m'en chassera.

Camille répondit avec un inimitable accent d'ironie, et qui atteignait la marquise au cœur, par les célèbres paroles de la nièce de Mazarin à Louis XIV : — Tu règnes, tu l'aimes, et tu pars !

Ni l'une ni l'autre, durant cette scène, qui fut très-vive, ne s'apercevait de l'absence de Calyste et de Conti. L'artiste était resté à table avec son rival en le sommant de lui tenir compagnie et d'achever une bouteille de vin de Champagne.

— Nous avons à causer, dit l'artiste pour prévenir tout refus de la part de Calyste.

Dans leur situation respective, le jeune Breton fut forcé d'obéir à cette sommation.

— Mon cher, dit le musicien d'une voix câline au moment où le pauvre enfant eut bu deux verres de vin, nous sommes deux bons garçons, nous pouvons parler à cœur ouvert. Je ne suis pas venu par défiance. Béatrix m'aime, dit-il en faisant un geste plein de fatuité. Moi, je ne l'aime plus; je n'accours pas pour l'emmener, mais pour rompre avec elle et lui laisser les honneurs de cette rupture. Vous êtes jeune, vous ne savez pas combien il est utile de paraître victime quand on se sent le bourreau. Les jeunes gens jettent feu et flamme, ils quittent une femme avec éclat, ils la méprisent souvent et s'en font haïr; mais les hommes sages se font renvoyer et prennent un petit air humilié qui laisse aux femmes et des regrets et le doux sentiment de leur supériorité. La défaveur de la divinité n'est pas irréparable, tandis qu'une abjuration est sans remède. Vous ne savez pas encore, heureusement pour vous, combien nous sommes gênés dans notre existence par les promesses insensées que les femmes ont la sottise d'accepter quand la galanterie nous oblige à en tresser les nœuds coulants pour occuper l'oisiveté du bonheur. On se jure alors d'être éternellement l'un à l'autre. Si l'on a quelque aventure avec une femme, on ne manque pas de lui dire poliment qu'on voudrait passer sa vie avec elle; on a l'air d'attendre la mort d'un mari très impatiemment, en désirant qu'il jouisse de la plus parfaite santé. Que le mari meure, il y a des provinciales ou des entêtées assez niaises ou assez goguenardes pour accourir en vous disant : Me voici, je suis libre ! Personne de nous n'est libre. Ce boulet mort se réveille et tombe au milieu du plus beau de nos triomphes ou de nos bonheurs les mieux préparés. J'ai vu que vous aimeriez Béatrix, je la laissais d'ailleurs dans une situation où, sans rien perdre de sa majesté sacrée, elle devait coqueter avec vous, ne fût-ce que pour taquiner cet ange de Camille Maupin. Eh ! bien, mon très-cher, aimez-la, vous me rendrez service, je la voudrais atroce pour moi. J'ai peur de son orgueil et de sa vertu. Peut-être, malgré ma bonne volonté, nous faudra-t-il du temps pour opérer ce chassez-croisez. Dans ces sortes d'occasions, c'est à qui ne commencera pas. Là, tout à l'heure, en tournant autour du gazon, j'ai voulu lui dire que je savais tout et la féliciter sur son bonheur. Ah! bien, elle s'est fâchée. Je suis en ce moment amoureux fou de la plus belle, de la plus jeune de nos cantatrices, de mademoiselle Falcon de l'Opéra, et je veux l'épouser! Oui, j'en suis là; mais aussi, quand vous viendrez à Paris, verrez-vous que j'ai changé la marquise pour une reine!

Le bonheur répandait son auréole sur le visage du candide Calyste, qui avoua son amour, et c'était tout ce que Conti voulait savoir. Il n'est pas d'homme au monde, quelque blasé, quelque dépravé qu'il puisse être, dont l'amour ne se rallume au moment où il le voit menacé par un rival. On veut bien quitter une femme, mais on ne veut pas être quitté par elle. Quand les amants en arrivent à cette extrémité, femmes et hommes s'efforcent de conserver la priorité, tant la blessure faite à l'amour-propre est profonde. Peut-être s'agit-il de tout ce qu'a créé la société dans ce sentiment qui tient bien moins à l'amour-propre qu'à la vie elle-même attaquée alors dans son avenir: il semble que l'on va perdre le capital et non la rente. Questionné, par l'artiste, Calyste raconta tout ce qui s'était passé pendant ces trois semaines aux Touches, et fut enchanté de Conti, qui dissimulait sa rage sous une charmante bonhomie.

— Remontons, dit-il. Les femmes sont défiantes, elles ne s'expliqueraient pas comment nous restons ensemble sans nous prendre aux cheveux, elles pourraient venir nous écouter. Je vous servirai sur les deux toits, mon cher enfant. Je vais être insupportable, grossier, jaloux avec la marquise, je la soupçonnerai perpétuellement de me trahir, il n'y a rien de mieux pour déterminer une femme à la trahison; vous serez heureux et je serai libre. Jouez ce soir le rôle d'un amoureux contrarié, moi je ferai l'homme soupçonneux et jaloux. Plaignez cet ange d'appartenir à un homme sans délicatesse, pleurez! Vous pouvez pleurer, vous êtes jeune. Hélas! moi, je ne puis plus pleurer, c'est un grand avantage de moins.

Calyste et Conti remontèrent. Le musicien, sollicité par son jeune rival de chanter un morceau, chanta le plus grand chef-d'œuvre musical qui existe pour les exécutants, le fameux *Pria che spunti l'aurora*, que Rubini lui-même n'entame jamais sans trembler et qui fut souvent le triomphe de Conti. Jamais il ne fut plus extraordinaire qu'en ce moment où tant de sentiments bouillonnaient dans sa poitrine. Calyste était en extase. Au premier mot de cette cavatine, l'artiste lança sur la marquise un regard qui donnait aux paroles une signification cruelle et qui fut entendue. Camille, qui accompagnait, devina ce commandement qui fit baisser la tête à Béatrix ; elle regarda Calyste et pensa que l'enfant était tombé dans quelque piége malgré ses avis. Elle en eut la certitude quand l'heureux Breton vint dire adieu à Béatrix en lui baisant la main et en la lui serrant avec un petit air confiant et rusé. Quand Calyste atteignit Guérande, la femme de chambre et les gens chargeaient la voiture de voyage de Conti, qui, *dès l'aurore*, comme il l'avait dit, emmenait jusqu'à la poste Béatrix avec les chevaux de Camille. Les ténèbres permirent à madame de Rochegude de regarder Guérande, dont les tours, blanchies par le jour, brillaient au milieu du crépuscule, et de se livrer à sa profonde tristesse : elle laissait là l'une des plus belles fleurs de la vie, un amour comme le rêvent les plus pures jeunes filles. Le respect humain brisait le seul amour véritable que cette femme pouvait et devait concevoir dans toute sa vie. La femme du monde obéissait aux lois du monde, elle immolait l'amour aux convenances, comme certaines femmes l'immolent à la Religion ou au Devoir. Souvent l'Orgueil s'élève jusqu'à la Vertu. Vue ainsi, cette horrible histoire est celle de bien des femmes. Le lendemain, Calyste vint aux Touches vers midi. Quand il arriva dans l'endroit du chemin d'où la veille il avait aperçu Béatrix à la fenêtre, il y distingua Camille qui accourut à sa rencontre. Elle lui dit au bas de l'escalier ce mot cruel : Partie !

— Béatrix ? répondit Calyste foudroyé.

— Vous avez été la dupe de Conti, vous ne m'avez rien dit, je n'ai pu rien faire.

Elle emmena le pauvre enfant dans son petit salon ; il se jeta sur le divan à la place où il avait si souvent vu la marquise, et y fondit en larmes. Félicité ne lui dit rien, elle fuma son houka, sachant qu'il n'y a rien à opposer aux premiers accès de ces douleurs, toujours sourdes et muettes. Calyste, ne sachant prendre aucun parti, resta pendant toute la journée dans un engourdissement profond. Un instant avant le dîner, Camille essaya de lui dire quelques paroles après l'avoir prié de l'écouter.

— Mon ami, tu m'as causé de plus violentes souffrances, et je n'avais pas comme toi pour me guérir une belle vie devant moi. Pour moi, la terre n'a plus de printemps, l'âme n'a plus d'amour. Aussi, pour trouver des consolations, dois-je aller plus haut. Ici, la veille du jour où vint Béatrix, je t'ai fait son portrait ; je n'ai pas voulu te la flétrir, tu m'aurais crue jalouse. Écoute aujourd'hui la vérité. Madame de Rochegude n'est rien moins que digne de toi. L'éclat de sa chute n'était pas nécessaire, elle n'eût rien été sans ce tapage, elle l'a fait froidement pour se donner un rôle : elle est de ces femmes qui préfèrent l'éclat d'une faute à la tranquillité du bonheur, elles insultent la société pour en obtenir la fatale aumône d'une médisance, elles veulent faire parler d'elles à tout prix. Elle était rongée de vanité. Sa fortune, son esprit n'avaient pu lui donner la royauté féminine qu'elle cherchait à conquérir en trônant dans un salon ; elle a cru pouvoir obtenir la célébrité de la duchesse de Langeais et de la vicomtesse de Beauséant ; mais le monde est juste, il n'accorde les honneurs de son intérêt qu'aux sentiments vrais. Béatrix jouant la comédie est jugée comme une actrice de second ordre. Sa fuite n'était autorisée par aucune contrariété. L'épée de Damoclès ne brillait pas au milieu de ses fêtes, et d'ailleur il est très facile à Paris d'être heureuse à l'écart quand on aime bien et sincèrement. Enfin, aimante et tendre, elle n'eût pas cette nuit suivi Conti.

Camille parla longtemps et très éloquemment, mais ce dernier effort fut inutile, elle se tut à un geste par lequel Calyste exprima son entière croyance en Béatrix ; elle le força de descendre et d'assister à son dîner, car il lui fut impossible de manger. Il n'y a que pendant l'extrême jeunesse que ces contractions ont lieu. Plus tard, les organes ont pris leurs habitudes et se sont comme endurcis. La réaction du moral sur le physique n'est assez forte pour déterminer une maladie mortelle que si le système a conservé sa primitive délicatesse. Un homme résiste à un chagrin violent qui tue un jeune homme, moins par la faiblesse de l'affection que par la force des organes. Aussi mademoiselle des Touches fut-elle tout d'abord effrayée de l'attitude calme et résignée que prit Calyste après sa première effusion de larmes. Avant de la quitter, il voulut revoir la chambre de Béatrix et alla se plonger la tête sur l'oreiller où la sienne avait reposé.

— Je fais des folies, dit-il en donnant une poignée de main à Camille et la quittant avec une profonde mélancolie.

Il revint chez lui, trouva la compagnie ordinaire occupée à faire la mouche, et resta pendant toute la soirée auprès de sa mère. Le curé, le chevalier du Halga, mademoiselle de Pen-Hoël savaient le départ de madame de Rochegude, et tous ils en étaient heureux, Calyste allait leur revenir; aussi tous l'observaient-ils presque sournoisement en le voyant un peu taciturne. Personne, dans ce vieux manoir, ne pouvait imaginer la fin de ce premier amour dans un cœur aussi naïf, aussi vrai que celui de Calyste.

Pendant quelques jours, Calyste alla régulièrement aux Touches; il tournait autour du gazon où il s'était quelquefois promené donnant le bras à Béatrix. Souvent il poussait jusqu'au Croisic, et gagnait la roche d'où il avait essayé de la précipiter dans la mer : il restait quelques heures couché sur le buis, car, en étudiant les points d'appui qui se trouvaient à cette cassure, il s'était appris à y descendre et à remonter. Ses courses solitaires, son silence et sa sobriété finirent par inquiéter sa mère. Après une quinzaine de jours pendant lesquels dura ce manége assez semblable à celui d'un animal dans une cage, la cage de cet amoureux au désespoir était, selon l'expression de La Fontaine, *les lieux honorés par les pas, éclairés par les yeux* de Béatrix, Calyste cessa de passer le petit bras de mer; il ne se sentit plus que la force de se traîner jusqu'au chemin de Guérande à l'endroit d'où il avait aperçu Béatrix à la croisée. La famille, heureuse du départ des Parisiens, pour employer le mot de la province, n'apercevait rien de funeste ni de maladif chez Calyste. Les deux vieilles filles et le curé, poursuivant leur plan, avaient retenu Charlotte de Kergarouët, qui, le soir, faisait ses agaceries à Calyste, et n'obtenait de lui que des conseils pour jouer à la mouche. Pendant toute la soirée, Calyste restait entre sa mère et sa fiancée bretonne, observé par le curé, par la tante de Charlotte qui devisaient sur son plus ou moins d'abattement en retournant chez eux. Ils prenaient l'indifférence de ce malheureux enfant pour une soumission à leurs projets. Par une soirée où Calyste fatigué s'était couché de bonne heure, chacun laissa ses cartes sur la table, et tous se regardèrent au moment où le jeune homme ferma la porte de sa chambre. On avait écouté le bruit de ses pas avec anxiété.

— Calyste a quelque chose, dit la baronne en s'essuyant les yeux.

— Il n'a rien, répondit mademoiselle de Pen-Hoël, il faut le marier promptement.

— Vous croyez que cela le divertira? dit le chevalier.

Charlotte regarda sévèrement monsieur du Halga, qu'elle trouva le soir de très mauvais ton, immoral, dépravé, sans religion, et ridicule avec sa chienne, malgré les observations de sa tante qui défendit le vieux marin.

— Demain matin, je chapitrerai Calyste, dit le baron que l'on croyait endormi ; je ne voudrais pas m'en aller de ce monde sans avoir vu mon petit-fils, un Guénic blanc et rose, coiffé d'un béguin breton dans son berceau.

— Il ne dit pas un mot, dit la vieille Zéphirine, on ne sait ce qu'il a ; jamais il n'a moins mangé ; de quoi vit-il ? s'il se nourrit aux Touches, la cuisine du diable ne lui profite guère.

— Il est amoureux, dit le chevalier en risquant cette opinion avec une excessive timidité.

— Allons ! vieux roquentin, vous n'avez pas mis au panier, dit mademoiselle de Pen-Hoël. Quand vous pensez à votre jeune temps, vous oubliez tout.

— Venez déjeuner avec nous demain matin, dit la vieille Zéphirine à Charlotte et à Jacqueline, mon frère raisonnera son fils, et nous conviendrons de tout. Un clou chasse l'autre.

— Pas chez les Bretons, dit le chevalier.

Le lendemain Calyste vit venir Charlotte, mise dès le matin avec une recherche extraordinaire, au moment où le baron achevait dans la salle à manger un discours matrimonial auquel il ne savait que répondre : il connaissait l'ignorance de sa tante, de son père, de sa mère et de leurs amis ; il récoltait les fruits de l'arbre de la science, il se trouvait dans l'isolement et ne parlait plus la langue domestique. Aussi demanda-t-il seulement quelques jours à son père, qui se frotta les mains de joie et rendit la vie à la baronne en lui disant à l'oreille la bonne nouvelle. Le déjeuner fut gai. Charlotte, à qui le baron avait fait un signe, fut sémillante. Dans toute la ville filtra par Gasselin la nouvelle d'un accord entre les du Guénic et les Kergarouët. Après le déjeuner, Calyste sortit par le perron de la grande salle et alla dans le jardin, où le suivit Charlotte ; il lui donna le bras et l'emmena sous la tonnelle au fond. Les grands-parents étaient à la fenêtre et les regardaient avec une espèce d'attendrissement. Charlotte se retourna vers la jolie façade, assez inquiète du silence de son promis, et profita de cette circonstance pour entamer la conversation en disant à Calyste : — Ils nous examinent !

— Ils ne nous entendent pas, répondit-il.

— Oui, mais ils nous voient.

— Asseyons-nous, Charlotte, répliqua doucement Calyste en la prenant par la main.

— Est-il vrai qu'autrefois votre bannière flottait sur cette colonne tordue? demanda Charlotte en contemplant la maison comme sienne. Elle y ferait bien ! Comme on serait heureux là ! Vous changerez quelque chose à l'intérieur de votre maison, n'est-ce pas, Calyste?

— Je n'en aurai pas le temps, ma chère Charlotte, dit le jeune homme en lui prenant les mains et les lui baisant. Je vais vous confier mon secret. J'aime trop une personne que vous avez vue et qui m'aime pour pouvoir faire le bonheur d'une autre femme, et je sais que, depuis notre enfance, on nous avait destinés l'un à l'autre.

— Mais elle est mariée, Calyste, dit Charlotte.

— J'attendrai, répondit le jeune homme.

— Et moi aussi, dit Charlotte les yeux pleins de larmes. Vous ne sauriez aimer longtemps cette femme qui, dit-on, a suivi un chanteur...

— Mariez-vous, ma chère Charlotte, reprit Calyste. Avec la fortune que vous destine votre tante et qui est énorme en Bretagne, vous pourrez choisir mieux que moi... Vous trouverez un homme titré. Je ne vous ai pas prise à part pour vous apprendre ce que vous savez, mais pour vous conjurer, au nom de notre amitié d'enfance, de prendre sur vous la rupture et de me refuser. Dites que vous ne voulez point d'un homme dont le cœur n'est pas libre, et ma passion aura servi du moins à ne vous faire aucun tort. Vous ne savez pas combien la vie me pèse ! Je ne puis supporter aucune lutte, je suis affaibli comme un homme quitté par son âme, par le principe même de sa vie. Sans le chagrin que ma mort causerait à ma mère et à ma tante, je me serais déjà jeté à la mer, et je ne suis plus retourné dans les roches du Croisic depuis le jour où la tentation devenait irrésistible. Ne parlez pas de ceci. Adieu, Charlotte.

Il prit la jeune fille par le front, l'embrassa sur les cheveux, sortit par l'allée qui aboutissait au pignon, et se sauva chez Camille où il resta jusqu'au milieu de la nuit. En revenant à une heure du matin, il trouva sa mère occupée à sa tapisserie et l'attendant. Il entra doucement, lui serra la main et lui dit : — Charlotte est-elle partie ?

— Elle part demain avec sa tante, au désespoir toutes deux. Viens en Irlande, mon Calyste, dit-elle.

— Combien de fois ai-je pensé à m'y enfuir ! dit-il.

— Ah ! s'écria la baronne.

— Avec Béatrix, ajouta-t-il.

Quelques jours après le départ de Charlotte, Calyste accompagnait le chevalier du Halga pendant sa promenade au mail, il s'y asseyait au soleil sur un banc d'où ses yeux embrassaient le paysage depuis les girouettes des Touches jusqu'aux récifs que lui indiquaient ces lames écumeuses qui se jouent au-dessus des écueils à la marée. En ce moment Calyste était maigre et pâle, ses forces diminuaient, il commençait à ressentir quelques petits frissons réguliers qui dénotaient la fièvre. Ses yeux cernés avaient cet éclat que communique une pensée fixe aux solitaires, ou l'ardeur du combat aux hardis lutteurs de notre civilisation actuelle. Le chevalier était la seule personne avec laquelle il échangeât quelques idées : il avait deviné dans ce vieillard un apôtre de sa religion, et reconnu chez lui les vestiges d'un éternel amour.

— Avez-vous aimé plusieurs femmes dans votre vie ? lui demanda-t-il la seconde fois qu'ils firent, selon l'expression du marin, *voile de conserve* au mail.

— Une seule, répondit le capitaine du Halga.

— Était-elle libre.

— Non, fit le chevalier. Ah ! j'ai bien souffert, car elle était la femme de mon meilleur ami, de mon protecteur, de mon chef : mais nous nous aimions tant !

— Elle vous aimait ? dit Calyste.

— Passionnément, répondit le chevalier avec une vivacité qui ne lui était pas ordinaire.

— Vous avez été heureux ?

— Jusqu'à sa mort, elle est morte à quarante-neuf ans, en émigration à Saint-Pétersbourg : le climat l'a tuée. Elle doit avoir bien froid dans son cercueil. J'ai bien souvent pensé à l'aller chercher pour la coucher dans notre chère Bretagne, près de moi ! Mais elle gît dans mon cœur.

Le chevalier s'essuya les yeux, Calyste lui prit les mains et les lui serra.

— Je tiens plus à cette chienne, dit-il en montrant Thisbé, qu'à ma vie. Cette petite est en tout point semblable à celle qu'elle caressait de ses belles mains, et qu'elle prenait sur ses genoux. Je ne regarde jamais Thisbé sans voir les mains de madame l'amirale.

— Avez-vous vu madame de Rochegude ? dit Calyste au chevalier.

— Non, répondit le chevalier. Il y a maintenant cinquante-huit ans que je n'ai fait attention à aucune femme, excepté votre mère qui a quelque chose dans le teint de madame l'amirale.

Trois jours après, le chevalier dit sur le mail à Calyste : — Mon enfant, j'ai pour tout bien cent quarante louis. Quand vous saurez où est madame de Rochegude, vous viendrez les prendre chez moi pour aller la voir.

Calyste remercia le vieillard, dont l'existence lui faisait envie ; mais, de jour en jour, il devint plus morose, il paraissait n'aimer personne, il semblait que tout le monde le blessât, il ne restait doux et bon que pour sa mère. La baronne suivait avec une inquiétude croissante les progrès de cette folie, elle seule obtenait à force de prières que Calyste prît quelque nourriture. Vers le commencement du mois d'octobre, le jeune malade cessa d'aller au mail en compagnie du chevalier, qui venait inutilement le chercher pour la promenade en lui faisant des agaceries de vieillard.

— Nous parlerons de madame de Rochegude, disait-il. Je vous raconterai ma première aventure.

— Votre fils est bien malade, dit à la baronne le chevalier du Halga le jour où ses instances furent inutiles.

Calyste répondait à toutes les questions qu'il se portait à merveille, et, comme tous les jeunes mélancoliques, il prenait plaisir à savourer la mort ; mais il ne sortait plus de la maison, il demeurait dans le jardin, se chauffait au pâle et tiède soleil de l'automne, sur le banc, seul avec sa pensée, et il fuyait toute compagnie.

Depuis le jour où Calyste n'alla plus chez elle, Félicité pria le curé de Guérande de la venir voir. L'assiduité de l'abbé Grimont, qui passait aux Touches presque toutes les matinées et qui parfois y dîna, devint une grande nouvelle : il en fut question dans tout le pays, et même à Nantes. Néanmoins il ne manqua jamais une soirée à l'hôtel du Guénic, où régnait la désolation. Maîtres et gens, tous étaient affligés de l'obstination de Calyste, sans le croire en danger ; il ne venait dans l'esprit d'aucune de ces personnes que ce pauvre jeune homme pût mourir d'amour. Le chevalier n'avait aucun exemple d'une pareille mort dans ses voyages ou dans ses souvenirs. Tous attribuaient la maigreur de Calyste au défaut de nourriture. Sa mère se mit à genoux en le suppliant de manger. Calyste s'efforça de vaincre sa répugnance pour plaire à sa mère. La nourriture prise à contre-cœur accéléra la petite fièvre lente qui dévorait ce beau jeune homme.

Dans les derniers jours d'octobre, l'enfant chéri ne remonta plus se coucher au second, il avait son lit dans la salle basse, et il y restait la plupart du temps au milieu de sa famille, qui eut enfin recours au médecin de Guérande. Le docteur essaya de couper la fièvre avec du quinine, et la fièvre céda pour quelques jours. Le médecin avait ordonné de faire faire de l'exercice à Calyste et de le distraire. Le baron retrouva quelque force et sortit de son apathie; il devint jeune quand son fils se faisait vieux. Il emmena Calyste, Gasselin et ses deux beaux chiens de chasse. Calyste obéit à son père, et pendant quelques jours tous trois chassèrent : ils allèrent en forêt, ils visitèrent leurs amis dans les châteaux voisins; mais Calyste n'avait aucune gaieté, personne ne pouvait lui arracher un sourire, son masque livide et contracté trahissait un être entièrement passif. Le baron, vaincu par la fatigue, tomba dans une horrible lassitude et fut obligé de revenir au logis, ramenant Calyste dans le même état.

Quelques jours après leur retour, le père et le fils furent si dangereusement malades, qu'on fut obligé d'envoyer chercher, sur la demande même du médecin de Guérande, les deux plus fameux docteurs de Nantes. Le baron avait été comme foudroyé par le changement visible de Calyste. Doué de cette effroyable lucidité que la nature donne aux moribonds, il tremblait comme un enfant de voir sa race s'éteindre : il ne disait mot, il joignait les mains, priait Dieu sur son fauteuil où le clouait sa faiblesse. Il était tourné vers le lit occupé par Calyste et le regardait sans cesse. Au moindre mouvement que faisait son enfant, il éprouvait une vive commotion comme si le flambeau de sa vie en était agité. La baronne ne quittait plus cette salle, où la vieille Zéphirine tricotait au coin de la cheminée dans une inquiétude horrible : on lui demandait du bois, car le père et le fils avaient également froid; on attaquait ses provisions : aussi avait-elle pris le parti de livrer ses clefs, n'étant plus assez agile pour suivre Mariotte; mais elle voulait tout savoir, elle questionnait à voix basse Mariotte et sa belle-sœur à tout moment; elle les prenait à part afin de connaître l'état de son frère et de son neveu. Quand un soir, pendant un assoupissement de Calyste et de son père, la vieille demoiselle de Pen-Hoël lui eut dit que sans doute il fallait se résigner à voir mourir le baron, dont la figure était devenue blanche et prenait des tons de cire, elle laissa tomber son tricot, fouilla dans sa poche, en sortit un vieux chapelet de bois noir, et se mit à le dire avec une ferveur qui rendit à sa figure antique et desséchée une splendeur si vigoureuse, que l'autre vieille fille imita son amie; puis tous, à un signe du curé, se joignirent à l'élévation mentale de mademoiselle du Guénic.

— J'ai prié Dieu la première, dit la baronne en se souvenant de la fatale lettre écrite par Calyste, il ne m'a pas exaucée!

— Peut-être ferions-nous bien, dit le curé Grimont, de prier mademoiselle des Touches de venir voir Calyste.

— Elle! s'écria la vieille Zéphirine, l'auteur de tous nos maux, elle qui l'a diverti de sa famille, qui nous l'a enlevé, qui lui a fait lire des livres impies, qui lui a appris un langage hérétique! Qu'elle soit maudite, et puisse Dieu ne lui pardonner jamais! Elle a brisé les du Guénic.

— Elle les relèvera peut-être, dit le curé d'une voix douce. C'est une sainte et une vertueuse personne; je suis son garant, elle n'a que de bonnes intentions pour lui. Puisse-t-elle être à même de les réaliser!

— Avertissez-moi le jour où elle mettra les pieds ici, j'en sortirai, s'écria la vieille. Elle a tué le père et le fils. Croyez-vous que je n'entende pas la voix faible de Calyste? à peine a-t-il la force de parler.

Ce fut en ce moment que les trois médecins entrèrent; ils fatiguèrent Calyste de questions; mais, quant au père, l'examen dura peu; leur conviction fut complète en un moment, ils étaient surpris qu'il vécût encore. Le médecin de Guérande annonça tranquillement à la baronne que, relativement à Calyste, il fallait probablement aller à Paris consulter les hommes les plus expérimentés de la science, car il en coûterait plus de cent louis pour leur déplacement.

— On meurt de quelque chose, mais l'amour, ce n'est rien, dit mademoiselle de Pen-Hoël.

— Hélas! quelle que soit la cause, Calyste meurt, dit la baronne, je reconnais en lui tous les symptômes de la consomption, la plus horrible des maladies de mon pays.

— Calyste meurt ? dit le baron en ouvrant les yeux d'où sortirent deux grosses larmes qui cheminèrent lentement, retardées par les plis nombreux de son visage, et restèrent au bas de ses joues, les deux seules larmes qu'il eût sans doute versées de toute sa vie. Il se dressa sur ses jambes, il fit quelques pas vers le lit de son fils, lui prit les mains, le regarda.

— Que voulez-vous, mon père ? lui dit-il.

— Que tu vives ! s'écria le baron.

— Je ne saurais vivre sans Béatrix, répondit Calyste au vieillard qui tomba sur son fauteuil.

— Où trouver cent louis pour faire venir les médecins de Paris ? il est encore temps, dit la baronne.

— Cent louis ! s'écria Zéphirine. Le sauverait-on ?

Sans attendre la réponse de sa belle-sœur, la vieille fille passa ses mains par l'ouverture de ses poches et défit son jupon de dessous, qui rendit un son lourd en tombant. Elle connaissait si bien les places où elle avait cousu ses louis, qu'elle les décousit avec une promptitude qui tenait de la magie. Les pièces d'or tombaient une à une sur sa jupe en sonnant. La vieille Pen-Hoël la regardait faire en manifestant un étonnement stupide.

— Mais ils vous voient ! dit-elle à l'oreille de son amie.

— Trente-sept, répondit Zéphirine en continuant son compte.

— Tout le monde saura votre compte.

— Quarante-deux.

— Des doubles louis, tous neufs : où les avez-vous eus, vous qui n'y voyez pas clair ?

— Je les tâtais. Voici cent quatre louis, cria Zéphirine. Sera-ce assez ?

— Que vous arrive-t-il ? demanda le chevalier du Halga qui survint et ne put s'expliquer l'attitude de sa vieille amie tendant sa jupe pleine de louis.

En deux mots mademoiselle de Pen-Hoël expliqua l'affaire au chevalier.

— Je l'ai su, dit-il, et venais vous apporter cent quarante louis que je tenais à la disposition de Calyste, il le sait bien.

Le chevalier tira de sa poche deux rouleaux et les montra. Mariotte, en voyant ces richesses, dit à Gasselin de fermer la porte.

— L'or ne lui rendra pas la santé, dit la baronne en pleurs.

— Mais il lui servira peut-être à courir après sa marquise, répondit le chevalier. Allons, Calyste !

Calyste se dressa sur son séant et s'écria joyeusement : En route !

— Il vivra donc, dit le baron d'une voix douloureuse, je puis mourir. Allez chercher le curé.

Ce mot répandit l'épouvante. Calyste, en voyant pâlir son père atteint par les émotions cruelles de cette scène, ne put retenir ses larmes. Le curé, qui savait l'arrêt porté par les médecins, était allé chercher mademoiselle des Touches, car autant il avait eu de répugnance pour elle, autant il manifestait en ce moment d'admiration, et il la défendait comme un pasteur doit défendre une de ses ouailles préférées.

A la nouvelle de l'état désespéré dans lequel était le baron, il y eut une foule dans la ruelle : les paysans, les paludiers et les gens de Guérande s'agenouillèrent dans la cour pendant que l'abbé Grimont administrait le vieux guerrier breton. Toute la ville était émue de savoir le père mourant auprès de son fils malade. On regardait comme une calamité publique l'extinction de cette antique race bretonne. Cette cérémonie frappa Calyste. Sa douleur fit taire pendant un moment son amour ; il demeura, durant l'agonie de l'héroïque défenseur de la monarchie, agenouillé, regardant les progrès de la mort et pleurant. Le vieillard expira dans son fauteuil, en présence de toute la famille assemblée.

— Je meurs fidèle au roi et à la religion. Mon Dieu, pour prix de mes efforts, faites que Calyste vive ! dit-il.

— Je vivrai, mon père, et je vous obéirai, répondit le jeune homme.

— Si tu veux me rendre la mort aussi douce que Fanny m'a fait ma vie, jure-moi de te marier.

— Je vous le promets, mon père.

Ce fut un touchant spectacle que de voir Calyste, ou plutôt son apparence, appuyé sur le vieux chevalier du Halga, un spectre conduisant une ombre, suivant le cercueil du baron et menant le deuil. L'église et la petite place qui se trouve devant le portail furent pleines de gens accourus de plus de dix lieues à la ronde.

La baronne et Zéphirine furent plongées dans une vive douleur en voyant que, malgré ses efforts pour obéir à son père, Calyste restait dans une stupeur de funeste augure. Le jour où la famille prit le deuil, la baronne avait conduit son fils sur le banc au fond du jardin, et le questionnait. Calyste répondait avec douceur et soumission, mais ses réponses étaient désespérantes.

— Ma mère, disait-il, il n'y a plus de vie en moi : ce que je mange ne me nourrit pas, l'air en entrant dans ma poitrine ne me rafraîchit pas le sang ; le soleil me semble froid, et quand il illumine pour toi la façade de notre maison, comme en ce moment, là où tu vois les sculptures inondées de lueurs, moi je vois des formes indistinctes enveloppées d'un brouillard. Si Béatrix était ici, tout redeviendrait brillant. Il n'est qu'une seule chose au monde qui ait sa couleur et sa forme, c'est cette fleur et ce feuillage, dit-il en tirant de son sein et montrant le bouquet flétri que lui avait laissé la marquise.

La baronne n'osa plus rien demander à son fils, ses réponses accusaient plus de folie que son silence n'annonçait de douleur. Cependant Calyste tressaillit en apercevant mademoiselle des Touches à travers les croisées qui se correspondaient : Félicité lui rappelait Béatrix. Ce fut donc à Camille que ces deux femmes désolées durent le seul mouvement de joie qui brilla au milieu de leur deuil.

— Eh ! bien, Calyste, dit mademoiselle des Touches en l'apercevant, la voiture est prête, nous allons chercher Béatrix ensemble, venez ?

La figure maigre et pâle de ce jeune homme en deuil fut aussitôt nuancée par une rougeur, et un sourire anima ses traits.

— Nous le sauverons, dit mademoiselle des Touches à la mère qui lui serra la main et pleura de joie.

Mademoiselle des Touches, la baronne du Guénic et Calyste partirent pour Paris huit jours après la mort du baron, laissant le soin des affaires à la vieille Zéphirine.

La tendresse de Félicité pour Calyste avait préparé le plus bel avenir à ce pauvre enfant. Alliée à la famille de Grandlieu, où se trouvaient deux charmantes filles à marier, les deux plus ravissantes fleurs du faubourg Saint-Germain, elle avait écrit à la duchesse de Grandlieu l'histoire de Calyste, en lui annonçant qu'elle vendait sa maison de la rue du Mont-Blanc, de laquelle quelques spéculateurs offraient deux millions cinq cent mille francs. Son homme d'affaires venait de lui remplacer cette habitation par l'un des plus beaux hôtels de la rue de Grenelle, acheté sept cent mille francs. Sur le reste du prix de sa maison de la rue du Mont-Blanc, elle consacrait un million au rachat des terres de la maison du Guénic, et dispo-

sait de toute sa fortune en faveur de celle des deux demoiselles de
Grandlieu qui guérirait Calyste de sa passion pour madame de
Rochegude.

Pendant le voyage, Félicité mit la baronne au fait de ces arrangements. On meublait alors l'hôtel de la rue de Grenelle, qu'elle destinait à Calyste au cas où ses projets réussiraient. Tous trois descendirent alors à l'hôtel de Grandlieu, où la baronne fut reçue avec toute la distinction que lui méritait son nom de femme et de fille. Mademoiselle des Touches conseilla naturellement à Calyste de voir Paris pendant qu'elle y chercherait à savoir où se trouvait en ce moment Béatrix, et elle le livra aux séductions de toute espèce qui l'y attendaient. La duchesse, ses deux filles et leurs amis firent à Calyste les honneurs de Paris au moment où la saison des fêtes allait commencer. Le mouvement de Paris donna de violentes distractions au jeune Breton. Il trouva dans Sabine de Grandlieu, qui certes était alors la plus belle et la plus charmante fille de la société parisienne, une vague ressemblance avec madame de Rochegude, et il prêta dès lors à ses coquetteries une attention que nulle autre femme n'aurait obtenue de lui. Sabine de Grandlieu joua d'autant mieux son rôle que Calyste lui plut infiniment, et les choses furent si bien menées que, pendant l'hiver de 1837, le jeune baron du Guénic, qui avait repris ses couleurs et sa fleur de jeunesse, entendit sans répugnance sa mère lui rappeler la promesse faite à son père mourant, et parler de son mariage avec Sabine de Grandlieu. Mais, tout en obéissant à sa promesse, il cachait une indifférence secrète que connaissait la baronne, et qu'elle espérait voir se dissiper par les plaisirs d'un heureux ménage.

Le jour où la famille de Grandlieu et la baronne accompagnée en cette circonstance de ses parents venus d'Angleterre, siégeaient dans le grand salon à l'hôtel de Grandlieu, et que Léopold Hannequin, le notaire de la famille, expliquait le contrat avant de le lire, Calyste, sur le front de qui chacun pouvait voir quelques nuages, refusa nettement d'accepter les avantages que lui faisait mademoiselle des Touches; il comptait encore sur le dévouement de Félicité qu'il croyait à la recherche de Béatrix.

En ce moment, et au milieu de la stupéfaction des deux familles, Sabine entra, vêtue de manière à rappeler la marquise de Rochegude, et remit la lettre suivante à Calyste.

CAMILLE A CALYSTE.

« Calyste, avant d'entrer dans ma cellule de novice, il m'est permis de jeter un regard sur le monde que je vais quitter pour m'élancer dans le monde de la prière. Ce regard est entièrement à vous, qui, dans ces derniers temps, avez été pour moi tout le monde. Ma voix arrivera, si mes calculs ne m'ont point trompée, au milieu d'une cérémonie à laquelle il m'était impossible d'assister. Le jour où vous serez devant un autel, donnant votre main à une jeune et charmante fille qui pourra vous aimer à la face du ciel et de la terre, moi je serai dans une maison religieuse à Nantes devant un autel aussi, mais fiancée pour toujours à celui qui ne trompe et ne trahit personne. Je ne viens pas vous attrister, mais vous prier de n'entraver par aucune fausse délicatesse le bien que j'ai voulu vous faire dès que je vous vis. Ne me contestez pas des droits si chèrement conquis. Si l'amour est une souffrance, ah ! je vous ai bien aimé, Calyste ; mais n'ayez aucun remords : les seuls plaisirs que j'aie goûtés dans ma vie, je vous les dois, et les douleurs sont venues de moi-même. Récompensez-moi donc de toutes ces douleurs passées en me donnant une joie éternelle. Permettez au pauvre Camille, qui n'est plus, d'être pour un peu dans le bonheur matériel dont vous jouirez tous les jours. Laissez-moi, cher, être quelque chose comme un parfum dans les fleurs de votre vie, m'y mêler à jamais sans vous être importune. Je vous devrai sans doute le bonheur de la vie éternelle, ne voulez-vous pas que je m'acquitte envers vous par le don de quelques biens fragiles et passagers ? Manquerez-vous de générosité ? Ne voyez-vous pas en ceci le dernier mensonge d'un amour dédaigné ? Calyste, le monde sans vous n'était plus rien pour moi, vous m'en avez fait la plus affreuse des solitudes, et vous avez amené l'incrédule Camille Maupin, l'auteur de livres et de pièces que je vais solennellement désavouer, vous avez jeté cette fille audacieuse et perverse, pieds et poings liés, devant Dieu. Je suis aujourd'hui ce que j'aurais dû être, un enfant plein d'innocence. Oui, j'ai lavé ma robe dans les pleurs du repentir, et je puis arriver aux autels présentée par un ange, par mon bien-aimé Calyste ! Avec quelle douceur je vous donne ce nom que ma résolution a sanctifié ! Je vous aime sans aucun intérêt propre, comme une mère aime son fils, comme l'Église aime un enfant. Je pourrai prier pour vous et pour les vôtres sans y mêler aucun autre désir que celui de votre bonheur. Si vous connaissiez la tranquillité sublime dans laquelle je vis, après m'être élevée par la pensée au-dessus des petits intérêts mondains, et combien est douce la pensée d'avoir fait son devoir, selon votre noble devise, vous entreriez d'un pas ferme et sans regarder en arrière, ni autour de vous, dans votre belle vie! Je vous écris donc surtout pour vous prier d'être fidèle à vous-même et aux vôtres. Cher, la société dans laquelle vous devez vivre ne saurait exister sans la religion du devoir, et vous la méconnaîtriez, comme je l'ai méconnue, en vous laissant aller à la passion, à la fantaisie, ainsi que je l'ai fait. La femme n'est égale à l'homme qu'en faisant de sa vie une continuelle offrande, comme celle de l'homme est une perpétuelle action. Or ma vie a été comme un long accès d'égoïsme. Aussi, peut-être, Dieu vous a-t-il mis, vers le soir, à la porte de ma maison comme un messager chargé de ma punition et de ma grâce. Écoutez cet aveu d'une femme pour qui la gloire a été comme un phare dont la lueur lui a montré le vrai chemin. Soyez grand, immolez votre fantaisie à vos devoirs de chef, d'époux et de père! Relevez la bannière abattue des vieux du Guénic, montrez dans ce siècle sans religion ni principe le gentilhomme dans toute sa gloire et dans toute sa splendeur. Cher enfant de mon âme, laissez-moi jouer un peu le rôle d'une mère : l'adorable Fanny ne sera plus jalouse d'une fille morte au monde, et de qui vous n'apercevrez plus que les mains toujours levées au ciel. Aujourd'hui la noblesse a plus que jamais besoin de la fortune; acceptez donc une partie de la mienne, Calyste, et faites-en un bel usage, car ce n'est pas un don, mais un fidéicommis. J'ai pensé plus à vos enfants et à votre vieille maison bretonne qu'à vous-même en vous offrant les gains que le temps m'a procurés sur la valeur de ma maison à Paris. »

— Signons, dit le jeune baron.

FIN DU TROISIÈME VOLUME.

TABLE DES MATIÈRES

DU TROISIÈME VOLUME

DES

SCÈNES DE LA VIE PRIVÉE.

La Femme de trente ans... 1
Le Contrat de Mariage.. 166
Béatrix (première partie).. 285

FIN DE LA TABLE DU TROISIÈME VOLUME.